RECUEIL COMPLET

DES

TRAVAUX PRÉPARATOIRES

DU

CODE CIVIL.

IMPRIMERIE D'HIPPOLYTE TILLIARD,

RUE SAINT-HYACINTHE-SAINT-MICHEL, Nº 30.

RECUEIL COMPLET

DES

TRAVAUX PRÉPARATOIRES

DU

CODE CIVIL,

COMPRENANT SANS MORCELLEMENT; 1° LE TEXTE DES DIVERS PROJETS;
2° CELUI DES OBSERVATIONS DU TRIBUNAL DE CASSATION ET DES TRIBUNAUX
D'APPEL ; 3° TOUTES LES DISCUSSIONS PUISÉES LITTÉRALEMENT TANT DANS LES
PROCÈS-VERBAUX DU CONSEIL-D'ÉTAT QUE DANS CEUX DU TRIBUNAT, ET
4° LES EXPOSÉS DE MOTIFS, RAPPORTS, OPINIONS ET DISCOURS TELS QU'ILS
ONT ÉTÉ PRONONCÉS AU CORPS LÉGISLATIF ET AU TRIBUNAT ;

PAR P. A. FENET,

AVOCAT A LA COUR ROYALE DE PARIS.

TOME DOUZIÈME.

PARIS,

VIDECOQ, LIBRAIRE, PLACE DU PANTHÉON, 6,
PRÈS L'ÉCOLE DE DROIT.

1836.

DISCUSSIONS,

MOTIFS,

RAPPORTS ET DISCOURS.

TOME SEPTIÈME.

RECUEIL COMPLET

DES

TRAVAUX PRÉPARATOIRES

DU

CODE CIVIL.

<hr />

DISCUSSIONS,

MOTIFS, RAPPORTS ET DISCOURS.

<hr />

LIVRE TROISIÈME.

DES DIFFÉRENTES MANIÈRES DONT ON ACQUIERT LA PROPRIÉTÉ.

DISPOSITIONS GÉNÉRALES

ET

TITRE PREMIER *des Successions.*

DISCUSSION DU CONSEIL D'ÉTAT.

(Procès-verbal de la séance du 9 nivose an XI. — 30 décembre 1802.)

M. Treilhard présente les dispositions générales du livre III du projet de Code civil.

Elles sont ainsi conçues :

DISPOSITIONS GÉNÉRALES.

Des différentes manières dont on acquiert la propriété.

711 **Art. 1er.** « La propriété des biens s'acquiert et se transmet
« par succession, par donation entre-vifs ou testamentaire,
« et par l'effet des obligations. »

712 **Art. 2.** « La propriété s'acquiert aussi par accession ou in-
« corporation, et par prescription. »

713 **Art. 3.** « Les biens qui n'ont pas de maître appartiennent
« à la nation. »

714 **Art. 4.** « Il est des choses qui n'appartiennent à personne
« et dont le droit est commun à tous.

« Des lois de police règlent la manière d'en jouir. »

715 **Art. 5.** « La faculté de chasser et de pêcher est également
« réglée par des lois particulières. »

716 **Art. 6.** « La propriété d'un trésor appartient à celui qui le
« trouve dans son propre fonds : si le trésor est trouvé dans
« le fonds d'autrui, il appartient, pour moitié, à celui qui
« l'a découvert, et pour l'autre moitié, au propriétaire du
« fonds.

« Le trésor est toute chose cachée ou enfouie sur laquelle
« personne ne peut justifier sa propriété, et qui est décou-
« verte par le pur effet du hasard. »

717 **Art. 7.** « Les droits sur les effets jetés à la mer, sur les
« objets que la mer rejette, de quelque nature qu'ils puissent
« être, sur les plantes et herbages qui croissent sur les ri-
« vages de la mer, sont aussi réglés par des lois particulières.

« Il en est de même des choses perdues dont le maître ne
« se représente pas. »

711 L'article 1er est adopté.

712 L'article 2 est discuté.

Le Consul Cambacérès demande pourquoi, conformément
au droit romain, la tradition n'est pas mise au nombre des
manières d'acquérir.

M. Treilhard répond que les caractères et les effets de la tradition sont expliqués au titre *des Effets des Obligations.*

M. Tronchet dit qu'en effet la tradition n'est que le mode d'exécution d'un engagement; que même les meubles seuls en sont susceptibles.

L'article est adopté.

Les articles 3, 4, 5, 6 et 7 sont adoptés. 713 à 717

(Procès-verbal de la séance du 25 frimaire an XI. — 16 décembre 1802.)

M. Treilhard présente le titre Ier du livre III du projet de Code civil, relatif aux *Successions.*

Le chapitre Ier est ainsi conçu :

CHAPITRE Ier.

De l'ouverture des Successions et de la Saisine des héritiers.

Art. 1er. « Les successions s'ouvrent par la mort naturelle 718 « et par la mort civile. »

Art. 2. « La succession est ouverte par la mort civile du 719 « moment où cette mort est encourue, conformément aux « dispositions de la section II du chapitre II du titre *de la* « *Jouissance et de la Privation des Droits civils.* »

Art. 3. « Si plusieurs individus respectivement appelés à 720 « la succession l'un de l'autre périssent dans un même « événement, sans qu'on puisse reconnaître lequel est décédé « le premier, la présomption de survie est déterminée par « l'âge ou le sexe. »

Art. 4. « Si ceux qui ont péri ensemble ont moins de quinze 721 « ans, le plus âgé est présumé avoir survécu.

« S'ils sont tous au-dessus de soixante ans, le moins âgé « est présumé avoir survécu.

« Si les uns ont moins de quinze ans, et les autres plus de « soixante, les premiers sont présumés avoir survécu. »

Art. 5. « Entre ceux qui ont plus de quinze ans et moins 722

« de soixante, le mâle est toujours présumé avoir survécu,
« s'il y a égalité d'âge, ou si la différence qui existe n'ex-
« cède pas une année. »

Ib   « Art. 6. Si ceux qui ont péri sont du même sexe, la pré-
« somption de survie qui donne ouverture à la succession
« dans l'ordre de la nature doit être admise; ainsi le plus
« jeune est présumé avoir survécu au plus âgé. Si l'on ignore
« absolument quel est le plus âgé, la succession de chacun
« d'eux se défère comme si l'autre n'avait jamais existé. »

723   Art. 7. « La loi règle l'ordre de succéder : elle appelle en
« premier lieu les héritiers légitimes; à leur défaut les enfans
« naturels; ensuite l'époux survivant; et s'il n'y en a pas,
« la République. »

724   Art. 8. « Les héritiers légitimes sont saisis de plein droit
« des biens, droits et actions du défunt, sous l'obligation
« d'acquitter toutes les charges de la succession; mais les
« enfans naturels, l'époux survivant et la République doivent
« se faire envoyer en possession par justice, dans les formes
« qui seront déterminées. »

718   L'article 1er est adopté.

719   L'article 2 est discuté.

Le Premier Consul demande quel est l'héritier, dans le
cas de cet article.

M. Treilhard dit que la mort civile n'étant encourue qu'à
l'expiration des cinq années qui suivent l'exécution par effigie
du condamné par contumace, ce n'est qu'à cette époque que
la succession est ouverte. Le parent qui, dans ce moment,
se trouve appelé par la loi est héritier.

Le Premier Consul demande qui succède lorsque le condamné meurt dans l'intervalle des cinq ans.

M. Treilhard dit que le condamné meurt alors *integri
status*, et que l'ordre de sa succession est réglé comme s'il
n'y avait point de jugement.

Le Premier Consul dit qu'il semblerait préférable de
laisser la succession en suspens jusqu'après l'expiration des

cinq ans; à cette époque, elle serait recueillie par ceux qui se trouvaient héritiers au moment de la condamnation.

M. Treilhard répond que cette disposition exclurait les enfans légitimes qui seraient nés au contumax depuis la condamnation.

Le Consul Cambacérès dit que la difficulté vient du système qui fait survivre le contumax cinq années à l'exécution par effigie, et qui rend ainsi légitimes les enfans nés depuis cette époque.

M. Thibaudeau répond que ce système n'a été adopté qu'après une longue discussion, et précisément à cause de l'intérêt des enfans qui peuvent naître pendant les cinq ans de la contumace.

L'article est adopté.

L'article 3 est discuté.

520

Le Consul Cambacérès dit que cet article est trop absolu; que la règle doit fléchir devant les circonstances lorsqu'elles détruisent la présomption de survie.

M. Treilhard répond que l'article est rédigé dans ce sens.

Le Consul Cambacérès dit que la rédaction ferait peut-être croire que les circonstances pourront être écartées pour s'en tenir uniquement à la présomption tirée du sexe et de l'âge.

M. Tronchet propose d'employer la rédaction du projet de Code civil.

Elle est adoptée ainsi qu'il suit :

« Si plusieurs individus, respectivement appelés à la suc-
« cession l'un de l'autre, périssent dans un même événement,
« sans qu'on puisse reconnaître lequel est décédé le premier,
« la présomption, de survie est déterminée par les circons-
« tances du fait, et, à leur défaut, par la force de l'âge et
« du sexe. »

Les articles 4 et 5 sont adoptés.

721-722

L'article 6 est discuté.

722

M. Tronchet dit que la disposition finale de cet article ne peut être appliquée à toutes les hypothèses. Par exemple, si deux cousins périssent en même temps, et qu'il y ait une succession paternelle et une succession maternelle, l'article ne présente plus de solution.

M. Treilhard dit que la disposition finale de l'article est pour le cas de deux individus du même sexe respectivement appelés à la succession l'un de l'autre, desquels on ignore l'âge, et qui sont morts dans un même événement sans qu'on puisse reconnaître lequel est décédé le premier. Si l'on veut supposer que l'un d'eux a survécu, il héritera de l'autre; mais ce n'est plus le cas de cet article.

M. Tronchet dit que, pour rendre plus clairement cette idée, la loi devrait supposer qu'ils sont morts tous deux au même instant.

M. Thibaudeau dit que la première partie de l'article 6 rentre dans l'article 5; il demande qu'elle y soit placée : le reste, dit-il, est de droit commun.

La proposition de M. *Thibaudeau* est adoptée.

723   L'article 7 est discuté.

M. Defermon pense qu'on ne peut donner la préférence à l'enfant naturel sur l'époux survivant, ni sur le frère du défunt.

Le Consul Cambacérès dit que, pour mettre plus d'ordre dans la discussion, il faudrait, avant tout, décider jusqu'à quel degré de parenté la successibilité s'étendra, et où commencera la préférence de l'époux survivant et des enfans naturels. Il serait injuste, par exemple, d'appeler à leur préjudice les héritiers du douzième degré. En discutant les dispositions relatives aux *enfans naturels*, dans le titre *de la Paternité et de la Filiation*, on s'est réservé d'examiner, au titre *des Successions*, si ces enfans devaient être préférés aux parens éloignés dans la succession de leur mère.

L'article est ajourné.

L'article 8 est discuté. 724

Le Consul Cambacérès approuve l'article en soi; mais il voudrait qu'on le rédigeât d'une manière moins absolue, afin de ne rien préjuger contre l'institution d'héritier.

M. Tronchet dit qu'il y avait dans l'ancienne législation cette différence, qu'en pays de droit écrit la succession testamentaire était la première, et que, par une suite de ce principe, l'héritier institué était saisi de plein droit; qu'en pays coutumier, au contraire, la qualité d'héritier n'était déférée que par la loi : ainsi l'on ne pouvait prendre que de la main de l'héritier les legs universels ou particuliers.

Une autre différence encore, était qu'en pays de droit écrit on pouvait disposer par testament de l'universalité de ses biens; au lieu qu'en pays coutumier il existait des réserves, d'où il résultait que l'héritier naturel devait être saisi, et délivrer les legs, afin qu'il pût examiner si le testateur n'avait pas passé les bornes que lui donnait la loi.

Le Code civil doit faire cesser cette diversité, qui semblait diviser la France en plusieurs nations; mais comme il ne s'agit pas de rompre les habitudes des Français, et que le législateur est réduit à choisir, il a semblé juste de préférer les habitudes les plus universelles, qui sont celles des pays coutumiers.

M. Treilhard dit que la faculté de disposer sera vraisemblablement limitée d'une manière quelconque, ne fût-ce que pour l'intérêt des héritiers en ligne directe; mais que, dans toutes les suppositions, l'article est bon, parce que l'héritier ayant le droit de contester la disposition du testateur, il doit être mis en état de l'examiner. Le testament peut être nul, et alors il n'en résulte aucun droit pour l'institué; celui-ci ne peut donc être saisi que lorsque sa qualité est reconnue.

M. Portalis dit que le testament a ses effets tant qu'il n'est pas annulé.

Le Premier Consul dit que, pour éclairer la discussion, il faut remonter à l'article 7; cet article prouve que les dispositions de ce titre ne s'appliquent qu'aux successions *ab intestat*. On doit donc ajourner au titre *des Donations et des Testamens* la difficulté qui s'est élevée.

M. Bigot–Préameneu avoue que l'article 8 préjuge que les héritiers institués ne seront pas placés dans la classe de ceux qui sont de plein droit héritiers, qu'il réserve cette prérogative aux héritiers naturels, et qu'il leur remet l'hérédité pour la rendre ensuite aux héritiers institués.

M. Treilhard persiste à penser que l'article ne doit pas être changé.

L'héritier naturel, dit–il, est toujours certain ; l'héritier institué, au contraire, tire sa qualité d'un titre qui n'est pas jugé ; il peut ne présenter ce titre qu'après un long espace de temps : or, il faut que, dans l'intervalle, la succession repose sur une tête quelconque. Au surplus, la saisine de l'héritier naturel ne cause aucun préjudice à l'héritier institué.

Le Consul Cambacérès nie cette dernière proposition. Il importe à l'héritier institué, dit le Consul, de ne pas éprouver de retard dans sa jouissance, et de ne pas être forcé de s'engager dans une contestation pour l'obtenir ; ce serait d'ailleurs dénaturer les idées sur l'institution d'héritier. Dans le droit écrit, où elle était connue, elle excluait d'abord l'héritier naturel, et elle conservait sa force tant que le testament n'était pas annulé : on ne peut pas s'écarter de ces principes sans retomber dans ceux des pays coutumiers, et alors il n'y a plus de véritable institution. Ainsi l'article préjuge le fond de la chose, et même, de ce qu'il donne indistinctement la saisine à tous les héritiers, on pourrait en inférer que la libre disposition en collatérale ne serait plus admissible.

L'article est adopté, et renvoyé à la section pour en réduire les dispositions aux successions *ab intestat*.

M. Treilhard présente le chapitre II.

Il est ainsi conçu :

CHAPITRE II.

Des Qualités requises pour succéder.

Art. 9. « Pour succéder, il faut nécessairement exister à 725
« l'instant de l'ouverture de la succession.

« Ainsi sont incapables de succéder,

« 1°. Celui qui n'est pas encore conçu ;

« 2°. L'enfant mort-né, même quand il aurait donné
« quelques signes de vie ;

« 3°. Celui qui est mort civilement. »

Art. 10. « Un étranger n'est admis à succéder aux biens 726
« que son parent étranger ou français possède dans le terri-
« toire de la République, que dans les cas et de la manière
« dont un Français succède à son parent possédant des biens
« dans le pays de cet étranger. »

Art. 11. « Sont indignes de succéder et comme tels exclus 727
« des successions,

« 1°. Celui qui serait condamné pour avoir donné ou tenté
« de donner la mort au défunt ;

« 2°. Celui qui a porté contre le défunt une accusation
« capitale jugée calomnieuse ;

« 3°. L'héritier majeur qui, instruit du meurtre du défunt,
« ne l'aura pas dénoncé à la justice. »

Art. 12. « Le défaut de dénonciation ne peut être opposé 728
« aux ascendans et descendans du meurtrier, ni à ses alliés
« en ligne directe, ni à son époux ou à son épouse, ni à ses
« frères ou sœurs, ni à ses oncles et tantes, ni à ses neveux
« et nièces. »

Art. 13. « L'héritier exclu de la succession pour cause 729
« d'indignité est tenu de rendre tous les fruits et les revenus
« dont il a eu la jouissance depuis l'ouverture de la suc-
« cession. »

Art. 14. « Les enfans de l'indigne, venant à la succession 730

« de leur chef, et sans le secours de la représentation, ne sont
« pas exclus pour la faute de leur père ; mais celui-ci ne peut
« en aucun cas réclamer sur les biens de cette succession l'u-
« sufruit que la loi accorde aux pères et mères sur les biens
« de leurs enfans. »

725   L'article 9 est discuté.

M. Bérenger demande la suppression des nᵒˢ 1 et 2 de cet
article ; ils lui paraissent inutiles, puisqu'ils ne sont que des
conséquences évidentes et nécessaires du principe général
énoncé au commencement de l'article.

L'article est adopté, sauf rédaction.

726   L'article 10 est discuté.

Le Premier Consul dit que la disposition de cet article
est déjà placée dans le titre *de la Jouissance et de la Privation des droits civils.*

Le Consul Cambacérès propose de se borner à dire que
l'étranger succède conformément à l'article 5 de ce titre.

Cette proposition est adoptée.

727 à 730 Les articles 11, 12, 13 et 14 sont adoptés.

M. Treilhard présente le chapitre III, intitulé *des divers
Ordres de Successions.*

La section Iʳᵉ est ainsi conçue :

SECTION Iʳᵉ. — *Dispositions générales.*

731   Art. 15. « Les successions sont déférées aux descendans
« du défunt, à ses ascendans et à ses parens collatéraux, dans
« l'ordre et suivant les règles qui seront déterminés. »

732   Art. 16. « La loi ne considère ni la nature, ni l'origine
« des biens, pour en régler la succession. »

733   Art. 17. « Toute succession échue à des ascendans ou à
« des collatéraux se divise en deux parts égales ; l'une pour
« les parens de la ligne paternelle, l'autre pour les parens
« de la ligne maternelle.

« Il ne se fait aucune dévolution d'une ligne à l'autre que
« lorsqu'il ne se trouve aucun ascendant ni collatéral de
« l'une des deux lignes. »

Art. 18. « Cette première division opérée entre les lignes 734
« paternelle et maternelle, il ne se fait plus de division
« entre les diverses branches; mais la moitié dévolue à
« chaque ligne appartient à l'héritier ou aux héritiers les
« plus proches en degré, sauf le cas de la représentation,
« ainsi qu'il sera dit ci-après. »

Art. 19. « La proximité de parenté s'établit par le nombre 735
« des générations; chaque génération s'appelle un degré. »

Art. 20. « La suite des degrés forme la ligne : on appelle ligne 736
« directe la suite des degrés entre personnes qui descendent
« l'une de l'autre ; et ligne collatérale, la suite des degrés
« entre personnes qui ne descendent pas les unes des autres,
« mais qui descendent d'un auteur commun.

« On distingue la ligne directe en ligne directe descen-
« dante et ligne directe ascendante.

« La première est celle qui lie le chef avec ceux qui des-
« cendent de lui ; la deuxième est celle qui lie un individu
« avec ceux dont il descend. »

Art. 21. « En ligne directe, on compte autant de degrés 737
« qu'il y a de générations entre les personnes. Ainsi le fils est
« à l'égard du père au premier degré, le petit-fils au second,
« et réciproquement du père et de l'aïeul à l'égard des fils
« et petit-fils. »

Art. 22. « En ligne collatérale, les degrés se comptent par 738
« les générations, depuis l'un des parens jusques et non
« compris l'auteur commun, et depuis celui-ci jusqu'à l'autre
« parent.

« Ainsi deux frères sont au deuxième degré, l'oncle et le
« neveu sont au troisième degré, les cousins germains au
« quatrième ; ainsi de suite. »

L'article 15 est adopté.   731

L'article 16 est discuté.   732-733

Le Consul Cambacérès dit qu'il y a de la connexité entre cet article et le suivant.

Ils tendent à maintenir le droit établi ; ils conservent la fente et excluent la refente : cependant ces dispositions ne suffisent pas pour empêcher qu'une ligne ne s'enrichisse aux dépens de l'autre. Peut-être serait-il convenable de rétablir la règle *paterna paternis*, pourvu que ses effets ne s'étendissent pas au-delà des degrés de parenté assez proches pour que l'origine des biens ne soit enveloppée d'aucune incertitude. Ce serait s'écarter de la loi du 17 nivose : mais on sait que cette loi fut faite dans un esprit de morcellement, tandis que la disposition proposée serait très-propre à maintenir la paix dans les familles.

M. Bigot-Préameneu partage l'opinion du Consul ; elle lui paraît fondée sur les considérations qui ont toujours déterminé l'ordre de succéder. En effet, la loi règle cet ordre d'après les divers degrés d'affection qu'elle a dû supposer dans celui qui est décédé : or, dans tous les cœurs, on trouve le désir que les biens d'une famille ne passent pas à l'autre, par suite du système des successions. Mais les dispositions de la loi doivent être tellement combinées, qu'il n'en résulte pas de procès entre parens ; il est nécessaire de borner les effets de la règle *paterna paternis* à des degrés assez proches pour que l'origine des biens ne puisse être contestée. Resserré dans ces limites, le système proposé remplira le vœu général ; il favorisera les mariages, car un collatéral se rendra plus facile à donner lorsqu'il sera certain que jamais sa libéralité ne passera dans une autre famille.

M. Berlier dit que, pour bien se fixer sur la question, il faut voir ce qui existait en France avant la loi du 17 nivose an II.

La règle *paterna paternis*, dans beaucoup de pays de coutume, ne procurait pas seulement, en cas de mort *ab intestat*, la dévolution des propres anciens aux parens descendant de l'auteur commun qui les avaient possédés ; elle allait, en certains pays, jusqu'à interdire la disposition de cette espèce de biens par testament : ainsi, dans la coutume de Paris, on ne pouvait disposer que du quint, ou, en d'autres termes, du cinquième des propres.

Dans les pays de droit écrit, au contraire, l'on ne connaissait pas cette entrave dans la disposition de ses biens ; et en cas de mort *ab intestat*, ils passaient, sans distinction d'origine, au plus proche parent.

De ces deux systèmes, le dernier, plus simple, plus en harmonie avec le droit de propriété, et justifié surtout par l'affection présumée du défunt, devrait être préféré, sans doute, si la division des biens entre les deux lignes n'était un terme moyen propre à concilier des usages si opposés. Est-ce donc le cas de revenir à la règle *paterna paternis*, même en restreignant ses effets au cas de mort *ab intestat*, et au degré de cousin issu de germain? Mais d'abord l'ascendant commun de deux cousins issus de germains est le bisaïeul : or, pour distinguer les biens qui lui ont appartenu, il faudra souvent remonter à près d'un siècle, et cette opération ne sera pas toujours exempte de difficultés et de contestations.

En second lieu, si tous les biens ou la plus grande partie des biens étaient de cette espèce, serait-il juste que le cousin issu de germain exclût le parent de l'autre ligne, beaucoup plus proche que lui, un neveu, par exemple, ou même un frère utérin ou consanguin; et que celui-ci n'eût rien, tandis que l'autre aurait tout?

On peut, il est vrai, supposer aussi que les biens proviennent de la ligne du plus proche parent, qui, réunissant ainsi les deux titres, pourra trouver dur et injuste de venir à partage : mais si cette injustice existe quelquefois et si elle est sentie, un testament pourra la réparer; voilà le remède.

Mais la donnée la plus commune est que l'une et l'autre ligne ont à peu près également contribué à former la masse; et en s'arrêtant à cette donnée, on n'exproprie personne, et l'on évite à tous des procès qui souvent mangeraient l'héritage.

M. *Berlier* examine ensuite une objection d'une autre nature, déduite de l'intérêt des mariages, et fondée sur la répugnance qu'on aura de donner à un parent son bien pour le voir passer dans une famille étrangère.

Vaine terreur, dit M. *Berlier;* ou du moins elle sera plus que balancée par l'espoir de voir le donataire obtenir des enfans auxquels il transmettra le bénéfice du don sans altération : d'un autre côté, si le donateur a quelque crainte, il pourra stipuler le retour; et même, s'il est ascendant, il pourra s'en dispenser, puisqu'à ce titre, et d'après ce qui doit être proposé, il devra, à défaut de descendans du donataire, succéder à celui-ci dans les biens venant de lui.

L'expérience, d'ailleurs, répond mieux que tous les raisonnemens à l'objection qui est faite : se mariait-on moins, et les donations en faveur des mariages étaient-elles plus rares en pays de droit écrit, où la règle *paterna paternis* était inconnue, que dans les pays où elle était admise?

M. *Berlier* termine en observant que le système proposé par la section, et qui n'est que le maintien de la nouvelle législation en ce point, a pour lui l'avantage d'une épreuve de neuf années, et l'assentiment de presque tous les tribunaux consultés : ce qui n'est pas un faible argument en sa faveur, surtout quand on considère à quelle rigueur on est disposé aujourd'hui envers tout ce qui fut fait à cette époque.

M. PORTALIS dit qu'il n'admet avec aucune modification la règle *paterna paternis.*

Celui qui succède devient propriétaire; il peut donc disposer. S'il en était autrement, la propriété ne serait plus dans l'individu, elle serait dans la famille entière. Lorsque l'héritier dissipe, sa famille perd les biens sans retour; elle ne peut pas avoir plus de prétention à la propriété, par cela seul que le possesseur des biens n'a pas été un dissipateur.

La présomption de l'affection doit sans doute être consultée, mais dans le propriétaire actuel seulement.

Au surplus, les considérations qui ont fait supprimer le système des propres doivent aussi faire écarter la règle *paterna paternis*.

Les articles 16 et 17 sont adoptés.

Les articles 18, 19, 20, 21 et 22 sont adoptés. 734 à 738

La section II est soumise à la discussion.
Elle est ainsi conçue :

SECTION II. — *De la Représentation.*

Art. 23. « La représentation est une fiction de la loi, dont 739
« l'effet est de faire entrer les représentans dans la place,
« dans le degré et dans les droits du représenté. »

Art. 24. « La représentation a lieu à l'infini, dans la ligne 740
« directe descendante.

« Elle est admise dans tous les cas, soit que les enfans du
« défunt concourent avec les descendans d'un enfant prédé-
« cédé, soit que tous les enfans du défunt étant morts avant
« lui, les descendans desdits enfans se trouvent entre eux en
« degrés égaux ou inégaux. »

Art. 25. « La représentation n'a pas lieu en faveur des as- 741
« cendans ; le plus proche, dans chacune des deux lignes,
« exclut toujours le plus éloigné. »

Art. 26. « En ligne collatérale, la représentation est ad- 742
« mise dans les cas qui suivent :

« 1°. Si le défunt laisse des frères ou sœurs et des neveux
« ou nièces, ou, à leur défaut, des descendans d'eux, à
« quelque degré qu'ils puissent être ;

« 2°. Si un cousin germain laisse des cousins ou cousines
« germains et des enfans au premier degré d'un cousin ger-
« main prédécédé. »

Art. 27. « Dans ces cas, le neveu ou la nièce, ou, à leur Ib.
« défaut, leurs descendans, viennent par représentation du
« frère décédé, concurremment avec les frères survivans.

« Les enfans au premier degré du cousin germain viennent

« par représentation de leur père, concurremment avec le
« cousin germain survivant. »

743   Art. 28. « Dans tous les cas où la représentation est ad-
« mise, le partage s'opère par souche : si une même souche
« a produit plusieurs branches, la subdivision se fait aussi
« par souche dans chaque branche, et les individus de la
« même branche partagent entre eux par tête. »

744   Art. 29. « On ne représente pas les personnes vivantes,
« mais seulement celles qui sont mortes naturellement ou ci-
« vilement ; mais on peut représenter celui à la succession
« duquel on a renoncé. »

739 à 741   Les articles 23, 24 et 25 sont adoptés.

742   Les articles 26 et 27 sont discutés.

Le Consul Cambacérès dit que, d'après ces articles, le
petit-neveu se trouverait exclu lorsque le défunt ne laisserait point de frère.

M. Berlier trouverait injuste de ne point établir dans ce
cas même la représentation entre le neveu et le petit-neveu.
Il lui semble que la représentation ne cesse d'être favorable
que dans les cas où la généalogie serait très-difficile à établir ; ce qui ne saurait être pour le degré dont il s'agit.

M. Regnaud (de Saint-Jean-d'Angely) partage cet avis.
S'il est juste, dit-il, d'admettre le petit-neveu à la représentation, son droit ne doit pas dépendre de la circonstance
qu'il existe un frère du défunt : cette circonstance, au contraire, ne doit pas faire admettre le petit-neveu, s'il n'est
pas juste en soi qu'il vienne par représentation de son père.

M. Emmery dit que l'esprit de la section a été d'appeler
les neveux et les petits-neveux indistinctement, quand il
existerait un frère du défunt ; qu'il lui aurait paru inhumain,
quand il n'existe que des neveux, d'exclure les petits-neveux,
par la raison que leur père est décédé.

M. Regnaud (de Saint-Jean-d'Angely) dit que la rédaction
ne rend pas cette idée.

M. Portalis observe que la représentation n'est qu'une fiction de la loi.

On conçoit facilement, dit-il, que lorsque deux frères du défunt laissent des enfans, ces neveux viennent également à à la succession; mais les principes de la représentation ne permettent pas d'établir le même concours entre les neveux d'une part et les petits-neveux de l'autre. Ce ne sont pas, en effet, des vues d'humanité qui ont fait rétablir la représentation; ce sont des vues d'ordre, réglées sur les affections présumées du défunt. Or, les lois supposent que, dans le degré de petit-neveu, le lien de la parenté ne subsiste presque plus, puisqu'elles n'admettent pas à ce degré la récusation des juges. Ainsi, c'est une idée peu naturelle de priver d'une portion de la succession le neveu du défunt, objet immédiat de ses affections, pour gratifier de cette part un individu que le défunt a peut-être connu à peine. L'ordre des affections ne doit pas être calculé arbitrairement, mais d'après des présomptions raisonnables. Or, on sait que les relations de parenté, dans certains degrés éloignés, deviennent si étendues et si générales, qu'elles ne peuvent plus être des motifs d'affection. L'avis de la section paraît donc devoir être adopté : les raisons par lesquelles on l'a combattu militeraient également en faveur de la représentation à l'infini.

M. Berlier dit que, lorsqu'il s'agira de la *succession des cousins*, on pourra examiner s'il convient d'étendre la représentation jusqu'à ce degré, de manière que l'enfant du cousin germain concoure, par représentation de son père, avec le cousin germain lui-même : mais il s'agit en ce moment de *la succession dévolue à des frères ou descendans de frères.*

N'admettra-t-on, selon le droit romain, que le neveu du premier degré, à concourir avec le frère du défunt; et à défaut de frère, ce neveu exclura-t-il les petits-neveux et arrière-petits-neveux descendant d'autres frères du défunt? Telle est la question qui, malgré l'autorité du droit romain, ne saurait être résolue affirmativement, sans perpétuer une grande injustice.

Si la distribution des biens *ab intestat* a pour base l'affection présumée du défunt, il faut accorder l'effet avec la cause. Or, voyons ce qui se passe dans les familles; voilà la vraie règle à suivre en cette matière.

Un homme a un neveu, fils de son frère *Jean*, un petit-neveu descendant de son frère *Paul*, et, si l'on veut encore, un arrière-petit-neveu descendant de son frère *Philippe* : ces divers enfans n'auront-ils pas le plus souvent recueilli et partagé les caresses du défunt? n'est-ce point là, par rapport à un homme sans enfans, l'image de la primitive famille, et le tableau vivant qui lui rappelle tous ses frères?

Dans ce cercle très-étroit de personnes aussi intimement liées, la représentation n'est-elle pas un droit tracé par la nature elle-même?

M. *Berlier* finit en observant que le tribunal d'appel de Lyon a émis son vœu pour que, dans les successions dévolues à des frères et descendans de frères, tous ces descendans fussent admis à la représentation. L'opinant partage entièrement cet avis.

LE CONSEIL adopte en principe que les enfans des frères du défunt succèdent par représentation à l'infini.

LE PREMIER CONSUL dit que la disposition qui vient d'être adoptée ne paraît pas devoir être étendue aux cousins germains. Ils sont chefs de familles distinctes et séparées, et ne se connaissent que comme individus.

M. TRONCHET dit que le droit commun bornait la représentation à l'oncle et au neveu, qu'on vient d'y déroger peut-être avec raison pour le petit-neveu, mais que cette dérogation ne paraît pas avoir été étendue jusqu'aux cousins.

M. TREILHARD dit qu'il ne pense pas que la dérogation doive s'étendre aux cousins; et que, sur ce point, il n'a jamais partagé l'avis de la section.

LE CONSEIL rejette le n° 2 de l'article 26, et adopte en

principe que la représentation ne sera pas étendue aux cousins.

La suite de la discussion est ajournée.

(Procès-verbal de la séance du 2 nivose an XI. — 23 décembre 1802.)

On reprend la discussion de la section II du chapitre III du titre *des Successions.*

L'article 28 est discuté.   743

M. MALEVILLE dit que cet article laisse indécise la question de savoir si les neveux, enfans de divers frères, venant à la succession de leur oncle, sans concours d'aucun frère du défunt, succèdent par souche ou par tête. Cette question méritait d'autant plus une décision expresse, qu'elle a été autrefois très-controversée, et que d'ailleurs, de l'article qu'on discute, il résulte que les petits-enfans venant de divers enfans au premier degré, sans concours d'aucun de ceux-ci, succèdent cependant par souche.

M. *Maleville* convient que cette dernière décision est conforme à la jurisprudence, quoique, d'après cette jurisprudence, les neveux, dans le même cas, succèdent par tête. C'est une bizarrerie dont il serait difficile de donner des raisons satisfaisantes ; et il serait bien plus équitable et plus conséquent que les petits-enfans de divers frères, venant à la succession, comme les neveux, sans concours d'oncle, succédassent aussi par tête : il n'y a pas de motifs pour donner à un petit-fils, seul enfant d'un frère prédécédé, la moitié de la succession *ab intestat* de l'aïeul, tandis que cinq ou six autres petits-fils, venant d'un autre frère prédécédé, n'en auront chacun qu'un dixième ou un douzième ; mais enfin, si l'on veut conserver la jurisprudence actuelle, dans les deux cas, il faut l'appliquer formellement à tous les deux.

M. TREILHARD dit que le partage par tête est la conséquence nécessaire du concours d'héritiers dont aucun ne succède par représentation.

M. Tronchet dit que la représentation est une fiction admise pour empêcher l'exclusion d'un héritier plus éloigné par un héritier plus proche. Elle n'a donc pas lieu lorsque tous les héritiers sont au même degré; et alors aussi le partage se fait par tête. Mais il est inutile de s'en expliquer, puisqu'il n'y a là qu'une conséquence nécessaire du principe, et que, d'ailleurs, après avoir indiqué, dans l'article 26, les cas où il y a représentation, on indique, dans l'article 28, ses effets par rapport au partage.

M. Treilhard ajoute que le projet s'en explique à la section *des Successions collatérales.*

L'article est adopté.

744   L'article 29 est discuté.

M. Jollivet craint qu'en vertu de cet article, un individu ne puisse renoncer en haine de ses enfans ou de ses héritiers.

Le Consul Cambacérès dit que l'article se borne à décider qu'on peut venir à la succession de son aïeul, quoiqu'on ait renoncé à la succession de son père; que cependant il est une difficulté qu'il faut aborder : elle consiste à savoir si un individu peut venir à la succession de son aïeul, malgré qu'il ait renoncé à celle de son père.

M. Berlier dit que la question se rattache à l'article 75.

Le Consul Cambacérès consent au renvoi; mais il pense qu'il ne faut pas se lier en adoptant la première partie de l'article.

La première partie de l'article est adoptée, et la seconde ajournée.

La section III est soumise à la discussion.

Elle est ainsi conçue :

SECTION III. — *Des Successions déférées aux descendans.*

745   Art. 30. « Les enfans ou leurs descendans succèdent à leurs
« père et mère, aieuls, aïeules, ou autres ascendans, sans
« distinction de sexe ni de primogéniture, et encore qu'ils
« soient issus de différens mariages.

« Ils succèdent par égales portions et par tête, quand ils
« sont tous au premier degré et appelés de leur chef : ils
« succèdent par souche lorsqu'ils viennent tous, ou en par-
« tie, par représentation. »

Cet article est adopté.

La section **IV** est soumise à la discussion.

Elle est ainsi conçue :

SECTION IV.—*Des Successions déférées aux ascendans.*

Art. 31. « Les ascendans succèdent toujours, et à l'exclu- 747
« sion de tous autres, aux choses par eux données à leurs en-
« fans ou descendans, lorsque les donataires sont décédés
« sans postérité. »

Art. 32. « Si le défunt n'a laissé ni postérité, ni frère, ni 746
« sœur, ni descendans d'eux, la succession se divise par
« moitié entre les ascendans de la ligne paternelle et les as-
« cendans de la ligne maternelle.

« L'ascendant qui se trouve au degré le plus proche re-
« cueille la moitié affectée à sa ligne, à l'exclusion de tous
« autres.

« Les ascendans au même degré succèdent par tête. .

Art. 33. « Lorsque les père et mère d'un individu mort 748
« sans postérité lui ont survécu, s'il a laissé des frères,
« sœurs ou des descendans d'eux, la succession se divise en
« deux portions égales, dont moitié seulement est déférée au
« père et à la mère, qui la partagent entre eux également.

« L'autre moitié appartient aux frères, sœurs ou descen-
« dans d'eux, ainsi qu'il sera expliqué à la section *des Suc-*
« *cessions collatérales.* »

Art. 34. « Dans le cas où l'individu mort sans postérité 749
« laisse des frères, sœurs ou des descendans d'eux, si le père
« ou la mère est prédécédé, la portion qui lui aurait été dé-
« volue conformément au précédent article se réunit à la
« moitié déférée aux frères, sœurs ou à leurs représentans,

« ainsi qu'il sera expliqué à la section *des Successions colla-*
« *térales.* »

ap. 749   Art. 35. « Les ascendans, autres que les père et mère, ne
« sont jamais appelés qu'à défaut de frère ou sœur du défunt,
« ou de descendans qui les représentent. »

747   L'article 31 est discuté.

M. TRONCHET dit que cet article est nécessaire pour détruire un inconvénient de la loi du 17 nivose, dont les dispositions faisaient craindre que ce que l'on donnait à ses enfans ne passât dans une autre ligne. Cependant l'article a
besoin de quelques explications : la réversion des meubles et
immeubles trouvés en nature ne souffre point de difficultés ;
mais il y aurait remploi des choses aliénées. Ensuite, ce mot
choses exprime-t-il les choses mobilières et les sommes
d'argent?

M. TREILHARD dit que la section a entendu appliquer la
réversion à toutes les choses données qui se trouveraient en
nature dans l'hérédité ; que l'argent même peut se retrouver
dans le cas d'une créance qui n'est pas encore payée.

M. MALEVILLE dit qu'on doit aller plus loin, et décider
que le père reprendra sur les biens du mari les sommes d'argent qu'il aura constituées en dot à sa fille, lorsqu'elles ne se
retrouveront pas en nature dans sa succession.

M. TREILHARD dit que le droit de retour embrasse tout ce
qui existe en nature, ou, en cas d'aliénation, l'action en
paiement du prix qui peut encore être dû, et, par la même
raison, l'action en reprise qui pouvait appartenir à la donataire sur les biens de son mari.

LE CONSUL CAMBACÉRÈS dit que probablement M. *Maleville*
suppose que la dot est placée, et il demande si alors le père
pourra la reprendre en argent, ou si le mari sera fondé à la
refuser, sous prétexte qu'il en a disposé, et qu'elle n'existe
plus en nature.

M. TRONCHET dit que la rédaction de l'article n'exclut pas
la créance du père.

Le Consul Cambacérès dit qu'il partage cette opinion; mais qu'il est utile de ne plus laisser subsister de difficulté sur la manière d'entendre l'article.

La section est chargée de réformer la rédaction de l'article, sous ce rapport.

M. Réal demande si le droit de réversion attribué au père par l'article ne changera rien aux donations qu'auront pu se faire les époux.

M. Treilhard dit que la question est prématurée, et qu'elle doit être renvoyée au titre *des Donations*.

M. Regnaud (de Saint-Jean-d'Angely) demande si le père aura un droit de retour, dans le cas où le fils aura vendu un immeuble reçu en dot et en aura employé le prix dans le commerce.

M. Tronchet répond que ce droit n'appartient au père qu'autant qu'il a stipulé le retour.

M. Treilhard ajoute que si le père n'a pas pris cette précaution, le fils a eu tellement droit de disposer, qu'il a même pu donner.

L'article est adopté.

L'article 32 est discuté. 746

M. Tronchet dit que la dernière disposition de l'article est trop générale; qu'il convient de la rédiger ainsi : *Les ascendans au même degré et de la même ligne succèdent par tête.*

L'article est renvoyé à la section.

L'article 33 est adopté. 748

Les articles 34 et 35 sont discutés. 749 et ap.

Le Consul Cambacérès demande si l'effet de l'article 34 est réduit au cas du double lien.

M. Tronchet dit que ces difficultés ont été proposées par les tribunaux.

On a observé que l'intention du projet était de rétablir l'équilibre détruit par la suppression du système des propres ; mais, a-t-on ajouté, un défunt peut laisser après lui un frère utérin et son père. Si la mère est décédée, et que les frères excluent indistinctement les ascendans, le frère utérin exclura le père, et fera passer les biens dans la ligne maternelle. On a demandé, en conséquence, que la fente se fasse au premier degré de la ligne ascendante, comme elle se fait au premier degré de la ligne collatérale.

Les deux articles sont adoptés avec ces amendemens.

La section V est soumise à la discussion.

Elle est ainsi conçue :

SECTION V. — *Des Successions collatérales.*

750   Art. 36. « En cas de prédécès des père et mère d'un indi-
« vidu mort sans postérité, ses frères, sœurs ou leurs descen-
« dans, sont appelés à la succession, à l'exclusion des ascen-
« dans et des autres collatéraux.

« Ils succèdent, ou de leur chef ou par représentation,
« ainsi qu'il a été réglé à la section *de la Représentation*. »

751   Art. 37. « Si les père et mère de l'individu mort sans pos-
« térité lui ont survécu, ses frères, sœurs ou leurs représen-
« tans ne sont appelés qu'à la moitié de la succession. Si le
« père ou la mère seulement a survécu, ils sont appelés à
« recueillir les trois quarts. »

752   Art. 38. « Les frères et sœurs utérins ou consanguins ne
« sont pas exclus par les frères ou sœurs germains; mais
« ils ne prennent part que dans la moitié attribuée à leur
« ligne. Les frères ou sœurs germains prennent part dans les
« deux lignes. »

753   Art. 39. « A défaut de frère ou sœur ou de descendans
« d'eux, et, à défaut d'ascendans, dans l'une ou l'autre ligne,
« la succession est déférée, toujours par moitié dans chaque
« ligne, aux parens les plus proches.

« S'il y a concours de parens collatéraux au même degré,
« ils partagent par tête, sans préjudice de la représentation
« des cousins germains, ainsi qu'il a été dit à la section *de la
« Représentation.*

Art. 40. « Dans le cas de l'article précédent, le père ou la 754
« mère survivant a l'usufruit du tiers des biens auxquels il ne
« succède pas en propriété. »

Art. 41. « Les parens au-delà du douzième degré ne succè- 755
« dent pas.

« A défaut de parens au degré successible dans une ligne,
« les parens de l'autre ligne succèdent pour le tout. »

Ces six articles sont adoptés sauf rédaction.

M. TREILHARD présente le chapitre IV, intitulé, *des Droits*
des enfans naturels sur les biens de leurs père ou mère, et de
la Succession aux biens des enfans naturels.

La section première est ainsi conçue :

SECTION 1re. — *Des Droits des enfans naturels sur les biens de*
leurs père ou mère.

Art. 42. « Les enfans naturels n'ont qu'une créance sur les 756
« biens de leurs père ou mère décédés ; la loi ne la leur ac-
« corde que lorsqu'ils ont été légalement reconnus.

« La loi ne leur accorde aucun droit sur les biens des pa-
« rens de leurs père ou mère. »

Art. 43. « Le droit de l'enfant naturel sur les biens de ses 757
« père ou mère est réglé ainsi qu'il suit :

« Si le père ou la mère a laissé des descendans légitimes,
« ce droit est d'un tiers de la portion héréditaire que l'enfant
« naturel aurait eue s'il eût été légitime : il est de la moitié
« lorsque les père ou mère ne laissent pas de descendans,
« mais bien des ascendans ; il est des trois quarts lorsque les
« père ou mère ne laissent ni descendans ni ascendans. »

Art. 44. « L'enfant naturel a droit à la totalité des biens 758
« lorsque ses père ou mère ne laissent pas de parens aux de-
« grés successibles. »

Art. 45. « En cas de prédécès de l'enfant naturel, ses en- 759
« fans ou descendans peuvent réclamer les droits fixés par
« les articles précédens. »

760   Art. 46. « L'enfant naturel ou ses descendans sont tenus
« d'imputer, sur ce qu'ils ont droit de prétendre, tout ce
« qu'ils ont reçu du père ou de la mère dont la succession
« est ouverte, et qui serait sujet à rapport d'après les règles
« établies au chapitre VII, section *des Rapports*. »

761   . Art. 47. « Toute réclamation leur est interdite lorsqu'ils
« ont reçu, du vivant de leur père ou de leur mère, la moi-
« tié de ce qui leur est attribué par les articles précédens,
« avec déclaration expresse, de la part de leurs père ou mère,
« que leur intention est de réduire l'enfant naturel à la por-
« tion qu'ils lui ont assignée.

    « Dans le cas où cette portion serait inférieure à la moitié
« de ce qui devrait revenir à l'enfant naturel, il ne pourra
« réclamer que le supplément nécessaire pour parfaire cette
« moitié. »

762   Art. 48. « Les dispositions des articles 43 et 44 ne sont pas
« applicables aux enfans adultérins ou incestueux.

    « La loi ne leur accorde que des alimens. »

763   Art. 49. « Ces alimens sont réglés, eu égard aux facultés
« du père ou de la mère, au nombre et à la qualité des héri-
« tiers légitimes. »

ap. 763   Art. 50. « Le remboursement du capital des alimens pourra
« cependant être ordonné à la majorité de l'enfant, si ce
« remboursement est jugé utile pour lui assurer un état, et si
« sa conduite passée présente une garantie suffisante de sa
« conduite future. »

764   Art. 51. « Lorsque le père ou la mère de l'enfant adultérin
« ou incestueux lui auront fait apprendre un art mécanique,
« ou lorsque l'un d'eux lui aura assuré des alimens de son
« vivant, l'enfant ne pourra élever aucune réclamation contre
« leurs successions. »

756   L'article 42 est discuté.

    M. JOLLIVET dit que cet article paraît en contradiction avec
l'article 43, qui semble donner une part héréditaire à l'enfant naturel.

M. Treilhard répond que l'article 43, comme l'article 42, n'attribue à l'enfant qu'une simple créance.

Le Consul Cambacérès désirerait qu'on évitât le mot *créance*; qu'on se bornât à déclarer que les enfans naturels ne sont pas héritiers ; mais que la loi leur accordât un droit sur les biens de leur père.

L'article est adopté avec l'amendement du Consul.

L'article 43 est discuté.   757

M. Maleville dit que les trois quarts de la portion héréditaire sont trop pour les enfans naturels lorsqu'ils sont en concurrence avec les frères et sœurs du défunt ; que, d'ailleurs, l'article n'est pas concordant avec la disposition qui règle le concours dans les successions entre les ascendans et les frères.

Le Consul Cambacérès propose de ne donner aux enfans naturels que la moitié de la portion héréditaire quand il existe des frères et sœurs du défunt.

L'article est adopté avec l'amendement du Consul.

L'article 44 est discuté.   758

M. Jollivet demande que la totalité des biens du défunt appartienne aux enfans naturels quand les héritiers du père et de la mère sont au sixième degré.

M. Maleville pense que l'article s'accorde mieux avec la disposition qui refuse le titre d'héritier aux enfans naturels.

Le Consul Cambacérès dit qu'en effet ce serait contredire cette disposition, que de rendre les enfans naturels héritiers, tant qu'il reste des parens aux degrés successibles. D'ailleurs on ignore si les enfans naturels seront déclarés incapables de recevoir de leur père plus qu'il ne leur est attribué par les articles 43 et 44. En les supposant exempts de cette capacité, on conçoit que le père pourra disposer en leur faveur, et ajouter à ce que la loi leur attribue.

L'article est adopté.

L'article 45 est discuté.   759

Le Consul Cambacérès demande si l'enfant naturel du bâtard jouira du bénéfice de cet article.

M. Berlier observe que l'article ne peut s'appliquer dans toute sa latitude à un tel enfant, puisqu'on a décidé, 1° qu'il n'était pas héritier, mais simplement créancier; 2° que cette créance, réduite à une quotité des biens et droits du père, ne les représente conséquemment point en entier.

Le Consul Cambacérès objecte que, quoique l'enfant naturel ne soit pas héritier, il a cependant droit à un tiers d'une part héréditaire dans la succession de son père. L'article transmet ce droit à ses descendans. Or, s'il n'a que des enfans naturels, ils auront un neuvième dans la succession de leur aïeul.

L'article est adopté.

760-761   Les articles 46 et 47 sont adoptés.

762   L'article 48 est discuté.

M. Tronchet rappelle que, d'après des dispositions antérieurement arrètées, les enfans adultérins et incestueux ne peuvent être reconnus. Il semble donc impossible de comprendre le père dans cet article, puisque, d'un côté, la paternité ne saurait être légalement avouée, et que, de l'autre, elle n'est pas, comme la maternité, naturellement certaine.

M. Treilhard dit que la section s'est déterminée par la considération que la recherche de la paternité donnerait aussi, en certains cas, la preuve de la paternité, comme dans l'hypothèse de l'enlèvement de la mère.

L'article est adopté.

763   L'article 49 est adopté.

763   L'article 50 est discuté.

M. Bigot-Préameneu s'élève contre cet article, parce que, quoiqu'on ne puisse refuser des alimens, on ne peut, sans blesser les bonnes mœurs, admettre la procédure en remboursement du capital de ces alimens.

M. Regnaud (de Saint-Jean-d'Angely) appuie cette opinion, attendu qu'une semblable demande conduirait à disputer les biens du père et de la mère, et qu'il y aurait deux procès, l'un pour obtenir la pension, l'autre pour obtenir le remboursement du capital.

M. Treilhard répond que ce remboursement ne serait pas dû de plein droit; mais seulement dans le cas où l'enfant aurait tenu une bonne conduite. Au surplus, on pourrait ne permettre cette demande qu'après la mort du père.

M. Boulay dit qu'elle ne peut être admise qu'alors, puisque les enfans, en général, n'ont point d'action pour se faire doter par leur père.

Le Consul Cambacérès dit que cet article donne aux enfans adultérins un avantage qui est refusé aux enfans naturels. Au reste, s'ils doivent en jouir, il est préferable qu'ils exercent leur action du vivant du père, plutôt qu'à l'époque où ses biens se trouveront partagés entre ses héritiers.

M. Bigot-Préameneu demande la suppression de l'article. Un père, dit-il, peut avoir transigé pour cacher au public qu'il a un enfant adultérin ou incestueux. Sa prévoyance serait déjouée, si, après sa mort, il était possible de divulguer sa faute pour former une demande contre ses héritiers.

L'article est retranché.

L'article 51 est adopté.   764

La section II est soumise à la discussion.

Elle est ainsi conçue :

SECTION II. — *De la Succession aux biens des enfans naturels.*

Art. 52. « La succession de l'enfant naturel est dévolue 765-766 « en premier ordre à ses enfans ou descendans ; à leur dé- « faut, au père ou à la mère, ou par moitié à tous les deux, « quand ils ont été reconnus par l'un et par l'autre.

« A défaut des père et mère, la succession est dévolue aux « frères et sœurs du défunt, sans distinction des frères légi- « times et naturels, ou à leurs descendans. »

Art. 53. « La succession de l'enfant naturel n'est dévolue
« à ses père ou mère, frères ou sœurs, que lorsqu'il a été
« légalement reconnu : elle est au surplus recueillie confor-
« mément aux règles générales sur les successions. »

Ces deux articles sont discutés.

Le Consul Cambacérès n'aperçoit point les motifs qui ont
pu déterminer la section à déférer l'hérédité des enfans naturels à leur père, à leur mère, à leurs frères, à leurs sœurs ;
il lui semble que ce serait assez d'accorder au père et à la
mère un droit de retour.

M. Treilhard observe que le fisc seul se trouve exclu par
cet article.

Le Consul Cambacérès dit qu'il faudrait supposer entre
l'enfant naturel et ceux qu'on appelle à sa succession une
réciprocité qui est impossible.

M. Regnaud (de Saint-Jean-d'Angely) dit que l'enfant
naturel ne doit avoir pour héritiers que ses descendans ; qu'à
l'égard des autres personnes avec lesquelles la nature lui a
donné des rapports, il pourra les avantager en usant de la
faculté qui lui appartient de disposer indéfiniment de ses
biens lorsqu'il n'a pas d'enfans.

M. Treilhard répond qu'il serait inutile d'établir des
successions, si la faculté de disposer, qui appartient d'ailleurs à tous, pouvait y suppléer ; mais il s'agit ici de régler
des successions *ab intestat* : or, il est naturel que les frères
d'un enfant reconnu soient préférés au fisc.

M. Defermon dit qu'il est impossible d'admettre qu'un
père puisse donner à ses enfans naturels le droit de faire
partie de sa famille.

M. Treilhard réplique que la préférence accordée aux
enfans naturels ne leur donne pas plus une famille qu'au
fisc et à l'époux survivant, lorsqu'ils sont appelés à recueillir
la succession à défaut de parens.

D'ailleurs, on ne peut pas dire qu'un enfant naturel reconnu n'ait point de famille. Et pour qui propose-t-on d'a-

néantir les effets de la reconnaissance? Pour l'intérêt du fisc, qui ne vient qu'à défaut de tout autre héritier.

M. Emmery dit que l'article est favorable même aux frères légitimes de l'enfant naturel, parce qu'il peut leur rendre, s'ils lui survivent, la part qu'il a eue dans le patrimoine du père commun.

Le Consul Cambacérès dit qu'il serait juste de donner la préférence à l'épouse de l'enfant naturel sur ses frères et sœurs.

M. Regnaud (de Saint-Jean-d'Angely) dit qu'on a voulu favoriser les liens de famille, en ne les étendant, dans aucun cas, aux enfans naturels; qu'on ne peut donc admettre que ces enfans seront représentés dans une succession.

M. Berlier dit qu'aucun des motifs qui ont été allégués ne peut empêcher d'établir une successibilité qui ne lèse personne.

M. Treilhard dit que, du moment qu'on a admis la reconnaissance des enfans naturels, on a admis aussi les conséquences que la section en tire. Quand le père avoue sa paternité, il n'y a plus de scandale ultérieur à craindre : maintenant, si cet enfant naturel vient à mourir sans descendans, quels sont ceux qui se disputeront la succession? Ce seront, d'un côté, ceux qui lui sont unis par le sang; de l'autre, le fisc : or, il est déjà décidé que l'enfant naturel succède, quand tous les degrés de la parenté légitime sont épuisés; on ne peut donc lui refuser l'hérédité de son frère légitime. Pourquoi le frère légitime ne succéderait-il pas à son tour au frère naturel, puisqu'aux yeux de la loi ils sont reconnus pour enfans du même père?

M. Bigot-Préameneu dit que lorsque l'enfant naturel ne laisse point de descendans, sa femme, qui faisait partie de sa famille, vient en premier ordre.

S'il ne laisse point de femme, ses frères doivent être ses héritiers. Cependant il ne faut pas qu'il y ait un concours entre les frères légitimes et les frères naturels : ces derniers ne doivent venir qu'à défaut des autres, et c'est dans cet ordre qu'ils doivent prendre la succession par exclusion du fisc.

M. TRONCHET dit que la difficulté vient de ce que la disposition qu'on discute n'est point à sa place. Les successions légitimes ne sont dévolues que dans les degrés de la parenté civile; mais on admet encore un autre genre de successions qu'on nomme irrégulières : c'était là qu'il fallait reporter la disposition. Elle n'établit plus alors qu'une manière de déférer les biens quand il n'y a pas d'héritier, et alors aussi vient le principe *fiscus post omnes*.

A l'égard de la vocation des frères légitimes, puisque le fisc se trouve exclu, elle présente une compensation de ce qu'ils ont perdu de la succession de leur père, par la part qui a été donnée à leur frère naturel.

LE CONSUL CAMBACÉRÈS pense aussi que la disposition n'est point à sa place; mais la difficulté qu'on rencontre vient aussi de ce que l'article est trop général.

Il ajoute que, pour éviter toute contradiction, on pourrait reléguer les dispositions de cette section dans un titre particulier. Là on réduirait les enfans légitimes à prendre la portion donnée à l'enfant naturel dans le patrimoine du père commun; mais on ne leur donnerait point, avec le titre d'héritiers, la totalité de la succession; la parenté civile peut seule, en effet, constituer des héritiers. A la vérité, le fisc n'est point favorable; mais comme il a la charge des enfans naturels, il est bon aussi qu'il leur succède quelquefois; et quand la partie de la succession qui provenait du père est rendue aux enfans légitimes, la préférence du fisc n'a plus rien d'odieux.

LE CONSEIL adopte la proposition du Consul.

Ces articles sont renvoyés à la section.

(Procès-verbal de la séance du 9 nivose an XI. — 30 décembre 1802.)

M. Treilhard présente le chapitre V du titre *des Suc-*
cessions.

Il est ainsi conçu :

CHAPITRE V.

Des Successions déférées au conjoint survivant ou à la République.

Art. 54. « Lorsque le défunt ne laisse ni parens au degré 767
« successible , ni enfans naturels, sa succession est déférée
« au conjoint qui lui survit. »

Art. 55. « A défaut de conjoint survivant, la succession 768
« est acquise à la République. »

Art. 56. « Le conjoint survivant et l'administration des 769
« domaines, qui prétendent droit à la succession, sont tenus
« de faire apposer les scellés , et de faire faire inventaire
« dans les formes prescrites pour l'acceptation des succes-
« sions sous bénéfice d'inventaire. »

Art. 57. « Ils doivent demander l'envoi en possession au 770
« tribunal de première instance dans le ressort duquel la
« succession est ouverte ; le tribunal ne peut statuer sur la
« demande qu'après trois publications et affiches dans les
« formes usitées , et après avoir entendu le commissaire du
« gouvernement. »

Art. 58. « L'époux survivant est encore tenu de faire em- 771
« ploi du mobilier, ou de donner caution suffisante pour en
« assurer la restitution, au cas où il se présenterait des héri-
« tiers du défunt dans l'intervalle de trois ans ; après ce dé-
« lai , la caution est déchargée. »

Art. 59. « L'époux survivant ou l'administration des do- 772
« maines, qui n'auraient pas rempli les formalités qui leur
« sont respectivement prescrites , pourront être condamnés

« aux dommages et intérêts des héritiers, s'il s'en repré-
« sente. »

773   Art. 60. « Les dispositions des articles 56, 57, 58 et 59,
« sont communes aux enfans naturels appelés à défaut de
« parens. »

767   L'article 54 est discuté.

M. MALEVILLE dit que, dans le droit ancien, les dispositions de cet article recevaient diverses exceptions. L'époux
survivant qui s'était rendu coupable d'injures atroces contre
le prédécédé, ou qui avait négligé de venger sa mort, ou de le
secourir dans sa dernière maladie, et surtout la femme qui
avait abandonné son mari ou qui en était séparée, perdait le
droit de lui succéder. Il serait utile peut-être, pour la conservation des mœurs et le maintien du bon ordre dans les
familles, de ne pas s'écarter entièrement de cette ancienne
législation.

M. TRONCHET dit que l'article ne doit pas être modifié par
les exceptions dont parle M. *Maleville*.

L'abandon est un cas de divorce : si le mari ne l'a pas fait
valoir, personne après sa mort ne peut l'invoquer contre la
femme.

Quant à la séparation de corps, elle est un remède extrême accordé à la femme maltraitée par son mari : ainsi, si
la séparation devait la faire exclure de la succession, elle
serait punie des excès dont elle n'a été que la victime ; ce
serait plutôt l'époux contre lequel la séparation a été prononcée qui pourrait être privé de la succession de son épouse.

M. BERLIER dit que l'opinion de M. *Tronchet*, opinion
qu'il est loin de partager, vient de le convaincre de l'utilité
de l'explication proposée par M. *Maleville*, et de la nécessité
d'insérer en l'article quelques expressions qui excluent formellement l'époux séparé de corps.

Pour justifier cet avis, M. *Berlier* observe que le système
de successibilité répose en général sur l'affection présumée
du défunt jointe au lien de famille. A défaut de parens suc-

cessibles, il est fort juste de déférer la succession à l'époux, qui a pour lui la présomption légale d'une juste affection ; mais cette présomption existe-t-elle dans le cas de la séparation ? Y a-t-il autre chose que de la haine entre des époux séparés, et leur position respective n'est-elle pas pire que celle de deux personnes qui ont toujours été étrangères l'une à l'autre ? Le lien rompu ne laisse plus que des souvenirs amers.

Inutilement dit-on qu'ils peuvent se réunir. Qu'est-ce qu'une telle hypothèse, quand on doit raisonner d'après une situation positive, et quand la séparation de corps n'est souvent elle-même que le préliminaire du divorce ?

M. *Tronchet* a déploré le sort d'une femme qui, s'étant fait séparer à cause des mauvais traitemens qu'elle aurait reçus de son mari, très-malheureuse et fort à plaindre sous ce rapport, perdrait encore son droit éventuel à un ordre de succession d'ailleurs très-rare : mais il faut voir aussi le cas inverse ; et si c'est la femme qui prédécède sans parens, le mari coupable lui succédera donc ; car le droit de successibilité est réciproque, et cette matière n'admet pas de distinction.

M. *Berlier* termine en disant que, quelque peu favorable que soit le fisc, il n'existe aucun motif raisonnable pour que des époux séparés de corps succèdent l'un à l'autre en aucun cas.

M. BIGOT-PRÉAMENEU dit qu'il faut moins se déterminer par des calculs d'affection que par la préférence qui est due à tous sur le fisc.

M. TREILHARD dit que la séparation de corps a été mise à côté du divorce, par respect pour les opinions religieuses ; qu'ainsi elle le remplace quelquefois. Il adopte l'opinion de M. *Maleville*.

M. TRONCHET revient sur sa première opinion. Il considère, en effet, que l'hérédité n'est laissée au survivant que pour le consoler de la perte qu'il a faite. Or, ce motif n'existe plus quand il y a séparation de corps. Cependant le simple abandon ne doit pas produire une exception qui serait une source féconde de procès et qui ne favoriserait que le fisc. L'abandon est d'ailleurs une cause de divorce.

LE CONSEIL adopte en principe que l'époux survivant n'est pas admis à la succession de l'époux prédécédé, lorsqu'il y a séparation de corps.

L'article est renvoyé à la section, pour le rédiger conformément à ce principe.

768 à 773   Les articles 55, 56, 57, 58, 59 et 60 sont adoptés.

M. MALEVILLE observe qu'on a omis dans ce chapitre une disposition reçue par la jurisprudence, qui donnait une pension à l'époux survivant, lorsqu'il était pauvre et qu'il ne recueillait pas la succession.

M. TREILHARD répond que, par l'article 55 (*), on lui accorde l'usufruit d'un tiers des biens.

M. *Treilhard* présente le chapitre VI, intitulé, *de l'Acceptation des successions, et de la Répudiation*.

La section Ire est ainsi conçue :

SECTION Ire. — *De l'Acceptation des successions.*

775   Art. 61. « Nul n'est tenu d'accepter une succession qui lui « est échue. »

776   Art. 62. « Ceux qui ne sont pas capables de s'obliger ne « peuvent pas valablement accepter une succession. »

777   Art. 63. « L'effet de l'acceptation remonte au jour de l'ou- « verture de la succession. ✓

778   Art. 64. « L'acceptation peut être expresse ou tacite : elle « est expresse quand on prend le titre ou la qualité d'héri- « tier dans un acte authentique ou privé ; elle est tacite

---

(*) L'article 55 ne dit pas un mot de cela; le 40e accorde au survivant des père et mère, dans la succession de son enfant, l'usufruit du tiers des biens auxquels il ne succède pas en propriété; mais on n'en trouve aucun qui attribue cet usufruit au survivant des époux sur les biens de l'autre.

« quand l'héritier fait un acte qu'il n'a droit de faire qu'en
« sa qualité d'héritier. »

Art. 65. « Les actes purement conservatoires de surveillance ᷉᷉9
« et d'administration provisoire ne sont pas des actes d'adi-
« tion d'hérédité, si l'on n'y a pas pris le titre et la qualité
« d'héritier. »

Art. 66. « La donation, vente ou transport que fait de ses ᷉᷉o
« droits successifs un des cohéritiers, soit à un étranger, soit
« à tous ses cohéritiers, soit à quelques-uns d'eux, emporte,
« de sa part, acceptation de la succession.

« Il en est de même, 1° de la renonciation, même gratuite,
« que fait un des héritiers au profit d'un ou plusieurs de ses
« cohéritiers ; 2° de la renonciation qu'il fait, même au profit
« de tous ses cohéritiers indistinctement, lorsqu'il reçoit le
« prix de sa renonciation. »

Art. 67. « Celui contre lequel un créancier de la succession ap. 780
« a obtenu un jugement, même contradictoire, passé en
« force de chose jugée, qui le condamne comme héritier,
« n'est réputé héritier, en vertu de ce jugement, qu'à l'égard
« seulement du créancier qui l'a obtenu. »

Art. 68. « Lorsque celui à qui une succession est échue 781
« est décédé sans l'avoir répudiée ou sans l'avoir acceptée
« expressément ou tacitement, ses héritiers peuvent l'ac-
« cepter ou la répudier de son chef. »

Art. 69. « Si ces héritiers ne sont pas d'accord pour ac- 782
« cepter ou pour répudier la succession, elle doit être accep-
« tée sous bénéfice d'inventaire. »

Art. 70. « Le majeur ne peut attaquer l'acceptation ex- 783
« presse ou tacite qu'il a faite d'une succession, que dans le
« cas où cette acceptation aurait été la suite d'un dol pratiqué
« envers lui ; il ne peut jamais réclamer sous prétexte de lé-
« sion, excepté seulement dans le cas où la succession se
« trouverait absorbée ou diminuée de plus de moitié par la
« découverte d'un testament inconnu au moment de l'accep-
« tation. »

774   Art. 71. « Une succession peut être acceptée purement et « simplement, ou sous bénéfice d'inventaire. »

775   L'article 61 est adopté.

776   L'article 62 est discuté.

Le Consul Cambacérès dit que cet article n'est pas assez étendu. On ne sait point ce que deviendra la succession qui écherra à un mineur.

M. Treilhard dit que le cas est prévu au titre *de la Tutelle.*

M. Tronchet dit que l'objet de l'article est d'empêcher un interdit ou un mineur d'accepter trop légèrement une succession onéreuse. On peut au surplus supprimer l'article, parce que ses dispositions sont établies par le titre relatif *aux mineurs, aux interdits* et *aux femmes.*

L'article est supprimé.

777   L'article 63 est adopté.

778   L'article 64 est discuté.

Le Consul Cambacérès dit qu'il y a peut-être quelque danger à faire résulter d'un acte privé l'acceptation d'une hérédité.

M. Treilhard dit qu'il est difficile d'exclure les actes de cette nature.

M. Réal dit qu'il faut définir ces actes, afin de ne point laisser d'induction arbitraire.

L'article est adopté.

779-780   Les articles 65 et 66 sont adoptés.

ap. 780   L'article 67 est discuté.

M. Tronchet dit que, dans le projet de Code civil, on avait fait une distinction entre les jugemens contradictoires et les jugemens par défaut : ces derniers ne profitaient qu'aux demandeurs ; mais quand la qualité contestée par l'héritier avait été jugée contradictoirement avec lui, elle était constatée à l'égard de tous.

M. Treilhard dit que la section n'a pas cru devoir admettre

cette distinction. En principe général, les jugemens contradictoires ou par défaut ne profitent qu'à ceux qui les obtiennent; et il est possible, d'ailleurs, que le condamné ait été mal défendu, qu'il ait été trahi par ses défenseurs, ou qu'on n'ait point allégué tous ses moyens.

M. DEFERMON objecte qu'il est possible aussi que le condamné traite avec sa partie adverse, retire les pièces et les supprime.

M. TREILHARD répond que, si l'on s'arrête aux prévarications possibles, aucune loi ne peut être bonne. Au surplus, l'existence des pièces est constatée par le premier jugement.

M. BOULAY objecte que la vérité est une, et qu'on ne peut avoir à l'égard de l'un une qualité qu'on n'ait point à l'égard d'un autre.

M. MURAIRE dit qu'il serait difficile de ne pas regarder comme ayant accepté l'hérédité celui qui a laissé passer en force de chose jugée le jugement qui le déclare héritier : par son silence il a évidemment manifesté sa volonté; cette preuve est même plus forte que celle qu'on peut tirer d'un acte sous seing-privé.

M. EMMERY dit que cet argument n'a de force que dans le cas d'un jugement contradictoire. A l'égard des jugemens par défaut, ils sont souvent obtenus à l'insu de celui qu'ils frappent. On objectera qu'ils sont susceptibles d'opposition : mais les déboutés d'opposition s'obtiennent d'une manière aussi cachée que les jugemens par défaut; et quand on considère que la négligence d'un avoué ou d'un domestique peut compromettre la fortune d'un citoyen, on est disposé à donner moins d'importance à ces sortes de condamnations.

M. MALEVILLE dit que si celui qui a fait acte d'héritier est par cela seul réputé, à l'égard de tous, avoir accepté la succession, à plus forte raison doit-il en être ainsi de celui dont la qualité a été jugée d'après une plaidoirie contradictoire. Pour faire adopter l'opinion contraire, on dit qu'un jugement n'a de force qu'à l'égard de celui contre lequel il est rendu, et qu'il est étranger à tous les autres ; mais on pourrait faire la même observation vis-à-vis du successible qui a payé volontairement un seul des créanciers de la succession, ou qui poursuit en revendication l'usurpateur de quelque fonds de cette succession : cependant, dans ce cas, on convient que le successible a fait irrévocablement un acte d'héritier, et qu'il est tenu comme tel vis-à-vis de tout le monde ; on n'invoque point la règle *res inter alios acta* ; mais pourquoi, dans la même matière, cette règle aurait-elle plus d'effet contre un jugement solennel qui déclare positivement que tel est l'héritier de tel ?

M. TREILHARD dit qu'il y a entre ces deux cas cette différence, que, dans le premier, l'appelé a manifesté la volonté d'être héritier ; que, dans le second, au contraire, il a désavoué cette qualité.

M. BIGOT-PRÉAMENEU dit qu'il serait bizarre d'obliger chaque créancier à faire juger de nouveau la qualité de l'héritier. A la vérité, les jugemens n'ont d'effet que pour le même fait entre les mêmes personnes ; mais ce n'est que lorsqu'il s'agit du règlement de droits particuliers : s'agit-il d'une qualité universelle, le jugement qui la déclare profite en toute occasion à celui à qui elle est donnée, comme elle profite contre lui à tous les intéressés.

M. REGNAUD (de Saint-Jean-d'Angely) dit que la qualité d'héritier est un fait positif qui ne peut tout-à-la-fois exister et ne pas exister. Si donc un jugement décide qu'elle existe, et qu'un autre décide qu'elle n'existe pas, ils ne pourront subsister ensemble : mais alors auquel des deux devra-t-on croire. Il faudra donc que le tribunal de cassation intervienne pour départager ?

M. TREILHARD dit que les deux jugemens peuvent subsister, parce qu'ils ne sont pas rendus entre les mêmes personnes.

M. JOLLIVET observe que souvent un parent paie les dettes du défunt seulement par honneur, et sans néanmoins vouloir se porter héritier, et que, d'après ce motif d'honneur, il n'exige pas de cession et se contente d'une simple quittance. Cet exemple prouve qu'il ne faut pas regarder comme adition d'hérédité tous les actes indifféremment, ni par conséquent tout acquiescement apparent aux condamnations qu'on a subies.

M. Tronchet dit que l'intérêt de la société repousse une disposition qui multiplierait les procès, en forçant une foule de créanciers à faire juger de nouveau un fait déjà jugé. Quelquefois même, à l'époque où les créanciers formeraient leur action, les preuves auraient disparu; et la succession, dilapidée dans l'intervalle, n'offrirait plus de prise à leurs droits.

Une qualité universelle, déclarée par les tribunaux, doit être certaine à l'égard de tous ceux qui ont intérêt à la faire valoir.

M. Berlier pense, comme M. *Treilhard*, que l'article est juste, et que la proposition contraire ne s'accorde pas avec l'adage trivial que les jugemens sont bons pour ceux qui les obtiennent.

Pour étendre les dispositions du jugement dont l'article s'occupe à d'autres qu'à ceux qui y sont parties, on dit que l'acte d'adition qualifié par un jugement en dernier ressort devient une vérité constante envers la société entière. Ainsi l'on voudrait que ce jugement liât tous les autres tribunaux, et ne leur permît plus, s'ils étaient saisis par une nouvelle instance avec d'autres parties, d'examiner les faits qui étaient la matière du premier jugement, et de les apprécier. N'est-ce pas trop circonscrire le ministère des juges, et ressusciter la jurisprudence des arrêts avec plus d'intensité qu'elle n'en eut jamais?

Eh quoi! si un individu attaqué par un créancier de la succession, et mal défendu, a été condamné vis-à-vis de lui, il faudra qu'il le soit vis-à-vis de tous autres!

Vainement allègue-t-on le besoin de fixer les qualités et

d'éloigner les procès; car celui qui aura été condamné une fois aura, dans le cas où il plaiderait, à lutter contre un préjugé très-fort s'il est traduit devant un tribunal autre que celui qui a prononcé la première fois, et bien plus fort encore si ç'est devant le même tribunal : cette crainte suffira pour éloigner les mauvaises difficultés. Il est bon que le premier jugement serve comme préjugé, et cela est dans la nature des choses; mais ce serait trop faire que de lui imprimer un caractère aussi irréfragable que celui de la loi.

Est-ce avec fondement qu'on redoute les dilapidations intermédiaires? Mais pour dilapider il faut s'immiscer, et celui qui s'est immiscé ne se présente pas avec avantage pour dénier ensuite la qualité d'héritier; de sorte que la difficulté, bien entendue, se réduit à quelques faits équivoques d'adition qui auront été accueillis par un jugement; mais est-ce le cas alors de déroger à la règle commune?

M. *Berlier* lit ensuite l'article 243, titre *des Conventions*, du projet de Code civil, ainsi conçu :

« L'autorité de la chose jugée n'a lieu qu'à l'égard de ce qui
« a fait l'objet du jugement. Il faut que la chose demandée
« soit la même, que la demande soit fondée sur la même
« cause; que la demande soit entre les mêmes parties, et
« formée par elles et contre elles en la même qualité. »

L'opinant conclut en faveur de l'article en discussion, et avoue cependant que si l'article qu'il vient de citer passe comme il y a lieu de l'espérer, celui qu'on discute pourrait être supprimé comme inutile, attendu que le principe général recevrait son application de cette espèce comme de toutes les autres.

M. RÉAL observe qu'un individu déclaré héritier par un jugement peut être ensuite exclu par le véritable héritier; sa qualité n'est donc pas irrévocablement certaine, et dèslors elle peut être soumise au jugement de plusieurs tribunaux.

L'article est retranché.

L'article 68 est adopté. 781

L'article 69 est discuté. 782

M. TRONCHET dit que cet article s'écarte de la jurisprudence. Les héritiers représentent le défunt. De là résulte que, quand il existe entre eux diversité d'intérêt, on se règle par l'intérêt du défunt.

M. TREILHARD dit que l'application de cette règle donnerait lieu à de longues contestations. La section a cru devoir en adopter une beaucoup plus simple et qui ne nuit à personne.

LE CONSUL CAMBACÉRÈS dit que les héritiers n'ont pas toujours le même intérêt que le défunt. Il pourrait être avantageux à quelques-uns que le défunt eût renoncé, et à d'autres qu'il eût accepté. Ce n'est que dans le cas de ce conflit que l'on peut se régler sur le *quid utilius* du défunt.

M. DEFERMON dit qu'on ne peut forcer un héritier, qui croit la renonciation plus utile, à accepter sous bénéfice d'inventaire.

M. TREILHARD dit que tous les héritiers, représentant collectivement la personne du défunt, ne peuvent agir chacun diversement.

L'article est adopté.

L'article 70 est discuté. 783

M. RÉAL voudrait que l'héritier pût aussi revenir sur son acceptation lorsqu'il apparaîtrait une créance qui n'aurait pas été connue au moment où il s'est porté héritier, et qui absorberait ou qui diminuerait de plus de moitié la succession. La créance produit dans l'hypothèse le même mal que le testament; et l'exception de *non connaissance* est d'une application plus favorable et plus naturelle lorsqu'il s'agit d'une créance, que d'un testament. Presque toujours le testament se trouve dans les papiers que laisse le défunt; et, s'il a été reçu par un notaire, c'est presque toujours par le notaire qui a sa confiance, qui conserve la minute des autres actes qu'il a passés, et qui est le plus souvent le notaire de son dernier domicile ; et ce notaire sera presque toujours celui qui fera l'inventaire. Ainsi, il est présumable que le testament sera toujours ou presque toujours connu. Cependant on juge nécessaire de présenter une exception pour le cas où il serait inconnu ; à plus forte raison, cette exception y doit-elle être offerte à l'héritier lorsqu'une créance ignorée absorbe une succession. Le créancier peut être très-éloigné ; il peut n'avoir d'autre titre qu'un titre privé ; et en supposant le titre authentique, il peut avoir été reçu par un notaire qui demeure à cent lieues du dernier domicile de celui qui l'aura souscrit. Enfin, le créancier qui voudra trouver, dans la personne et la fortune personnelle de l'héritier, une nouvelle garantie, gardera un silence profond pendant plusieurs années. Le légataire n'a pas cet intérêt. Il faut donc faire pour la créance au moins autant que ce que l'on fait pour le testament.

M. TRONCHET dit que cette faveur embarrasserait trop la marche des affaires : que, d'ailleurs, le remède contre l'inconvénient dont on vient de parler est l'acceptation sous bénéfice d'inventaire.

L'article est adopté.

774   L'article 71 est adopté.

La section II est ainsi conçue :

SECTION II. — *De la Renonciation aux successions.*

784   Art. 72. « La renonciation à une succession ne se présume « pas : elle ne peut être faite qu'au greffe du tribunal de « première instance dans l'arrondissement duquel la succes- « sion s'est ouverte, sur un registre particulier tenu à cet « effet. »

785   Art. 73. « L'héritier qui renonce est censé n'avoir jamais « été héritier. »

786   Art. 74. « La part du renonçant accroît à ses cohéritiers ; « s'il est seul, elle est dévolue au degré subséquent. »

Art. 75. « On ne vient jamais par représentation d'un hé- 787
« ritier qui a renoncé : si le renonçant est seul héritier de son
« degré, ou si tous ses cohéritiers renoncent, les enfans
« viennent de leur chef et succèdent par tête. »

Art. 76. « Les créanciers de celui qui renonce au préju- 788
« dice de leurs droits peuvent se faire autoriser en justice à
« accepter la succession du chef de leur débiteur, en son lieu
« et place.

« Dans ce cas, la renonciation n'est annulée qu'en faveur
« des créanciers, et jusqu'à concurrence seulement de leurs
« créances : elle ne l'est pas au profit de l'héritier qui a
« renoncé. »

Art. 77. « La faculté d'accepter ou de répudier une suc- 789
« cession se prescrit par le laps de temps requis pour la
« prescription la plus longue des droits immobiliers. »

Art. 78. « Tant que la prescription du droit d'accepter 790
« n'est pas acquise contre les héritiers qui ont renoncé, ils
« ont toujours la faculté d'accepter encore la succession, si
« elle n'a pas été déjà acceptée par d'autres héritiers ; sans
« préjudice néanmoins des droits qui peuvent être acquis à
« des tiers sur les biens de la succession, soit par prescription,
« soit par actes valablement faits avec le curateur à la suc-
« cession vacante. »

Art. 79. « On ne peut, même par contrat de mariage, re- 791
« noncer à la succession d'un homme vivant, ni aliéner les
« droits éventuels qu'on peut avoir à cette succession. »

Art. 80. « Les héritiers qui auraient diverti ou recélé les 792
« effets d'une succession sont déchus de la faculté d'y re-
« noncer : ils demeurent héritiers purs et simples, nonobstant
« leur renonciation, sans pouvoir prétendre aucune part dans
« les objets divertis ou recélés. »

L'article 72 est discuté. 784

Le Consul Cambacérès pense que la renonciation peut être
faite devant notaire.

M. Treilhard dit que l'acceptation étant faite au greffe,

il en doit être de même de la renonciation; que, d'ailleurs, cette forme donne à l'acte sa publicité.

M. Jollivet dit qu'il en résultera deux actes pour l'héritier absent : d'abord la procuration qu'il sera obligé de donner; ensuite la renonciation par son fondé de pouvoir.

M. Tronchet dit qu'il est prudent d'exiger que la renonciation soit faite au lieu où s'ouvre la succession; que cette règle ne doit pas recevoir d'exception en faveur de l'héritier absent.

Le Consul Cambacérès dit que cependant il convient de donner un moyen à celui qui veut renoncer, aussitôt qu'il apprend l'ouverture de la succession. On pourrait donc laisser subsister l'usage de renoncer par un acte devant notaire, qu'on ferait ensuite enregistrer au greffe.

L'article est adopté.

785-786   Les articles 73 et 74 sont adoptés.

787   L'article 75 est discuté.

M. Jollivet dit que cet article favoriserait la renonciation frauduleuse qu'un père pourrait faire en faveur de ses enfans.

M. Treilhard répond que l'article est, au contraire, dirigé contre ce cas, puisque les enfans ne viennent, lorsque le père a renoncé, qu'en supposant qu'il n'y a pas d'autres héritiers du même degré que le père.

M. Jollivet dit que les neveux du défunt viennent par tête lorsqu'il n'y a pas de frère parmi les héritiers. Il est donc possible, s'il n'y a qu'un frère et des neveux, que ce frère renonce pour augmenter la part de ses enfans en les faisant partager par tête.

M. Treilhard dit que la part du renonçant accroissant celle de ses cohéritiers, la renonciation du frère ne profiterait pas à ses enfans. En outre, il a été arrêté que le partage se ferait par souches, quand les héritiers ne seraient pas au premier degré.

Le Consul Cambacérès demande pourquoi les enfans du

frère seraient privés de venir de leur chef, lorsque leur père renonce sans intention de frauder ses créanciers.

M. Berlier dit qu'il est impossible d'admettre les enfans du renonçant dans l'espèce particulière, à quelque titre que ce soit.

S'ils étaient admis de leur chef, il a été reconnu que la renonciation du père pourrait souvent intervenir pour bénéficier à ses enfans et nuire à ses cohéritiers.

Mais les admettra-t-on à prendre la simple part qu'aurait eue leur père sans sa renonciation? L'opinant, en reconnaissant que la représentation n'offrirait plus matière aux mêmes fraudes, ne croit pas néanmoins qu'elle puisse être adoptée : car, d'une part, on ne représente pas un homme vivant, et d'autre part on ne peut exercer un droit consommé par la personne sur la tête de laquelle il reposait tout entier.

Si les créanciers sont admis à exercer les droits de leur débiteur jusqu'à concurrence de leurs créances, et nonobstant sa renonciation, c'est en quelque sorte la revendication de leur propre chose; et c'est aussi parce qu'en plus d'une occasion la renonciation pourrait être frauduleuse envers eux.

Or, ni l'un ni l'autre de ces motifs n'existent pour les enfans du renonçant : 1° ils n'ont pas les droits de leur père vivant; 2° il répugne de supposer que celui-ci veuille agir à leur détriment en usant de son droit personnel comme il lui plaît.

Pour que les principes de la matière soient tous en harmonie et tous respectés, l'article doit rester tel qu'il est proposé.

L'article est adopté.

Les articles 76, 77, 78, 79 et 80 sont adoptés.   788 à 792

(Procès-verbal de la séance du 16 nivose an XI. — 6 janvier 1803.)

M. Tréilhard présente la section III du chapitre VI du titre *des Successions*.

Elle est ainsi conçue :

SECTION III. — *Du Bénéfice d'inventaire; de ses effets et des obligations de l'héritier bénéficiaire.*

793   Art. 81. « La déclaration d'un héritier qu'il entend ne pren-
« dre cette qualité que sous bénéfice d'inventaire doit être
« faite au greffe du tribunal civil de première instance dans
« l'arrondissement duquel la succession s'est ouverte : elle
« doit être inscrite sur le registre destiné à recevoir les actes
« de renonciation. »

794   Art. 82. « Cette déclaration n'a d'effet qu'autant qu'elle est
« précédée ou suivie d'un inventaire fidèle et exact des biens
« de la succession, dans les formes réglées par le Code de la
« *Procédure civile*, et dans les délais qui seront ci-après dé-
« terminés. »

795   Art. 83. « L'héritier a trois mois pour faire inventaire, à
« compter du jour de l'ouverture de la succession.

  « Il a de plus, pour délibérer sur son acceptation ou sur sa
« renonciation, un délai de quarante jours qui commencent
« à courir du jour de l'expiration des trois mois donnés pour
« l'inventaire ou du jour de la clôture de l'inventaire, s'il a
« été terminé avant les trois mois. »

796   Art. 84. « Si cependant il existe dans la succession des ob-
« jets susceptibles de dépérir ou dispendieux à conserver,
« l'héritier peut, en sa qualité d'habile à succéder, et sans
« qu'on puisse en induire de sa part une acceptation, se
« faire autoriser par justice à procéder à la vente de ces
« effets.

  « Cette vente doit être faite par l'officier public, après les
« affiches et publications réglées par le Code de la *Procédure*
« *civile*. »

797   Art. 85. « Pendant la durée des délais pour faire inven-
« taire et pour délibérer, l'héritier ne peut être contraint à
« prendre qualité, et il ne peut être obtenu contre lui de con-
« damnation : s'il renonce lorsque les délais sont expirés ou

« avant, les frais par lui faits légitimement jusqu'à cette
« époque sont à la charge de la succession. »

Art. 86. « Après l'expiration des délais ci-dessus, l'héri- 798
« tier, en cas de poursuite dirigée contre lui, peut en de-
« mander un nouveau, que le tribunal saisi de la contestation
« accorde ou refuse suivant les circonstances. »

Art. 87. « Les frais de poursuites, dans le cas de l'article 799
« précédent, sont à la charge de la succession, si l'héritier
« justifie ou qu'il n'avait pas eu connaissance du décès, ou
« que les délais ont été insuffisans, soit à raison de la situation
« des biens, soit à raison des contestations survenues : s'il n'en
« justifie pas, les frais restent à sa charge personnelle. »

Art. 88. « L'héritier conserve néanmoins, après l'expira- 800
« tion des délais accordés par l'article 81, même de ceux
« donnés par le juge conformément à l'article 84, la faculté de
« faire encore inventaire, et de se porter héritier bénéficiaire,
« s'il n'a pas fait d'ailleurs acte d'héritier, ou s'il n'existe pas
« contre lui de jugement passé en force de chose jugée qui
« le condamne en qualité d'héritier pur et simple : mais cette
« faculté ne s'étend pas au-delà d'une année, à compter du
« jour de l'expiration des délais ; l'héritier ne peut ensuite
« qu'accepter purement et simplement, ou renoncer. »

Art. 89. « L'héritier qui s'est rendu coupable de recélé, 801
« ou qui a omis, sciemment et de mauvaise foi, de compren-
« dre dans l'inventaire des effets de la succession, est déchu
« du bénéfice d'inventaire. »

Art. 90. « L'effet du bénéfice d'inventaire est de donner à 802
« l'héritier l'avantage,

« 1°. De n'être tenu du paiement des dettes de la succes-
« sion qu'à concurrence de la valeur des biens qu'il a recueil-
« lis ; même de pouvoir se décharger du paiement des dettes,
« en abandonnant tous les biens de la succession aux créan-
« ciers et aux légataires ;

« 2°. De ne pas confondre ses biens personnels avec ceux

4.

« de la succession, et de conserver contre elle le droit de ré-
« clamer le paiement de ses créances. »

803   Art. 91. « L'héritier bénéficiaire est chargé d'administrer
« les biens de la succession, et doit rendre compte de son
« administration aux créanciers et aux légataires.

« Il ne peut être contraint sur ses biens personnels qu'a-
« près avoir été mis en demeure de présenter son compte, et
« faute d'avoir satisfait à cette obligation.

« Après l'apurement du compte, il ne peut être contraint
« sur ses biens personnels que jusqu'à concurrence seulement
« des sommes dont il se trouve reliquataire. »

804   Art. 92. « Il n'est tenu que des fautes graves dans l'admi-
« nistration dont il est chargé. »

805   Art. 93. « Il ne peut vendre les meubles de la succession
« que par le ministère d'un officier public, aux enchères, et
« après les affiches et publications accoutumées.

« S'il les représente en nature, il n'est tenu que de la dé-
« préciation ou de la détérioration causée par sa négligence. »

806   Art. 94. « Il ne peut vendre les immeubles que dans les
« formes prescrites par le Code judiciaire ; il est tenu d'en
« déléguer le prix aux créanciers hypothécaires qui se sont
« fait connaître. »

807   Art. 95. « Il est tenu, si les créanciers ou autres personnes
« intéressées l'exigent, de donner caution bonne et solvable
« de la valeur du mobilier compris dans l'inventaire, et de la
« portion du prix des immeubles non déléguée aux créanciers
« hypothécaires.

« Faute par lui de fournir cette caution, les meubles sont
« vendus ; et leur prix, ainsi que la portion non déléguée du
« prix des immeubles, est déposé pour être employé à l'ac-
« quit des charges de la succession. »

808   Art. 96. « S'il y a des créanciers opposans, l'héritier béné-
« ficiaire ne peut payer que dans l'ordre et de la manière ré-
« glés par le juge.

« S'il n'y a pas de créanciers opposans , il paie les créan-
« ciers et les légataires à mesure qu'ils se présentent. »

Art. 97. « Les créanciers qui ne se présentent qu'après l'a-   809
« purement du compte et le paiement du reliquat n'ont de
« recours à exercer que contre les légataires ; ceux qui se pré-
« sentent avant l'apurement peuvent aussi exercer un recours
« subsidiaire contre les créanciers payés à leur préjudice.

« Dans l'un et l'autre cas le recours se prescrit par le laps
« de trois ans , à compter du jour de l'apurement du compte
« et paiement du reliquat. »

Art. 98. « Les frais d'inventaire , de scellés , s'il en a été   810
« apposé , et de compte , sont à la charge de la succession. »

Les articles 81 , 82 , 83 , 84 , 85 , 86 et 87 sont adoptés.   793 à 799

L'article 88 est discuté.   800

M. Forfait observe que le délai est trop court pour l'héritier qui se trouve dans les colonies.

M. Defermon ajoute que , dans la jurisprudence actuelle ,
l'héritier est admis à réclamer le bénéfice d'inventaire , à
quelque époque qu'il se présente ; dans l'intervalle on liqui-
dait la succession , et on la réputait vacante : il semble donc
trop rigoureux d'exclure l'héritier après le terme d'une
année.

M. Treilhard répond que l'héritier aura d'abord deux
délais différens , puis celui d'une année ; la section n'a pas
cru devoir aller plus loin , parce qu'elle a craint que l'intérêt
des créanciers ne se trouvât compromis , si , à une époque où
les forces de la succession ne seraient plus connues , l'héritier
était admis à l'accepter sous bénéfice d'inventaire.

M. Tronchet dit que le délai d'un an serait certainement
trop court pour l'héritier qui se trouverait aux Indes orien-
tales ; ce terme lui suffirait à peine pour apprendre l'ouverture de la succession. Mais jamais la faculté de se porter héritier bénéficiaire n'a été limitée par un délai ; elle a toujours
été conservée tant que les choses demeuraient entières. Ce

principe, en effet, ne porte préjudice à personne. Les créanciers ont un moyen de conserver et d'exercer leurs droits,
puisqu'il y a un inventaire et un curateur à la succession vacante lorsque aucun parent ne se présente. Si le défunt a
laissé des parens qui seraient appelés à défaut de l'absent,
ils sont saisis, sauf la pétition d'hérédité : ainsi les biens sont
conservés.

M. Treilhard dit que la section a craint les fraudes, et
qu'elle a cru d'autant plus assez faire pour l'héritier qu'elle
propose dans l'article de donner aux tribunaux le droit de lui
accorder de nouveaux délais, ce qui rend indéfinie la faculté
d'accepter sous bénéfice d'inventaire.

L'article est adopté avec la suppression de la dernière disposition.

801 à 804   Les articles 89, 90, 91 et 92 sont adoptés.

805   L'article 93 est discuté.

M. Tronchet rappelle l'usage qui existe de faire payer à
l'héritier la crue lorsqu'il ne représente pas les meubles en
nature.

Il demande que la loi s'explique sur cet usage.

M. Treilhard répond que le Code judiciaire levera la difficulté, en décidant que les meubles seront toujours estimés
à leur juste valeur.

Le Consul Cambacérès pense que l'article qui est en discussion serait incomplet s'il ne contenait pas la disposition
qu'on se propose de placer dans le Code judiciaire.

M. Tronchet pense que l'héritier qui représente les meubles en nature doit l'intérêt du prix qu'il en aurait tiré s'il
les avait vendus.

M. Treilhard ne croit pas qu'on doive lui imposer cette
obligation, attendu que les créanciers de la succession ont le
droit de requérir la vente des meubles.

M. Jollivet observe que souvent des créanciers s'en
rapportent à l'héritier sur la disposition des meubles, et

que la crainte des frais les empêche d'en requérir la vente.

M. Treilhard dit que l'article 95 a pourvu, sous ce rapport, à l'intérêt des créanciers.

M. Jollivet observe que l'héritier, pour échapper à la disposition de cet article, peut vendre les meubles clandestinement, et en placer le prix.

M. Treilhard répond que l'article 93 l'oblige de se servir du ministère d'un officier public.

L'article est adopté.

Les articles 94, 95 et 96 sont adoptés. 806 à 808

L'article 97 est discuté. 809

M. Tronchet demande qu'on distingue dans l'article les créanciers opposans de ceux qui ne le sont pas, conformément à l'article précédent.

L'article est adopté avec amendement.

L'article 98 est adopté. 810

La section IV est ainsi conçue :

SECTION IV. — *Des Successions vacantes.*

Art. 99. « Lorsque, après l'expiration des délais pour faire 811
« inventaire et pour délibérer, il ne se présente personne qui
« réclame une succession, qu'il n'y a pas d'héritier connu,
« ou que les héritiers connus y ont renoncé, cette succession
« est réputée vacante. »

Art. 100. « Le tribunal de première instance dans l'arron- 812
« dissement duquel elle est ouverte nomme un curateur sur
« la demande des personnes intéressées, ou sur la réquisition
« du commissaire du gouvernement. »

Art. 101. « Le curateur à une succession vacante est tenu, 813
« avant tout, d'en faire constater l'état par un inventaire ; il
« en exerce et poursuit les droits ; il répond aux demandes
« formées contre elle ; il administre sous la charge de rendre
« compte à qui il appartiendra. »

814　Art. 102. « Les dispositions de la section III sur les formes
« de l'inventaire, sur le mode d'administration, et sur les
« comptes à rendre de la part de l'héritier bénéficiaire, sont
« communes aux curateurs à succession vacante. »

811-812　Les articles 99 et 100 sont adoptés.

813　L'article 101 est discuté.

M. Defermon pense que les fonds provenant des successions vacantes ne doivent point demeurer entre les mains du
curateur, mais être déposés dans les caisses publiques; qu'il
en doit être de même des fonds provenant des successions
acceptées sous bénéfice d'inventaire.

L'article est adopté avec cet amendement.

814　L'article 102 est adopté.

(Procès-verbal de la séance du 23 nivose an XI. — 13 janvier 1803.)

M. Treilhard présente le chapitre VII du titre *des Successions*, intitulé *du Partage et des Rapports*.

La section Ire est ainsi conçue :

SECTION Ire. — *De l'Action en partage et de sa forme.*

815　Art. 103. « Nul ne peut être contraint à demeurer dans
« l'indivision; et le partage peut toujours être provoqué, no-
« nobstant prohibitions et conventions contraires.

« On peut cependant convenir de suspendre le partage
« pendant un temps limité; mais cette convention ne peut
« être obligatoire au-delà de cinq ans. »

816　Art. 104. « Le partage peut être demandé, même quand
« l'un des cohéritiers aurait joui séparément de partie des
« biens de la succession, s'il n'y a eu un acte de partage, ou
« possession suffisante pour acquérir la prescription. »

817　Art. 105. « L'action en partage à l'égard des cohéritiers
« mineurs ou interdits peut être exercée par leurs tuteurs
« spécialement autorisés par un conseil de famille.

« A l'égard des cohéritiers absens, l'action appartient aux
« parens envoyés en possession. »

Art. 106. « Le mari peut, sans le concours de sa femme, 818
« provoquer le partage des objets meubles ou immeubles à
« elle échus qui tombent dans la communauté. A l'égard
« des objets qui ne tombent pas en communauté, le mari ne
« peut en provoquer le partage sans le concours de sa femme;
« il peut seulement, s'il a le droit de jouir de ces biens, de-
« mander un partage provisionnel.

« Les cohéritiers de la femme ne peuvent provoquer le par-
« tage définitif qu'en mettant en cause le mari et la femme. »

Art. 107. « Si tous les héritiers sont présens et majeurs, 819
« l'apposition des scellés sur les effets de la succession n'est
« pas nécessaire, et le partage peut être fait dans la forme
« et par tel acte que les parties intéressées jugent conve-
« nables.

« Si tous les héritiers ne sont pas présens, s'il y a parmi
« eux des mineurs et des interdits, le scellé doit être apposé
« dans le plus bref délai, soit à la requête des héritiers, soit
« à la diligence du commissaire du gouvernement près le
« tribunal de première instance, soit d'office par le juge de
« paix dans l'arrondissement duquel la succession est ou-
« verte. »

Art. 108. « Les créanciers peuvent aussi requérir l'appo- 820
« sition des scellés, en vertu d'un titre exécutoire ou d'une
« permission du juge. »

Art. 109. « Lorsque le scellé a été apposé, tous créanciers 821
« peuvent y former opposition, encore qu'ils n'aient ni titre
« exécutoire ni permission du juge.

« Les formalités pour la levée des scellés et la confection
« de l'inventaire sont réglées par le Code judiciaire. »

Art. 110. « Si l'un des cohéritiers refuse de consentir au 823
« partage, ou s'il s'élève des contestations soit sur le mode
« d'y procéder, soit sur la manière de le terminer, il en est
« référé au tribunal, qui prononce sur la difficulté, ou qui

« commet, s'il y a lieu, un des juges pour les opérations du
« partage. »

821   Art. 111. « L'action en partage et les contestations qui
« s'élèvent dans le cours des opérations sont soumises au
« tribunal du lieu de l'ouverture de la succession.

    « C'est devant ce tribunal qu'il est procédé aux licitations,
« et que doivent être portées les demandes relatives à la ga-
« rantie des lois entre copartageans et celles en rescision du
« partage. »

824   Art. 112. « L'estimation des immeubles est faite par ex-
« perts choisis par les parties intéressées, ou, à leur refus,
« nommés d'office.

    « Le procès-verbal des experts doit contenir en détail la
« valeur de l'objet estimé; il doit indiquer s'il peut être
« commodément partagé; de quelle manière; fixer enfin, en
« cas de division, chacune des parts qu'on peut en former,
« et leur valeur. »

825   Art. 113. « L'estimation des meubles, s'il n'y a pas eu de
« prisée faite dans un inventaire régulier, doit être faite par
« gens à ce connaissant, et à juste prix. »

826   Art. 114. « Chacun des cohéritiers peut demander sa part
« en nature des meubles et immeubles de la succession;
« néanmoins, s'il y a des créanciers saisissans ou opposans, ou
« si la majorité des cohéritiers juge la vente nécessaire pour
« l'acquit des dettes et charges de la succession, les meubles
« sont vendus publiquement en la forme ordinaire. »

827   Art. 115. « Si les immeubles ne peuvent pas se partager
« commodément, il doit être procédé à la vente par licita-
« tion devant le tribunal.

    « Cependant les parties, si elles sont toutes majeures,
« peuvent consentir que la licitation soit faite devant un
« notaire, sur le choix duquel elles s'accordent. »

828   Art. 116. « Après que les meubles et immeubles ont été
« estimés et vendus, s'il y a lieu, le juge commissaire ren-
« voie les parties devant un notaire, dont elles conviennent,

« ou nommé d'office si les parties ne s'accordent pas sur le
« choix.

« On procède devant cet officier aux comptes que les copar-
« tageans peuvent se devoir, à la formation de la masse gé-
« nérale, à la composition des lots, et aux fournissemens à
« faire à chacun des copartageans. »

Art. 117. « Chaque cohéritier fait rapport à la masse, 829
« suivant les règles qui seront ci-après établies, des dons
« qui lui ont été faits, et des sommes dont il est débi-
« teur. »

Art. 118. « Si le rapport n'est pas fait en nature, les cohé- 830
« ritiers à qui il est dû font sur la masse de la succession
« des prélèvemens convenables pour les égaler.

« Ces prélèvemens se font, autant que possible, en objets
« de mêmes nature, qualité et bonté que les objets non rap-
« portés en nature. »

Art. 119. « Après ces prélèvemens il est procédé, sur ce 831
« qui reste dans la masse, à la composition d'autant de lots
« égaux qu'il y a d'héritiers copartageans ou de souches co-
« partageantes. »

Art. 120. « Dans la formation et composition des lots, on 832
« doit éviter, autant que possible, de morceler les héritages
« et de diviser les exploitations; et il convient de faire entrer
« dans chaque lot, s'il se peut, la même quantité de meu-
« bles, d'immeubles, de droits ou de créances de mêmes
« nature et valeur. »

Art. 121. « L'inégalité des lots en nature se compense par 833
« un retour, soit en rente, soit en argent. »

Art. 122. « Les lots sont faits par l'un des cohéritiers, s'ils 834
« peuvent convenir entre eux sur le choix, et si celui qu'ils
« avaient choisi accepte la commission : dans le cas contraire,
« les lots sont faits par un expert que le juge commissaire
« désigne.

« Ils sont ensuite tirés au sort. »

835   Art. 123. « Avant de procéder au tirage des lots, chaque
« copartageant est admis à proposer ses réclamations contre
« leur formation. »

836   Art. 124. « Les règles établies pour la division des masses
« à partager sont également observées dans la subdivision à
« faire entre les souches copartageantes. »

837   Art. 125. « Si, dans les opérations renvoyées devant un
« notaire, il s'élève des contestations, le notaire dressera
« procès-verbal des difficultés et des dires respectifs des
« parties, les renverra devant le commissaire nommé pour
« le partage, et, au surplus, il sera procédé suivant les
« formes prescrites au Code judiciaire. »

838   Art. 126. « Si tous les cohéritiers ne sont pas présens, ou
« s'il y a parmi eux des interdits ou des mineurs même
« émancipés, le partage doit être fait conformément aux
« règles prescrites pour les partages faits en justice entre
« majeurs. S'il y a plusieurs mineurs qui aient des intérêts
« opposés dans le partage, il doit leur être donné à chacun
« un tuteur spécial et particulier. »

839   Art. 127. « S'il y a lieu à licitation, dans le cas du pré-
« cédent article, elle ne peut être faite qu'en justice, avec
« les formalités prescrites pour l'aliénation des biens des mi-
« neurs. Les étrangers y sont toujours admis. »

840   Art. 128. « Les partages faits conformément aux règles
« ci-dessus prescrites, soit par les tuteurs, avec l'autorisa-
« tion d'un conseil de famille, soit par les mineurs émanci-
« pés, assistés de leurs curateurs, soit au nom des absens ou
« non présens, sont définitifs. Ils ne sont que provisionnels,
« si les règles prescrites n'ont pas été observées. »

841   Art. 129. « Tout individu, même parent du défunt, qui
« n'est pas son successible, et auquel un cohéritier aurait
« cédé son droit à la succession, peut être écarté du partage,
« soit par tous les cohéritiers, soit par un seul, en lui rem
« boursant le prix de la cession. »

Art. 130. « Après le partage, remise doit être faite à cha- 842
« cun des copartageans des titres particuliers aux objets qui
« lui sont échus.

« Les titres d'une propriété divisée restent à celui qui a la
« plus grande part, à la charge d'en aider ceux de ses co-
« partageans qui y auront intérêt, quand il en sera requis.

« Les titres communs à toute l'hérédité sont remis à celui
« que tous les héritiers ont choisi pour en être le dépositaire,
« à la charge d'en aider les copartageans à toute réquisition.
« S'il y a difficulté sur ce choix, il est réglé par le juge. »

L'article 103 est discuté.   815

Le Consul Cambacérès demande quel motif a déterminé
la section à limiter à cinq ans la convention de suspendre le
partage.

M. Treilhard répond que c'est par respect pour le principe qui veut que personne ne demeure malgré lui dans l'indivision.

Le Consul Cambacérès dit que, suivant un autre principe, chacun peut renoncer aux facultés que la loi lui accorde ; qu'au surplus, on ne voit pas la raison qui a décidé
la section à proposer le terme de cinq ans plutôt que tout
autre : cette fixation paraît arbitraire.

M. Jollivet dit que cette limitation est dangereuse, surtout dans le cas où il existe une société de commerce formée,
sous la condition qu'elle durera pendant un laps de temps
convenu.

M. Treilhard répond que la société dans laquelle le défunt était engagé est dissoute par sa mort, et que ses héritiers sont tenus de se conformer aux règles particulières à
cette sorte de contrat. Au surplus, il s'agit ici non de société de commerce, mais de successions ; cependant le terme
de cinq ans deviendrait embarrassant s'il expirait avant que
la liquidation fût terminée ; mais alors les parties renouvel-
leraient leur convention.

Le Consul Cambacérès dit qu'il importe d'expliquer qu'elles en ont le droit.

L'article est adopté avec cet amendement.

816   L'article 104 est discuté.

M. Regnaud (de Saint-Jean-d'Angely) pense que cet article porterait souvent un préjudice considérable à l'héritier, sous le rapport des impenses qu'il aurait faites dans les biens dont il aurait eu pendant long-temps la jouissance.

M. Tronchet dit que cette considération ne doit pas l'emporter sur le principe que l'héritier ne peut devenir propriétaire que par un partage ou par la prescription.

M. Bigot-Préameneu ajoute que l'intérêt seul des tiers commanderait la disposition de l'article.

L'article est adopté.

817 à 823   Les articles 105, 106, 107, 108, 109, 110 et 111 sont adoptés.

824   L'article 112 est discuté.

M. Tronchet dit que, dans le projet de Code civil, on avait, à la vérité, exigé que, dans le procès-verbal d'estimation, les objets fussent indiqués en détail : mais cet usage entraîne de grands abus, les experts multiplient les estimations en détail pour augmenter le prix de leurs procès-verbaux.

M. Treilhard consent à la suppression proposée, pourvu que l'estimation ne se fasse pas en masse ; elle serait nécessairement inexacte.

L'article est renvoyé à la section.

825 à 842   Les autres articles de la section sont adoptés.

La section II est ainsi conçue :

SECTION II. — *Des Rapports.*

843   Art. 131. « Tout héritier, même bénéficiaire, venant à « une succession, doit rapporter à ses cohéritiers tout ce qu'il

« a reçu du défunt par donation entre-vifs , directement ou
« indirectement ; il ne peut réclamer les legs à lui faits par
« le défunt, à moins que les dons et legs ne lui aient été
« faits expressément par préciput et hors part , ou avec dis-
« pense du rapport. »

Art. 132. « Dans le cas même où les dons et legs auraient 844
« été faits par préciput ou avec dispense du rapport, l'héri-
« t.er venant à partage ne peut les retenir que jusqu'à con-
« currence de la quotité disponible ; l'excédant est sujet à
« rapport. »

Art. 133. « L'héritier qui renonce à la succession peut ce- 845
« pendant retenir le don entre-vifs ou réclamer le legs à lui
« fait, jusqu'à concurrence de la portion disponible. »

Art. 134. « Le donataire qui n'était pas héritier présomp- 846
« tif lors de la donation, mais qui se trouve successible au
« jour de l'ouverture de la succession, doit également le
« rapport , à moins que le donateur ne l'en ait dispensé. »

Art. 135. « Les dons et legs faits au fils de celui qui se 847
« trouve successible à l'époque de l'ouverture de la suc-
« cession sont toujours réputés faits avec dispense du rap-
« port.

« Le père, venant à la succession du donateur, n'est pas
« tenu de les rapporter. »

Art. 136. « Pareillement le fils , venant de son chef à la 848
« succession du donateur, n'est pas tenu de rapporter le don
« fait à son père, même quand il aurait accepté la succession
« de celui-ci : mais si le fils ne vient que par représentation ,
« il doit rapporter ce qui avait été donné à son père, même
« dans le cas où il aurait répudié sa succession. »

Art. 137. « Les dons et legs faits au conjoint d'un époux 849
« successible ne sont pas rapportables.

« Si les dons et legs sont faits conjointement à deux époux
« dont l'un seulement est successible , celui-ci en rapporte
« la moitié ; si les dons sont faits à l'époux successible , il les
« rapporte en entier. »

850   Art. 138. « Le rapport ne se fait qu'à la succession du
« donateur. »

851   Art. 139. « Le rapport est dû de ce qui a été employé pour
« l'établissement d'un des cohéritiers ou pour le paiement
« de ses dettes. »

852   Art. 140. « Les frais de nourriture, d'entretien, d'éduca-
« tion, d'apprentissage, les frais de noces et présens d'usage,
« ne doivent pas être rapportés. »

853   Art. 141. « Il en est de même des profits que l'héritier a
« pu retirer de conventions passées avec le défunt, si ces
« conventions ne présentaient aucun avantage lorsqu'elles
« ont été faites. »

854   Art. 142. « Pareillement il n'est pas dû de rapport pour
« les associations faites, sans fraude, entre le défunt et l'un
« de ses héritiers, lorsque les conditions en ont été réglées
« par un acte authentique. »

855   Art. 143. « L'immeuble qui a péri par cas fortuit, et sans
« la faute du donataire, n'est pas sujet à rapport. »

856   Art. 144. « Les fruits et les intérêts des choses sujettes à
« rapport ne sont dus qu'à compter du jour de l'ouverture de
« la succession. »

857   Art. 145. « Le rapport n'est dû que par le cohéritier à
« son cohéritier; il n'est pas dû aux légataires ni aux créan-
« ciers de la succession. »

858   Art. 146. « Le rapport se fait en nature ou en moins pre-
« nant. »

859   Art. 147. « Il peut être exigé en nature à l'égard des im-
« meubles, toutes les fois que l'immeuble donné n'a pas été
« aliéné par le donataire, et qu'il n'y a pas dans la succes-
« sion d'immeubles de mêmes nature, valeur et bonté, dont
« on puisse former des lots à peu près égaux pour les autres
« cohéritiers. »

860   Art. 148. « Le rapport n'a lieu qu'en moins prenant,
« quand le donataire a aliéné l'immeuble avant l'ouverture
« de la succession. »

Art. 149. « Dans tous les cas, il doit être tenu compte au 861
« donataire des impenses qui ont amélioré la chose, eu
« égard à ce dont sa valeur se trouve augmentée au temps du
« partage. »

Art. 150. « Il doit être pareillement tenu compte au do- 862
« nataire des impenses nécessaires qu'il a faites pour la con-
« servation de la chose, encore qu'elles n'aient point amé-
« lioré le fonds. »

Art. 151. « Le donataire, de son côté, doit tenir compte 863
« des dégradations et détériorations qui ont diminué la va-
« leur de l'immeuble par son fait ou par sa faute et négli-
« gence. »

Art. 152. « Dans le cas où l'immeuble a été aliéné par le 864
« donataire, les améliorations ou dégradations faites par
« l'acquéreur doivent être imputées conformément aux trois
« articles précédens. »

Art. 153. « Lorsque le rapport se fait en nature, les biens 865
« se réunissent à la masse de la succession, francs et quittes
« de toutes charges créées par le donataire ; mais les créan-
« ciers ayant hypothèque peuvent intervenir au partage, pour
« s'opposer à ce que le rapport se fasse en fraude de leurs
« droits. »

Art. 154. « Lorsque le don d'un immeuble, fait à un suc- 866
« cessible, avec dispense du rapport, excède la portion dis-
« ponible, le rapport de l'excédant se fait en nature, si le re-
« tranchement de cet excédant peut s'opérer commodément.

« Dans le cas contraire, si l'excédant est de plus de moitié
« de la valeur de l'immeuble, le donataire doit rapporter
« l'immeuble en totalité, sauf à prélever sur la masse la va-
« leur de la portion disponible : si cette portion excède la
« moitié de la valeur de l'immeuble, le donataire peut rete-
« nir l'immeuble en totalité, sauf à moins prendre et à ré-
« compenser ses cohéritiers en argent ou autrement. »

Art. 155. « Le cohéritier qui fait le rapport en nature d'un 867
« immeuble peut en retenir la possession jusqu'au rem-

« boursement effectif des sommes qui lui sont dues pour
« impenses ou améliorations. »

868　　Art. 156. « Le rapport du mobilier ne se fait qu'en moins
« prenant.

« Il se fait sur le pied de la valeur du mobilier, lors de la
« donation, d'après l'état estimatif annexé à l'acte ; et à dé-
« faut de cet état, d'après une estimation par experts. »

869　　Art. 157. « Le rapport de l'argent donné se fait en moins
« prenant dans le numéraire de la succession.

« En cas d'insuffisance, le donataire peut se dispenser de
« rapporter du numéraire, en abandonnant, jusqu'à due
« concurrence, du mobilier, et à défaut de mobilier, des
« immeubles de la succession. »

843 à 848　　Les articles 131, 132, 133, 134, 135 et 136 sont adoptés.

849　　L'article 137 est discuté.

M. TRONCHET dit que cet article peut donner lieu à des
fraudes. Le père qui voudra avantager un enfant au préjudice des autres pourrait, si cet enfant est marié et en communauté, donner à l'autre conjoint. L'enfant préféré pren-
drait ensuite la moitié du don à titre de partage de communauté.

Le projet de Code civil proposait une autre règle. Il voulait, article 167, que le rapport n'eût lieu, de la part de l'é-
poux successible, que dans le cas où il profiterait du don,
et pour la portion dont il en profiterait par l'effet de la communauté.

M. TREILHARD dit que la section a cru cette règle inutile,
attendu que le père n'a pas besoin de masquer l'avantage
qu'il veut faire au conjoint successible, puisqu'il peut ouvertement le dispenser du rapport.

M. TRONCHET dit qu'alors la section établit la présomption qu'il y a eu dispense du rapport, mais qu'il vaut mieux
l'exprimer.

L'article est adopté avec l'amendement de M. *Tronchet*.

L'article 138 est adopté. **850**

L'article 139 est discuté. **851**

M. REGNAUD (de Saint–Jean–d'Angely) dit que si la somme donnée pour l'établissement est consignée dans un acte, et s'il existe des quittances des dettes, il y a lieu à rapport, d'après les règles générales précédemment adoptées : l'article est donc pour le cas où le père n'a pas jugé à propos de prendre des titres qu'on pût un jour opposer à son fils ; et alors il est évident que le père a voulu donner sans aucune condition de rapport.

M. TREILHARD répond que lorsque la donation n'est pas prouvée, elle est réputée ne pas exister.

D'ailleurs, cet article ne doit pas être séparé de l'article 140, qui empêche qu'on ne consume la portion de l'enfant par des imputations qui ne doivent pas lui être précomptées ; mais il ne serait pas juste que le fils fût dispensé de rapporter les sommes qu'il a reçues de son père, soit en dot, soit pour former un établissement, soit pour payer ses dettes.

M. REGNAUD (de Saint–Jean–d'Angely) demande si un fils sera obligé de rapporter, lorsque ayant dépensé, pendant ses études, au–delà de la somme que son père lui avait allouée, celui-ci aura payé l'excédant, sans prendre de lui aucune quittance, et que le fait ne sera connu que par les mémoires trouvés parmi les papiers de la succession ?

M. TREILHARD répond qu'on se déciderait, en ce cas, par les circonstances. Les tribunaux ne condamneraient pas le fils à rapporter quelques sommes modiques que son père aurait payées pour lui ; mais il n'en serait pas de même si ces sommes formaient une partie considérable du patrimoine du père.

LE CONSUL CAMBACÉRÈS pense que l'article, juste en soi, doit cependant être limité au cas où il ne résulte pas des circonstances que le défunt a voulu affranchir l'héritier du rapport. Au reste, cet article aura plus d'effet dans la ligne directe, où la loi établira une réserve, que dans la ligne collatérale, où la faculté de disposer recevra une plus grande

5.

latitude ; peut-être même ne devrait-il en avoir aucun dans cette dernière ligne.

M. TRONCHET dit qu'en effet, puisque le défunt a pu dispenser du rapport, son intention devient la seule règle qu'on puisse suivre : la loi ne peut la suppléer quand elle n'est pas manifestée.

M. MALEVILLE dit que jamais on n'a précompté à un héritier ce qu'il avait reçu du défunt, à raison de son service militaire, ou pour frais d'étude et d'apprentissage, à moins que ces avances ne fussent exorbitantes relativement à la valeur de la succession.

LE CONSUL CAMBACÉRÈS dit qu'il paraît nécessaire de s'en expliquer dans l'article.

Cet amendement est adopté.

M. REGNAUD (de Saint-Jean-d'Angely) insiste sur la proposition qu'il a faite de ne pas assujétir au rapport les sommes que le père a dépensées pour payer les dettes contractées par son fils mineur.

Le rapport ne paraît juste que quand le fils est établi.

M. BERLIER pense que cet article comporte une distinction nécessaire. Point de doute que le rapport ne soit dû, à l'égard des dettes contractées par un individu majeur, et qui ont été acquittées par le défunt, à la succession duquel il vient avec d'autres héritiers. Mais doit-il en être ainsi des dettes faites en minorité? Supposons un enfant, ou un jeune homme de seize à dix-huit ans, qui perde une forte somme au jeu, ou qui trouve chez des usuriers de l'argent pour satisfaire à quelques autres fantaisies de jeunesse : son père veut bien payer (cette conduite sans doute est louable); mais si le rapport est de droit rigoureux, qu'en résultera-t-il ? Que, malgré toutes les précautions que les lois ont prises pour qu'un mineur ne pût contracter ni s'obliger valablement, celui-ci aura pu, en un jour et à l'avance, dissiper toute sa fortune, uniquement parce qu'il aura plu à son père de payer une dette illégale.

C'est, dira-t-on, la faute de l'enfant; il est plus juste de la lui faire supporter qu'à tous autres.

M. *Berlier* ne se dissimule pas que cette réflexion a pour elle toutes les apparences de la justice; cependant elle est loin de résoudre les inconvéniens qu'il a exposés. D'ailleurs il ne faut pas voir ici le seul fait de l'enfant; celui du père y entre aussi sous plus d'un rapport. 1° N'aura-t-il pas quelquefois des reproches à se faire? Les fautes que commet un enfant d'un âge aussi tendre sont souvent le produit de la négligence des pères; en second lieu, n'a-t-il pas lui-même changé la condition légale de son fils?

Il y a même cela de remarquable, que si le père a pu rendre obligatoire vis-à-vis de lui et des siens la dette qui ne l'était pas vis-à-vis du créancier originaire, les cohéritiers devraient bien avoir la faculté, dans le cas où la dette excéderait la part héréditaire, d'actionner en paiement de l'excédant; ce qui n'est pas proposable.

Si l'on objecte que hors de là l'enfant restera sans frein, on peut répondre que, outre la surveillance qui prévient les fautes, le père aura le droit de provoquer sa réclusion; en pareil cas il y a lieu de punir l'enfant, mais non de le ruiner.

M. *Berlier* estime donc que, pour ne pas mettre ce point de législation en désaccord avec tous les principes qui veillent pour la fortune du mineur, il conviendrait, même pour la tranquillité des familles, de jeter un voile officieux sur les dettes de l'espèce qu'on vient d'examiner, et de circonscrire l'action en rapport aux seules dettes *pour le paiement desquelles le cohéritier aurait pu être valablement poursuivi en justice* par le créancier remboursé.

M. Treilhard dit que le mineur, arrivé à un certain âge, échappe en grande partie à la surveillance de son père. S'il entre au service, s'il prend un état, il acquiert une espèce d'indépendance qui ne doit pas être funeste à ses frères; l'indulgence qu'il mérite ne doit pas aller jusqu'à lui permettre de les ruiner.

Le père doit à son fils l'éducation, l'entretien, un état ; rien de tout cela ne sera rapporté : mais il n'est pas obligé de sacrifier une portion considérable de son patrimoine pour réparer les écarts du premier âge.

Au surplus, le principe consacré par l'article subsiste depuis long-temps, et jamais il n'a produit d'inconvéniens.

M. TRONCHET ajoute que la disposition proposée serait immorale ; elle inviterait le fils à dépenser : il importe au contraire de le contenir par l'obligation du rapport.

M. BERLIER dit que, dans ce système, un jeune homme de seize ans peut se ruiner en un moment ; cette peine est trop sévère. La loi met dans les mains du père un autre moyen de répression moins funeste dans ses conséquences, sans être moins moral.

M. BIGOT-PRÉAMENEU dit que l'article défère au père le droit qui, dans ce système, appartiendrait aux tribunaux ; le père devient juge de la nécessité des dépenses ; et certes, la crainte de ruiner son fils l'empêchera de les payer légèrement.

LE CONSUL CAMBACÉRÈS dit que l'article ne fait que rappeler un principe reçu. Quelques inconvéniens dans l'application ne doivent pas l'emporter sur l'intérêt de ne pas ruiner une famille entière par les prodigalités d'un jeune homme.

Il restera cependant à examiner si la disposition doit être tellement absolue qu'elle aille jusqu'à faire refuser des alimens au fils.

L'article est adopté.

852   L'article 140 est adopté en y renvoyant l'amendement proposé par le Consul *Cambacérès*, et admis pendant la discussion de l'article précédent.

853 à 859   Les articles 141, 142, 143, 144, 145, 146 et 147 sont adoptés.

860   L'article 148 est discuté.

M. TRONCHET pense qu'il est nécessaire de déterminer si

l'héritier rapportera seulement le prix de la vente qu'il a faite, ou la valeur de l'immeuble au moment du partage : cette dernière évaluation semble la plus juste.

Le Consul Cambacérès est d'avis que l'héritier ne doit rapporter que la valeur exacte de l'immeuble, et non l'immeuble en nature ; il n'est pas juste que, parce qu'il ne l'a pas aliéné, ses cohéritiers profitent des augmentations qu'il aura faites à ses frais.

M. Tronchet dit qu'on doit lui tenir compte de ces augmentations.

M. Jollivet dit que le donataire peut avoir reçu l'immeuble grevé d'hypothèques et les avoir purgées ; cette considération ajoute aux motifs qui doivent faire écarter le rapport en nature. Il aurait d'ailleurs l'inconvénient de laisser la propriété incertaine, et d'affaiblir ainsi l'attachement du propriétaire.

On ne doit pas craindre en l'excluant de jeter de l'inégalité dans les partages : la valeur reçue sera rapportée ; les améliorations dues aux soins du donataire doivent lui demeurer.

M. Tronchet dit que la faculté accordée au donateur de dispenser le donataire du rapport en nature répond à toutes les objections ; cette faculté est cependant renfermée dans les limites de la portion disponible.

Le Conseil adopte en principe que, lorsque l'immeuble aura été aliéné, le donataire en rapportera la valeur estimée au temps de l'ouverture de la succession.

L'article est renvoyé à la section.

Les articles 149, 150, 151 et 152 sont adoptés.   861 à 864

L'article 153 est discuté.   865

M. Jollivet dit que le donataire devient réellement propriétaire : il peut aliéner ; il peut donc, à plus forte raison, grever d'hypothèques l'immeuble donné. Il résulte de là que les créanciers ne doivent pas être réduits à se défendre contre les cohéritiers qui demandent le rapport de l'immeuble ; ils pourraient même n'être pas instruits de la demande en rapport et en partage : il semble donc que l'immeuble doit être rapporté avec les charges dont il est grevé et qui ont été conservées par des oppositions.

M. TREILHARD demande quel serait en ce cas le sort des cohéritiers du donataire, si la succession entière se réduisait à l'immeuble donné.

M. TRONCHET dit que chacun doit connaître la condition de celui avec lequel il contracte, et que personne n'est reçu à alléguer pour excuse qu'il l'a ignorée.

Ainsi, quand on accepte pour gage un immeuble donné qui est sujet à rapport, on sait qu'on s'expose à se le voir enlever par l'événement d'un partage. On est réputé s'en être rapporté à la bonne foi de son débiteur.

M. REGNAUD (de Saint-Jean-d'Angely) dit que tout se réduit, pour le créancier, à examiner si le débiteur est réellement propriétaire : cette qualité appartient incontestablement au donataire ; et le projet en discussion le reconnaît, puisqu'il suppose que le donataire peut valablement aliéner. S'il lui est permis de vendre l'immeuble, à plus forte raison lui est-il permis de l'engager ; et, par une suite nécessaire, l'immeuble n'est plus sujet à rapport au préjudice du créancier : celui-ci ne peut perdre son gage et être réduit à une simple action.

M. JOLLIVET ajoute que, si l'on ne trouvait pas de sûreté à prêter au donataire, il ne pourrait obtenir des fonds qu'en aliénant l'immeuble donné : ainsi la faveur trop grande qu'on propose de donner aux héritiers tournerait contre eux.

M. TRONCHET dit qu'on a tiré une fausse conséquence du principe qu'il est permis au donataire d'aliéner. La donation, en effet, est réputée faite par anticipation de la succession : il serait donc trop rigoureux de retenir dans la main du donataire la part héréditaire qu'il a reçue à l'avance ; ce serait l'empêcher d'en profiter pour améliorer sa fortune. Mais un simple créancier ne peut pas avoir dans la chose plus de

droits que son débiteur. Au reste, ce n'est pas ici le seul cas
où la jurisprudence admette un droit de propriété condi-
tionnel.

M. Portalis dit que la question est difficile.

La donation transfère la propriété; c'est une vérité reconnue. Le donataire devient-il propriétaire incommutable? On
se divise sur ce point; mais il est indifférent ici. C'est par
l'intention du donateur qu'on doit fixer la latitude qui appartient au donataire; or, puisque le donateur a entendu
transférer la propriété de la chose, il est évident qu'il n'a
pas voulu borner sa libéralité aux produits (car il n'eût donné
qu'un usufruit); mais qu'il a voulu que le donataire usât de
la chose pour tous les besoins auxquels lui donateur aurait
pu l'employer : il aurait pu hypothéquer, il a donc voulu que
le donataire pût l'hypothéquer aussi. Le donateur, en ce cas,
exerce son droit de propriété par une main médiate, par
celle de son représentant.

Si les cohéritiers réclament le rapport, les créanciers, pour
les écarter, diront que quand ils ont accepté l'immeuble pour
gage, le donataire avait le droit actuel de le leur hypothéquer, et qu'ils n'ont pas dû prévoir que ce droit pût éven-
tuellement changer un jour.

M. Bérenger dit que si on permet au donataire de vendre, on ne peut l'empêcher d'hypothéquer. La manière de
disposer ne change rien au droit de disposition : c'est en
vertu du même droit qu'on hypothèque et qu'on aliène.

Mais si le fils donataire a un droit aussi étendu, il devient
facile aux pères d'échapper à la disposition qui réserve une
légitime aux enfans : ils feront une donation à l'enfant qu'ils
voudront avantager.

Il importe d'examiner la question sous ce rapport.

M. Treilhard répond à M. *Portalis*. Il dit qu'on ne peut,
sans doute, contester au donateur, avant la donation, le droit
d'hypothéquer la chose, mais que ce droit ne passe au dona-

taire que lorsque la donation est parfaite ; si la donation n'est que conditionnelle, qu'elle soit modifiée par une réserve, comme une clause de retour, par exemple, il est évident que le donateur n'a pas voulu transmettre la plénitude de ses droits au donataire, ni le droit de disposer indéfiniment.

Le Consul Cambacérès dit que l'embarras naît ici de la loi qui abolit les hypothèques légales.

Un père a donné un immeuble à un de ses enfans : si la donation excède la portion disponible des biens du père, ses autres enfans ont le droit de venir prendre leur légitime sur l'immeuble donné. Dans l'ancienne législation, leurs droits étaient conservés par l'hypothèque légale : aujourd'hui qu'elle n'existe plus, le créancier du donateur repoussera les légitimaires en leur opposant qu'il les prime, parce qu'il s'est fait inscrire avant eux.

M. Tronchet dit que le rapport a lieu, par cela seul qu'il est une condition de la donation, et indépendamment de toute hypothèque légale. Cette condition modifie toujours implicitement la donation quand elle n'a pas été formellement exclue, et elle rend la propriété du donataire éventuelle.

La seule difficulté qui reste consiste à savoir si elle permet de distinguer entre la vente et l'hypothèque. Mais, depuis un temps immémorial, il est reçu que, quoique le donataire puisse aliéner, il ne peut cependant pas hypothéquer. Cette distinction est fondée sur ce que la loi a pu se reposer sur l'affection paternelle du soin de conserver la légitime aux enfans. La même raison de confiance n'existe pas pour l'hypothèque de la chose donnée ; car alors ce n'est plus le donateur, c'est le donataire qui dispose.

S'il fallait absolument opter entre la prohibition de vendre et la faculté de vendre entraînant le droit d'hypothéquer, la prohibition serait préférable.

Le Consul Cambacérès dit que, dans le droit écrit, l'immeuble grevé n'en était pas moins sujet au rapport ; que même on évinçait l'acquéreur du donataire, lorsque les autres biens de la succession ne suffisaient pas pour fournir la légitime.

L'article est renvoyé à la section.

Les articles 154 et 155 sont adoptés. 866-867

L'article 156 est discuté. 868

M. Maleville pense que les meubles doivent être estimés suivant la valeur qu'ils ont, non au temps de la donation, mais à l'époque où la succession s'ouvre. Cette règle, qui est suivie à l'égard des immeubles, doit l'être, à plus forte raison, à l'égard des meubles qui dépérissent par l'usage. Si le donateur les eût gardés, il faudrait bien les prendre dans l'état où ils se trouveraient; c'est l'opinion de *Lebrun*, auteur très-estimé.

M. Tronchet dit qu'il est juste de suivre des règles différentes pour les meubles que pour les immeubles. Ceux-ci ne sont pas diminués par la jouissance : au contraire, l'usage est la seule jouissance qu'on puisse tirer des meubles; et cet usage les dégrade pour le profit du donataire.

De plus, les meubles sont donnés en pleine propriété : or *res perit domino*.

M. Maleville répond qu'on ne doit s'attacher qu'à rendre à la succession les valeurs dont elle est privée : donc le prix des meubles ne peut être calculé qu'au moment où la succession a droit de les réclamer.

M. Regnaud (de Saint-Jean-d'Angely) distingue les meubles précieux et non sujets à altération, comme les diamans, l'argenterie, des meubles qui se détériorent par l'usage. La valeur des premiers lui paraît devoir être rapportée en entier. Dans le rapport des autres, il convient de supputer la détérioration qu'ils ont dû éprouver, et qui en eût diminué la valeur, quand ils seraient restés entre les mains du donateur.

L'article est adopté.

L'article 157 est adopté. 869

La section III est ainsi conçue :

SECTION III. — *Du Paiement des dettes.*

870   Art. 158. « Les cohéritiers contribuent entre eux au paie-
« ment des dettes et charges de la succession, chacun dans
« la proportion qu'il y prend. »

871   Art. 159. « Le légataire à titre universel contribue avec
« les héritiers au prorata de son émolument ; mais le léga-
« taire particulier n'est pas tenu des dettes et charges, sauf
« toutefois l'action hypothécaire sur l'immeuble légué. »

872   Art. 160. « Lorsqu'un immeuble de la succession est grevé
« d'une rente par hypothèque spéciale, il doit être estimé au
« même taux que les autres immeubles : il est fait déduc-
« tion du capital de la rente sur le prix total : l'héritier dans
« le lot duquel tombe cet immeuble demeure seul chargé du
« service de la rente, et il doit en garantir ses cohéritiers. »

873   Art. 161. « Les héritiers sont tenus des dettes et charges
« de la succession, personnellement pour leur part et por-
« tion virile, et hypothécairement pour le tout, sauf leur
« recours, soit contre leurs cohéritiers, soit contre les léga-
« taires universels, à raison de la part pour laquelle ils doi-
« vent y contribuer. »

874   Art. 162. « Le légataire particulier qui a acquitté la dette
« dont l'immeuble légué était grevé demeure subrogé aux
« droits du créancier contre les héritiers et successeurs à titre
« universel. »

875   Art. 163. « Le cohéritier ou successeur à titre universel
« qui, par l'effet de l'hypothèque, a payé au-delà de sa part
« de la dette commune, n'a de recours contre les autres co-
« héritiers ou successeurs à titre universel que pour la part
« que chacun d'eux doit personnellement en supporter,
« même dans le cas où le cohéritier qui a payé la dette se
« serait fait subroger aux droits des créanciers ; sans préju-
« dice néanmoins des droits d'un cohéritier qui, par l'effet
« du bénéfice d'inventaire, aurait conservé la faculté de ré-

« clamer le paiement de sa créance personnelle comme tout
« autre créancier. »

Art. 164. « En cas d'insolvabilité d'un des cohéritiers ou   876
« successeurs à titre universel, sa part dans la dette hypothé-
« caire est répartie sur tous les autres au marc le franc. »

Art. 165. « Les créanciers ne peuvent exercer de pour-   877
« suites contre l'héritier personnellement qu'après avoir fait
« déclarer exécutoires contre lui les titres qu'ils avaient contre
« le défunt. »

Art. 166. « Ils peuvent demander, dans tous les cas, et   878
« contre tout créancier, la séparation des patrimoines du dé-
« funt d'avec le patrimoine de l'héritier. »

Art. 167. « Ce droit ne peut cependant plus être exercé   879
« lorsqu'il y a novation dans la créance contre le défunt par
« l'acceptation de l'héritier pour débiteur. »

Art. 168. « Il se prescrit, relativement aux meubles, par   880
« le laps de trois ans.

« A l'égard des immeubles, l'action peut être exercée
« tant qu'ils existent dans la main de l'héritier. »

Art. 169. « Les créanciers de l'héritier ne sont point admis   881
« à demander la séparation des patrimoines contre les créan-
« ciers de la succession. »

Art. 170. « Les créanciers hypothécaires d'un coparta-   882
« geant, pour éviter que le partage ne soit fait en fraude de
« leurs droits, peuvent s'opposer à ce qu'il y soit procédé
« hors de leur présence : ils ont droit d'y intervenir à leurs
« frais ; mais ils ne peuvent attaquer un partage consommé,
« à moins toutefois qu'il n'y ait été procédé sans eux et au
« préjudice d'une opposition qu'ils auraient formée. »

L'article 158 est adopté.   870

L'article 159 est discuté.   871

Le Consul Cambacérès dit que, puisque l'hypothèque légale ne subsiste plus, le légataire particulier ne doit pas supporter des dettes auxquelles le corps certain qui lui est légué
se trouve hypothéqué.

M. TREILHARD dit qu'il a son recours contre la succession.

M. TRONCHET dit que le testateur est censé avoir légué la chose dans l'état où elle se trouvait. L'hypothèque spéciale est comme une charge foncière inhérente à l'immeuble et qui le diminue. La perte doit naturellement tomber sur le légataire; car si l'immeuble était grevé avant le testament, le testeur l'a su; si depuis, le testateur l'a voulu.

M. BIGOT-PRÉAMENEU dit que l'hypothèque ne peut être assimilée aux charges foncières; elle ne diminue pas l'immeuble, elle en fait le gage d'une dette.

M. TRONCHET reconnaît ce principe.

L'article est adopté.

872   L'article 160 est discuté.

M. TRONCHET pense que l'héritier dans le lot duquel tombe l'héritage chargé d'une rente doit être forcé au remboursement, afin que la garantie de ses cohéritiers ne soit pas indéfinie.

M. REGNAUD (de Saint-Jean-d'Angely) observe que l'article semble remédier à cet inconvénient. En asseyant la rente sur l'immeuble donné, il le grève d'une hypothèque spéciale qui fait cesser toutes les autres hypothèques.

M. JOLLIVET dit que c'est ainsi que s'exécute la loi du 11 brumaire.

M. TRONCHET objecte qu'on peut prendre hypothèque sur plusieurs immeubles.

M. TREILHARD répond que l'article a tout prévu. Un seul héritier est chargé de la rente : ainsi, si le créancier vient prendre une inscription sur les biens des autres héritiers, le tribunal l'écartera.

M. TRONCHET observe que la rente peut être hypothéquée sur plusieurs immeubles répartis dans des lots différens.

M. TREILHARD dit que, dans ce cas, les cohéritiers de celui qui est garant poursuivent contre lui la radiation des inscriptions formées sur leurs biens. Si le créancier les attaque, ils exigent qu'il soit remboursé.

M. Tronchet dit que c'est ce qu'il désire voir exprimer dans l'article.

L'article est adopté avec l'amendement de M. *Tronchet*.

Les articles 161, 162, 163 et 164 sont adoptés.   873 à 876

L'article 165 est discuté.   877

M. Maleville dit que cet article introduit une formalité tout à la fois inutile et dispendieuse. Il suffirait d'un commandement à l'héritier, comme dans les pays de droit écrit. Le mort saisit le vif; donc le titre qui était exécutoire contre le défunt l'est de plein droit contre son héritier.

L'article est renvoyé à la section.

Les articles 166, 167 et 168 sont adoptés.   878 à 880

L'article 169 est discuté.   881

Le Consul Cambacérès pense que cet article doit être basé sur les mêmes principes que l'article 165.

L'article est renvoyé à la section.

L'article 170 est discuté.   882

M. Jollivet rappelle qu'un des articles précédens défend de disposer d'une succession non échue; l'héritier n'a donc pu l'hypothéquer, et les créanciers n'ont pu traiter avec lui sur la foi de cette garantie. Ainsi, le mot *hypothécaire* semble devoir être retranché.

L'article est adopté avec cet amendement.

La section IV est ainsi conçue:

SECTION IV. — *Des Effets du Partage, et de la Garantie des Lots.*

Art. 171. « Chaque cohéritier est censé avoir succédé seul   883 « et immédiatement à tous les effets compris dans son lot, « ou à lui échus sur licitation, et n'avoir jamais eu la pro- « priété des autres effets de la succession. »

Art. 172. « Les cohéritiers demeurent respectivement ga-   884 « rans, les uns envers les autres, des troubles et évictions

« seulement qui procèdent d'une cause antérieure au partage.

« La garantie n'a pas lieu si l'espèce d'éviction soufferte a été
« exceptée par une clause particulière et expresse du partage :
« elle cesse, si c'est par sa faute que le cohéritier souffre
« l'éviction. »

885   Art. 173. « Chacun des cohéritiers est personnellement
« obligé, en proportion de sa part héréditaire, d'indemniser
« son cohéritier de la perte que lui a causée l'éviction.

« Si l'un des cohéritiers se trouve insolvable, la portion
« dont il est tenu doit être également répartie entre le ga-
« ranti et tous les cohéritiers solvables. »

886   Art. 174. « La garantie de la solvabilité du débiteur d'une
« rente ne peut être exercée que dans les cinq ans qui sui-
« vent le partage. Il n'y a pas lieu à garantie, à raison de
« l'insolvabilité du débiteur, quand elle n'est survenue que
« depuis le partage consommé. »

883 à 886   Ces quatre articles sont adoptés.

La section V est ainsi conçue :

SECTION V. — *De la Rescision en matière de partage.*

887   Art. 175. « Les partages peuvent être rescindés pour cause
« de violence ou de dol.

« Il peut aussi y avoir lieu à rescision lorsqu'un des cohé-
« ritiers établit à son préjudice une lésion de plus du quart. »

888   Art. 176. « L'action en rescision est admise contre tout
« acte qui a pour objet de faire cesser l'indivision entre co-
« héritiers, encore qu'il fût qualifié de vente, d'échange et
« transaction, ou de toute autre manière.

« Mais, après le partage ou l'acte qui en tient lieu, l'action
« en rescision n'est plus admissible contre la transaction faite
« sur les difficultés réelles que présentait le premier acte,
« même quand il n'y aurait pas eu à ce sujet de procès
« commencé. »

889   Art. 177. « L'action n'est pas admise contre une vente de
« droit successif faite sans fraude à l'un des cohéritiers, à

« ses risques et périls, par ses autres cohéritiers ou par l'un
« d'eux. »

Art. 178. « Pour juger s'il y a eu lésion, on estime les ob- 890
« jets suivant leur valeur à l'époque du partage.»,

Art. 179. « Le défendeur à la demande en rescision peut 891
« en arrêter le cours et empêcher la destruction du partage,
« en offrant et en fournissant au demandeur le supplément
« de sa portion héréditaire, soit en numéraire, soit en na-
« ture. »

Art. 180. « Le cohéritier qui a aliéné son lot, en tout ou 892
« partie, n'est plus recevable à intenter l'action en rescision
« pour dol ou violence, si l'aliénation qu'il a faite est posté-
« rieure à la découverte du dol ou à la cessation de la vio-
« lence. »

L'article 175 est discuté. 887

M. Treilhard dit que la section a cru ne devoir pas faire
de l'erreur du fait une cause particulière de rescision. Cette
cause, en effet, se confond avec la lésion ; car, ou l'erreur de
fait produit un dommage, ou elle est indifférente.

M. Maleville observe que l'erreur peut produire une lésion qui cependant ne soit pas du quart.

Le Consul Cambacérès dit qu'en effet il y a une difficulté
à résoudre. La section entend-elle que la lésion produite par
l'erreur du fait ne doive rien changer au partage? Qu'arri-
vera-t-il, par exemple, si un bien ayant été par erreur compris dans le lot de l'un des héritiers, il en résulte pour les
autres une lésion d'un sixième?

M. Treilhard répond que, d'après les précautions établies,
une semblable erreur devient presque impossible. Si cependant elle existait, on procéderait à un supplément de partage.

Le Consul Cambacérès pense que l'article doit l'exprimer.

M. Treilhard propose de dire que l'omission d'un bien de
la succession n'opérera pas la nullité du partage, mais donnera lieu à un partage supplémentaire.

L'article est adopté avec cet amendement.

888   L'article 176 est discuté.

M. TRONCHET dit que s'il est un auteur qui ait admis qu'un premier partage fait en forme de transaction puisse être attaqué, *Dumoulin* le regarde, au contraire, comme une véritable transaction, et veut qu'il en ait toute la force s'il y avait d'ailleurs lieu à une contestation sérieuse, et seulement *in eâ re in quâ transactum fuit.* En effet, c'est parce que les transactions éteignent les procès qu'on leur accorde le privilége de ne pouvoir être attaquées. Pourquoi des héritiers qui méritent la faveur de la loi seraient-ils privés de l'avantage d'étouffer leurs contestations? Tous les caractères de la transaction se rencontrent dans le partage qu'ils font pour atteindre ce but : il y a matière à transiger, puisqu'il y a des difficultés entre eux ; leur partage est qualifié par eux-mêmes de transaction ; il doit en avoir les effets, *in eâ re in quâ transactum est*, car la transaction peut être partielle. Par exemple, dans le cas où la contestation porte sur l'estimation d'un immeuble ou sur la qualité d'un héritier, on consent à donner une somme à ce dernier, ou à recevoir un complément de celui auquel l'immeuble est échu : c'est là une véritable transaction, mais seulement *in eâ re in quâ transactum fuit;* l'acte retient son caractère de partage quant au surplus.

M. TREILHARD dit que la section s'est déterminée par la raison que le premier acte que les héritiers font entre eux tend toujours à partager la succession : ainsi cet acte doit être résoluble dans les mêmes cas que tout autre partage ; peu importe qu'on l'ait appelé une transaction ; il faut s'arrêter plus à la réalité qu'au titre. On sait que souvent les parties supposent des difficultés imaginaires pour donner à leur acte le privilége des transactions ; ensuite, il y a un premier procès sur le véritable caractère de l'acte. L'article évite ce procès aux héritiers.

L'article est renvoyé à la section.

Les articles 177, 178, 179 et 180 sont adoptés. 889 à 892

(Procès-verbal de la séance du 5 ventose an XI. — 24 février 1803.)

M. Treilhard présente une nouvelle rédaction du titre *des Successions*, faite d'après les amendemens adoptés dans les séances des 25 frimaire, 2, 9, 16 et 23 nivose.

Cette rédaction est adoptée en ces termes :

Des différentes manières dont on acquiert la propriété.

Art. 1, 2, 3, 4, 5, 6 et 7 (*tels qu'ils sont rapportés au pro-* 711 à 717 *cès-verbal du 9 nivose an XI*).

DES SUCCESSIONS.

CHAPITRE Ier.

De l'Ouverture des successions et de la Saisine des héritiers.

Art. 1 et 2 (*les mêmes que ceux rapportés au procès-verbal* 718-719 *du 25 frimaire an XI*).

Art. 3. « Si plusieurs individus respectivement appelés à la 720 « succession l'un de l'autre périssent dans un même événe- « ment, sans qu'on puisse reconnaître lequel est décédé le « premier, la présomption de survie est déterminée par les « circonstances du fait, et, à leur défaut, par la force de l'âge « ou du sexe. »

Art. 4 (*cet article est le même que celui du procès-verbal* 721 *ci-dessus énoncé*).

Art. 5. « Entre ceux qui ont plus de quinze ans et moins 722 « de soixante, le mâle est toujours présumé avoir survécu, « s'il y a égalité d'âge, ou si la différence qui existe n'excède « pas une année.

« Si ceux qui ont péri sont du même sexe, la présomption « de survie qui donne ouverture à la succession dans l'ordre « de la nature doit être admise; ainsi le plus jeune est pré- « sumé avoir survécu au plus âgé. »

723   Art. 6. « La loi règle l'ordre de succéder entre les héritiers
« légitimes ; à leur défaut, les biens passent aux enfans na-
« turels, ensuite à l'époux survivant, et s'il n'y en a pas, à
« la République. »

724   Art. 7. « Les héritiers légitimes sont saisis de plein droit
« des biens, droits et actions du défunt, sous l'obligation
« d'acquitter toutes les charges de la succession ; les enfans
« naturels, l'époux survivant et la République doivent se
« faire envoyer en possession par justice dans les formes qui
« seront déterminées. »

CHAPITRE II.

Des Qualités requises pour succéder.

725   Art. 8. « Pour succéder, il faut nécessairement exister à
« l'instant de l'ouverture de la succession.

« Ainsi sont incapables de succéder,

« 1°. Celui qui n'est pas encore conçu ;

« 2°. L'enfant qui n'est pas né viable ;

« 3°. L'individu mort civilement. »

726   Art. 9. « Un étranger n'est admis à succéder aux biens que
« son parent étranger ou français possède dans le territoire
« de la République que dans les cas et de la manière dont
« un Français succède à son parent possédant des biens dans
« le pays de cet étranger, conformément à l'article 5 du titre
« *de la Jouissance et de la Privation des droits civils.* »

727 à 730   Art. 10, 11, 12 et 13 (*les mêmes que les articles* 11, 12, 13
et 14 *de la rédaction contenue au procès-verbal du* 25 *frimaire*).

CHAPITRE III.

Des divers Ordres de successions.

SECTION Ire. — Dispositions générales.

731-732   Art. 14 et 15 (*tels que sont les articles* 15 *et* 16 *du procès-
verbal ci-dessus daté*).

Art. 16. « Toute succession échue à des ascendans ou à des ₇₃₃
« collatéraux se divise en deux parts égales ; l'une pour les
« parens de la ligne paternelle, l'autre pour les parens de la
« ligne maternelle.

« Les parens utérins ou consanguins ne sont pas exclus par
« les germains, mais ils ne prennent part que dans leur ligne,
« sauf ce qui sera dit ci–après à l'article 35. Les germains
« prennent part dans les deux lignes.

« Il ne se fait aucune dévolution d'une ligne à l'autre, que
« lorsqu'il ne se trouve aucun ascendant ni collatéral de l'une
« des deux lignes. »

Art. 17, 18, 19, 20 et 21 (*les mêmes que les articles* 18 à ₇₃₄ à ₇₃₈
22 *du procès–verbal ci–dessus énoncé*).

SECTION II. — *De la Représentation.*

Art. 22, 23, 24 (*les mêmes que les articles* 23, 24 *et* 25 ₇₃₉ à ₇₄₁
rapportés au procès–verbal ci–dessus daté).

Art. 25. « En ligne collatérale la représentation est ad- ₇₄₂
« mise en faveur des enfans et descendans de frères ou sœurs
« du défunt, soit qu'ils viennent à sa succession concurrem-
« ment avec des oncles ou tantes, soit que tous les frères et
« sœurs du défunt étant prédécédés, la succession se trouve
« dévolue à leurs descendans en degrés égaux ou inégaux. »

Art. 26 et 27 (*les mêmes que les articles* 28 *et* 29 *du procès-* ₇₄₃ ₇₄₄
verbal ci–dessus énoncé).

SECTION III. — *Des Successions déférées aux descendans.*

Art. 28 (*le même que le* 30ᵉ *du procès–verbal précédemment* ₇₄₅
énoncé).

SECTION IV. — *Des Successions déférées aux ascendans.*

Art. 29 (*le même que le* 32ᵉ *du même procès–verbal*).   ₇₄₆

Art. 30. « Les ascendans succèdent à l'exclusion de tous ₇₄₇
« autres aux choses par eux données à leurs enfans ou des-
« cendans décédés sans postérité, lorsque les objets donnés
« se retrouvent en nature dans la succession.

« Si les objets ont été aliénés, les ascendans recueillent le
« prix qui peut en être dû. Ils succèdent aussi à l'action en
« reprise que pouvait avoir le donataire. »

748   Art. 31. « Lorsque les père et mère d'un individu mort
« sans postérité lui ont survécu, s'il a laissé des frères, sœurs
« ou des descendans d'eux, la succession se divise en deux
« portions égales, dont moitié seulement est déférée au père
« et à la mère, qui la partagent entre eux également.

« L'autre moitié appartient aux frères, sœurs ou descen—
« dans d'eux, ainsi qu'il sera expliqué à la section V ci—
« après. »

749   Art. 32. « Dans le cas où l'individu mort sans postérité
« laisse des frères, sœurs ou des descendans d'eux, si le père
« ou la mère est prédécédé, la portion qui lui aurait été dé—
« volue conformément au précédent article se réunit à la
« moitié déférée aux frères, sœurs ou à leurs représentans,
« ainsi qu'il sera expliqué à la section V ci—après. »

SECTION V. — *Des Successions collatérales.*

750   Art. 33. « En cas de prédécès des père et mère d'un indi—
« vidu mort sans postérité, ses frères, sœurs ou leurs des—
« cendans sont appelés à la succession, à l'exclusion des as—
« cendans et des autres collatéraux.

« Ils succèdent ou de leur chef ou par représentation,
« ainsi qu'il a été réglé dans la section II ci—dessus. »

751   Art. 34 (*le même que l'article* 37 *du procès-verbal ci-dessus
daté*).

752   Art. 35. « Le partage de la moitié ou des trois quarts dé—
« volus aux frères ou sœurs, aux termes de l'article précé—
« dent, s'opère entre eux par égales portions, s'ils sont tous
« du même lit; s'ils sont de lits différens, la division se fait
« par moitié entre les deux lignes paternelle et maternelle du
« défunt; les germains prennent part dans les deux lignes, et
« les utérins et consanguins chacun dans leur ligne seulement;
« s'il n'y a de frères ou sœurs que d'un côté, ils succèdent à

« la totalité, à l'exclusion de tous autres parens de l'autre
« ligne. »

Art. 36. « A défaut de frère ou sœur ou de descendans ₇₅₃
« d'eux, et à défaut d'ascendans dans l'une ou l'autre ligne,
« la succession est déférée, toujours par moitié dans chaque
« ligne, aux parens les plus proches.

« S'il y a concours de parens collatéraux au même degré,
« ils partagent par tête. »

Art. 37 et 38 (*les mêmes que les 40ᵉ et 41ᵉ du procès-verbal* ₇₅₄-₇₅₅
énoncé).

CHAPITRE IV.

Des Successions irrégulières.

SECTION 1ʳᵉ. — *Des Droits des enfans naturels sur les biens de
leurs père ou mère, et de la Succession aux enfans naturels
décédés sans postérité.*

Art. 39. « Les enfans naturels ne sont point héritiers ; la ₇₅₆
« loi ne leur accorde de droits sur les biens de leurs père ou
« mère décédés que lorsqu'ils ont été légalement reconnus.
« Elle ne leur accorde aucun droit sur les biens des parens de
« leurs père ou mère. »

Art. 40. « Le droit de l'enfant naturel sur les biens de ses ₇₅₇
« père ou mère décédés est réglé ainsi qu'il suit :

« Si le père ou la mère a laissé des descendans légitimes,
« ce droit est d'un tiers de la portion héréditaire que l'enfant
« naturel aurait eue, s'il eût été légitime : il est de la moitié
« lorsque les père ou mère ne laissent pas de descendans,
« mais bien des ascendans ou des frères ou sœurs ; il est des
« trois quarts lorsque les père ou mère ne laissent ni des-
« cendans ni ascendans, ni frères ni sœurs. »

Art. 41, 42, 43, 44, 45, 46 et 47 (*les mêmes que les ar-* ₇₅₈ à ₇₆₄
ticles 44, 45, 46, 47, 48, 49 *et* 51 *du procès-verbal déjà
énoncé*).

Art. 48. « La succession de l'enfant naturel décédé sans ₇₆₅-₇₆₆

« postérité est dévolue au père ou à la mère qui l'a reconnu,
« ou par moitié à tous les deux, s'il a été reconnu par l'un et
« par l'autre. »

Ib.   Art. 49. « En cas de prédécès des père et mère de l'enfant
« naturel, les biens qu'il en avait reçus retournent à ses frères
« ou sœurs légitimes, s'ils se retrouvent en nature dans la
« succession ; les actions en reprise, s'il en existe, ou le prix
« de ces biens aliénés, s'il est encore dû, retournent égale-
« ment aux frères et sœurs légitimes. Tous les autres biens
« passent aux frères naturels. »

SECTION II. — *Des Droits du conjoint survivant et de la*
République.

767   Art. 5o. « Lorsque le défunt ne laisse ni parens au degré
« successible, ni enfans naturels, les biens de sa succession
« appartiennent au conjoint non divorcé qui lui survit. »

768 à 773   Art. 51, 52, 53, 54, 55 et 56 (*les mêmes que les articles* 55,
56, 57, 58, 59 et 60 *du procès-verbal du* 9 *nivose*).

CHAPITRE V.

De l'Acceptation et de la Répudiation des successions.

SECTION Ire. — *De l'Acceptation.*

774   Art. 57. « Une succession peut être acceptée purement et
« simplement, ou sous bénéfice d'inventaire. »

775 à 777   Art. 58, 59 et 60 (*les mêmes que les articles* 61, 62 et 63
du procès-verbal du 9 *nivose*).

778   Art. 61. « L'acceptation peut être expresse ou tacite : elle
« est expresse quand on prend le titre ou la qualité d'héri-
« tier dans un acte authentique ou privé ; elle est tacite
« quand l'héritier fait un acte qui suppose nécessairement
« son intention d'accepter, et qu'il n'aurait droit de faire
« qu'en sa qualité d'héritier. »

779 à 783   Art. 62, 63, 64, 65 et 66 (*les mêmes que les articles* 779,
78o, 781, 782 et 783 *rapportés au procès-verbal du* 9 *nivose*).

SECTION II. — *De la Renonciation aux successions.*

Art. 67, 68, 69, 70, 71 et 72 (*les mêmes que les articles* 72, 78 à 789
73, 74, 75, 76 et 77 *du procès-verbal du* 9 *nivose*).

Art. 73. « Tant que la prescription du droit d'accepter n'est   790
« pas acquise contre les héritiers qui ont renoncé, ils ont la
« faculté d'accepter encore la succession, si elle n'a pas été
« déjà acceptée par d'autres héritiers, sans préjudice néan-
« moins des droits qui peuvent être acquis à des tiers sur les
« biens de la succession, soit par prescription, soit par actes
« valablement faits avec le curateur à la succession vacante. »

Art. 74 et 75 (*les mêmes que les articles* 79 *et* 80 *de la réduction contenue au procès-verbal énoncé*).

SECTION III. — *Du Bénéfice d'inventaire, de ses effets et des
obligations de l'héritier bénéficiaire.*

Art. 76, 77, 78, 79, 80, 81 et 82 (*les mêmes que les ar-*   793 à 799
ticles 81, 82, 83, 84, 85, 86 et 87 *du procès-verbal en date
du* 16 *nivose an XI.*)

Art. 83. « L'héritier conserve néanmoins, après l'expira-   800
« tion des délais accordés par l'article 78, même de ceux
« donnés par le juge conformément à l'article 81, la faculté de
« faire encore inventaire, et de se porter héritier bénéficiaire,
« s'il n'a pas fait d'ailleurs acte d'héritier, ou s'il n'existe pas
« contre lui de jugement passé en force de chose jugée, qui
« le condamne en qualité d'héritier pur et simple. »

Art. 84, 85, 86, 87, 88 et 89 (*les mêmes que les articles* 89,   801 à 805
90, 91, 92, 93 et 94 *du procès-verbal du* 16 *nivose*).

Art. 90. « Il est tenu, si les créanciers ou autres personnes   807
« intéressées l'exigent, de donner caution bonne et solvable
« de la valeur du mobilier compris dans l'inventaire, et de la
« portion du prix des immeubles non déléguée aux créan-
« ciers hypothécaires.

« Faute par lui de fournir cette caution, les meubles sont
« vendus ; et leur prix, ainsi que la portion non déléguée du

« prix des immeubles, sont déposés pour être employés à
« l'acquit des charges de la succession. »

808   Art. 91 (*le même que le 96ᵉ du procès-verbal du 16 nivose*).

809   Art. 92. « Les créanciers non opposans qui ne se présen-
« tent qu'après l'apurement du compte et le paiement du re-
« liquat n'ont de recours à exercer que contre les légataires.

« Dans l'un et l'autre cas, le recours se prescrit par le laps
« de trois ans, à compter du jour de l'apurement du compte
« et du paiement du reliquat. »

810   Art. 93 (*tel que le 98ᵉ du procès-verbal du 16 nivose*).

SECTION IV. — *Des Successions vacantes.*

811-812   Art. 94 et 95 (*tels que se trouvent les articles 99 et 100 du
procès-verbal du 16 nivose*).

813   Art. 96. « Le curateur à une succession vacante est tenu,
« avant tout, d'en faire constater l'état par un inventaire; il
« en exerce et poursuit les droits; il répond aux demandes
« formées contre elle; il administre sous la charge de faire
« verser le numéraire qui se trouve dans la succession, ainsi
« que les deniers provenant du prix des meubles ou immeu-
« bles vendus, dans la caisse du receveur de la régie natio-
« nale, pour la conservation des droits, et à la charge de
« rendre compte à qui il appartiendra. »

814   Art. 97. « Les dispositions de la section III sur les formes
« de l'inventaire, sur le mode d'administration, et sur les
« comptes à rendre de la part de l'héritier bénéficiaire, sont,
« au surplus, communes aux curateurs à succession vacante. »

CHAPITRE VI.
Du Partage et des Rapports.

SECTION Iʳᵉ. — *De l'Action en partage et de sa forme.*

815   Art. 98. « Nul ne peut être contraint à demeurer dans l'in-
« division; et le partage peut toujours être provoqué, non-
« obstant prohibitions et conventions contraires.

« On peut cependant convenir de suspendre le partage
« pendant un temps limité ; cette convention ne peut être
« obligatoire au-delà de cinq ans , mais elle peut être renou-
« velée. »

Art. 99, 100 et 101 (*les mêmes que les articles* 104, 105 et ⁸¹⁶ à ⁸¹⁸
106 *rapportés au procès-verbal du* 23 *nivose an XI*).

Art. 102. « Si tous les héritiers sont présens et majeurs , ⁸¹⁹
« l'apposition de scellés sur les effets de la succession n'est
« pas nécessaire, et le partage peut être fait dans la forme et
« par tel acte que les parties intéressées jugent convenables.

« Si tous les héritiers ne sont pas présens, s'il y a parmi
« eux des mineurs ou des interdits, le scellé doit être ap-
« posé dans le plus bref délai, soit à la requête des héritiers,
« soit à la diligence du commissaire du gouvernement près
« le tribunal de première instance, soit d'office par le juge
« de paix dans l'arrondissement duquel la succession est ou-
« verte. »

Art. 103, 104, 105 et 106 (*les mêmes que les articles* 108 , ⁸²⁰ à ⁸²²
109, 110 *et* 111 *du procès-verbal en date du* 23 *nivose an XI*).

Art. 107. « L'estimation des immeubles est faite par ex- ⁸²⁴
« perts choisis par les parties intéressées , ou, à leur refus ,
« nommés d'office.

« Le procès-verbal des experts doit présenter les bases de
« l'estimation ; il doit indiquer si l'objet estimé peut être
« commodément partagé, de quelle manière ; fixer enfin, en
« cas de division, chacune des parts qu'on peut en former et
« leur valeur. »

Art. 108, 109, 110, 111, 112, 113, 114, 115, 116, 117, ⁸²⁵ à ⁸³⁷
118, 119 et 120 (*les mêmes que les articles* 113, 114, 115,
116, 117, 118, 119, 120, 121, 122, 123, 124, 125 *de la*
rédaction contenue au procès-verbal du 23 *nivose an XI*).

Art. 121. « Si tous les cohéritiers ne sont pas présens , ou ⁸³⁸
« s'il y a parmi eux des interdits ou des mineurs même
« émancipés , le partage doit être fait en justice conformé-
« ment aux règles prescrites par les articles 102 et suivans ,

« jusques et compris l'article précédent. S'il y a plusieurs
« mineurs qui aient des intérèts opposés dans le partage, il
« doit leur être donné à chacun un tuteur spécial et parti-
« culier. »

839 à 842   Art. 122, 123, 124 et 125 (*les mêmes que les articles* 127,
128, 129 *et* 130 *rapportés au procès-verbal qui vient d'être
énoncé.*)

SECTION II. — *Des Rapports.*

843 à 847   Art. 126, 127, 128, 129 et 130 (*les mêmes que les articles* 131, 132, 133, 134 *et* 135 *de la rédaction contenue au
procès-verbal du* 23 *nivose*).

848   Art. 131. « Pareillement le fils, venant de son chef à la
« succession du donateur, n'est pas tenu de rapporter le don
« fait à son père, même quand il aurait accepté la succession
« de celui-ci : mais si le fils ne vient que par représentation,
« il doit rapporter ce qui avait été donné à son père, dans le
« cas où il aurait répudié sa succession. »

849   Art. 132. « Les dons et legs faits au conjoint d'un époux
« successible sont réputés faits avec dispense du rapport.

« Si les dons et legs sont faits conjointement à deux époux,
« dont l'un seulement est successible, celui-ci en rapporte
« la moitié ; si les dons sont faits à l'époux successible, il les
« rapporte en entier. »

850-851   Art. 133 et 134 (*les mêmes que les articles* 138 *et* 139 *du
procès-verbal du* 23 *nivose*).

852   Art. 135. « Les frais de nourriture, d'entretien, d'éduca-
« tion, d'apprentissage, les frais ordinaires d'équipement,
« ceux de noces et présens d'usage, ne doivent pas être rap-
« portés. »

853 à 859   Art. 136, 137, 138, 139, 140, 141, 142 (*les mêmes que
les articles* 141, 142, 143, 144, 145, 146 *et* 147 *de la rédaction contenue au procès-verbal du* 23 *nivose*).

860   Art. 143. « Le rapport n'a lieu qu'en moins prenant, quand
« le donataire a aliéné l'immeuble avant l'ouverture de la

« succession ; il est dû de la valeur de l'immeuble à l'époque
« de l'ouverture. »

Art. 144, 145, 146, 147, 148, 149, 150, 151 et 152 (*les 861 à 869*
mêmes que les articles 149, 150, 151, 152, 153, 154, 155,
156 *et* 157 *rapportés au procès-verbal du* 23 *nivose an XI*).

SECTION III. — *Du Paiement des dettes.*

Art. 153 et 154 (*les mêmes que les articles* 158 et 159 *du 870-771
procès-verbal du* 23 *nivose.*)

Art. 155. « Lorsque des immeubles d'une succession sont 872
« grevés de rentes par hypothèque spéciale, chacun des co-
« héritiers peut exiger que les rentes soient remboursées et
« les immeubles rendus libres avant qu'il soit procédé à la
« formation des lots : si les cohéritiers partagent la succes-
« sion dans l'état où elle se trouve, l'immeuble grevé doit
« être estimé au même taux que les autres immeubles ; il est
« fait déduction du capital de la rente sur le prix total ; l'hé-
« ritier dans le lot duquel tombe cet immeuble demeure
« seul chargé du service de la rente, et il doit en garantir ses
« cohéritiers. »

Art. 156, 157, 158, 159, 160, 161, 162, 163 et 164 (*les 873 à 881
mêmes que les articles* 161, 162, 163, 164, 165, 166, 167,
168 *et* 169 *du procès-verbal du* 23 *nivose*).

Art. 165. « Les créanciers d'un copartageant, pour éviter 882
« que le partage ne soit fait en fraude de leurs droits, peu-
« vent s'opposer à ce qu'il y soit procédé hors de leur pré-
« sence : ils ont droit d'y intervenir à leurs frais ; mais ils ne
« peuvent attaquer un partage consommé, à moins toutefois
« qu'il n'y ait été procédé sans eux et au préjudice d'une op-
« position qu'ils auraient formée. »

SECTION IV. — *Des Effets du partage et de la garantie des lots.*

Art. 166 (*le même que l'article* 171 *du procès-verbal en date 883
du* 23 *nivose*).

Art. 167. « Les cohéritiers demeurent respectivement ga- 884

« rans, les uns envers les autres, des troubles et évictions
« seulement qui procèdent d'une cause antérieure au par-
« tage.

« La garantie n'a pas lieu si l'espèce d'éviction soufferte a
« été exceptée par une clause particulière et expresse de l'acte
« de partage ; elle cesse, si c'est par sa faute que le cohéri-
« tier souffre l'éviction. »

885-886   Art. 168 et 169 (*les mêmes que les articles* 173 *et* 174 *rapportés au procès-verbal du* 23 *nivose*).

SECTION V. — *De la Rescision en matière de partage.*

887   Art. 170. « Les partages peuvent être rescindés pour cause
« de violence ou de dol.

« Il peut aussi y avoir lieu à rescision lorsqu'un des co-
« héritiers établit, à son préjudice, une lésion de plus du
« quart. La simple omission d'un objet de la succession ne
« donne pas ouverture à l'action en rescision, mais seule-
« ment à un supplément à l'acte de partage. »

888 à 892   Art. 171, 172, 173, 174 et 175 (*les mêmes que les articles* 176, 177, 178, 179 *et* 180 *de la rédaction contenue au
procès-verbal du* 23 *nivose*).

LE PREMIER CONSUL ordonne que le titre ci-dessus sera
communiqué, par le secrétaire-général du Conseil, au président de la section de législation du Tribunat.

COMMUNICATION OFFICIEUSE.

La section de législation du Tribunat examina ce projet
le 23 ventose an XI (14 mars 1803) et les jours suivans,
par suite de la communication qui lui avait été faite au
nom du Corps législatif, le 8 ventose.

TEXTE DES OBSERVATIONS.

La section entend un rapport sur un projet qui doit faire partie du Code civil.

Les sept premiers articles de ce projet contiennent des dis- *711 à 717* positions générales sur les différentes manières dont la propriété peut être acquise.

Les autres articles, au nombre de cent soixante-quinze, *718 et suivans.* règlent tout ce qui concerne la matière des successions.

On observe d'abord que le mot *livre* doit précéder l'intitulé général *des différentes manières dont on acquiert la propriété*, et que le mot *titre* doit précéder l'intitulé particulier *des Successions;* car la succession est une des manières d'acquérir comprises dans la définition donnée par le premier article.

Cette division sera d'ailleurs conforme à celle adoptée pour la première partie du Code.

On observe en second lieu que, si le Code entier ne doit former qu'une seule série d'articles, il faut changer le numérotage du projet; si chaque partie doit contenir une série particulière, il le faut changer encore; enfin il le faudrait changer quand il devrait y avoir seulement, ce qui est le moins, une série pour chaque livre.

Les dispositions générales ne peuvent former une série distincte, surtout si l'on considère qu'à la suite du titre préliminaire du Code, qui ne contient que des dispositions générales, et est composé de six articles, la première loi, celle concernant la jouissance et la privation des droits civils, commence par l'article 7.

Ces observations sont approuvées, et il est arrêté qu'il en sera fait mention au procès-verbal.

Du reste, en parcourant les articles qui ont paru susceptibles de quelques observations, on rappellera chacun d'eux suivant l'ordre des numéros indiqués par le projet.

711 à 717 La section ne propose aucun changement quant aux dispositions générales.

On passe à celles relatives aux successions.

721 Art. 4. La section pense qu'à chacun des trois paragraphes composant cet article il serait mieux de substituer l'imparfait au présent, et de dire :

1°. *Avaient moins de quinze ans*, au lieu de *ont moins de quinze ans*.

2°. *S'ils étaient tous*, au lieu de *s'ils sont tous*.

3°. *Si les uns avaient*, au lieu de *si les uns ont*.

Cette substitution est fondée sur ce qu'il s'agit d'êtres qui ne sont plus, et du temps où ils ont cessé d'exister, lequel temps est passé lorsque la loi devient applicable.

722 Art. 5. Au lieu de ces mots (premier paragraphe), *entre ceux qui ont plus de quinze ans*, un membre propose de dire : *Si ceux qui ont péri ensemble avaient quinze ans accomplis*.

Quant à la répétition des mots *si ceux qui ont péri ensemble*, qui se trouvent déjà dans l'article 4, il la justifie en disant que par elle l'article 5 sera plus parfaitement lié avec le précédent. Le second paragraphe contient cette répétition : elle sera mieux placée au premier.

Quant à la substitution de l'imparfait *avaient* au présent *ont*, il rappelle le motif énoncé en l'article 4.

Enfin, quant à la substitution des mots *quinze ans accomplis* au lieu de *plus de quinze ans*, il se fonde sur ce qu'autrement il y aurait lacune pour le cas où ceux qui ont péri ensemble n'avaient que quinze ans. Les mots *quinze ans accomplis* comprennent ceux qui ont plus de quinze ans, comme ceux qui n'ont que quinze ans juste.

Dire (au deuxième paragraphe) *s'ils étaient du même sexe* au lieu de dire *si ceux qui ont péri sont du même sexe*. Ce léger changement est justifié par ce qui vient d'être dit sur le premier paragraphe.

Toutes ces propositions sont adoptées.

726 Art. 9. On demande qu'à ces mots *conformément à l'arti-*

cle 5 du chapitre *de la Jouissance des Droits civils*, soient substitués ceux-ci : *conformément aux dispositions du titre relatif à la Jouissance des Droits civils.* Au moyen de ce renvoi à toutes les dispositions, les Français qui ont renoncé à leur pays se trouveront compris dans l'article 9 comme ceux qui n'y ont pas renoncé.

Adopté.

Art. 11. La section pense que, dans cet article, il convient 728 de supprimer les mots *ni à ses alliés en ligne directe*, et de placer ceux-ci à la fin de la disposition *ni à ses alliés au même degré.* On ne voit pas, en effet, pourquoi le défaut de dénonciation, qui, suivant l'article, ne peut être opposé aux alliés du meurtrier en ligne directe, pas plus qu'à ses ascendans et descendans, pourrait l'être à ses alliés en collatérale, dans les degrés de frères et sœurs, oncles et tantes, neveux et nièces, lorsque d'après la même disposition ceux-ci ne peuvent opposer ce défaut. Dans toutes les lois, soit relatives au mariage, soit relatives aux témoins en matière civile ou criminelle, les alliés sont toujours placés sur la même ligne que les parens ; pour être admis ou exclus comme eux, il suffit qu'ils soient au même degré. La raison en est aussi sensible que juste. L'alliance les identifie avec la famille.

Art. 14. « Les successions sont déférées aux descendans du 731 défunt, etc. » On propose d'ajouter le mot *enfans* et de dire : *les successions sont déférées aux enfans et descendans du défunt*, etc.

Cette expression *enfans et descendans* est plus généralement usitée. On la retrouve même dans l'article 28 du projet.

D'un autre côté, l'addition du mot *enfans* dans cet article 14 produira l'effet d'y comprendre très-clairement les enfans de l'adoption comme ceux de la nature ; ce qui ne pourrait résulter que par induction du seul mot *descendans.*

Même article à la fin. *Suivant les règles qui seront déterminées.* On observe qu'en disant *suivant les règles ci-après déterminées* on ne pourra point douter que ce ne soit la même

loi qui va fixer ces règles ; ce qui ne serait pas aussi évident avec la rédaction du projet.

La section adopte ces diverses observations.

763   Art. 36. Dans le projet le paragraphe premier de cet article est ainsi conçu : « A défaut de frère ou sœur ou de descen- « dans d'eux, et à défaut d'ascendans dans l'une ou l'autre « ligne, la succession est déférée, toujours par moitié dans « chaque ligne, aux parens les plus proches. »

Cette rédaction paraît présenter quelque obscurité dans ces derniers mots *toujours par moitié dans chaque ligne aux parens les plus proches.* Il n'est question dans le paragraphe qui vient d'être cité que du cas où, dans une ligne, il se trouve des ascendans du défunt, et dans l'autre des collatéraux. La disposition est juste ; mais il résulte, de l'expression complexe *aux parens les plus proches,* que ce qui est particularisé au commencement semble généralisé à la fin. On propose cette nouvelle rédaction comme plus parfaite quant à la clarté.

« A défaut de frère ou sœur, ou de descendans d'eux, et « à défaut d'ascendans dans l'une ou l'autre ligne, la succes- « sion est déférée pour moitié aux ascendans survivans, et « pour l'autre moitié aux parens les plus proches de l'autre « ligne. »

La nouvelle rédaction est adoptée.

762 à 764   Art. 45, 46 et 47. La section pense que ces trois articles, qui concernent les enfans adultérins et incestueux, doivent être placés à la fin de la section dans laquelle ils se trouvent, vu que les articles postérieurs de la même section, de même que ceux antérieurs, ne concernent que les enfans naturels qui ne sont ni adultérins ni incestueux.

L'article 45, qui sera le 47e, commencera ainsi : *Les dispositions ci-dessus,* etc.

766   Art. 49. On lit à la fin de cet article, *tous les autres biens passent aux frères naturels,* le mot *sœurs* est oublié. On propose aussi d'ajouter *descendans,* afin que le texte de la loi

comprenne toute la latitude qui est dans son esprit. Ainsi l'on dira, *tous les autres biens passent aux frères et sœurs naturels , ou à leurs descendans.*

Tel est l'avis de la section.

Un membre observe que ce même article 49, en parlant des biens qui doivent retourner aux frères et sœurs légitimes, ne dit point qu'ils succèdent, comme fait l'article 3o. Au sujet d'un autre droit de retour accordé aux ascendans, on pense qu'en l'un et l'autre cas le droit de retour ne doit être exercé qu'à la charge de contribuer aux dettes de la succession ; car celui qui a laissé ces biens pouvait les aliéner ; et s'il le pouvait, à plus forte raison il a pu les grever de dettes. Ainsi les frères et sœurs légitimes et naturels doivent contribuer chacun au prorata de l'émolument.

Il propose en conséquence de placer à la suite de l'article 49, comme second paragraphe du même article , la disposition suivante :

« Les uns et les autres contribueront aux dettes à propor-
« tion de ce qu'ils prennent. »

La section adopte ce paragraphe additionnel.

Art. 59. Cet article porte : « Ceux qui ne sont pas capables
« de s'obliger ne peuvent pas valablement accepter une suc-
« cession. » On désire que cette rédaction soit changée : on se fonde sur ce qu'elle pourrait induire en erreur sur le véritable esprit de la loi. Peut–être en conclurait–on qu'un mineur , par exemple , n'a pas le droit d'accepter seul une succession avantageuse. La loi veut dire seulement qu'il ne peut s'obliger par son acceptation. L'article pourrait être rédigé ainsi qu'il suit :

« Ceux qui ne sont pas capables de s'obliger ne peuvent
« être liés par l'acceptation d'une succession. »

Adopté.

Art. 62, fin de l'article. *Si l'on n'y a pas pris le titre* et *la qualité d'héritier,* on propose de dire, *le titre* ou *la qualité d'héritier.* La disjonctive *ou* paraît préférable à la conjonction

et, en ce que la réunion des deux choses ne peut être nécessaire pour l'adition d'hérédité. L'une des deux doit évidemment suffire.

Approuvé.

784   Art. 67. *La renonciation à une succession ne se présume pas.
Elle ne peut plus être faite*, etc.

La section pense que le mot *plus* doit être retranché comme
inutile. Toute disposition nouvelle qui déroge à une ancienne
loi ne permet plus par cela même que l'ancienne loi soit
exécutée.

792   Art. 75. *Les héritiers qui auraient diverti ou recélé les effets
d'une succession*, etc.

L'expression *des effets* paraît rendre plus exactement le
sens de la loi : car alors l'expression, de générale qu'elle
était, devient particulière; et il est incontestable que la loi
n'entend point exiger que, pour être dans le cas de la déchéance par elle établie, l'héritier ait diverti ou recélé indistinctement tous les effets de la succession. Il doit suffire, sans
doute, que quelques effets aient été divertis ou recélés.

La section pense qu'il faut lire *des effets* et non *les effets*,
et que c'est une faute typographique qui doit être rectifiée.

806   Art. 89. *Il ne peut vendre les immeubles que dans les formes
prescrites par le Code judiciaire*, etc.

L'article 77 emploie l'expression *Code de la procédure civile;* la section pense qu'il faut opter entre l'une ou l'autre
pour employer la même partout. Peut-être celle de l'article 77 serait-elle préférable, vu que beaucoup de personnes
appellent, quoique improprement, *Code judiciaire* le décret sur
l'organisation judiciaire du mois d'août 1790, qui est tout
autre chose qu'un Code de procédure civile.

807   Art. 90, deuxième paragraphe. *Faute par lui de fournir
cette caution, les meubles seront vendus, et leur prix, ainsi
que la portion des immeubles, est déposé*, etc.; lisez, *sont déposés*, faute typographique. *Ainsi que* tient ici la place de la
conjonction *et*, qu'on n'a point voulu répéter.

Art. 93. *Les frais d'inventaire, de scellés, s'il en a été ap-* 510
posé, etc. Cet ordre semble peu naturel ; les scellés n'étant
point ordinairement apposés après l'inventaire.

Art. 104, deuxième paragraphe. **Sur les mots** *par le Code* 821
judiciaire, voir article 89.

Art. 105. Il est ainsi conçu : « Si l'un des cohéritiers refuse 813
« de consentir au partage, ou s'il s'élève des contestations
« soit sur le mode d'y procéder, soit sur la manière de le
« terminer, il en est référé au tribunal, qui prononce sur la
« difficulté, ou qui commet, s'il y a lieu, un des juges pour
« les opérations du partage. »

PREMIÈRE OBSERVATION. — *Si l'un des héritiers refuse de consentir au partage*, etc.

Il est deux cas où l'un des cohéritiers peut refuser de consentir au partage ; et ces deux cas ne doivent point être confondus.

Le premier est lorsque dans une succession où il se trouve
plusieurs héritiers, cette qualité est contestée à un tiers qui
se présente et prétend y prendre part.

Le second lorsque la qualité d'héritier est reconnue et jugée
à l'égard de chacun des prétendans.

Dans le premier cas, avant d'être obligé de consentir au
partage, il faut que la justice ait prononcé sur la qualité contestée. C'est l'objet d'une action principale.

Dans le second, le refus de consentir au partage ne peut
être fondé que sur des prétentions susceptibles d'être jugées
sommairement, puisqu'il n'y a point de contestation sur la
qualité. Ce dernier cas est celui de l'article 105, et doit être
spécifié pour éviter toute méprise.

DEUXIÈME OBSERVATION. — *Il en est référé*, etc.

Cette expression a été interprétée de différentes manières.
Les uns ont pensé qu'on devait entendre seulement que, dans
les cas prévus par l'article, les parties s'adresseraient à la justice pour faire statuer sur leurs difficultés ; mais que le but
de la disposition n'était point d'indiquer de quelle manière

on y statuerait, si ce serait au principal ou sommairement, ou par la voie de ce qu'on appelle *référé*, proprement dit. Les autres ont craint que, comme les difficultés que cet article a en vue n'étaient point du nombre de celles qui doivent être la matière d'une action principale, l'intention de la loi ne fût de les faire juger par cette voie appelée *référé*. On a dit que ce n'était point ici le lieu de décider s'il y aurait à l'avenir des jugemens par référés. C'est au Code de procédure civile qu'il appartient de prononcer à cet égard. Quand l'article dont il s'agit eût entendu reconnaître et autoriser les référés, et que ces termes eussent pu être interprétés partout de la même manière, il ne pourrait être exécuté partout uniformément ; car il y a des tribunaux où un seul juge prononce en matière de référé, d'autres où le jugement par référé n'est jamais rendu que par autant de juges que la loi en exige pour toute espèce de jugement. Tel tribunal regarde le référé comme n'étant point sujet à l'appel : tel autre suit une jurisprudence absolument contraire. Enfin il y a beaucoup de tribunaux qui ne connaissent point du tout les référés. Il est indispensable que cette bigarrure cesse, et, comme on vient de le dire, c'est le Code de procédure civile seul qui peut et doit la faire cesser. Il faut donc que l'article 105, relativement aux difficultés qu'il prévoit, se borne à dire qu'elles seront jugées sommairement.

TROISIÈME OBSERVATION. — *Qui commet, s'il y a lieu, un des juges pour les opérations du partage.*

Pour que personne ne puisse imaginer que le juge délégué a droit de statuer seul sur les questions incidentes qui pourraient naître dans le cours des opérations du partage, et qu'on ne voie dans ce juge que ce qu'il est réellement, c'est-à-dire un conciliateur s'il peut concilier, et un rapporteur s'il faut juger, il paraît convenable d'ajouter dans l'article que ces questions seront jugées par le tribunal sur son rapport.

La section approuve ces trois observations, et donne son assentiment à la rédaction ci-après :

Nouvelle rédaction de l'article 105.

« Si les qualités des héritiers sont reconnues ou jugées, et
« que l'un d'eux refuse de consentir au partage, ou s'il s'é-
« lève des contestations, soit sur le mode d'y procéder, soit
« sur la manière de le terminer, le tribunal prononce comme
« en matière sommaire sur les difficultés, ou commet, s'il y
« a lieu, pour les opérations du partage, un des juges sur
« le rapport duquel il décide les contestations. »

Art. 106. Cet article paraît devoir être placé avant l'ar-　8,2
ticle 105. Il statue sur un point de compétence. Il détermine
quel est le tribunal qui doit connaître de l'action en partage,
ainsi que de toutes les contestations auxquelles le partage
peut donner lieu.

La question de compétence devant toujours précéder la
question du fond, et l'action en partage étant une action
principale, il est naturel que la loi s'occupe de ces objets
avant de s'occuper des causes sommaires. D'après ces observations, la section est d'avis que les articles 105 et 106 doivent changer de place.

Art. 108, fin de l'article. Après les mots *à juste prix*, on　823
propose d'ajouter *et sans crue*. Dans les pays où la crue est
connue, l'expression *juste prix* ne dirait pas assez; et dans
ceux où elle ne l'est point l'addition empêchera qu'en aucun
temps la jurisprudence ne l'y introduise.

Adopté.

Art. 113. Le premier paragraphe porte : *Si le rapport n'est*　830
pas fait en nature, les cohéritiers à qui il est dû font, sur la
masse de la succession, des prélèvemens convenables pour les
égaler, etc.

On propose la rédaction suivante comme plus précise et
plus claire.

« Si le rapport n'est pas fait en nature, les cohéritiers à qui
« il est dû prélèvent une portion égale sur la masse de la
« succession. »

Adopté.

Art. 126. « Tout héritier, même bénéficiaire, etc.... Il ne　843

« peut réclamer les legs à lui faits par le défunt, à moins
« que les dons et legs, etc. »

On pense qu'avant les mots *réclamer les legs*, ceux-ci : *retenir les dons*, doivent trouver leur place. Ils ont été sans
doute oubliés; *réclamer* ne peut s'accorder avec *dons*, pas plus
que *retenir* avec *legs*, car on ne réclame point ce qu'on a déjà,
comme on ne retient pas ce qu'on n'a pas encore.

Cela posé, l'on propose de dire : *Il ne peut retenir les dons
ni réclamer les legs, à moins que les dons et les legs*, etc.

848   Art. 131, à la fin : « Si le fils ne vient que par repré-
« sentation, il doit rapporter ce qui avait été donné à son
« père, dans le cas où il aurait répudié sa succession. »

Il est évident qu'il faut ajouter *même* et dire : *même dans
le cas où il aurait répudié sa succession.* Car, à plus forte raison, il doit rapporter s'il ne la répudie point.

L'addition est adoptée.

853   Art. 136, ainsi conçu : « Il en est de même des profits que
« l'héritier a pu retirer de conventions passées avec le défunt,
« si ces conventions ne présentaient aucun avantage lors-
« qu'elles ont été faites. »

On observe que cette rédaction n'exprime pas parfaitement
le vœu de la loi, qui n'a trait qu'aux profits existans lors de la
convention; tandis que d'après la lettre on pourrait prétendre
qu'il suffit que la convention présente un avantage dont l'effet se fera sentir par la suite; ce qui serait une source de
procès.

D'après cette observation, la section accorde la préférence
à la rédaction suivante :

« Il en est de même des profits que l'héritier a pu retirer
« de conventions passées avec le défunt, si ces profits n'exis-
« taient pas lorsque les conventions ont été faites. »

868   Art. 151, fin du deuxième paragraphe. *D'après une estimation par experts*, ajoutez *à juste prix et sans crue.* Les mots
à juste prix n'ont pas besoin d'être justifiés, et à l'égard des
mots *sans crue*, voir l'observation sur l'article 108.

Art. 153, fin de l'article. *Dans la proportion qu'il y prend ,* 8:0 faute typographique, lisez , *dans la proportion de ce qu'il y prend.*

Art. 160. Il porte : « Les créanciers ne peuvent exercer de 8:7 « poursuites contre l'héritier personnellement qu'après avoir « fait déclarer exécutoires contre lui les titres qu'ils avaient « contre le défunt. »

On réclame contre cet article.

L'héritier, dit-on, représente la personne du défunt. Il succède à tous ses droits actifs et passifs. Lorsqu'il poursuit un débiteur de la succession, il n'a pas besoin d'obtenir un jugement qui le reconnaisse pour créancier, et qui le déclare nominativement tel. Il suffit que sa qualité d'héritier soit certaine. Pourquoi donc, lorsqu'il est poursuivi lui-même par un créancier du défunt en vertu d'un titre authentique, sera-t-il nécessaire d'obtenir un jugement qui le reconnaisse pour débiteur? Sa qualité de débiteur résulte *ipso jure* de celle d'héritier de celui qui a contracté la dette. Au moyen des délais que la loi donne à l'héritier pour faire inventaire et pour délibérer, il a tout le temps nécessaire pour se mettre en état de connaître les forces et charges de la succession. Les délais n'ont pas même d'autre but. D'un autre côté le titre authentique n'est point altéré par l'événement du décès : il n'est pas moins authentique après l'ouverture de la succession qu'il l'était auparavant.

Cette nécessité d'obtenir contre les héritiers un titre nouveau ne sert qu'à occasioner des frais , à multiplier les procès, et à fournir au débiteur de mauvaise foi des exceptions de forme pour éluder le paiement. Elle est admise , il est vrai , par beaucoup de coutumes, mais elle est rejetée dans les pays de droit écrit. Plusieurs coutumes la rejettent aussi, entre autres la coutume de Normandie, une de celles dont le ressort est le plus étendu.

Enfin le Code, dont l'objet principal doit être de prévenir les procès et d'en extirper la racine autant qu'il est possible , ne doit point admettre une disposition qui en contiendrait un des germes les plus féconds.

D'après ces considérations, la section vote le retranchement de l'article 160, et de plus, afin qu'il ne puisse exister le moindre doute en aucune partie de la France, sur ce point de législation, la section désire qu'on substitue à cet article la disposition suivante :

Les titres exécutoires contre le défunt sont pareillement exécutoires contre l'héritier personnellement.

891   **Art. 174.** Au lieu des mots *empêcher la destruction du partage*, on propose de dire, *empêcher le nouveau partage*. Cette dernière expression, en offrant le même sens, paraît plus simple et plus naturelle.

Elle est adoptée.

892   **Art. 175.** *Le cohéritier qui a aliéné son lot en tout ou en partie n'est* plus *recevable*, etc.

On pense qu'il faut dire *n'est* pas *recevable*, etc. Même motif que sur l'article 67.

Adopté.

Telles sont les observations résultant de l'examen et de la discussion de la loi relative aux successions.

Une conférence eut lieu entre les sections de législation du Conseil d'État et du Tribunat, pour pouvoir s'entendre sur ces changemens.

RÉDACTION DÉFINITIVE DU CONSEIL D'ÉTAT.

(Procès-verbal de la séance du 15 germinal an XI. — 5 avril 1803.)

M. TREILHARD, d'après la conférence tenue avec le Tribunat, présente la rédaction définitive du titre *des Successions*.

LE CONSEIL l'adopte en ces termes :

Des différentes manières dont on acquiert la propriété.

711   **Art. 1er.** « La propriété des biens s'acquiert et se transmet

« par succession, par donation entre-vifs ou testamentaire,
« et par l'effet des obligations. »

Art. 2. « La propriété s'acquiert aussi par accession ou in-
« corporation, et par prescription. »

Art. 3. « Les biens qui n'ont pas de maître appartiennent
« à la nation. »

Art. 4. « Il est des choses qui n'appartiennent à personne
« et dont l'usage est commun à tous.

« Des lois de police règlent la manière d'en jouir. »

Art. 5. « La faculté de chasser ou de pêcher est également
« réglée par des lois particulières. »

Art. 6. « La propriété d'un trésor appartient à celui qui le
« trouve dans son propre fonds : si le trésor est trouvé dans
« le fonds d'autrui, il appartient, pour moitié, à celui qui
« l'a découvert, et pour l'autre moitié au propriétaire du
« fonds.

« Le trésor est toute chose cachée ou enfouie sur laquelle
« personne ne peut justifier sa propriété, et qui est décou-
« verte par le pur effet du hasard. »

Art. 7. « Les droits sur les effets jetés à la mer, sur les
« objets que la mer rejette, de quelque nature qu'ils puissent
« être, sur les plantes et herbages qui croissent sur les ri-
« vages de la mer, sont aussi réglés par des lois particulières.

« Il en est de même des choses perdues dont le maître ne
« se représente pas. »

TITRE Ier.

DES SUCCESSIONS.

CHAPITRE Ier.

De l'Ouverture des successions et de la Saisine des héritiers.

Art. 8. « Les successions s'ouvrent par la mort naturelle
« et par la mort civile. »

Art. 9. « La succession est ouverte par la mort civile du
« moment où cette mort est encourue, conformément aux

« dispositions de la section II du chapitre II du titre *de la*
« *Jouissance et de la Privation des Droits civils.* »

720   Art. 10. « Si plusieurs personnes respectivement appelées à
« la succession l'une de l'autre périssent dans un même
« événement, sans qu'on puisse reconnaître laquelle est dé-
« cédée la première, la présomption de survie est déterminée
« par les circonstances du fait, et, à leur défaut, par la force
« de l'âge ou du sexe. »

721   Art. 11. « Si ceux qui ont péri ensemble avaient moins de
« quinze ans, le plus âgé sera présumé avoir survécu.

« S'ils étaient tous au-dessus de soixante ans, le moins
« âgé sera présumé avoir survécu.

« Si les uns avaient moins de quinze ans, et les autres plus
« de soixante, les premiers seront présumés avoir survécu. »

722   Art. 12. « Si ceux qui ont péri ensemble avaient quinze
« ans accomplis et moins de soixante, le mâle est toujours
« présumé avoir survécu lorsqu'il y a égalité d'âge, ou si
« la différence qui existe n'excède pas une année.

« S'ils étaient du même sexe, la présomption de survie
« qui donne ouverture à la succession dans l'ordre de la na-
« ture doit être admise; ainsi le plus jeune est présumé avoir
« survécu au plus âgé. »

723   Art. 13. « La loi règle l'ordre de succéder entre les héri-
« tiers légitimes; à leur défaut, les biens passent aux enfans
« naturels; ensuite à l'époux survivant; et s'il n'y en a pas,
« à la République. »

724   Art. 14. « Les héritiers légitimes sont saisis de plein droit
« des biens, droits et actions du défunt, sous l'obligation
« d'acquitter toutes les charges de la succession; les enfans
« naturels, l'époux survivant et la République doivent se faire
« envoyer en possession par justice, dans les formes qui se-
« ront déterminées. »

CHAPITRE II.

Des Qualités requises pour succéder.

Art. 15. « Pour succéder, il faut nécessairement exister à 725
« l'instant de l'ouverture de la succession.

« Ainsi sont incapables de succéder,

« 1°. Celui qui n'est pas encore conçu ;

« 2°. L'enfant qui n'est pas né viable ;

« 3°. Celui qui est mort civilement. »

Art. 16. « Un étranger n'est admis à succéder aux biens 726
« que son parent étranger ou français possède dans le terri-
« toire de la République que dans les cas et de la manière
« dont un Français succède à son parent possédant des biens
« dans le pays de cet étranger, conformément aux disposi-
« tions du titre *de la Jouissance et de la Privation des droits*
« *civils.* »

Art. 17. « Sont indignes de succéder et comme tels exclus 727
« des successions,

« 1°. Celui qui serait condamné pour avoir donné ou tenté
« de donner la mort au défunt;

« 2°. Celui qui a porté contre le défunt une accusation
« capitale jugée calomnieuse ;

« 3°. L'héritier majeur qui, instruit du meurtre du défunt,
« ne l'aura pas dénoncé à la justice. »

Art. 18. « Le défaut de dénonciation ne peut être opposé 728
« aux ascendans et descendans du meurtrier, ni à ses alliés
« au même degré, ni à son époux ou à son épouse, ni à ses
« frères ou sœurs, ni à ses oncles et tantes, ni à ses neveux
« et nièces. »

Art. 19. « L'héritier exclu de la succession pour cause 729
« d'indignité est tenu de rendre tous les fruits et les revenus
« dont il a eu la jouissance depuis l'ouverture de la suc-
« cession. »

Art. 20. « Les enfans de l'indigne, venant à la succession 730
« de leur chef, et sans le secours de la représentation, ne sont

« pas exclus pour la faute de leur père ; mais celui-ci ne peut
« en aucun cas réclamer sur les biens de cette succession l'u-
« sufruit que la loi accorde aux pères et mères sur les biens
« de leurs enfans. »

CHAPITRE III.

Des divers Ordres de Successions.

SECTION Ire. — *Dispositions générales.*

731   Art. 21. « Les successions sont déférées aux enfans et
« descendans du défunt, à ses ascendans et à ses parens colla-
« téraux, dans l'ordre et suivant les règles ci-après déter-
« minés. »

732   Art. 22. « La loi ne considère ni la nature, ni l'origine
« des biens, pour en régler la succession. »

733   Art. 23. « Toute succession échue à des ascendans ou à
« des collatéraux se divise en deux parts égales ; l'une pour
« les parens de la ligne paternelle, l'autre pour les parens
« de la ligne maternelle.

   « Les parens utérins ou cousanguins ne sont pas exclus par
« les germains; mais ils ne prennent part que dans leur ligne,
« sauf ce qui sera dit ci-après à l'article 42. Les germains
« prennent part dans les deux lignes.

   « Il ne se fait aucune dévolution d'une ligne à l'autre que
« lorsqu'il ne se trouve aucun ascendant ni collatéral de
« l'une des deux lignes. »

734   Art. 24. « Cette première division opérée entre les lignes
« paternelle et maternelle, il ne se fait plus de division
« entre les diverses branches; mais la moitié dévolue à
« chaque ligne appartient à l'héritier ou aux héritiers les
« plus proches en degré, sauf le cas de la représentation,
« ainsi qu'il sera dit ci-après. »

735   Art. 25. « La proximité de parenté s'établit par le nombre
« des générations ; chaque génération s'appelle *un degré*. »

736   Art. 26. « La suite des degrés forme la ligne : on appelle *ligne*
« *directe* la suite des degrés entre personnes qui descendent

« l'une de l'autre ; *ligne collatérale*, la suite des degrés entre
« personnes qui ne descendent pas les unes des autres, mais
« qui descendent d'un auteur commun.

  « On distingue la ligne directe en *ligne directe descendante*
« et *ligne directe ascendante*.

  « La première est celle qui lie le chef avec ceux qui des—
« cendent de lui ; la deuxième est celle qui lie une personne
« avec ceux dont il descend. »

  Art. 27. « En ligne directe, on compte autant de degrés ₇₃₇
« qu'il y a de générations entre les personnes. Ainsi le fils est
« à l'égard du père au premier degré, le petit-fils au second,
« et réciproquement du père et de l'aïeul à l'égard des fils
« et petit-fils. »

  Art. 28. « En ligne collatérale, les degrés se comptent par ₇₃₈
« les générations, depuis l'un des parens jusques et non
« compris l'auteur commun, et depuis célui-ci jusqu'à l'autre
« parent.

  « Ainsi deux frères sont au deuxième degré ; l'oncle et le
« neveu sont au troisième degré ; les cousins germains au
« quatrième ; ainsi de suite. »

SECTION II. — *De la Représentation.*

  Art. 29. « La représentation est une fiction de la loi, dont ₇₃₉
« l'effet est de faire entrer les représentans dans la place,
« dans le degré et dans les droits du représenté. »

  Art. 3o. « La représentation a lieu à l'infini, dans la ligne ₇₄₀
« directe descendante.

  « Elle est admise dans tous les cas, soit que les enfans du
« défunt concourent avec les descendans d'un enfant prédé-
« cédé, soit que tous les enfans du défunt étant morts avant
« lui, les descendans desdits enfans se trouvent entre eux en
« degrés égaux ou inégaux. »

  Art. 3r. « La représentation n'a pas lieu en faveur des as— ₇₄₁
« cendans ; le plus proche, dans chacune des deux lignes,
« exclut toujours le plus éloigné. »

742   Art. 32. « En ligne collatérale, la représentation est ad-
« mise en faveur des enfans et descendans de frères ou sœurs
« du défunt, soit qu'ils viennent à sa succession concurrem-
« ment avec des oncles ou tantes, soit que tous les frères et
« sœurs du défunt étant prédécédés, la succession se trouve
« dévolue à leurs descendans en degrés égaux ou inégaux. »

743   Art. 33. « Dans tous les cas où la représentation est ad-
« mise, le partage s'opère par souche : si une même souche
« a produit plusieurs branches, la subdivision se fait aussi
« par souche dans chaque branche, et les membres de la
« même branche partagent entre eux par tête. »

744   Art. 34. « On ne représente pas les personnes vivantes,
« mais seulement celles qui sont mortes naturellement ou ci-
« vilement.

« On peut représenter celui à la succession duquel on
« renoncé. »

SECTION III. — *Des Successions déférées aux descendans.*

745   Art. 35. « Les enfans ou leurs descendans succèdent à leurs
« père et mère, aieuls, aïeules, ou autres ascendans, sans
« distinction de sexe ni de primogéniture, et encore qu'ils
« soient issus de différens mariages.

« Ils succèdent par égales portions et par tête, quand ils
« sont tous au premier degré et appelés de leur chef : ils
« succèdent par souche lorsqu'ils viennent tous, ou en par-
« tie, par représentation. »

SECTION IV. — *Des Successions déférées aux ascendans.*

746   Art. 36. « Si le défunt n'a laissé ni postérité, ni frère, ni
« sœur, ni descendans d'eux, la succession se divise par
« moitié entre les ascendans de la ligne paternelle et les as-
« cendans de la ligne maternelle.

« L'ascendant qui se trouve au degré le plus proche re-
« cueille la moitié affectée à sa ligne, à l'exclusion de tous
« autres.

« Les ascendans au même degré succèdent par tête. »

Art. 37. « Les ascendans succèdent, à l'exclusion de tous 747
« autres, aux choses par eux données à leurs enfans ou des-
« cendans décédés sans postérité, lorsque les objets donnés
« se retrouvent en nature dans la succession.

« Si les objets ont été aliénés, les ascendans recueillent
« le prix qui peut en être dû. Ils succèdent aussi à l'action
« en reprise que pouvait avoir le donataire. »

Art. 38. « Lorsque les père et mère d'une personne morte 748
« sans postérité lui ont survécu, s'il elle a laissé des frères,
« sœurs ou des descendans d'eux, la succession se divise en
« deux portions égales, dont moitié seulement est déférée au
« père et à la mère, qui la partagent entre eux également.

« L'autre moitié appartient aux frères, sœurs ou descen-
« dans d'eux, ainsi qu'il sera expliqué dans la section *des*
« *Successions collatérales*. »

Art. 39. « Dans le cas où la personne morte sans postérité 749
« laisse des frères, sœurs ou des descendans d'eux, si le père
« ou la mère est prédécédé, la portion qui lui aurait été dé-
« volue conformément au précédent article se réunit à la
« moitié déférée aux frères, sœurs ou à leurs représentans,
« ainsi qu'il sera ci-après expliqué. »

SECTION V. — *Des Successions collatérales.*

Art. 40. « En cas de prédécès des père et mère d'une per- 750
« sonne morte sans postérité, ses frères, sœurs ou leurs des-
« cendans, sont appelés à l'exclusion des ascendans et des
« autres collatéraux.

« Ils succèdent, ou de leur chef ou par représentation,
« ainsi qu'il a été réglé dans la section *de la Représentation*. »

Art. 41. « Si les père et mère de la personne morte sans pos- 751
« térité lui ont survécu, ses frères, sœurs ou leurs représen-
« tans ne sont appelés qu'à la moitié de la succession. Si le
« père ou la mère seulement a survécu, ils sont appelés à
« recueillir les trois quarts. »

752   Art. 42. « Le partage de la moitié ou des trois quarts dé-
« volus aux frères ou sœurs, aux termes de l'article précé-
« dent, s'opère entre eux par égales portions, s'ils sont tous
« du même lit; s'ils sont de lits différens, la division se fait
« par moitié entre les deux lignes paternelle et maternelle
« du défunt; les germains prennent part dans les deux lignes;
« et les utérins et consanguins chacun dans leur ligne seu-
« lement; s'il n'y a de frères ou sœurs que d'un côté, ils suc-
« cèdent à la totalité, à l'exclusion de tous autres parens de
« l'autre ligne. »

753   Art. 43. « A défaut de frère ou sœur ou de descendans
« d'eux, et à défaut d'ascendans dans l'une ou l'autre ligne,
« la succession est déférée pour moitié aux ascendans survi-
« vans; et pour l'autre moitié aux parens les plus proches
« de l'autre ligne.

« S'il y a concours de parens collatéraux au même degré,
« ils partagent par tête. »

754   Art. 44. « Dans le cas de l'article précédent, le père ou la
« mère survivant a l'usufruit du tiers des biens auxquels il ne
« succède pas en propriété. »

755   Art. 45. « Les parens au-delà du douzième degré ne succè-
« dent pas.

« A défaut de parens au degré successible dans une ligne,
« les parens de l'autre ligne succèdent pour le tout. »

CHAPITRE IV.

Des Successions irrégulières.

SECTION Iʳᵉ. — *Des Droits des enfans naturels sur les biens de
leurs père ou mère, et de la Succession aux enfans naturels
décédés sans postérité.*

756   Art. 46. « Les enfans naturels ne sont point héritiers; la
« loi ne leur accorde de droits sur les biens de leurs père ou
« mère décédés que lorsqu'ils ont été légalement reconnus.
« Elle ne leur accorde aucun droit sur les biens des parens de
« leur père ou mère. »

Art. 47. « Le droit de l'enfant naturel sur les biens de ses 757
« père ou mère décédés est réglé ainsi qu'il suit :

« Si le père ou la mère a laissé des descendans légitimes,
« ce droit est d'un tiers de la portion héréditaire que l'enfant
« naturel aurait eue s'il eût été légitimé : il est de la moitié
« lorsque les père ou mère ne laissent pas de descendans,
« mais bien des ascendans, ou des frères ou sœurs ; il est des
« trois quarts lorsque les père ou mère ne laissent ni descen-
« dans ni ascendans, ni frères ni sœurs. »

Art. 48. « L'enfant naturel a droit à la totalité des biens 758
« lorsque ses père ou mère ne laissent pas de parens au de-
« gré successible. »

Art. 49. « En cas de prédécès de l'enfant naturel, ses en— 759
« fans ou descendans peuvent réclamer les droits fixés par
« les articles précédens. »

Art. 5o. « L'enfant naturel ou ses descendans sont tenus 760
« d'imputer, sur ce qu'ils ont droit de prétendre, tout ce
« qu'ils ont reçu du père ou de la mère dont la succession
« est ouverte, et qui serait sujet à rapport d'après les règles
« établies au chapitre VI, section *des Rapports*. »

Art. 51. « Toute réclamation leur est interdite lorsqu'ils 761
« ont reçu, du vivant de leur père ou de leur mère, la moi-
« tié de ce qui leur est attribué par les articles précédens,
« avec déclaration expresse, de la part de leurs père ou mère,
« que leur intention est de réduire l'enfant naturel à la por-
« tion qu'ils lui ont assignée.

« Dans le cas où cette portion serait inférieure à la moitié
« de ce qui devrait revenir à l'enfant naturel, il ne pourra
« réclamer que le supplément nécessaire pour parfaire cette
« moitié. »

Art. 52. « Les dispositions des articles 47 et 48 ne sont pas 762
« applicables aux enfans adultérins ou incestueux.

« La loi ne leur accorde que des alimens. »

Art. 53. « Ces alimens sont réglés, eu égard aux facultés 763

8.

« du père ou de la mère ; au nombre et à la qualité des héri-
« tiers légitimes. »

764   Art. 54. « Lorsque le père ou la mère de l'enfant adultérin
« ou incestueux lui auront fait apprendre un art mécanique,
« ou lorsque l'un d'eux lui aura assuré des alimens de son
« vivant, l'enfant ne pourra élever aucune réclamation contre
« leurs successions. »

765   Art. 55. « La succession de l'enfant naturel décédé sans
« postérité est dévolue au père ou à la mère qui l'a reconnu,
« ou par moitié à tous les deux, s'il a été reconnu par l'un
« et par l'autre. »

766   Art. 56. « En cas de prédécès des père et mère de l'enfant
« naturel, les biens qu'il en avait reçus passent aux frères et
« sœurs légitimes, s'ils se retrouvent en nature dans la suc-
« cession; les actions en reprise, s'il en existe, ou le prix
« de ces biens aliénés, s'il est encore dû, retournent égale-
« ment aux frères et sœurs légitimes. Tous les autres biens
« passent aux frères et sœurs naturels ou à leurs descendans. »

SECTION II. — *Des Droits du conjoint survivant et de la République.*

767   Art. 57. « Lorsque le défunt ne laisse ni parens au degré
« successible , ni enfans naturels, les biens de sa succession
« appartiennent au conjoint non divorcé qui lui survit. »

768   Art. 58. « A défaut de conjoint survivant, la succession
« est acquise à la République. »

769   Art. 59. « Le conjoint survivant et l'administration des
« domaines, qui prétendent droit à la succession, sont tenus
« de faire apposer les scellés , et de faire faire inventaire
« dans les formes prescrites pour l'acceptation des succes-
« sions sous bénéfice d'inventaire. »

770   Art. 60. « Ils doivent demander l'envoi en possession au
« tribunal de première instance dans le ressort duquel la
« succession est ouverte; le tribunal ne peut statuer sur la
« demande qu'après trois publications et affiches dans les

« formes usitées, et après avoir entendu le commissaire du
« gouvernement. »

Art. 61. « L'époux survivant est encore tenu de faire em—
« ploi du mobilier, ou de donner caution suffisante pour en
« assurer la restitution, au cas où il se présenterait des héri-
« tiers du défunt dans l'intervalle de trois ans ; après ce dé-
« lai, la caution est déchargée. »

Art. 62. « L'époux survivant ou l'administration des do—
« maines, qui n'auraient pas rempli les formalités qui leur
« sont respectivement prescrites, pourront être condamnés
« aux dommages et intérêts envers les héritiers, s'il s'en
« représente. »

Art. 63. « Les dispositions des articles 59, 60, 61 et 62,
« sont communes aux enfans naturels appelés à défaut de
« parens. »

CHAPITRE V.

De l'Acceptation et de la Répudiation des Successions.

SECTION Ire. — De l'Acceptation.

Art. 64. « Une succession peut être acceptée purement et
« simplement, ou sous bénéfice d'inventaire. »

Art. 65. « Nul n'est tenu d'accepter une succession qui lui
« est échue. »

Art. 66. « Les femmes mariées ne peuvent pas valablement
« accepter une succession sans l'autorisation de leur mari ou
« de justice, conformément aux dispositions du chapitre VI
« du titre *du Mariage*.

« Les successions échues aux mineurs et aux interdits ne
« pourront être valablement acceptées que conformément aux
« dispositions du titre *de la Minorité, de la Tutelle et de l'É-*
« *mancipation.* »

Art. 67. « L'effet de l'acceptation remonte au jour de l'ou—
« verture de la succession. »

Art. 68. « L'acceptation peut être expresse ou tacite : elle

« est expresse quand on prend le titre ou la qualité d'héri-
« tier dans un acte authentique ou privé ; elle est tacite quand
« l'héritier fait un acte qui suppose nécessairement son in-
« tention d'accepter, et qu'il n'aurait droit de faire qu'en
« sa qualité d'héritier. »

779　　Art. 69. « Les actes purement conservatoires de surveillance
« et d'administration provisoire ne sont pas des actes d'adi-
« tion d'héritier, si l'on n'y a pas pris le titre ou la qualité
« d'héritier. »

780　　Art. 70. « La donation, vente ou transport que fait de ses
« droits successifs un des cohéritiers, soit à un étranger, soit
« à tous ses cohéritiers, soit à quelques-uns d'eux, emporte,
« de sa part acceptation de la succession.

« Il en est de même, 1° de la renonciation, même gratuite,
« que fait un des héritiers au profit d'un ou plusieurs de ses
« cohéritiers ;

« 2°. De la renonciation qu'il fait, même au profit de tous
« ses cohéritiers indistinctement, lorsqu'il reçoit le prix de
« sa renonciation. »

781　　Art. 71. « Lorsque celui à qui une succession est échue
« est décédé sans l'avoir répudiée ou sans l'avoir acceptée
« expressément ou tacitement, ses héritiers peuvent l'ac-
« cepter ou la répudier de son chef. »

782　　Art. 72. « Si ces héritiers ne sont pas d'accord pour ac-
« cepter ou pour répudier la succession, elle doit être accep-
« tée sous bénéfice d'inventaire. »

783　　Art. 73. « Le majeur ne peut attaquer l'acceptation ex-
« presse ou tacite qu'il a faite d'une succession que dans le
« cas où cette acceptation aurait été la suite d'un dol pratiqué
« envers lui ; il ne peut jamais réclamer sous prétexte de lé-
« sion, excepté seulement dans le cas où la succession se
« trouverait absorbée ou diminuée de plus de moitié par la
« découverte d'un testament inconnu au moment de l'accep-
« tation. »

SECTION II. — *De la Renonciation aux successions.*

Art. 74. « La renonciation à une succession ne se présume pas: 784
« elle ne peut être plus faite qu'au greffe du tribunal de pre-
« mière instance dans l'arrondissement duquel la succession
« s'est ouverte, sur un registre particulier tenu à cet effet. »

Art. 75. « L'héritier qui renonce est censé n'avoir jamais 785
« été héritier. »

Art. 76. « La part du renonçant accroît à ses cohéritiers; 786
« s'il est seul, elle est dévolue au degré subséquent. »

Art. 77. « On ne vient jamais par représentation d'un hé- 787
« ritier qui a renoncé : si le renonçant est seul héritier de son
« degré, ou si tous ses cohéritiers renoncent, les enfans
« viennent de leur chef et succèdent par tête. »

Art. 78. « Les créanciers de celui qui renonce au préju- 788
« dice de leurs droits peuvent se faire autoriser en justice à
« accepter la succession du chef de leur débiteur, en son lieu
« et place.

« Dans ce cas, la renonciation n'est annulée qu'en faveur
« des créanciers, et jusqu'à concurrence seulement de leurs
« créances : elle ne l'est pas au profit de l'héritier qui a
« renoncé. »

Art. 79. « La faculté d'accepter ou de répudier une suc- 789
« cession se prescrit par le laps de temps requis pour la
« prescription la plus longue des droits immobiliers. »

Art. 80. « Tant que la prescription du droit d'accepter 790
« n'est pas acquise contre les héritiers qui ont renoncé, ils
« ont la faculté d'accepter encore la succession, si elle n'a
« pas déjà été acceptée par d'autres héritiers; sans préju-
« dice néanmoins des droits qui peuvent être acquis à des
« tiers sur les biens de la succession, soit par prescription,
« soit par actes valablement faits avec le curateur à la suc-
« cession vacante. »

Art. 81. « On ne peut, même par contrat de mariage, re- 791

« noncer à la succession d'un homme vivant, ni aliéner les
« droits éventuels qu'on peut avoir à cette succession. »

792   Art. 82. « Les héritiers qui auraient diverti ou recélé des
« effets d'une succession sont déchus de la faculté d'y re-
« noncer : ils demeurent héritiers purs et simples, nonobstant
« leur renonciation, sans pouvoir prétendre aucune part dans
« les objets divertis ou recélés. »

SECTION III. — *Du Bénéfice d'inventaire; de ses effets et des*
obligations de l'héritier bénéficiaire.

793   Art. 83. « La déclaration d'un héritier qu'il entend ne pren-
« dre cette qualité que sous bénéfice d'inventaire doit être
« faite au greffe du tribunal civil de première instance dans
« l'arrondissement duquel la succession s'est ouverte : elle
« doit être inscrite sur le registre destiné à recevoir les actes
« de renonciation. »

794   Art. 84. « Cette déclaration n'a d'effet qu'autant qu'elle est
« précédée ou suivie d'un inventaire fidèle et exact des biens
« de la succession, dans les formes réglées par le Code de la
« *Procédure civile*, et dans les délais qui seront ci-après dé-
« terminés. »

795   Art. 85. « L'héritier a trois mois pour faire inventaire, à
« compter du jour de l'ouverture de la succession.

« Il a de plus, pour délibérer sur son acceptation ou sur sa
« renonciation, un délai de quarante jours qui commence
« à courir du jour de l'expiration des trois mois donnés pour
« l'inventaire ou du jour de la clôture de l'inventaire, s'il a
« été terminé avant les trois mois. »

796   Art. 86. « Si cependant il existe dans la succession des ob-
« jets susceptibles de dépérir ou dispendieux à conserver,
« l'héritier peut, en sa qualité d'habile à succéder, et sans
« qu'on puisse en induire de sa part une acceptation, se
« faire autoriser par justice à procéder à la vente de ces
« effets.

« Cette vente doit être faite par officier public, après les
« affiches et publications réglées par le Code de la *Procédure*
« *civile*. »

Art. 87. « Pendant la durée des délais pour faire inven- 797
« taire et pour délibérer, l'héritier ne peut être contraint à
« prendre qualité, et il ne peut être obtenu contre lui de con-
« damnation : s'il renonce lorsque les délais sont expirés ou
« avant, les frais par lui faits légitimement jusqu'à cette
« époque sont à la charge de la succession. »

Art. 88. « Après l'expiration des délais ci-dessus, l'héri- 798
« tier, en cas de poursuite dirigée contre lui, peut en de-
« mander un nouveau, que le tribunal saisi de la contestation
« accorde ou refuse suivant les circonstances. »

Art. 89. « Les frais de poursuites, dans le cas de l'article 799
« précédent, sont à la charge de la succession, si l'héritier
« justifie ou qu'il n'avait pas eu connaissance du décès, ou
« que les délais ont été insuffisans, soit à raison de la situation
« des biens, soit à raison des contestations survenues : s'il
« n'en justifie pas, les frais restent à sa charge person-
« nelle. »

Art. 90. « L'héritier conserve néanmoins, après l'expira- 800
« tion des délais accordés par l'article 85, même de ceux
« donnés par le juge conformément à l'article 88, la faculté de
« faire encore inventaire, et de se porter héritier bénéficiaire,
« s'il n'a pas fait d'ailleurs acte d'héritier, ou s'il n'existe pas
« contre lui de jugement passé en force de chose jugée qui
« le condamne en qualité d'héritier pur et simple. »

Art. 91. « L'héritier qui s'est rendu coupable de recélé, 801
« ou qui a omis, sciemment et de mauvaise foi, de compren-
« dre dans l'inventaire des effets de la succession, est déchu
« du bénéfice d'inventaire. »

Art. 92. « L'effet du bénéfice d'inventaire est de donner à 802
« l'héritier l'avantage,

« 1°. De n'être tenu du paiement des dettes de la succes-
« sion qu'à concurrence de la valeur des biens qu'il a recueil-

« lis ; même de pouvoir se décharger du paiement des dettes,
« en abandonnant tous les biens de la succession aux créan-
« ciers et aux légataires ;

« 2°. De ne pas confondre ses biens personnels avec ceux
« de la succession, et de conserver contre elle le droit de ré-
« clamer le paiement de ses créances. »

803   Art. 93. « L'héritier bénéficiaire est chargé d'administrer
« les biens de la succession, et doit rendre compte de son
« administration aux créanciers et aux légataires.

« Il ne peut être contraint sur ses biens personnels qu'a-
« près avoir été mis en demeure de présenter son compte, et
« faute d'avoir satisfait à cette obligation.

« Après l'apurement du compte, il ne peut être contraint
« sur ses biens personnels que jusqu'à concurrence seulement
« des sommes dont il se trouve reliquataire. »

804   Art. 94. « Il n'est tenu que des fautes graves dans l'admi-
« nistration dont il est chargé. »

805   Art. 95. « Il ne peut vendre les meubles de la succession
« que par le ministère d'un officier public, aux enchères, et
« après les affiches et publications accoutumées.

« S'il les représente en nature, il n'est tenu que de la dé-
« préciation ou de la détérioration causée par sa négligence. »

806   Art. 96. « Il ne peut vendre les immeubles que dans les
« formes prescrites par le Code de la *Procédure civile* ; il est
« tenu d'en déléguer le prix aux créanciers hypothécaires
« qui se sont fait connaître. »

807   Art. 97. « Il est tenu, si les créanciers ou autres personnes
« intéressées l'exigent, de donner caution bonne et solvable
« de la valeur du mobilier compris dans l'inventaire, et de la
« portion du prix des immeubles non déléguée aux créanciers
« hypothécaires.

« Faute par lui de fournir cette caution, les meubles sont
« vendus, et leur prix est déposé, ainsi que la portion non
« déléguée du prix des immeubles, pour être employé à l'ac-
« quit des charges de la succession. »

Art. 98. « S'il y a des créanciers opposans, l'héritier béné- 808
« ficiaire ne peut payer que dans l'ordre et de la manière ré-
« glés par le juge.

« S'il n'y a pas de créanciers opposans, il paie les créan-
« ciers et les légataires à mesure qu'ils se présentent. »

Art. 99. « Les créanciers non opposans qui ne se présen- 809
« tent qu'après l'apurement du compte et le paiement du
« reliquat, n'ont de recours à exercer que contre les léga-
« taires.

« Dans l'un et l'autre cas le recours se prescrit par le laps
« de trois ans, à compter du jour de l'apurement du compte
« et paiement du reliquat. »

Art. 100. « Les frais de scellés, s'il en a été apposé, d'in- 810
« ventaire et de compte, sont à la charge de la succession. »

SECTION IV. — *Des Successions vacantes.*

Art. 101. « Lorsque, après l'expiration des délais pour faire 811
« inventaire et pour délibérer, il ne se présente personne qui
« réclame une succession, qu'il n'y a pas d'héritier connu,
« ou que les héritiers connus y ont renoncé, cette succession
« est réputée vacante. »

Art. 102. « Le tribunal de première instance dans l'arron- 812
« dissement duquel elle est ouverte nomme un curateur sur
« la demande des personnes intéressées, ou sur la réquisition
« du commissaire du gouvernement. »

Art. 103. « Le curateur à une succession vacante est tenu, 813
« avant tout, d'en faire constater l'état par un inventaire ; il
« en exerce et poursuit les droits ; il répond aux demandes
« formées contre elle ; il administre sous la charge de faire
« verser le numéraire qui se trouve dans la succession, ainsi
« que les deniers provenant du prix des meubles ou immeu-
« bles vendus, dans la caisse du receveur de la régie nationale,
« pour la conservation des droits, et à la charge de rendre
« compte à qui il appartiendra. »

Art. 104. « Les dispositions de la section III sur les formes 814

« de l'inventaire, sur le mode d'administration, et sur les
« comptes à rendre de la part de l'héritier bénéficiaire, sont
« au surplus communes aux curateurs à successions vacantes. »

CHAPITRE VI.

Du Partage et des Rapports.

SECTION Ire. — De l'Action en partage et de sa forme.

815   Art. 105. « Nul ne peut être contraint à demeurer dans
« l'indivision ; et le partage peut être toujours provoqué, non-
« obstant prohibitions et conventions contraires.

« On peut cependant convenir de suspendre le partage
« pendant un temps limité ; cette convention ne peut être
« obligatoire au-delà de cinq ans, mais elle peut être renou-
« velée . »

816   Art. 106. « Le partage peut être demandé, même quand
« l'un des cohéritiers aurait joui séparément de partie des
« biens de la succession, s'il n'y a eu un acte de partage, ou
« possession suffisante pour acquérir la prescription. »

817   Art. 107. « L'action en partage à l'égard des cohéritiers
« mineurs ou interdits peut être exercée par leurs tuteurs
« spécialement autorisés par un conseil de famille.

« A l'égard des cohéritiers absens, l'action appartient aux
« parens envoyés en possession. »

818   Art. 108. « Le mari peut, sans le concours de sa femme,
« provoquer le partage des objets meubles ou immeubles à
« elle échus qui tombent dans la communauté. A l'égard
« des objets qui ne tombent pas en communauté, le mari ne
« peut en provoquer le partage sans le concours de sa femme ;
« il peut seulement, s'il a le droit de jouir de ces biens, de-
« mander un partage provisionnel.

« Les cohéritiers de la femme ne peuvent provoquer le
« partage définitif qu'en mettant en cause le mari et la
« femme. »

819   Art. 109. « Si tous les héritiers sont présens et majeurs,
« l'apposition des scellés sur les effets de la succession n'est

« pas nécessaire, et le partage peut être fait dans la forme
« et par tel acte que les parties intéressées jugent conve-
« nables.

« Si tous les héritiers ne sont pas présens, s'il y a parmi
« eux des mineurs et des interdits, le scellé doit être apposé
« dans le plus bref délai, soit à la requête des héritiers, soit
« à la diligence du commissaire du gouvernement près le
« tribunal de première instance, soit d'office par le juge de
« paix dans l'arrondissement duquel la succession est ou-
« verte. »

Art. 110. « Les créanciers peuvent aussi requérir l'appo-   820
« sition des scellés, en vertu d'un titre exécutoire ou d'une
« permission du juge. »

Art. 111. « Lorsque le scellé a été apposé, tous créanciers   821
« peuvent y former opposition, encore qu'ils n'aient ni titre
« exécutoire ni permission du juge.

« Les formalités pour la levée des scellés et la confection de
« l'inventaire sont réglées par le Code de la *Procédure civile*. »

Art. 112. « L'action en partage et les contestations qui   822
« s'élèvent dans le cours des opérations sont soumises au
« tribunal du lieu de l'ouverture de la succession.

« C'est devant ce tribunal qu'il est procédé aux licitations,
« et que doivent être portées les demandes relatives à la ga-
« rantie des lots entre copartageans et celles en rescision du
« partage. »

Art. 113. « Si l'un des cohéritiers refuse de consentir au   823
« partage, ou s'il s'élève des contestations soit sur le mode
« d'y procéder, soit sur la manière de le terminer, le tri-
« bunal prononce comme en matière sommaire, ou commet,
« s'il y a lieu, pour les opérations du partage, un des juges,
« sur le rapport duquel il décide les contestations. »

Art. 114. « L'estimation des immeubles est faite par ex-   824
« perts choisis par les parties intéressées, ou, à leur refus,
« nommés d'office.

« Le procès-verbal des experts doit présenter les bases de

« l'estimation ; il doit indiquer si l'objet estimé peut être
« commodément partagé ; de quelle manière ; fixer enfin, en
« cas de division, chacune des parts qu'on peut en former,
« et leur valeur. »

825   Art. 115. « L'estimation des meubles , s'il n'y a pas eu de
« prisée faite dans un inventaire régulier, doit être faite par
« gens à ce connaissant, à juste prix et sans crue. »

826   Art. 116. « Chacun des cohéritiers peut demander sa part
« en nature des meubles et immeubles de la succession ;
« néanmoins, s'il y a des créanciers saisissans ou opposans, ou
« si la majorité des cohéritiers juge la vente nécessaire pour
« l'acquit des dettes et charges de la succession , les meubles
« sont vendus publiquement en la forme ordinaire. »

827   Art. 117. « Si les immeubles ne peuvent pas se partager
« commodément, il doit être procédé à la vente par licita-
« tion devant le tribunal.

    « Cependant les parties, si elles sont toutes majeures ,
« peuvent consentir que la licitation soit faite devant un
« notaire, sur le choix duquel elles s'accordent. »

828   Art. 118. « Après que les meubles et immeubles ont été
« estimés et vendus, s'il y a lieu, le juge commissaire ren-
« voie les parties devant un notaire, dont elles conviennent ,
« ou nommé d'office si les parties ne s'accordent pas sur le
« choix.

    « On procède devant cet officier aux comptes que les copar-
« tageans peuvent se devoir, à la formation de la masse gé-
« nérale, à la composition des lots, et aux fournissemens à
« faire à chacun des copartageans. »

829   Art. 119. « Chaque cohéritier fait rapport à la masse ,
« suivant les règles qui seront ci-après établies, des dons
« qui lui ont été faits et des sommes dont il est débi-
« teur. »

830   Art. 120. « Si le rapport n'est pas fait en nature, les cohé-
« ritiers à qui il est dû prélèvent un portion égale sur la
« masse de la succession.

« Les prélèvemens se font, autant que possible, en objets
« de mêmes nature, qualité et bonté que les objets non rap-
« portés en nature. »

Art. 121. « Après ces prélèvemens il est procédé, sur ce   831
« qui reste dans la masse, à la composition d'autant de lots
« égaux qu'il y a d'héritiers copartageans ou de souches co-
« partageantes. »

Art. 122. « Dans la formation et composition des lots, on   832
« doit éviter, autant que possible, de morceler les héritages
« et de diviser les exploitations; et il convient de faire entrer
« dans chaque lot, s'il se peut, la même quantité de meu-
« bles, d'immeubles, de droits ou de créances de mêmes
« nature et valeur. »

Art. 123. « L'inégalité des lots en nature se compense par   833
« un retour, soit en rente, soit en argent. »

Art. 124. « Les lots sont faits par l'un des cohéritiers, s'ils   834
« peuvent convenir entre eux sur le choix, et si celui qu'ils
« avaient choisi accepte la commission : dans le cas contraire,
« les lots sont faits par un expert que le juge commissaire
« désigne.

« Ils sont ensuite tirés au sort. »

Art. 125. « Avant de procéder au tirage des lots, chaque   835
« copartageant est admis à proposer ses réclamations contre
« leur formation. »

Art. 126. « Les règles établies pour la division des masses   836
« à partager sont également observées dans la subdivision à
« faire entre les souches copartageantes. »

Art. 127. « Si, dans les opérations renvoyées devant un   837
« notaire, il s'élève des contestations, le notaire dressera
« procès-verbal des difficultés et des dires respectifs des
« parties, les renverra devant le commissaire nommé pour
« le partage, et, au surplus, il sera procédé suivant les
« formes prescrites au Code de la *Procédure civile*. »

Art. 128. « Si tous les cohéritiers ne sont pas présens, ou   838
« s'il y a parmi eux des interdits ou des mineurs même

« émancipés, le partage doit être fait en justice conformé-
« ment aux règles prescrites par les articles 109 et suivans,
« jusques et compris l'article précédent. S'il y a plusieurs
« mineurs qui aient des intérêts opposés dans le partage, il
« doit leur être donné à chacun un tuteur spécial et particu-
« lier. »

839   Art. 129. « S'il y a lieu à licitation, dans le cas du pré-
« cédent article, elle ne peut être faite qu'en justice, avec
« les formalités prescrites pour l'aliénation des biens des mi-
« neurs. Les étrangers y sont toujours admis. »

840   Art. 130. « Les partages faits conformément aux règles
« ci-dessus prescrites, soit par les tuteurs, avec l'autorisa-
« tion d'un conseil de famille, soit par les mineurs émanci-
« pés, assistés de leurs curateurs, soit au nom des absens ou
« non présens, sont définitifs. Ils ne sont que provisionnels,
« si les règles prescrites n'ont pas été observées. »

841   Art. 131. « Toute personne, même parente du défunt, qui
« n'est pas son successible, et à laquelle un cohéritier aurait
« cédé son droit à la succession, peut être écartée du partage,
« soit par tous les cohéritiers, soit par un seul, en lui rem-
« boursant le prix de la cession. »

842   Art. 132. « Après le partage, remise doit être faite à cha-
« cun des copartageans des titres particuliers aux objets qui
« lui seront échus.

« Les titres d'une propriété divisée restent à celui qui a la
« plus grande part, à la charge d'en aider ceux de ses co-
« partageans qui y auront intérêt, quand il en sera requis.

« Les titres communs à toute l'hérédité sont remis à celui
« que tous les héritiers ont choisi pour en être le dépositaire,
« à la charge d'en aider les copartageans à toute réquisition.
« S'il y a difficulté sur ce choix, il est réglé par le juge. »

SECTION II. — Des Rapports.

843   Art. 133. « Tout héritier, même bénéficiaire, venant à
« une succession, doit rapporter à ses cohéritiers tout ce qu'il

« a reçu du défunt par donation entre-vifs, directement ou
« indirectement ; il ne peut retenir les dons, ni réclamer les
« legs à lui faits par le défunt, à moins que les dons et legs
« ne lui aient été faits expressément par préciput et hors
« part, ou avec dispense du rapport. »

Art. 134. « Dans le cas même où les dons et legs auraient 844
« été faits par préciput ou avec dispense du rapport, l'héri-
« t.er venant à partage ne peut les retenir que jusqu'à con-
« currence de la quotité disponible ; l'excédant est sujet à
« rapport. »

Art. 135. « L'héritier qui renonce à la succession peut ce- 845
« pendant retenir le don entre-vifs ou réclamer le legs à lui
« fait, jusqu'à concurrence de la portion disponible. »

Art. 136. « Le donataire qui n'était pas héritier présomp- 846
« tif lors de la donation, mais qui se trouve successible au
« jour de l'ouverture de la succession, doit également le
« rapport, à moins que le donateur ne l'en ait dispensé. »

Art. 137. « Les dons et legs faits au fils de celui qui se 847
« trouve successible à l'époque de l'ouverture de la suc-
« cession sont toujours réputés faits avec dispense du rap-
« port.

« Le père, venant à la succession du donateur, n'est pas
« tenu de les rapporter. »

Art. 138. « Pareillement le fils, venant de son chef à la 848
« succession du donateur, n'est pas tenu de rapporter le don
« fait à son père, même quand il aurait accepté la succession
« de celui-ci : mais si le fils ne vient que par représentation,
« il doit rapporter ce qui avait été donné à son père, même
« dans le cas où il aurait répudié sa succession. »

Art. 139. « Les dons et legs faits au conjoint d'un époux 849
« successible sont réputés faits avec dispense du rapport.

« Si les dons et legs sont faits conjointement à deux époux
« dont l'un seulement est successible, celui-ci en rapporte
« la moitié ; si les dons sont faits à l'époux successible, il les
« rapporte en entier. »

XII.   9

850   Art. 140. « Le rapport ne se fait qu'à la succession du
« donateur. »

851   Art. 141. « Le rapport est dû de ce qui a été employé pour
« l'établissement d'un des cohéritiers ou pour le paiement
« de ses dettes. »

852   Art. 142. « Les frais de nourriture, d'entretien, d'éduca-
« tion, d'apprentissage, les frais ordinaires d'équipement,
« ceux de noces et présens d'usage, ne doivent pas être rap-
« portés. »

853   Art. 143. « Il en est de même des profits que l'héritier a
« pu retirer de conventions passées avec le défunt, si ces
« conventions ne présentaient aucun avantage indirect lors-
« qu'elles ont été faites. »

854   Art. 144. « Pareillement il n'est pas dû de rapport pour
« les associations faites, sans fraude, entre le défunt et l'un
« de ses héritiers, lorsque les conditions en ont été réglées
« par un acte authentique. »

855   Art. 145. « L'immeuble qui a péri par cas fortuit, et sans
« la faute du donataire, n'est pas sujet à rapport. »

856   Art. 146. « Les fruits et les intérêts des choses sujettes à
« rapport ne sont dus qu'à compter du jour de l'ouverture de
« la succession. »

857   Art. 147. « Le rapport n'est dû que par le cohéritier à
« son cohéritier ; il n'est pas dû aux légataires ni aux créan-
« ciers de la succession. »

858   Art. 148. « Le rapport se fait en nature ou en moins pre-
« nant. »

859   Art. 149. « Il peut être exigé en nature à l'égard des im-
« meubles, toutes les fois que l'immeuble donné n'a pas été
« aliéné par le donataire, et qu'il n'y a pas dans la succes-
« sion d'immeubles de mêmes nature, valeur et bonté, dont
« on puisse former des lots à peu près égaux pour les autres
« cohéritiers. »

860   Art. 150. « Le rapport n'a lieu qu'en moins prenant
« quand le donataire a aliéné l'immeuble avant l'ouverture

« de la succession ; il est dû de la valeur de l'immeuble à
« l'époque de l'ouverture. »

Art. 151. « Dans tous les cas, il doit être tenu compte au 861
« donataire des impenses qui ont amélioré la chose, eu
« égard à ce dont sa valeur se trouve augmentée au temps du
« partage. »

Art. 152. « Il doit être pareillement tenu compte au do- 862
« nataire des impenses nécessaires qu'il a faites pour la con-
« servation de la chose, encore qu'elles n'aient point amé-
« lioré le fonds. »

Art. 153. « Le donataire, de son côté, doit tenir compte des 863
« dégradations et détériorations qui ont diminué la valeur
« de l'immeuble par son fait ou par sa faute et négligence. »

Art. 154. « Dans le cas où l'immeuble a été aliéné par le 864
« donataire, les améliorations ou dégradations faites par
« l'acquéreur doivent être imputées conformément aux trois
« articles précédens. »

Art. 155. « Lorsque le rapport se fait en nature, les biens 865
« se réunissent à la masse de la succession, francs et quittes
« de toutes charges créées par le donataire ; mais les créan-
« ciers ayant hypothèque peuvent intervenir au partage pour
« s'opposer à ce que le rapport se fasse en fraude de leurs
« droits. »

Art. 156. « Lorsque le don d'un immeuble fait à un suc- 866
« cessible, avec dispense du rapport, excède la portion dis-
« ponible, le rapport de l'excédant se fait en nature, si le
« retranchement de cet excédant peut s'opérer commodé-
« ment.

« Dans le cas contraire, si l'excédant est de plus de moitié
« de la valeur de l'immeuble, le donataire doit rapporter
« l'immeuble en totalité, sauf à prélever sur la masse la va-
« leur de la portion disponible : si cette portion excède la
« moitié de la valeur de l'immeuble, le donataire peut rete-
« nir l'immeuble en totalité, sauf à moins prendre et à ré-
« compenser ses cohéritiers en argent ou autrement. »

867   **Art. 157.** « Le cohéritier qui fait le rapport en nature d'un
« immeuble peut en retenir la possession jusqu'au rem-
« boursement effectif des sommes qui lui sont dues pour
« impenses ou améliorations. »

868   **Art. 158.** « Le rapport du mobilier ne se fait qu'en moins
« prenant. Il se fait sur le pied de la valeur du mobilier,
« lors de la donation, d'après l'état estimatif annexé à l'acte;
« et à défaut de cet état, d'après une estimation par experts,
« à juste prix et sans crue. »

869   **Art. 159.** « Le rapport de l'argent donné se fait en moins
« prenant dans le numéraire de la succession.

  « En cas d'insuffisance, le donataire peut se dispenser de
« rapporter du numéraire, en abandonnant, jusqu'à due
« concurrence, du mobilier, et à défaut de mobilier, des
« immeubles de la succession. »

SECTION III. — Du Paiement des dettes.

870   **Art. 160.** « Les cohéritiers contribuent entre eux au paie-
« ment des dettes et charges de la succession, chacun dans
« la proportion de ce qu'il y prend. »

871   **Art. 161.** « Le légataire à titre universel contribue avec
« les héritiers au prorata de son émolument; mais le léga-
« taire particulier n'est pas tenu des dettes et charges, sauf
« toutefois l'action hypothécaire sur l'immeuble légué. »

872   **Art. 162.** « Lorsque des immeubles d'une succession sont
« grevés de rentes par hypothèque spéciale, chacun des cohé-
« ritiers peut exiger que les rentes soient remboursées et les
« immeubles rendus libres avant qu'il soit procédé à la for-
« mation des lots : si les cohéritiers partagent la succession
« dans l'état où elle se trouve, l'immeuble grevé doit être
« estimé au même taux que les autres immeubles : il est fait
« déduction du capital de la rente sur le prix total : l'héritier
« dans le lot duquel tombe cet immeuble demeure seul
« chargé du service de la rente, et il doit en garantir ses co-
« héritiers. »

Art. 163. « Les héritiers sont tenus des dettes et charges 873
« de la succession, personnellement pour leur part et por-
« tion virile, et hypothécairement pour le tout, sauf leur
« recours, soit contre leurs cohéritiers, soit contre les léga-
« taires universels, à raison de la part pour laquelle ils doi-
« vent y contribuer. »

Art. 164. « Le légataire particulier qui a acquitté la dette 874
« dont l'immeuble légué était grevé demeure subrogé aux
« droits du créancier contre les héritiers et successeurs à titre
« universel. »

Art. 165. « Le cohéritier ou successeur à titre universel 875
« qui, par l'effet de l'hypothèque, a payé au-delà de sa part
« de la dette commune, n'a de recours contre les autres co-
« héritiers ou successeurs à titre universel que pour la part
« que chacun d'eux doit personnellement en supporter,
« même dans le cas où le cohéritier qui a payé la dette se
« serait fait subroger aux droits des créanciers ; sans préju-
« dice néanmoins des droits d'un cohéritier qui, par l'effet
« du bénéfice d'inventaire, aurait conservé la faculté de ré-
« clamer le paiement de sa créance personnelle comme tout
« autre créancier. »

Art. 166. « En cas d'insolvabilité d'un des cohéritiers ou 876
« successeurs à titre universel, sa part dans la dette hypothé-
« caire est répartie sur tous les autres au marc le franc. »

Art. 167. « Les titres exécutoires contre le défunt sont pa- 877
« reillement exécutoires contre l'héritier personnellement :
« et néanmoins le créancier ne pourra en poursuivre l'exé-
« cution que huit jours après la signification de ces titres à
« la personne ou au domicile de l'héritier. »

Art. 168. « Ils peuvent demander, dans tous les cas, et 878
« contre tout créancier, la séparation des patrimoines du dé-
« funt d'avec le patrimoine de l'héritier. »

Art. 169. « Ce droit ne peut cependant plus être exercé 879
« lorsqu'il y a novation dans la créance contre le défunt par
« l'acceptation de l'héritier pour débiteur. »

880   Art. 170. « Il se prescrit, relativement aux meubles, par
« le laps de trois ans.

« A l'égard des immeubles, l'action peut être exercée
« tant qu'ils existent dans la main de l'héritier. »

881   Art. 171. « Les créanciers de l'héritier ne sont point admis
« à demander la séparation des patrimoines contre les créan-
« ciers de la succession. »

882   Art. 172. « Les créanciers d'un copartageant, pour éviter
« que le partage ne soit fait en fraude de leurs droits, peu-
« vent s'opposer à ce qu'il y soit procédé hors de leur pré-
« sence : ils ont le droit d'y intervenir à leurs frais ; mais ils
« ne peuvent attaquer un partage consommé, à moins tou-
« tefois qu'il n'y ait été procédé sans eux et au préjudice
« d'une opposition qu'ils auraient formée. »

SECTION IV. — *Des Effets du Partage, et de la Garantie des Lots.*

883   Art. 173. « Chaque cohéritier est censé avoir succédé seul
« et immédiatement à tous les effets compris dans son lot,
« ou à lui échus sur licitation, et n'avoir jamais eu la pro-
« priété des autres effets de la succession. »

884   Art. 174. « Les cohéritiers demeurent respectivement ga-
« rans, les uns envers les autres, des troubles et évictions
« seulement qui procèdent d'une cause antérieure au partage.

« La garantie n'a pas lieu si l'espèce d'éviction soufferte a été
« exceptée par une clause particulière et expresse de l'acte de
« partage : elle cesse si c'est par sa faute que le cohéritier
« souffre l'éviction. »

885   Art. 175. « Chacun des cohéritiers est personnellement
« obligé, en proportion de sa part héréditaire, d'indemniser
« son cohéritier de la perte que lui a causée l'éviction.

« Si l'un des cohéritiers se trouve insolvable, la portion
« dont il est tenu doit être également répartie entre le ga-
« ranti et tous les cohéritiers solvables. »

886   Art. 176. « La garantie de la solvabilité du débiteur d'une

« rente ne peut être exercée que dans les cinq ans qui sui-
« vent le partage. Il n'y a pas lieu à garantie, à raison de
« l'insolvabilité du débiteur, quand elle n'est survenue que
« depuis le partage consommé. »

SECTION V. — *De la Rescision en matière de partage.*

Art. 177. « Les partages peuvent être rescindés pour cause 887.
« de violence ou de dol.

« Il peut aussi y avoir lieu à rescision lorsqu'un des cohé-
« ritiers établit à son préjudice une lésion de plus du quart.
« La simple omission d'un objet de la succession ne donne
« pas ouverture à l'action en rescision, mais seulement à un
« supplément à l'acte de partage. »

Art. 178. « L'action en rescision est admise contre tout 888
« acte qui a pour objet de faire cesser l'indivision entre co-
« héritiers, encore qu'il fût qualifié de vente, d'échange et
« transaction, ou de toute autre manière.

« Mais, après le partage ou l'acte qui en tient lieu, l'action
« en rescision n'est plus admissible contre la transaction faite
« sur les difficultés réelles que présentait le premier acte,
« même quand il n'y aurait pas eu à ce sujet de procès
« commencé. »

Art. 179. « L'action n'est pas admise contre une vente de 889
« droit successif faite sans fraude à l'un des cohéritiers, à
« ses risques et périls, par ses autres cohéritiers ou par l'un
« d'eux. »

Art. 180. « Pour juger s'il y a eu lésion, on estime les ob- 890
« jets suivant leur valeur à l'époque du partage. »

Art. 181. « Le défendeur à la demande en rescision peut 891
« en arrêter le cours et empêcher un nouveau partage,
« en offrant et en fournissant au demandeur le supplément
« de sa portion héréditaire, soit en numéraire, soit en na-
« ture. »

Art. 182. « Le cohéritier qui a aliéné son lot, en tout ou en 892
« partie, n'est plus recevable à intenter l'action en rescision.

« pour dol ou violence, si l'aliénation qu'il a faite est posté-
« rieure à la découverte du dol ou à la cessation de la vio-
« lence. »

M. Treilhard fut nommé par le Premier Consul, avec
MM. Galli et Najac, pour présenter au Corps législatif,
dans sa séance du 19 germinal an XI (9 avril 1803), le
projet de loi qui précède, et pour en soutenir la discussion dans celle du 29 du même mois de germinal.

PRÉSENTATION AU CORPS LÉGISLATIF,

ET EXPOSÉ DES MOTIFS, PAR M. TREILHARD.

Législateurs, le gouvernement vous présente, par notre
organe, le projet de loi sur les successions, c'est-à-dire le
testament présumé de toute personne qui décéderait sans
avoir valablement exprimé une volonté différente.

La société se perpétue par les mariages : son organisation
serait imparfaite s'il n'existait pas aussi un moyen de transmettre les propriétés de la génération présente à la génération future.

Chacun laisse en mourant une place vacante; nous avons
des biens à régir, des droits à exercer, des charges à supporter : l'héritier est un autre nous-même qui nous représente dans la société; il y jouit de nos biens, il y remplit
nos obligations.

Ce remplacement ne peut s'opérer que de deux manières,
ou par la force de la loi qui nous donne un successeur, ou par
la volonté de l'homme qui désigne lui-même la personne
qui doit le remplacer.

Toutes les législations sur cette matière sont nécessairement formées de la combinaison diverse de ces deux espèces de transmissions.

Il eût été dur, injuste, d'interdire des actes de confiance, de bienfaisance, j'aurais pu dire de justice, envers ceux dont nous aurions reçu des témoignages constans d'affection pendant tout le cours de notre vie. Il fallait aussi suppléer à l'oubli, à la négligence de l'homme que la mort aurait frappé avant qu'il eût disposé de ses propriétés; la transmission des droits et des biens doit donc s'opérer, soit par la loi, soit par la volonté de l'homme, et nous distinguons les héritiers légitimes (ceux appelés par la loi) des héritiers institués (ceux appelés par des actes de dernière volonté).

Un projet vous sera présenté sur la faculté de disposer : il s'agit aujourd'hui des successions légitimes, de celles qui sont déférées par la force de la loi quand elle supplée au silence de l'homme.

Déjà vous concevez, législateurs, combien il importe de se pénétrer de toutes les affections naturelles et légitimes lorsqu'on trace un ordre de succession : on dispose pour tous ceux qui meurent sans avoir disposé; la loi présume qu'ils n'ont eu d'autre volonté que la sienne. Elle doit donc prononcer comme eût prononcé le défunt lui-même, au dernier instant de sa vie, s'il eût pu, ou s'il eût voulu s'expliquer.

Tel est l'esprit dans lequel doit être méditée une bonne loi sur cette matière. Que chacun descende dans son propre cœur, il y trouvera gravé en caractères ineffaçables le véritable ordre de succéder.

Le bienfait de la vie que des enfans tiennent de leur père est pour eux un titre sacré à la possession de ses biens. Voilà les premiers héritiers.

Il n'est pas dans l'ordre de la nature qu'un père ferme les yeux de son fils; mais lorsque l'ordre de la nature est interverti, quel législateur pourrait enlever à un malheureux père la succession de ses enfans?

Enfin, s'il n'existe pas de parens dans la ligne directe, les

collatéraux les plus proches sont présumés de droit les premiers dans l'ordre des affections; sans doute cette présomption n'a pas la même force que celle qui appelle respectivement les pères et les enfans. La nature avait en quelque manière établi entre eux une communauté de biens, et leur
succession n'est, pour ainsi dire, qu'une jouissance continuée; il n'en est pas de même entre collatéraux : mais, dans
le silence de l'homme, la loi n'a pu adopter à leur égard
d'autre règle que la proximité. ✶

Voilà en général l'ordre des successions suivant le vœu de
la nature. Malheur à ceux qui auraient besoin de raisonne-
ment et de discussion pour reconnaître une vérité toute de
sentiment.

Mais ce principe général peut éprouver, dans son application, de grandes difficultés qu'il a été nécessaire de prévoir
et de résoudre.

Elles peuvent naître sur l'époque précise de l'ouverture
d'une succession, sur les qualités et les droits de ceux qui se
présentent comme héritiers, sur les obligations dont ils sont
tenus, sur la nature des biens, sur leur partage.

Je ramenerai toutes les questions à trois points fondamentaux : droits des héritiers légitimes, droits des appelés à défaut de parens, acceptation et partage des successions.

J'expliquerai les principes auxquels se rattachent les nombreuses dispositions de détail. Je ne pourrai peut-être pas
donner sur chaque base tout le développement dont elle serait susceptible; mais je tâcherai, dans cette vaste matière,
de saisir les motifs principaux. Votre sagacité suppléera facilement au reste.

718-719 La première question qui peut se présenter dans une succession, c'est celle de savoir à quelle époque elle est ouverte :
on conçoit combien cette question est importante; car les héritiers peuvent être différens suivant que la succession est
ouverte ou plus tôt ou plus tard.

La réponse paraît facile. C'est à l'instant du décès que

s'ouvre une succession; c'est dans cet instant physique que l'héritier est censé prendre la place du défunt; c'est ce que nos coutumes avaient si énergiquement exprimé par ces mots: *le mort saisit le vif.* Les biens, les droits d'un défunt ne peuvent pas rester en suspens; il est remplacé au moment où il décède, et il a pour héritier celui qui, à ce même instant, se trouve appelé par la loi.

Nulle différence sur ce point entre la mort naturelle et la mort civile; c'est toujours l'époque de la mort qui saisit l'héritier.

Mais il peut arriver que plusieurs personnes dont les unes 720 doivent succéder aux autres décèdent dans un même événement, et sans qu'on puisse connaître précisément laquelle est morte la dernière. C'est cependant celle-ci qui a hérité des autres, et dont la succession se trouve grossie des biens qui appartenaient aux premiers décédés.

Il a bien fallu recourir aux présomptions, à défaut de preuves, et donner des règles certaines pour déterminer un ordre dans lequel on doit supposer que les trépas se sont suivis.

C'est d'abord par les circonstances du fait qu'il faut décider, s'il est possible, la question de la survie; mais si l'on ne peut tirer aucune lumière des circonstances du fait, c'est dans la force de l'âge ou du sexe qu'il faut puiser, je ne dirai pas des preuves, mais les conjectures les plus vraisemblables.

Dans l'âge où les forces humaines prennent de l'accroisse- 721-722 ment, le plus âgé sera présumé avoir survécu, comme étant le plus fort; par la même raison, dans l'âge du dépérissement, la présomption sera pour le moins âgé : dans l'âge intermédiaire, on supposera que c'est le mâle qui aura survécu, comme le plus capable de résister; et si les personnes sont du même sexe, la présomption de survie qui donnera ouverture à la succession dans l'ordre de la nature sera admise.

Voilà, législateurs, les règles adoptées par le projet. Elles

ne sont pas nouvelles : elles avaient été sanctionnées par la
jurisprudence, et je ne crois pas que, dans la fatale obscurité qui enveloppe un événement de cette nature, on ait pu
établir des règles sur des bases plus sages.

725   Au moment où la succession est ouverte s'ouvre aussi le
droit de l'héritier : la place du défunt ne peut pas rester vacante, ni le sort de ses propriétés incertain; de là il résulte
que, pour être habile à succéder à une personne, il faut nécessairement exister à l'instant de son décès; et par conséquent, ni l'enfant qui n'est pas encore conçu, ni l'enfant qui
n'est pas né viable, ne peuvent être héritiers : le néant ne peut
pas occuper une place.

Celui qui est mort civilement n'est pas moins incapable de
succéder : c'est le néant dans la vie civile.

727-728   Mais celui qui se trouve en effet parent au degré que la loi
appelle à la succession héritera-t-il toujours et dans tous les
cas? La capacité qu'il tient de la nature ne pourra-t-elle pas
être effacée par quelque vice inhérent à sa personne?

L'ordre de succéder établi par la loi est fondé sur une présomption d'affection du défunt pour ses parens plus proches.
Or, il est de la nature de toute présomption de céder à la
vérité contraire quand elle est démontrée, ou même à des
présomptions plus graves.

Si l'héritier de la loi avait été condamné pour avoir tué ou
tenté de tuer le défunt; s'il avait porté contre lui une accusation capitale qu'on aurait déclarée calomnieuse; si, étant
majeur et instruit du meurtre du défunt, il ne l'avait pas
dénoncé pour faire punir le meurtrier, la loi qui l'appelle à
la succession pourrait-elle s'accorder avec la volonté présumée du défunt, et ce parent coupable ou lâche devrait-il
hériter de celui qu'il aurait assassiné ou dont il aurait laissé
les mânes sans vengeance?

Non certainement : et celui-là ne peut réclamer les droits
de la nature qui en a abjuré tous les sentimens; cependant le
défaut de dénonciation du meurtrier peut quelquefois n'être

pas l'effet d'une indifférence coupable. Si le meurtrier était un père, un fils, un époux, le silence ne serait-il pas un premier devoir, et comment la loi pourrait-elle dans ce cas ordonner de le rompre?

Nous avons donc pensé que le défaut de dénonciation ne pourrait être opposé à ceux qui, unis avec le meurtrier par les liens d'une parenté étroite, ne pourraient le dénoncer sans blesser les règles de la morale et de l'honnêteté publique.

Nous n'avons pas jugé convenable d'étendre davantage les causes d'indignité : il ne faut pas, sous le prétexte spécieux de remplir la volonté présumée d'un défunt, autoriser des inquisitions qui pourraient être également injustes et odieuses. C'est par ce motif que nous n'avons pas cru devoir admettre quelques causes reçues cependant dans le droit romain, comme, par exemple, celles qui seraient fondées sur des habitudes criminelles entre le défunt et l'héritier, ou sur la disposition qu'on prétendrait avoir été faite par l'héritier d'un bien du défunt avant son décès, ou sur l'allégation que l'héritier aurait empêché le défunt de faire son testament ou de le changer.

Ces causes ne présentent pas, comme celles que nous avons admises, des points fixes sur lesquels l'indignité serait déclarée; elles portent sur des faits équivoques, susceptibles d'interprétation, dont la preuve est bien difficile; l'admission en serait par conséquent arbitraire.

Sans doute l'ennemi du défunt ne doit pas être son héritier; mais les causes d'indignité doivent être tellement précises qu'on ne puisse se méprendre dans leur application : autrement, pour venger un défunt, on jetterait dans toute sa famille des semences inépuisables de haine et de discorde.

Après avoir déterminé l'instant où les successions sont ou- ch. 3. vertes, et déclaré les qualités nécessaires pour être habile à succéder, des difficultés nouvelles et plus sérieuses peut-être ont dû nous occuper. Fallait-il distinguer dans une succession les différentes espèces de biens dont elle est composée?

et l'héritier le plus proche est-il si invinciblement saisi que
dans aucun cas il ne doive souffrir la concurrence d'un héritier plus éloigné? Aura-t-on égard, dans la transmission des
biens, à leur nature et à leur origine? Admettra-t-on la représentation dans quelques cas? Quel sera l'effet du double lien?

Il existait entre les dispositions du droit romain et celles
du droit coutumier une première différence qui en entraînait beaucoup d'autres.

A Rome, un mourant ne laissait qu'une succession; elle
était déférée au degré le plus proche.

Dans nos usages, nous connaissions, au contraire, presque
autant de successions que de natures de biens. Un mourant
laissait un héritier des meubles et acquets, un héritier des
propres paternels, un héritier des propres maternels. La
même personne pouvait quelquefois réunir toutes ces qualités, mais elles étaient souvent disséminées sur plusieurs
têtes, qui pouvaient même n'être unies entre elles par aucun
lien de parenté.

Le désir de conserver les biens dans les familles, désir
louable quand il est contenu dans de justes bornes, avait fait
admettre dans nos mœurs la distinction des biens propres,
c'est-à-dire des biens immeubles advenus par succession. Ce
vœu de la conservation des biens ne se manifestait pas seulement dans les lois sur les successions; il influait aussi
dans les lois qui réglaient la liberté de disposer : un mourant ne pouvait pas transmettre ses propres, ou ne pouvait en transmettre qu'une faible partie; la loi lui assignait
un héritier qu'il n'était pas en son pouvoir d'écarter. Nous
avions aussi des coutumes plus sévères et qui interdisaient la
disposition, même entre-vifs, des biens échus par succession.
Telle était enfin la tendance à conserver les propres dans
les familles, que la disposition de ces biens à titre onéreux
n'était pas entièrement libre. Un parent pouvait exercer le
retrait sur un acquéreur; et cette faculté, qui ne se prescri-
vait que par le laps d'une année, laissait pendant tout ce

temps sur la personne du propriétaire une incertitude également fâcheuse pour l'intérêt public et l'intérêt particulier.

On conçoit sans peine que cette distinction de plusieurs successions dans une seule, et le concours d'héritiers différens, suivant les diverses origines des biens, devait presque toujours entraîner de nombreuses contestations.

Enfin, comment pouvait-on supposer qu'un ordre de choses d'après lequel des héritiers très-éloignés, et même inconnus au défunt, excluaient de proches parens qu'il avait affectionnés dans le cours de sa vie ; comment, disons-nous, pouvait-on supposer que cet ordre se trouvait en accord avec la volonté présumée de l'homme dont la succession était ouverte ?

Nous n'avons pas cru convenable de conserver des distinc- 732 tions qui ne tirent pas leur source des principes du droit naturel, et dont les effets nous ont paru beaucoup plus nuisibles qu'utiles : nous ne connaissons qu'une seule succession, et toute distinction résultant de la diverse origine des biens est abolie.

Mais en adoptant sur cet article les principes du droit ro- 733 main, nous n'avons pas dû rejeter ce qu'il pouvait y avoir de bon dans les usages des pays coutumiers ; et, sans condamner les citoyens à des recherches longues et ruineuses sur l'origine des biens qui composent une succession, nous avons cependant pourvu à l'intérêt des familles : toute succession déférée à des ascendans ou à des collatéraux sera partagée en deux portions égales, l'une pour la branche paternelle, l'autre pour la branche maternelle : ce n'est pas seulement une espèce de biens, c'est la totalité de la succession qui sera ainsi divisée : deux familles s'étaient unies par un mariage, elles resteront encore unies dans le malheur commun qui aura enlevé les fruits de cette union. C'est ainsi que se concilie le vœu de la nature, qui semble appeler les parens les plus proches, avec l'intérêt des deux familles dont le défunt tirait son origine.

732   Une autre distinction était admise dans notre droit : c'est celle de la nature des biens. On connaissait des biens nobles et des biens roturiers. Cette distinction avait introduit dans les successions autant de règles diverses que de coutumes ; et notre législation ne présentait sur ce point qu'un amas de ruines entassées au hasard.

Le vœu de tous les hommes éclairés appelait depuis long-temps une réforme ; on voulait surtout dans les lois cette unité qui semble être de leur essence, puisqu'elles sont l'image de l'ordre éternel.

Mais pour remplir ce vœu il fallait un de ces grands événemens qui déracinent les empires et changent la face du monde. Il fallait qu'un grand peuple conspirât tout entier pour établir le règne de l'égalité sur la ruine des distinctions et des priviléges.

Je n'ai pas besoin de vous dire que le Code ne présente aucun vestige des dispositions écloses dans l'anarchie féodale. Vous ne voulez pas du privilége des terres plus que du privilége des races. Ce n'est pas, législateurs, que les services des pères doivent être perdus pour les enfans : loin de nous ces maximes funestes et anti-sociales qui étoufferaient dans l'homme le principe le plus pur et le plus actif d'une louable émulation ! mais la gloire des aïeux ne tiendra pas lieu d'énergie, de talens et de vertus ; les enfans qui n'auront hérité que du nom resteront accablés sous cet immense fardeau, et la naissance ne dispensera pas du mérite. Voilà l'égalité bien entendue ; voilà la véritable égalité.

734-739-   En vous présentant le tableau de l'ordre dans lequel les
740-742 successions sont déférées, j'ai annoncé que la loi appelait les parens les plus proches : cette règle, généralement vraie, serait cependant quelquefois injuste, si elle recevait toujours une application rigoureuse. De petits-enfans qui auraient eu le malheur de perdre leur père seraient-ils encore exposés au malheur d'être exclus par un oncle de la succession de leur aïeul ?

Des neveux seraient-ils exclus de la succession de leur oncle, parce que celui-ci aurait survécu à leur père ? Ces exclusions s'accorderaient-elles avec la volonté présumée du défunt, et la loi qui les admettrait ne se trouverait-elle pas en contradiction avec les affections naturelles ? N'est-il pas au contraire plus juste de donner aux enfans, par une fiction favorable, le droit de représenter leur père, et de prendre, comme s'il vivait encore, sa part dans la succession ?

A Rome, la représentation dans la ligne directe descendante fut toujours admise. *Justinien* l'étendit à la ligne collatérale en faveur des neveux qui, ayant perdu leur père, se trouvaient exclus par un oncle de la succession d'un autre oncle.

Nos coutumes présentaient sur cette matière une diversité affligeante.

Les unes rejetaient le droit de représentation, même en directe ; d'autres l'admettaient en ligne directe seulement. A Paris, la représentation en collatérale était reçue suivant les dispositions du droit romain : quelques coutumes admettaient la représentation à l'infini dans les deux lignes ; quelques autres ne l'admettaient qu'en faveur de certaines personnes et pour certains biens. Enfin, il y avait encore une classe de coutumes, qu'on appelait muettes, parce qu'elles ne s'expliquaient pas sur cette matière.

Nous nous sommes rapprochés des dispositions du droit romain, que nous avons cependant un peu étendues.

La loi qui exclurait la présentation en ligne directe descendante serait une loi impie et contre nature.

Le besoin de la représentation ne se fait peut-être pas sentir aussi vivement en collatérale ; cependant la fiction qui donne aux neveux la place de leur père est pour le moins très-favorable. Là se bornaient les dispositions du droit romain. Nous avons cru que la même faveur était due aux petits-neveux, et que la représentation devait être toujours admise dans la succession d'un oncle en faveur des descendans de ses frères et sœurs : nous avons trouvé les mêmes motifs de convenance et d'affection pour les petits-neveux que pour les neveux ; mais la représentation ne peut pas s'étendre plus loin. Si l'on voulait admettre cette fiction dans la succession des cousins, il n'y aurait aucune raison pour s'arrêter, et nous aurions dans notre Code la représentation à l'infini, source intarissable de procès.

743 J'ai déjà dit que la représentation était une fiction qui donnait aux enfans la portion qu'aurait eue leur père s'il était encore vivant. Ils ne peuvent pas prétendre plus que lui, en quelque nombre qu'ils se trouvent ; ils ne doivent donc former qu'une tête dans la succession, autrement la fiction qui les rappelle serait très-préjudiciable à leurs cohéritiers. Mais comme le trépas de leur père ne doit pas leur nuire, il ne faut pas non plus qu'il leur profite. C'est par cette raison que les partages doivent s'opérer par souches toutes les fois qu'il y a lieu à représentation.

733 La règle d'un partage égal entre les deux branches paternelle et maternelle nous a fourni un moyen simple, mais efficace, de couper cours à toutes les contestations que faisait naître le privilége du double lien sur le lien simple, c'est-à-dire le privilége de ceux qui descendent du même père et de la même mère sur ceux qui ne descendent que de l'un des deux.

Justinien avait d'abord introduit dans les successions collatérales une préférence en faveur des frères et sœurs conjoints des deux côtés avec le défunt sur les frères et sœurs qui ne lui tenaient que d'un seul côté. Bientôt il accorda la même préférence aux neveux et nièces qui tenaient au défunt par le double lien.

Nos coutumes présentaient sur ce point la même diversité que sur le droit de représentation. Quelques-unes rejetaient la prérogative du double lien ; d'autres l'admettaient selon la disposition du droit romain ; là cette prérogative était étendue aux oncles ; ici elle n'était accordée qu'aux frères et non aux neveux ; ailleurs elle n'était reçue que pour une certaine espèce de biens : enfin venait encore la classe des coutumes muettes, et les auteurs et la jurisprudence se trouvaient partagés sur la règle qu'on devait y suivre.

Toutes ces variations vont heureusement disparaître. Les parens utérins ou consanguins (qui ne sont liés que d'un côté) ne seront pas exclus par les parens germains (ceux qui sont liés des deux côtés); mais ils ne prendront part que dans leur ligne ; les germains prendront part dans les deux lignes : ainsi le parent du côté du père aura sa part dans la moitié affectée à la branche paternelle, le parent du côté de la mère partagera la moitié échue à la branche maternelle, le parent des deux côtés sera admis aux partages des deux portions.

Vous connaissez actuellement, législateurs, les bases fondamentales de la première partie du projet ; je n'ai pas besoin d'entrer dans d'autres détails ; les articles sur les successions déférées aux descendans, aux ascendans, aux collatéraux, sont le résultat fidèle de ce que vous venez d'entendre.

Je dois seulement, avant de passer à d'autres objets, vous dire un mot de quelques dispositions particulières qu'il suffira d'exposer pour en prouver la nécessité et la convenance :

1°. Les ascendans succéderont, à l'exclusion de tous autres, 747 aux choses par eux données à leurs enfans décédés sans postérité.

2°. Lorsqu'un fils mourra sans postérité, s'il laisse des 748-749- frères et sœurs, la succession sera divisée, moitié pour les 751-852 père et mère, moitié pour les frères et sœurs ; si le père ou la mère sont morts, ceux-ci auront les trois quarts.

Nous avons encore sur ce point interrogé les affections de la nature. Sans doute des pères et mères doivent succéder de préférence à des collatéraux ; mais lorsque, perdant un de leurs enfans, il leur en reste d'autres encore, le partage de la succession entre les pères et les enfans n'est-il pas dans

10.

l'ordre de la nature? Dans le droit romain, les ascendans
excluaient les frères utérins ou consanguins, ils concouraient
avec les frères germains. Dans la plupart de nos coutumes,
les père, mère, aïeul et aïeule, succédaient aux meubles et
acquêts ; ils ne succédaient pas aux propres : dans quelques
provinces, les aïeul et aïeule ne succédaient pas, mais seulement les père et mère. Nous avons substitué à ces diposi-
tions diverses une règle juste, simple et d'une application
facile. Les père et mère partageront avec leurs autres enfans
la succession du fils décédé ; ils auront chacun leur quart,
et les enfans l'autre moitié. Si l'un des père et mère était
décédé, les enfans auraient les trois quarts, qu'ils partage-
raient entre eux par portions égales s'ils étaient du même lit.
S'ils sont de lits différens, il s'opère une division entre les
deux lignes ; chaque enfant prend sa part dans la sienne ; et
s'il n'y a d'enfans que d'un côté, ils recueillent le tout.

Des dispositions si conformes au vœu de la nature n'ont
pas besoin d'être expliquées.

Je passe à un autre article qui n'aura pas plus besoin d'a-
pologie.

Lorsque le défunt laisse un père ou une mère, s'il ne laisse
d'ailleurs ni descendant, ni frère, ni sœur, ni neveux, ni
aucun ascendant dans l'autre ligne, nous avons conservé
dans ce cas au père ou mère survivant l'usufruit du tiers des
biens dévolus aux collatéraux, faible consolation sans doute
pour le père ou la mère, mais consolation qui pourra leur
procurer du soulagement dans l'âge des infirmités et des
besoins. Cette disposition est encore fondée sur la volonté
présumée du fils, qui certainement n'eût pas voulu, pour
hâter la jouissance des collatéraux, laisser dans la détresse
les auteurs de ses jours.

Enfin, nous avons pensé que les parens au-delà du douzième degré ne devaient pas succéder. Les relations de famille sont effacées dans un si grand éloignement, et une
longue expérience nous a prouvé que des successions dévo-

lues à de telles distances étaient toujours en proie à une
foule de contestations qui concentraient, pour ainsi dire,
toute l'hérédité dans la main des gens de justice : heureux
encore lorsque la cupidité enflammée ne soutenait pas ses
prétentions par de fausses généalogies, si difficiles à reconnaître quand il faut remonter à plusieurs siècles !

Voilà tout ce que j'avais à dire sur cette première partie.

Je passe à la seconde, celle des successions qu'on nomme
irrégulières, parce qu'elles ne sont plus déférées dans l'ordre
d'une parenté légitime.

Les anciennes lois appelaient, à défaut de parens, l'époux
survivant, et à son défaut le domaine.

Nous avons admis ces dispositions; mais n'y a-t-il pas des
droits plus légitimes encore, et qui doivent précéder ceux du
conjoint et de la République? Je veux parler des droits des
enfans naturels qui ont été reconnus.

Déjà vous avez sanctionné par votre suffrage une loi qui
doit en même temps préserver les familles de toute recherche odieuse de la part d'enfans dont les pères ne sont pas
connus, et laisser aux pères la faculté de constater, par leur
reconnaissance, l'état des enfans.

Si la nature réclame pour ceux-ci une portion du patrimoine paternel, l'ordre social s'oppose à ce qu'ils reçoivent
dans les mêmes proportions et au même titre que les enfans
légitimes.

Il faut en convenir, on ne s'est jamais tenu dans une juste
mesure envers les enfans naturels. Un préjugé barbare les
flétrissait, même avant leur naissance; et, pendant que nous
punissions ces infortunés pour la faute de leurs pères, les
vrais, les seuls coupables, tranquilles et satisfaits, n'éprou-
vaient ni trouble dans leur jouissance, ni altération dans
leur considération personnelle.

Ce renversement de tous les principes ne devait pas subsister; et si nous ne sommes pas encore parvenus à imprimer
au vice toute la flétrissure qu'il mérite, du moins nous avons

effacé la tache du front de l'innocent. Nous avons aussi dû mettre un terme à une espèce de réaction qui tendait à couvrir les enfans naturels d'une faveur qui ne leur est pas due.

Ils ne partageront pas avec les enfans légitimes le titre d'héritier; leurs droits sont réglés avec sagesse, plus étendus quand leur père ne laisse que des collatéraux, plus restreints quand il laisse des enfans légitimes, des frères ou descendans.

758   Enfin, à défaut de parens, l'enfant reconnu succédera. Remarquez, je vous prie, que cet avantage n'est accordé qu'à l'enfant reconnu : or, la reconnaissance d'enfans adultérins ou incestueux n'étant pas permise, suivant les dispositions de la loi sur *la paternité et la filiation*, ils ne pourront réclamer la portion des enfans naturels.

762   Cependant, comme la recherche de la maternité, admise par la même loi, pourrait entraîner la preuve de commerces adultérins ou incestueux, il a bien fallu assurer des alimens aux fruits malheureux de ces désordres révoltans ; mais on n'a pas dû pousser plus loin l'indulgence : il serait inutile de justifier devant vous cet article; et puisse notre siècle être assez heureux pour n'être jamais témoin de son application !

765-766   Après avoir fixé les droits des enfans naturels contre la succession de leur père, on a dû établir aussi quelques règles sur leur propre succession : elles sont en petit nombre. Les père ou mère qui auront reconnu un enfant naturel lui succéderont, s'il n'a pas laissé de postérité. Si les père ou mère sont prédécédés, les biens seulement que les enfans naturels en avaient reçus passeront aux frères ou sœurs légitimes ; les autres biens seront recueillis par les frères ou sœurs naturels, et au surplus la loi générale sur les successions sera exécutée.

767-768   Au défaut d'enfans naturels reconnus, s'ouvre le droit du conjoint survivant, et ensuite celui de la République.

Je ne ferai qu'une observation sur cette partie. Les succes- 769-771
sions irrégulières ne peuvent s'ouvrir que dans le cas où il
ne se présente pas d'héritiers légitimes ; mais ceux-ci ont le
droit de réclamer tant que leur action n'est pas prescrite : il a
donc fallu veiller à ce que les biens de la succession fussent
conservés pour eux, s'ils paraissaient un jour et dans un
temps utile. On a dû par conséquent faire constater avec
exactitude la masse des biens, et obliger les prétendans à
faire un inventaire : on a dû pareillement les forcer à un
emploi du mobilier ou à donner une caution qui en réponde.

Mais il peut arriver qu'il ne se présente, pour recueillir 811 à 814
une succession, ni parens, ni enfans naturels, ni époux survivant, ni même la République ; la succession est alors vacante : il faut cependant que les personnes qui ont des droits
à exercer contre elle trouvent un contradicteur légitime de
leurs prétentions ; la loi leur en donne un dans la personne
d'un curateur à la succession vacante. Le projet explique,
dans une section particulière, comment sera nommé ce curateur, les formalités qu'il doit remplir, les obligations dont
il est tenu ; il indique la caisse dans laquelle on doit verser
les fonds. Tout est prévu pour qu'aucune portion de l'actif ne
soit soustraite, qu'aucun droit légitime ne soit éludé, et que
le curateur, qui n'est qu'un agent de la succession, ne puisse,
par sa négligence ou par ses infidélités, faire tort, soit aux
créanciers, soit aux héritiers qui pourraient se présenter.

Me voici parvenu à la dernière partie du projet, à la ma- ch. 5 et 6.
nière d'accepter ou de répudier une succession, au mode du
partage, à ses effets et à l'acquit des dettes.

La loi serait imparfaite si elle ne renfermait pas tout ce qui
peut avoir trait à une succession ; si, après avoir commencé
par fixer l'instant où elle est ouverte, elle ne parcourait pas
tout l'espace qui se trouve entre cette première époque et le
moment où toutes les difficultés sont aplanies, toutes les
opérations terminées par un partage définitif et irrévocable
qui, fixant la part de chaque héritier, et dans les biens et

dans les charges, fait disparaître entre eux toute indivision.

Les règles sur cette partie sont renfermées dans les deux derniers chapitres du projet. Ils contiennent un grand nombre d'articles qui présentent le développement de quelques principes, dont l'exposition ne peut être ni longue ni difficile.

Deux intérêts opposés doivent toujours occuper le législateur en matière de successions, celui des héritiers, celui des créanciers.

870 et
suivans.

L'héritier recueille les biens; mais la loi ne les lui transmet que sous l'obligation d'acquitter les charges.

795

Les créanciers peuvent exercer leurs droits contre l'héritier; mais la loi donne à celui-ci un délai suffisant pour connaître l'état de la succession, et pour réfléchir sur le parti qu'il doit prendre, d'accepter ou de refuser. Il n'est pas dans cette partie du projet une seule disposition qui ne tende à conserver un juste équilibre entre des intérêts également recommandables, pour ne jamais favoriser l'un au préjudice de l'autre.

778-779

Les précautions ordonnées ne permettront ni de se soustraire à la qualité d'héritier quand on l'aura prise, soit expressément dans un écrit authentique ou privé, soit tacitement en faisant des actes qui supposent nécessairement l'intention d'accepter, ni de charger de cette qualité celui qui n'aurait pas voulu la prendre, et qui ne l'aurait pas prise en effet, de manière à ne laisser aucun doute sur sa volonté.

784 et 785

Tant qu'un héritier n'a accepté, ni expressément, ni tacitement, il conserve sans contredit la faculté de renoncer; et comme son acceptation le rend héritier du moment de l'ouverture de la succession, l'effet de sa renonciation doit aussi remonter à la même époque, et il est réputé n'avoir jamais été héritier.

Une renonciation appelle d'autres héritiers, elle intéresse aussi les créanciers de la succession: un acte de cette nature doit être nécessairement public; il sera fait au greffe du tribunal d'arrondissement dans lequel la succession est ouverte.

792-788

La clandestinité pourrait couvrir beaucoup de fraudes: il

est inutile sans doute de dire que celui-là ne pourra pas exercer la faculté de renoncer à une succession qui en aurait diverti ou recélé quelques effets. Il n'est pas moins superflu d'annoncer ici qu'un héritier appelé à une succession utile ne saurait en frustrer ses créanciers par des renonciations dont il aurait peut-être touché secrètement le prix : la bonne foi doit être la base de tous les actes, et les créanciers ont toujours le droit d'accepter, du chef de leur débiteur, une succession qu'ils peuvent croire avantageuse.

Mais ne doit-il pas y avoir un terme moyen entre l'acceptation sect. 3 pure et simple qui soumet l'héritier à toutes les charges sans et 802 exception, quoiqu'elles excèdent de beaucoup les bénéfices, et la renonciation qui le dépouille de tout sans retour, encore que par l'événement l'actif se trouve surpasser de beaucoup les dettes? Laissera-t-on nécessairement l'héritier entre la crainte d'une ruine totale par une acceptation hasardée, et la certitude d'un dépouillement absolu par une renonciation méticuleuse?

Ces inconvéniens n'avaient pas échappé à nos jurisconsultes; ils avaient dû se faire sentir plus vivement encore chez les Romains, qui attachaient une espèce de honte à mourir sans héritiers. Pour rassurer sur le danger des acceptations, on avait admis d'abord le droit de délibérer, qui donnait la possibilité de connaître l'état d'une succession : on accordait au moins un délai de cent jours à l'héritier qui le demandait, et, pendant ce temps, il pouvait prendre connaissance de tous les papiers et de tous les titres.

Cette précaution pouvait cependant se trouver encore insuffisante, et il arrivait qu'une succession acceptée comme bonne était mauvaise en effet, par les charges découvertes dans la suite et qu'on avait d'abord ignorées.

Justinien crut devoir rassurer entièrement les héritiers, en leur accordant la liberté d'accepter sous bénéfice d'inventaire : l'effet de cette acceptation était d'empêcher la confusion des biens d'une succession avec les biens personnels de l'héritier, d'où il résultait, 1° que celui-ci n'était tenu des dettes que jusqu'à due concurrence du bénéfice ; 2° qu'il conservait l'exercice des actions personnelles qu'il pouvait avoir contre le défunt.

Une institution aussi sage a été admise dans les pays coutumiers. A la vérité, comme le droit romain n'y avait pas force de loi, celui qui voulait jouir du bénéfice d'inventaire était obligé d'obtenir des lettres du prince ; mais elles s'expédiaient sans difficulté à la grande chancellerie : c'était une affaire de pure forme ; il n'en est plus question depuis plusieurs années.

Nous n'avons pas dû repousser dans notre projet une faculté utile à l'héritier, et nullement préjudiciable aux créanciers.

795-797- 798 L'héritier aura trois mois pour faire inventaire, et ensuite pour délibérer un délai de quarante jours, qui même pourra être prorogé par le juge, si des circonstances particulières lui en démontrent la nécessité. Pendant ce temps l'héritier ne peut être contraint à prendre qualité, et il ne peut être exercé de poursuite contre lui.

793 D'un autre côté, il a été entièrement pourvu à l'intérêt des créanciers,

1°. Par l'obligation imposée à l'héritier de déclarer au greffe qu'il entend jouir du bénéfice d'inventaire ;

794 2°. Par la nécessité de faire un inventaire fidèle qui constate le véritable état de la succession ;

796 3°. Par les précautions prises pour empêcher le dépérissement ou la soustraction du mobilier ;

801 4°. Par la déchéance prononcée contre l'héritier qui n'aurait pas compris tous les effets dans l'inventaire ;

805-806 5°. Par les formes prescrites pour la vente des meubles et des immeubles ;

803 6°. Par le compte rigoureux que l'héritier doit rendre de son administration.

C'est ainsi que les intérêts opposés de l'héritier et des

créanciers ont été scrupuleusement respectés dans le projet, et il ne paraît pas que cette partie soit plus que les autres susceptible d'objections fondées.

Il ne me reste plus qu'à vous parler du partage des succes- ch. 6. sions; c'est l'objet du dernier chapitre, il présente cinq sections : *du Partage et de sa Forme, des Rapports, du Paiement des dettes, des Effets du partage et de la Garantie des lots, de la Rescision en matière de partages.*

C'est encore ici l'intérêt des héritiers et l'intérêt des créanciers qu'il s'agit de protéger et de maintenir : toutes les dispositions de ce chapitre, comme celles du chapitre précédent, ne sont que la conséquence de quelques principes dont la vérité ne peut être méconnue.

C'est d'abord un point constant que personne ne peut être 815 contraint de rester avec d'autres dans un état d'indivision. On peut donc toujours demander un partage, s'il est possible, ou la licitation, si le partage ne peut s'opérer. Cependant il peut exister quelques causes légitimes de différer, et il n'est pas défendu de suspendre l'exercice de cette action pendant un temps limité : une pareille convention doit être exécutée.

Lorsque le partage s'opère entre héritiers, tous majeurs 819-822 et présens, ils sont libres d'y procéder dans la forme qu'ils trouvent la plus convenable, et s'il s'élève des difficultés, c'est au tribunal du lieu où la succession est ouverte qu'elles doivent être portées.

Mais dans le nombre des cohéritiers, il peut se trouver des mineurs, des interdits, des absens, et il a fallu tracer des règles pour maintenir dans leur intégrité des intérêts qui furent toujours placés sous une surveillance spéciale de la loi.

Le législateur doit éviter deux dangers avec le même soin, celui de ne pas pourvoir suffisamment à l'intérêt du plus faible, et celui de blesser les intérêts des majeurs, en les tenant dans une longue incertitude sur la solidité des actes : le projet a prévu ces deux inconvéniens.

819 et
suivans.
L'apposition des scellés, la nécessité d'un inventaire, les estimations par experts, la formation des masses devant un officier commis à cet effet, les ventes par autorité et sous les yeux de la justice, le tirage des lots au sort, tout garantit, autant que possible, la conservation rigoureuse de tous les droits, et dans les opérations préliminaires du partage, et 840 dans le partage lui-même : on a, par conséquent, dû établir pour règle, que les actes faits avec toutes ces formalités par les tuteurs, sous l'autorisation d'un conseil de famille ou par les mineurs émancipés, assistés de leurs curateurs, seront définitifs. Ils ne pourront être attaqués que pour des causes communes à toutes les parties, telles que le dol, la violence, ou la lésion de plus du quart.

843 et
suivans.
Pour faire un partage, il faut de toute nécessité former avant tout la masse des biens à partager : cette masse se compose et des biens existans actuellement dans la succession, et de ceux que les héritiers peuvent avoir reçus du défunt pendant sa vie.

Dans le droit romain, les enfans venant à la succession de leur père n'étaient pas tenus de rapporter les donations qu'ils en avaient reçues, si elles leur avaient été faites en préciput et avec dispense de rapport.

Nos coutumes inclinaient plus fortement à maintenir l'égalité entre les héritiers ; quelques-unes ne permettaient même pas de conserver, en renonçant, les avantages qu'on avait reçus ; mais dans les autres on avait senti qu'il eût été injuste d'interdire la faculté de marquer une affection particulière à l'un de ses héritiers présomptifs. Celui-ci pouvait retenir l'objet donné en renonçant à la succession du donateur. Et comme on distinguait dans la même succession autant de successions différentes qu'il y avait de natures de biens, ou de coutumes diverses dans lesquelles ces biens étaient situés, la même personne prenait la qualité de donataire ou de légataire dans certains biens ou dans certaines coutumes, et la qualité d'héritier dans les autres.

Ces distinctions subtiles font place à des règles plus sim- 844
ples et plus conformes aux notions communes de la justice.
Une loi particulière renfermera dans des bornes convenables
l'exercice de la faculté de disposer en faveur d'un héritier
présomptif : le donateur et le testateur seront libres de déclarer que leurs libéralités sont faites par préciput, et leur
volonté recevra son exécution jusqu'à concurrence de ce
dont ils auront pu disposer. S'ils n'ont pas affranchi l'héritier
de l'obligation du rapport, il ne pourra pas s'y soustraire ;
ainsi la volonté du défunt sera toujours la règle qu'on devra
suivre tant qu'elle ne se trouvera pas contraire à la disposition de la loi.

De nombreuses difficultés s'élevaient autrefois sur les ques- 847 à 849
tions si un fils devait rapporter ce qui avait été donné à son
père, un père ce qui avait été donné à son fils, un époux ce
qui avait été donné à l'autre époux ; mais la source de toutes
ces contestations est heureusement tarie. Les donations qui
n'auront pas été faites à la personne même de l'héritier seront toujours réputées faites par préciput, à moins que le donateur n'ait exprimé une volonté contraire.

Toutes les difficultés sur cette matière se rapporteront tou- 850 et
jours nécessairement à ces questions : par qui est dû le rap-   suivans.
port? à qui est-il dû? de quoi est-il dû? comment doit-il
être fait?

Elles sont résolues dans le projet de manière à ne laisser
aucun doute.

Le rapport est dû par les héritiers ; il est dû aux cohéritiers
et non pas aux créanciers ou aux légataires ; il est dû de tout
avantage : mais on ne peut ranger dans la classe des avantages, ni les frais de nourriture, entretien, éducation, apprentissage, ni les frais ordinaires d'équipement ou de noces,
ni les présens d'usage : toutes ces dépenses étaient, de la
part du père, une dette et non pas une libéralité. En donnant le jour à ses enfans, il avait contracté l'obligation de les
entretenir, de les élever et de les équiper.

858 à 869 Enfin le rapport doit être fait en nature, s'il est possible, ou en moins prenant.

Chaque héritier doit avoir sa juste part dans la masse à diviser : la justice peut être violée, ou en donnant moins, ou en donnant des effets de moindre qualité et valeur.

Si, dans la succession, on trouve la possibilité de prélè-vemens égaux aux objets donnés, le donataire sera dispensé de faire le rapport en nature. Dans le cas contraire, ce rap-port sera exigé.

Vous sentez, législateurs, combien toutes ces règles, mi-nutieuses peut-être au premier coup-d'œil, sont cependant essentielles et nécessaires. Vous voyez aussi qu'elles sont fondées sur des principes de raison et de justice. Je ne m'é-tendrai pas davantage sur cet objet; je m'en rapporte à l'im-pression que la simple lecture fera certainement sur vos esprits.

sect. 3 et 882 Le paiement des dettes est la première et la plus impor-tante obligation des héritiers : les créanciers, dont l'intérêt ne peut être révoqué en doute, peuvent s'opposer, pour la conservation de leurs droits, à ce que le partage soit fait hors de leur présence; mais ils ne peuvent pas attaquer un partage fait *sans fraude* en leur absence, à moins qu'il n'y eût été procédé au préjudice d'une opposition qu'ils auraient formée; ils sont bien maîtres d'intervenir, mais on n'est pas obligé de les appeler.

870 et suivans. Le projet règle la proportion dans laquelle les cohéritiers et les légataires universels contribuent entre eux au paie-ment des dettes; il conserve au surplus les droits des créan-ciers sur tous les biens de la succession, et les règles propo-sées n'ayant d'ailleurs rien que de conforme à ce qui s'est pratiqué jusqu'à ce jour, je puis, je dois me dispenser d'en-trer dans une plus longue explication.

Je crois, législateurs, vous avoir fait connaître l'esprit qui a dirigé la préparation de la loi : la première intention du gouvernement a dû être de régler l'ordre des successions suivant le vœu de la nature ; sa sollicitude a dû s'occuper ensuite des héritiers et des créanciers, véritables parties dans toute succession, pour n'offenser les intérêts ni des uns ni des autres.

Nous avons tracé des règles claires et précises, et nous avons cherché à les disposer dans un ordre qui en facilitât l'étude et l'intelligence.

Trop long-temps la volonté publique fut en quelque manière étouffée sous une masse de dispositions éparses, souvent incohérentes et même contradictoires : chacun pourra désormais, avec un peu d'application, acquérir du moins la connaissance générale des lois qui doivent régir sa personne et ses propriétés. Il n'en faut pas davantage dans le cours ordinaire de la vie.

Mais on tomberait dans une étrange et funeste erreur, si l'on pouvait supposer qu'une connaissance des lois, suffisante pour le commun des hommes, doit suffire également au magistrat chargé de les appliquer, ou au jurisconsulte qui exerce aussi une espèce de magistrature, bien flatteuse sans doute, puisqu'elle repose sur une confiance toute volontaire.

Ce n'est que par de longues veilles et par une profonde méditation sur les principes d'ordre naturel et de justice éternelle auxquels doivent se rattacher toutes les bonnes lois, que l'on peut apprendre à en faire une juste et prompte application dans cette variété infinie d'espèces que font éclore tous les jours mille circonstances imprévues, ou la malice inépuisable des plaideurs.

Malgré quelques dispositions bizarres qui ont échappé à d'utiles et successives réformes, il sera encore nécessaire d'étudier dans nos coutumes l'histoire de la législation française, et d'y chercher les premières traces des règles que nous avons dû en extraire comme plus adaptées au génie français et à nos mœurs actuelles.

Mais c'est surtout dans les lois du peuple conquérant et législateur qu'on puisera, pour me servir des expressions d'un auteur moderne, ces principes lumineux et féconds, ces grandes maximes qui renferment presque toutes les décisions ou qui les préparent : c'est là qu'il faut chercher, pour se les rendre familières et propres, ces notions sûres et frappantes qu'on peut regarder comme autant d'oracles de la justice.

Les compilations du droit romain ne sont pas, j'en conviens, exemptes de quelques défauts, ni d'un désordre qui doit en rendre l'étude pénible; mais quel courage ne serait pas soutenu par la perspective de cette riche et abondante moisson qui s'offre au bout de la carrière ? Les lois romaines, tirant d'elles-mêmes toute leur force, sans autre autorité que celle de leur sagesse, ont su commander à tous les peuples l'obéissance et le respect : un consentement unanime les a honorées du titre de *raison écrite*, et elles devront toujours être l'objet principal des méditations d'un bon magistrat et d'un véritable jurisconsulte.

De tous les priviléges dont l'homme s'enorgueillit, je n'en connais qu'un de réel : c'est celui de pouvoir s'instruire et raisonner. Sans doute l'exercice de cette faculté est utile dans tous les états; mais il est un besoin absolu pour ceux qui prétendent à l'honneur d'éclairer ou de juger leurs concitoyens.

Pardonnez, législateurs, des réflexions qui ne tiennent peut-être pas directement à l'objet que j'ai dû me proposer; j'espère cependant que vous ne les jugerez pas déplacées dans un siècle où l'on semble épuiser toutes les ressources de l'esprit pour se dispenser d'acquérir de la science.

Je n'ajouterai qu'un mot : le projet que nous vous présentons, long-temps médité au conseil d'État, a encore acquis un degré de perfection par les observations des commissaires du Tribunat. Vous allez en entendre la lecture.

COMMUNICATION OFFICIELLE AU TRIBUNAT.

Le projet fut communiqué officiellement au Tribunat le 22 germinal an XI (12 avril 1803), et M. Chabot (de l'Allier) en fit le rapport à l'assemblée générale le 26 germinal (16 avril).

RAPPORT FAIT PAR M. CHABOT (de l'Allier).

Tribuns, nous commençons aujourd'hui la discussion du troisième livre du projet de Code civil : il a pour objet d'établir les différentes manières d'acquérir et de transmettre la propriété.

Le premier livre a réglé ce qui est relatif aux *personnes*.

Les deux autres régleront ce qui est relatif aux *biens*.

La propriété des biens s'acquiert et se transmet par suc- [711] cession, par donation entre-vifs ou testamentaire, et par l'effet des conventions.

Elle s'acquiert aussi par accession ou incorporation, et par [712] prescription.

Il ne s'agit en ce moment que de la manière dont on ac- [tit. 1er] quiert et transmet la propriété par *succession*.

Avant l'établissement des sociétés civiles, la propriété était plutôt un fait qu'elle n'était un droit.

La nature a donné la terre en commun à tous les hommes; elle n'en a point assigné à chacun d'eux telle ou telle portion.

La propriété particulière ne pouvait donc avoir d'autre origine que le droit du premier occupant, ou le droit du plus fort : elle ne durait que par la possession, et la force aussi pouvait la détruire.

La société civile est la seule et véritable source de la propriété; c'est elle qui garantit à chaque individu ce qu'il possède à juste titre; et cette garantie est elle-même le but principal de la société; elle est un des premiers élémens de son existence, de sa conservation et de sa prospérité.

Mais si l'homme, dans l'état de nature, n'avait pas le droit de propriété, il ne pouvait le transmettre lorsqu'il mourait; car on ne peut transmettre, on ne peut donner ce qu'on n'a pas.

La transmission des biens par succession n'est donc pas du droit naturel, mais du droit civil.

Partout en effet l'ordre des successions a été réglé par des lois positives, et cet objet important a trouvé sa place dans le Code de tous les peuples.

Il appelle aujourd'hui vos méditations, tribuns. La France entière attend avec la plus vive sollicitude que cette partie de la législation, si long-temps étouffée par une masse de systèmes qui variaient dans chaque pays, et ne présentaient le plus souvent qu'incohérence et obscurité, soit enfin ramenée à l'unité si désirable dans les lois, et réduite à des règles simples, claires et précises, qui soient en harmonie avec les droits de la nature, avec les affections légitimes des familles et les intérêts de la société.

Tels sont les caractères éminens de la loi proposée par le gouvernement. Je n'aurai constamment qu'à faire ressortir la justice et la sagesse de ses dispositions en vous présentant le résultat de l'examen qu'en a fait votre section de législation.

La succession est la manière dont les biens, les droits, les dettes et les charges des personnes qui meurent passent à d'autres personnes qui entrent en leur place.

On distinguait dans le droit écrit et dans le droit coutumier deux espèces de successions, celles qui étaient déférées par la volonté de l'homme, et celles qui étaient déférées par la force de la loi quand le défunt n'avait point exprimé sa volonté.

On appelait successions *légitimes* celles qui n'étaient réglées que par la disposition de la loi, parce qu'elles faisaient passer les biens de ceux qui mouraient sans en avoir disposé aux parens appelés par la proximité du sang, qui sont en effet les héritiers légitimes qu'indique la nature.

Les successions déférées par la volonté de l'homme avaient leur source dans des institutions d'héritiers faites par testamens ou par contrats de mariage.

Les Romains avaient admis les institutions testamentaires par une disposition de la loi des Douze Tables : *Uti quisque legassit, suæ rei ita jus esto;* et même, pour que la liberté de ces institutions fût entière et ne pût être gênée par aucune autre convention, ils n'avaient point admis les institutions par contrat de mariage : on essaya de les introduire sous l'empire de Dioclétien et de Maximien, mais on trouve dans la loi 3, au Code *de Pactis conventis super dote,* la preuve qu'elles furent rejetées.

Les institutions testamentaires étaient d'un usage universel dans les provinces de la France qui étaient régies par le droit romain : elles n'avaient été admises que dans un très-petit nombre de nos coutumes.

Les institutions contractuelles formaient au contraire le droit commun des pays coutumiers, et on les recevait même avec faveur dans les pays de droit écrit.

Cet ordre de choses subsista jusqu'au décret du 7 mars 1793, qui, en abolissant la faculté de disposer de ses biens, soit à cause de mort, soit entre-vifs, soit par donations contractuelles, en ligne directe, ne permit plus de faire dans cette ligne aucunes institutions d'héritiers.

Peu de temps après cette faculté fut aussi interdite, en ligne collatérale, par la loi du 5 brumaire an II.

La fameuse loi du 17 nivose suivant adopta le même système; elle autorisa cependant à disposer du dixième de son bien en ligne directe, et du sixième en ligne collatérale, mais seulement en faveur des non-successibles.

Ainsi, à compter de la publication de ces lois, les institutions testamentaires et contractuelles ne furent plus permises : il n'y eut plus que des héritiers légitimes et des successions *ab intestat ;* et tel est encore aujourd'hui l'état de notre législation.

La loi du 4 germinal an VIII n'a pas rétabli les institutions d'héritiers ; elle n'a fait que donner plus d'étendue à la faculté de disposer.

Vous aurez donc à examiner, tribuns, en vous occupant de cette matière, si la faculté de disposer ne se trouve pas encore restreinte dans des bornes trop étroites, si même elle ne doit pas être illimitée en ligne collatérale, et s'il ne convient pas de rétablir les institutions d'héritiers que l'expérience de plusieurs siècles avait consacrées.

Mais ce n'est point ici le lieu d'examiner ces questions ; elles appartiennent au titre des donations et des testamens, qui bientôt vous sera présenté.

J'ai voulu seulement établir la distinction entre les successions *ab intestat* et celles qui pourront être déférées par la volonté de l'homme, pour qu'on ne les confonde pas dans la discussion, leurs règles n'étant pas toujours les mêmes.

Le projet de loi que nous avons à discuter aujourd'hui traite successivement de l'ouverture des successions, de la saisine des héritiers, des qualités requises pour succéder, de la représentation, des successions déférées aux descendans, de celles déférées aux ascendans, de celles déférées aux collatéraux, des droits des enfans naturels sur les biens de leurs père et mère, de la succession aux enfans naturels décédés sans postérité, des droits du conjoint survivant et de la République, de l'acceptation et de la répudiation des successions, du bénéfice d'inventaire, des successions vacantes, de l'action en partage et de sa forme, des rapports, du paiement des dettes, des effets du partage et de la garantie des lots, enfin de la rescision du partage.

Mon intention n'est pas, tribuns, de suivre en détail ce projet dans toutes ses parties ; il doit suffire d'en exposer le système et les principes, de les comparer avec les systèmes et les principes anciens, pour en marquer la différence et les avantages, et de tracer ensuite les règles générales qu'il établit. *

Il serait inutile de s'arrêter à une foule de dispositions secondaires qui ne sont que des conséquences et ne contiennent que des développemens.

Je me bornerai donc à quelques points fondamentaux, et, sur chacun d'eux, aux dispositions principales qui doivent régler toutes les autres.

J'examinerai 1° à quelle époque sont ouverts les droits des héritiers, et quelles sont les qualités requises pour succéder;

2°. Dans quel ordre les héritiers légitimes sont appelés aux successions;

3°. Comment se fait entre eux la division des biens;

4°. Quels sont les droits des enfans naturels sur les biens de leurs père et mère, dans le cas où il y a des héritiers;

5°. Comment se règle la succession aux enfans naturels décédés sans postérité;

6°. A qui passent les successions *ab intestat*, à défaut d'héritiers du sang.

Je terminerai la discussion par une simple analyse des dispositions les plus importantes sur l'acceptation et la répudiation des successions, sur les rapports, les dettes et les partages.

A quelle époque sont ouverts les droits des héritiers?

Quelles sont les qualités requises pour succéder?

Il est d'abord très-important de bien constater l'époque de l'ouverture des successions, pour connaître quels sont les véritables héritiers.

Les successions s'ouvrent par la mort naturelle et par la mort civile.

Lorsqu'un homme décède, la place qu'il laisse vacante est aussitôt remplie par ceux de ses parens qui sont appelés à sa succession. A l'instant même où la mort lui enlève ses droits la loi les confère à ses héritiers; il n'y a pas de lacune : et c'est là l'origine de cette maxime du droit coutumier, *le mort saisit le vif.*

La mort civile produit aussi les mêmes effets, parce qu'elle est dans l'ordre civil ce que la mort naturelle est dans l'ordre physique.

720   Mais l'époque du décès n'est pas toujours connue, et ne peut pas être toujours constatée d'une manière certaine. Alors, s'il y a concours d'héritiers, il devient nécessaire de suppléer aux preuves par des présomptions; et le projet de loi s'est attaché à choisir les plus naturelles et les plus vraisemblables.

Ainsi lorsque plusieurs individus respectivement appelés à la succession l'un de l'autre périssent dans un même événement, sans qu'on puisse reconnaître lequel est décédé le premier, la présomption de survie doit être déterminée par les circonstances du fait.

Mais si les circonstances du fait sont elles-mêmes inconnues, ou si elles ne donnent aucuns renseignemens, on ne peut plus établir la présomption de survie que sur la force de l'âge et du sexe.

721   Dans l'âge où l'individu n'a pas encore la jouissance entière des forces physiques, c'est le plus âgé qui est censé avoir survécu dans un événement commun, parce qu'il était le moins faible, et qu'il a pu se défendre plus long-temps contre le danger.

Par le même motif, dans l'âge où les forces décroissent, c'est le moins âgé qui est censé avoir survécu.

722   Dans l'âge de la force on suppose que le mâle a survécu, si la différence de l'âge n'excède pas une année; mais entre personnes du même sexe la présomption de survie ne peut plus se trouver que dans l'ordre de nature, et c'est alors le plus jeune qui est présumé avoir survécu au plus âgé.

ch 3   Quand l'époque de l'ouverture des successions est connue ou fixée par la loi, il s'agit de rechercher quels sont à cette époque les héritiers légitimes, et quelles qualités ils doivent avoir pour succéder.

La loi ne peut évidemment reconnaître d'autres héritiers légitimes que les parens du défunt pour les biens dont il n'a pas disposé lui-même. Il répugnerait à la raison qu'elle préférât des étrangers aux parens.

Les familles sont les premières sociétés que la nature ait formées entre les hommes : elles sont la source et la base de la grande société civile; il est donc dans les intérêts de l'ordre social de respecter les liens qui unissent les membres des familles, de les fortifier, de les étendre; et le moyen le plus sûr à cet égard c'est d'établir la successibilité entre les parens.

Ici, d'ailleurs, la loi n'ayant d'autre office à remplir que de suppléer la volonté de l'homme qui est mort sans l'exprimer, doit régler la transmission de ses biens comme il est présumable qu'il en eût disposé lui-même; elle doit lui donner pour héritiers ceux qui auraient été le sujet de son propre choix, et l'on doit supposer naturellement qu'il aurait choisi ses propres parens, lorsqu'il n'a pas manifesté de volonté contraire, parce qu'il doit être présumé avoir eu plus d'affection pour ses parens que pour des étrangers.

Mais il est un terme auquel s'éteint la parenté, et auquel doit aussi s'arrêter la successibilité. 755

L'ancien droit romain n'accordait pas le droit de succéder au-delà du septième degré de parenté, *Loi 4, D. de Gradibus et Affinibus;* mais Justinien étendit le droit jusqu'au dixième degré inclusivement.

En France, il passait en général pour constant qu'il n'y avait pas de restriction dans cette matière lorsqu'il était question d'exclure le fisc; et dans la coutume même de Normandie, qui paraissait conforme à l'ancien droit romain, on suivait la computation canonique; ce qui faisait le quatorzième degré en droit civil, où l'on compte des deux côtés.

La faveur due à la famille, et le titre naturel qui l'appelle à la succession, ont motivé la disposition du projet de loi qui prolonge jusqu'à douze degrés civils la faculté de succéder.

Cependant cette faculté est soumise à des règles particulières, et l'on n'en jouit que lorsqu'on a les qualités requises par la loi.

725   Ainsi, d'abord, suivant le titre premier du Code civil, l'individu mort civilement est incapable de succéder : c'est une conséquence du principe que les successions sont de droit civil.

726   Il résulte aussi d'une autre disposition du même titre qu'un étranger n'est admis à succéder aux biens que son parent, étranger ou Français, possède dans le territoire de la République, que dans le cas et de la manière dont un Français succède à son parent possédant des biens dans le pays de cet étranger.

725   Mais une règle générale dans cette matière, c'est que, pour succéder, il faut nécessairement exister à l'époque de l'ouverture de la succession, et l'on en déduit la conséquence que celui qui n'est pas encore conçu, et l'enfant qui n'est pas né *viable*, sont incapables de succéder.

C'est un principe du droit écrit comme du droit coutumier, que la capacité ou l'incapacité de l'héritier se règle au temps où la succession est ouverte; il faut donc, pour être habile à succéder, exister réellement à cette époque.

Cependant il n'est pas nécessaire que l'individu soit né pour être habile à succéder; il suffit qu'il soit conçu, parce que l'enfant existe réellement dès l'instant de la conception, et qu'il est réputé né lorsqu'il y va de son intérêt, suivant la loi *Antiqui* 3, ff. *si pars hæred. petatur*, les lois 7 et 26, ff. *de Statu hom.*, et la loi dernière, ff. *de Ventre in possess. mitt.*

Cette présomption de naissance, qui équipole à la naissance elle-même pour déférer le droit d'hérédité, cesse d'avoir lieu si l'enfant ne naît pas, et s'il ne naît pas viable.

Lorsque l'enfant n'est pas vivant en sortant du sein de sa

mère, il est censé n'avoir pas vécu pour succéder ; car c'était dans l'espoir de la naissance qu'on le regardait comme vivant dès l'instant de la conception ; et si cet espoir est trompé, la présomption qui le faisait regarder comme vivant ne peut plus être fondée sur la réalité.

Lorsque l'enfant n'est pas né viable, il est aussi réputé n'avoir jamais vécu, au moins pour la successibilité ; en ce cas, c'est la même chose que l'enfant soit mort ou qu'il naisse pour mourir.

La loi 3, au Code *de Posthumis hæredibus instituendis*, exige que l'enfant naisse parfait : *si vivus perfectè natus est*, c'est-à-dire qu'il ait atteint le terme auquel il est possible qu'il vive.

La loi 2 du même titre, et la loi 3, au *Digeste, de suis et legitimis Hæredibus*, en ont aussi une disposition formelle.

Le projet de loi ne fixe aucune règle sur l'époque de la viabilité ; il ne pourrait en donner qui fussent assez sûres et précises ; les secrets de la nature à cet égard sont impénétrables. Il a préféré de laisser les diverses questions qui pourront s'élever sur cette matière aux jugemens des tribunaux, qui se décideront d'après les faits et les circonstances particulières.

Mais on peut être capable de succéder et être exclus comme *indigne*. 727

Le projet de loi n'admet que trois cas d'indignité, et n'exclut, sous ce rapport, que celui qui serait condamné pour avoir donné ou tenté de donner la mort au défunt, celui qui aurait porté contre le défunt une accusation capitale jugée calomnieuse, et l'héritier majeur qui, instruit du meurtre du défunt, ne l'aurait pas dénoncé à la justice.

Néanmoins, dans ce dernier cas, le défaut de dénoncia- 728 tion ne peut être opposé ni aux ascendans et descendans du meurtrier, ni à son époux ou à son épouse, ni à ses frères ou sœurs, oncles ou tantes, neveux ou nièces.

Ces dispositions sont infiniment sages et morales, et n'ont pas besoin d'être justifiées.

Il s'agit maintenant d'examiner dans quel ordre sont appelés aux successions *ab intestat* les parens qui ont les qualités requises pour succéder.

Dans quel ordre les héritiers légitimes sont–ils appelés aux successions ?

sect. 1re et 731

Les motifs qui font admettre pour seuls héritiers les membres de la famille sont aussi les mêmes qui doivent régler entre les parens du défunt l'ordre de la succession. Celui-ci doit naturellement recueillir l'hérédité pour lequel le défunt doit être présumé avoir eu le plus d'affection ; et le défunt doit être présumé avoir eu plus d'affection pour celui avec lequel il était uni le plus étroitement par les liens du sang que pour les autres parens plus éloignés en degré : c'est donc en général le parent le plus proche qui doit être appelé à la succession, et il est conforme au vœu de la nature de régler ainsi l'ordre des successions sur celui des affections.

Sans doute la présomption que le défunt préférait son parent le plus proche n'est pas toujours la vérité, surtout en ligne collatérale ; mais comme elle est la plus naturelle, la plus raisonnable, et en un mot la plus vraisemblable, la loi ne devait pas en admettre d'autre lorsque le défunt avait gardé le silence.

sect. 2 et 739

Cependant cette règle générale reçoit une exception dans le sens même de la présomption qui lui sert de base ; et comme dans l'ordre des affections il existe une représentation réelle qui met les enfans à la place des pères qui sont décédés, et reporte sur eux toute la tendresse de la famille, la loi admet aussi une représentation qui met également pour la successibilité les enfans à la place de leurs pères, et rapproche en quelque sorte les degrés, comme l'affection du défunt les avait elle-même rapprochés.

Cette représentation admise par la loi n'est qu'une fiction ; mais elle est une image réelle de la vérité, et sans elle la loi serait presque toujours en opposition avec les affections du défunt, et violerait presque toujours ses intentions.

L'aïeul aime ses petits-enfans comme il aimait son fils ; ils lui tiennent lieu du fils qu'il a perdu, et le représentent à ses yeux ; ils ont dans son cœur la même place que leur père y occupait, ils auront aussi dans sa succession les mêmes droits. C'est son vœu le plus cher que la loi vient remplir.

Le droit de représentation a subi quelques variations dans le droit romain.

La représentation en ligne directe descendante ne fut dégagée de toutes restrictions, et la représentation en ligne collatérale ne fut établie, que par la novelle 118.

Suivant le chapitre premier de cette novelle, la succession d'un ascendant doit être partagée entre tous ses enfans, en quelque degré qu'ils soient, sans distinction ni du sexe, ni des siens, ni des émancipés : le partage se fait entre eux par têtes s'ils sont au premier degré, et par souches s'ils viennent à titre de représentation.

Par le chapitre second les ascendans sont appelés au défaut de tous les descendans, mais sans représentation ; seulement lorsqu'il se trouve plusieurs ascendans au même degré, il se forme entre eux une espèce de représentation ou d'accroissement, en vertu de laquelle les ascendans paternels prennent la moitié de la succession, quoique ce nombre soit plus petit d'un côté que de l'autre.

Le chapitre troisième introduit la représentation en ligne collatérale ; mais il la borne aux enfans des frères, et ne l'étend pas aux enfans des autres collatéraux qui tous viennent par tête, selon leur nombre et leur degré de proximité, les plus proches excluant toujours les plus éloignés.

La représentation fut admise dans les pays coutumiers ; mais elle n'y fut reçue ni d'une manière égale, ni dans toutes les coutumes.

Il y en a qui l'ont rejetée tant en ligne directe qu'en ligne collatérale, comme Ponthieu, Artois et Boulonnais.

D'autres l'ont admise en directe et l'ont rejetée en collatérale.

Plusieurs l'ont admise à l'infini dans l'une et l'autre ligne.

D'autres l'ont étendue en collatérale au-delà des termes de droit, sans la porter à l'infini comme en directe.

Quelques-uns, l'admettant à l'infini en ligne directe, lui ont donné en ligne collatérale plus d'étendue pour certaines espèces de biens que pour d'autres.

Plusieurs encore ne l'ont admise que pour certaines personnes et des biens d'une nature particulière.

Mais dans le plus grand nombre elle a été reçue dans les termes de droit, c'est-à-dire jusqu'à l'infini en ligne directe, et jusqu'aux enfans des frères du défunt en ligne collatérale.

Pour ramener sur tous ces points à une législation uniforme, il fallait choisir entre le droit écrit et les divers usages des pays coutumiers ce qui était le plus conforme à la nature et à la présomption de la volonté du défunt.

740　Or, point de difficulté en ligne directe descendante : l'affection de l'homme s'étend à tous ses descendans ; tous lui sont également chers. Ceux qui survivent remplacent dans son cœur ceux qui sont décédés ; tous sont ses enfans : la représentation ne doit donc pas avoir de limites en ligne directe descendante.

741　Il n'en est pas de même en ligne directe ascendante.

L'enfant doit avoir et a réellement plus de tendresse pour son père que pour son aïeul ; et plus ses ascendans sont éloignés de lui, moins il éprouve pour eux de cette affection vive et spontanée que la nature elle-même inspire.

Les ascendans les plus proches doivent donc exclure des successions les ascendans les plus éloignés, et il ne peut y avoir entre eux de représentation.

Il semble d'ailleurs que la représentation ne puisse avoir lieu qu'en remontant, et jamais en descendant.

Il y a plus de difficulté à l'égard de la ligne collatérale.

La représentation dans cette ligne doit-elle être bornée aux enfans des frères et sœurs du défunt, ou bien doit-elle être étendue à tous les descendans des frères et sœurs, ou enfin doit-elle être illimitée comme en ligne directe, et s'étendre à tous les parens collatéraux ?

Ces trois systèmes partageaient nos coutumes, et chacun d'eux a ses partisans et ses défenseurs.

Mais, pour décider quel est celui qui mérite la préférence, il ne s'agit toujours, en restant fidèles à notre principe, que de vérifier quel est le plus conforme au vœu de la nature, à l'ordre des affections, et à la présomption de la volonté du défunt.

L'homme qui n'a pas d'enfant, et qui perd un frère qu'il aimait, reporte naturellement son affection sur tous les descendans de ce frère. Ses neveux, ses petits-neveux sont toujours pour lui ce qu'était son frère, dont ils prennent successivement la place, et qu'ils lui représentent tous également.

Il existe d'ailleurs une sympathie admirable entre la vieillesse et l'enfance ; on voit chaque jour que les petits-enfans et les petits-neveux sont précisément ceux auxquels s'attachent plus particulièrement les aïeuls et les grands-oncles, et cet intérêt devient encore bien plus vif lorsque ces enfans sont orphelins, et que leurs innocentes caresses semblent demander à leurs aïeuls et à leurs grands-oncles de leur tenir lieu de père et de mère.

Imitant la nature, qui a établi une succession d'amour et de tendresse entre les frères et leurs descendans, la loi doit donc aussi établir entre eux la succession des biens.

Gardons-nous de rompre trop vite par nos institutions les liens qui unissent les familles ; cette union fait le bonheur des États.

Mais aussi la loi ne doit pas aller plus loin que la nature

elle-même, et supposer des affections égales lorsque réellement elles n'existent pas.

Étendre la représentation à tous les parens collatéraux
sans distinction, la faire remonter jusqu'aux oncles et grands-
oncles et à leurs enfans et descendans, mettre en concurrence des cousins et des arrière-petits-cousins avec les descendans des frères et sœurs, c'est supposer que le défunt
avait la même tendresse pour les uns et pour les autres ; et
cette supposition est contre la nature et la vérité, ou au
moins contre la présomption la plus raisonnable. Le cœur de
l'homme ne met pas ordinairement sur la même ligne les
descendans des oncles et des grands-oncles et les descendans
des frères et des sœurs ; toute la ligne des frères et sœurs lui
tient évidemment par des liens plus proches et conséquemment plus chers ; et c'est une chose bien vraie que la tendresse, qui coule comme de source dans les lignes égales ou
descendantes, ne remonte pas avec la même intensité aux
lignes ascendantes.

Borner la représentation en ligne collatérale aux enfans et
descendans des frères et des sœurs, c'est donc avoir suivi la
nature dans l'ordre de ses affections ; et toutes les fois qu'on
la prend pour guide il est rare qu'on se trompe.

Il faut encore, dans cette matière comme dans toutes les
autres, consulter les intérêts de la société, auxquels doivent
être toujours subordonnés les intérêts individuels.

Or, si l'on admettait la représentation à l'infini, il y aurait presque toujours pour chaque succession collatérale un
grand nombre d'héritiers ; et l'agriculture et le commerce
réclament pour que les biens des successions ne soient pas
trop divisés.

Appeler à une succession un grand nombre d'héritiers,
c'est d'ailleurs ne donner le plus souvent à chacun d'eux
que des embarras et des procès.

Après avoir fait connaître l'origine et les motifs de la représentation, il faut en déterminer les règles et les effets.

D'abord on ne représente pas les personnes vivantes, mais seulement celles qui sont mortes naturellement ou civilement.

Cette maxime est établie par Dumoulin : *Rursus nota*, dit-il, *quod repræsentatio nunquam est de personâ vivente, sed tantum de parente mortuo naturaliter aut civiliter.*

C'était aussi la disposition du droit écrit.

Il est évident qu'on ne peut pas entrer dans la place de celui qui est vivant et qui remplit son degré.

Mais lorsqu'un individu appelé à recueillir une succession y a renoncé gratuitement, ne peut-on pas le représenter, puisqu'il ne remplit pas son degré ?

744-786.
787

Cette question a été long-temps controversée parmi les jurisconsultes.

Le projet de loi la résout d'une manière conséquente au principe de la représentation, et conformément à la jurisprudence la plus suivie.

Les articles 69 et 70 disposent qu'on ne vient jamais par représentation d'un héritier qui a renoncé, que sa part accroît à ses cohéritiers, et que, dans le cas seulement où il est seul, sa portion est dévolue au degré subséquent.

En effet, s'il y a d'autres héritiers en pareil degré que le renonçant, ceux qui voudraient prendre sa part ne pourraient la réclamer qu'en prenant sa place par représentation ; mais on ne peut représenter un homme vivant.

Si le renonçant avait pour cohéritiers présomptifs des parens plus éloignés que lui à la vérité, mais rapprochés de son degré par le bénéfice de la représentation, il est certain encore qu'on ne pourrait prendre sa place pour concourir avec ses cohéritiers qu'en le représentant lui-même.

Mais s'il était seul héritier, alors ses parens n'auraient pas besoin de le représenter pour venir à la succession à laquelle il aurait renoncé ; ils la prendraient, non point à titre de représentation, mais de leur chef et à titre de dévolution, conformément à l'édit du préteur appelé *successorium*.

Les mêmes règles doivent évidemment s'appliquer au cas où le plus prochain héritier serait mort sans avoir accepté ni renoncé : ses parens ne pourraient recueillir la succession à laquelle il avait droit que comme ses héritiers *personnels*, et non comme le représentant; l'hérédité qui lui était échue se trouverait dans sa propre succession, et ne pourrait en être distraite par des parens qui voudraient le représenter dans un moment où il vivait.

Il y aurait beaucoup d'inconvéniens à permettre qu'un homme fît passer à ses enfans une succession qui lui serait échue sans avoir pris lui-même le titre d'héritier : il trouverait ainsi le moyen de frustrer ses créanciers, et l'on verrait souvent en pareille matière des fidéicommis frauduleux.

On peut cependant représenter celui à la succession duquel on a renoncé, mais après sa mort seulement. En ce cas, ce n'est pas de la main du représenté, mais de la loi même que le parent tient ses droits : il prend, il est vrai, la place du représenté ; mais ce n'est pas la volonté du représenté qui la lui donne, c'est la disposition de la loi.

L'homme ne peut transmettre ses droits qu'à celui qui lui succède : mais la représentation n'est pas une transmission; c'est une subrogation entre les parens qui n'est établie que par la loi, et qui n'est pas au pouvoir de l'homme.

Il y a d'ailleurs un grand motif d'équité pour qu'on puisse prendre une succession à laquelle on est appelé par la proximité du sang et par la loi, sans être obligé d'accepter la succession onéreuse de celui qui était, de son vivant, le plus proche en degré. Les enfans dont le père a été dissipateur trouvent ainsi dans les successions de leurs aïeux des moyens d'existence. Appelés par la nature à ces successions, ils ne doivent pas en être privés par la faute de leur père ; et les créanciers du père ne peuvent s'en plaindre, puisqu'ils n'ont jamais eu de droits sur des successions qui ne sont échues qu'après la mort de leur débiteur, et qu'ils n'auraient pas plus d'avantages si les successions étaient recueillies par d'autres que les représentans du débiteur.

J'ai prouvé, tribuns, que les successions *ab intestat* doivent être déférées aux parens qui sont les plus proches, ou de leur chef, ou par représentation.

Mais l'homme a des parens de deux lignes ; il tient à deux familles, à celle de son père et à celle de sa mère ; il est présumé avoir une affection égale pour ses parens de l'un et de l'autre côté, et il a d'ailleurs des biens qui proviennent de l'une et de l'autre ligne.

Ses parens des deux lignes doivent donc être également appelés à sa succession ; et pour que l'une ne soit pas entièrement exclue par l'autre, le projet de loi admet, lorsqu'il n'y a pas d'enfans ou descendans, le parent le plus proche du côté paternel et le parent le plus proche du côté maternel.

C'est le vœu de la nature d'accord avec la justice.

C'est d'ailleurs resserrer les liens des deux familles que d'établir entre elles le droit de successibilité réciproque.

Cependant, après cette division entre la ligne paternelle et la ligne maternelle, il ne doit plus s'en faire d'autre entre les diverses branches de chaque ligne.

Le système de fente et de refente, qu'on avait cru voir dans la loi du 17 nivose an II, aurait étendu beaucoup trop loin le droit de succéder, et chaque succession eût été encore morcelée entre une foule d'héritiers.

Dans chaque ligne le parent le plus proche en degré, ou de son chef, ou par représentation, sera seul héritier, sans descendre jusqu'aux diverses branches de la ligne, pour y faire encore la distinction de parens paternels et de parens maternels dans cette ligne ; qu'il soit de l'un ou de l'autre côté, ou des deux à la fois, peu importe, pourvu qu'il soit dans la ligne le plus proche du défunt.

Mais les individus qui sont tout à la fois parens du côté du père et du côté de la mère excluront-ils ceux qui ne sont

parens que de l'un des côtés? C'est la question *du double lien*,
qui mérite d'être examinée.

Le privilége du double lien consistait en ce que des parens
qui étaient unis tout à la fois du côté du père et du côté de
la mère eussent le droit de se succéder en tout ou en partie
dans de certains degrés, ou même à l'infini, à l'exclusion
des parens qui n'étaient joints que d'un côté seulement.

Ainsi les frères utérins ou consanguins étaient exclus par
les frères germains, et même par les neveux qui étaient de
l'un et de l'autre côté.

Ce privilége n'était pas connu dans l'ancien droit romain,
et il ne pouvait y être admis, puisque les parens maternels
n'y succédaient pas, et que tous les droits de succession dé-
rivaient de la parenté paternelle et de la proximité du degré,
sans aucune représentation en ligne collatérale.

Il n'en fut question ni dans le Digeste ni dans le Code, et
cene fut que par la novelle 118 qu'il fut établi.

Nous n'examinerons pas s'il était déjà connu dans la
France, ou s'il n'y fut introduit qu'avec les lois romaines.

Mais il ne fut reçu dans nos coutumes qu'avec des modifications infiniment variées, soit à l'égard des personnes, soit
à l'égard des biens auxquels il fut appliqué.

Il est d'abord un grand nombre de coutumes qui l'ont expressément rejeté, notamment celles de Paris et de Bordeaux.

D'autres n'en ont pas fait mention ; et celles qui l'ont reçu
se divisent en neuf classes, à raison de leurs différences sur
les personnes qu'elles admettent au privilége.

Elles diffèrent aussi beaucoup entre elles et avec le droit
écrit quant aux biens.

De sorte qu'il y avait dans les diverses provinces la plus
grande variation sur la prérogative du double lien.

Il eût fallu la refondre dans une législation uniforme si
le système avait été bon en lui-même ; mais il est évidemment contraire à la justice et à la raison.

Comment en effet serait-il juste, comment serait-il raisonnable que l'individu qui est parent d'un côté n'eût pas au moins une portion des biens attribués à la ligne par laquelle il tient à celui dont la succession est ouverte, s'il n'y a pas dans cette ligne un autre parent plus proche en degré?

Que l'individu qui est parent des deux côtés prenne dans les deux lignes, cela est équitable; mais lorsque dans une des lignes il y a un autre parent *égal en degré*, ce parent a évidemment autant de droits aux biens attribués *à cette ligne* que celui qui est parent des deux côtés : donner le tout à celui-ci et ne rien donner à celui-là, c'est donc une injustice.

Ainsi le frère germain vient à la succession pour la ligne paternelle et pour la ligne maternelle parce qu'il tient aux deux lignes. Il prendra tout ce qui est attribué à la ligne maternelle s'il n'a qu'un frère consanguin qui est étranger à cette ligne, ou bien il prendra tout ce qui est attribué à la ligne paternelle s'il n'a qu'un frère utérin qui est également étranger au côté paternel : point de difficulté à cet égard. Mais pourquoi donc aurait-il le droit de tout prendre dans la ligne où il se trouve un autre frère? Issus l'un comme l'autre de cette ligne, égaux en degré, n'est-il pas de toute justice qu'ils partagent entre eux également les biens qui sont attribués à cette ligne à laquelle ils appartiennent au même titre?

Nos aïeux le pratiquaient ainsi; ils donnaient deux portions aux frères germains, et une seulement aux frères consanguins dans les meubles et les acquêts du défunt, et cette règle était suivie non seulement entre frères, mais encore dans les degrés ultérieurs de la ligne collatérale, ainsi que l'atteste l'auteur du grand Coutumier.

On divisait aussi les biens en deux lignes, l'une du côté du père, l'autre du côté de la mère : les frères germains prenaient une part dans chaque ligne, et les demi-frères ne prenaient leur part que dans la ligne dont ils procédaient.

Telle est encore la disposition de plusieurs coutumes, notamment de celles d'Anjou et du Maine, qui conservent
tant de traces de notre ancien droit.

Et telle est aussi la disposition que le projet de loi propose
de consacrer irrévocablement, parce qu'elle est la plus juste,
la plus raisonnable et la plus conforme à l'ordre de la nature.

J'ai fait connaître, tribuns, l'ordre suivant lequel doivent
être appelés aux successions les héritiers légitimes.

543-545   Il me reste à exposer les principes d'après lesquels doit
s'opérer entre eux la division des biens.

Comment succèdent les héritiers légitimes.

Il est d'abord sans difficulté que ceux qui sont héritiers au
même degré doivent partager entre eux *par têtes*, puisqu'ils
ont tous les mêmes droits; et cette règle doit aussi s'appliquer à tous ceux qui sont appelés de leur chef, sans le secours de la représentation.

Mais lorsque la représentation a lieu, tous les représentans ne peuvent avoir conjointement que les droits qu'avait
le représenté; ils ne doivent donc avoir entre eux tous que
la part qu'il aurait eue, et conséquemment ils ne partagent
que par souche avec les autres héritiers, mais ensuite ils
divisent entre eux par tête la portion du représenté, parce
qu'entre eux chacun a des droits égaux sur cette portion.

Égalité dans le partage des successions ab intestat.

Ici se présente, tribuns, la question de savoir si l'égalité
doit être rigoureusement établie dans le partage des successions *ab intestat*, et si la loi seule peut et doit y porter atteinte, indépendamment de la volonté de l'homme, et même
contre sa volonté.

Cette question est du plus grand intérêt, et mérite de
fixer particulièrement votre attention.

Abolition du droit d'aînesse, et des exclusions coutumières.

Il n'y avait rien de plus recommandable que l'égalité de partage entre les enfans, suivant le chapitre dernier de la novelle 22 *de nuptiis*, et la loi 77, § *evictis de legat.* 2.

Cette égalité entre les enfans est un droit de la nature elle-même, et cependant combien de nos coutumes l'avaient violé !

En examinant la distinction qu'elles établissaient entre les mâles et les filles, entre les aînés et les puînés, on serait tenté de croire qu'elles ne regardaient pas les filles comme des enfans légitimes, et qu'elles doutaient de la légitimité des puînés.

La totalité des successions appartenait aux mâles : la moindre dot, un simple chapeau de roses composait la légitime des filles.

Mais parmi les mâles, les aînés emportaient presque tout, et les puînés étaient traités à peu près comme les filles.

De là les dissensions dans les familles, la discorde parmi les enfans, et ces inégalités choquantes qui comblaient de richesses les aînés et réduisaient les puînés et les filles à un état misérable.

Ces enfans déshérités n'avaient le plus souvent d'autre ressource que de s'ensevelir dans les cloîtres, où ils gémissaient pendant leur vie entière, victimes innocentes de la barbarie des lois et de la dureté de leurs parens.

Mais il fallait soutenir l'éclat des familles, il fallait soutenir l'honneur d'un grand nom; et comme alors l'éclat et l'honneur résidaient dans les richesses et dans la puissance, et non dans les vertus et les talens, on sacrifiait sans pitié à de vaines chimères le bonheur de ses enfans ; et pourvu que l'un d'eux pût jouer un rôle brillant dans le monde, on voyait avec une froide indifférence la situation déplorable de tous les autres.

Telle fut la cause de ces guerres toujours existantes entre

les aînés et les cadets, de ces jalousies que le malheur ai-
grissait sans cesse, de ces haines profondes et invétérées qui
avaient rompu tous les liens des familles, qui ont produit
tant de crimes, et qui se sont développées de nos jours avec
tant de force.

Chez les Romains, le droit d'aînesse et l'exclusion légale
des filles étaient méconnus, ff. *emancipi.* 9, *Instit. de hæredit.
quæ ab intest. defer.*

Cependant la loi des Douze Tables avait attribué les successions aux héritiers siens à l'exclusion des émancipés, et
aux parens du côté des mâles à l'exclusion des parens du
côté des femmes.

Mais l'empereur Justinien effaça ces distinctions par la
novelle 118, restitua à tous les enfans des droits égaux, rap-
pela tous les parens du côté paternel et du côté maternel à
la succession légitime, selon le degré de parenté de chacun
d'eux; et cette novelle, qui forme le dernier état de la législation romaine, était constamment suivie dans les pays de
droit écrit.

Ce fut le régime féodal qui introduisit en France une législation contraire; et l'on sait qu'elle ne remonte pas à une
date fort ancienne.

Sous les deux premières races de nos rois, l'aîné parta-
geait également avec ses frères et sœurs dans les possessions
féodales comme dans les autres biens; on en trouve la preuve
dans cette loi d'Édouard le confesseur : *Si quis intestatus
obierit, liberi ejus succedunt in capita.*

Mais lorsque la révolution eut porté les Capétiens sur le
trône, les propriétaires des grands fiefs s'étant réunis pour
secouer le joug de l'autorité royale, et bientôt, à leur exemple, tous les seigneurs voulant acquérir de nouvelles prérogatives, le droit d'aînesse fut établi, afin de réunir dans une
même main toute la puissance du père et des moyens assez
forts pour soutenir ses prétentions.

L'usage s'établit donc d'abord de donner toutes les possessions féodales à l'aîné mâle. Cet ancien droit est consigné dans l'assise de Geoffroy, comte de Bretagne, de l'an 1185 : *Majores natu integrum dominium obtineant, et junioribus, pro posse suo, provideant de necessariis, ut honeste viverent.*

A l'imitation des grands, les roturiers voulurent aussi faire des avantages considérables aux aînés, dans l'espoir de relever leurs familles ; et le droit d'aînesse fut établi pour les biens en roture comme il l'avait été pour les fiefs.

L'exclusion des filles eut la même origine et les mêmes motifs.

Mais comme ce qui est injuste devient toujours arbitraire, les coutumes varièrent à l'infini sur le droit d'aînesse et l'exclusion des filles.

Les unes n'admettaient le droit d'aînesse qu'en ligne directe ; les autres l'admettaient en ligne collatérale.

Les unes n'accordaient qu'un préciput ; les autres accordaient en outre une portion avantageuse ; quelques-unes même ne reconnaissaient pour seul héritier que l'aîné, ne réservant qu'une faible portion aux puînés.

Les unes donnaient le préciput à la fille si elle était l'aînée des enfans ; les autres l'attribuaient aux mâles, quoique puînés.

Les unes distinguaient dans le partage des successions la qualité des biens, et voulaient que ceux possédés noblement se partageassent d'une manière, et ceux en roture d'une manière différente ; les autres confondaient à cet égard les biens nobles et les biens en roture.

Les unes distinguaient la qualité des personnes, et n'accordaient qu'aux nobles le droit d'aînesse ; les autres l'accordaient aussi aux roturiers, et au nombre de ces dernières se trouvait la coutume de Paris, qui formait le droit commun dans toutes celles qui n'avaient point de dispositions contraires.

Quant aux exclusions des filles, il y avait aussi une foule de variations et de différences dans les coutumes.

Dans les unes il suffisait, pour que la fille fût exclue, qu'elle eût été dotée ou par son père, ou par sa mère, ou par son aïeul ou aïeule; dans d'autres il était nécessaire qu'elle fût dotée par le père; d'autres encore exigeaient qu'elle fût dotée par le père et par la mère, ou par le père, du vivant de la mère.

Ici le père noble avait seul le droit d'exclure sa fille; là le même droit appartenait au père roturier, à la mère et aux aïeuls.

Telle coutume excluait de toutes successions collatérales les filles dotées; telle autre les admettait précisément aux successions collatérales.

Dans presque toutes la dot la plus modique suffisait pour exclure.

En Normandie, les filles ne pouvaient demander aucune partie de l'héritage de leurs père et mère contre leurs frères ni contre leurs enfans, mais seulement le mariage avenant.

Suivant les coutumes d'Anjou, de la Touraine et du Maine, la fille dotée d'un chapeau de roses ne pouvait rien demander de plus.

Il faudrait s'étonner sans doute de toutes ces bizarreries, de toutes ces inégalités si injustes, si contraires au vœu de la nature, si l'on ne savait pas sur quels préjugés elles étaient établies. L'orgueil féodal avait corrompu toutes les sources de la morale; il avait étouffé tous les sentimens de la nature; et cet orgueil se communiquant aux roturiers, qui n'étaient que trop souvent les serviles imitateurs des grands, avait brisé dans toutes les classes du peuple tous les liens des familles.

Ici d'ailleurs il faut bien remarquer que la volonté des lois était souvent en opposition avec la volonté de l'homme. L'enfant aîné n'était pas toujours celui que le père affectionnait le plus et qui remplissait le mieux à son égard les devoirs de la piété filiale; et cependant la loi, malgré la volonté du père, attribuait à cet aîné des avantages considérables sur les autres enfans.

Souvent un père eût voulu récompenser sa fille de la tendresse qu'elle avait toujours eue pour lui, et des soins qu'elle prenait de sa vieillesse lorsqu'il était abandonné par ses autres enfans; mais la loi s'y opposait, et il mourait avec la triste certitude que sa fille chérie n'aurait presque rien dans sa succession.

La loi cependant ne devrait avoir pour objet, surtout dans les successions en ligne directe, que de suppléer la volonté de l'homme; elle ne devrait remplir d'autre office que de régler la transmission des biens du défunt comme il est présumable qu'il en eût disposé lui-même; et la présomption qu'indiquent la nature et la justice est toute en faveur de l'égalité entre les enfans.

Aussi l'Assemblée constituante regarda comme un de ses premiers devoirs de faire cesser tous ces priviléges odieux qui ne résultaient que de la primogéniture, ou de la différence des sexes, ou de la féodalité des biens, ou de la seule volonté de la loi.

Dès le 15 mars 1790 elle prononça l'abolition de toutes inégalités résultantes des lois féodales; et le 15 avril 1791 elle prononça l'abolition de toutes celles qui résultaient entre toutes sortes de personnes et à l'égard de toutes sortes de biens, soit de la différence des sexes, soit de la primogéniture, soit des exclusions coutumières.

Ainsi les descendans d'un même père, les parens de la même ligne, égaux par la nature, devinrent égaux en droits par la loi.

Cette disposition, tribuns, se trouve consignée dans le projet de loi que nous discutons, et sans doute elle obtiendra votre assentiment unanime.

Mais il faut bien observer qu'il ne s'agit ici d'égalité que dans la succession *ab intestat,* c'est-à-dire dans les biens dont le défunt n'a pas disposé.

Nous n'entendons pas que la volonté de l'homme soit liée à cette égalité rigoureuse, et qu'il ne puisse disposer d'aucune portion de ses biens en faveur d'un ou plusieurs de ses enfans, ou autres héritiers.

Mais ce qu'il peut faire à cet égard, la loi ne doit pas se le permettre.

Il peut avoir des raisons particulières d'affection, de reconnaissance ou de bienfaisance pour avantager un de ses héritiers; et il doit être enfin le maître de disposer des biens qui lui appartiennent; mais la loi ne peut avoir ni les mêmes motifs ni le même droit; et n'ayant pas à donner, mais seulement à *transmettre* les biens, elle ne doit suivre d'autre règle dans cette transmission que la volonté de l'homme ou le droit de la nature. Lorsque le défunt n'a fait aucune disposition de ses biens, il est censé avoir voulu qu'ils fussent partagés également entre ses héritiers; lorsqu'il n'a disposé que d'une partie, il est censé avoir voulu laisser le reste dans le partage égal; et dans l'un et l'autre cas sa volonté doit être respectée par la loi.

Seulement il faut donner à la loi le droit de modifier les libéralités faites par le défunt lorsqu'elles sont exorbitantes et contraires à l'ordre social, qui réclame, pour le maintien des familles, que dans certains cas les héritiers ne soient pas entièrement dépouillés.

Mais constamment assujétie, ou à la volonté de l'homme, lorsque cette volonté est restreinte dans de justes bornes, ou aux droits de la nature, qu'elle doit respecter, la loi ne peut ni étendre les libéralités faites par le défunt, ni en faire elle-même.

En un mot, elle doit se borner à *transmettre* ce que l'homme ou la nature a *réglé*.

C'est ainsi qu'il faut entendre et concilier l'égalité dans les partages consacrée par la loi sur les successions, et les inégalités qui sont permises par la loi sur les donations et testamens.

Abolition de la distinction des biens en propres et acquêts. 732-734

Les coutumes avaient établi une autre espèce d'inégalité légale par la distinction qu'elles faisaient des biens en acquêts et en propres, et par la manière dont elles distribuaient ces biens à diverses classes d'héritiers, et même souvent aux parens les plus éloignés.

Cet objet, tribuns, mérite encore de fixer votre attention.

Les législateurs les plus célèbres de l'antiquité ne distinguaient pas dans les successions ce qui provenait du père du défunt d'avec ce qui provenait de sa mère; ils ne formaient du tout qu'un seul patrimoine qu'ils donnaient au plus proche héritier.

Les Romains le pratiquèrent ainsi tant qu'ils furent libres. *Quod videlicet unius duo patrimonia esse non viderentur*, dit la loi, *jurisperitos*, § *cum oriundus*, ff. *de Excusat. tut.*

Ce ne fut que sous les empereurs que la loi 4 *de maternis Bonis et materni generis*, au Code Théodosien, établit une législation contraire : elle donna aux parens paternels, même à l'exclusion d'autres parens les plus proches en degré, les biens que le défunt avait recueillis du chef de son père ou de ses autres parens paternels, et réciproquement pour les biens maternels.

Mais il est vraisemblable que cette loi, contraire aux mœurs et aux habitudes des Romains, ne fut pas long-temps en usage : on n'en trouve pas la moindre trace dans le Code de Justinien : et d'après les dispositions de ce Code on ne reconnaissait d'autre règle dans nos pays de droit écrit que d'attribuer la totalité des biens du défunt au parent le plus proche, sans distinguer la nature ni l'origine des biens.

On séparait au contraire dans les pays coutumiers toute succession collatérale en plusieurs patrimoines, et l'on y distinguait plusieurs espèces de biens qu'on distribuait à des héritiers de diverses classes.

On distinguait d'abord les meubles, les acquêts, et les propres.

On divisait ensuite les propres en propres naissans et propres anciens, en propres paternels et propres maternels, en propres de ligne et propres sans ligne.

Chaque coutume avait en outre des principes différens pour régler la nature, la distinction et la transmission de ces diverses espèces de biens.

Ici, pour succéder à un propre, il fallait être parent du défunt du côté de celui qui avait mis l'héritage dans la famille, et lorsqu'on avait cette qualité on excluait les parens des autres côtés, quoique plus proches.

Là on ne pouvait succéder à un propre qu'autant qu'il avait appartenu à un ascendant commun entre le défunt et son héritier; en sorte qu'à défaut de parens venant de la même souche que celui auquel il s'agissait de succéder, le propre perdait sa qualité, et appartenait à l'héritier le plus proche et sans distinction de ligne.

Ailleurs, pour succéder à un propre, il ne suffisait pas d'être parent du défunt du côté dont provenait le propre, ni même de descendre d'une même souche, il fallait être descendu, comme le défunt, de l'acquéreur qui avait mis l'héritage dans la famille.

Dans d'autres coutumes on n'exigeait pas la proximité du degré du représentant avec le défunt, mais seulement la proximité et habileté de succéder de la personne représentée avec celui qui avait mis l'héritage dans la famille.

Dans d'autres enfin l'héritage propre qui se trouvait dans la succession d'une personne décédée sans enfans était déféré à son plus proche héritier du côté du parent par le décès duquel cet héritage lui était échu, sans remonter plus haut, ni chercher plus loin de quelle part ce parent l'avait eu lui-même.

Et dans chacune de ces coutumes il y avait encore des

règles différentes pour l'application des mêmes principes ; il y avait chaque jour et diversité de jurisprudence et questions nouvelles qui donnaient lieu à une foule de contestations.

Les règles particulières au privilége du double lien, les différentes manières de faire contribuer aux dettes mobilières ou immobilières suivant la nature et l'origine des biens, les distinctions à faire dans l'application des rapports, et le grand nombre de divisions et de subdivisions qu'il fallait opérer pour arriver au partage entre les diverses espèces d'héritiers, augmentaient encore d'une manière effrayante les embarras, les difficultés ; et il était rare qu'une succession collatérale tant soit peu importante ne fût pas une pépinière de procès.

Cet ordre de succession si compliqué, si varié, si difficile, consacrant encore une foule d'inégalités, et si peu conforme d'ailleurs au vœu de la nature, puisqu'il appelait souvent des parens éloignés à l'exclusion des parens les plus proches, devait être remplacé par un autre ordre, qui eût d'abord le grand mérite d'être uniforme pour toute la République, et qui fût d'ailleurs simple dans ses élémens, facile dans son exécution, fidèle aux principes de l'égalité des droits, et qui surtout eût pour base l'ordre même des affections de l'homme.

Tels sont, tribuns, les caractères et les avantages du nouveau système qu'établit la loi proposée.

Comme chez les Romains, comme dans le droit écrit, chaque succession ne formera plus qu'un seul patrimoine, et l'on n'y distinguera plus diverses espèces de biens pour les distribuer suivant leur nature à diverses lignes ou branches d'héritiers : tous les biens resteront confondus, comme ils l'étaient dans la main du défunt qui pouvait disposer de tous, et ils seront tous également déférés au plus prochain héritier dans chaque ligne, soit de son chef, soit par représentation.

Chaque ligne profitera donc des biens ; et c'est là l'intention générale de l'ancienne règle *paterna paternis*.

Cette règle avait eu pour objet de modifier le principe qui attribuait la totalité des biens au plus proche parent sans rien donner à la ligne dans laquelle n'était pas issu le parent le plus proche.

Mais on la modifie elle-même à son tour parce qu'elle morcelait trop les successions, en les divisant entre les diverses branches ou individus de chaque ligne. Le projet de loi se borne à les diviser en masse par moitié entre les deux lignes.

Ainsi plus de recherches longues et pénibles pour découvrir et constater de quel côté, de quel individu venaient les biens ; plus de contestations sur leurs qualités de propres ou d'acquêts, plus de difficultés sur la distinction des diverses espèces de propres ; plus de débats sur les droits et les qualités des divers héritiers ; partage facile et sans frais. Ce sont là sans doute de grandes améliorations ; et lorsqu'on y ajoute encore tous les autres avantages que nous avons fait remarquer dans le cours de la discussion, il reste pleinement démontré que le nouveau système est tout à la fois beaucoup plus simple et bien mieux combiné dans l'ordre de la nature et dans les intérêts de la société, que tous ceux que le droit écrit et les coutumes avaient introduits dans les diverses provinces de la France.

Vous connaissez maintenant, tribuns, les règles générales sur les successions ; et comme les règles qui sont particulières à chaque ligne n'en sont que des conséquences, ou, pour mieux dire, l'application, il suffira de vous les présenter dans un ordre méthodique, sans qu'il soit besoin de les accompagner d'aucun commentaire : elles peuvent se réduire à huit.

Ordre des successions ab intestat.

1°. Les enfans ou leurs descendans succèdent à leurs père et mère, aïeuls, aïeules, ou autres ascendans, sans distinction de sexe ni de primogéniture, et encore qu'ils soient issus de différens mariages.

Ils succèdent par égales portions et par tête quand ils sont tous au premier degré, et appelés de leur chef; ils succèdent par souche lorsqu'ils viennent tous ou en partie par représentation.

2°. Si le défunt n'a laissé ni postérité, ni frère, ni sœur, ou descendans d'eux, la moitié de sa succession est dévolue à ses ascendans de la ligne paternelle, et l'autre moitié aux ascendans de la ligne maternelle. 746

Celui qui se trouve au degré le plus proche recueille la moitié affectée à sa ligne, à l'exclusion de tous autres.

Les ascendans au même degré dans la même ligne succèdent par tête.

S'il n'y a d'ascendans que dans une ligne, ils ne prennent toujours que la moitié de la succession, et l'autre moitié appartient aux parens les plus proches de l'autre ligne (a). 753

Dans ce dernier cas, si l'ascendant est le père ou la mère, il a en outre l'usufruit du tiers des biens auxquels il ne succède pas en propriété. 754

3°. En cas de prédécès des père et mère d'un individu mort sans postérité, ses frères et sœurs, ou leurs descendans, sont appelés, à l'exclusion de tous autres ascendans et collatéraux. 750

4°. Si le père et la mère de l'individu mort sans postérité lui ont survécu l'un et l'autre, et s'il y a en outre des frères ou sœurs du défunt, ou descendans d'eux, la succession se divise en deux portions égales, dont moitié seulement est déférée au père et à la mère qui la partagent entre eux également; l'autre moitié appartient aux frères, sœurs, ou descendans d'eux. 751

Si le père ou la mère seulement a survécu, les trois quarts de la succession appartiennent aux frères et sœurs, ou à leurs descendans.

5°. Le partage de ce qui est dévolu aux frères ou sœurs 752

(a) Néanmoins si le défunt a disposé des trois quarts de ses biens, la *totalité* du quart qui reste dans la succession *ab intestat* appartient aux ascendans lorsqu'il n'y a pas de frères ou sœurs ou descendans d'eux, conformément à l'article 205-915 du Code, titre *des Donations et Testamens.*

s'opère entre eux par égales portions, s'ils sont tous du même lit.

S'ils sont de lits différens, la division se fait par moitié entre les deux lignes paternelle et maternelle du défunt ; les germains prennent part dans les deux lignes, et les utérins et consanguins chacun dans leur ligne seulement.

S'il n'y a de frères ou sœurs que d'un côté, ils succèdent à la totalité, à l'exclusion de tous autres parens de l'autre ligne. Ils excluent tous les parens qui ne sont pas dans le cas de la représentation.

547   6°. Dans tous les cas qui viennent d'être expliqués, les ascendans succèdent, *hors part et à l'exclusion de tous autres*, aux choses par eux données à leurs enfans ou descendans décédés sans postérité, lorsque les objets donnés se retrouvent en nature dans la succession.

Si les objets ont été aliénés, les ascendans recueillent le prix qui peut en être dû ; ils succèdent aussi à l'action en reprise que pouvait avoir le donataire.

553   7°. Si le défunt n'a laissé ni enfans ou descendans, ni frères ou sœurs, ou descendans d'eux, ni ascendans dans l'une et l'autre ligne, sa succession se divise en deux parts égales, l'une pour les parens de la ligne paternelle, l'autre pour les parens de la ligne maternelle.

La moitié dévolue à chaque ligne appartient à l'héritier, ou aux héritiers les plus proches en degré, soit de leur chef, soit par représentation entre eux, et il ne se fait pas de division entre les deux branches de la même ligne.

555   8°. A défaut de parens successibles dans une ligne, les parens de l'autre ligne succèdent pour le tout.

Toutes ces règles particulières, tribuns, sont en harmonie parfaite avec les principes que nous avons établis ; toutes sont conformes au vœu de la nature, et il était impossible de suivre d'une manière plus exacte l'ordre des affections humaines : c'est une vérité de sentiment dont chacun de nous trouvera la preuve dans son cœur.

Je n'étendrai donc pas plus loin la discussion sur la partie du projet de loi relative aux successions légitimes.

Mais le projet établit une autre espèce de successions, qu'il ch. 4. appelle irrégulières, et il range dans cette classe, 1° les droits des enfans naturels sur les biens de leurs père et mère; 2° la succession aux enfans naturels décédés sans postérité; 3° la transmission des biens de l'individu qui ne laisse pas d'héritiers légitimes.

Je discuterai brièvement ces trois objets.

Droits des enfans naturels sur les biens de leurs père et mère, lorsqu'il y a des héritiers.

L'ancienne législation était injuste et barbare à l'égard des 756 à 758 enfans naturels; elle ne leur accordait que de simples alimens, même lorsqu'ils étaient reconnus, et la totalité des biens de leurs père et mère passait, à leur préjudice, aux parens collatéraux les plus éloignés, et même au fisc.

Les lois des 4 juin 1793 et 12 brumaire an II tombèrent dans un excès contraire; elles donnèrent aux enfans naturels tous les droits des enfans légitimes.

Le projet de loi a pris un tempérament beaucoup plus équitable et plus moral.

Il n'accorde pas aux enfans naturels les droits et les honneurs de la légitimité, il ne les place pas dans la famille, il ne les appelle même en aucun cas comme héritiers; mais il leur attribue, sur les successions de leurs père et mère, un droit proportionné à la valeur des biens, et dont la quotité se trouve plus restreinte lorsqu'il y a des enfans légitimes, plus étendue lorsqu'il n'y a que des ascendans ou frères ou sœurs, et plus considérable encore lorsque les parens successibles sont à des degrés plus éloignés.

Dans le premier cas le droit de l'enfant naturel est d'un tiers de la portion héréditaire qu'il aurait eue s'il eût été légitime; dans le second cas le droit est de la moitié; dans le troisième il est des trois quarts ; mais il ne s'élève jamais à la totalité tant qu'il y a des héritiers légitimes.

Cette mesure concilie parfaitement les droits de la nature avec ce qu'exigent les bonnes mœurs, la faveur due au mariage, et les droits des familles.

759   En cas de prédécès de l'enfant naturel, ses descendans peuvent réclamer les mêmes droits, parce qu'ils le représentent.

760   L'enfant naturel ou ses descendans sont tenus d'imputer, sur ce qu'ils ont droit de prétendre, tout ce qu'ils ont reçu du père ou de la mère dont la succession est ouverte, et qui serait sujet au rapport d'après les règles établies dans le projet de loi.

Cette disposition est pour les parens légitimes une garantie que les enfans naturels n'auront pas plus que la loi ne permet de leur donner.

761   Les père et mère des enfans naturels pourront les réduire à la moitié de la portion que la loi leur attribue.

Il était convenable de laisser aux pères et mères cette faculté qui retiendra les enfans dans les devoirs de la piété filiale ; mais aussi cette faculté devait avoir des limites, pour que les pères et mères n'eussent pas le pouvoir de priver entièrement les enfans naturels de leurs droits.

762   Quant aux enfans adultérins ou incestueux, la loi ne s'en occupe qu'avec regret. Ils existent ; il faut bien qu'elle leur assure des alimens, mais elle ne leur confère aucun droit. Le crime qui leur a donné naissance ne permettait pas de les traiter comme les enfans nés de personnes libres.

Succession aux enfans naturels décédés sans postérité.

765   La succession de l'enfant naturel qui décède sans postérité doit appartenir au père ou à la mère qui l'a reconnu, ou par moitié à tous les deux, s'il a été reconnu par l'un et par l'autre.

L'enfant naturel qui ne laisse pas de descendans n'a au-

cuns parens légitimes, et, suivant le droit commun de la
France, ses biens devraient passer au fisc. Il est préférable,
sans doute, qu'il ait pour héritiers ses père et mère, qui,
en le reconnaissant, ont rempli les devoirs de la nature, et
méritent de jouir de tous les droits de la paternité.

Il est également juste qu'en cas de prédécès des père et 766
mère de l'enfant naturel les biens qu'il en avait reçus retournent aux enfans légitimes, si lui-même n'a pas d'enfans
ou descendans.

Mais le surplus de ses biens ne peut également appartenir
aux enfans légitimes, parce qu'il ne peut y avoir entre eux
et les enfans naturels de successibilité : ils ne sont pas membres de la même famille.

Les biens que l'enfant naturel n'a pas reçus de ses père et
mère sont déférés, s'il n'a pas de postérité, à ses frères ou
sœurs *naturels*, ou à leurs descendans, et, s'il n'y en a pas,
à la République; et il est bien évident que cette successibilité établie entre les frères et sœurs naturels n'est qu'une
faveur de la loi, le droit de succéder ne pouvant appartenir
qu'aux parens légitimes : mais la République, qui seule en ce
cas aurait des droits, peut y renoncer.

A qui sont déférées les Successions ab intestat, *à défaut d'héritiers légitimes.*

Lorsque le défunt n'a pas laissé de parens, ou que ceux 758-773
qu'il a laissés ne sont pas successibles d'après les règles précédemment établies; alors, mais alors seulement, la totalité
des biens du défunt appartient à ses enfans naturels légalement reconnus ou à leurs descendans; et il est en effet
dans l'ordre de la nature qu'ils soient préférés à des étrangers.

Mais ils ne sont pas même encore appelés comme héritiers;
ils sont tenus de demander aux tribunaux la délivrance des
biens; et dans aucun cas ils ne peuvent réclamer de droits
sur les successions *des parens* de leurs pères et mères, parce

que, encore une fois, ils ne sont jamais membres de la famille légitime. Ce n'est qu'à défaut de la famille, et parce
qu'elle est éteinte, que les biens de leurs père et mère seulement leur sont déférés comme par déshérence.

767   A défaut d'héritiers légitimes et d'enfans naturels les biens
du défunt sont attribués à son conjoint survivant *non divorcé*,
conformément à la disposition du droit romain, au titre
Unde vir et uxor.

Cette disposition était observée dans tous les pays de droit
écrit : plusieurs de nos coutumes l'avaient formellement
adoptée; elle était même suivie dans toutes les autres qui
n'avaient pas de disposition contraire.

Il est naturel de présumer que les conjoints se préféraient
au fisc pour se succéder l'un à l'autre

Mais cette présomption de préférence ne pouvait plus
exister lorsque les conjoints étaient divorcés. Le divorce les
ayant rendus étrangers l'un à l'autre, comme s'ils n'avaient
jamais été conjoints, le survivant ne peut pas plus avoir de
droits que tout autre étranger quelconque à la succession du
prédécédé.

768   Enfin, lorsqu'il n'y a ni héritiers légitimes, ni enfans naturels ou descendans, ni conjoint survivant non divorcé,
les biens du défunt appartiennent à la République.

C'était une règle générale dans le pays de droit écrit comme
dans le pays coutumier.

*Scire debet gravitas tua, intestatorum res qui sine legitimo
hærede decesserint, fisci nostri rationibus vindicandas.* L. I, c.
De bon. vacant.

Les biens qui ne se trouvent avoir aucun maître passent à
l'usage du public, et appartiennent à la société entière.

769-770   Mais ni la République ni le conjoint survivant ne sont saisis
des biens par le décès de celui qui en était le propriétaire :
comme les enfans naturels, ils doivent demander aux tribunaux l'envoi en possession, et ils sont tous également tenus
de faire apposer les scellés, et de faire faire inventaire pour

la sûreté des droits des héritiers légitimes qui peuvent se présenter, par la suite, et à qui les biens doivent être restitués.

J'ai terminé, tribuns, l'examen de la partie la plus importante du projet de loi ; l'autre partie, relative aux acceptations, aux renonciations, aux rapports, aux dettes et aux partages, exigera moins de développemens : elle n'offre pas à discuter, comme la première, un système nouveau ; elle ne contient que des règles déjà connues, mais choisies avec beaucoup de discernement dans le droit écrit, dans les diverses coutumes, et dans la jurisprudence : je me bornerai donc à examiner les dispositions les plus importantes.

De l'Acceptation, de la Renonciation, et du Bénéfice d'inventaire.

L'héritier appelé par la loi n'est pas tenu d'accepter la suc- 77ʒ cession qui lui est échue : le droit français n'a jamais reconnu d'héritier nécessaire.

Mais la renonciation ne doit pas se présumer. L'héritier 784 présomptif doit être toujours censé héritier tant qu'il n'a pas renoncé ; et, pour que sa renonciation soit constante et publique, le projet de loi exige qu'elle soit faite au greffe du tribunal de première instance dans l'arrondissement duquel s'est ouverte la succession.

Les coutumes et la jurisprudence variaient encore beaucoup à cet égard.

Suivant l'article 43 des placités de Normandie, la coutume de Poitou, et quelques autres, l'héritier présomptif, quoiqu'il n'eût pas renoncé, n'était pas censé héritier s'il n'en avait pas fait acte ou pris la qualité.

D'autres coutumes, notamment celles d'Auvergne et de la Marche, avaient une disposition contraire.

On distinguait aussi pour la nécessité de la renonciation entre la succession directe et la succession collatérale ; et la jurisprudence variait encore dans les pays dont les coutumes étaient muettes sur ce point.

Mais il est préférable de regarder comme héritier, tant qu'il n'y a pas de renonciation, celui qui est héritier présomptif : la loi lui a donné un droit réel ; il est saisi de la succession dès le moment de son ouverture, et il ne peut être privé de son droit, il ne peut perdre la saisine, s'il n'y a expressément renoncé.

Appelé par la loi, c'est à lui à s'expliquer ; et il faut aussi que les créanciers de la succession connaissent l'héritier contre lequel ils peuvent se pourvoir.

795-797   Cependant, s'il n'a pas accepté, il ne peut être poursuivi par les créanciers immédiatement après l'ouverture de la succession. A compter de cette époque il a trois mois pour faire inventaire, et en outre quarante jours pour délibérer sur l'acceptation ou la renonciation. Pendant la durée de ces délais il ne sera pas contraint à prendre qualité, et il ne pourra être obtenu contre lui de condamnation.

777   L'effet de l'acceptation remonte au jour de l'ouverture de la succession : *Hæres quandoque adeundo hæreditatem, jam tunc à morte successisse defuncto intelligitur.* L. 54. § *De acq. vel omitt. hæred.*

778   L'acceptation ne résulte pas seulement d'un acte authentique ou privé dans lequel on aurait pris le titre ou la qualité d'héritier ; elle résulte encore de tout acte qu'on n'avait droit de faire qu'en qualité d'héritier, et qui suppose nécessairement, de la part de l'héritier qui l'a fait, l'intention d'accepter la succession.

780   Ainsi une donation, vente ou transport de ses droits successifs, et une renonciation faite moyennant un certain prix, sont des actes d'adition d'hérédité.

La renonciation, *même gratuite*, au profit d'un ou de plusieurs des héritiers, et non pas au profit de tous, est aussi un acte d'héritier, par la raison que celui qui renonce vraiment doit s'abstenir de tout ce qui concerne l'hérédité ; que conséquemment il n'a le droit de disposer de sa portion en faveur de personne, et que si de semblables dispositions étaient permises on vendrait tous les jours effectivement ses droits sous le titre d'une renonciation gratuite.

Mais les actes purement conservatoires de surveillance et d'administration provisoire ne sont pas des actes d'héritier, si l'on n'y a pas pris le titre ou la qualité d'héritier.

Une succession peut être acceptée purement et simplement, ou sous bénéfice d'inventaire.

Lorsqu'elle est acceptée purement et simplement, l'héritier est tenu indéfiniment, même sur ses biens personnels, de toutes les charges et dettes de l'hérédité : il représente entièrement le défunt.

L'effet du bénéfice d'inventaire est de donner à l'héritier l'avantage,

1°. De n'être tenu du paiement des dettes de la succession qu'à concurrence de la valeur des biens qu'il a recueillis, même de pouvoir se décharger du paiement des dettes en abandonnant tous les biens de la succession aux créanciers et aux légataires ;

2°. De ne pas confondre ses biens personnels avec ceux de la succession, et de conserver contre elle le droit de réclamer le paiement de ses créances.

L'héritier bénéficiaire administre les biens de la succession, à la charge de rendre compte, et ne peut vendre les meubles qu'aux enchères, et les immeubles dans la forme prescrite par le Code de la procédure civile.

L'héritier qui renonce est censé n'avoir jamais été héritier ; mais s'il avait fait antérieurement un acte d'addition d'hérédité, sa renonciation ne serait pas valable, et pourrait être contestée par les créanciers.

L'héritier qui a diverti ou recélé des effets d'une succession est déchu de la faculté d'y renoncer ; il demeure héritier pur et simple, et ne peut prétendre aucune part dans les objets divertis ou recélés ; c'est une juste peine de sa fraude.

Il fallait aussi veiller aux intérêts des créanciers dans le cas où un héritier renoncerait au préjudice de leurs droits. Ils sont admis à se faire autoriser par justice à accepter la succession du chef de leur débiteur, et en son lieu et place ; mais la renonciation n'est annulée, en ce cas, qu'en faveur des créanciers, et jusqu'à concurrence seulement de leurs créances : elle ne l'est pas au profit de l'héritier qui a renoncé.

776 La femme mariée ne peut valablement accepter une succession sans l'autorisation de son mari, ou de justice, conformément aux dispositions du chapitre VI du cinquième titre du Code civil.

Les successions échues aux mineurs et aux interdits ne peuvent être valablement acceptées que conformément aux dispositions du titre sur les tutelles.

783 Le majeur ne peut attaquer l'acceptation expresse ou tacite qu'il a faite d'une succession que dans le cas où cette acceptation aurait été la suite d'un dol pratiqué envers lui : il ne peut jamais réclamer sous prétexte de lésion ; excepté seulement dans le cas où la succession se trouverait absorbée ou diminuée de plus de moitié par la découverte d'un testament inconnu au moment de l'acceptation.

Le dol vicie tous les contrats ; mais si la lésion était admise en cette matière il n'y aurait jamais rien de certain. L'héritier a le moyen de ne pas s'y exposer, en ne se portant héritier que sous bénéfice d'inventaire.

789 La faculté d'accepter ou de répudier une succession se prescrit par le laps de temps requis pour la prescription la plus longue des droits immobiliers.

790 Tant que la prescription du droit d'accepter n'est pas acquise contre l'héritier qui a renoncé, il a la faculté d'accepter encore la succession ; mais il ne peut exercer cette faculté que dans le cas seulement où la succession n'a pas été acceptée par d'autres héritiers, et sans préjudice des droits acquis à des tiers sur les biens de l'hérédité.

791 Les coutumes avaient imaginé un nouveau moyen d'exclure les filles des successions ; c'était de les faire renoncer, dans

leurs contrats de mariage à des successions même non encore échues.

Il est évident que ces renonciations, contraires au principe général, qui veut qu'on ne puisse renoncer à la succession d'un homme vivant, avaient la même origine et les mêmes motifs que les exclusions coutumières; c'était toujours pour conserver aux mâles, et surtout à l'aîné, une grande fortune, pour soutenir l'éclat et le nom de la famille.

Les renonciations auxquelles on forçait les filles de souscrire par leurs contrats de mariage, et sans lesquelles on ne leur permettait guère de se marier, avaient donc la même tache d'injustice et de féodalité que les exclusions coutumières; elles blessaient également la nature et l'égalité, et il fallait également les proscrire. Le projet de loi se prononce à cet égard d'une manière très-positive : « On ne peut, « même par contrat de mariage, dit l'art. 81-791, renoncer « à la succession d'un homme vivant, ni aliéner les droits « éventuels qu'on peut avoir à cette succession. »

Des Rapports.

Il est dans les principes de l'équité que tout héritier rapporte à ses cohéritiers les dons et legs qu'il a reçus de la part du défunt, à moins qu'il n'en soit valablement dispensé.

Aussi le rapport était de droit commun dans la France, et un très-petit nombre de coutumes en avait dispensé.

La loi première, **D.** *De collatione*, commence par ces mots : *Hic titulus manifestam habet æquitatem.*

Si le rapport n'était pas connu dans l'ancien droit romain, c'est que dans aucun cas il ne pouvait y avoir lieu, puisque la loi des Douze Tables n'appelait à la succession du père que les enfans siens, c'est-à-dire ceux qui étaient sous la puissance du père de famille au moment de son décès, et que cette puissance empêchait toutes obligations, tous actes, et par conséquent toutes donations entre le père et les enfans.

Mais lorsque le préteur eut appelé à la succession les enfans émancipés, comme toutes les acquisitions faites par les héritiers siens faisaient partie de la succession du père, et qu'au contraire les enfans émancipés pouvaient acquérir pour leur propre compte, il devint nécessaire, pour établir l'égalité entre eux, d'introduire une espèce de rapport, c'est-à-dire d'obliger les émancipés à confondre aussi dans la succession les biens qu'ils avaient acquis.

Ce rapport, qui n'était dans l'origine qu'une indemnité en faveur des héritiers siens, s'étendit successivement à d'autres cas, à mesure qu'il s'opéra des réformes dans la législation.

Il n'eut lieu d'abord que dans les successions *ab intestat*, ou du moins il fallait qu'il fût expressément ordonné pour les successions testamentaires; mais Justinien ordonna par la novelle 18, chap. 6, qu'il aurait lieu entre les héritiers institués comme entre les héritiers légitimes, et que pour en dispenser il faudrait une prohibition expresse de la part du testateur.

Tel est le dernier état de la législation romaine sur cette matière, et les pays de droit écrit s'y conformaient entièrement.

Nos coutumes variaient beaucoup à cet égard.

Les unes rejetaient absolument le rapport; d'autres ne l'admettaient qu'avec des modifications diverses; mais il n'en était aucune qui contînt une disposition absolument prohibitive, et à laquelle par conséquent la volonté de l'homme ne pût déroger.

Nous allons voir comment le projet de loi a réglé d'une manière uniforme ce qui l'était si diversement dans le droit écrit et dans les coutumes.

Le droit romain ne soumettait à la loi du rapport que les héritiers en ligne directe descendante; il en exemptait les ascendans et les collatéraux.

Plusieurs coutumes soumettaient également au rapport les héritiers de toutes les lignes; et le projet de loi a préféré cette disposition générale, parce qu'elle est en effet la plus équitable, parce qu'elle est conforme au principe d'égalité qu'il faut tendre continuellement à établir dans toutes les successions, et qu'enfin, à l'égard des collatéraux et des ascendans comme à l'égard des descendans, la présomption de la volonté du défunt est en faveur du rapport lorsqu'il n'en a pas formellement dispensé, quoiqu'il en eût le droit.

Il y avait des coutumes dans lesquelles on ne pouvait dispenser du rapport à la succession, et d'autres dans lesquelles la dispense était permise, mais en prohibant expressément le rapport, ou en qualifiant la donation de préciput.

Suivant le droit écrit, le rapport pouvait être également prohibé, et il fallait aussi que la prohibition fût expresse, *nisi expressim designaverit se velle non fieri collationem ;* dit Justinien, novelle 18, chap. VI.

Le projet de loi autorise le donateur ou testateur à dispenser du rapport, mais seulement jusqu'à concurrence de la quotité qui était disponible de la part du testateur ou donateur. Et en effet, puisque la loi permet à l'homme de disposer en propriété d'une certaine portion de ses biens, même en faveur de ses héritiers, il est conséquent qu'il puisse dispenser du rapport de la chose qu'il donne, si elle n'excède pas la portion disponible ; autrement il n'en aurait pas réellement la disposition libre et entière.

Le projet de loi dispense même formellement du rapport les donataires qui ne se trouvent pas successibles des donateurs au moment de l'ouverture des successions, et tous ceux qui ne viennent pas par représentation des donataires aux successions des donateurs.

Mais cette dispense ne peut toujours avoir lieu que jusqu'à concurrence de la portion disponible.

Ainsi l'héritier qui renonce à la succession peut retenir le 845 don entre-vifs, ou réclamer le legs jusqu'à concurrence de la portion disponible.

Dans le droit romain, la renonciation à l'hérédité dispen-

sait pareillement du rapport : il était même permis à la fille
qui renonçait de réclamer sa dot.

Le plus grand nombre des coutumes avait une disposition
semblable ; mais d'autres aussi avaient une disposition contraire, ou ne dispensaient du rapport l'héritier renonçant
que dans certains cas.

La dispense entière est admise dans tous les cas par le
projet de loi ; et la raison qui la justifie, c'est que le rapport n'ayant d'autre objet que d'établir l'égalité entre les
cohéritiers, il ne peut être dû que par les héritiers ; et l'on
ne doit pas craindre que ce soit un moyen de faire des avantages frauduleux, puisque la portion disponible étant fixée
par la loi, le donateur ou testateur aurait pu lui-même en
disposer, même en dispensant expressément du rapport

846   Par une autre conséquence du même principe, le donataire, qui n'était pas héritier présomptif lors de la donation,
*mais qui se trouve successible au jour de l'ouverture de la suc-
cession*, doit le rapport, à moins que le donateur ne l'en
ait dispensé.

847   Mais le fils de celui qui se trouve successible n'est pas
soumis au rapport, parce qu'il n'est pas lui-même héritier :
ce sera bien, si l'on veut, un avantage indirect pour le père
dans certaines circonstances ; mais il ne faut pas oublier que
la portion disponible est réglée, et que l'aïeul pouvait la
donner à son fils comme à son petit-fils.

848   Pareillement le fils venant *de son chef* à la succession du
donateur n'est pas tenu de rapporter le don fait à son père,
même quand il aurait accepté la succession de celui-ci ; mais
s'il vient *par représentation*, il doit rapporter ce qui avait été
donné à son père, même dans le cas où il aurait répudié sa
succession.

La raison de la différence, c'est que, dans le second cas,
prenant la place de son père, il doit remplir les obligations
dont son père était tenu, puisqu'il profite de ses droits, et
conséquemment qu'il doit faire le rapport qui était dû par

son père, au lieu que, dans le premier cas, venant de son chef, et non par représentation, il ne peut être tenu, comme héritier personnel du donateur, du rapport d'une chose qui ne lui a pas été donnée, et qu'en ce cas l'obligation au rapport qui était à la charge de son père ne peut l'affecter lui-même, quoiqu'il ait accepté sa succession, puisqu'il ne vient pas à la succession du donateur comme héritier de son père, et qu'on ne doit confondre ni ses deux qualités ni les deux successions.

Toujours par conséquence des mêmes principes, le conjoint de l'époux successible n'est pas tenu au rapport de ce qu'il a reçu personnellement; mais si les dons et legs ont été faits conjointement aux deux époux, celui qui est successible doit le rapport de la moitié, à moins qu'il n'en ait été dispensé. 849

Ainsi, dans tous les cas, le rapport n'est dû que par le cohéritier à son cohéritier; il n'est pas dû aux légataires ni aux créanciers de la succession, parce que, encore une fois, le rapport n'a d'autre objet que l'égalité entre les cohéritiers, et qu'il ne peut conséquemment être ordonné qu'en leur faveur. 857

Les frais de nourriture, d'entretien, d'éducation et d'apprentissage, les frais ordinaires d'équipement, ceux de noces et présens d'usage, ne doivent pas être rapportés; mais le rapport est dû de ce qui a été employé pour l'établissement d'un des cohéritiers ou pour le paiement de ses dettes. 851-852

Telle était la disposition du droit écrit et de presque toutes les coutumes; elle est équitable. Il serait beaucoup trop sévère que les alimens et les frais d'éducation fussent sujets au rapport; il faut aussi laisser quelques droits à la nature et à la tendresse, et ce serait les contraindre d'une manière insupportable que de leur interdire jusqu'à de simples dons, qui d'ailleurs sont si utiles pour resserrer les liens de famille.

Mais les frais d'établissement et le paiement des dettes

sont de véritables libéralités qui, à raison de leur importance, doivent rentrer dans la règle générale.

853-854   Il y a plus de difficulté à l'égard des associations qui avaient été faites entre le défunt et l'un de ses héritiers, et généralement de toutes conventions entre eux dont l'héritier a pu retirer quelques profits.

Mais il ne pouvait leur être défendu de s'associer et de faire toutes autres conventions, pourvu qu'il n'y eût ni fraude ni avantage indirect en faveur de l'héritier; et quoique ces conventions leur aient procuré à l'un comme à l'autre des profits, ce n'est pas toujours une preuve qu'il y eût réellement avantage indirect de la part du défunt.

C'est donc l'intention réelle et le fait qu'il faut considérer dans cette matière.

Si le défunt n'a rien tiré de son patrimoine pour le faire entrer dans celui de son héritier, s'il a traité avec lui comme il aurait traité avec un étranger, quoiqu'il en soit résulté des profits pour l'héritier, il n'y a pas lieu à rapport.

Le défunt a bien procuré à son héritier l'occasion de gagner; mais il l'a fait sans rien perdre lui-même, et il n'y a que la certitude d'un avantage frauduleux qui puisse en pareil cas obliger au rapport.

Du Paiement des dettes.

870-873   Les héritiers représentent celui auquel ils succèdent; et comme tous ses droits actifs leur appartiennent, ils supportent aussi toutes les charges et les dettes dont il était tenu.

Ainsi les créanciers du défunt ont contre eux les mêmes droits qu'ils avaient contre lui.

Il est de justice que chaque cohéritier ne contribue à l'acquit des dettes et charges de la succession que dans la proportion de ce qu'il y prend : néanmoins il n'est pas seulement tenu personnellement pour sa portion virile, il est encore tenu hypothécairement pour le tout; c'est-à-dire que les créanciers hypothécaires peuvent exercer la totalité de leurs droits sur la portion de biens qui lui est échue, parce que l'hypothèque est indivisible et ne peut être ni détruite ni morcelée par la mutation de propriété, ou par la division des biens; mais en ce cas l'héritier a un recours, soit contre ses cohéritiers, soit contre les autres successeurs à titre universel, à raison de la part pour laquelle ils doivent y contribuer.

Il ne peut cependant exercer ce recours contre les autres 875 cohéritiers ou successeurs à titre universel, que pour la part que chacun d'eux doit personnellement en supporter, quoiqu'il se soit fait subroger aux droits des créanciers, parce que cette subrogation est un avantage qu'il doit communiquer à tous ses cohéritiers, et qu'il y aurait circuit d'actions s'il se faisait payer la totalité par un de ses cohéritiers, qui en ce cas reviendrait à son tour contre lui par la force de l'hypothèque et de la subrogation.

Dans le cas d'insolvabilité d'un des cohéritiers ou successeurs à titre universel, sa part dans la dette hypothécaire 876 est répartie sur tous les autres au marc le franc.

Le légataire à titre universel contribue avec les héritiers 877 au prorata de son émolument; mais le légataire particulier n'est pas tenu des dettes et charges, parce qu'elles doivent être déduites avant de lui délivrer le legs, si ce legs excède la portion dont le testateur pouvait disposer sans aucune charge.

Le légataire *universel* est celui auquel le testateur a légué *tous* ses biens.

Le légataire *à titre universel* est celui auquel le testateur a légué une *quote-part* de ses biens, telle qu'une moitié, un tiers, ou tous ses immeubles, ou tout son mobilier, ou une quotité fixe de tous ses immeubles, ou de tout son mobilier.

Le légataire *particulier* est celui auquel le testateur a légué un ou plusieurs objets certains et déterminés, comme une maison qui est désignée, un ou plusieurs domaines qui sont spécialement indiqués, une somme fixe en argent, en bijoux, etc.

877 Le plus grand nombre de nos coutumes avait admis que le créancier du défunt ne pouvait exercer de poursuites contre les héritiers personnellement qu'après avoir fait déclarer exécutoires contre eux les titres authentiques qu'il avait contre le défunt.

Mais cette formalité, qui ne servait qu'à occasioner des frais, à multiplier les procès, et à fournir au débiteur de mauvaise foi des exceptions de forme pour éluder le paiement, était évidemment en opposition avec ce principe, que l'héritier représente le défunt et succède à tous ses droits actifs et passifs, et avec cet autre principe également incontestable, qu'un titre authentique ne peut être altéré par l'événement du décès du débiteur.

Lorsqu'un héritier poursuit le paiement d'une créance de la succession, il n'a pas besoin d'un jugement qui le reconnaisse pour créancier, il suffit que sa qualité d'héritier soit certaine.

Pourquoi donc, lorsqu'il est poursuivi lui-même par un créancier du défunt en vertu d'un titre authentique, serait-il nécessaire d'obtenir un jugement qui le reconnaisse pour débiteur? sa qualité de débiteur ne résulte-t-elle pas *ipso jure* de celle d'héritier?

Est-ce pour lui donner un délai qu'on a imaginé cette procédure? Mais il a déjà eu trois mois pour faire inventaire et quarante jours pour délibérer, et l'on a déjà vu que dans cet intervalle de temps il ne peut être poursuivi par les créanciers.

On pourrait donc tout au plus obliger le créancier à faire signifier ses titres à l'héritier, et après cette signification surseoir encore pendant quelques jours aux poursuites, pour que l'héritier puisse vérifier si les titres sont légitimes, et s'opposer à leur exécution s'il en a le droit : cette disposition se trouve dans le projet de loi ; mais il abroge expressément toute action en déclaration de titre exécutoire, parce qu'il est évident que cette action, absolument inutile et contraire aux principes, n'est qu'un germe de procès que le Code civil doit prévenir.

Du Partage.

Ceux qui ont une chose commune entre eux, dit Domat, 815 ne peuvent être contraints de la posséder toujours indivise. Ils peuvent bien convenir de remettre le partage à un certain temps, mais non pas qu'il ne puisse jamais être fait.

Les père et mère ne peuvent pas même défendre le partage entre leurs héritiers, dit Lebrun ; ce serait vouloir empêcher l'exécution des lois dans leurs successions, ce qui est contre la disposition de la loi *Nemo*, ff. *de Legat.* 1.

Conformément à ces principes, le projet de loi dispose que nul ne peut être contraint à demeurer dans l'indivision, et que le partage peut être toujours provoqué nonobstant prohibitions ou conventions contraires.

On peut cependant convenir de suspendre le partage pendant un temps limité ; mais cette convention ne peut être obligatoire au-delà de cinq ans : seulement elle peut être renouvelée.

Suivant la glose sur la loi, *Si major c. communi divid.*, le 816 partage était présumé par une jouissance divise pendant dix années entre présens, et vingt années entre absens.

Quelques coutumes avaient une disposition semblable.

Mais l'action en partage pouvant être exercée pendant trente ans, lorsqu'il y a indivision, il serait contradictoire que l'un des héritiers pût acquérir par une jouissance moins longue la part de son cohéritier. La jouissance séparée ne peut être qu'une *présomption* de partage ; et cette présomption ne doit pas l'emporter sur le *droit* de partage qui appartient à chaque héritier, à moins que la jouissance divise n'ait été assez longue pour anéantir le droit par la prescription.

Aussi on admettait presque généralement qu'une jouissance divise pendant un temps qui ne pouvait acquérir la
prescription ne nuisait pas à l'action en partage; et le projet
de loi adopte cette disposition.

826-832   Le partage a pour objet de faire cesser l'indivision et d'attribuer à chaque cohéritier la portion à laquelle il a droit sur
la masse commune : il n'est question dans un partage que de
distribuer à chacun la juste valeur de ce qui lui appartient
et de ce qu'il possédait auparavant par indivis. Ce n'est pas
une affaire de négoce ni de commerce : il n'y a de part et
d'autre ni vente, ni échange ; tout consiste à régler divisé-
ment la portion dont chacun était déjà propriétaire dans la
masse indivise.

Il faut donc que l'égalité règne dans les partages : elle y
est rigoureusement nécessaire, et toutes les conséquences
qui en résultent doivent être maintenues avec soin.

Ainsi chacun des cohéritiers ayant également son droit sur
chaque espèce de biens de la succession, chacun d'eux peut
demander sa part en nature des meubles et des immeubles ;
et si cette distribution ne peut avoir lieu sans morceler les
héritages et sans diviser les exploitations, ce qu'il faut toujours éviter, on doit au moins faire entrer, s'il se peut, dans
chaque lot la même quantité de meubles. d'immeubles, de
droits ou de créances de mêmes nature et valeur.

830   Si le rapport des choses qui avaient été données à l'un des
héritiers ne peut pas être fait en nature, les cohéritiers auxquels il est dû ont droit de prélever une portion égale sur la
masse de la succession, et ces prélèvemens doivent se faire,
autant que possible, en objets de mêmes nature, qualité et
bonté que les objets non rapportés.

833   Mais si la formation des lots égaux en nature n'est pas pra-
ticable sans nuire à tous les héritiers, elle ne peut être exigée
par un ou plusieurs d'entre eux ; et dans ce cas l'inégalité des
lots se compense par un retour, soit en rente, soit en argent.

C'est encore un des effets de l'égalité qui doit régner dans 884
les partages, que tous les cohéritiers soient garans respectivement de leurs lots, et des troubles et évictions qu'ils peuvent mutuellement éprouver.

Cette garantie est de droit; il n'est pas besoin de l'exprimer : on peut cependant y déroger en tout ou partie par une
clause expresse de l'acte de partage; elle cesse lorsque c'est
par sa faute que le cohéritier souffre l'éviction.

Les étrangers qui achètent des droits successifs apportent 841
presque toujours la dissension dans les familles et le trouble
dans les partages. Le projet de loi donne le moyen de les
écarter. L'art. 131-841 dispose que toute personne, même parente du défunt, qui n'est pas son successible, et à laquelle
un cohéritier aurait cédé son droit à la succession, peut être
écartée du partage, soit par tous les cohéritiers, soit par un
seul, en lui remboursant le prix de la cession.

Cette disposition infiniment sage est conforme aux lois *Per
diversas et ab Anastasio*, qui avaient été généralement admises dans notre jurisprudence.

Il est de l'intérêt des familles qu'on n'admette point à pénétrer dans leurs secrets, et qu'on n'associe point à leurs
affaires, des étrangers que la cupidité ou l'envie de nuire ont
pu seules déterminer à devenir cessionnaires, et que les lois
romaines dépeignaient si énergiquement par ces mots, *alie-
nis fortunis inhiantes*.

Il ne doit être procédé à la licitation que dans le cas seu- 827
lement où les immeubles ne peuvent pas se partager commodément, c'est-à-dire sans désavantage pour les héritiers.

Entre majeurs présens les partages peuvent être faits à
l'amiable, et il doit être procédé à la vente par licitation devant le tribunal, à moins que les parties ne consentent
qu'elle ait lieu devant un notaire.

Mais si tous les cohéritiers ne sont pas présens, ou s'il y a 838-839
parmi eux des interdits, ou des mineurs même émancipés,
les partages et licitations ne peuvent avoir lieu qu'en justice.

14.

840   Les partages qui ont été faits conformément aux règles prescrites, soit avec les tuteurs, dûment autorisés, soit avec les mineurs émancipés, autorisés par leurs curateurs, soit au nom des absens ou non présens, avec les parens envoyés en possession, sont définitifs : ils ne sont que provisionnels si les règles prescrites n'ont pas été observées.

887-888   Mais quoique définitifs, ils peuvent être rescindés pour cause de violence ou de dol, et même pour cause de lésion.

Le dol et la violence, qui sont des vices résolutifs de tous les contrats, semblent encore plus odieux dans un acte de famille.

L'égalité qui doit être observée dans les partages exigeait aussi que la rescision fût admise pour cause de lésion, et même pour une lésion moindre que celle qui est nécessaire en vente ordinaire, puisque dans les ventes ordinaires il se fait une espèce de commerce ou de négoce qui n'exige pas une égalité aussi rigoureuse que dans les partages, où rien n'est à commercer ni à négocier.

C'est par ce motif qu'il était généralement reçu dans notre droit français que la lésion de plus du quart suffisait pour opérer la rescision des partages : le projet de loi maintient cette disposition; et pour qu'on ne puisse pas l'éluder en donnant à l'acte de partage une autre dénomination, il dispose que tout acte qui aura pour objet de faire cesser l'indivision entre cohéritiers sera considéré comme un partage.

Cependant comme il faut un terme aux actions rescisoires, si le partage a été suivi d'une transaction faite sur des difficultés réelles, il sera irrévocable, même quand il n'y aurait pas eu à ce sujet de procès commencé.

On verra au titre *des prescriptions* par quel laps de temps doit se prescrire à l'avenir l'action en rescision; jusqu'à ce qu'il en soit autrement ordonné, elle sera admise pendant dix ans, conformément à la législation actuellement existante.

889   C'était une question controversée parmi les jurisconsultes

et diversement décidée par les tribunaux, que de savoir si la lésion devait donner lieu à la restitution contre une vente de droits successifs faite avant le partage, sans garantie et aux risques et périls de l'acquéreur.

D'une part on disait que la restitution ne pouvait avoir lieu pour cause de lésion contre les contrats où le prix de la chose était incertain, parce qu'alors il était impossible de juger s'il y avait réellement lésion, et l'on en concluait que la rescision ne pouvait être admise contre les ventes de droits successifs faites sans garantie, et aux risques et périls de l'acquéreur, parce que l'incertitude sur les dettes, et même sur la quotité des biens, rendait absolument incertain le prix de la vente : c'était, disait-on, le *jactus retis* permis par les lois romaines.

D'autre part on distinguait entre la vente de droits successifs faite à un étranger et celle faite à un cohéritier.

À l'égard de la première, on convenait qu'elle ne pouvait être rescindée pour cause de lésion, mais seulement pour cause de violence ou de dol.

Quant à la seconde, on soutenait que le premier acte entre cohéritiers qui faisait cesser l'indivision était toujours un partage, quelque dénomination qui lui eût été donnée, et l'on invoquait l'égalité qui devait être constamment la base des actes entre cohéritiers.

Quelques-uns cependant convenaient encore qu'il n'y avait pas lieu à rescision, même entre cohéritiers, si le vendeur était censé avoir eu la même connaissance que l'acquéreur des forces de la succession. Dans cette opinion, c'était évidemment n'admettre la rescision qu'en cas de dol et de fraude; c'est-à-dire si l'héritier acquéreur, qui connaissait bien la valeur de la succession, avait trompé le vendeur qui ne la connaissait pas.

Le projet de loi n'admet pas l'action en rescision pour cause de lésion contre une vente de droits successifs faite à un étranger; mais on a déjà vu que cet étranger pourra être écarté du partage par les cohéritiers du vendeur.

Il n'admet pas même, en général, l'action en rescision pour simple lésion lorsque la vente a été faite à l'un des co-héritiers; mais si la lésion est l'effet de la *fraude*, dans ce cas seulement elle peut donner lieu à la rescision.

Les tribunaux décideront quand il y aura fraude : elle dépend presque toujours de circonstances particulières sur lesquelles on ne peut établir de règles générales.

Tribuns, je termine enfin une discussion qui peut-être vous a semblé trop longue, et qui n'a pu fixer votre attention que par l'importance de son objet.

Je ne ferai plus qu'une seule observation, et vous en approuverez les motifs.

L'orateur du gouvernement a dit, en présentant le projet de loi au Corps législatif, que ce projet, médité long-temps au Conseil d'État, avait encore acquis un degré de perfection par les observations des commissaires du Tribunat : nous devons aussi à la vérité de déclarer publiquement que votre section de législation avait donné un assentiment unanime à l'ensemble et à toutes les dispositions les plus importantes du premier projet, qu'elle en avait généralement adopté les principes et les bases, et qu'elle avait trouvé dans la rédaction un modèle de précision et de clarté.

Encore amélioré dans quelques parties, ce projet présente aujourd'hui le système le plus heureusement combiné, le plus conforme à la nature, à la raison, à nos mœurs, à notre état social; c'est un Code complet sur la matière, et votre section vous propose à l'unanimité, tribuns, d'en voter l'adoption.

Le Tribunat émit un vœu d'adoption dans la séance du 28 germinal an XI (18 avril 1803), et MM. Chabot (de l'Allier), Siméon et Arnould, vinrent l'apporter au Corps législatif le lendemain.

DISCUSSION DEVANT LE CORPS LÉGISLATIF.

DISCOURS PRONONCÉ PAR LE TRIBUN SIMÉON.

Législateurs, quand l'instinct et la nature de l'homme ne le porteraient pas essentiellement à la société, sa raison l'y aurait amené. Sa sûreté individuelle et sa propriété, les deux choses qui le touchent le plus, prennent en effet dans l'état social une force immense.

Sans la société il serait réduit à ses seules forces, ou fortuitement à celles de quelques individus qu'un intérêt passager lui réunirait; aucune prévoyance en commun de l'avenir; point de cette vigilance publique qui s'occupe des individus sans qu'ils y songent; point de propriété, que de la chose dont on serait réellement et physiquement saisi.

La société seule peut garantir à l'homme le champ qu'il a cultivé et qu'il ne saurait garder : la propriété ne serait qu'un rêve et une prétention chimérique si la société ne la consolidait et ne la soutenait.

C'est donc pour être libre de sa personne et maître de sa chose que l'homme s'est mis en société, si toutefois il n'y naquit pas originairement, et si elle n'est pas un bienfait que le ciel lui accorda avec l'existence.

La sûreté et la propriété, bases de la société, doivent l'être aussi du Code civil.

La sûreté individuelle ne se borne pas dans l'état de société à la faculté d'aller, de venir, de disposer de soi; elle se compose de tout ce qui tient à l'état de la personne, à ses droits de famille, à sa manière d'exister socialement : c'est pour cela que l'état des personnes a dû être le premier objet du Code. Le second, celui qui va vous occuper maintenant, législateurs, est la propriété.

La propriété s'acquiert et se transmet.

Avant de régler comment elle se transmettra, il faut déterminer comment elle s'acquiert.

Si l'*occupation* fut le mode d'acquérir le plus naturel et par conséquent le premier, il ne saurait être considéré dans l'état social. En effet l'occupation n'est qu'un fait qui cesse avec la détention de la chose.

Un autre peut occuper ce que j'occupais tout à l'heure, et que j'ai abandonné. Il faut, pour empêcher ces occupations successives qui seraient une source de dissensions et de querelles quelquefois sanglantes, que l'occupation reçoive un caractère légal, et que le fait qui la constitue soit converti en droit.

L'occupation sans autre titre d'un immeuble ne sera donc pas un moyen de l'acquérir.

La propriété immobilière s'acquiert et se transmet par succession, par donation, par contrats ou par suite des contrats.

712 Elle s'acquiert aussi par l'accession qui vient s'ajouter ou s'incorporer à ce que nous possédons déjà, ou par la prescription qui consacre la possession.

La possession est une détention de fait et de droit qui dispense de la détention continuelle et lui substitue la détention de volonté (a).

La détention de fait appartient à l'ordre naturel; l'ordre social ne peut la reconnaître qu'en la légalisant.

Il n'y a donc de moyen d'acquérir ce qui a déjà un maître que par son consentement, par son obligation, ou par prescription.

713-714 Ce qui n'a point de maître est réservé à l'usage commun de tous, d'après les lois de police qui en règlent l'usage.

Quant aux choses mobilières, quoique par leur nature elles soient, même dans l'ordre social, susceptibles de l'occupation et de la détention continuelle, la société a dû régler aussi la manière dont on les acquerrait. C'est pour cela que

---

(a) *Licet possessit nudo animo acquiri non possit, tamen solo animo retineri potest.* L. IV, *Cod. de Acquis. et retin. posse.*

l'occupation simplement et proprement dite n'est pas men-
tionnée même à leur égard.

L'état social ne permet pas que la chasse, la pêche, les 7¹⁵ à 7¹⁷
trésors, les effets que la mer rejette, les choses perdues,
soient, comme dans l'état de nature, au premier occupant.

L'usage des facultés naturelles, les faveurs du hasard, et
l'avantage de la primauté ne doivent pas être en contradiction avec une propriété préexistante et mieux fondée en droit.

Ces notions préliminaires, qui auront leur développement
dans des règles particulières, ont dû être placées à la tête du
livre qui traite des différentes manières d'acquérir la propriété : ces lois seront hors du Code, parce qu'elles ne sont
pas d'un intérêt aussi important et aussi général que les successions, les donations entre-vifs ou testamentaires, et les
obligations.

On pourrait s'étonner que de ces trois grands moyens d'ac- tit. 1er
quérir ou de transmettre la propriété les successions soient
le premier dont on s'occupe : il semble qu'il faudrait d'abord
régler ce qui se fait pendant la vie avant de songer à ce qui
arrive quand elle est terminée.

Néanmoins il y a plusieurs raisons de cette préférence.

1°. Les successions sont réglées et déférées par la loi : il
faut statuer sur ce qu'elle veut avant d'en venir à ce qu'elle
permet.

2°. La succession est une espèce de continuation du domaine du défunt en faveur de ses proches. Elle opère une
moindre mutation de propriété que les donations entre-vifs,
testamentaires, ou que les obligations.

Enfin on a pour ce que l'on veut faire pendant sa vie les
règles de sa raison et les droits de sa volonté; mais il faut
que la loi dispose sur ce qu'on n'a pas fait. Tous les jours on
meurt, tous les jours on succède : les successions étaient
l'objet le plus urgent à régler, celui qui rendait le Code plus
désirable et plus nécessaire.

Quelque important que soit l'état des personnes, quelque

prééminence qui lui appartienne sur les biens, on n'a eu qu'à
rassembler et améliorer des lois déjà bonnes. L'état des personnes n'avait pas été subverti autant que les successions
bouleversées d'abord par l'effet rétroactif, morcelées ensuite
par des divisions et des subdivisions infinies qui ; pour donner
quelque chose à chacun, auraient fini par ne laisser rien à
personne.

La matière des successions est immense. Rassembler en
quelques pages les principes qui doivent y présider, choisir
les meilleurs modes de succéder, ceux qui sont le plus conformes à l'équité et les plus simples, qui préviennent le plus
les contestations, ou qui en rendent la décision facile ; faire
connaître clairement aux citoyens des règles qui les intéressent
tous individuellement, puisque tous sont appelés à recueillir
et à transmettre des successions, tel est le but qu'on devait
se proposer. J'espère, législateurs, que vous jugerez, comme
le Tribunat dont j'ai l'honneur de vous apporter le vœu,
qu'il a été heureusement atteint.

L'ouverture des successions, les qualités requises pour y
parvenir, les divers ordres des successions, les modes de les
accepter ou de les répudier, ceux de les partager ; ce sont
les principaux objets sur lesquels le titre des successions devait statuer.

718-719   Aussitôt que nous mourons, tous les liens qui tenaient nos
propriétés dans notre dépendance se rompent ; la loi seule
peut les renouer : sans elle les biens destitués de leurs maîtres seraient au premier occupant ; chaque décès ramenerait
l'incertitude et les désordres que l'état social a fait cesser.
La *succession* est donc une institution civile par laquelle la
loi transmet à un propriétaire nouveau et désigné d'avance
la chose qui vient de perdre son propriétaire précédent. La
mort seule ouvre la succession : il ne saurait y avoir de succession d'un homme vivant.

On ne regarde point tel ce coupable qui, grâce à l'humanité des lois, a conservé sa tête, mais marquée du sceau

de l'infamie : il respire , il n'est point séparé de la nature ,
mais il l'est de la société qu'il a grièvement offensée ; elle
lui a retiré les prérogatives qu'elle donne ; elle protégera
encore la vie qu'elle lui a laissée, mais comme celle d'un
esclave de la peine, qui ne peut rien posséder, qui n'a ni
existence ni droits civils. La mort civile comme la mort naturelle ouvre donc la succession.

La mort naturelle est un fait physique et irrévocable qui
frappe les yeux. La mort civile est une privation morale qui
a besoin de jugement et d'exécution. Prononcée contre un
contumax qui n'a point été entendu, qui peut-être serait
absous s'il se présentait et se faisait entendre , elle n'est définitivement encourue qu'après un délai que les lois ont déterminé : ce n'est qu'à l'expiration de ce délai qu'elle donnera ouverture à la succession du condamné ; car les lois
aiment à le réputer encore capable des effets civils, tant qu'il
est dans les délais qu'elles lui accordent pour se représenter
et se justifier.

Quoique la mort naturelle soit un des faits les plus évi-
dens et les plus faciles à constater, elle arrive quelquefois au
loin sans qu'on en trouve de témoin ; d'autres fois elle s'é-
tend au même instant, dans un grand désastre, sur plusieurs personnes, sans que l'on sache quelles sont celles qui
ont succombé les premières. Ce mystère est indifférent à
éclaircir si elles n'ont entre elles aucun rapport de successibilité ; mais si un père et un fils, si une sœur et un frère
ont péri dans le même naufrage ou le même incendie, il
importe de déterminer quel est celui qui est décédé avant
l'autre ; car celui qui a survécu , ne fût-ce que d'un instant,
a succédé ; il a transmis à ses héritiers et sa propre succession et celle qui passa un moment sur sa tête ; selon que l'on
présumera la survie de l'un ou de l'autre , les héritiers seront
différens. Il a fallu statuer sur ce cas , que les voyages d'outre-
mer et mille accidens rendent commun. On a cherché à mettre
autant qu'on l'a pu les présomptions constantes de la loi à la

place des suppositions et des argumens intéressés des parties. On ne pouvait cependant pas exclure les circonstances du fait; elles auront le premier rang dans cette discussion : car les faits sont au-dessus des présomptions, qui ne peuvent en être que le supplément.

Ainsi, quoiqu'il soit présumable que dans une ruine commune le plus fort aura péri le dernier, cette présomption serait écartée s'il était prouvé que le danger capital a d'abord et premièrement investi le plus fort avant de s'étendre au plus faible : les conjectures tirées de la force de l'âge ou du sexe seront toujours subordonnées aux circonstances du fait.

Mais si l'on n'en connaît aucunes, ou si elles ne sont pas suffisantes, on les combinera avec les présomptions de la loi. Elle les établit avec une grande sagacité.

721　Toutes choses égales entre des enfans, le plus âgé est présumé avoir survécu.

Entre des sexagénaires, la présomption est toute contraire; elle est en faveur du plus jeune.

Entre un enfant et un vieillard, la présomption est encore pour la jeunesse.

722　A égalité d'âge, elle est pour le sexe le plus fort.

724　La mort, soit naturelle, soit civile, à l'instant où elle frappe définitivement, ouvre donc la succession. Elle l'ouvre au profit des héritiers légitimes; elle les saisit de plein droit du patrimoine du défunt, sans qu'il soit besoin d'aucune demande de leur part : utile et belle conception, au moyen de laquelle la propriété ne reste jamais en suspens, et reçoit, malgré les vicissitudes et l'instabilité de la vie, un caractère d'immutabilité et de perpétuité. L'homme passe, ses biens et ses droits demeurent; il n'est plus, d'autres lui-même continuent sa possession et ferment subitement le vide qu'il allait laisser.

723-724　A défaut d'héritiers *légitimes* (on appelle ainsi ceux que les lois désignent pour recueillir de plein droit les successions), le Code les accorde à un autre ordre de personnes; d'abord aux enfans naturels, s'il y en a ; sinon à l'époux survivant, enfin à la République. Mais, attendu qu'ils ne sont pas des héritiers légitimes proprement dits, ils ne sauraient être saisis de plein droit comme le sont les héritiers légitimes et réguliers ; ils doivent recourir à la justice et se faire envoyer en possession.

Maintenant que la mort ou naturelle ou civile a ouvert la 725 succession et qu'elle en a saisi de plein droit les héritiers légitimes, il faut reconnaître ces héritiers, et savoir quelles sont les qualités dont ils ont besoin pour recueillir.

La première, c'est d'exister au temps où la succession s'ouvre ; car s'il n'y a pas de succession d'un homme vivant, il n'est pas possible non plus qu'il y ait transmission du défunt à un autre défunt, ou à un être qui n'existe pas encore : pour être saisi, il faut être vivant.

On présume tel l'enfant qui croît au sein de sa mère; il est en effet ou le fils ou le parent du défunt; et s'il naît viable, il serait contraire à l'équité et à la raison que son existence certaine, quoiqu'elle ne fût pas entièrement développée, ne fît obstacle à des parens plus éloignés.

Comme un fait physique s'oppose à ce qu'un héritier qui n'a pas existé ou qui a cessé de vivre soit saisi, un fait légal empêche que le condamné à mort civile ne le soit aussi. Il faut avoir pour succéder la double capacité naturelle et civile.

La capacité civile appartient à tout Français jouissant de 726 ses droits civils, et même aux étrangers dans les mêmes cas et de la même manière qu'ils nous l'accordent chez eux.

En vain on aurait la capacité de succéder si l'on s'en était 727-728 rendu indigne. Les Romains avaient multiplié les incapacités ; nous les réduisons à trois.

La condamnation pour attentat à la vie du défunt : on n'hérite pas de ceux qu'on assassine ;

Une accusation capitale et calomnieuse portée contre lui ;

L'indifférence pour son assassinat, qu'on n'a ni poursuivi

ni dénoncé ; à moins que le devoir de venger sa mort n'ait été étouffé par un devoir contraire, celui de ne pas se rendre dénonciateur d'un parent.

729   L'héritier exclu par indignité est à l'instar d'un possesseur de mauvaise foi. S'il avait joui de la succession, non seulement on la lui ôterait, mais on lui en arracherait les fruits.

730   Les fautes sont personnelles. L'indignité du père ne nuira donc pas à ses enfans s'ils peuvent venir de leur chef à la succession, et sans y représenter son odieuse tête ; mais aussi la justice qui leur est accordée ne lui profitera pas : il ne pourrait prétendre, en vertu de sa puissance paternelle, aucun usufruit sur les biens de cette succession, de laquelle il a mérité d'être immédiatement repoussé.

731   Après avoir réglé les qualités des héritiers, il faut déterminer l'ordre dans lequel ils sont appelés.

Les bonnes lois ne sont guère que des déductions de la raison naturelle, appuyées sur l'équité, et dirigées par l'expérience des besoins de la société et des particuliers. Ce ne sont donc pas des innovations qu'il faut principalement attendre dans un Code ; on aimera au contraire à y retrouver ce qu'on savait, ce qu'on pratiquait, ce que l'usage avait prouvé bon, ou ce que l'habitude avait rendu commode et familier ; on n'y désirera que la réforme des vices de législation bien constans, et les améliorations que réclament évidemment le progrès des lumières et les changemens survenus dans les mœurs et dans la position des fortunes.

La raison indique pour les premiers héritiers d'un défunt ses enfans ; à leur défaut, ses ascendans et ses collatéraux. Cette notion sera donc la première base de l'ordre des successions légitimes.

732   Mais distinguera-t-on dans les successions la nature et l'origine des biens ? Chaque successeur viendra-t-il prendre les biens auxquels il pourrait prétendre avec plus de droit, sous le prétexte qu'ils étaient provenus de sa ligne ? Les biens paternels iront-ils aux héritiers paternels ? Adjugera-t-on

aux héritiers maternels les biens maternels ? Distinguera-t-on des acquêts, des propres et des biens en tenant lieu?

Ce fut l'usage d'une partie de la France jusqu'à la loi du 17 nivose an II; c'était la règle commune des pays coutumiers. Moins heureux en cela que les pays de droit écrit, la distinction de la nature et de l'origine des biens les fatiguait de procès et de contestations souvent épineuses et subtiles. La liquidation et le partage des successions, même quand ils n'étaient pas contentieux, devenaient difficiles, exigeaient presque toujours l'intervention des hommes de loi. On simplifia la jurisprudence en abrogeant cette distinction ; et ce fut un des bienfaits de la loi du 17 nivose; loi sage et louable à beaucoup d'égards, qu'on aurait beaucoup plus appréciée, si l'injustice de son effet rétroactif n'eût soulevé contre elle de trop justes ressentimens.

En enlevant aux parens paternels et maternels à chacun 733 les biens de leur ligne, on crut leur devoir une indemnité : le principe de la distinction des biens était équitable ; c'étaient les difficultés de son application qui avaient dû la faire abroger. On y substitua un partage égal entre les deux lignes, sans égard à la nature et à l'origine des biens.

C'était une innovation dans les pays de droit écrit, où l'on ne faisait jamais qu'une masse des biens, recueillie en entier par les héritiers les plus proches. Mais cette innovation avait pour elle l'équité du principe de la distinction des biens paternels et maternels ; elle avait l'avantage de prendre un milieu entre les usages trop subtils des pays coutumiers, et la trop grande simplicité des lois romaines à cet égard. On a dû laisser subsister ce mode, qui, en ôtant à chacun des deux usages différens ce qu'ils avaient d'excessif, les rapproche et les concilie.

Par les mêmes motifs le privilége du double lien reste aboli, comme il l'avait été par la loi du 17 nivose. La division de la succession entre les deux lignes donne à chacune une portion égale. Les parens germains figureront dans les deux lignes où ils sont placés ; mais ils n'excluront pas des parens qui, pour n'avoir pas de droits dans l'une des lignes, n'en ont pas moins d'incontestables dans l'autre.

734　Une fois la division opérée entre les lignes paternelle et maternelle, il n'y aura plus de subdivision entre les diverses branches sorties de ces lignes. On tarit ici une source féconde et funeste de prétentions et d'inconvéniens. Dans quelques coutumes on avait poussé le scrupule, pour les droits de chaque ligne, jusqu'à chercher toujours dans chaque subdivision des parens paternels et maternels ; on remontait jusqu'à ce qu'on en trouvât : c'est ce qu'on appelait la *refente*. Cette minutieuse subtilité avait passé dans la loi du 17 nivose, et paraissait y avoir été adoptée. Cependant plusieurs jurisconsultes, profitant de la rédaction quelquefois peu claire de cette loi, et désirant prévenir les inconvéniens d'une division presque infinie, avaient trouvé dans le texte même des argumens contraires. La sagesse du tribunal de cassation a sanctionné leurs efforts, et préparé dans le Code la place de cette décision qui vient proscrire à jamais un système monstrueux ; il pouvait appeler un millier d'individus en partage d'une succession, et la dévorer cent fois en recherches de titres, en tableaux de généalogie, en frais, en contestations de tout genre.

735　Pour reconnaître les héritiers et leur distribuer leurs droits, il faut fixer quels étaient leurs rapports avec le défunt. Le Code définit de la manière la plus claire ce que c'est que le *degré* et la *ligne*.

Chaque génération s'appelle un degré.

736 à 738　La suite des degrés forme la ligne. Le nombre des degrés établit la proximité ou la parenté.

On avait autrefois deux manières de compter les degrés. Le droit civil en donnait une, le droit canonique en fournissait une autre.

Le droit canonique, bon pour régler la discipline intérieure du rit de l'église romaine, n'a point d'autorité extérieure. Notre droit civil doit nous suffire ; sa computation est d'ailleurs la meilleure et la plus ancienne. Elle sera uniformément et uniquement suivie.

L'équité et la loi appellent aux successions les parens les plus proches, à l'exclusion des plus éloignés. Il a fallu dès long-temps statuer sur un cas qui, dans certaines circonstances, aurait rendu injuste l'application de ce principe.

Un père avait plusieurs enfans ; il en a marié un, qui l'a prédécédé, laissant lui-même des enfans. L'héritage paternel se divisera-t-il entre les enfans du père sans que ses petits-enfans, sous prétexte qu'ils ne sont qu'au second degré, y prennent aucune part ? Au malheur d'avoir perdu leur père, joindront-ils celui d'être privés de la portion qu'il aurait eue dans les biens de leur aïeul ? Si leur père eût vécu, ses frères, leurs oncles auraient partagé avec lui ; pourquoi ne partageraient-ils pas avec eux ? A défaut de leur père, leur aïeul ne leur devait-il rien ?

Le droit avait introduit pour ce cas la *représentation*, et le Code a dû la conserver. C'est une fiction dont l'effet est de considérer le représentant comme le représenté, de le faire entrer dans la place, le degré et les droits de celui qu'il représente : fiction heureuse qui répare les torts d'un sort cruel, protége des orphelins, et réalise les espérances dans lesquelles ils avaient été conçus.

La représentation n'a point de terme dans la ligne directe descendante. Qu'importe en effet que l'on soit petit-fils, arrière-petit-fils ? on n'appartient pas moins au malheureux vieillard dont les yeux affaiblis ont vu une branche de sa descendance se dessécher successivement dans ses prolongemens, et n'offrir qu'à une extrémité éloignée, et d'autant plus précieuse à son cœur affligé, un reste de reproduction et de vie.

La successibilité des descendans est autant naturelle que légitime ; mais celle des ascendans est contre la marche ordinaire des événemens : on croit voir remonter un fleuve vers sa source ; l'ordre de la nature est troublé. Il n'y aura donc point de représentation pour ce cas extraordinaire ; l'ascendant plus proche dans chaque ligne exclura le plus éloigné.

742   La représentation se borne en ligne collatérale aux enfans des frères et sœurs, et à leurs descendans : nouveau bienfait du Code, exclusion de la représentation dans les degrés ultérieurs, parce qu'en effet on n'aurait su où s'arrêter, parce que les droits des collatéraux au troisième degré ne sont plus assez forts pour qu'on leur applique la fiction introduite d'abord en faveur des petits-fils, et étendue ensuite aux neveux et à leurs descendans.

743   On ne représentera pas une personne vivante, car on ne peut pas occuper une place qu'elle remplit : elle aurait beau ne vouloir pas user des droits que cette place lui donne ; dans ce cas elle y renonce, elle les abjure : sa renonciation nuit à ceux qui la représenteraient.

Mais pour représenter quelqu'un on n'a pas besoin d'être son héritier ; on peut même avoir refusé de l'être. La raison en est qu'on ne représente pas un défunt dans une succession où il serait appelé s'il était vivant parce qu'on est son héritier ; car comme tel on n'aurait aucun droit sur une succession ouverte après son décès. On le représente parce qu'on prend sa place dans la famille ; on remplit le degré qu'il eût occupé. Ce droit est un droit de parenté que l'on tient du sang ; ce n'est pas un droit qui dépende de l'héritage du représenté.

745   Après avoir établi les principes généraux de l'ordre des successions, le Code décide comment elles sont déférées, d'abord dans la ligne descendante.

Les enfans ou leurs descendans succèdent à leurs ascendans par égales portions. Plus d'injustes distinctions, ni de sexe, ni de primogéniture, ni même de lit. Les femmes ne sont ni moins nécessaires ni moins précieuses à la société que les hommes, les cadets que les aînés, les enfans d'un second mariage que ceux d'un premier. La loi les voit tous d'un œil égal, et leur donne à tous les mêmes droits. C'est aux parens qu'il appartiendra de les distinguer sans injure, de marquer à ceux qui l'auront méritée une juste prédilection. Leurs dispositions seront le jugement domestique, la loi particulière de leurs familles; elles pourront y introduire une inégalité raisonnable et modérée. Mais l'égalité sera le droit commun, le vœu et la disposition générale de notre droit civil.

A défaut de descendans et de frères et sœurs du défunt ou de leurs descendans, le Code appelle les ascendans, et les préfère aux collatéraux plus éloignés.   746

La succession collatérale ne vient en général qu'après la succession ascendante et en troisième ordre. Il y a cependant des cas où ces deux successions ont réciproquement la préférence l'une sur l'autre. Il y a des cas où elles se mêlent, où les ascendans et les collatéraux concourent ensemble.   750

Ainsi les frères et sœurs et leurs descendans excluent les ascendans au second degré, c'est-à-dire leurs aïeuls.

Ils n'excluent point les ascendans au premier degré; ils succèdent avec leurs pères et mères. La succession fraternelle se partage dans ce cas entre la ligne ascendante et la ligne collatérale.   751

Mais toujours les pères et mères, et même des ascendans, qui d'ailleurs ne seraient pas successibles, reprennent les effets qu'ils avaient donnés au défunt; c'est un retour légal que l'équité commande.   747

Les pères et mères ne seront donc pas écartés de la succession de leurs enfans prédécédés par leurs autres enfans. Le Code les rétablit dans les droits naturels que l'ancienne jurisprudence leur avait reconnus, et que la loi du 17 nivose avait injustement étouffés. Les mêmes motifs qui réservent aux enfans une portion sur le patrimoine de leurs père et mère en assignent pareillement une à ceux-ci sur les biens de leurs enfans prédécédés sans postérité.   748

Ce n'est pas, comme on l'a dit quelquefois, pour les consoler de la perte qu'ils ont faite; quelle somme d'argent peut

15.

en effet consoler de la mort prématurée d'un enfant chéri?
c'est parce que les droits d'alimens sont réciproques entre
les enfans et les auteurs de leurs jours ; c'est parce qu'à défaut de la ligne descendante il est équitable de faire concourir le premier degré de la ligne ascendante avec les frères
et sœurs.

C'était un étrange motif de la loi du 17 nivose, que de
dire que les pères n'avaient pas dû prévoir qu'ils survivraient
à leurs enfans. De ce qu'ils n'auraient pas dû s'attendre à ce
malheur, cependant trop commun, en sont-ils coupables?
et, sur une succession dont ils n'ont certainement pas désiré,
dont ils n'ont pas dû prévoir, si l'on veut, l'ouverture, de-
vront-ils perdre les droits que la nature leur accorde, ce
que, dans leur vieillesse ou dans leurs besoins, ils auraient
reçu de leur enfant, s'il eût vécu? Avec raison le Code se met
à la place de cet enfant, et remplit pour lui un devoir qu'il
ne peut plus acquitter. D'ailleurs, la portion que le Code accorde aux père et mère en concours avec les frères du défunt,
qui sont leurs héritiers naturels, ne leur reviendra-t-elle pas?
On ne peut qu'applaudir à cette correction de la loi du 17
nivose.

753   A défaut de frères ou de sœurs qui excluent les aïeuls et
qui concourent avec les père et mère ; à défaut d'ascendans
qui, en quelques degrés qu'ils soient, pourvu qu'il y en ait
dans les deux lignes, excluent les collatéraux qui ne sont ni
frères ni sœurs, ni descendans de frères ou de sœurs, la succession appartient à ces proches éloignés.

733   Mais toujours, soit que les successions, en suivant l'ordre
naturel, descendent avec la filiation, soit qu'elles rétrogradent
en remontant dans la ligne ascendante, soit qu'elles se ré-
pandent en collatérale, elles se divisent entre les deux lignes
paternelle ou maternelle : c'est un principe commun à tous
les ordres de succession.

Il sera utile de résumer maintenant en peu de mots les
règles des successions ascendantes et collatérales.

Le défunt a-t-il laissé son père et sa mère, et des frères et des sœurs? sa succession se partage par moitié entre la ligne ascendante et la ligne collatérale.

Ne reste-t-il dans la ligne ascendante que le père ou la mère? la moitié du prédécédé, qui est le quart de la totalité, se réunit à la portion des frères; ils auront les trois quarts.

N'y a-t-il ni frères ou sœurs, ni descendans de frères et sœurs, et se trouve-t-il dans la ligne ascendante des parens paternels et maternels? ils succèdent et partagent exclusivement aux collatéraux.

N'y a-t-il dans la ligne ascendante qu'un parent paternel ou maternel? il a la moitié, les collatéraux ont l'autre; mais si cet ascendant est le père ou la mère, il prend en usufruit le tiers de la moitié dévolue à la ligne collatérale; c'est un préciput que le Code lui accorde sur des collatéraux éloignés.

Après le douzième degré on ne connaît plus de parenté pour la successibilité; en effet, les preuves en deviendraient trop difficiles. C'est l'orgueil bien plus que l'intérêt qui conserve les généalogies; le commun des hommes, étranger aux vanités de la naissance, est incapable des soins nécessaires pour remonter à une origine trop ancienne; et c'est pour le commun des hommes que les lois sont faites.

D'ailleurs, outre la difficulté des preuves au-delà du douzième degré, le Code a dû prendre un terme quelconque; sinon, en remontant à l'infini, on verrait les familles se confondre, la parenté deviendrait innombrable; et sous le prétexte d'être plus juste, on tomberait dans des partages et des embarras inextricables. Après le douzième degré on est si éloigné de la souche commune, les sentimens d'affection et de famille sont si usés, que la plupart du temps on ne se connaît pas, et l'on n'a respectivement pas plus de droits que les autres hommes.

Tout ce que l'on a pu dans ce cas accorder de faveur à la très-ancienne parenté a été de donner à un parent qui serait

unique au douzième degré la portion de sa ligne et celle de
la ligne défaillante.

ch. 4.   Il peut arriver que l'on meure sans descendans, sans ascendans, sans collatéraux : que deviendront les biens? il y
aura lieu alors à la succession *irrégulière*.

On appelle ainsi la succession que la loi défère quand elle
ne trouve plus personne dans la famille qui soit l'héritier
légitime et de droit. Ici la succession , qui est , comme nous
l'avons vu, d'institution civile , devient encore plus arbitraire , c'est-à-dire plus dépendante de ce droit positif par
lequel le législateur, placé entre diverses manières de statuer, choisit l'une plutôt que l'autre , en cherchant néanmoins à se rapprocher autant qu'il le peut des bornes im
muables de la justice et de l'équité.

756   Ces deux sentimens lui indiquent, à défaut de successeurs
légitimes, les enfans naturels. Le Code ne les placera pas,
comme les lois trop peu morales du 4 juin 1793 et du
12 brumaire an II, à côté des enfans nés d'une union respectable, et sanctionnée par toutes les lois domestiques, publiques et religieuses; il ne les honorera pas du titre d'héritiers, il ne leur accordera que des droits; il leur garantira
la dette que leur père et leur mère contractèrent en leur
donnant la naissance, et qu'ils avouèrent en les reconnaissant. Les enfans naturels n'exerceront pas des droits de famille ; ils sont hors de la famille : mais le sang de leur père
et de leur mère coule dans leurs veines; ce sont les droits
du sang que le Code leur adjuge.

Ces droits ne sauraient s'étendre en collatérale aux biens
de la famille dont ils ne sont pas; ils se bornent aux biens
des père et mère.

757   A côté des droits héréditaires des descendans légitimes , la
créance des enfans naturels se réduit au tiers de la portion
qu'ils auraient reçue s'ils eussent été légitimes.

Elle monte à la moitié de cette portion s'il n'y a point de

descendans légitimes, mais seulement des ascendans ou des frères

Elle parvient aux trois quarts quand il n'y a que des collatéraux plus éloignés.

Mais jamais l'enfant naturel n'aura la totalité, à moins que l'on ne trouve plus de parens successibles.

Alors il exclura le fisc, qui est aussi un successeur irrégulier, mais le dernier de tous.

Si, pour la tranquillité et le repos de leur famille, les père et mère ont eu soin d'acquitter de leur vivant leur dette envers leur enfant naturel; si en la payant par anticipation ils ont déclaré ne vouloir pas qu'il vînt après eux troubler leur succession, le Code maintiendra cette disposition lors même que ce don anticipé n'arriverait qu'à la moitié de la créance; mais si le don était resté au-dessous de la moitié, l'enfant pourrait en réclamer le supplément.

Une pareille donation est utile et pour l'enfant naturel, qu'elle fait jouir plus tôt, et pour la famille, qu'elle débarrasse d'un créancier odieux : il est bien de la maintenir, mais sous la condition équitable qu'elle n'aura pas été excessivement lésive.

Quant aux enfans adultérins ou incestueux, ils n'ont pas même de créance; ils n'ont droit qu'à la pitié : elle ne leur a jamais obtenu que des alimens.

Si nous nous occupons d'eux, ce n'est pas qu'il soit permis de reconnaître les fruits de l'inceste et de l'adultère comme ceux d'une cohabitation illégitime, mais tolérée. Le Code civil a pu permettre l'aveu d'une faiblesse, il ne souffre pas la reconnaissance d'un crime.

Mais quoique les enfans adultérins ou incestueux ne puissent être légalement reconnus, leur existence est un fait qui peut quelquefois être évident.

Un enfant aura été valablement désavoué par un mari, il aura été jugé le fruit adultère de l'épouse : le crime de sa mère ne saurait la dispenser de lui donner des alimens.

Un homme aura signé comme père un acte de naissance sans faire connaître qu'il est marié à une autre femme que la mère du nouveau-né, ou que la mère est sa sœur ; il aura voulu faire fraude à la loi : l'enfant, ignorant le vice de sa naissance, se présentera dans la succession pour y exercer les droits d'un enfant naturel ; on le repoussera par la preuve qu'il est né d'un père qui ne pouvait légalement l'avouer ; mais l'aveu de fait, écrit dans son acte de naissance, lui restera et lui procurera des alimens.

Cette disposition est conforme à l'ancien droit ; il était nécessaire de la conserver : car enfin les enfans adultérins ou incestueux n'en sont pas moins des hommes ; et tout homme a droit de recevoir au moins des alimens de ceux qui lui ont donné la vie.

765 La succession aux biens des enfans naturels, s'ils n'ont pas de descendans légitimes, est dévolue aux père et mère qui les ont reconnus.

766 Si les père et mère sont prédécédés, les biens que les enfans naturels en avaient reçus font retour aux enfans légitimes des père et mère.

Tout le surplus des biens des enfans naturels appartient à leurs frères ou sœurs naturels, ou aux descendans de ceux-ci, s'il en existe.

A défaut, l'enfant naturel n'a point d'héritier régulier : sa succession appartient à ses héritiers irréguliers, qui sont, premièrement ses enfans naturels, si, trop fidèle imitateur des vices de son père, il ne s'est perpétué que d'une manière illégitime ; secondement, sa femme ; et troisièmement, la République.

767 Le conjoint survivant et la République forment en effet le second et le troisième ordre des successions irrégulières.

Le conjoint survivant, quelque étroit que fût le lien qui l'unissait avec le défunt, appartient à une famille étrangère. Si la nouvelle famille qu'ils étaient destinés à former vient à manquer, la loi, sauf les témoignages d'amitié qu'ils pourront se donner, ne les appelle à se succéder qu'à défaut de parens de leurs familles respectives ; mais si ces parens manquent, plutôt que d'appeler le fisc, qui est l'héritier de ceux qui n'en ont point, on préfère le conjoint survivant.

Le fisc ou le trésor de la République recueille les successions auxquelles personne n'a le droit de se présenter, par cette raison que ce qui n'appartient à aucun individu appartient au corps de la société, qui représente l'universalité des citoyens : jouissant pour l'avantage commun, il prévient les désordres qu'entraîneraient les prétentions de ceux qui s'efforçeraient d'être les premiers occupans d'une succession vacante.

Les successeurs irréguliers ne sauraient être comme les successeurs réguliers saisis de plein droit.

Ils doivent demander l'envoi en possession. Il ne leur est accordé qu'après des publications, des formalités, et sous des précautions propres à conserver les droits des héritiers réguliers, s'il venait à s'en présenter.

Maintenant que le Code a déterminé quels sont les héritiers légitimes ou *ab intestat*, réguliers ou irréguliers, il va s'occuper des effets des successions, des obligations qu'elles emportent, des précautions à prendre pour qu'elles ne soient pas onéreuses.

D'abord, recueillir une succession est un droit ; chacun est libre, sauf la fraude qu'il ferait aux droits du tiers, de renoncer à son droit ; de là une ancienne règle, *N'est héritier qui ne veut.* Cette règle a dû être conservée.

L'acceptation d'une succession peut être onéreuse comme elle peut être lucrative. L'héritier saisi des droits du défunt est par cela même soumis à ses obligations ; il est son image active et passive.

Il résultait de ce principe que beaucoup d'héritiers, craignant de s'engager dans une succession ruineuse, la refusaient. Les Romains, nos modèles en tant de choses et nos meilleurs maîtres en législation, avaient vu de l'inconvenance dans ce refus.

Ce peuple, qui eut toujours pour but principal et première passion l'immortalité, qui voulait que chaque citoyen pût dicter des lois domestiques qui réglassent après lui son patrimoine, qu'il se survécût à lui-même, et fût toujours représenté ; ce peuple regardait comme une infamie que l'on mourût sans héritier, qu'il ne se trouvât pas quelqu'un qui se fît un honorable et généreux devoir de recueillir les droits et de remplir les obligations d'un défunt : opinion digne de la première simplicité de ses mœurs et de la noble générosité de son caractère.

A mesure que les mœurs s'affaiblirent, que le luxe et les dettes qu'il entraîne se multiplièrent, il ne fut plus possible d'espérer de la part des héritiers un dévouement qui serait trop lésif. Cependant, pour faciliter autant qu'il serait possible l'acceptation des successions, on détermina un délai pendant lequel les héritiers pourraient prendre connaissance de l'hérédité, et délibérer s'ils l'accepteraient.

Au terme de ce délai ils n'eurent d'abord qu'à accepter ou répudier. C'est Justinien qui, perfectionnant cette idée, créa le bénéfice d'inventaire, au moyen duquel l'héritier ne s'oblige pas personnellement, et ne peut jamais être contraint au-delà des forces de la succession.

Cette institution était trop utile pour n'être pas universelle : elle passa des pays de droit écrit dans les pays coutumiers. Quel dommage que la multiplicité des formes et l'avidité des gens de palais aient fait tourner si souvent à la ruine des successions un moyen qui avait été heureusement imaginé pour leur conservation et pour la sûreté des héritiers ! Mais l'abus, que l'on peut restreindre en simplifiant les formes, en réprimant ceux qui les exploitent comme une mine abondante pour eux, quand ils ne devraient les faire servir principalement qu'à l'avantage de leurs cliens, l'abus n'empêche pas que l'institution ne soit bonne en soi.

Nous trouvons ici en quelques articles toutes les règles de

l'acceptation pure et simple, de l'acceptation bénéficiaire et de la répudiation.

L'acceptation est expresse lorsqu'on prend le titre où la qualité d'héritier; elle est tacite lorsqu'on fait des actes qu'on ne pourrait faire sans être dans l'intention de recueillir.   778

Les actes conservatoires ne sauraient produire l'acceptation tacite ou de fait; ils ne supposent que le dessein louable de pourvoir à quelque chose d'urgent.   779

La donation ou la vente de ses droits successifs est une disposition à titre de maître; elle vaut donc acceptation.   780

La renonciation au profit même d'un cohéritier a le même effet, car elle est une espèce de don qu'on lui fait. Pour ne pas accepter, il faut répudier ou s'abstenir absolument, s'en rapporter à la loi pour la transmission du droit qu'on abandonne, et n'en pas disposer soi-même.

Les renonciations doivent être connues et publiques. On établit utilement dans les greffes des tribunaux de première instance un registre où elles devront être inscrites.   784

Le renonçant est comme s'il n'avait jamais dû hériter; il ne transmet pas ce qu'il n'a pas voulu recueillir. On ne le représente point. S'il est seul héritier, celui qui est dans le degré suivant vient de son propre chef à la succession. Si le renonçant a des cohéritiers, sa portion leur accroît.   785 à 787

La renonciation n'est pas irrévocable; on peut se repentir et accepter tant que les choses sont entières, c'est-à-dire tant que d'autres n'ont pas accepté, ou qu'on n'a pas laissé éteindre son droit par la prescription.   790

On ne peut renoncer d'avance à une succession ni en vendre sa part; il faut connaître son droit et savoir en quoi il consiste pour y renoncer valablement.   791

Cette disposition paraît contraire aux règles du contrat de vente, qui permettent de vendre des choses à venir, telles que des fruits à recueillir, des animaux qui peuvent naître, et d'autres choses semblables, quoiqu'elles ne soient pas en-

core en nature (a). On peut vendre une espérance, un coup
de filet, par exemple, une liquidation de profits qui ne sont
pas assurés (b); mais dans tous ces cas le vendeur est propriétaire. L'espérance qu'il vend a un fondement réel dans
le champ, dans le troupeau, dans le coup de filet, desquels
il est le maître; au lieu que l'espérance d'un héritier présomptif dans une succession future n'a point de base réelle,
et ne porte que sur la présomption souvent fautive qu'il succédera : d'ailleurs, en établissant que tout ce que l'on peut
avoir, posséder ou recouvrer est susceptible de vente, le
peuple sage, le conquérant et le législateur du monde, ex-
cepta les ventes qui seraient contraires à la nature, au droit
des gens ou aux bonnes mœurs (c).

Or la vente de la succession d'un homme vivant offense
les convenances; elle suppose autant le désir que la trop active prévoyance de sa mort. La renonciation, si elle est
payée, est une vente qui a les mêmes vices que la vente
elle-même; si elle est gratuite, elle est une sorte de mépris,
une offense faite à celui dont on répudie d'avance l'héritage; ou s'il la sollicite lui-même, elle peut être forcée par
l'autorité qu'il exerce; elle peut entraîner, pour le renonçant, une lésion que la loi ne doit pas souffrir.

On avait cependant admis dans les pays coutumiers la renonciation des filles : elle avait pour motifs les avantages présens qu'elles trouvaient dans leur dot et leur établissement,
et surtout le désir de conserver les biens dans les familles.

Mais un établissement était dû aux filles comme aux
mâles; la dot ne devait être pour elles comme pour eux
qu'un avancement d'hoirie : c'était leur vendre avec injustice et cherté un établissement que de le leur faire acheter
par la perte de leur portion héréditaire.

(a) *Fructus et partus futuri recte emuntur.* L. VIII, ff. De cont. empt.

(b) *Spei emptio est, veluti captus avium vel piscium.* L. VIII, paragraphe 1, ff. De cont. empt.

(c) *Omnium rerum quas quis habere, vel possidere, vel persequi potest, venditio recte fit. Quæ vero naturæ, vel gentium jus, vel mores civitatis commercio exuerunt, earum nulla venditio est* L. XXXIV, paragraphe 1, ff. De cont. empt.

La conservation des biens dans les familles, précieuse à beaucoup d'égards, ne l'est pas assez pour qu'on y veille au détriment d'une partie de la famille elle-même. Les filles y sont nées ainsi que les mâles. Malheur à la société si la nature, adoptant ces injustes préférences, devenait plus prodigue de mâles que de filles, et rompait dans les naissances cet équilibre des deux sexes si nécessaire à la propagation et à la tranquillité de l'espèce humaine!

On aperçoit que le droit romain valait mieux à cet égard que le droit coutumier, et l'on ne regrettera point qu'il ait prévalu.

Si l'on ne veut accepter la succession que sous bénéfice 793 d'inventaire, on en fera la déclaration au greffe.

Elle ne sera utile qu'autant qu'elle concourra avec un in- 794 ventaire fidèle et exact, qui garantira la probité de l'héritier et l'intérêt des créanciers.

L'infidélité volontaire de l'inventaire, ou les recélés, pri- 801 veront du bénéfice d'inventaire.

Les délais pour procéder à l'inventaire et pour délibérer 795 sont restés tels qu'ils ont été observés de tous les temps.

L'héritier bénéficiaire est un administrateur pour les 803 créanciers et les légataires : il leur doit compte; il ne peut rien faire de relatif à la succession que de leur connaissance et dans les formes prescrites par les lois sur la procédure civile.

Mais aussi, comme un administrateur, il ne s'oblige point personnellement.

Une succession à défaut d'acceptation ou par répudiation 811 devient vacante.

Si ceux que la loi y appelle ne sont pas connus, ou si au- 812 à 814 cun d'eux ne veut la recueillir, on nomme un curateur qui l'administre. La section IV du chapitre V du titre dont je vous rends compte, législateurs, traite des successions vacantes. Les règles en sont trop simples pour avoir besoin de développement; il suffit de dire que le curateur doit faire tout ce que ferait l'héritier bénéficiaire.

ch. 6.   Une fois les héritiers reconnus et l'hoirie acceptée, il y a
lieu à partage s'il y a plusieurs héritiers ; c'est le sujet d'un
sixième chapitre, qui traite

De l'action en partage, et de sa forme ;

Des rapports ;

Du paiement des dettes ;

De la garantie des lots ;

Et de la rescision en matière de partage.

815   Le partage est nécessaire, parce que souvent l'indivision
ne convient à personne : en tout cas il suffit qu'elle déplaise
à un seul pour qu'il ait droit de la faire cesser.

On ne peut pas même s'obliger à demeurer toujours dans
l'indivision. Une société éternelle n'est pas compatible avec
la mobilité de nos intérêts. Le Code limite très-sagement à
cinq ans la convention de suspendre le partage. Après ce délai elle est sans force ; elle a besoin d'être renouvelée.

816   Il n'y a jamais de partage par le seul fait ; il faut toujours
un acte qui le règle, à moins que la possession séparée qu'on
aurait eue ne soit transformée en titre par la prescription.

817 à 819   La minorité, l'assujétissement à la puissance maritale ou
paternelle, ne font pas obstacle au partage : ces circonstances
exigent seulement des formalités et des précautions que le
Code prescrit, et qui ne sont pas nécessaires quand tous les
cohéritiers sont majeurs.

822   Le jugement de l'action en partage appartient au tribunal
du lieu où la succession sera ouverte.

823   On a simplifié la décision des difficultés qui peuvent naître
dans les partages en les soumettant à un jugement sommaire, en faisant présider les partages, s'il y a lieu, par un
juge, qui souvent sera un médiateur, et qui en tout cas mettra le tribunal à portée de prononcer promptement et équi-
tablement.

843   La base du partage étant l'égalité, chaque cohéritier rapporte à la masse les dons qu'il a reçus ou les sommes dont
il est débiteur.

Ces rapports se font en nature où en moins prenant. En ₈₅₈₋₈₅₉ nature si le défaut de ce mode de rapport emportait une inégalité impossible à réparer ; en moins prenant si les cohéritiers trouvent des immeubles équivalens.

Ce qui a péri sans la faute du donataire, et les dons qui _{852 à 855} sont plutôt des devoirs ou des marques de tendresse que des avantages considérables, ne se rapportent pas.

Le partage, en divisant les biens, les transmet à chaque ₈₇₀ copartageant avec leurs charges.

Chaque cohéritier contribue aux dettes dans la proportion de ce qu'il recueille.

Il n'est tenu personnellement que de sa part contributive, ₈₇₃ sauf de souffrir les hypothèques qui porteraient sur le tout.

Le légataire à titre universel, qui est une espèce de cohé- ₈₇₁ ritier, contribue proportionnellement aux dettes avec les cohéritiers. Le légataire particulier n'y contribue pas ; mais il est sujet aux hypothèques de la chose léguée, parce qu'elles sont une charge de cette chose même.

Les créanciers porteurs de titres exécutoires peuvent les ₈₇₇ faire valoir contre l'héritier personnellement, parce qu'il est l'image du défunt ; il suffira que préalablement les créanciers lui en aient donné connaissance.

C'est ici une amélioration introduite dans les usages suivis à Paris, où l'on faisait déclarer exécutoires contre l'héritier les titres qu'on avait contre le défunt ; formalité superflue qui entraînait des frais inutiles et contrariait ce principe, que l'héritier est saisi de plein droit, qu'il représente le défunt, et que par l'acceptation pure et simple il s'oblige personnellement, et confond ses biens avec ceux de la succession.

Les cohéritiers étant des associés qui ont partagé une chose ₈₈₃₋₈₈₄ commune, ils se doivent garantie des vices et des évictions procédant d'une cause antérieure au partage.

Ils sont d'ailleurs propriétaires de leurs lots comme s'il n'y avait jamais eu d'indivision ; et ils supportent chacun les pertes qui ont des causes postérieures au partage, comme ils profitent seuls des augmentations.

887   Enfin un partage peut avoir été mal fait, il peut être lésif. On a conservé l'action en rescision telle qu'elle était établie généralement pour lésion de plus du quart.

Quoique les lois nouvelles aient proscrit la rescision en matière de vente, on a dû la maintenir relativement aux partages, parce que les principes en sont différens.

Le vendeur demande le plus haut prix, l'acheteur aspire au moindre : étrangers l'un à l'autre, ils ne se doivent rien; leurs intérêts, loin d'être communs, sont contraires ; le plus habile ou le plus heureux fait le meilleur marché. Il n'y a point de raison suffisante de les recevoir à rescision, puisque l'essence de leur contrat est de livrer et de prendre une chose vénale au prix dont ils seraient d'accord. Le prétexte de réparer une lésion énorme que le vendeur aurait souf-ferte entraînait des procès dispendieux, dont on a bien fait d'extirper la racine. On sera plus attentif dans les ventes quand on n'aura plus d'espoir de restitution.

On est libre de ne pas vendre, on n'est pas libre de rester dans l'indivision. La base de la vente est l'avantage que chacun des contractans y cherche aux dépens de l'autre; celle du partage est au contraire l'égalité. Le partage est donc rescindable de sa nature ; car il cesse d'être partage s'il n'est pas égal, sinon mathématiquement, du moins jusqu'à une certaine proportion.

888 et 892   Mais si le premier acte faisant partage, de quelque couleur qu'on l'ait déguisé, est rescindable, il cesse de l'être lors-qu'un second acte l'a consacré, ou lorsqu'on a disposé de son lot. Il n'y a d'exception que dans le cas du dol qu'on n'aurait découvert qu'après l'aliénation : si on le connaissait auparavant on a renoncé à s'en prévaloir, puisqu'on a vendu.

Telles sont, législateurs, les principales règles que ce titre du Code vient tracer aux citoyens. Ils y trouveront dans quelques pages tout ce qu'il est utile de savoir sur les successions, ce qui est répandu dans de nombreux et de volumineux traités dont ce titre est le résumé et la quintessence.

Heureux le temps où la science du droit est assez avancée pour réduire ainsi en un petit nombre de dispositions claires et précises ce qui a donné lieu à tant de discussions, à tant d'ouvrages, à tant de jugemens!

Heureux le peuple qui, après avoir repris par sa valeur son rang à la tête des nations les plus brillantes et les plus policées, se donne encore en exemple et en modèle par l'excellence de ses lois civiles!

La sécheresse de l'analyse que j'ai été forcé de vous présenter, législateurs, ne sera-t-elle pas adoucie par l'importance de la matière?

Des discussions politiques ou de droit public agiteraient plus vivement les esprits, mais elles ont leur danger. Ici tout est profit. On est froid et tranquille, parce qu'il ne s'agit que d'une utilité journalière et d'un bonheur plus paisible qu'éclatant. C'est du droit privé, des affaires domestiques et de famille que nous traitons; mais tous les citoyens individuellement y ont intérêt : cet intérêt est sans doute d'un assez grand prix.

N'admirera-t-on jamais que ce qui est loin de soi? Lorsque Rome envoya recueillir les lois de la Grèce pour s'approprier ce qu'elles avaient de meilleur; lorsque les lois des Douze Tables furent exposées dans la place publique, et offertes à l'examen et aux observations de tous les citoyens, Rome ne présenta pas un spectacle plus imposant que ces discussions solennelles dont le résultat et le jugement vous sont soumis.

Louis XIV et d'Aguesseau, qui avaient tant perfectionné la législation française, appelèrent à la rédaction de plusieurs lois des hommes habiles, de savans magistrats, de célèbres jurisconsultes; le gouvernement n'a pas négligé ces moyens, mais notre nouvelle Constitution a permis davantage : elle revêtira notre Code civil d'une sanction qu'aucun Code n'a reçue depuis les lois des Douze Tables, la sanction du peuple par l'assentiment de ceux qui sont appelés à le représenter. Les lois civiles partiellement rendues par les précédentes assemblées n'eurent ni cet ensemble ni cette maturité : elles n'ont pu fournir que quelques élémens à l'ouvrage dans lequel nous avançons si heureusement.

Ces observations doivent nous être permises, moins pour nous enorgueillir, quoique justement, de concourir à ce beau travail, que pour indiquer le respect qui lui sera dû lorsque vous l'aurez adopté; pour nous féliciter de voir élever de nos jours ce monument auguste, du haut duquel des lois simples, autant que le permet la complication des intérêts dans un peuple immense, régiront uniformément trente-deux millions d'hommes.

Quand le temps, qui ne pourra effacer le souvenir de nos victoires, en aura pourtant usé les trophées, sa faux dévorante n'aura pu encore entamer notre Code civil. On y recourra, comme depuis tant de siècles on recourt à ces lois romaines où nous nous honorons d'avoir abondamment puisé, mais que tout esprit impartial avouera que nous avons améliorées et perfectionnées.

Soit que nous goûtions le repos d'une paix glorieuse que tous les Français souhaitent de conserver, soit qu'on les force à une guerre qu'ils ne désirent pas plus qu'ils ne la redoutent, le nouveau Code civil sera l'un des plus beaux ornemens de la paix, ou l'une des plus grandes consolations de la guerre. Tandis qu'elle se fera loin de nos frontières, il nous assurera au dedans le bonheur, qui est toujours le fruit des bonnes lois; il préviendra ou terminera promptement les procès, espèces de dissensions moins éclatantes, mais non moins préjudiciables aux familles que les dissensions politiques, qui quelquefois ne les atteignent pas.

Le Tribunat a voté, législateurs, l'adoption du titre du

Code intitulé *des différentes Manières dont on acquiert la Propriété*, et l'a cru digne de votre sanction.

Le Corps législatif adopta ce projet dans la même séance, et la promulgation de la loi eut lieu le 9 floréal an XI (29 avril 1803).

TITRE DEUXIÈME.

Des Donations entre-vifs et des Testamens.

DISCUSSION DU CONSEIL D'ÉTAT.

(Procès-verbal de la séance du 3o nivose an XI. — 20 janvier 1803.)

M. Bigot-Préameneu fait un rapport sur la disposition du titre *des Donations entre-vifs et des Testamens*, relative à la légitime des enfans, à celle des ascendans, et à la réserve au profit des frères et sœurs.

Ce rapport est ainsi conçu :

913~914   § Ier. *De la Légitime des Enfans.*

Quoique le droit de disposer de ses biens ne soit que l'exercice du droit de propriété, auquel il semblerait au premier coup d'œil que la loi ne devrait, en aucun cas, porter atteinte, il est cependant des bornes qui doivent être posées, lorsque les sentimens naturels et l'organisation sociale ne permettent pas à celui qui dispose de les franchir.

Ainsi la loi ne contrarie point la volonté raisonnable des pères et mères, et elle se conforme à leur affection présumée, lorsqu'elle assure à leurs descendans une part convenable dans leur patrimoine. S'il arrivait que des circonstances extraordinaires semblassent légitimer quelques dispositions contraires à cet ordre naturel, les autres ne seraient le plus souvent qu'un abus d'autorité. Mais il faut d'ailleurs que la volonté ou le droit de quelques individus cède à la nécessité de maintenir l'ordre social, qui ne peut subsister, s'il y a incertitude dans la transmission d'une partie du patrimoine des pères et mères à leurs enfans.

Ce sont ces transmissions successives qui fixent principalement le rang et l'état des citoyens. Les pères et mères qui ont donné l'existence naturelle ne doivent pas avoir la liberté de faire arbitrairement perdre, sous un rapport aussi essentiel, l'existence civile ; et si le père doit rester libre de conserver l'exercice de son droit de propriété, il doit aussi remplir les devoirs que la paternité lui a imposés envers ses enfans et envers la société.

C'est pour faire connaître aux pères de famille les bornes au-delà desquelles ils seraient présumés abuser de leur droit de propriété en manquant à leurs devoirs de père et de citoyen, que, dans tous les temps et chez presque tous les peuples policés, la loi a réservé aux enfans, sous le titre de *légitime*, une certaine quotité des biens de leurs ascendans.

Chez les Romains le droit du Digeste et du Code avait réduit au quart de la succession la légitime des enfans.

La novelle 18 (chap. Ier) augmenta cette légitime, en donnant le tiers des biens aux enfans s'ils étaient quatre au moins ; et la moitié s'ils étaient cinq ou plus.

Il faut distinguer en France les pays de droit écrit et ceux de coutume.

Dans presque tous les pays de droit écrit, la légitime en ligne directe et descendante est la même que celle établie par la novelle.

Les pays de coutumes étaient, à cet égard, distingués en plusieurs classes.

Les unes, et elles formaient le plus grand nombre, ne réglaient point la quotité de la légitime des enfans ;

D'autres adoptaient les règles du droit écrit ;

Les autres enfin, et de ce nombre était la coutume de Paris, établissaient spécialement une légitime.

Quant aux coutumes où elle n'était pas fixée, l'usage et la jurisprudence y avaient admis les règles du droit romain ou celles de la coutume de Paris, à l'exception de quelques modifications qu'on trouve dans un petit nombre de ces coutumes.

La coutume de Paris fixe la légitime à la moitié de la part que chaque enfant aurait eue dans la succession de ses père et mère et autres ascendans, s'ils n'eussent disposé par donation entre-vifs ou de dernière volonté.

Il fallait choisir entre ces diverses règles celles qui, en présentant moins d'inégalités entre les légitimaires, seraient fondées sur la combinaison la plus juste du droit de disposer et des devoirs de la paternité.

A Rome, il entrait dans le système du gouvernement d'un peuple guerrier que les chefs de famille eussent une autorité absolue, sans même craindre que la nature en fût outragée. Lorsque sa civilisation se perfectionna et qu'on voulut modifier des mœurs antiques, il eût été impossible de les régler, comme si c'eût été une institution nouvelle. Non seulement chaque père entendait jouir sans restriction de son droit de propriété, mais encore il avait été constitué le législateur de sa famille. *Pater familias uti legassit super familiâ pecuniâque suâ, ita jus esto.* Mettre des bornes au droit de disposer, c'était dégrader cette magistrature suprême. Aussi, pendant plus de douze siècles la légitime des enfans, quel que fût leur nombre, ne fut-elle pas portée au-delà du quart des biens : ce ne fut que sur le déclin de ce grand empire que les enfans obtinrent à ce titre le tiers des biens s'ils étaient au nombre de quatre ou au-dessous, ce qui était le cas le plus ordinaire, et la moitié s'ils étaient en plus grand nombre.

Cette division avait l'inconvénient de donner des résultats incohérens.

S'il y avait quatre enfans, la légitime était du douzième pour chacun, tandis que, s'il y en avait cinq, chaque part légitimaire était du dixième : ainsi la part qui doit être plus grande, quand il y a moins d'enfans, se trouvait plus petite. Ce renversement de l'ordre naturel n'était justifié par aucun motif.

On remarquait encore comme inconséquences dans le droit

romain, 1° que le père qui n'avait eu qu'un fils pût disposer des deux tiers de son bien si ce fils lui survivait, mais qu'il ne pût disposer que de la moitié, si ce fils étant mort avant lui, avait laissé cinq enfans, qui venaient alors de leur chef à la succession de l'aïeul; 2° que si, au lieu d'un enfant prédécédé, il y en avait deux morts avant le père, et laissant chacun cinq enfans, les dix petits-enfans n'avaient entre eux, pour légitime, que le tiers dans la succession de leur aïeul, parce qu'alors ils venaient par représentation. Ainsi, dans le premier cas, les cinq petits-enfans avaient une moitié à partager; et dans le second cas, les dix petits-enfans n'avaient qu'un tiers.

La coutume de Paris a mis une balance égale entre le droit de propriété et les devoirs de famille. Les auteurs de cette loi ont pensé que les droits et les devoirs des pères et mères sont également sacrés, qu'ils sont également fondamentaux de l'ordre social, qu'ils forment entre eux un équilibre parfait, et que, si l'un ne doit pas l'emporter sur l'autre, le cours des libéralités doit naturellement s'arrêter quand la moitié des biens est absorbée.

Le système de la loi parisienne est d'une exécution simple dans tous ses développemens, et on y trouve toujours une proportion juste dans le sort des légitimaires, eu égard à leur nombre et à leur degré.

Ainsi, en rappelant les précédentes hypothèses, s'il y a quatre enfans, la légitime de chacun sera d'un huitième; s'il y en a cinq, elle sera d'un dixième; elle sera d'une moitié pour le fils unique; si ce sont cinq petits-enfans nés d'un fils mort avant l'aïeul, ils auront chacun un dixième; ce qui est dans la proportion de ce que le père eût recueilli.

La division des biens en deux parts égales, dont une est réservée pour la légitime des enfans, est une combinaison facile; mais ceux qui l'ont faite n'ont-ils pas coupé le nœud plutôt qu'ils n'ont résolu le problème?

Le père ne doit point être dépouillé de son droit de pro-

priété; mais ce droit, comme tous les autres, s'exerce suivant les affections. Il n'en est point, dans la nature, de plus
constante et de plus générale que celle des pères pour leurs
enfans.

L'ordre conforme à la nature est donc celui dans lequel les
père et mère ne voudront disposer de leur propriété qu'au
profit de leurs enfans. S'ils réclament sur une partie des biens
une liberté absolue, c'est encore en faveur de leurs enfans,
et pour qu'en réparant les inégalités qui peuvent résulter des
talens, des infirmités, des faveurs ou des revers de la fortune, ils puissent rétablir la balance entre leurs enfans, et
leur conserver à tous l'existence civile : mais dans le cours
ordinaire des événemens, le quart des biens n'est-il pas suffisant pour cette espèce de nivellement entre les enfans, ou
pour remplir, avec d'autres que les enfans, des devoirs de
reconnaissance; et cette quotité ne sera-t-elle pas trop considérable si elle est destinée à une préférence que la raison
désavouerait?

Telle a été l'opinion de la section de législation en proposant au Conseil de fixer la légitime des enfans aux trois
quarts de ce qu'ils recueilleraient s'il n'y avait pas de donation entre-vifs ou de testament.

915   ### § II. *De la Légitime des ascendans*

Les Romains reconnaissaient que si les pères doivent une
légitime à leurs enfans, c'est un devoir dont les enfans sont
également tenus envers leurs pères. *Quemadmodum à patribus, liberis, ita à liberis patribus deberi legitimam.*

En France, d'après le système de la division des biens-
fonds en propres et en acquêts, le sort des ascendans n'était
pas le même dans les pays de coutume et dans ceux de droit
écrit.

Un très-petit nombre de coutumes leur donnaient une légitime : dans d'autres elle leur avait été accordée par une
ancienne jurisprudence, à laquelle a succédé celle qui la re-

fuse entièrement. Elle est fondée sur ce que les enfans eussent été presque entièrement privés de la liberté de disposer, si, étant obligés de conserver à leurs collatéraux les biens propres auxquels les ascendans n'avaient aucune part, ils n'eussent point eu la disposition libre des meubles et acquêts, à la succession desquels les ascendans étaient appelés par la loi.

Dans les pays de droit écrit, et dans quelques coutumes qui s'y conformaient, les ascendans avaient une légitime; elle consistait dans le tiers des biens à partager entre tous les ascendans, s'il y en avait plusieurs.

Elle n'était due qu'aux plus proches; il n'y en avait point pour les aïeuls, quand les père et mère, ou l'un d'eux, survivaient; parce qu'en ligne ascendante il n'y a point de représentation. La manière d'opérer pour régler la légitime des ascendans avait fait naître un grand nombre de questions, que l'on avait cherché à résoudre dans l'ordonnance du mois d'août 1735, dont l'article 61 porte, « que la quotité de la légitime sera réglée, eu égard au total des biens, « s'il y a un testament, et non sur le pied de la portion qui « aurait appartenu aux ascendans, s'ils eussent recueilli la « succession *ab intestat* concurremment avec les frères germains du défunt. »

La comparaison du régime de droit écrit avec celui des coutumes, respectivement aux ascendans, ne pouvait laisser aucun doute sur la préférence due au droit écrit.

Le droit coutumier, en donnant les propres aux collatéraux, et en donnant aux descendans la libre disposition des meubles et acquêts, ne prenait point assez en considération les devoirs et les droits qui résultent des rapports intimes entre les pères et mères et leurs enfans.

D'ailleurs l'abolition des propres a changé totalement le système des coutumes.

On ne peut plus statuer d'après la répartition dans laquelle les ascendans étaient appelés aux meubles et acquêts, et ne pouvaient recueillir les biens propres.

C'est donc une nécessité de recourir à la législation qui, n'admettant point cette distinction de biens, n'a eu à considérer, relativement aux ascendans, que leur droit naturel et les devoirs des enfans.

Dans le projet présenté au Conseil on a cru devoir s'écarter du droit romain en deux points.

Le premier, sur la quotité de biens affectés à la légitime.

Cette quotité, dans le droit romain, était aussi considérable que pour la légitime des enfans. Les ascendans avaient le tiers : c'était aussi la légitime des enfans jusqu'au nombre de quatre.

Si, dans le projet présenté, la légitime des ascendans est de moitié, tandis que celle des enfans est des trois quarts, il faut se rappeler que cette différence, défavorable aux ascendans, sera presque toujours balancée par la règle admise, et qui leur assure, même sans stipulation, le retour des biens qu'ils ont donnés à leurs enfans.

Et lors même que la légitime des ascendans serait moindre, on ne peut disconvenir que leur sort dépend beaucoup moins de la part qu'ils peuvent recueillir dans la succession de leurs enfans, que l'état des enfans dans la société ne dépend de la part qu'ils obtiennent dans la succession de leurs pères et mères; et sous ce rapport, la légitime des enfans a dû être plus considérable.

Le deuxième point dans lequel le projet qui est présenté diffère du droit romain est dans la répartition de la légitime entre les ascendans.

Le partage d'une quotité de biens fixe et indépendante du nombre des ascendans a fait naître des difficultés et des inconséquences du même genre que celles qui ont été observées sur la répartition de la légitime entre les enfans.

C'était le même écueil à éviter; et il a été facile d'em-

ployer le même moyen, celui de fixer la légitime des ascendans comme celle des enfans, dans la proportion de ce qui
reviendrait à titre d'héritier, s'il n'y avait pas de donation
ou de testament.

§ III. — *De la Réserve au profit des frères et sœurs.*   9:6

Il reste à faire quelques réflexions sur ce qui concerne les
collatéraux.

Il ne faut pas confondre les réserves coutumières et la
légitime.

La réserve coutumière s'étendait à tous ceux que la loi
appelait pour succéder; elle tenait au système de la division
des biens en propres et acquêts, système qui lui-même était
fondé sur celui de la conservation des mêmes immeubles
dans les familles.

La légitime proprement dite est celle qui est indépendante
de cette ancienne distinction entre les propres et les acquêts.

La légitime a sa cause dans le droit naturel; la réserve
n'est que de droit positif.

Le système de perpétuer les mêmes biens dans les familles
se rattachait aux idées féodales; mais il tendait encore à un
but, qui fut dans tous les temps celui des législateurs. On
voulait maintenir et multiplier les rapports de famille,
propres à entretenir parmi ses membres les sentimens de
bienveillance, et cette responsabilité morale qui supplée si
efficacement à la surveillance de la loi. Resserrer et multiplier les liens de famille, tel fut et tel sera toujours le ressort le plus utile à toutes les formes de gouvernement, et la
plus sûre garantie du bonheur public.

Or, il n'est personne qui révoque en doute que la transmission des biens d'un parent à l'autre ne forme entre eux
un lien aussi fort qu'invariable. La vocation à la succession
établit une sorte de participation aux biens; elle influe sur
les sentimens d'affection réciproques; elle amortit les dissensions : les degrés par lesquels on tient à un auteur com-

mun semblent se rapprocher lorsque les parens se rapprochent réellement pour partager les biens que ses travaux ont mis dans la famille, et qui en perpétuent la prospérité.

La conservation des mêmes biens dans les familles a pu s'établir et avoir de bons effets dans le temps où les ventes des immeubles étaient très-rares, et où l'industrie n'avait aucun essor. Mais depuis que la rapidité du mouvement commercial s'appliquait aux biens immobiliers comme aux mobiliers, depuis que les propriétaires, habitués à dénaturer leurs biens, pouvaient facilement secouer le joug d'une loi qui gênait la faculté de disposer des propres, il est devenu aussi facile que fréquent de s'y soustraire.

La loi est devenue impuissante pour atteindre son but; et lorsqu'elle eût dû être le lien des familles, elle les troublait par des procès sans nombre.

On ne peut plus songer à conserver une loi qui, quand elle peut impunément s'éluder par la seule volonté, n'a plus aucune garantie. C'est ainsi que certaines lois dépendent des mœurs et des usages existans au temps où elles s'établissent, et ne sont que transitoires.

C'est encore ainsi qu'il est facile d'expliquer pourquoi tout ce régime de propres et d'acquêts, et de perpétuité des mêmes biens dans les familles, était inconnu aux Romains.

Mais si ce moyen ne peut plus subsister, ce ne doit pas être un motif pour perdre de vue cette idée morale et politique qui tend à maintenir dans les familles des rapports ayant sur l'ordre social une aussi grande influence. Et c'est surtout dans un temps où les parens sont obligés, par des causes beaucoup plus nombreuses qu'autrefois, de vivre loin les uns des autres, qu'il faut employer des moyens de rapprochement.

D'un autre côté, ces vues d'ordre public et d'organisation des familles doivent se concilier avec le droit de propriété, qui donne à chacun la libre disposition de ses biens.

S'il est à cet égard un sacrifice à faire au maintien et à

l'harmonie de la famille, il ne doit être exigé que pour ceux qui la constituent le plus intimement ; pour ceux qui sont présumés avoir vécu sous le même toit, avoir été soumis à l'autorité du même père de famille, tenir de lui un patrimoine qu'il était dans son cœur de voir réparti entre eux, et que presque toujours ils doivent à ses économies et à ses travaux.

Déjà le Conseil a, relativement au droit de représentation, regardé chaque famille comme plus intimement composée des ascendans, des descendans, des frères et sœurs et de ceux qui en descendent.

Chaque individu ne pourra se regarder comme dépouillé d'une partie de sa propriété lorsque d'un côté on ne réservera à des parens aussi proches que des frères et sœurs ou leurs descendans, que le quart seulement du patrimoine, et lorsque d'un autre côté ce sacrifice étant réciproque, celui qui en souffrirait aujourd'hui en profitera demain.

On a seulement cru devoir mettre une modification à cette réserve légale en ligne collatérale.

La légitime en ligne directe est regardée comme tellement indispensable à l'ordre social, que, pour la remplir, toutes donations entre-vifs sont résolubles ; toutes sont censées faites sous la condition que cette légitime ne pourra en être altérée.

Le droit des collatéraux à la réserve qui leur est faite n'a pas paru assez impérieux pour qu'on dût lui sacrifier indéfiniment le principe suivant lequel les donations entre-vifs doivent être irrévocables.

Lorsque ces donations sont faites à l'un des successibles, il est juste qu'elles soient réduites pour remplir la légitime des cohéritiers. Le vœu de la loi est qu'il y ait entre eux au moins une égalité légitimaire.

Mais lorsque le parent a, par actes entre-vifs, mis une partie des biens hors de sa famille, est-il nécessaire et même convenable que cet étranger puisse, pour l'intérêt de collatéraux, être dépouillé ?

Il a paru que la réserve en leur faveur serait suffisante si, d'une part, on ne pouvait disposer par testament, à leur préjudice, de plus des trois quarts, et si, d'une autre part, ils pouvaient, pour remplir cette réserve, demander la réduction des donations entre-vifs faites à leurs cohéritiers.

Tels sont les principes qui ont déterminé la section de législation à présenter au Conseil l'article qui suit :

Article proposé.

913-914 « S'il y a des enfans ou descendans des enfans au temps « du décès, ils auront à titre de légitime les trois quarts de « ce qui leur reviendrait par succession s'il n'y avait pas de « donation entre-vifs ou testamentaire.

915 « A défaut de descendans, s'il y a des ascendans, leur « légitime sera de moitié.

916 « A défaut de descendans et d'ascendans, s'il y a au temps « du décès des frères ou sœurs ou des descendans d'eux, la « loi leur réserve le quart de ce qui leur reviendrait s'il « n'y avait pas de donation entre-vifs ou testamentaire ; « sans, néanmoins, qu'à raison de cette réserve les dona- « taires par actes entre-vifs autres que les successibles puis- « sent être, en tout ou en partie, évincés des biens à eux « donnés.

« A défaut de parens dans les degrés ci-dessus exprimés, « les donations ou legs pourront épuiser la totalité des « biens. »

913-914 Le Consul ouvre la discussion sur la question de savoir quelle sera la latitude dans laquelle il sera permis de disposer lorsqu'il y aura des héritiers en ligne directe.

M. Maleville dit que la section resserre trop les limites du pouvoir paternel.

Les peines et les récompenses sont le ressort le plus puissant des actions des hommes ; et le législateur ne serait pas sage, qui croirait pouvoir les diriger uniquement par l'amour de leurs devoirs. Il faut donc mettre de grands moyens dans la main des pères si l'on veut compter sur l'obéissance et la moralité des enfans.

On a dit que le désir de profiter de la portion laissée à la disposition des ascendans rendrait les enfans hypocrites, et les engagerait à mettre dans leur conduite des apparences d'un respect qu'ils n'auraient pas dans le cœur. Ce serait toujours un avantage de ramener au devoir par l'espérance et par la crainte ceux sur qui l'amour du devoir serait impuissant. Eh ! que serait la société, si les hommes s'y montraient à découvert avec tous les vices que l'intérêt les engage à voiler? Bien souvent l'apparence de la vertu a l'effet de la vertu même. Elle fera contracter aux enfans les heureuses habitudes qui forment les mœurs et assurent la paix des familles.

Ce droit accordé au père de départir ses biens entre ses enfans suivant leurs besoins et leur mérite n'est d'ailleurs qu'un faible dédommagement des peines et des sollicitudes attachées à sa condition. Un individu isolé ne souffre que de ses maux personnels : mais il n'en est pas ainsi d'un père ; il est malade de la maladie de ses enfans, tourmenté de leurs chagrins, déshonoré par leur mauvaise conduite. Pourquoi les droits ne seraient-ils pas en proportion avec les devoirs? Pourquoi les peines seraient-elles toutes du côté des pères, et les avantages du côté des enfans?

Enfin la France est presque également partagée en pays coutumier et en pays de droit écrit. Dans ceux-ci, les pères ont eu toujours au moins la moitié de leurs biens à leur libre disposition ; dans les autres constamment la moitié, et cette dernière législation est sans contredit la meilleure. Mais sommes-nous dans des circonstances qui nous obligent à diminuer ce droit, auquel les Français sont accoutumés depuis tant de siècles? Bien loin d'affaiblir les ressorts de la puissance paternelle, ne serait-ce pas plutôt le cas de l'augmenter?

L'opinant préfère, sur ce sujet, les dispositions de la coutume de Paris à celles du droit romain : elle accordait au père la libre disposition de la moitié de ses biens. Il serait peut-être imprudent de diminuer ce droit dans des circonstances où il faut bien plutôt augmenter pour les pères les moyens de contenir leurs enfans.

M. BERLIER dit que la quotité proposée par la section est la même que celle qui avait été adoptée par les rédacteurs du projet de Code civil, et il combat la restriction proposée par M. *Maleville*.

Si l'on recourt aux vœux émis par les tribunaux d'appel, on en trouve trois, il est vrai, ceux de Limoges, Montpellier et Paris, qui demandent, comme M. *Maleville*, que la légitime des enfans ne soit fixée qu'à moitié de ce qu'ils auraient eu *ab intestat* : mais la quotité des trois quarts a obtenu l'assentiment de tous les autres tribunaux, à l'exception de celui de Rennes, qui eût préféré le maintien pur et simple de la quotité réglée par la loi du 4 germinal an VIII, plus favorable aux légitimaires; et du tribunal de Lyon, qui n'a point fait connaître son vœu, et dont on voit seulement que les commissaires ont été partagés entre trois opinions; savoir, la moitié, les trois quarts, et enfin la quotité réglée par la loi du 4 germinal an VIII.

De là il résulte que les anciennes habitudes de la nation ne sont pas une objection en cette matière, puisque ses interprètes naturels ne réclament point, ou du moins ne réclament qu'en très-faible minorité. Il faut donc passer à l'examen du fond de la question.

L'un des hommes dont le nom a figuré avec le plus d'éclat dans les fastes de la révolution voulait que le père de famille ne pût disposer de rien par testament : cette opinion de *Mirabeau*, émise dans cette célèbre Assemblée constituante, qui a laissé de si grands souvenirs, y fut, il est vrai, combattue; mais ceux mêmes qui parlèrent pour le droit de disposer reconnurent qu'il devait être modifié, et demandèrent ce que la section propose aujourd'hui. Parmi les excellens discours qui furent prononcés à ce sujet, on peut citer celui de M. *Tronchet.*

Circonscrire et resserrer les inégalités de dispositions entre enfans du même père, ce but était louable et ne l'est pas moins aujourd'hui.

A la vérité, l'autorité paternelle a besoin de quelques moyens pour récompenser et punir : on ne doit pas les lui ôter, mais on ne doit pas les rendre excessifs; et ici tout ce qui n'est pas essentiellement nécessaire serait essentiellement mauvais.

M. *Berlier* compare ensuite la proposition de M. *Malleville* avec l'état du droit avant la révolution, et il trouve que la condition de l'enfant, faiblement améliorée dans les pays de droit écrit, deviendrait pire en beaucoup d'autres.

La comparant ensuite avec la législation de quelques États voisins, il dit qu'en Prusse, par exemple, la légitime de l'enfant peut s'élever quelquefois jusqu'aux deux tiers de la portion *ab intestat.*

Enfin, il observe que l'un des motifs qui pouvaient autrefois autoriser une assez grande latitude dans les dispositions du père de famille, c'est que l'organisation politique de ce temps devait permettre et même favoriser les dispositions par lesquelles, pour perpétuer ou augmenter l'éclat de sa maison, le père faisait un héritier privilégié.

Ce motif n'existe plus; et l'on fait bien assez aujourd'hui en laissant au père la disposition du quart.

M. TRONCHET dit qu'il ne croit pas, avec la section, que la faculté de disposer par testament soit, comme la faculté de disposer entre-vifs, une suite du droit de propriété. Ce droit ne s'étend pas au-delà de la vie; il ne peut donc produire le pouvoir de disposer pour un temps où le propriétaire n'existera plus. Ainsi, la faculté de tester n'est qu'un bénéfice de la loi civile, qui, à cet égard, ajoute à la loi naturelle. Cependant le droit civil doit prendre ses bases dans le droit naturel. Ici, les Romains ne peuvent être pris pour modèles :

ils s'étaient érigés en législateurs suprêmes dans leur famille ; leur testament était une loi ; ils exerçaient sur leurs enfans une puissance illimitée. C'était s'écarter de la loi naturelle : elle veut que celui qui a donné la vie à un enfant lui laisse aussi ses biens. Il semble donc que la totalité du patrimoine paternel devrait passer aux descendans en ligne directe, et que le pouvoir du père devrait être réduit à faire quelques legs rémunératoires d'une valeur modique. Cependant l'intérêt public exige qu'on lui donne un peu plus de latitude, afin qu'il puisse distribuer des récompenses parmi ses enfans même. Mais comme cette disposition du droit positif est une dérogation au droit naturel, qui défère aux enfans les biens du père sans aucune diminution, il importe de la resserrer du moins dans les bornes les plus étroites : ce motif porte nécessairement à fixer la quotité de la légitime à un taux plus élevé que n'avait fait la coutume de Paris.

M. Portalis examine en soi le principe sur lequel se fonde M. *Tronchet.*

D'abord, ce n'est pas dans le droit naturel qu'il faut chercher les règles de la propriété. L'état sauvage ou de nature n'admet pas la propriété ; il n'y a là que des biens mobiliers, que des fruits dont le plus fort s'empare : ainsi, si la propriété est dans la nature, c'est en ce sens que la nature humaine étant susceptible de perfectibilité, elle tend vers l'ordre social, qui seul fonde la propriété. L'effet de cet ordre est d'établir entre les associés une garantie qui oblige chacun d'eux à respecter les biens acquis par un autre et la disposition qu'il en fait. C'est ainsi que le droit de disposer naît du droit de propriété. Or, celui qui dispose à cause de mort, dispose pendant sa vie et dans un temps où il est propriétaire.

Mais est-ce le droit naturel ? Est-ce la loi civile qui doit donner ici des règles ?

La loi civile est l'arbitre suprême ; il lui appartient de tout régler. Elle peut donc donner le droit de disposer et le régler ; son pouvoir, à cet égard, n'est limité que par l'obligation de respecter les droits acquis, parce qu'elle ne pourrait passer ces bornes sans agir contre sa propre nature, qui est de garantir les droits de chacun.

Il n'est donc pas question d'examiner ce qui est le plus conforme au droit naturel, mais ce qui est le plus utile à la société.

Sous ce point de vue, le droit de disposer est, dans la main du père, non, comme on l'a dit, un moyen entièrement pénal, mais aussi un moyen de récompense. Il place les enfans entre l'espérance et la crainte, c'est-à-dire entre les sentimens par lesquels on conduit les hommes bien plus sûrement que par des raisonnemens métaphysiques.

Le droit de disposer est encore un droit d'arbitrage, par lequel le père répartit son bien entre ses enfans, proportionnellement à leurs besoins. Et il faut remarquer que ce droit est avantageux à la société; car le père, en donnant moins aux enfans engagés dans une profession lucrative, réserve une plus forte part à ceux que leurs talens appellent à des fonctions utiles à l'État, inutiles à leur fortune.

Là où le père est législateur dans sa famille, la société se trouve déchargée d'une partie de sa sollicitude.

Qu'on ne dise pas que c'est là un droit aristocratique. Il est tellement fondé sur la raison, que c'est dans les classes inférieures que le pouvoir du père est le plus nécessaire. Un laboureur, par exemple, a eu d'abord un fils qui, se trouvant le premier élevé, est devenu le compagnon de ses travaux. Les enfans nés depuis étant moins nécessaires au père, se sont répandus dans les villes et y ont poussé leur fortune. Lorsque ce père mourra, sera-t-il juste que l'aîné partage également le champ amélioré par ses labeurs avec des frères qui déjà sont plus riches que lui?

Il faut donc donner au père une latitude, non absolue, mais très-grande. Ainsi la raison et l'intérêt de la société s'opposent à ce que la légitime des enfans soit portée aux trois quarts des biens.

Le Consul Cambacérès dit qu'on est d'accord sur la nécessité d'accorder une légitime aux enfans; on ne se divise que sur la quotité.

C'est avec raison qu'on écarte les dispositions du droit romain en cette matière : elles étaient si peu mesurées sur la nature des choses, que, dans certains cas, elles donnaient moins lorsque les enfans étaient en petit nombre que quand ils étaient plus nombreux.

Toutefois ne pourrait-on pas graduer la latitude de disposer, accordée au père, suivant le plus ou moins d'enfans qu'il laisse; fixer, par exemple, la légitime aux trois quarts s'il y a plus de deux enfans, au tiers s'il n'y en a que deux, à la moitié s'il n'y en a qu'un?

M. Tronchet dit qu'il serait difficile de graduer la légitime sur le nombre des enfans, parce qu'il faudrait prévoir toutes les variations dont ce nombre est susceptible, et statuer sur trop de cas particuliers. Il est plus simple de ne pas faire dépendre la quotité de la légitime des circonstances, et de la fixer d'une manière déterminée.

L'opinant passe aux réflexions de M. *Portalis*.

Il pense que, si tous les hommes étaient ce qu'ils devraient être, il serait avantageux de rendre le père législateur suprême dans sa famille. Mais une funeste expérience apprend que trop souvent les pères se laissent dominer par une injuste prédilection. Ainsi la prudence conseille de ne s'en rapporter qu'à la loi, et de la rendre arbitre entre les pères et les enfans.

Le Consul Cambacérès dit que son opinion n'est pas de graduer la légitime sur l'état particulier de chaque famille, mais de la graduer suivant les trois cas dont il a parlé.

La discussion est continuée à une autre séance.

(Procès-verbal de la séance du 7 pluviose an XI. — 27 janvier 1803.)

M. Bigot-Préameneu présente le titre *des Donations entre-vifs et des Testamens.*

Les *dispositions générales* sont ainsi conçues :

DISPOSITIONS GÉNÉRALES.

Art. 1er. « On ne pourra disposer de ses biens à titre gra- 893
« tuit que par donation entre-vifs ou par testament, dans les
« formes ci-après établies. »

Art. 2. « La donation entre-vifs est un contrat par lequel 894
« le donateur se dépouille actuellement et irrévocablement
« en faveur du donataire de la propriété de la chose donnée. »

Art. 3. « Le testament est un acte par lequel le testateur 895
« seul dispose de tout ou partie de ses biens, et qui n'a d'ef-
« fet qu'autant que le testateur a persisté dans la même vo-
« lonté jusqu'à la mort. »

Art. 4. « Les substitutions sont prohibées. 896

« Toute disposition par laquelle le donataire sera chargé
« de conserver et de rendre à un tiers sera nulle, même à
« l'égard du donataire.

« La disposition par laquelle un tiers sera appelé pour 898
« recueillir, dans le cas où le donataire ou le légataire ne re-
« cueillera pas, ne sera pas regardée comme une substitu-
« tion et sera valable. »

Art. 5. « Dans toute disposition entre-vifs ou testamen- 900
« taire, les conditions impossibles, celles qui seront con-
« traires aux lois et aux mœurs, seront réputées non écrites.»

L'article 1er est adopté. 893

L'article 2 est discuté. 894

Le Premier Consul dit que le *contrat* impose des charges
mutuelles aux deux contractans ; qu'ainsi cette expression ne
peut convenir à la donation.

M. Bérenger dit que la définition est inexacte en ce qu'elle
ne parle que du donateur et non du donataire.

M. Regnaud (de Saint-Jean-d'Angely) pense que les définitions sont inutiles, puisqu'elles ne sont pas des dispositions dans la loi.

M. Bigot-Préameneu dit qu'elles paraissent nécessaires toutes les fois qu'on fait des changemens dans la législation, parce qu'alors elles font connaître qu'on n'a pas entendu changer le principe.

M. Tronchet dit qu'en définissant les donations et les testamens, on a voulu indiquer le caractère propre de chacun de ces actes et en déduire les différences qui les distinguent. Ici le caractère différentiel est la révocabilité et l'irrévocabilité.

M. Maleville dit que, si l'on juge les définitions nécessaires, on pourrait définir la donation, *un acte par lequel le donateur se dépouille actuellement et irrévocablement d'une chose, en faveur du donataire qui l'accepte.*

M. Galli est d'avis de supprimer les définitions ; elles lui semblent déplacées dans un Code civil.

Les Constitutions du Piémont, qui ont été indiquées au grand Frédéric comme un modèle parfait, sont dégagées de toute définition. La loi en effet ne doit définir que les choses dont elle veut changer la nature : c'est dans le Digeste qu'il faut aller chercher les autres définitions. Il paraît aussi que la Constitution de Milan avait déjà suivi cette même marche.

M. Portalis observe que, dans le Piémont et à Milan, le droit romain fait loi et décide à défaut des Constitutions.

A la vérité, en France, les ordonnances ne contenaient pas des définitions ; mais c'est parce que, n'étant pas des Codes, c'est-à-dire des recueils complets des lois de la matière, elles supposaient que les donations et les testamens se trouvaient déjà définis par les coutumes ou par le droit commun. Aujourd'hui qu'on rédige un Code destiné à remplacer le droit écrit et les coutumes, on ne peut se dispenser de définir, parce que ces lois abrogées ne devant pas désormais être enseignées dans les écoles, rien ne donnerait plus une idée précise de la chose, si elle n'était expliquée par le Code civil. Un Code complet, tel que celui que le Conseil prépare, n'existe qu'en Prusse, et le Code prussien contient des définitions : au reste, on ne fait ici que suivre l'exemple de *Justinien*. Personne ne saurait plus précisément ce qu'est une donation entre-vifs ou un testament, si *Justinien* n'en avait fait insérer les définitions dans le Digeste.

M. Bérenger dit que les définitions appartiennent à la jurisprudence, et non à la loi; elles sont très-difficiles. Il est donc dangereux de les placer dans un Code; car, si elles étaient vicieuses, elles conduiraient à de fausses conséquences.

Les définitions sont le résultat des dispositions du Code, elles sont donc du domaine de la science : or le Code est le fait du législateur.

M. Bigot-Préameneu répond que les définitions sont de véritables dispositions, et même les dispositions fondamentales de la loi; car elles fixent les incertitudes qui peuvent naître de la diversité des autres dispositions.

M. Tronchet ajoute que le Code civil n'est pas rédigé pour les juges seuls et pour les jurisconsultes, mais pour éclairer tous les citoyens. Il faut donc que chacun y puisse apprendre quels sont les effets de la donation qu'il lui est permis de faire.

M. Portalis dit que les définitions de droit ne sont pas purement scientifiques, elles sont positives. Dans les sciences ordinaires, tout est de doctrine et de raison : dans la législation, rien n'existe que par la volonté positive du législateur.

L'article est adopté avec la substitution du mot *acte* au mot *contrat*.

L'article 3 est discuté.

M. Defermon demande qu'on rédige ainsi : *Le testament est un acte par lequel le testateur seul dispose de tout ou partie de ses biens, et qui n'a d'effet qu'autant que le testateur ne l'a pas révoqué.*

Le Premier Consul préfère cette rédaction, attendu qu'elle exclut la fausse idée que le légataire est tenu de prouver que le testateur a persisté dans sa volonté.

M. Tronchet propose de renvoyer aux formes de révocation qui seraient déterminées.

Le Consul Cambacérès propose de rédiger ainsi : *Le testament est l'acte de* DERNIÈRE VOLONTÉ *par lequel le testateur dispose de tout ou de partie de ses biens.*

Cette rédaction est adoptée.

896-898-
1048-1049

L'article 4 est discuté.

M. Regnaud (de Saint-Jean-d'Angely) dit que, puisqu'on a jugé convenable de conserver les définitions, il est nécessaire d'expliquer ce qu'on entend par *substitution*.

M. Tronchet répond que cette explication se trouve dans l'article.

M. Regnaud (de Saint-Jean-d'Angely) réplique que l'article ne définit pas toutes les substitutions, puisqu'il ne s'applique pas à la *substitution officieuse*.

M. Bigot-Préameneu dit qu'on a admis la *disposition* et non la *substitution officieuse*.

Le Consul Cambacérès dit qu'il est inutile de définir ce qui ne doit pas exister.

Le *Consul* fait une autre observation.

Il ne propose pas de rétablir les substitutions telles qu'elles existaient dans le dernier état de la législation ancienne : mais quel inconvénient y aurait-il à permettre, dans la ligne collatérale, la disposition officieuse déjà admise dans la ligne directe? Pourquoi l'oncle ne pourrait-il pas, comme le père, pourvoir à ce qu'un neveu dissipateur n'enlevât pas sa succession à sa famille? Les biens frappés de disposition officieuse ne demeureraient pas long-temps hors du commerce, puisqu'ils y rentreraient après la mort du premier héritier. On n'aurait pas à craindre la multiplicité des procès; ils naissaient des expressions ambiguës des actes : or il n'y aurait plus qu'une clause simple, toujours la même, et dont, par cette raison, la formule serait sans équivoque.

M. Treilhard dit que les inconvéniens des anciennes substitutions ne dépendaient pas du plus ou du moins de degrés auxquels elles s'étendaient. N'y eût-il qu'un degré, il faudrait néanmoins nommer un curateur à la substitution ; il faudrait remplir toutes les formalités prescrites pour les substitutions les plus étendues : on retomberait toujours enfin dans les embarras de la restitution.

La disposition officieuse n'a rien de commun avec les substitutions : ce n'est qu'un moyen offert au père qui, suivant le vœu de la nature, désire conserver son bien à ses petits-enfans, sans en priver son fils. Ce père atteint le but en réduisant son fils à l'usufruit et en donnant aux petits-enfans la propriété. Encore n'use-t-il pas arbitrairement de ce droit ; car il faut qu'il motive sa disposition, et que la cause subsiste au moment de son décès.

Le Premier Consul dit que, pour accorder au père la disposition officieuse telle qu'elle a été adoptée, il faut nécessairement admettre en principe que des êtres non conçus peuvent être appelés par un testament. Or, si cette supposition ne blesse pas la raison lorsqu'on l'applique à la ligne directe, il n'y a plus de motifs pour ne pas l'appliquer également à la ligne collatérale.

M. Tronchet dit que le législateur ne peut être accusé d'inconséquence lorsqu'il modifie la règle générale qu'il a établie par une exception que des considérations particulières amènent.

Tout se réduit donc à savoir si les raisons qui ont fait admettre la disposition officieuse dans la ligne directe doivent également la faire admettre dans la ligne collatérale.

Or, on considère le droit de disposition officieuse dans le père comme une suite de la puissance paternelle et comme un moyen de remplir le devoir de laisser ses biens à ses enfans. Ces motifs, qui ont fait admettre une exception pour le père, ne subsistent pas à l'égard de l'oncle.

M. Treilhard dit que, puisque le père peut ne pas laisser à son fils ses biens disponibles, il peut, à plus forte raison, ne lui en laisser que l'usufruit. Quant à l'oncle, comme il n'a que des biens disponibles, il lui sera permis de n'en donner que l'usufruit à son neveu, et d'en transmettre la propriété à tout autre, pourvu qu'il soit conçu.

LE PREMIER CONSUL rappelle ce qu'il a déjà dit touchant les motifs qui doivent faire étendre la disposition officieuse au premier degré de la ligne collatérale.

M. TREILHARD dit qu'on ne peut trop resserrer cette faculté. Les dispositions en faveur d'individus non conçus laissent les propriétés incertaines, puisqu'on ignore si le propriétaire qui leur est donné existera, et dans l'intervalle les propriétés sont frappées de stérilité; elles sont hors du commerce; elles dépérissent. Le droit accordé au père n'est donc qu'une exception qu'il faut bien se garder d'étendre en l'appliquant aux oncles.

M. EMMERY dit que cette exception n'a, au surplus, d'effet que dans l'intérêt des petits-enfans.

C'est une vérité constante, que l'aïeul ne pourrait appeler les collatéraux de son fils, et que, si ce fils perdait ses enfans, il pourrait disposer librement des biens, nonobstant le testament de son père.

LE PREMIER CONSUL observe que la portion héréditaire étant une espèce de droit sur l'héritage paternel, acquis au fils par le fait même de sa naissance, permettre au père de réduire cette portion à un simple usufruit, c'est l'autoriser à user d'une rigueur extrême. C'est paralyser pour toujours l'industrie de celui qui, par une meilleure conduite, aurait peut-être réparé les écarts de son premier âge.

On envisage avec moins de répugnance la disposition officieuse en ligne collatérale, parce que l'oncle pouvant disposer et de la nue propriété et de l'usufruit, lorsqu'il prive son neveu de l'un de ces deux avantages, il lui laisse encore plus qu'il ne lui doit.

LE CONSUL CAMBACÉRÈS dit que, dans le plan de législation

qui est proposé, il n'y a que de grandes considérations d'intérêt public qui puissent empêcher d'admettre la disposition officieuse en collatérale.

Cette faculté est née sous un régime qui donnait la latitude la plus étendue au droit de disposer : or, on propose d'établir cette latitude dans la ligne collatérale. Des collatéraux ne devraient donc pas être fondés à se plaindre de la disposition officieuse, puisque la loi autorisait celui qui l'a faite à ne leur laisser aucune portion de ses biens.

On objecte qu'un oncle ne peut pas être mu par les mêmes motifs d'affection qu'un père.

Mais, à défaut d'amour paternel, l'oncle ne peut-il pas être mu par l'amour de la propriété, et le désir que ses biens ne soient pas dissipés? Il serait donc trop dur de ne pas lui donner la facilité de les conserver à ses petits-neveux.

On a fait valoir des raisons d'intérêt public : l'inaliénabilité, la détérioration et d'autres inconvéniens semblables.

C'est perdre de vue que la disposition officieuse est restreinte à un seul degré, qu'ainsi ses effets ne peuvent subsister que pendant la vie d'un homme.

On ne voit donc pas de motifs pour refuser à l'oncle la disposition officieuse.

M. Portalis, pour réduire la question à des termes plus simples, examine s'il convient d'autoriser les substitutions au premier degré de la ligne collatérale. Dans cette ligne, il n'est pas dû de légitime; donc on n'y peut pas admettre la disposition officieuse qui oblige le testateur à déduire les motifs pour lesquels il transmet à ses petits-enfans la portion de ses biens que la loi réservait à son fils. Ainsi la faculté qu'on propose d'accorder à l'oncle introduit une vraie substitution.

Aura-t-elle des inconvéniens?

Pour résoudre cette question, il convient d'examiner quels seront les effets de la substitution proposée par rapport à la famille et par rapport à la société.

Elle ne peut qu'être utile dans les familles; car c'est surtout par l'intérêt qu'on retient les hommes.

Dans la société, la substitution fera, dit-on, naître des procès et gênera le commerce des biens.

Les procès sont des inconvéniens attachés à toute espèce de succession; il n'en est point qui n'exigent quelques précautions, desquelles peuvent résulter des procédures.

A l'égard de l'inaliénabilité des biens, peut-elle être préjudiciable à l'intérêt public?

D'abord les meubles seraient vendus pour être convertis en immeubles; ils demeureraient donc dans le commerce.

L'inaliénabilité n'affecterait donc que les immeubles. Mais quel avantage y a-t-il à les faire circuler comme les monnaies? La stabilité des immeubles, au contraire, stabilise les familles, et dès-lors elle est dans l'intérêt de la société. Le commerce des richesses mobilières est donc le seul qu'il importe d'encourager.

Rien ne s'oppose donc à ce qu'on admette les substitutions en collatérale au profit d'enfans à naître, pourvu qu'on les borne à un seul degré.

M. TRONCHET dit que la discussion vient de changer d'objet. L'opinant partage l'opinion de M. *Portalis* sur l'impossibilité d'admettre la disposition officieuse dans la ligne collatérale. La loi ne peut permettre à un parent de s'établir le juge de la conduite d'un parent qui n'est pas sous sa dépendance, et de le déclarer dissipateur : elle suppose, au contraire, que les précautions que le père prend à l'égard de son fils n'entachent pas ce dernier.

Mais suppléera-t-on, en collatérale, la disposition officieuse par la substitution?

A cet égard, il faut observer que, quand les substitutions ont été abolies, on s'est récrié contre l'étendue que le législateur a donnée à cette abrogation, et l'on a demandé de toutes parts si une législation nouvelle pouvait anéantir des droits acquis par la législation antérieure.

Si donc les substitutions sont rétablies même pour un seul degré, les réclamations vont se renouveler. Il serait difficile de les repousser; et cependant il serait impossible de les admettre, sans jeter le trouble dans la société. Il faudrait déclarer nulles les aliénations faites par les grevés, dépouiller des acquéreurs de bonne foi, admettre une foule de procès en garantie, et renverser jusqu'aux transactions et aux stipulations matrimoniales faites en conséquence de la loi existante.

M. CRETET dit que les substitutions ont des inconvéniens d'un ordre supérieur à ceux dont on a parlé jusqu'ici.

L'expérience a prouvé qu'un grevé de substitution n'ayant pas d'intérêt à l'amélioration ni même à la conservation des biens, les dégradait pour s'en approprier les débris. Le curateur voulait-il faire son devoir, il y avait des procès à l'infini. Et cependant alors l'usufruitier n'était pas un dissipateur reconnu.

D'un autre côté, une substitution est un piége tendu à la confiance publique; car elle donne au grevé une apparence de propriété qui porte à lui accorder un crédit.

LE PREMIER CONSUL dit que les objections qui ont été faites portent sur les substitutions de plusieurs degrés.

M. MALEVILLE répond aux objections.

On redoute, dit-il, les procès.

Les substitutions en faisaient naître sans doute, mais c'est parce qu'elles s'étendaient à plusieurs degrés; la manière même de compter ces degrés, et l'époque où ils étaient évacués, la transmission des fidéicommis, les droits de chaque grevé aux divers mutations, ceux de leurs épouses, occasionaient des contestations fréquentes et qui devenaient surtout interminables à mesure qu'on s'éloignait de l'époque de la fondation de la substitution : mais tous ces dangers deviennent presque nuls dans la substitution du fils au père.

On craint l'abandon et la dégradation des biens.

Cet inconvénient n'a lieu que lorsque les substitutions

doivent transférer les biens d'une branche dans une autre :
s'ils ne doivent passer que du père au fils, l'affection paternelle s'appliquera à les conserver.

On a parlé de réclamations contre l'abolition des droits
qui avaient été acquis par les substitutions anciennes.

Le gouvernement n'est pas responsable des injustices com-
mises avant lui, et parce qu'on permettrait des substitutions
d'un degré pour préserver les enfans des suites prévues de
la dissipation du père, ce ne serait pas un engagement pour
revenir sur l'effet rétroactif de la loi actuelle, si d'ailleurs ce
retour avait des conséquences funestes.

Reste donc uniquement à examiner si la substitution des
enfans au père, et dans les termes qu'on la propose, pourrait
être utile aux familles ; mais personne ne l'a contesté.

M. TREILHARD dit que, si les substitutions d'un degré
étaient jugées utiles en ligne collatérale, on ne pourrait les
interdire en ligne directe. Les motifs sont les mêmes dans les
deux cas ; et même en ligne directe, elles auraient l'avantage d'épargner au fils l'espèce de diffamation qui résulte de
la disposition officieuse.

Il faut donc examiner si en général les substitutions doivent être admises.

L'opinant ne le pense pas.

La stabilité des mêmes biens dans les mêmes familles a
été présentée comme un avantage. Il est cependant incontestable que la circulation des biens encourage l'industrie et
augmente les revenus de l'État. Mais ce qu'il importe surtout
de se rappeler, c'est que l'intérêt public exige que chacun
puisse librement disposer de son bien et en user pour améliorer sa fortune.

LE PREMIER CONSUL dit qu'il est de l'avis de M. *Treilhard*
sur la nécessité de multiplier les propriétaires, qui sont les
plus fermes appuis de la sûreté et de la tranquillité des États;
mais qu'il ne peut approuver les conséquences qu'on tire de
cette doctrine.

Il ne s'agit pas de rétablir les substitutions telles qu'elles existaient dans l'ancien droit ; alors elles n'étaient destinées qu'à maintenir ce qu'on appelait les grandes familles et perpétuer dans les aînés l'éclat d'un grand nom. Ces substitutions étaient contraires à l'intérêt de l'agriculture, aux bonnes mœurs, à la raison ; personne ne pense à les rétablir : on propose seulement la substitution du premier degré, c'est-à-dire l'appel d'un individu après la mort d'un autre.

Il est certain que, si cette sorte de substitution peut être admise en ligne collatérale, on ne peut l'interdire en ligne directe ; mais aussi, si elle est permise en ligne directe, il n'y a pas de motif pour l'exclure en collatérale.

Il y a même entre la disposition officieuse et la substitution telle qu'elle est proposée, une différence qui rend cette dernière préférable, sous le rapport de la morale. C'est que les tribunaux peuvent quelquefois intervenir dans la disposition officieuse pour en apprécier les motifs et avoir ainsi à prononcer entre le père et le fils, tandis que la substitution n'est qu'une institution au second degré qui n'a rien d'offensant pour le grevé, et qui ne peut donner lieu à aucune discussion personnelle.

M. Treilhard dit que les substitutions, au moment où elles ont été abrogées, n'étaient plus indéfinies : elles s'étendaient seulement à deux degrés. A l'égard de la disposition officieuse, elle est d'un usage peu fréquent.

Jamais elle ne peut nuire à la mémoire du père, puisqu'elle est au contraire l'effet de sa tendresse pour ses enfans ; et les réclamations du fils n'auront rien de diffamant, lorsqu'elles seront présentées avec tout le respect dû à celui duquel il tient son existence.

Au surplus, il serait plus utile de sacrifier la disposition officieuse, que de ne la laisser subsister qu'en rétablissant les substitutions.

M. Bérenger dit que, puisque la loi autorise l'interdiction du dissipateur, il n'est pas nécessaire que le père la prononce par son testament ; on peut donc supprimer la disposition officieuse.

A l'égard de la substitution, puisqu'elle ne doit pas être motivée, il n'y a plus que des considérations générales qui doivent la faire admettre : or, l'intérêt public ne la commanderait comme remède à la prodigalité que dans le cas où la plupart des hommes seraient des dissipateurs.

L'opinant vote donc également et contre la disposition officieuse et contre la substitution.

Le Premier Consul pense que l'une des plus grandes difficultés dans cette matière est l'appel des enfans non conçus.

M. Bigot-Préameneu propose un système qu'il croit devoir concilier toutes opinions.

Il est reconnu, dit-il, qu'il est permis à un testateur de donner à l'un la propriété, à l'autre l'usufruit de ses biens. Ainsi l'on admet une partie des effets des substitutions.

La loi pourrait donc autoriser l'oncle à laisser à son neveu l'usufruit et à laisser la nue propriété aux petits-neveux qui naîtraient dans les cinq ans de l'ouverture de la succesion. A l'expiration de ce terme, le neveu réunirait la nue propriété à son usufruit, s'il ne lui était par survenu d'enfans.

La propriété ne demeurerait pas long-temps incertaine, et il n'y aurait pas de substitution.

M. Treilhard dit que sans doute il est permis à chacun de diviser la propriété de l'usufruit, pour donner l'un à son neveu, l'autre à ses petits-neveux ; mais c'est en supposant que ceux-ci soient du moins conçus. S'ils n'existent pas encore, ce sont des êtres chimériques, qui ne peuvent devenir l'objet de la libéralité du testateur ; la propriété qu'il leur laisse ne réside sur aucune tête. Si les petits-neveux ainsi appelés n'existent jamais, et que l'usufruitier décède, que devient la propriété ?

M. Portalis dit que la loi étant toute-puissante, elle peut modifier le principe général qu'elle établit par une exception en faveur de quelques enfans non encore conçus.

On demande ce que devient la propriété si les enfans appelés ne naissent pas, et que l'usufruitier meure. Elle est dévolue suivant l'ordre commun des successions.

LE CONSEIL arrête que la substitution au premier degré sera admise dans la ligne collatérale.

La question de savoir si la substitution remplacera la disposition officieuse dans la ligne directe est soumise à la discussion.

Les opinions sont partagées sur le sens de ces mots *portion héréditaire*, employés dans l'article 18 du titre *de la Puissance paternelle*.

La disposition officieuse pourra-t-elle s'étendre sur tout ce que le fils est appelé à recueillir dans la succession de son père?

N'aura-t-elle d'effet que sur la légitime du fils?

Ne pourra-t-elle, au contraire, frapper que les biens disponibles qui excèdent la légitime?

Tels sont les points à examiner.

M. TREILHARD dit que le législateur, lorsqu'il a voulu régler la disposition des pères et les droits des enfans, s'est trouvé placé entre deux principes qu'il lui a fallu concilier.

En effet, d'un côté, le père est propriétaire, et il semble qu'à ce titre il ne puisse pas être gêné dans la disposition de ses biens.

De l'autre, il doit assurer à ses enfans les moyens d'entretenir l'existence qu'il leur a donnée. Mais il ne leur doit pas toute sa fortune; les devoirs envers les enfans ne sont pas toujours les seuls que le père ait à remplir : la gratitude, la reconnaissance, d'autres considérations non moins respectables peuvent lui imposer encore d'autres devoirs.

La loi a donc tracé une ligne entre les droits du père et ceux des enfans. Elle a fait la part des enfans dans la succession du père, et lui a laissé la disposition du surplus.

Il n'est donc pas permis au père de priver les enfans de cette portion, qu'ils tiennent non de sa volonté, mais de l'autorité de la loi. Aussi la disposition officieuse n'a-t-elle pas été établie comme une exception à ce principe, mais plutôt comme un moyen de lui donner tous ses effets, en conservant au fils dissipateur cette légitime que la loi lui assure, et dont il se priverait lui-même si on la lui abandonnait sans précaution.

Cette considération prouve que la disposition officieuse ne doit pas être étendue aux biens disponibles ; car la loi n'ayant pas affecté ces biens au fils, ils ne peuvent devenir l'objet d'une précaution imaginée pour lui conserver sa légitime.

M. Bigot-Préameneu dit qu'il y a ici un fait à rétablir.

La section, par ces mots *portion héréditaire*, a entendu toute la part que le fils recueillerait dans la succession du père, si celui-ci mourait *ab intestat*.

M. Berlier dit que le système qui ne fera porter la disposition officieuse que sur les biens excédant ceux réservés à titre de légitime aura l'avantage de ne point blesser un principe reçu, et qui ne permettait pas que la légitime fût grevée même en *usufruit*.

Il ne pouvait être porté atteinte à cette légitime que par une exhérédation complète, et la prodigalité n'était pas au nombre des causes d'exhérédation.

Au surplus, si les rédacteurs du projet de Code civil proposèrent la disposition officieuse avec la latitude que l'opinant combat, ce fut sans doute en considération de ce qu'ils n'accordaient aucune action en interdiction ou dation de conseil contre le prodigue ; mais puisqu'on est revenu sur ce dernier point il faut abandonner le premier, car ce serait cumuler les entraves et porter la rigueur jusqu'à l'injustice.

Le Conseil adopte en principe que la légitime ne pourra être frappée de substitution ;

Que le père pourra transmettre à ses petits-enfans à naître, mais au premier degré seulement, ses biens disponibles, et en laisser l'usufruit à son fils, sans néanmoins motiver sa disposition.

La question de savoir si ces principes seront étendus à l'oncle et au neveu est ajournée jusqu'à ce qu'il ait été statué sur la réserve en collatérale.

(Procès-verbal de la séance du 14 pluviose an XI. — 3 février 1803.)

On reprend la discussion de l'article 4 *des Dispositions gé-* 896-898-
nérales du titre *des Donations entre-vifs et des Testamens.* 1048-1049

M. Bigot-Préameneu dit que la proposition d'accorder la liberté de substituer la portion disponible au profit des petits-enfans en ligne directe et au profit des enfans des frères ou sœurs en collatérale ayant été faite à la dernière séance, la section de législation a examiné si, même en réduisant ainsi, et pour ces cas seulement, ces substitutions à un seul degré, il convient de les rétablir.

Pour que son opinion soit bien entendue, il est, sur cette matière, quelques notions générales qu'il faut se rappeler.

La substitution est définie par les jurisconsultes romains, *secundi vel deinceps hæredis institutio.*

Cette définition s'applique à deux espèces de substitutions très-différentes.

L'une est la disposition par laquelle le testateur, craignant que l'héritier par lui institué ne puisse ou ne veuille l'être, en nomme un autre qui à son défaut soit son héritier.

Cette espèce de substitution fut nommée *vulgaire* dans le droit romain, parce que l'usage en fut très-fréquent. Chaque testateur avait l'intention de prévoir qu'il pouvait arriver que l'héritier premier institué ne succédât point, soit par son prédécès, soit qu'il renonçât à l'hérédité, soit qu'il fût incapable de succéder ou qu'il en fût indigne.

L'autre espèce de substitution est celle qui fait passer les biens d'un successeur à un autre, de manière que le premier institué ne possède qu'à la charge de rendre à celui ou à ceux qui sont nommés après lui.

18.

C'est ce qu'on appela *fidéicommis*, parce qu'on employa d'abord une formule de prière adressée à celui que l'on chargeait de rendre, et sur la bonne foi duquel le testateur se reposait : mais ensuite la restitution fut rendue obligatoire ; et au lieu de simples fidéicommis, les testateurs firent ouvertement les substitutions d'un héritier à un autre.

On nomma ces substitutions *graduelles*, parce qu'elles font passer les biens aux substitués l'un après l'autre, suivant l'ordre, c'est-à-dire, dans le langage de la loi, suivant le degré dans lequel ils sont appelés.

Le droit de substituer plusieurs successeurs les uns aux autres ne fut point borné aux hérédités ; on l'appliqua aux simples legs et aux dispositions entre-vifs.

L'usage en fut aussi très-fréquent. Les testateurs y trouvaient l'exercice le plus indéfini de leur droit de disposer ; ils y voyaient un moyen de conserver leurs biens dans leurs familles ; ils mettaient ainsi leurs descendans ou leurs autres parens à l'abri de la mauvaise conduite de ceux que la nature appelait à posséder leurs biens.

L'orateur ne dira qu'un mot d'une autre espèce de substitution connue dans les pays de droit écrit, sous le nom de *substitution pupillaire*. C'est lorsqu'un père ayant sous sa puissance un enfant impubère, ordonne que, si cet enfant n'est pas son héritier, ou si, dans le cas où il serait héritier, il meurt avant l'âge de puberté, le substitué succède à sa place.

Cette substitution a le double effet de la substitution vulgaire, qui appelle le substitué si l'enfant n'est pas héritier, et de la substitution graduelle, qui fait passer les biens de la personne du fils à celle du substitué.

Avec ces notions préliminaires, il est facile de reconnaître les différences qui existent entre ces deux espèces de substitutions, et les conséquences qui en résultent dans l'ordre des successions, dans l'organisation des familles, dans l'économie politique.

Dans la substitution vulgaire, qui ne fait qu'appeler l'un

à défaut de l'autre, la propriété ne passe que sur la tête de l'un ou de l'autre ; c'est une simple précaution pour qu'il se trouve un individu au profit duquel la disposition ait son exécution. Si le premier appelé est saisi du bien, la substitution est caduque ; c'est donc une simple disposition qui transmet une propriété pleine sans déroger dans la famille à l'ordre futur des successions. Il n'en a jamais résulté de difficulté, et on propose au conseil de maintenir cette faculté.

Mais lorsque ce n'est pas simplement à défaut d'une personne que l'autre est appelée ; lorsque, par la volonté de l'homme, les biens sont transmis d'une personne à l'autre, et successivement de degré en degré, il en résulte des conséquences qui méritent une profonde discussion.

D'une part, il est certain que ce n'est plus un simple acte de transport de propriété ; c'est un ordre établi entre les personnes que le donateur appelle pour se succéder les unes aux autres ; c'est constituer pour les générations futures l'état et l'organisation de la famille ; c'est faire un acte de législation plutôt qu'exercer un droit privé ; c'était, dans sa plus grande latitude, l'exercice de ce pouvoir indéfini que le chef de famille avait chez les Romains, non seulement sur ses biens personnels, mais encore sur la famille entière : pouvoir qui était une des bases du système du gouvernement, et que ne comporte pas notre législation.

Les substitutions étaient sans doute un moyen de conserver les biens.

Mais ce moyen est-il bon ? Est-il conforme à l'intérêt des familles ?

Toute substitution emporte avec elle l'idée de l'exclusion de la généralité des membres de la famille : c'est une branche que l'on préfère à l'autre ; c'est un seul qui, dans chaque branche, écarte tous ses proches.

Il n'est pas possible de concevoir que la famille entière doive être déshéritée pour enrichir l'un de ses membres, et que ce ne soit pas pour elle une cause de ruine et de dissension plutôt qu'un moyen de prospérité. Lorsque les substitutions n'étaient pas dans une famille puissante, les parens dépouillés ne pouvaient avoir dans leur misère aucune ressource.

Si la famille était puissante, les parens dépouillés auraient sans doute préféré une existence assurée dans la propriété d'une partie des biens plutôt qu'une protection précaire et humiliante.

Mais cette ressource, qui existait dans un temps où les familles puissantes avaient pour tous les emplois lucratifs un privilége exclusif, n'existe plus sous un régime où ce privilége, qui lui-même était une espèce de substitution, n'existe plus.

S'il était question d'établir un système pour conserver les biens dans les familles, celui des propres serait encore préférable, en ce qu'il empêchait seulement les dispositions qui dépouillaient la famille, sans priver tous les membres de la participation aux biens ainsi conservés.

La propriété foncière est sans doute à considérer comme une garantie dans la distribution des emplois : mais il existera un plus grand nombre d'individus avec une fortune donnant une garantie suffisante quand les patrimoines seront répartis, que quand ils seront dans la main d'un seul dans chaque famille.

Si on écarte les idées de puissance et d'élévation dans l'ordre politique, on ne trouvera plus dans les substitutions de motif pour croire que la volonté du père de famille soit, dans ce cas, préférable à l'ordre établi par la loi ; cet ordre est entièrement fondé sur la proximité du degré, sur la présomption de l'affection qui existait entre celui qui meurt et ceux qui lui succèdent.

On ne saurait passer sous silence les troubles dont les familles étaient agitées. Les formes judiciaires et les procès se multipliaient à l'infini sur la conservation des biens substitués, sur l'interprétation des actes de substitution, sur les droits des tiers, et notamment sur ceux des femmes des grevés, sur le calcul des degrés, et sur tous ces autres objets qui ont fait en France la matière d'une loi dans laquelle la multiplicité des précautions n'a servi qu'à manifester leur impuissance.

Telles sont les considérations qui, relativement à l'ordre de succéder et à l'organisation des familles, s'élevaient contre les substitutions, et qui les firent supprimer par la loi du mois d'octobre 1792.

Si on les examine sous les rapports de l'économie politique, on y a toujours trouvé les plus grands inconvéniens.

Les biens-fonds sont mal administrés; on ne se livre aux frais de défrichement et de tous les genres d'amélioration qu'autant qu'on y est provoqué par l'intérêt, on pourrait dire par le sentiment d'une pleine propriété.

Les grevés de substitution ne sont que de simples usufruitiers : ils ont un intérêt contraire à celui d'amélioration, puisque c'est en dégradant qu'ils peuvent se procurer des ressources dans leur dissipation ou dans leurs revers.

Et il faut convenir que cet inconvénient était extrême lorsque le nombre des degrés dans les substitutions était indéterminé.

Aucune loi du Digeste ou du Code n'avait mis de bornes à la faculté de multiplier les degrés des fidéicommis.

Des plaintes élevées à cet égard par une famille donnèrent lieu au chapitre CLIX de la novelle de *Justinien*, qui décida qu'on ne devait pas laisser au fidéicommis le cours de plus de quatre générations.

C'était un cas particulier, qui ne fut point regardé comme une dérogation suffisante au droit commun des fidéicommis perpétuels : ils ont continué d'avoir lieu en Allemagne, en Espagne, en Italie.

En France, ce fut un sujet de controverse; mais non seulement la perpétuité des fidéicommis y fut abolie par l'ordonnance d'Orléans de 1560, mais encore elle y fut réduite, article 59, à deux degrés, sans y comprendre l'institution ou première disposition.

L'expérience a prouvé, depuis deux siècles, que les substitutions, pour être ainsi réduites quant au nombre de degrés, ne s'en perpétuaient pas moins par le renouvellement, et qu'elles avaient les mêmes inconvéniens dans les familles et pour l'agriculture.

Les substitutions, quoique bornées à la portion disponible et à un seul degré au profit des petits-enfans et des neveux, ne seront-elles pas encore sujettes à une partie des inconvéniens qui ont déterminé leur entière abolition? Et ce moyen est-il nécessaire pour atteindre le but que l'on se propose?

On désire principalement que celui qui a un enfant ou un frère dont la conduite ou le genre d'affaires inspire de l'inquiétude sur la conservation de leur patrimoine puisse assurer au moins une partie de leur fortune, en la substituant aux petits-enfans ou aux neveux.

C'est ici que l'on doit se rappeler qu'il n'y a point de substitution fidéicommissaire quand l'usufruit est donné à l'un et la nue propriété à l'autre. Cette disposition est permise, quoiqu'elle s'étende à deux personnes, à celle qui n'a que l'usufruit, et à celle qui doit, après l'extinction de cet usufruit, jouir de la nue propriété.

Il n'est donc pas besoin de rétablir aucune substitution fidéicommissaire, pour que le père puisse assurer à ses petits-enfans la propriété de la portion disponible; il lui est libre de ne donner à son enfant que l'usufruit.

Il est vrai que la nue propriété ne pourrait pas être donnée ou léguée à des enfans qui ne seraient pas encore conçus: c'est donc uniquement en considération de ceux dont l'existence même est incertaine que l'on entraverait la propriété des enfans ou des neveux, et que l'on s'engagerait dans toutes les difficultés des substitutions: elles renaîtront sur l'interprétation des actes de substitution, sur les droits des tiers, sur la conservation des biens.

La substitution d'un seul degré pouvant se renouveler à

chaque génération, elle aura les mêmes inconvéniens que les substitutions de plusieurs degrés.

La section de législation est, par ces motifs, d'avis qu'il vaut mieux ne pas admettre les substitutions, même dans les bornes où on propose de les restreindre.

M. BRUIX dit que la substitution qu'on propose de rétablir n'est pas ce fidéicommis dont a parlé M. *Bigot-Préameneu*, et qui dépouillait toutes les branches en faveur d'une seule, et tous les individus de la branche préférée en faveur d'un seul individu : celle-ci n'exclut pas tous les petits-enfans pour un seul; elle leur profite à tous également, et ses effets se bornent à ôter à leur père la facilité de les ruiner.

Au surplus, l'amour qu'on porte naturellement à ses enfans, et le désir de perpétuer son nom, seront les motifs les plus ordinaires de ces sortes de substitutions : dès-lors elles seront d'un usage plus fréquent en ligne directe qu'en ligne collatérale.

M. BOULAY dit que, sans vouloir revenir sur ce qui a été décidé, il est effrayé cependant de ce que la légitime étant fixée par le projet aux trois quarts des biens, et ne pouvant être substituée, l'aïeul qui par de longs travaux s'est formé un patrimoine, et qui voudrait le conserver à ses petits-enfans, sera forcé de le livrer presque en entier à un fils déprédateur.

A l'égard de la substitution telle qu'on la connaissait dans l'ancien régime, il est, pour la repousser, des motifs peut-être plus puissans que ceux présentés par la section.

On ne peut se dissimuler en effet que les substitutions n'aient été imaginées pour conserver aux grandes familles leur éclat. C'est sous ce rapport que *Montesquieu* dit qu'elles conviennent aux monarchies. Si ces familles étaient sincèrement attachées au gouvernement, il serait sans doute utile de leur donner ce moyen de se conserver; elles seraient l'appui de l'État. Mais comme il n'est pas possible de se faire illusion à cet égard, et que les anciennes familles sont encore les grands propriétaires de la France, il semble qu'on ne doive admettre d'autre substitution que celle qui devient pour le père un moyen de conserver sa famille et de déposer son patrimoine dans la main de ses petits-enfans, lorsqu'il a de justes motifs de craindre qu'il ne soit dissipé par son fils. Cette substitution n'a rien de commun avec les anciennes substitutions. La rejeter ce serait décourager l'industrie, et éteindre le désir si naturel et si juste de former un patrimoine à sa famille.

M. Berlier dit que *Montesquieu*, en observant que les substitutions ne sont bonnes que pour les monarchies, pense même que leur emploi ne devrait être accordé qu'aux *nobles*; ce qui établit, 1° que ce publiciste n'était point satisfait du système établi de son temps, et qui accordait le droit de faire des substitutions sans distinction d'individus; 2° que s'il pouvait revenir parmi nous, il rejetterait tout système de substitution comme inconciliable avec notre régime actuel, et ne présentant plus que les inconvéniens qui résultent de propriétés *sans maîtres* et de la *géne du commerce*, inconvéniens que ce publiciste indique, et qui ont été bien développés à la dernière séance.

En adoptant ce dernier parti, tout serait décidé; mais ce serait revenir sur la délibération prise, et qui déjà, pour la ligne directe, a rétabli la faculté de substituer au premier degré.

Arrêté par cette difficulté, l'opinant propose d'examiner au moins si la disposition adoptée ne pourrait pas être améliorée par une explication. M. *Bruix*, en défendant le système qui a prévalu, l'a présenté comme un moyen de prévoyance dépouillé des vues d'orgueil que pouvaient avoir les substitutions de l'ancien régime. M. *Berlier* pense qu'on a dû, ou du moins qu'on doit aujourd'hui l'entendre de cette manière; et qu'ainsi, si, en ligne directe, la substitution de la portion disponible est maintenue au premier degré à l'égard des enfans *à naître*, le bénéfice doit en être collectivement recueilli par tous les enfans *à naître*, sans que le substituant puisse préférer un aîné à un cadet ou un garçon à une fille.

L'opinant désirerait que la disposition fût ainsi amendée.

Quant à la question de savoir si la faculté de substituer sera étendue à la ligne collatérale, l'opinant pense qu'il n'y a pas à conclure d'un cas à l'autre. La disposition officieuse primitivement proposée grevait sans doute plus que la substitution restreinte à la portion disponible, mais ses effets du moins se renfermaient dans la ligne directe; ce premier parti serait moins mauvais que le second, si l'on voulait induire de celui-ci l'extension que quelques membres désirent. Et qu'y a-t-il d'analogue entre des petits-enfans et des neveux, ou peut-être encore des collatéraux plus éloignés? On concevra que la grande faveur due aux premiers a pu déterminer le législateur à adopter pour eux un parti hérissé d'inconvéniens; mais cela ne se concevra pas de même pour les seconds : l'on peut donc, sans s'exposer au reproche d'inconséquence, s'arrêter à une limite tracée par la nature elle-même.

M. REGNAUD (de Saint-Jean-d'Angely) dit qu'il importe d'abord de se bien convaincre qu'il ne s'agit pas de rétablir les anciennes substitutions, ni même rien qui en approche. Ainsi on ne peut admettre l'appel d'un mâle ou d'un premier né au préjudice des autres enfans. Le degré entier doit être appelé.

LE CONSUL CAMBACÉRÈS dit que cette opinion n'est pas celle que le Conseil a adoptée.

Il a été décidé que l'aïeul ne pourrait grever de substitutions au profit de ses petits-enfans que ses biens disponibles, et que la légitime du fils demeurerait libre : or, l'aïeul peut donner à celui de ses enfans qu'il lui plaira de préférer, les biens dont il a indéfiniment la disposition; il pourrait même les donner à un étranger, à l'exclusion de tous ses enfans ;

à plus forte raison lui est-il permis de les laisser à un seul de
ses petits-enfans sans y donner part aux autres.

Ce serait énerver la disposition que de l'expliquer autrement. En effet, si l'aïeul ne pouvait choisir parmi ses petits-
enfans, il serait, par une conséquence nécessaire, obligé
d'appeler ceux de toutes les branches ; et alors la substitution ne serait plus dans sa main un moyen de donner des
alimens sur ses biens disponibles aux enfans de celui de ses
fils qu'il reconnaît pour dissipateur.

M. Berlier répond qu'il doute encore que la question ait
été même implicitement décidée à la dernière séance ; il ne
se rappelle point qu'elle ait été directement agitée. Au reste,
s'il fallait l'entendre comme le Consul *Cambacérès*, l'opinant
ne serait que mieux confirmé encore dans l'idée que la substitution rétablie est une très-mauvaise chose, dès qu'elle
resterait pleinement entachée de tous les vices de celle de
l'ancien régime, et perdrait cette moralité qui doit être son
principal soutien.

Il examine ensuite l'argument tiré de la pleine disponibilité, et trouve qu'il n'est pas juste de conclure de ce qu'on
peut faire pour tel enfant *né*, qu'on peut aussi le faire pour
tel enfant *à naître*.

Celui-là existe ; il a pu se concilier l'affection de son aïeul ;
il a pu devenir un objet de préférence ; et, sans examiner si
cette préférence sera toujours en harmonie avec la justice,
il se présentera du moins un individu capable de recevoir la
portion disponible à titre même d'institution : mais il n'en
est pas de même des enfans à naître.

En les considérant dans le futur contingent et dans les es-
paces imaginaires, peut-on faire un choix entre eux ? Mais
la loi et la raison, qui est la première de toutes, veulent
qu'on soit au moins conçu pour être capable de recevoir ; et
si la loi veut bien pourvoir aux intérêts d'enfans qui n'existent pas encore, la justice veut que ce soit également pour

tous. Vainement invoque-t-on la volonté de l'homme : qu'est-ce ici que cette volonté de *préférence* pour des individus qui n'existent pas? Si l'orgueil et les petites vues de l'ancien régime en sont la base, notre nouvel ordre de choses les repousse; et si ce n'est qu'une disposition purement capricieuse, elle ne doit point être permise.

Le Consul Cambacérès dit que le père étant autorisé à donner ses biens disponibles à qui il lui plaît, il ne serait pas nécessaire que la loi lui permît de les donner à celui de ses petits-enfans qu'il voudrait choisir, s'il ne s'agissait que d'enfans nés : c'est donc aux enfans à naître que s'applique la disposition adoptée dans la dernière séance.

M. Regnaud (de Saint-Jean-d'Angely) examine si la substitution admise en ligne directe doit être étendue à la ligne collatérale.

Il pense qu'il serait difficile de ne pas la permettre dans les degrés auxquels on a accordé la représentation : les motifs d'affection par lesquels on s'est déterminé sont les mêmes dans les deux lignes.

Les objections qu'on a faites n'ont de force qu'à l'égard des substitutions graduelles et qui s'étendent à plusieurs degrés.

La nomination d'un curateur, la vente des meubles, l'emploi des fonds, ont lieu dans toute succession où l'un des héritiers est mineur.

La disposition officieuse aurait, comme les substitutions, pu donner un crédit imaginaire au grevé; comme la substitution, elle frappait les immeubles d'inaliénabilité pendant la vie d'un individu.

Ces considérations cependant n'avaient pas empêché de l'admettre.

A l'égard de l'inaliénabilité, elle pouvait être funeste lorsqu'une substitution graduelle et perpétuellement renouvelée la rendait indéfinie; lorsque beaucoup d'immeubles en étaient déjà affectés par d'autres causes, et qu'il restait peu de biens dans le commerce; lorsqu'il y avait une grande masse de biens de main-morte, de biens ecclésiastiques, de biens du domaine et d'apanage.

Toutes ces propriétés étant rendues à la circulation, l'aliénabilité de quelques biens pendant la vie d'un individu n'influera pas sur le commerce.

M. BERLIER observe qu'en concluant toujours de la ligne directe à la ligne collatérale, on s'attache peu à répondre à la différence qui existe entre ces deux cas, et qui pourtant mériterait d'être appréciée, puisqu'elle ne peut manquer d'être sentie; qu'au surplus, si M. *Regnaud*, en admettant le principe de la substitution en collatérale, propose d'en régler l'application aux frères et à leurs descendans, comme en matière de représentation, ce mode d'application est lui-même une seconde question qu'on pourra examiner si la première passe à l'affirmative; qu'alors il sera facile d'établir que la proposition de M. *Regnaud* est trop étendue lorsqu'elle embrasse tous les descendans de frères, et va ainsi plus loin dans cette ligne que ce qui est proposé pour la ligne directe même : mais cette discussion serait peut-être prématurée en ce moment; il conviendrait de se fixer d'abord sur la question d'égalité entre les enfans *à naître*, dans le cas déjà admis de la substitution en ligne directe au premier degré.

M. PORTALIS dit que la question se réduit à savoir si l'on étendra à la ligne collatérale la substitution qu'on a admise dans la ligne directe.

Il n'y a pas ici de véritable substitution, puisqu'il n'y a pas d'institution parfaite d'héritier dans chaque degré, que le caractère propre de la substitution est de faire autant d'héritiers que d'appelés, et que dans le système adopté pour la ligne directe il n'y a qu'une institution unique.

Tout se borne donc à examiner si l'on pourra instituer les enfans à naître de son frère; car l'institution des enfans nés ne peut rencontrer de difficulté. Ce serait, non une substitution, mais une institution de personnes incertaines. La loi peut sans doute l'autoriser en modifiant le principe général qu'elle a créé, et déjà l'exception a été admise pour la ligne directe : quels motifs pourraient déterminer à la refuser en collatérale?

On a invoqué pour le combattre l'autorité de *Montesquieu*. Mais il ne s'agit pas de rétablir les substitutions nobiliaires et monarchiques dont il parle, et qui donnaient les mêmes priviléges que les majorats en Espagne. Ce serait en effet contrarier l'esprit de la Constitution.

Il n'y a plus de priviléges, au contraire, dans les substitutions qui sont également permises à tous les propriétaires : celles-là n'ont rien de monarchique, elles existaient dans la république romaine. La conservation des biens dans les familles, quand d'ailleurs l'égalité est respectée, et qu'il n'y a ni droit d'aînesse ni différence entre les partages à raison de la naissance, est même très-utile dans les républiques. Il importe seulement de ne pas porter trop loin l'esprit de conservation; or il est renfermé dans de justes limites quand il se borne à soustraire des biens à un dissipateur pour les transmettre au degré suivant.

M. Thibaudeau dit qu'il résulte de cette discussion qu'il faudrait laisser au père de famille l'entière disposition de ses biens, et le rendre législateur absolu de la destinée de ses enfans. Il n'y aurait rien de mieux à faire sans doute, si tous les hommes étaient animés de sentimens généreux, et mus par la justice. Mais comme il est aussi dans la nature de l'homme d'être accessible aux prédilections, aux préventions, à la vanité, à la haine et à une foule de passions déréglées, la loi doit s'interposer même entre le père et les enfans, parce que dans ce cas l'inflexibilité de la loi a moins d'inconvéniens que l'arbitraire de l'homme.

Tous les argumens que l'on a employés en faveur des substitutions seraient peut-être fondés si l'on refusait au père de famille la faculté de disposer d'une partie de ses biens, mais ils sont sans application lorsque cette faculté lui a été accordée.

En partant de ce principe, la question des substitutions ne paraît même plus susceptible du grand intérêt qu'on semble y attacher.

En effet, dès qu'on a rejeté la disposition officieuse, décidé que la légitime devait venir franche de toute condition au fils, et que le père pouvait user librement de sa portion de biens disponible envers un étranger, il est évident qu'il peut, à plus forte raison, disposer de cette portion en faveur de ses petits-fils nés. La question de la substitution n'a donc plus pour objet que les enfans *à naître*. Il est certain que n'étant pas capables de recevoir, il faut une disposition formelle pour leur donner une aptitude qu'ils n'ont pas.

Mais est-il bien nécessaire de faire cette exception au principe qui veut qu'on soit conçu pour être capable de recevoir? Ce cas est-il assez commun pour commander une exception? Non, sans doute, la plupart des pères voient naître leurs petits-enfans, et par conséquent dans le plus grand nombre de cas ils pourvoiront à la conservation dans leur famille de la partie de leurs biens disponibles.

Au surplus, quoique la disposition officieuse eût peut-être plus d'inconvéniens que d'avantages, elle paraissait encore préférable à la substitution, parce que celle-ci peut être l'effet du caprice, et que celle-là devait être motivée et pouvait être contestée; parce que l'une ne se rapporte qu'aux biens disponibles, et que l'autre s'étendait même à la légitime : et quoique la question soit décidée pour la ligne directe, cependant comme on en conclut qu'elle doit être étendue à la ligne collatérale, l'examen de la seconde question rappelle nécessairement la discussion sur la première.

Le Consul Cambacérès dit que la disposition officieuse ayant été remplacée dans la dernière séance par la substitution en ligne directe, la discussion doit se borner aujourd'hui à la question de savoir si la faculté de substituer sera étendue à la ligne collatérale.

Il y a, ajoute le Consul, parité de motifs. Ce n'est point la vanité du père qu'on a voulu servir, puisque la portion disponible qu'il lui est permis de substituer sera pour l'ordinaire si modique qu'elle ne donnera à ses petits-fils que de simples alimens. Ainsi les motifs qui ont fait admettre la substitution en ligne directe sont d'un côté la prévoyance que le fils pourrait être un prodigue, de l'autre le désir de fournir pour ce cas au père un moyen de céder à l'intérêt que lui inspirent des petits-enfans même non encore nés, mais que la nature place dans l'ordre de ses affections.

Ces considérations s'appliquent également à l'oncle.

L'inaliénabilité, qu'on regarde comme un inconvénient, ne peut comme autrefois subsister long-temps, attendu que ce renouvellement perpétuel des substitutions, qui en effet était fréquent dans l'ancien ordre de choses, ne peut plus se reproduire. Pour s'en convaincre, il suffit de considérer que la substitution ne porte que sur la portion disponible, et que cette portion décroissant toujours à mesure qu'on s'éloigne du premier auteur de la substitution, elle se trouve réduite presque à rien lorsqu'on arrive au second degré.

M. TRONCHET dit que les questions sont conçues d'une manière trop vague.

On a demandé si la substitution aurait lieu au premier degré en ligne directe et en collatérale. De là sortait l'idée que, comme autrefois, le testateur pourrait donner à qui il voudrait et ce qu'il voudrait.

Il a ensuite été expliqué qu'il ne pourra substituer que ses biens disponibles, et seulement dans la ligne et dans la descendance de son premier héritier.

Restaient deux difficultés :

La première, si les enfans à naître pourraient être appelés ;

La seconde, si l'aïeul serait obligé de substituer à tous les individus du degré collectivement, ou s'il lui était permis de n'en choisir qu'un d'entre eux.

On a judicieusement observé que si la loi ne s'appliquait pas aux enfans à naître elle était inutile, puisque l'aïeul trouvait dans le droit établi le pouvoir d'appeler ses petits-enfans existans. Ainsi la première difficulté disparaît.

A l'égard de la seconde, les réflexions présentées par le Consul *Cambacérès* la font également disparaître. Cependant il est nécessaire que le Conseil statue positivement sur ces deux points, surtout avant de décider sur la proposition d'autoriser les substitutions en ligne collatérale.

On ne peut se dissimuler en général que l'Assemblée constituante n'ait eu de justes motifs d'être frappée des in-convéniens des substitutions.

C'en est un sans doute que l'inaliénabilité dont elles frappent les biens; c'en est un encore que le faux crédit qu'elles peuvent faire obtenir au grevé : mais le plus grave de tous est l'hypothèque dont elles frappent tous les biens du grevé, comme responsable des dégradations qu'il a pu se permettre.

M. Réal dit que le rétablissement du système des substitutions, malgré les modifications qu'on lui fera éprouver, fera revivre tous les abus dont elles étaient la source.

Ce système substitue dans le cœur du père de famille l'orgueil à l'amour paternel, et l'amour de sa postérité à l'amour de ses enfans. Il y a long-temps qu'on a remarqué que ceux qui étaient le plus tourmentés de la manie de la postérité étaient précisément ceux qui se souciaient le moins de leurs enfans.

Il ne faut pas confondre la famille avec la maison. La substitution peut conserver la maison, le nom; mais loin de conserver la famille, elle la détruit, en sacrifiant à l'aîné seul les autres enfans, en réduisant ceux-ci à la pauvreté, en introduisant entre frères et sœurs des fermens éternels de discorde et de haine.

A l'époque où nous nous trouvons, dans les circonstances

qui nous environnent, cette institution est inutile ; elle est dangereuse.

Inutile : on peut en croire *Montesquieu ;* il ne la trouve utile que dans une monarchie qui vit de nobles et d'aînés. Elle est inutile et sans but dans le pays où l'égalité est établie.

Elle est dangereuse, parce qu'elle existerait sans les ressources qui corrigeaient son influence sous un régime qui n'est plus. Il n'y a plus de couvens pour les filles, plus de canonicats, plus de régimens affectés par privilége aux cadets que les substitutions avaient ruinés.

Elle est d'autant plus dangereuse que certaines personnes, qui n'oublient point et qui veulent toujours espérer, se serviront de cette institution pour prolonger entre eux des illusions dont l'effet, quelque léger qu'il soit, est toujours de contrarier d'autant l'établissement d'une parfaite et universelle tranquillité.

Le Premier Consul dit que *Montesquieu* a considéré les substitutions dans leurs rapports avec le droit politique, et que, dans cette discussion, c'est d'après la justice civile qu'il convient de les apprécier.

Il y a une justice civile qui domine le législateur lui-même. Elle se compose des principes que le législateur a constamment avoués pendant une longue suite de siècles.

Elle proscrit les substitutions qui ne profiteraient qu'aux mâles ou aux aînés, parce qu'elle donne les mêmes droits à tous les enfans.

Elle proscrit également les substitutions dans lesquelles le troisième enfant à naître serait appelé avant les autres, parce qu'il serait indigne d'elle de sanctionner les caprices d'un testateur qui fait régler par le hasard les effets de la bienveillance ; mais elle avoue la disposition par laquelle un père laisse ses biens aux enfans que pourra donner à son fils un mariage que ce père a lui-même formé.

Cette justice civile autorise le père à donner à qui lui plaît ses biens disponibles. Il peut avoir de justes motifs d'en priver

son fils ; il faut qu'il puisse alors les donner à ses petits-enfans
à naître. Sera-ce l'intérêt qu'inspirent les petits-enfans qui
devra faire admettre cette disposition? Non, sans doute; quel
intérêt peuvent inspirer des êtres qui n'existent pas? Ce sera
la considération qu'ils doivent être préférés à des étrangers.
Ceux-ci seraient infailliblement appelés si l'aïeul, décidé à
exclure son fils, ne pouvait donner à ses petits-enfans.

M. EMMERY dit que le mot *substitution* jette quelque embarras dans les idées.

On conçoit facilement que le père ayant la libre disposition d'une portion de ses biens, il peut ne la pas donner à
son fils ; qu'à plus forte raison il peut la lui donner, sous la
condition d'en réserver la propriété aux petits-enfans nés.

Mais peut-il faire le même avantage aux enfans à naître?
Ici la question se complique.

Des individus dans le néant ne sont pas capables de recevoir un legs : voilà le principe général.

Quels motifs le législateur peut-il avoir de déroger à ce
principe?

Serait-il déterminé par l'affection qu'il supposerait à l'aïeul
pour ses petits-enfans? Mais puisqu'ils ne sont pas connus de
l'aïeul, il ne peut les aimer.

Penserait-on que l'affection de l'aïeul pour le père s'étende
aux petits-enfans? Alors les petits-enfans doivent lui être
également chers, et la conséquence de la présomption sera
de l'obliger à les comprendre tous dans sa libéralité ; on ne
peut plus, sans sanctionner un caprice, lui permettre de n'en
appeler qu'un seul.

Cependant si le legs doit profiter à toute la postérité du
fils, la substitution perd son caractère propre et devient une
disposition officieuse, puisqu'elle fait profiter le fils de l'usufruit, et réserve à ses enfans la propriété dont elle le prive.
Mais cette disposition officieuse est bien moins simple, bien
moins bonne, que celle qui avait été adoptée, puisqu'elle
ne porte que sur le quart des biens et que l'autre en absor-

bait la totalité, et par là devenait plus utile et au fils et à ses enfans.

Il est encore une autre considération. On veut avec raison, et pour être conséquent, étendre à la ligne collatérale la substitution autorisée en ligne directe.

Mais l'oncle va se trouver en état de mieux assurer le sort de ses neveux que l'aïeul d'assurer celui de ses petits-enfans, puisque en ligne collatérale la portion disponible sera beaucoup plus considérable qu'en ligne directe.

L'opinant propose d'éviter le mot *substitution*, pour ne donner ni fausses idées ni fausses espérances, et de rétablir la disposition officieuse, en la restreignant à la portion disponible.

LE PREMIER CONSUL consent à ce que la dénomination soit changée, pourvu que le testateur ne soit pas obligé de motiver. En effet, ce qui a été adopté se rapproche plus de la disposition officieuse que de la substitution.

Mais il faut surtout pourvoir à ce que le mécontentement du père ne dépouille pas toute la postérité du fils.

C'est ce qui arriverait infailliblement si la disposition ne pouvait être étendue aux enfans à naître.

L'aïeul mécontent de son fils lui préfère ses petits-enfans. Un seul de ces derniers existe alors : l'aïeul l'appelle, non parce qu'il l'eût préféré à ses frères, mais parce qu'il ne lui est permis de choisir qu'entre ce petit-fils unique et son fils : l'aïeul meurt; des frères surviennent à l'appelé; et ces frères, qui eussent été également appelés s'ils eussent vécu lors du testament, se trouvent, contre le vœu du testateur, déshérités sans retour. Il y aurait là une injustice civile.

M. TRONCHET dit qu'il est très-important d'éviter, dans la rédaction des lois, de détourner les mots de l'acception que l'usage leur a donnée; c'est dénaturer les idées mêmes. Or, l'on a toujours entendu par *disposition officieuse* une disposition motivée. Ce qu'on propose a toujours été appelé *substitution*.

Ce mot ne peut faire naître de réclamations, si la substitution est réduite à un degré.

L'opinant propose de rédiger la loi sur ce plan :

Déclarer d'abord que la légitime ne peut être grevée.

Consacrer ensuite dans le père le droit de disposer de ses biens disponibles au profit de ses petits-enfans à naître au premier degré.

Accorder la même faculté à l'oncle par rapport à ses petits-neveux aussi au premier degré.

Terminer la loi par la prohibition de substituer dans aucun autre cas.

La proposition de M. *Tronchet* est renvoyée à la section.

900   L'article 5 est soumis à la discussion et adopté.

M. Bigot-Préameneu présente le chapitre Ier.

Il est ainsi conçu :

CHAPITRE Ier.

De la Capacité de disposer ou de recevoir par donation entre-vifs ou par testament.

901   Art. 6. « Pour faire une donation entre-vifs ou un testa-
« ment, il faut être sain d'esprit.

« Ces actes ne pourront être attaqués pour cause de dé-
« mence que dans le cas et de la manière prescrits par
« l'article 17 du titre *de la Majorité et de l'Interdiction.* »

902   Art. 7. « La capacité de disposer et de recevoir, soit par
« donation entre-vifs, soit par testament, appartient à tous
« ceux auxquels la loi ne l'interdit pas. »

903-904   Art. 8. « Le mineur non émancipé ne pourra aucunement
« disposer. »

Ib   Art. 9. « Le mineur émancipé ne pourra disposer que par
« testament. »

905   Art. 10. « La femme mariée ne pourra donner entre-vifs
« sans l'assistance et le consentement spécial de son mari,
« ou sans y être autorisée par le juge.

« Elle n'aura besoin ni du consentement du mari, ni d'au-
« torisation du juge, pour disposer par testament. »

Art. 11. « Pour être capable de recevoir entre-vifs il faut 906
« être conçu au moment de la donation.

« Pour être capable de recevoir par testament il faut être
« conçu à l'époque du décès du testateur. »

Art. 12. « Le mineur émancipé ne pourra, même par tes- 907
« tament, disposer au profit de son tuteur.

« Le mineur devenu majeur ne pourra disposer, soit par
« donation entre-vifs, soit par testament, au profit de celui
« qui aura été son tuteur, si le compte définitif de la tutelle
« n'a été préalablement rendu et apuré.

« Sont exceptés, dans les deux cas ci-dessus, les ascendans
« des mineurs qui sont ou qui ont été leurs tuteurs. »

Art. 13. « Les enfans naturels, même légalement reconnus, 908
« ne pourront, par donation entre-vifs ou par testament,
« rien recevoir au-delà de ce qui leur est accordé au titre
« des Successions. »

Art. 14. « Le malade, dans le cours de la maladie dont il 909
« décède, ne pourra disposer au profit de l'officier de santé
« qui le traite, ni du ministre du culte qui l'assiste. »

Art. 15. « Les dispositions entre-vifs ou par testament, au 910
« profit des hospices, des pauvres d'une commune, ou d'é-
« tablissemens d'utilité publique, n'auront leur effet qu'au-
« tant qu'elles seront autorisées par un arrêté du gouverne-
« ment. »

Art. 16. « Toute donation entre-vifs, déguisée sous la 911
« forme d'un contrat onéreux, ou toute disposition faite
« sous le nom de personnes interposées, au profit de celui
« qui est incapable de recevoir, sera nulle.

« Seront réputées personnes interposées, les pères et
« mères, les enfans et descendans, et l'époux de la personne
« incapable. »

Art. 17. « On ne pourra disposer au profit d'un étranger 912

« que dans le cas où cet étranger pourrait disposer au profit
« d'un Français. »

901   L'article 6 est discuté.

Le Consul Cambacérès pense que la seconde partie de cet
article présente une disposition trop absolue.

M. Tronchet ajoute que d'ailleurs l'article 17 du titre *de
l'Interdiction*, auquel on renvoie, est trop restreint. Il n'admet les familles à faire valoir la cause de démence que lorsque
l'interdiction a été provoquée du vivant de l'auteur des actes
attaqués ; mais la famille, espérant le rétablissement d'un
parent en démence, diffère souvent, par cet espoir, de poursuivre son interdiction.

Le Consul Cambacérès dit que la première partie de l'article pourvoit à tout. La démence est un fait, et la loi en
détermine les preuves.

La seconde partie de l'article aurait les inconvéniens dont
a parlé M. *Tronchet*; et en outre, étant défavorable aux héritiers, elle contrarierait l'esprit général de législation, qui
tend à les favoriser.

M. Muraire craint, si la seconde partie de l'article est
supprimée, que les tribunaux ne regardent l'article 17 du
titre *de l'Interdiction* comme une règle absolue et dont il ne
leur soit pas permis de s'écarter, même en matière de donations ou de testamens.

M. Tronchet dit que la faveur due aux héritiers ne doit
pas aller cependant jusqu'à faire admettre trop légèrement
leurs réclamations. On peut toujours leur reprocher un peu
d'indifférence pour les intérêts de leur parent, lorsqu'ils
n'ont pas provoqué son interdiction. Ainsi quand après sa
mort ils excipaient de sa démence, on leur répondait : *Sero
accusas mores quos probasti.* Il conviendrait donc de ne les
écouter que quand il y aurait, sur le fait de la démence, un
commencement de preuve par écrit qui pourrait au surplus

être pris d'ailleurs que de l'acte attaqué. Ceci conduirait à réformer l'article 17 du titre *de l'Interdiction*.

Le Consul Cambacérès pense qu'il faut donner une grande latitude à la preuve, et ne pas la restreindre par des conditions qui quelquefois excluent l'évidence. Un individu peut avoir conservé sa raison jusqu'à une époque très-voisine de la donation ou du testament; et alors il devient impossible de prouver la démence, si elle ne peut l'être que suivant le mode indiqué par M. *Tronchet*. La première partie de l'article contient une règle simple qui suffit; le reste doit être abandonné aux tribunaux.

M. Tronchet dit qu'il n'y a pas de danger à s'en tenir à la première partie de l'article à l'égard d'un donateur, parce que, survivant à la donation, sa démence peut être vérifiée; mais que si l'on admettait toutes sortes de preuves contre un testateur qui n'est plus, le sort du testament dépendrait du témoignage très-incertain d'une garde ou de quelques domestiques.

M. Emmery dit que l'article 17 du titre *de l'Interdiction* ne concerne ni les donations ni les testamens.

La première partie de l'article est adoptée; la seconde ajournée jusqu'après un nouvel examen de l'article 17 du titre *de l'Interdiction*.

L'article 7 est adopté.

Les articles 8 et 9 sont discutés.

Le Consul Cambacérès voudrait que, même après son émancipation, le mineur ne pût disposer entre-vifs, mais que la faculté de tester dépendît de l'âge et non de l'émancipation, attendu que le système contraire donnerait à la famille intérêt à ne pas émanciper le mineur.

M. Tronchet partage cette opinion. La coutume de Paris admettait la distinction que vient de proposer le Consul.

Les donations ne doivent pas être permises au mineur,

parce qu'elles le dépouillent sans retour, et il convient auss
de limiter en lui la faculté de tester.

M. BERLIER dit qu'il ne veut pas précisément combattre la
proposition de déterminer la capacité du mineur à tester,
plutôt par l'âge (de seize ans par exemple) que par la condition d'être émancipé; mais qu'il y a cependant quelques observations à faire à ce sujet.

La coutume de Paris, qui a été citée, n'était pas la seule
qui admît le mineur à tester de certains biens; d'autres
coutumes, notamment celle de la ci-devant Bourgogne,
étaient beaucoup plus libérales envers les mineurs que celle
de Paris, puisqu'ils y étaient admis à tester de *tous* leurs
biens, non seulement à vingt ans, mais à la simple puberté,
c'est-à-dire les filles à douze ans, et les garçons à quatorze :
ce qui était au surplus conforme au droit romain.

Mais si l'on fixe la capacité de tester à l'âge de seize ans,
il sera difficile de ne pas modifier cette règle selon la qualité
des mineurs : ainsi, ceux qui n'auraient ni père ni mère
pourraient tester sans l'autorisation de personne; ceux au
contraire qui auraient leur père ou leur mère ne pourraient
tester qu'avec leur autorisation; car si dans le droit romain
le pubère pouvait tester, cette règle était modifiée par rapport au fils de famille, qui ne pouvait disposer que de son
pécule; et bien que tout ce qui touche à la puissance paternelle des Romains ait été peu imité dans notre Code, et avec
grande raison sur beaucoup de points, il est possible qu'on
en emprunte quelque chose dans le cas que nous traitons, et
que, faute d'émancipation, on exige au moins une autorisation spéciale.

Si l'on doit en venir là, n'est-il pas plus simple de partir
du principe de l'émancipation, qui embrassera les mineurs
de toute espèce, et ne blessera l'autorité de personne.

Au surplus, quand on s'occupe d'une législation nouvelle,
il faut surtout se déterminer par la raison plus que par les
exemples; et la raison ne refuse-t-elle pas le droit de dis-

poser de son bien, même par testament, à celui qui n'est pas encore jugé capable de le régir?

L'opinant désirerait que cette question fût approfondie.

Les articles sont renvoyés à la section.

Les articles 10, 11, 12, 13, 14, 15, 16 et 17 sont adoptés. 905 à 912

(Procès-verbal de la séance du 21 pluviose an XI. — 10 février 1803.)

M. Bigot-Préameneu présente le chapitre II, intitulé *de la Portion de biens disponibles et de la Réduction.*

La section Ire est ainsi conçue :

SECTION Ire. — *De la Portion disponible.*

Art. 18. « S'il y a des enfans ou descendans des enfans au 913 à 916
« temps du décès, ils auront, à titre de légitime, les trois
« quarts de ce qui leur reviendrait par succession, s'il n'y
« avait pas de donation entre-vifs ou testamentaire.

« A défaut de descendans, s'il y a des ascendans, leur lé-
« gitime sera de moitié.

« A défaut de descendans et d'ascendans, s'il y a, au
« temps du décès, des frères ou sœurs ou des descendans
« d'eux, la loi leur réserve le quart de ce qui leur revien-
« drait s'il n'y avait pas de donation entre-vifs ou testa-
« mentaire, sans néanmoins qu'à raison de cette réserve
« les donataires par actes entre-vifs, autres que les succes-
« sibles, puissent être, en tout ou en partie, évincés des
« biens à eux donnés.

« A défaut de parens dans les degrés ci-dessus exprimés,
« les donations ou legs pourront épuiser la totalité des
« biens. »

Art. 19. « Si la donation entre-vifs ou par testament est 917
« d'un usufruit ou d'une rente viagère, les héritiers auront
« l'option ou d'exécuter la disposition, ou de faire l'abandon
« de la portion disponible. »

919   Art. 20. « La quotité disponible pourra être donnée en
« tout ou en partie, soit par acte entre-vifs, soit par testa-
« ment, aux enfans ou autres successibles du donateur, sans
« être sujette au rapport par le donataire ou légataire venant
« à la succession, pourvu que la disposition ait été faite ex-
« pressément à titre de préciput et hors part.

« La déclaration que le don ou le legs est à titre de pré-
« ciput et hors part, pourra être faite, soit par l'acte qui
« contiendra la disposition, soit postérieurement, dans la
« forme des dispositions entre-vifs ou testamentaires. »

918   Art. 21. « La valeur en pleine propriété des biens donnés
« à charge de rente viagère, et de ceux vendus à fonds perdu
« ou avec réserve d'usufruit à l'un des successibles en ligne
« directe, sera imputée sur la portion disponible. »

913-914   La première partie de l'article 18 est soumise à la discussion.

Le Consul Cambacérès renouvelle la proposition qu'il a
faite dans la séance du 14 de ce mois, de graduer la légitime
suivant le nombre des enfans, et de la fixer à moitié s'il
n'existe qu'un enfant; aux deux tiers s'il en existe deux;
aux trois quarts s'il en existe trois et plus.

M. Bigot-Préameneu dit que la section a d'abord examiné
le système de la loi du 24 germinal an 8, et a cru devoir le
repousser comme insuffisant. Un père, en effet, n'usera ordinairement de la faculté de disposer qu'en faveur de ses
enfans, et pour réparer les inégalités qu'aurait pu mettre
entre eux la nature ou la fortune. La loi du 24 germinal ne
lui donnait pas à cet égard assez de latitude, puisque, s'il
avait cinq enfans, il ne pouvait disposer que d'un sixième,
quotité souvent trop faible pour rétablir l'égalité dans la famille. La section a cru devoir proposer de fixer la portion
disponible au quart des biens.

M. Tronchet dit qu'il n'y a pas de question sur la nécessité de donner une légitime aux enfans : on est d'accord sur
cette nécessité.

La discussion ne peut donc plus tomber que sur la quotité de la légitime.

La section a proposé de la fixer aux trois quarts.

On s'est partagé ensuite entre deux systèmes ; celui des coutumes, qui fixe la légitime à une quotité déterminée, et celui du droit romain, qui la règle d'après le nombre des enfans.

Ce dernier système a même été présenté de deux manières : d'un côté on a proposé la graduation établie par les lois romaines ; de l'autre une graduation différente.

Mais on a totalement oublié le système de la loi du 24 germinal an VIII, qui fixe la légitime d'après le nombre des enfans, mais d'une manière différente du droit romain.

Il semble qu'il aurait fallu de grands motifs pour abandonner une loi si récente, ouvrage du Conseil même.

L'opinant propose de s'y arrêter, en ce qui concerne les enfans seulement.

Il en rappellera donc les dispositions ; il en examinera ensuite les bases et les effets ; il en comparera les effets avec ceux qui résultent de tous les divers systèmes proposés.

De cette comparaison résultera la solution de la question de savoir auquel de ces divers systèmes on doit donner la préférence.

La loi du 24 germinal an VIII porte :

Art. 1er. « Toutes libéralités qui seront faites soit par actes « entre-vifs, soit par actes de dernière volonté, dans les « formes légales, seront valables, lorsqu'elles n'excéderont « pas le quart des biens du disposant, s'il laisse à son décès « *moins de quatre enfans* ; le cinquième, *s'il laisse quatre en-* « *fans* ; le sixième, *s'il en laisse cinq* ; et ainsi de suite, *en* « *comptant toujours*, pour déterminer la portion disponible, « *le nombre des enfans, plus un.* »

Art. 5. « Les libéralités autorisées par la présente loi pour- « ront être faites au profit des enfans ou autres successibles « du disposant sans qu'ils soient sujets à rapport. »

Principes et bases de cette loi.

On ne peut pas être divisé sur le motif qui nécessite une loi et l'objet qu'elle doit avoir ; on ne peut l'être que sur le mode par lequel on doit atteindre au but.

Il ne faudrait point de loi répressive de la liberté de disposer au préjudice de ses propres enfans, ni de loi qui permette de pareilles dispositions, si tous les hommes étaient ce qu'ils devraient être.

Mais l'expérience de tous les siècles nous apprend que des passions, des faiblesses, des préventions produites par les troubles intérieurs de l'union conjugale, des préférences aveugles et fondées sur de purs caprices ou provoquées par la séduction, étouffent trop souvent dans le cœur des pères la voix et l'impulsion primitive de la nature.

Les passions qui agitent le temps orageux de la jeunesse, les faiblesses de cet âge, dont les séductions étrangères ne savent que trop profiter, détournent souvent les enfans de ce respect que la loi divine commande, que les seules lumières de la raison, la reconnaissance, cet instinct de la nature, inspirent et gravent dans tous les cœurs.

En un mot, il ne faudrait point de loi, si l'expérience de tous les siècles ne nous montrait pas des fils ingrats, et des pères injustes, non seulement dans la distribution de leur affection entre leurs enfans, et, ce qui est plus rare, mais non pas sans exemple, des pères chez qui des affections étrangères étouffent l'amour paternel. Si tous ces accidens, inséparables de la condition humaine, n'existaient pas, il ne serait pas nécessaire de fixer par une loi les limites de la libéralité et de la bienfaisance des pères ; la loi pourrait les laisser les arbitres souverains de leur famille.

Une loi n'est nécessaire que pour arrêter les écarts de la raison, 1° dans la distribution intérieure que les pères pourraient faire de leur patrimoine entre leurs enfans ; 2° dans la profusion même avec laquelle ils pourraient se livrer à des affections étrangères.

Donner aux pères la faculté de récompenser ou de punir avec discrétion ; celle de réparer entre leurs enfans les iné- galités de la nature ou les injustices aveugles de la fortune ;

Leur accorder en outre la faculté d'exercer des actes de bienfaisance et de reconnaissance envers des étrangers :

Voilà les deux grands objets que la loi doit se proposer lorsqu'elle entreprend de fixer la légitime indisponible qu'elle réserve aux enfans.

En envisageant la loi sous ce double point de vue, voici les bases sur lesquelles se sont appuyés les auteurs de la loi de germinal.

Ils ont pensé que c'était accorder aux pères tout ce que la raison et le vœu de la nature pouvaient tolérer, de leur per- mettre d'assimiler un étranger à ses propres enfans, et de donner à un enfant une double part de celle qui resterait à chacun des autres.

C'est ce principe qu'ils ont écrit dans la loi même, par cette expression qui termine l'article 1er : *en comptant tou- jours, pour déterminer la portion disponible, le nombre des enfans ; plus un ;* et c'est cette règle qu'ils ont voulu exécuter par cette échelle qui, commençant du quart, va toujours en dégradant proportionnellement et également au cinquième, au sixième, au septième, et toujours ainsi de suite, suivant le nombre des enfans. Cette échelle suffirait à l'égard des dispositions faites au profit des étrangers.

Elle eût été insuffisante à l'égard des enfans si la portion d'enfant disponible, donnée à l'un d'eux, n'avait pas pu être retenue par lui, en sus de sa part égale dans le surplus indisponible : c'est ce qui a conduit à la disposition de l'ar- ticle 5, qui est indivisible dans le système de la première.

Peut–être existe-t-il dans cette loi une petite irrégularité, en ce que l'échelle ne commence qu'au nombre de trois en- fans, et qu'elle ne se trouve plus dans une porportion égale lorsqu'il n'y a que deux ou même qu'un enfant, puisque le quart, dans ces deux cas, n'est pas la portion d'un enfant, plus un; et peut-être il aurait fallu commencer l'échelle par la moitié, le tiers, le quart, etc.

Cette petite irrégularité serait facile à réformer. Il suffit d'avoir bien fait connaître la base fondamentale de cette loi, et l'effet qui en résulterait.

C'est en comparant cet effet avec celui que produirait tout autre système, que l'on pourra mieux juger auquel on doit donner la préférence.

Droit romain.

Trois époques. 1°. Liberté absolue. C'était l'abus de la puissance paternelle;

2°. Réserve du quart seulement. C'était encore un pouvoir excessif résultant de la même source, et produit par la vanité de n'avoir qu'un héritier;

3°. Réserve calculée d'après le nombre des enfans. Échelle trop régulière, dont tout le monde a reconnu les inconvéniens.

Droit coutumier, et spécialement Coutume de Paris.

Ici, base différente du droit romain. Ce n'est plus le nombre des enfans : c'est une quotité du patrimoine; la moitié rendue indisponible.

Cette quotité, quand il n'y avait qu'un enfant, ne faisait qu'égaler l'étranger à l'enfant; et c'était peut-être beaucoup de mettre l'affection étrangère au niveau du vœu de la nature.

Mais cette quotité paraissait bien plus intolérable quand on multipliait le nombre des enfans. A deux, elle ne faisait, à la vérité, que doubler la part de l'enfant; mais elle mettait l'étranger au-dessus des enfans, moitié contre un quart. L'inconvénient devenait bien plus grand si un père laissait beaucoup d'enfans, trois, quatre, cinq, six.

A trois enfans, l'étranger avait six douzièmes, quand il ne restait à chaque enfant que deux douzièmes.

L'enfant avantagé n'avait cependant encore que double part, six douzièmes contre trois douzièmes ; car il faut bien remarquer que l'enfant donataire ne pouvait conserver son don qu'en renonçant à la succession ; et dans le système de cette proportion on ne pouvait pas permettre le cumul.

Mais combien cette quotité disponible ne deviendra-t-elle pas exorbitante si l'on porte le nombre des enfans jusqu'à six, huit, et même davantage?

A six, un seul enfant peut avoir six douzièmes, tandis que ses frères ont moins d'un sixième.

A huit, un seul enfant a six douzièmes, tandis que ses frères n'ont chacun que trois quarante-huitièmes : c'est l'abus de la vanité, qui ne veut qu'un héritier, un seul enfant dans l'opulence, les autres dans l'indigence.

Tels étaient les inconvéniens de la quotité adoptée pour droit commun coutumier.

Loi du 7 nivose an II.

M. *Tronchet* ne parlera pas de cette loi, qui réduisait la quotité disponible au profit d'un étranger au sixième, et qui ne permettait aucune espèce de disposition entre enfans. C'était l'abus de l'imagination échauffée par une théorie brillante de métaphysique, la destruction de toute autorité paternelle, une égalité injuste, qui interdisait tout secours pour l'enfant disgracié de la nature, ou frappé par l'inconstance de la fortune.

Projet actuel.

Ici, le quart disponible indistinctement joint à la permission accordée à l'enfant de le recevoir hors part, en partageant encore dans les trois quarts réservés.

M. *Tronchet* considère l'effet de la loi, d'abord vis-à-vis de l'étranger.

La proportion est tolérable, quand on ne supposera qu'un,

deux ou trois enfans ; ce sera ou le quart contre les trois quarts, ou trois douzièmes contre quatre douzièmes et demi, ou l'étranger égalé à chaque enfant.

Mais il n'en sera plus de même si l'on suppose quatre ou six enfans ; alors l'étranger aura trois douzièmes contre deux douzièmes et un quart, ou trois douzièmes contre un douzième.

Et l'excès deviendra bien plus grand si l'on suppose, ce qui n'est pas rare, huit, dix, douze enfans.

L'opinant passe ensuite à l'effet de la loi à l'égard des dispositions entre enfans, en ne la séparant pas de la disposition qui permet l'avantage hors part.

Ici, de même que dans le cas précédent, la disposition devient tolérable quand on ne suppose que deux ou trois enfans. Celui qui est avantagé n'a que la double portion, ou à peu près.

Mais l'inégalité devient trop forte si l'on suppose quatre, six enfans ou davantage, puisque, dès qu'il y a quatre enfans, celui qui est avantagé a quatre fois autant que chacun de ses frères, quatre douzièmes et demi contre un douzième et demi.

Ainsi, dans ce système, il ne serait plus possible d'admettre le cumul de la portion disponible avec le partage du surplus ; et il faudrait en revenir à permettre seulement au père de donner une part d'enfant pour préciput, en comptant un enfant de plus.

Conclusion.

Ceci ramène naturellement au système de la loi de germinal, non seulement comme le plus équitable, mais encore comme le plus simple, le plus facile dans son exécution, et le moins compliqué dans ses dispositions.

Objections.

M. *Tronchet* a toujours supposé la totalité de la portion

disponible donnée soit à un étranger seul, soit à un seul enfant.

Mais cette portion peut être distribuée entre plusieurs personnes étrangères, ou entre plusieurs des enfans ; et alors il est évident qu'il y a une disproportion moins grande entre ce que gagne le donataire et ce qui reste à chaque enfant réduit à sa légitime. La disposition permise au père ne serait plus un avantage ou un secours véritable accordé à un enfant, lorsque le père aurait un certain nombre d'enfans, cinq par exemple, entre lesquels deux ou trois mériteraient un secours.

M. *Tronchet* répond d'abord que la véritable mesure de l'avantage que peuvent recevoir des étrangers ou des enfans n'est pas la proportion de ce qu'ils reçoivent, mais que cette mesure doit être combinée dans la double raison de la quotité du patrimoine et des portions qui restent aux enfans, eu égard à leur nombre et au partage de ce qui reste. Trois douzièmes retranchés sur une masse de 6,000 francs, partageable en cinq portions, sont aussi considérables pour cette masse que le même retranchement sur une masse de 60,000 francs, également partageable entre cinq enfans.

M. *Tronchet* répond, en second lieu, qu'il suffit que la loi ne défende pas de donner toute la portion disponible à un seul pour que le père puisse le faire, et pour qu'il y ait lieu de craindre qu'il ne le fasse.

Mais il faut, dit-on, présumer assez bien de la piété paternelle pour croire qu'il ne réunira pas tout l'effet de ses libéralités sur une seule tête.

Il ne faudrait point de loi, si l'on pouvait se contenter de cette prétendue garantie de la piété paternelle. Elle n'est nécessaire, la loi civile, que parce qu'une expérience de mille ans a prouvé chez nous, comme chez les Romains, que le législateur ne pouvait pas se reposer sur la seule loi de la nature.

M. Maleville dit que non seulement il ne pense pas qu'il

faille préférer la loi du 24 germinal an VIII au projet en
discussion, mais qu'il croit même que ce projet ne donne
pas aux ascendans une assez grande latitude de disposer; et
il persiste à croire, comme il l'a déjà soutenu dans l'une des
séances précédentes, que la légitime des descendans doit
être fixée à la moitié de ce qui leur serait échu si leur ascendant fût décédé *ab intestat.*

Si la loi de germinal an VIII fut accueillie par la nation,
ce n'est pas qu'elle remplît entièrement ses espérances; mais
c'est parce qu'elle présentait un acheminement à un meilleur ordre de choses, et qu'elle réparait une partie des
maux produits par la fameuse loi du 17 nivose an II.

Ce n'est pas une bonne méthode pour déterminer la quotité de la légitime que de la comparer sans cesse avec celle
des biens dont il serait possible que l'ascendant disposât en
faveur d'un étranger. Quel est donc le père dénaturé qui,
abusant de la latitude que la loi lui laisserait dans un objet
bien différent, oserait porter la moitié de sa fortune sur la
tête d'un étranger? Sans doute il faut laisser aux ascendans
les moyens de reconnaître des services, et d'exercer des
actes modérés de bienfaisance; et ces moyens doivent aussi
entrer en ligne de compte pour fixer la quotité disponible:
mais la loi ne suppose pas des monstres; elle ne statue pas
sur des événemens aussi extraordinaires.

La légitime des enfans doit être fixée à la moitié des biens
de leur père, d'abord parce que c'est à une moitié au plus
qu'elle a été réglée, depuis des siècles, dans tous les pays
soumis aujourd'hui au gouvernement français; car il ne faut
pas tenir compte des temps révolutionnaires, où l'on avait
rêvé l'égalité parfaite en toutes choses.

Mais c'est déjà une grande raison pour ne pas changer té-
mérairement, et sans les plus puissans motifs, cette antique
institution: *non facile recedendum est ab eo jure quod diu æquum
visum est. Montesquieu* insiste fortement sur cette maxime; il
dit que si, sous prétexte d'un plus grand bien, on change

les anciennes lois, les inconvéniens arrivent en foule par des issues qu'on n'avait pas prévues. Mais quelles seraient les raisons qui pourraient déterminer à augmenter la quotité de la légitime?

Les anciens législateurs ont eu trois motifs pour fixer cette légitime à la moitié : le premier est de faire une part égale au droit de propriété et à la piété filiale; le second de mettre les pères en état de compenser entre leurs enfans les désavantages qui résulteraient entre eux de la nature ou de la fortune ; le troisième de placer dans leurs mains des peines et des récompenses pour maintenir dans les familles la subordination et la tranquillité d'où dépend le repos de l'État.

Les deux premiers motifs sont toujours existans; et le troisième a acquis, depuis la révolution, un bien plus grand degré de force par l'accroissement de l'insubordination et de la dépravation des mœurs de la jeunesse. Qu'on vérifie dans les greffes des tribunaux criminels l'âge des condamnés, et l'on trouvera qu'ils sont presque tous au-dessous de trente ans.

Les pères sont la providence des familles, comme le gouvernement est la providence de l'État : il serait impossible à celui-ci de maintenir l'ordre s'il n'était efficacement secouru par les premiers ; il userait ses ressorts en déployant sans cesse sa puissance ; et le meilleur de tous les gouvernemens est celui qui, sachant arriver à son but par les causes secondes, paraît gouverner le moins.

L'erreur de ceux qui voudraient établir par les lois l'égalité entre les enfans vient de ce qu'ils pensent que, par le droit naturel, le bien des pères appartient à leurs enfans; d'où ils concluent que ceux-ci doivent les partager également.

Mais on a cent fois prouvé que cette opinion est fausse. *Montesquieu* dit encore très-bien que, par le droit naturel, les pères sont obligés de nourrir et de protéger leurs enfans jusqu'à ce que ceux-ci soient en âge d'y pourvoir eux-mêmes, mais non de les instituer héritiers; les successions dépendent en entier de la loi civile.

C'est la tendresse naturelle, et non la loi naturelle, qui appelle les enfans à la succession de leur père; et cette tendresse doit être égale pour tous, lorsque la reconnaissance et les besoins sont aussi égaux : mais de quelle espèce serait la loi qui obligerait aux mêmes libéralités envers deux enfans dont l'un outragerait son père, et l'autre le secourrait dans ses infirmités; dont l'un serait disgracié de la nature, et l'autre serait devenu opulent par son industrie? Ce n'est pas alors la loi naturelle qui les appelle à un partage égal; et il faudrait au contraire forcer la nature pour en obtenir un pareil résultat.

Enfin les divers usages des peuples ne viennent point du hasard ou du caprice; ils ont leur fondement dans la diversité de leur position.

Dans une grande ville, dans un pays commerçant où l'argent abonde et où les richesses sont principalement en mobilier, il y a moins d'inconvénient à ce que la portion disponible soit plus restreinte, parce que, même à l'égard des propriétés foncières, l'un des copartageans trouvera facilement du numéraire pour garder une terre en son entier et payer aux autres leurs parts : aussi à Paris, à Bordeaux même, au centre du droit romain, et quoique la légitime ne fût que de moitié, l'usage général était-il de partager également.

Mais dans les départemens méditerranés et sans commerce, où le numéraire est rare et les richesses mobilières presque nulles, où les hérédités sont absolument composées de propriétés foncières, chaque ouverture de succession amènera un partage réel, et subdivisera les héritages de manière à ne pouvoir plus composer une ferme, une métairie : ce serait la ruine de la culture et la destruction des familles; aussi dans ces pays l'usage à peu près général est-il de faire un héritier.

Ainsi chaque province s'est faite aux institutions les plus conformes à ses intérêts ; et ce serait la plus mauvaise de toutes les politiques que de chercher à les contrarier : il faut porter une loi qui puisse convenir à toutes les habitudes ; et certainement l'ancienne quotité de la légitime est celle qui s'accommode le mieux à tous les usages. Il convient aux goûts et à la position des uns de faire un partage égal ; la loi n'y porte point d'obstacle : mais pourquoi voulez-vous empêcher les autres de faire autrement, si l'intérêt de leur famille l'exige ? Ce serait une tyrannie à laquelle le législateur ne peut pas se prêter.

M. Boulay admet le système de la loi du 24 germinal, toutefois avec la modification que la portion disponible du père sera du quart dans tous les cas : ce qui généraliserait l'échelle.

Cette disposition est d'autant plus convenable que la légitime ne pouvant être frappée de substitution, le père aurait du moins le moyen de conserver une partie de sa fortune à ses petits-enfans.

M. Portalis dit que si la loi laisse au père la disposition d'une partie de ses biens, c'est pour le mettre en état de punir, de récompenser, de réparer les inégalités entre ses enfans, et de satisfaire aux obligations que la reconnaissance ou d'autres motifs peuvent lui imposer envers les étrangers. Lui seul est capable de remplir ces devoirs ; car la loi ne peut régir que la masse des citoyens, et non l'intérieur des familles. Or, elle ne doit s'occuper que de ce qu'elle peut bien régler par elle-même : donc, ne pouvant ici établir une règle générale, il est utile qu'elle s'en rapporte au père. Il y a plus d'enfans ingrats qu'il n'y a de pères injustes. L'âge des passions fait oublier trop souvent à ces derniers leurs devoirs ; et d'ailleurs l'expérience prouve que l'affection est bien plus vive dans les ascendans pour les descendans que dans les descendans pour les ascendans.

L'opinant rappelle ce qu'il a dit sur ce sujet dans la séance du 7 pluviose. Il conclut à ce qu'on laisse au père une très-grande latitude.

M. Berlier dit que la proposition du Consul *Cambacérès* lui semble susceptible d'être adoptée moyennant un amendement.

La disponibilité de moitié quand il n'y a qu'un enfant est bien forte; mais l'application en sera sans doute bien rare : il faudra qu'un enfant ait bien démérité pour que les affections de la nature ne l'emportent pas sur les affections étrangères.

Ce qui est à redouter, c'est la préférence d'enfant à enfant, parce qu'elle est plus dans l'ordre des habitudes; et quoique la disponibilité du tiers, quand il y a deux enfans, puisse, si elle est intégralement exercée au profit de l'un d'eux, assigner à celui-ci un héritage double de celui de son frère, du moins conviendrait-il que cette proportion du double ne fût jamais excédée entre enfans.

Or, c'est ce qui arriverait dans la proposition ultérieure de la disponibilité du quart appliquée à celui qui a trois enfans ou plus.

Supposons, en effet, un homme dont la fortune s'élève à 120,000 fr., et qui ait six enfans. Si cet homme peut donner 30,000 fr. à l'un de ses enfans, qui prendra en outre 15,000 fr. pour son sixième dans les 90,000 fr. restans, l'enfant avantagé aura 45,000 fr., c'est-à-dire une portion triple de celle de chacun de ses frères.

Une telle disparité entre les enfans du même père, disparité qui pourrait être beaucoup plus choquante si l'on suppose un plus grand nombre d'enfans, ne doit pas exister.

Cependant l'opinant ne propose pas d'ôter la disponibilité du *quart* au père qui a trois enfans ou un plus grand nombre, mais il voudrait qu'un tel père ne pût jamais en user de manière que l'un de ses enfans se trouvât avoir une portion excédant le double de celle des légitimaires.

C'est en ce sens qu'il faudrait amender la disponibilité du

quart, qu'il faut d'ailleurs laisser au père comme pouvant avoir à récompenser plusieurs enfans, ou même des étrangers.

M. GALLI est de l'avis de M. *Portalis.*

Il rappelle que, d'après un principe généralement adopté, ce qui a été fait, reçu et pratiqué partout et en tout temps doit être respecté. Les lois romaines ont cet avantage : elles ont fixé la légitime d'après des principes pris dans la nature et dans une saine philosophie, et qui, dès-lors, ne doivent point être sujets aux variations du temps et de la mode.

Mais il est nécessaire, dit-on, de prévenir les testamens déraisonnables.

Il y en aura sans doute. Néanmoins, l'opinant, s'appuyant sur son expérience personnelle, assure que pendant quarante-trois ans qu'il a exercé les fonctions de juge, il a vu à peine quelques testamens où un père ait oublié son caractère et ses devoirs en préférant des étrangers à ses propres enfans.

Cependant, si l'on répugne à suivre littéralement la loi romaine, M. *Galli* propose de donner au père la disposition de la moitié de ses biens, quel que soit le nombre de ses enfans.

M. SÉGUR dit que l'abus de l'autorité de la part des pères est toujours rare, parce qu'elle blesse la nature et leur cœur. On doit bien plus craindre l'indépendance des enfans : elle relâche les liens sociaux et conduit à l'immoralité. Si l'on veut arrêter le désordre, il importe de recréer la magistrature si simple des pères, et de ne la pas renfermer dans des bornes trop étroites. L'opinant appuie la proposition du Consul *Cambacérès.*

LE PREMIER CONSUL dit que plus on se rapprochera des lois romaines dans la fixation de la légitime, et moins on affaiblira le droit que la nature semble avoir confié aux chefs de chaque famille. Le législateur, en disposant sur cette matière, doit avoir essentiellement en vue les fortunes modiques. La trop grande subdivision de celles-ci met nécessairement un terme à leur existence, surtout quand elle entraîne l'aliénation de la maison paternelle, qui en est pour ainsi dire le point central.

M. Bérenger dit qu'il aperçoit deux résultats contradictoires, mais également vrais : le premier, que la question est importante ; le second, que peu importe la manière dont on la décidera, parce que, dans tous les systèmes, les inconvéniens et les avantages se balancent

Il est nécessaire de décider, parce qu'il faut donner aux familles une règle à laquelle on veut qu'elles s'accoutument.

Mais quand on veut trouver une règle, on rencontre de grands embarras. Par exemple, il est juste d'établir l'égalité entre les enfans ; mais on sent que pour y parvenir il faut calculer la situation, le sexe, l'âge, les talens et le caractère de chacun d'eux ; et alors on est porté à constituer le père arbitre entre ses enfans.

D'un autre côté, si l'on considère que les pères sont sujets aux passions, et surtout à l'orgueil, on craint pour le sort des enfans, et on sent qu'il est nécessaire de fixer la quotité de la légitime, et de ne laisser à la disposition du père qu'une partie de ses biens.

On a dit que si la légitime était considérable, les petites fortunes seraient anéanties. Il ne semble cependant pas que le système contraire pût les conserver ; car il faudra toujours diviser le patrimoine pour remplir de leur légitime les enfans qui y seraient réduits. Dès-lors la vente de la propriété entière paraîtrait plus utile. Ainsi cette considération n'est pas assez puissante pour porter à étendre la faculté de disposer.

Le maintien de l'autorité paternelle est un motif plus déterminant.

On pourrait laisser au père la disposition de la moitié des biens lorsqu'il a peu d'enfans, et la faire descendre jusqu'au quart, mais graduellement, et d'après une échelle.

M. Berlier observe que l'expérience fournit une puissante réponse aux considérations tirées de l'intérêt des villageois. Les testamens sont heureusement très-peu connus parmi eux ; l'égalité préside aux partages que font leurs enfans ; et s'il n'entre pas dans leurs vues de faire valoir la petite ferme en société, l'un d'eux la prend, moyennant une rente qu'il fait aux autres. Tout prend ainsi naturellement son niveau, et s'arrange par la force des choses, et beaucoup mieux qu'en ouvrant ou indiquant aux pères de famille, considérés dans cette classe, une voie peu compatible avec la simplicité de leurs mœurs et le bonheur de leur famille.

M. Boulay dit que, chargé par le gouvernement de présenter la loi du 24 germinal an VIII, il a eu occasion de s'assurer que la loi du 17 nivose an II n'a jamais été suivie dans les pays de petite culture : là l'héritage a continué de demeurer à l'aîné qui l'avait cultivé et amélioré.

Il s'est chargé de nourrir son père. Les autres enfans ont eu un pécule.

Si l'aîné n'a pas la certitude morale de succéder à l'héritage, il se dispensera de toutes les peines qu'il lui en coûte pour l'améliorer.

M. Réal répond qu'il connaît aussi beaucoup de départemens de grande culture où la loi du 17 nivose a reçu son exécution.

Il ne redoute point une loi dont le résultat produirait une certaine division dans les propriétés ; elle diminue de nombre la classe des prolétaires ; elle augmente le nombre des propriétaires. Il en appelle à l'expérience : c'est dans les pays de petite culture qu'on trouve une population nombreuse ; c'est donc là que se trouvent aisance et prospérité.

Il applique à la question actuelle les réflexions qu'il a faites au sujet des substitutions. Sans doute qu'en favorisant ainsi le rétablissement en grande partie du droit d'aînesse on pourvoit à la conservation du nom de la maison ; mais loin de conserver la famille, cette théorie la détruit en chassant de l'héritage paternel la plus grande partie des membres qui

composent cette famille, en établissant entre les enfans d'un
même père des motifs bien fondés de jalousie et de haine.

C'est ce qui arrivait en Normandie, en Gascogne, où les
cadets dépouillés par la coutume, végétaient dans les priva-
tions et la misère à côté d'un aîné qui nageait dans l'abon-
dance et le superflu.

On parle de l'ancienneté de cet ordre de choses. Mais d'a-
bord nos institutions ont changé ; et ce qui convenait lorsqu'il y avait des priviléges et un tiers-état ne peut convenir
sous le régime de l'égalité. Mais si cet ordre de choses est
ancien, il faut avouer que les réclamations qui en demandent l'abrogation sont aussi très-anciennes. Il n'est point un
philosophe, un philantrope qui n'ait écrit contre cet abus,
pas un publiciste qui ne l'ait condamné ; et des réclamations
unanimes, consignées dans tous les cahiers, on fait prononcer son anéantissement.

M. REGNAUD (de Saint-Jean d'Angely) dit que l'égalité
absolue, rejetée par l'Assemblée constituante, quoique *Mirabeau* en fût le défenseur, rejetée encore depuis par l'assentiment général qu'a obtenu la loi du 24 germinal an VIII,
est si peu dans nos mœurs, que presque toujours le père
donne à l'aîné de ses enfans le manoir paternel, et aux autres leur part en argent. Pour faire exécuter le partage, le
père ajoute une clause par laquelle il prive ceux de ses enfans qui ne s'y soumettraient pas de toute la portion des
biens dont la loi l'autorise à disposer.

M. MALEVILLE dit que la loi doit être conçue de manière
qu'elle convienne à tous, qu'elle ne blesse aucun intérêt,
qu'enfin elle s'exécute. La loi qui remplirait le mieux ces
conditions serait celle qui donnerait au père la libre disposition de la moitié de ses biens, parce que, sans l'obliger
à les partager inégalement entre ses enfans, à faire même
aucune disposition, si l'égalité de leurs besoins et de leur
mérite l'en dispense, elle lui conserve seulement un droit
nécessaire au maintien de son autorité et aussi ancien que

l'empire même. Le priver de ce droit, ce serait l'inviter, en quelque sorte, à se faire autrement justice ainsi qu'à sa famille ; et l'on verrait les contrats de vente simulés, et les obligations frauduleuses prendre la place des anciens testamens.

Pour faire restreindre ce droit, on a opposé le peu de confiance que méritent les pères : on était frappé, sans doute, des mauvais exemples que pourrait présenter à cet égard la capitale ; et c'est peut-être un malheur que les lois soient toujours portées dans d'immenses cités, dont la corruption donnerait en effet une triste idée de la nature humaine. Lorsqu'on veut faire une loi, c'est sur les départemens qu'il faut tourner ses regards. Là un mauvais père est un phénomène dont l'apparition afflige rarement les âmes sensibles.

M. JOLLIVET dit que jusqu'ici on n'a consulté que l'intérêt des enfans ; mais qu'il ne faut pas perdre de vue, quand on règle la disponibilité des pères, que beaucoup de mariages sont arrêtés sous la condition des avantages faits aux époux, et qu'ils deviendraient impossibles si le père n'avait une grande latitude.

La graduation aurait d'ailleurs l'inconvénient de donner au père intérêt à n'avoir qu'un petit nombre d'enfans.

M. BIGOT-PRÉAMENEU dit qu'on doit se décider ici par deux sortes d'intérêts, celui de l'État, celui de la famille.

L'intérêt public est dans la bonne organisation de chaque famille ; car il en résulte la bonne organisation de l'État.

A l'égard des familles, elles ne se conservent que par une bonne organisation.

Or, le droit d'aînesse ne servait ni l'intérêt de l'État ni l'intérêt des familles ; il n'existait que pour l'avantage d'un seul : on ne propose pas de le rétablir.

Mais la division égale des biens produit un autre inconvénient ; elle détruit les petites fortunes. Un petit héritage, coupé en parcelles pour être partagé entre plusieurs, n'existe

plus pour personne. La famille ne profite pas de cette division;
car qu'est pour chacun la modique portion qu'il reçoit? Si
l'héritage demeure entier, il reste un centre commun à la
famille.

L'opinant appuie la proposition du Consul *Cambacérès*.

LE CONSUL CAMBACÉRÈS résume les diverses propositions.
Il donne la préférence à celle qui gradue la légitime de manière que, quand il y a trois enfans ou un plus grand nombre,
elle soit réglée aux trois quarts. Il estime qu'on ne doit point
s'inquiéter de l'usage que le père peut faire de la portion de
biens dont la disposition lui reste, et qu'il ne faut pas laisser
au père une demi-volonté.

LE PREMIER CONSUL demande s'il ne serait pas préférable
de graduer la légitime sur la quotité de la succession plutôt
que sur le nombre des enfans.

On pourrait, par exemple, accorder au père la disposition
de la moitié de ses biens, lorsqu'ils s'éleveraient à 100,000 fr.;
au-delà, il ne pourrait disposer que d'une part d'enfans.

Ce système semble laisser la latitude au père, en même
temps qu'il tend à conserver les petites fortunes, et à empêcher qu'il ne s'en forme de trop considérables.

M. BÉRENGER dit que peu de fortunes s'élèvent à 100,000
francs; que, d'ailleurs, l'importance de cette somme varie
suivant les temps et suivant les pays.

M. TRONCHET dit que le plus grand inconvénient de ce
système serait qu'il obligerait à faire une expertise dispendieuse et souvent incertaine.

L'opinant, revenant à la proposition du Consul *Cambacérès*,
observe qu'elle laisse subsister la question de savoir si l'enfant
pourra prendre, hors part, les avantages que lui fera le père.

M. BIGOT-PRÉAMENEU répond que cette question se rattache à l'article 20, qui n'est pas encore soumis à la discussion.
Elle n'a pas de connexité avec celle dont s'occupe le Conseil;
car il s'agit de fixer la quotité des biens dont le père pourra
disposer, même au profit d'étrangers.

La proposition faite par la section est adoptée avec l'amendement proposé par le Consul *Cambacérès*.

(Procès-verbal de la séance du 28 pluviose an XI. — 17 février 1803)

On reprend la discussion de la section Ire du chapitre II du titre *des Donations entre-vifs et des Testamens*.

La seconde partie de l'article 18 est adoptée.   915

La troisième partie du même article est discutée.   916

M. Bigot-Préameneu dit que cette partie de l'article présente la question de savoir si la loi établira une réserve au profit des frères et sœurs et de leurs descendans.

Chez les Romains, les parens de cette ligne et de ce degré n'avaient droit de se plaindre de la disposition du testateur que lorsqu'il avait appelé à sa succession une personne honteuse.

Hors ce cas ils ne pouvaient prétendre à aucune partie de ses biens.

En France, le système des propres leur donnait une réserve. Ce système avait été imaginé pour conserver les mêmes biens dans les familles : il pouvait produire cet effet dans des temps où le commerce des immeubles était moins fréquent, et où chacun était plus attaché au patrimoine de ses pères. Aujourd'hui que les mœurs ont changé sous ce rapport, il ne peut plus produire les mêmes résultats. Mais à ce moyen, devenu inefficace, il paraît convenable d'en substituer un autre qui, mieux assorti à nos mœurs actuelles, serve à maintenir les familles. C'est dans cet esprit que la section propose la troisième partie de l'article 18.

Si elle y donne plus de force qu'en ligne directe aux dispositions entre-vifs, c'est que des collatéraux ne lui ont pas paru mériter la même faveur que des enfans.

M. Regnaud (de Saint-Jean-d'Angely) observe qu'en obligeant les successibles à rapporter les donations qu'ils ont reçues, la section favorise moins les parens que les étrangers, puisque ces derniers conservent irrévocablement la chose donnée. Il semble donc que le rapport ne devrait être admis en aucun cas.

M. BIGOT-PRÉAMENEU répond que l'établissement d'une légitime en collatérale n'est pas favorable au point d'enlever à un étranger la chose donnée et dont il a dû se croire propriétaire incommutable; mais qu'en directe la légitime est d'absolue nécessité, et que dès lors on ne peut pas créer, d'un côté, une légitime, et permettre de l'autre au testateur d'éluder la loi en faisant des donations aux successibles.

M. TRONCHET voudrait qu'il fût accordé une légitime aux frères et aux sœurs. Ce n'est pas que les devoirs qui existent entre les pères et les enfans, existent également entre les frères, et qu'en ligne collatérale les parens se doivent des alimens comme en ligne directe. Mais la nature ayant établi des liens très-étroits entre les parens de ce degré, ce serait l'outrager que de les priver de tout en faveur d'étrangers. Cependant la légitime doit être modique.

Ces motifs, qui peuvent déterminer à donner une légitime aux frères, ne s'étendent pas jusqu'à leurs descendans. L'oncle doit sans doute protéger ses neveux, mais ce n'est que dans le cas où les neveux se rendent dignes de son appui. Il est à craindre qu'ils n'oublient leurs devoirs, si la loi leur assure irrévocablement une portion des biens de l'oncle. Ils les rempliront au contraire s'ils sont obligés d'acheter les bienfaits de l'oncle par leur attachement et par leur respect.

L'opinant examine si l'extension que la section a donnée aux dispositions de la coutume de Paris doit être adoptée.

Dans les pays coutumiers, dit-il, on n'admettait point le cumul de légataires et d'héritiers : on pensait que celui qui réclamait le bénéfice de la loi ne devait pas se prévaloir de la volonté de l'homme; mais dans la coutume de Paris la prohibition était restreinte aux legs.

La section a été plus loin; elle l'a étendue aux donations

entre-vifs. Cependant il semble que l'héritier n'a pas lieu de se plaindre, puisque le défunt pouvait donner entre-vifs tout son bien à un étranger.

Le mot *successible* ne laisse point de difficultés dans le cas dont a parlé le Consul *Cambacérès.*

L'article, en effet, n'exige de rapport que par le successible. Or, ce titre ne convient point à celui qui est exclu par son père. L'ancien droit, à la vérité, faisait une exception à ce principe pour la ligne directe, parce que, dans cette ligne, il voulait l'égalité parfaite, même entre les branches ; mais jamais cette exception n'a été étendue à la ligne collatérale.

M. PORTALIS attaque le principe de l'article. L'opinant n'admet aucune légitime en collatérale ; elle est due en ligne directe, à cause de l'obligation imposée au père de pourvoir à l'établissement de ses enfans : or, cette obligation n'existe pas entre les frères.

Il y a plus. En collatérale il est permis de disposer indéfiniment entre-vifs au profit d'étrangers. Cependant, lorsque, d'un côté, cette faculté qui peut dépouiller une famille entière est admise, on la fait cesser quand il s'agit de récompenser celui des frères qui, par sa situation, ses sentimens ou sa conduite, mérite d'être préféré aux autres. Si la disposition qui permet de préférer des étrangers aux frères ne choque pas les principes, comment seraient-ils blessés par la préférence donnée à un frère sur les autres ?

C'est, dit-on, parce qu'il faut établir l'égalité entre les successibles.

Étrange manière de les égaliser, que de permettre de les dépouiller également ! On ôte au citoyen le droit d'être juste dans sa famille pour ne lui laisser que celui de s'y rendre odieux.

On fait valoir les liens que la nature a formés entre les frères ; ils sont nés du même père ; ils ont partagé l'hérédité paternelle.

Ce ne sont pas là dès motifs de gêner la disposition d'un testateur. Si son patrimoine vient du père commun, ses frères ont eu leur part et n'ont plus rien à y prétendre.

S'il l'a acquis par son industrie, comment lui en refuser la libre disposition ? Ce droit est une suite nécessaire de sa propriété.

Les liens de famille ! Ils se resserrent, ils se perpétuent par les égards réciproques de ceux qu'ils unissent, par le doux commerce de bienfaits et par l'intérêt mutuel qu'ont tous les membres de la famille de se ménager. L'intérêt, comme la crainte, est le commencement de la sagesse.

M. BIGOT-PRÉAMENEU répond d'abord à M. *Tronchet* que la réserve au profit des neveux est limitée à ceux qui existent à l'époque du décès ; ce qui ne conduit pas ordinairement à une longue suite de générations. D'ailleurs, la question est préjugée par la disposition du titre *des Successions* qui admet les neveux à la représentation, sur le fondement que la mort de leur père ne doit pas leur porter préjudice.

L'opinant répond à M. *Portalis* que le testateur ayant la libre disposition des trois quarts de ses biens, a une assez grande latitude pour récompenser l'affection d'un frère et les conduire tous à leurs devoirs par la vue de l'intérêt. Mais il est de la sagesse du législateur de prévoir le cas où un parent dénaturé voudrait désorganiser sa famille et ravir au plus grand nombre de ses parens, en faveur d'un seul, la petite portion de bien nécessaire à leur existence.

Il est impossible d'imposer aux étrangers l'obligation de rapporter les donations qu'ils ont reçues, puisqu'ils ne prennent rien dans la succession, et que leur fortune peut se trouver réduite à un état tel, que la restitution à laquelle ils se trouveraient obligés consommerait leur propre patrimoine, et tournerait ainsi contre eux le bienfait qu'ils ont reçu.

Les collatéraux, au contraire, se trouvent dans la même position que les héritiers en ligne directe ; et l'on ne voit pas de motif pour établir une différence entre les uns et les autres à l'égard du rapport des donations.

M. Tronchet dit qu'il faut décider d'abord s'il y aura une légitime pour les frères; qu'ensuite on pourra décider s'il y en aura une pour les neveux.

M. Muraire dit que c'est dénaturer les idées que d'établir une légitime en collatérale. Toute légitime, en effet, est une dette.

Or, les enfans doivent pourvoir aux besoins de leurs pères, les pères aux besoins de leurs enfans; mais la même obligation n'existe pas à l'égard des frères.

Il ne reste donc plus, pour appuyer ce système, que la considération morale de resserrer les liens de famille. Mais les bienfaits émanés de la volonté de l'homme opéreront toujours cet effet, bien plus sûrement que les bienfaits émanés de la volonté de la loi. Ce motif ne suffit donc pas pour introduire dans le droit une innovation aussi considérable que celle qui est proposée.

Enfin, M. *Portalis* a fait une réflexion qui doit être décisive : car, si le patrimoine vient d'un père commun, c'est augmenter la légitime des enfans que de leur en réserver encore une partie dans la succession de leurs frères; si le patrimoine a été acquis par l'industrie du propriétaire, il est juste de ne le point forcer dans sa disposition.

M. Gally pense qu'il conviendrait de s'en tenir aux dispositions de la loi romaine qui, depuis un temps immémorial, régissent tous les pays civilisés : elles n'admettent de légitime qu'en ligne directe.

Le Premier Consul répond que si les lois romaines régissaient autrefois une partie de la France, l'autre était régie par le droit coutumier, qui admettait une réserve au profit des collatéraux, par l'effet du système des propres.

La réserve du quart, qu'on propose, remplacerait ce système et conduirait au même résultat, en conservant les biens dans la famille.

M. TRONCHET observe qu'on pouvait disposer entre-vifs de la totalité de ses propres, et que d'ailleurs il était facile de les dénaturer.

M. TREILHARD ajoute que les propres étaient réservés, non à l'héritier le plus proche du défunt, mais à l'héritier de la ligne du propre; en sorte que les propres pouvaient passer et passaient souvent à un parent très-éloigné, au préjudice d'un neveu.

M. MALEVILLE dit que ne point accorder de légitime aux frères, ce serait passer trop brusquement d'un ordre de choses où la presque totalité des biens était réservée aux parens, à un autre où la loi n'établirait aucune réserve en leur faveur.

A l'égard de ce qu'on a dit de l'efficacité de la liberté indéfinie de disposer pour maintenir les liens de famille, comme c'est surtout entre les pères et leurs enfans qu'il est utile de resserrer ces liens, il en résulterait qu'il faudrait aussi établir en ligne directe cette faculté illimitée de disposer; ce dont il n'y a pas d'apparence que personne convienne.

M. MURAIRE objecte qu'en ligne directe la légitime est une dette.

M. THIBAUDEAU dit qu'il ne faut pas conclure de ce qu'on pouvait disposer de ses propres par donation entre-vifs, qu'on ne doive pas établir de légitime en collatérale, dans les limites proposées. La donation entre-vifs expropriant à l'instant le donateur, ces sortes d'actes n'étaient pas si communs que les propres ne restassent le plus souvent dans les successions *ab intestat.* Maintenant que la distinction des propres n'existe plus, il arriverait très-fréquemment que les héritiers collatéraux du premier degré se trouveraient privés de tous les biens par testament; et les habitudes d'une grande partie de la France repoussent un système dont l'effet serait de relâcher des liens de famille, qu'il importe au contraire de maintenir dans toute leur force.

M. CRETET dit que derrière le droit positif, qui n'impose

point l'obligation de donner des alimens en ligne collatérale ,
il voit la nature qui établit entre les frères une affection à
laquelle le législateur doit avoir égard. Le droit romain ne
doit pas faire autorité, lorsqu'il méconnaît les liens que
forme le sang entre les enfans issus d'un même père.

Toujours la morale fera un devoir au frère de ne point
abandonner son frère indigent. Si elle le force à remplir ce
devoir pendant sa vie, pourquoi ne l'étendrait-elle pas au-
delà de sa mort?

M. Treilhard dit que ni le droit coutumier ni le droit
écrit n'ont jamais donné de légitime aux frères. La réserve
des propres était un système absolument différent de celui
de la légitime : le plus grand nombre des familles n'avait
pas de propres, et la réserve était fort inutile dans ce cas. Le
testateur pouvait alors disposer de toute sa fortune au préjudice de ses frères. Les réserves coutumières avaient pour
objet de conserver les biens dans les lignes, et non pas de
les transmettre aux plus proches parens.

Le Premier Consul dit que le droit romain n'accordait
une légitime aux frères et aux sœurs que dans le seul cas où
le testateur avait appelé à sa succession une personne honteuse.

M. Treilhard dit que si la réserve n'avait lieu que dans
ce cas, elle serait infiniment rare, mais qu'il s'agit de savoir
si elle aura lieu dans toutes les hypothèses.

M. Bigot-Préameneu dit que si le droit romain ne donnait la préférence aux frères que sur les personnes honteuses,
la jurisprudence la leur accordait sur des légataires beaucoup
plus favorables, puique les parlemens réduisaient les legs
universels faits au profit des hôpitaux. Cette réduction avait
lieu indépendamment de la loi qui déclarait les gens de
main-morte incapables de recevoir.

M. Emmery dit que, dans quelques pays , tout testament
où les frères n'avaient point été nommés était annulé. On
supposait que si le testateur eût pensé à eux, il eût changé

ses dispositions. Il suffisait au surplus qu'il leur eût laissé la somme la plus modique, pourvu que leur nom se trouvât rappelé.

M. Bérenger défend l'opinion de M. *Portalis* contre les objections par lesquelles elle a été combattue.

On a observé d'abord qu'elle blesse l'affinité que le sang établit entre les enfans d'un même père.

Cette affinité a été respectée dans les successions *ab intestat,* où elle sert à déterminer l'ordre de la vocation. Dans les successions testamentaires elle ne peut devenir une règle absolue; car les procédés et la conduite peuvent changer les affections naturelles.

Or, serait-il juste qu'un frère qui, par le mépris des sentimens naturels, se serait rendu étranger à son frère, fût préféré à un étranger qui, par son attachement et ses services, s'est rendu le frère du testateur?

On ne peut tirer aucun argument du système des propres. Le retour par ligne qu'il établissait prouve qu'il n'était pas mesuré sur les degrés de l'affection, mais qu'il était fondé sur l'intention de conserver les biens dans les familles; mais du moins pouvait-on s'y soustraire en dénaturant ses biens, quand on ne voulait obéir qu'à son cœur. Ici la réserve serait forcée; car même les donations entre-vifs faites à des collatéraux seraient soumises au rapport.

Quant aux coutumes dont a parlé M. *Emmery*, elles n'obligeaient pas à conserver aucune portion de ses biens à ses frères, puisqu'il suffisait de rappeler leur nom pour pouvoir disposer indéfiniment.

Le Conseil adopte en principe que la loi établira une réserve en faveur des frères;

Qu'il n'y aura point de réserve pour les neveux venant de leur chef, hors le cas où ils concourraient par représentation avec les frères.

Les mots *autres que les successibles* sont retranchés de l'article.

M. MALEVILLE revient sur la disposition relative aux as— 915 cendans, qui lui semble présenter de l'obscurité dans sa rédaction. En la considérant isolément, on croirait que la légitime des ascendans sera toujours de la moitié fixe des biens ; mais en la rapprochant de la première partie de l'article, il paraît qu'elle ne sera que de la moitié de ce qu'ils auraient eu si la succession n'avait pas été diminuée par des donations entre-vifs ou testamentaires, et alors il peut arriver qu'elle soit moins forte que la légitime des frères ; car si un défunt laisse ses père et mère et un frère, chacun des père et mère ne prendra qu'un huitième de ses biens, tandis que le frère en prendra le quart.

L'opinant pense que la légitime des ascendans doit être fixée au tiers dans tous les cas : telle est la disposition expresse de l'article 61 de l'ordonnance de 1735.

M. TRONCHET dit que cet inconvénient tient à la nature des choses. Une quotité proportionnelle est essentiellement sujette à varier suivant les circonstances ; mais la rédaction de l'article semble présenter une autre difficulté. Ces mots, *à défaut de descendans et d'ascendans*, semblent exclure le concours entre les frères et les ascendans, et cependant il est des cas où ce concours existe.

M. BIGOT-PRÉAMENEU dit que la difficulté est levée par d'autres dispositions, mais qu'il est en effet utile de la faire cesser par la rédaction de l'article.

La quatrième partie de l'article est soumise à la discussion 916 et adoptée.

L'article 19 est discuté.

M. TRONCHET dit que l'objet de cet article est de prévenir 917 une difficulté qui s'est souvent présentée.

La légitime doit être laissée en entier. Il pourrait arriver cependant qu'un testateur, en réservant la totalité de ses biens à ses enfans, les eût chargés d'une rente viagère ou d'un usufruit qui en réduirait le produit au-dessous des

trois quarts. On a demandé si le légitimaire pourrait se
plaindre ; et quelques-uns ont pensé qu'il était recompensé
de la diminution de sa jouissance par la propriété de la portion disponible. Mais il a été décidé, conformément au sentiment de *Ricard*, que le testateur avait fait ce qu'il ne pouvait pas, et qu'il n'avait pas fait ce qu'il pouvait. Or, n'étant
pas permis aux juges de suppléer la volonté du testateur, on
réduisait ordinairement l'usufruit ou la rente au revenu de
la portion disponible. La section a cru devoir proposer une
règle fort simple, qui prévient ces sortes de procès.

M. TREILHARD ajoute que ni l'héritier ni le légataire ne
peuvent se plaindre. Le premier a un moyen de s'affranchir
de la rente ; le second acquiert une propriété en remplacement d'un simple usufruit.

L'article est adopté sauf rédaction.

919   L'article 20 est discuté.

M. TRONCHET dit que la légitime doit demeurer entière ;
qu'elle ne le serait plus cependant si le donataire était
admis à un partage égal des biens qui restent, sans être
obligé au rapport.

On objecte que l'héritier institué faisait part dans la légitime. C'est une erreur : l'héritier institué faisait nombre pour
déterminer la quotité de la légitime ; mais il ne prenait aucune part dans la quotité réservée aux légitimaires.

On ne mettra les deux dispositions en harmonie qu'en
décidant que la légitime ne peut être diminuée par la disposition du père.

L'article aurait, en outre, un autre inconvénient ; il pourrait donner à l'enfant favorisé des avantages immenses sur
ses frères. Qu'on suppose, par exemple, un patrimoine de
100,000 francs diminué par une donation de 25,000 francs
faite à l'un des enfans. S'il existe six partageans parmi lesquels soit le donataire, et qu'il prenne sa part sans rapporter,
il recueillera 37,500 francs ; tandis que la part de ses frères
ne sera que de 12,500 francs.

Plus il y aura de partageans, et plus la disproportion s'accroîtra.

Il paraîtrait donc nécessaire de fixer une quotité au-delà de laquelle la donation faite à un seul des enfans serait réductible au profit de ses frères. On pourrait ajouter à l'article, « sans néanmoins que la donation du quart faite à l'un « des enfans puisse excéder le tiers ou la moitié de la portion « légitimaire. »

M. Bigot-Préameneu dit que la contradiction dont a parlé M. *Tronchet* n'est pas réelle, puisque, d'après les dispositions adoptées dans les séances précédentes, la légitime ne peut être entamée. Si, par l'effet d'une donation, l'un des enfans se trouve plus avantagé que ses frères, qui d'ailleurs ont retiré leur légitime, c'est une suite inévitable de la faculté de disposer qu'on est convenu d'accorder au père.

La seconde question a également été traitée; et l'on a dit que lorsque le patrimoine est considérable, l'enfant réduit à sa légitime se trouvait dans un état d'opulence tel, que la donation qui double la part de son frère doit lui devenir indifférente; que si le patrimoine est modique, on ne peut le diviser sans l'anéantir pour tous. Cependant cette question n'a pas été décidée.

M. Treilhard dit que la législation adoptée par le Conseil repose sur des bases différentes de celles admises par les anciennes coutumes. Les coutumes voulaient l'égalité parfaite entre les enfans venant à succession : le Conseil, en accordant une portion disponible au père, et en lui permettant d'en avantager un de ses enfans au préjudice des autres, permet entre eux l'inégalité.

M. Muraire pense qu'on ne peut donner de limites à la libéralité du père.

La loi a fait la part des enfans et a pourvu à leur sort; elle donne au père la libre disposition d'une partie de ses biens : il serait bizarre de lui permettre d'en user au profit d'étrangers, et d'en borner la latitude lorsqu'il en use au profit de ses enfans. Ainsi, parce qu'on serait l'enfant du donateur, on serait de pire condition que si on ne lui était pas uni par les liens du sang.

De quoi s'effraie-t-on?

De l'extrême inégalité qui peut en résulter entre les héritiers.

Mais d'abord elle sera rare.

Ensuite on ne la préviendrait pas par la loi; car le père saura, par des voies indirectes, échapper aux entraves que la loi lui aura données.

M. Bérenger dit qu'il serait contradictoire de donner au père la disposition libre et indéfinie d'une partie de ses biens, et de la limiter ensuite par l'odieuse condition de ne pas en user en faveur de ses enfans.

On a déjà cité dans la discussion le cas où les autres enfans ont formé des établissemens avantageux, et où celui qui est resté près de son père n'a pu se procurer de fortune, parce qu'au lieu d'employer son industrie pour lui-même, il l'a employée sans réserve à conserver, à améliorer l'héritage paternel. Est-il juste que les autres qui n'ont pas de besoins viennent partager également avec lui cet héritage qui doit le faire subsister, et profiter de ses labeurs, de ses sacrifices, de son dévouement?

On a donné aux enfans une légitime raisonnable. C'est avoir fait pour eux tout ce que l'équité exige. Qu'on laisse au-delà le père user aussi de la part que la loi lui a faite; qu'il puisse être aussi juste envers son fils qu'envers un étranger dont il pourrait récompenser les services.

M. Tronchet dit qu'entre un étranger et un enfant il y a cette différence, que la libéralité du testateur ne peut jamais donner au premier que le quart de ses biens, au lieu que si l'enfant a le droit de cumuler la donation et sa légitime, sa part peut devenir exorbitante.

L'article 20 est cependant nécessaire, pourvu qu'on le modifie; car si, pour conserver une donation, il fallait renoncer à l'hérédité, le donataire pourrait ne pas se trouver rempli de sa légitime.

LE CONSUL CAMBACÉRÈS dit qu'il n'y a pas de doute que, dans la législation proposée, un enfant ne puisse être extrêmement avantagé.

Mais ce n'est pas là qu'est la question. D'autres considérations ont déterminé le Conseil.

On a pensé que s'il est juste que les enfans aient un droit, même plus élevé qu'autrefois, dans la succession de leur père, il est juste aussi qu'en vertu de sa propriété, le père ait la libre disposition d'une partie de ses biens, surtout pour réparer les inégalités naturelles ou accidentelles qui existent entre ses enfans, et les contenir par la crainte des peines et l'espoir des récompenses.

Ces motifs avaient déterminé M. *Tronchet* lui-même à proposer le système de la loi du 24 germinal.

Ce serait ruiner la disposition accordée au père et les effets salutaires qu'on en espère, que de la resserrer dans des limites ; ce serait se contredire. Il serait préférable d'élever la légitime, de diminuer la portion disponible, en ajoutant de nouveaux degrés à l'échelle de graduation. Au moins les dispositions de la loi seraient en harmonie. Mais comment établir que le père a le droit de disposer d'une partie de ses biens, et cependant réserver presque en entier cette portion aux enfans, en n'en laissant, pour ainsi dire, que l'usufruit au père ?

L'article est adopté.

L'article 21 est discuté.

918

M. BIGOT-PRÉAMENEU dit que cet article tend à enlever au père un des moyens d'éluder les prohibitions de la loi.

M. MALEVILLE dit qu'il serait plus simple de défendre au père de vendre son bien à fonds perdu à ses enfans. Si cette vente demeure permise, comme elle peut, dans une infinité de cas, être sincère et sans fraude, il en résultera que, pour avoir donné seulement la préférence à son fils sur un étranger, le père se trouvera privé de la faculté de disposer, et qu'on imputera, sur sa part disponible, comme donné, ce qui a réellement été vendu ; ce qui serait très-injuste.

M. Portalis dit que l'article ne préviendra pas les procès, comme on paraît l'espérer. La réalité du paiement fera nécessairement éclore des contestations.

Il vaudrait mieux s'en tenir au droit commun.

M. Thibaudeau dit que l'article étouffera les procès. Le fils ne traitera pas avec son père lorsqu'il sera averti par la loi que le contrat sera nul s'il excède la portion disponible.

M. Portalis répond qu'alors l'article conduit le père à traiter avec des étrangers.

On veut éviter les procès. Mais fera-t-on au fils l'injustice de ne pas lui rendre ce qu'il aura réellement payé ? Il ne doit pas perdre ce qu'il a donné, chaque année, au-delà du produit des biens : or, pour décider s'il est en perte, il faut le même examen que s'il s'agissait de décider sur le fonds.

Jusqu'ici on ne s'est attaché dans ces sortes de contrats qu'à vérifier s'ils étaient de bonne foi ou frauduleux, et les tribunaux s'y trompaient rarement.

Le Consul Cambacérès dit que ces sortes de contrats étant ordinairement des avantages déguisés, il faut du moins, si l'article est rejeté, réserver aux enfans la faculté de prouver la simulation.

M. Berlier propose d'excepter de la disposition de l'article le cas où les cohéritiers du donataire ont donné leur consentement au contrat.

L'article est adopté avec cet amendement.

(Procès-verbal de la séance du 5 ventose an XI. — 24 février 1803.)

M. Bigot-Préameneu présente la section II du chapitre II du titre *des Donations entre-vifs et des Testamens*.

Elle est ainsi conçue :

SECTION II. — *De la Réduction des donations et legs.*

Art. 22. « Les dispositions, soit entre-vifs, soit à cause de 920
« mort, qui excéderont la quotité disponible, seront réduc-
« tibles à cette quotité, sauf l'exception portée au troisième
« paragraphe de l'article 18. »

Art. 23. « La donation entre-vifs conserve tout son effet ap. 920
« pendant la vie du donateur. »

Art. 24. « Lorsque dans l'une ou l'autre ligne paternelle Ib.
« ou maternelle il se trouvera plusieurs héritiers dont les
« uns auront et les autres n'auront pas le droit de demander
« la réduction, elle ne s'opérera qu'à l'égard de ceux au
« profit desquels la loi restreint la faculté de disposer.

« Dans tous les cas la réduction sera dans les proportions
« établies par l'article 18 en raison de la légitime ou de la
« réserve de chaque successible. »

Art. 25. « Les créanciers, les donataires et légataires du 921
« défunt, ne pourront demander la réduction. »

Art. 26. « La réduction se détermine en formant une masse 922
« de tous les biens existans au décès du donateur ou testateur :
« on y réunit fictivement ceux dont il a été disposé par dona-
« tions entre-vifs d'après leur état à l'époque des donations
« et leur valeur au temps du décès du donateur; on calcule
« sur tous ces biens, après en avoir déduit les dettes, quelle
« est, eu égard à la qualité des héritiers qu'il laisse, la quo-
« tité dont il a pu disposer. »

Art. 27. « Il n'y aura jamais lieu à réduire les donations 923
« entre-vifs qu'après avoir épuisé les donations à cause de
« mort. »

Art. 28. « Lorsqu'il sera reconnu que la valeur des dona- 925
« tions entre-vifs excède ou égale la quotité disponible,
« toutes les donations à cause de mort seront caduques.

« Si la valeur des donations entre-vifs excède la quotité 923
« disponible, elles seront réduites, en commençant par la

« dernière, et ainsi de suite, en remontant des dernières
« aux plus anciennes, à l'exception de celles qui, dans le
« cas de la réserve aux frères ou sœurs, ou aux descendans
« d'eux, auraient été faites à d'autres qu'aux successibles. »

924   Art. 29. « Si la donation réductible a été faite à l'un des
« successibles, il pourra retenir sur les biens donnés la va-
« leur de la portion qui lui appartiendrait comme héritier
« dans les biens non disponibles. »

26   Art. 30. « Dans le cas où les legs particuliers excéderaient
« soit la quotité disponible, soit la portion de cette quotité
« qui resterait après la déduction de la valeur des donations
« entre–vifs, les legs seront réduits entre les légataires par-
« ticuliers au marc le franc.

    « Néanmoins, si, dans les cas ci–dessus, il y a un léga-
« taire à titre universel, il prélèvera le quart de la masse
« libre, et n'aura droit au surplus qu'après le paiement in-
« tégral de tous les legs particuliers. »

927   Art. 31. « Dans tous les cas où le donateur aura expres-
« sément déclaré qu'il entend que tel legs soit acquitté de
« préférence aux autres, cette préférence aura lieu, même au
« préjudice du quart réservé par l'article précédent au léga-
« taire à titre universel. »

928   Art. 32. « Le donataire restituera les fruits de ce qui excé-
« dera la portion disponible, à compter du jour du décès du
« donateur, si la demande de réduction a été faite dans
« l'année, sinon du jour de la demande. »

929   Art. 33. « Les immeubles qui rentreront dans la succession
« par l'effet de la réduction y reviendront sans charge de
« dettes ou hypothèques créées par le donataire. »

930   Art. 34. « L'action en réduction ou revendication pourra
« être exercée par les héritiers contre les tiers détenteurs des
« immeubles faisant partie de la donation et aliénés par le
« donataire, de la même manière et dans le même ordre
« que contre le donataire lui–même, et discussion préala-
« blement faite de ses biens. Cette action doit être exercée

« suivant l'ordre de dates des aliénations, en commençant
« par la plus récente. »

L'article 22 est adopté.   920

L'article 23 est discuté.   ap. 920

M. Bigot-Préameneu dit que l'objet de cet article est de
régler les effets de la réductibilité, en décidant que la réduction de la donation ne peut être demandée pendant la vie du
donateur, ni le donataire obligé de rapporter les fruits.

M. Treilhard propose de supprimer l'article en ajoutant
à l'article précédent que la donation n'est réductible qu'à
l'ouverture de la succession.

Cette proposition est adoptée.

L'article 24 est discuté.   Ib.

Le Consul Lebrun demande la suppression de cet article ;
l'article 22 le rend inutile. Il suffit, en effet, d'avoir décidé
que la réduction se ferait en proportion des droits de chacun.

L'article est retranché comme inutile.

L'article 25 est discuté.   921

M. Maleville pense que cet article est inutile, puisqu'il
résulte des articles précédens que la réduction n'a lieu qu'au
profit et sur la demande des légitimaires.

M. Treilhard pense qu'il est utile d'ôter aux créanciers,
aux légataires et aux donataires du défunt, tout prétexte de
croire qu'ils peuvent demander la réduction.

M. Bigot-Préameneu ajoute que les motifs qui ont porté à
exclure *formellement* les créanciers du droit de demander
le rapport doivent décider à proscrire d'une manière non
moins solennelle les prétentions qu'ils pourraient avoir de
demander la réduction.

En principe général, les créanciers peuvent exercer tous
les droits que le défunt a transmis à ses héritiers ; ils en con-
cluraient qu'ils peuvent aussi demander la réduction et le
rapport, s'ils ne trouvaient pas dans la loi une exception

formelle au principe général, exception elle-même fondée sur un autre principe non moins constant.

Le Premier Consul dit qu'il lui reste des doutes sur la justice de cette exception.

La légitime ne doit être founi e que sur les biens de la succession, et les biens ne peuvent être que ce qui reste après le paiement des dettes.

M. Treilhard dit qu'à la vérité les biens du défunt ne consistent que dans ce qui reste, les dettes payées, et que les héritiers n'ont droit qu'aux biens qui composent la succession, prélèvement fait des dettes; mais que le bien aliéné par une donation entre-vifs n'est plus dans la succession. Les créanciers hypothécaires antérieurs à la donation, et qui ont rempli les formalités nécessaires pour conserver leurs droits, peuvent répéter leur créance sur les biens donnés, non comme les trouvant dans la succession, mais parce qu'ils sont grevés d'une hypothèque à leur profit. Au contraire les créanciers postérieurs à la donation, ou qui, étant antérieurs, ne sont cependant que chirographaires, n'ont aucun droit sur les biens donnés; car, d'un côté, ces biens ne sont pas hypothécairement affectés à leur créance; de l'autre, la réductibilité de la donation n'est pas établie en leur faveur; elle n'existe que pour les enfans, et ne peut profiter qu'à ceux pour l'intérêt desquels elle existe. Il est si peu dans l'intention de la loi d'en faire profiter les créanciers, que, s'il n'y avait d'enfant que le donataire, ou que la donation fût faite à un étranger, les créanciers ne pourraient en demander la réduction.

Le Premier Consul demande comment on règle, dans ce cas, la légitime. Par exemple, un père qui avait un patrimoine de 100,000 francs a fait à l'un de ses enfans une donation de 50,000 francs, et laisse 25,000 francs de dettes, comment opère-t-on pour fixer la légitime?

M. Treilhard répond qu'on ajoute les 25,000 francs qui demeurent libres après le paiement des dettes aux 50,000 francs donnés, et que la légitime est fixée à raison d'un actif de 75,000 francs.

LE PREMIER CONSUL suppose que le défunt ait laissé plus de dettes que de biens. Ses enfans reprennent leur légitime sur une donation antérieurement faite à l'un de leurs frères; il semble juste que ce qu'ils retirent par ce moyen soit passible des dettes du père, car la légitime ne peut se prendre que sur les biens de la succession; or, il n'y a de biens qu'après le paiement des dettes.

LE CONSUL CAMBACÉRÈS dit que les créanciers du donateur n'ont aucun droit à exercer sur les biens donnés, attendu que ces biens ont été mis hors des mains de leur débiteur; l'exception faite en faveur des enfans, pour leur assurer une légitime, n'appartient qu'à eux seuls et ne change point l'état des créanciers.

M. RÉAL dit qu'à la vérité l'action en demande de légitime n'a été introduite qu'en faveur des enfans; mais l'enfant qui exerce cette action fait nécessairement acte d'héritier : dès lors il est tenu de payer toutes les dettes; ainsi les biens qu'il n'aura demandés, qu'il n'aura obtenus qu'en conséquence du droit de légitime, deviendront médiatement le gage des créanciers de la succession et tomberont dans leur main.

Que si l'on dit que l'enfant, pour exercer cette action, se contentera de prendre la qualité d'héritier bénéficiaire, on ne fera que reculer la difficulté sans la résoudre : à la fin des délais accordés à l'héritier bénéficiaire, il faudra que celui-ci prenne un parti. Si, effrayé des charges, il renonce, le résultat de l'action qu'il aura exercée retombant dans la succession, appartiendra au créancier. S'il accepte, il devient héritier pur et simple, et doit tout payer.

M. BIGOT-PRÉAMENEU dit que celui qui a donné entre-vifs au-delà de sa portion disponible est contrevenu à la loi, relativement à ses héritiers, non relativement à ses créanciers qui, nonobstant toutes ces dispositions, ont pu conserver leurs droits. Les créanciers antérieurs à la donation qui ne se sont pas mis en règle, ou les créanciers postérieurs ne peuvent donc rien prétendre sur les biens que la réduction rend aux enfans, et dès lors le donataire ne peut repousser la demande, sous le prétexte que les créanciers seuls profiteraient de la réduction.

M. Boulay dit qu'on ouvre la porte aux fraudes, si l'on admet le principe que les créanciers n'ont aucun droit sur les biens qui rentrent dans l'hérédité par l'effet de la réduction des donations.

M. Thibaudeau dit que les difficultés dont s'occupe le Conseil ne peuvent se présenter.

En effet, on ne permettra pas au créancier de demander la réduction; alors il n'y aurait plus de donation certaine, puisqu'il suffirait au donateur, pour l'anéantir, de supposer une dette.

Reste le concours des créanciers et des héritiers.

Quand il existera, les créanciers exerceront leurs droits sur les valeurs que la réduction aura replacées dans l'hérédité.

Cependant il est possible que l'héritier et le donataire prennent ensemble des arrangemens tels que la réduction ne soit pas demandée : mais cet acte serait susceptible d'être attaqué comme frauduleux.

M. Treilhard dit que la question, prise dans ses termes les plus simples, se réduit à savoir si la réduction a lieu au profit des héritiers ou au profit des créanciers.

Si elle est établie en faveur des enfans elle ne peut profiter qu'à eux; et elle existe si peu au profit des créanciers que, s'il n'y a pas de légitimaire, ils ne peuvent exercer de recours contre le donataire.

M. Maleville pense aussi que les créanciers chirographaires, ou autres, postérieurs à la donation, ne peuvent répéter leur créance sur les biens que la réduction rend aux légitimaires.

S'il en était autrement, il en résulterait qu'un donataire

dont la propriété aurait une date fixe et constante avant l'établissement de la dette, se trouverait néanmoins, par le fait, contribuer au paiement d'un créancier qui n'existait pas lorsque la donation lui a été faite; ce qui serait contraire à tous les principes. Aussi la jurisprudence a-t-elle toujours rejeté ce recours des créanciers postérieurs à la donation sur les biens que le légitimaire en fait retrancher.

M. Emmery considère la réduction comme un privilége réservé aux légitimaires exclusivement; mais ils ne peuvent en faire usage sans se porter héritiers, et ils ne peuvent revêtir cette qualité sans entrer dans tous les engagemens du défunt qu'ils représentent.

Ainsi quand le créancier exerce son recours contre eux, ce n'est pas comme demandant la réduction; il n'en a pas le droit, car le donataire conserverait 50,000 francs au-delà de la légitime, que le créancier ne pourrait y rien prétendre : c'est comme étant devenu créancier direct du légitimaire, et ayant droit, à ce titre, sur tout ce que le légitimaire recueille dans la succession.

M. Treilhard dit que, dans ce système, la réduction serait abrogée de fait, toutes les fois qu'il existerait assez de dettes pour absorber la légitime et la portion réductible de la donation, car il faudrait que le légitimaire eût perdu la raison pour la demander.

En laissant aux enfans les biens que la réduction leur donne, on ne fait aucun tort au créancier, puisqu'il n'avait aucun droit à la chose donnée.

Le Premier Consul dit qu'il cesse de soutenir l'intérêt des créanciers, du moment que l'on assure qu'ils ne sont point autorisés à demander la réduction; mais puisque les biens donnés ne font plus partie de ceux du défunt, la légitime n'étant qu'une quote-part de ces derniers, ne pourrait-on pas dire que, dans le cas où les donations entre-vifs et le passif de la succession épuisent ces mêmes biens, il n'y a point réellement de légitime?

M. Treilhard répond que les dettes portent sur les biens qui se trouvent dans la succession, et non sur les choses qui ne s'y trouvent plus, comme ayant été aliénées par une donation.

M. Muraire dit que ce système tendrait à établir une légitime frauduleuse.

Il est certain que, où les dettes l'emportent sur l'actif, il n'y a ni succession ni légitime. De là résulte que si, dans ce cas, les enfans peuvent obtenir une légitime par l'effet de la réduction, sans néanmoins payer les dettes, cette légitime est frauduleuse.

Le donataire, il est vrai, n'est pas tenu des dettes postérieures à la donation; mais la succession en est tenue : ainsi les choses que la réduction y fait rentrer, en prenant le caractère de biens héréditaires, deviennent le gage des créanciers, car l'action en réduction est une action héréditaire et une portion de la succession.

On fait valoir la faveur due aux enfans.

Cette faveur, quelque étendue qu'elle soit, ne peut cependant aller jusque là que, lorsqu'il n'y a pas de succession, on en crée une pour les enfans.

M. Gally dit que, dans l'hypothèse dont il s'agit, il n'admet pas la distinction qu'on a faite entre les créanciers hypothécaires et les créanciers chirographaires. Il lui serait facile de la détruire ; mais il n'est pas besoin de s'y arrêter, si les lois romaines sont une autorité qu'on puisse invoquer. On y trouve l'action *Paulienne* et le titre *De his quæ in fraudem creditorum*, etc., qui écartent le système que M. *Muraire* vient de combattre. Ces maximes ont été en tout temps reconnues en France. Le gouvernement, les jurisconsultes, les magistrats les ont toujours respectées.

M. Portalis dit que la distinction qu'on a établie entre les créances hypothécaires et les chirographaires est fondée; car la date de ces dernières est toujours incertaine, et il est facile de les supposer beaucoup plus anciennes qu'elles ne sont.

L'opinant passe à ce que vient de dire M. *Muraire*.

Il demande contre qui on peut établir une légitime frauduleuse. Il ne s'agit que de créanciers postérieurs à la donation ou chirographaires, qui peut-être eux-mêmes sont frauduleux : comment donc serait-il possible de les frauder par une donation ? Ils l'ont connue, ou ils ne l'ont point connue. Dans le dernier cas, ils ne peuvent imputer qu'à eux-mêmes la perte qu'ils éprouvent ; car la donation est un acte public, entourée de formes destinées à la faire connaître. Si, au contraire, ces créanciers ont connu la donation, et ont néanmoins traité, ils ont suivi la foi du débiteur.

D'un autre côté, le droit de demander la réduction est établi en faveur de l'enfant, et non en faveur du créancier. Or, il serait étrange que par le résultat il tournât tout entier au profit de ce dernier.

Mais, dit-on, la légitime est une portion de l'hérédité.

Ce principe est incontestable ; et il est également vrai qu'il n'y a point de légitime dans toute succession dont l'actif est absorbé par les dettes. Mais ces principes ne reçoivent leur application que dans les cas ordinaires : ils sont impuissans contre l'exception établie par la loi en faveur des enfans. Dans le droit commun, en effet, le père peut dissiper et disposer librement de ses biens. C'est donc par une exception que, dans le cas où il a des enfans, la donation qu'il fait au profit de l'un d'eux est modifiée par la condition de la réductibilité. Or, quelle est la date de ce privilége des enfans ? Il remonte à l'époque même de la donation et s'identifie avec elle.

D'ailleurs, dans le système que l'opinant combat, il faut admettre, ou que le créancier peut forcer les enfans à demander la réduction, ou qu'il ne le peut pas. Si l'on suppose qu'il en a le droit, comment concilier ce droit avec l'impossibilité où se trouve le créancier de l'exercer quand il n'y a pas de légitimaire ? Si, au contraire, le légitimaire ne peut être forcé de demander la réduction, il peut se refuser à en faire profiter le créancier.

L'action en réduction est un privilége personnel à l'enfant, à la différence de l'action en légitime, qui est une portion de la succession.

M. EMMERY dit que ce système peut être admis comme droit nouveau, mais qu'il est contraire au droit actuellement en usage. Toujours il a été permis aux créanciers de prendre ce qui leur est dû sur toute la succession, et même sur la légitime. Or, point de doute que les biens recueillis par l'enfant, à titre de légitime, ne soient une fraction de sa portion héréditaire. L'article 18 dit, en effet, que la légitime se composera des trois quarts de cette portion. Ainsi, si l'on veut que les biens qui rentrent ne soient pas passibles des dettes, il faut déclarer, avant tout, qu'ils seront considérés comme des alimens.

M. BIGOT-PRÉAMENEU dit que la légitime a été regardée comme intéressant l'ordre social : il a donc fallu prendre des moyens propres à la conserver aux enfans. Cependant on ne pouvait, sans blesser dans le père le droit de propriété, lui en interdire la disposition à titre onéreux : dès lors la loi n'a plus dû s'occuper que des dispositions gratuites. Elle a en conséquence réglé, d'un côté, la portion qui serait réservée aux enfans; de l'autre, la portion disponible du père ; et la légitime est devenue une dette naturelle que le père est tenu d'acquitter avant de faire des actes de libéralité. Le légitimaire la prend, à la vérité, comme héritier; mais lorsque, pour s'en remplir, il est obligé de demander la réduction, il a, sous ce rapport, un caractère particulier, et devient créancier lui-même.

Les créanciers de la succession n'y trouvant plus les biens donnés par le père, il ne peut résulter de ces donations aucun bénéfice en leur faveur.

M. BERLIER dit que la question peut s'éclaircir en ne cumulant pas des objets différens.

La difficulté ne réside pas dans le point de savoir si les créanciers du *défunt* auront l'action en réduction : personne n'a proposé de la leur accorder *directement* contre le donataire.

La difficulté ne consiste pas non plus à savoir si les créanciers du défunt auront action contre l'enfant, afin qu'il exerce son droit contre le donataire ; car 1° cet enfant n'est pas leur débiteur, à moins qu'il n'ait d'ailleurs fait acte d'héritier ; 2° l'exercice d'un droit personnel essentiellement fondé sur la volonté pure de celui à qui il est accordé ne peut devenir l'effet de la contrainte.

Ainsi, en analysant bien la discussion, l'article 25 peut être adopté, sauf à statuer sur un cas ultérieur indépendant de cet article ; savoir, celui où l'enfant, ayant usé de son droit de réduction, prétendrait en retenir l'effet sans être tenu de payer les créanciers de son père.

Là, selon l'opinant, est le point de la difficulté, et sur lequel il ne peut partager l'opinion de M. *Portalis ;* car il n'est pas possible de voir seulement l'*enfant* dans l'*individu* qui exerce ce droit, mais bien aussi l'*héritier* au moins légitimaire, et dès là obligé envers les créanciers. Inutilement a-t-on dit que l'action en réduction deviendrait par là illusoire ; elle le deviendrait, sans doute, dans la supposition extrême où les dettes du défunt absorberaient toute la portion sujette à réduction ; mais ce cas ne sera pas le plus fréquent.

En toute hypothèse, l'enfant fera son calcul. Si l'exercice de son droit doit lui devenir onéreux, il s'en abstiendra : mais s'il en use, il ne doit en recueillir les avantages qu'avec les charges ; et il faut ramener la législation à ce point, si elle y est contraire.

Le Consul Cambacérès dit que le système proposé change sans utilité le droit existant. Pour justifier cette assertion, il suffit de connaître ce qui se pratique lors du retranchement des donations pour la légitime des enfans, et de rappeler les

principes de la matière. Un père de famille meurt après avoir
disposé de son vivant d'une partie de ses biens par des donations entre-vifs ; que font les enfans qui lui survivent pour
parvenir au règlement de la légitime? Ils procèdent à la
composition du patrimoine, dans lequel ils font entrer, non
seulement les biens que le père a laissés en mourant, mais
encore ceux qu'il avait précédemment donnés. Si les biens
existans suffisent pour remplir les enfans de leur légitime,
on les leur expédie, et tout est consommé; s'il y a insuffisance, on retranche ces donations en commençant par la dernière. Dans le cas où le père ne laisserait aucun bien, la manière d'opérer est toujours la même. On voit que, dans les
deux espèces, la donation semble perdre son caractère d'irrévocabilité, puisque les biens qui la composent sont ravis
en tout ou en partie au donataire, pour servir à remplir les
enfans de leur légitime. Le motif de la loi est que la légitime
doit être considérée comme une dette sacrée, qu'il faut toujours acquitter sur ce qui se trouve exister de l'hoirie paternelle, *substantiæ paternæ*, et que les dispositions à titre gratuit qu'un père ou une mère font contiennent toujours cette
condition tacite du retranchement pour la légitime des enfans. Ce qui vient d'être dit, ajoute le Consul, est fondé sur
la législation romaine, sur l'autorité des docteurs et sur les
dispositions précises de l'ordonnance de 1731, aux articles 34
et 35 : soit avant, soit depuis la publication de cette ordonnance, personne n'a pensé que les donations sujettes au retranchement pour la légitime fussent affectées au droit des
créanciers; ceux-ci n'en ont aucun sur les biens qui sont mis
hors de la main de leur débiteur ; et il serait étrange de leur
donner une action récursoire sur les enfans, puisque ceux-ci
n'ont pris aucun engagement envers eux, et que le retranchement des donations qui leur est accordé est une sorte
d'exorbitance du droit commun dont eux seuls doivent profiter.

Le Premier Consul dit que la loi semble autoriser la

fraude, en décidant que, lorsqu'il y a des dettes, les enfans conserveront une portion de la succession, sans néanmoins payer les créanciers.

M. MALEVILLE dit que, dans le cours de la discussion, on a mal à propos supposé que le légitimaire agissait nécessairement comme héritier. Si c'était en cette qualité, il serait obligé de maintenir la donation, comme tous les autres contrats souscrits par le défunt, au lieu d'être reçu à la faire retrancher.

M. RÉAL dit que, s'il est démontré que le légitimaire n'est pas nécessairement héritier, il abandonne l'opinion qu'il a suivie; car elle est uniquement fondée sur ce qu'il pense que l'enfant qui exerce son action fait acte d'héritier : mais pour compléter sa démonstration, M. *Maleville* doit prouver que le successible qui renoncerait pourrait, malgré sa renonciation, exercer son action en légitime.

M. MALEVILLE répond que ce n'est là qu'une équivoque. Sans doute le légitimaire qui aurait répudié l'hérédité de son père ne serait pas reçu à quereller les donations, parce que les donataires lui diraient que, s'il ne l'avait pas répudiée, il aurait pu trouver dans la succession sa légitime; mais il ne s'ensuit pas pour cela que ce soit comme héritier qu'il demande le retranchement de la donation, et que, par une conséquence ultérieure, il soit tenu au paiement des dettes contractées depuis; le contraire est évidemment prouvé, puisque en cette qualité d'héritier, il serait obligé de maintenir cette donation. C'est comme enfant et non comme héritier; c'est comme n'ayant pu être privé de sa légitime par des dispositions à titre gratuit, qu'il retranche ces donations excessives, et qu'il se met, par l'autorité de la loi, à la place des donataires : mais de même que les donataires ne pouvaient être inquiétés par des créanciers postérieurs, l'enfant qui remplace ces donataires ne peut pas l'être davantage. Pour soutenir le contraire il faudrait supposer que c'est dans la succession de son père, et par un effet de sa volonté

qu'il prend les biens retranchés, tandis qu'il est constant
que ces biens étaient hors de la succession, et que c'est par
le bénéfice seul de la loi, et en contrevenant à la volonté de
son père, qui en avait disposé en faveur d'un autre, que le
légitimaire s'en saisit.

Qu'est-ce, au surplus, que cette qualité d'héritier qu'on
attache au légitimaire? On sait bien que l'ordonnance de 1735
a voulu que la légitime fût laissée à titre d'institution : mais
ce n'est là qu'un titre d'honneur, et qui n'a, dans le fait,
aucune réalité immédiate ; et rien de plus certain que cette
maxime, *legitima est quota bonorum, non hæreditatis*. Dans
les pays où l'institution d'héritier avait lieu, le mot *légitimaire* est toujours employé par opposition à celui d'héritier
seul tenu au paiement des dettes.

Le Consul Cambacérès dit que la qualité de légitimaire ne
suppose pas nécessairement la qualité d'héritier, puisque les
enfans à qui le testateur a ôté cette dernière qualité en in-
stituant un étranger, ont néanmoins le droit de retenir la
quarte falcidie.

M. Regnaud (de Saint-Jean-d'Angely) dit que si la loi
civile autorisait les enfans à retenir une partie des biens du
père sans payer ses dettes, elle serait en contradiction avec
la loi politique qui, dans le même cas, les prive des droits
de citoyen.

M. Maleville dit que la Constitution parle des enfans qui
profitent des biens de leur père sans payer ses dettes, ce qui
ne se trouve pas ici, puisque rien n'est moins *nôtre* que ce
dont nous avons disposé en faveur d'autrui.

Le Premier Consul dit qu'il est contre les mœurs qu'un
fils opulent ne paie point les dettes de son père.

M. Treilhard dit qu'en formant des hypothèses, il est
facile d'attaquer la loi la plus sage et de justifier la loi la plus
insensée.

Le système que propose la section a été amené par des
idées fort simples et qu'il importe de rappeler. On s'est dit :

un individu ne contracte point avec un créancier l'engagement de ne plus disposer de ses biens. La fraude n'est point comprise dans le droit que le débiteur se réserve : elle ferait un receleur et non un donataire. Celui qui donne s'exproprie de la même manière que celui qui vend. Or, lorsqu'un débiteur meurt, les créanciers n'ont droit que sur ce qu'ils trouvent dans la succession ; donc ils n'en ont aucun sur ce qui a été donné ou ce qui a été vendu.

Cependant, le défunt laisse des enfans à qui la loi réservait une portion de ses biens et le droit de reprendre le complément sur les biens donnés à leurs frères. Ce n'est point le créancier que la loi a voulu favoriser, c'est l'enfant seul ; car s'il n'existait point, ou s'il n'exerçait point son droit, le créancier n'aurait rien à prétendre. Il ne lui est pas plus permis d'attaquer la donation après la mort du débiteur que pendant sa vie. L'article est donc dans les principes, et concordant avec les dispositions adoptées.

Ainsi, sans examiner si le légitimaire est héritier ou créancier, il est sage de décider que l'action en réduction ne profitera qu'à lui seul.

M. Boulay observe qu'on s'est appuyé, pour soutenir l'article, sur ce que la donation est irrévocable et étrangère au créancier. Cependant elle ne produit pas une expropriation aussi parfaite que la vente, puisqu'elle est sujette à réduction pour compléter la légitime. Cette circonstance prouve que l'irrévocabilité absolue n'est pas de la nature de la donation, et que son existence est subordonnée à l'état où se trouve la succession.

M. Cretet dit qu'il serait permis à un père de mettre dans un acte de donation une clause qui obligerait le donataire à compléter la légitime des enfans : or, la loi proposée se borne à réparer l'oubli des donateurs.

M. Bigot-Préameneu dit que c'est ici un combat entre l'intérêt du légitimaire, l'intérêt du donateur et l'intérêt du créancier.

Le droit reçu décide en faveur du légitimaire, parce qu'il est de l'intérêt de la société que des enfans ne soient pas entièrement dépouillés par leur père. Si, par innovation, l'intérêt du légitimaire est écarté, et qu'il n'y ait plus de concours qu'entre l'intérêt du donataire et l'intérêt du créancier, le donataire mérite la préférence, et il convient de le décharger de l'obligation de fournir la légitime, car ce n'est qu'au profit des enfans qu'on l'a soumis à la réduction. L'intérêt des créanciers ne devrait pas l'emporter sur le droit de propriété qui appartient au donataire; et il serait injuste de l'obliger, par une rétroactivité odieuse, de se soumettre à payer des dettes qui sont postérieures à la donation.

M. Bérenger dit que la question de la réduction est celle dont il importe en effet de s'occuper. Sous tous les rapports, la réduction rend la donation révocable. On voudrait cependant qu'elle ne le fût point, afin que la propriété ne fût pas incertaine : mais la propriété est-elle certaine lorsque le recours de l'enfant peut l'anéantir? Le cas le plus favorable au système de la réduction est celui où le donateur entre-vifs a excédé sa portion disponible. L'intérêt personnel rendra toujours ce cas fort rare; car, par les libéralités de cette nature, le donateur se dépouille actuellement, et ce sacrifice deviendra un indice que la donation est faite de bonne foi et dans la proportion de la portion disponible.

Il est possible que depuis la donation le patrimoine du père ait beaucoup diminué; alors les enfans ne doivent exercer leurs droits que sur les biens qui restent, car si on remontait jusqu'à la donation, la légitime devrait être mesurée sur ce que le père possédait au moment où il a donné.

Le système de la réduction rend la possession du donataire qui use sagement de sa propriété plus défavorable que celle du donataire qui en abuse. Elle l'invite à dénaturer son bien et à le consumer, car la réduction peut le lui faire perdre s'il le conserve.

Ce sera surtout par rapport aux donations à cause de mariage qu'on apercevra combien il est dangereux de ne laisser au donataire qu'une propriété incertaine.

L'opinant ne s'oppose point à ce que l'article 25 soit adopté; mais il voudrait que l'article 22 fût examiné de nouveau.

Le Premier Consul dit que si la donation n'était pas réductible, même dans le cas où le père a excédé sa portion disponible, la disposition qui donne une légitime aux enfans deviendrait illusoire.

Le Conseil décide, ·

1°. Que l'action en réduction aura lieu contre les enfans donataires ;

2°. Que les créanciers de la succession peuvent exercer leur action sur les biens que la réduction rend au légitimaire.

(Procès-verbal de la séance du 12 ventose an XI. — 3 mars 1803.)

On reprend la discussion de la section II du chapitre II du titre *des Donations entre-vifs et des Testamens*, relative à la *Réduction des Donations et Legs*.

L'article 26 est discuté.

922

M. Tronchet dit qu'il est juste, lorsqu'on forme la masse des biens, d'estimer les immeubles suivant la valeur qu'ils ont au temps du décès du donateur, mais que cette règle serait fausse à l'égard des meubles, parce qu'ils ont dû perdre de leur prix; qu'ainsi, si l'on veut que le donataire rende exactement ce qu'il a reçu, il est indispensable d'estimer les meubles d'après la valeur qu'ils avaient à l'époque de la donation. Ce principe a déjà été consacré par le Conseil au titre *des Successions* par la disposition relative au rapport du mobilier.

M. Bigot-Préameneu dit qu'il y a une extrême différence à cet égard entre l'héritier et le donataire. D'abord, le premier rapporte pour rendre les parts égales entre tous les copartageans ; le second n'est tenu que de compléter la légitime.

Ensuite, le donataire a eu le droit de disposer, d'user et d'abuser pendant toute la vie du donateur, c'est-à-dire pendant tout le temps que la donation, ne pouvant être attaquée, lui attribuait les droits d'un propriétaire incommutable, au lieu que l'héritier a su, dès le principe, que sa donation était sujette à rapport.

M. Berlier ajoute que d'ailleurs la réduction ne tombe jamais; ur les fruits. Or, la jouissance est, à l'égard des choses fungibles, ce que la perception des revenus est à l'égard des choses frugifères.

L'article est adopté.

9°3   L'article 27 est adopté.

925-923   L'article 28 est adopté sauf rédaction, et renvoyé à la section pour le rendre concordant avec les amendemens admis sur l'article 25 à la dernière séance.

924   L'article 29 est adopté.

926   L'article 30 est discuté.

M. Treilhard demande s'il est nécessaire d'ériger la disposition sur la retenue du quart en règle absolue. Il est possible que les legs particuliers soient faits pour des causes tellement favorables, que les réduire ce serait évidemment blesser l'intention du testateur.

M. Berlier répond que l'article 31 donne au testateur le pouvoir de les en affranchir.

M. Treilhard dit que quelquefois le testateur oubliera d'exprimer que le legs est fait par préférence, et qu'il en sera surtout ainsi lorsqu'il s'exagérera sa fortune.

Le Consul Cambacérès dit que si l'on donnait la préférence aux légataires particuliers, on interpréterait la volonté du défunt contre la présomption naturelle que le légataire universel est celui qu'il a voulu le plus favoriser.

M. Bigot-Préameneu dit que la loi a suffisamment pourvu à ce cas, en avertissant le testateur des suites de son silence.

L'article est adopté.

L'article 31 est adopté.

L'article 32 est discuté.

Le Consul Cambacérès pense que, dans tous les cas, les fruits ne doivent être restitués que du jour de la demande. Il est possible, en effet, que le donataire les ait perçus de bonne foi, parce qu'il a ignoré l'époque du décès du donateur.

M. Tronchet ajoute que la réduction peut n'être demandée que long-temps après l'ouverture de la succession, et qu'alors un donataire de bonne foi se trouverait ruiné par une restitution trop considérable.

C'est d'ailleurs une règle générale que la restitution des fruits n'est due que du jour de la demande.

L'article est adopté avec l'amendement du Consul.

Les articles 33 et 34 sont adoptés.

M. Tronchet demande qu'avant de passer au chapitre suivant la section fasse connaître les motifs qui ont déterminé à retrancher l'article 22 du titre *des Donations* du projet de Code civil.

Les rédacteurs avaient considéré que la réduction est une faveur réservée aux seuls héritiers, et souvent même à quelques-uns d'entre eux seulement. Or, les biens de la succession se partagent entre deux lignes, et par conséquent entre des héritiers de classes différentes, et souvent la réserve légale n'est établie qu'en faveur de l'une de ces classes. En conséquence, les rédacteurs avaient pensé que, pour exclure des prétentions contraires à l'esprit de la loi, il convenait d'expliquer que l'action en réduction ne peut être exercée que par celui et au profit de celui pour qui la réserve est établie, et seulement dans la proportion qu'il doit profiter de cette réserve. Les développemens qu'ils ont donnés à leur article prouvent qu'il est des cas où la difficulté peut se présenter.

M. TREILHARD dit que la section a cru inutile de donner une explication qui résulte évidemment des dispositions adoptées sur la prohibition de disposer et sur la réserve.

M. TRONCHET dit qu'il ne partage point cette opinion, parce qu'il est très-important, dans un Code destiné à établir un droit absolument nouveau, de prévenir les doutes sur l'étendue que le législateur a voulu donner à ses dispositions.

L'article 22 du titre *des Donations* du projet de Code civil est adopté, sauf rédaction.

Il est ainsi conçu :

« Au décès du donateur, la réduction de la donation soit
« entre-vifs, soit à cause de mort, ne peut être demandée
« que par ceux des héritiers venant à succession, au profit
« desquels la loi a restreint la faculté de disposer, et que
« proportionnellement à la part qu'ils recueillent dans la
« succession.

« Ainsi les créanciers, donataires et légataires du défunt
« ne peuvent demander cette réduction.

« Dans les cas où la loi partage la succession par moitié
« entre les deux lignes paternelle et maternelle, la réduction
« n'a lieu que pour la moitié de la quotité fixée par la loi, s'il
« n'y a que l'une des deux lignes dans laquelle il se trouve
« des héritiers ayant la qualité à laquelle la loi attache le
« droit de demander la réduction.

« Si dans l'une ou l'autre ligne, ou dans chacune de ces
« lignes, il y a plusieurs héritiers dont les uns aient et les
« autres n'aient pas le droit de demander la réduction, elle
« n'a lieu qu'au profit de ceux à qui la loi accorde ce droit ;
« et ceux-ci ne peuvent la demander que proportionnelle-
« ment à la part qu'ils prennent dans la succession. Si, par
« exemple, il se trouve dans la même ligne un oncle du dé-

« funt et un neveu de ce même défunt qui concourent comme
« étant en égal degré, la réduction ne pourra être demandée
« que par le neveu ; et sa portion héréditaire n'étant que du
« quart du total de la succession, ou de trois douzièmes, il
« ne pourra demander la réduction que pour les trois dou-
« zièmes de la quotité à laquelle la donation est réductible
« au profit des neveux.

« Dans le cas où, suivant les articles.......... du titre *des*
« *Successions*, les frères ou sœurs consanguins ou utérins con-
« courant avec des frères germains ne partagent que dans la
« portion attribuée à leur ligne, la réduction de la donation
« se partage entre eux dans la proportion de leurs portions
« héréditaires. »

M. Bigot-Préameneu présente le chapitre III, intitulé *des*
Donations entre-vifs.

La section Ire du chapitre est ainsi conçue :

SECTION Ire. — *De la Forme des Donations entre-vifs.*

Art. 35. « Tous actes portant donation entre-vifs seront 931
« passés devant notaire dans la forme ordinaire des contrats,
« et il en restera minute, sous peine de nullité. »

Art. 36. « La donation entre-vifs n'engagera le donateur, 932
« et ne produira, pendant sa vie, aucun effet que du jour
« qu'elle aura été acceptée en termes exprès.

« L'acceptation pourra être faite par un acte postérieur ;
« mais alors la donation n'aura d'effet que du jour de l'acte
« qui constatera l'acceptation. »

Art. 37. « Si le donataire est majeur, l'acceptation doit 933
« être faite par lui, ou, en son nom, par son mandataire
« général ou spécial, dont la procuration passée devant no-
« taire est annexée à l'acte de donation. »

Art. 38. « La femme mariée ne pourra accepter une do— 934
« nation sans le consentement de son mari, ou, en cas de
« refus du mari, sans autorisation du juge. »

935   Art. 39. « La donation faite à un mineur non émancipé
« ou à un interdit devra être acceptée par son tuteur, con-
« formément à l'article 76 au titre *de la Minorité*.

« Le mineur émancipé pourra accepter avec l'assistance de
« son curateur.

« Néanmoins les père et mère du mineur émancipé ou non
« émancipé, ou les autres ascendans, même du vivant des
« père et mère, quoiqu'ils ne soient ni tuteurs ni curateurs
« du mineur, pourront accepter pour lui. »

936   Art. 40. « Le sourd-muet qui saura écrire pourra accepter
« lui-même, ou par un fondé de pouvoir.

« S'il ne sait pas écrire, l'acceptation doit être faite par
« un curateur nommé à cet effet. »

737   Art. 41. « Les donations faites au profit d'hospices, des
« pauvres d'une commune, ou d'établissemens d'utilité pu-
« blique, seront acceptées par les administrateurs de ces
« communes ou établissemens, après y avoir été dûment
« autorisés. »

938   Art. 42. « La donation dûment acceptée sera parfaite par
« le seul consentement des parties ; et la propriété des objets
« donnés sera transférée au donataire sans qu'il soit besoin
« d'autre tradition, et sauf l'état estimatif requis par l'ar-
« ticle 51 ci-après. »

939   Art. 43. « Lorsqu'il y aura donation de biens susceptibles
« d'hypothèques, la transcription des actes contenant la do-
« nation devra être faite aux bureaux des hypothèques dans
« l'arrondissement desquels les biens sont situés. »

940   Art. 44. « Cette transcription sera faite à la diligence du
« mari, lorsque les biens auront été donnés à sa femme ; et
« si le mari ne remplit pas cette formalité, la femme pourra
« y faire procéder sans autorisation.

« Lorsque la donation sera faite à des mineurs, à des in-
« terdits ou à des établissemens publics, la transcription sera
« à la charge des tuteurs, curateurs ou administrateurs. »

942   Art. 45. « Les mineurs, les interdits, les femmes mariées,

« ne seront pas restitués contre le défaut d'acceptation ou de
« transcription des donations ; sauf leur recours contre leurs
« tuteurs ou maris, s'il y échet, et sans que la restitution
« puisse avoir lieu, dans le cas même où lesdits tuteurs et
« maris se trouveraient insolvables. »

Art. 46. La donation entre-vifs qui n'a pas été acceptée *ap. 941 et 932*
« pendant la vie du donateur, et celle qui est faite dans les
« six jours qui précèdent celui de la mort, ne valent que
« comme dispositions à cause de mort. »

Art. 47. « Un Français qui, se trouvant en pays étranger, *ap. 942 et 999-1000*
« veut donner entre-vifs, soit à un Français, soit à un étran-
« ger, doit en faire dresser l'acte public et authentique avec
« les formes usitées dans le lieu où l'acte a été passé, et,
« au surplus, se conformer aux lois françaises. »

L'article 35 est adopté. *931*

L'article 36 est discuté. *932*

M. Maleville demande si cet article abolit l'exception
faite par l'ordonnance de 1731, à l'égard des donations portées dans les contrats de mariage. Elles n'étaient point nulles
faute d'acceptation. Il serait trop dur en effet d'anéantir des
libéralités sur la foi desquelles le mariage s'est contracté, et
qui ont procuré à l'État l'établissement d'une nouvelle famille, par la seule raison que le notaire aurait omis d'exprimer qu'elles sont acceptées.

Le Consul Cambacérès dit que cette exception universellement reçue est dans la nature des choses.

M. Treilhard répond que la place naturelle de cette disposition est dans le chapitre particulier des donations à
cause de mariage.

La discussion de la proposition de M. *Maleville* est ajournée
à ce chapitre.

L'article est adopté.

L'article 37 est discuté. *933*

Le Consul Cambacérès dit que, dans l'ordre existant,

23.

les donations ne peuvent être acceptées qu'en vertu d'un mandat spécial. Cette règle lui semble devoir être conservée.

. M. Tronchet dit que les personnes qui entreprennent un voyage de long cours laissent ordinairement une procuration générale par laquelle ils donnent les pouvoirs les plus étendus pour l'administration de leurs affaires; mais ces sortes de procurations n'ont jamais paru donner au mandataire le pouvoir d'accepter la donation faite au mandant, à moins qu'elles ne le lui attribuassent par une clause spéciale. Il est donc nécessaire de changer la rédaction de l'article, et d'expliquer que la donation ne pourra être acceptée qu'en vertu d'une procuration spéciale, ou d'une procuration générale contenant le mandat spécial d'accepter toute donation qui pourrait lui être faite.

L'article est adopté avec cet amendement.

934   L'article 38 est adopté.

935   L'article 39 est discuté.

M. Berlier attaque la disposition qui autorise les ascendans à accepter la donation faite à leur petit-fils mineur, même du vivant de ses père et mère. Elle lui paraît envers ces derniers une injure que ne peut justifier ni la faveur des donations ni même la nécessité, car le cas prévu par l'article ne se présentera que rarement.

M. Treilhard ajoute que d'ailleurs les pères peuvent avoir de justes motifs de ne point accepter la donation.

M. Tronchet dit que la disposition qu'on attaque se trouve dans l'ordonnance de 1731, et qu'au surplus elle est juste. Le père peut être absent; il peut repousser la donation par un motif de haine contre son fils, ou par le motif non moins odieux de son intérêt personnel, comme dans le cas où lui-même est l'héritier du donateur. Pourquoi priver le mineur de l'appui de son aïeul, surtout lorsqu'il s'agit d'un acte qui ne peut être qu'avantageux?

M. Treilhard dit que si les donations étaient toujours

avantageuses aux mineurs, il serait déraisonnable de ne pas leur accorder le droit de les accepter sans autorisation.

Il y aurait de l'inconvenance à permettre une sorte d'appel du père aux ascendans supérieurs. Cette considération doit déterminer à limiter les dispositions de l'article au cas où le père est absent.

Le Consul Cambacérès dit qu'il importe aussi de ne point perdre de vue le cas où le refus du père a pour cause son intérêt personnel. Il arrive très-souvent que le parent d'un père dissipateur transmet par donation son hérédité aux enfans de ce père.

Le Premier Consul vient présider la séance.

M. Bigot-Préameneu rend compte de l'état de la délibération.

M. Treilhard dit que ses observations sont principalement dirigées contre la rédaction de l'article, parce qu'elle présente l'idée d'un appel. Il voudrait qu'on s'exprimât ainsi : *les pères et mères, et à leur défaut les autres ascendans.*

M. Bigot-Préameneu dit qu'il ne s'agit pas seulement de la rédaction, mais de la question de savoir si la loi doit prévoir le refus du père et offrir, en ce cas, un secours au mineur.

Les donations sont en général avantageuses au donataire ; ainsi, si le père refuse d'accepter la donation faite à son fils mineur, il est présumable que ce n'est point en vue de l'intérêt du donataire. Il faut donc empêcher que ce refus n'ait l'effet d'enlever au mineur l'avantage de la donation.

Au reste, le moyen qu'on propose n'a rien d'injurieux pour le père ; car il ne s'agit point ici d'un acte d'autorité paternelle, mais d'une simple formalité qu'il importe peu de faire remplir par une personne ou par une autre.

M. Treilhard dit qu'il ne partage point cette opinion. Les donations peuvent être modifiées par des conditions qui les rendent onéreuses au donataire. C'est par cette raison qu'on n'a point laissé au mineur le droit de les accepter sans y être autorisé.

Ce serait troubler la bonne intelligence des familles que d'y élever un tribunal domestique contre un tribunal domestique.

Au reste, derrière le père sont les tribunaux qui peuvent autoriser une acceptation qu'il aurait injustement refusée, ce qui ne peut pas se supposer.

Le Consul Cambacérès dit que le donataire est ici la partie la plus intéressée, et que le législateur ne doit point s'arrêter à des considérations qui l'empêcheraient de multiplier, en faveur du fils, les moyens de profiter de la donation.

M. Tronchet est entièrement de cet avis.

Il ne voit pas les mêmes inconvéniens que M. *Treilhard* dans cette espèce d'appel du père à l'aïeul.

On a dit : Les tribunaux répareront l'injustice du père qui refuse d'accepter pour son fils.

Mais, d'abord, par qui le recours sera-t-il exercé? Ensuite ne sera-t-il pas plus injurieux pour le père d'entendre son fils lui prêter des motifs honteux et déraisonnables que de se voir suppléer par l'aïeul?

L'article est adopté.

936   L'article 40 est adopté.

937   L'article 41 est discuté.

M. Jollivet dit que si la donation ne pouvait s'accomplir que par l'acceptation faite en vertu de l'autorisation du gouvernement, la mort du donateur ou son changement de volonté, survenu dans l'intervalle, priverait les hospices du bénéfice de la donation. Il semble donc que l'acceptation provisoire des administrateurs devrait d'abord donner à l'acte ses effets, à la charge de confirmation par le gouvernement.

M. Bigot-Préameneu dit qu'on ne peut, par aucune considération, supposer aux administrateurs le pouvoir d'accepter sans y être autorisés.

L'article est adopté.

L'article 42 est adopté.

L'article 43 est discuté.

M. Bigot-Préameneu dit que cet article déroge au droit très-anciennement établi d'assurer aux donations leur publicité par la voie de l'insinuation; mais ce changement doit être la suite de celui qui est intervenu dans une autre partie de la législation. Il existe aujourd'hui des bureaux d'hypothèques où les actes translatifs de propriété doivent être inscrits pour opérer l'expropriation. La majorité de la section a donc pensé que la loi établissant une formalité qui doit être nécessairement remplie pour que la donation ait ses effets, la publicité en était assurée par ce moyen.

Les membres de la section qui ont adopté une opinion différente se sont fondés sur ce qu'on connaît des donations non sujettes à transcription, comme sont les donations de meubles, et que cependant il est nécessaire de leur donner également de la publicité, lorsque le donateur se réserve l'usufruit des choses données.

La majorité de la section ne s'est point rendue à ces observations. Il lui a semblé que, pour quelques espèces de donations qui sont toujours très-rares, il ne fallait point soumettre le plus grand nombre de ces sortes d'actes à une formalité embarrassante et inutile.

On a, au surplus, dans l'une et dans l'autre opinion, entendu que rien n'était préjugé sur le système hypothécaire, qui n'était point l'objet de la discussion.

M. Tronchet dit que la loi qui ordonne l'insinuation a continué d'être exécutée même depuis l'établissement du régime hypothécaire, qu'elle peut donc conserver encore ses effets; mais il y aurait de l'inconvénient à confirmer dès à présent ce régime, qui mérite d'être soumis à un examen approfondi, au lieu qu'il n'y en a aucun à laisser les choses dans l'état où elles se trouvent, jusqu'à ce qu'on ait prononcé sur le sort de la loi du 11 brumaire an VII.

M. TREILHARD dit que l'inconvénient serait de doubler les
frais pour soumettre les donations à une formalité, désormais
inutile, puisque la transcription sur les registres hypothécaires est inévitable; que d'ailleurs ces registres assurent
mieux la publicité de la donation que les registres beaucoup
plus obscurs de l'insinuation.

Au surplus, l'article ne préjuge rien sur la loi du 11 brumaire an VII. Si dans la suite elle est réformée, on pourra
créer des bureaux d'insinuation, en supposant qu'ils soient
nécessaires.

M. BIGOT-PRÉAMENEU dit que les droits d'insinuation sont
peu considérables, et qu'après la loi rendue par l'Assemblée
constituante sur l'enregistrement, il fut reconnu par les tribunaux que l'insinuation n'était pas supprimée.

Le point le plus important est de ne rien préjuger sur le
régime hypothécaire.

Il sera facile, dit-on, de réformer la disposition qui va être
adoptée, si elle ne s'accorde pas avec le nouveau système des
hypothèques.

Mais l'opinion de M. *Tronchet* est beaucoup plus simple.
Pourquoi ne pas maintenir le mode reçu jusqu'ici, afin de se
mieux conserver la plus entière liberté par rapport à la loi
du 11 brumaire an VII? C'est dans cette vue qu'on a eu
l'attention de ne placer dans les autres dispositions du Code
civil aucune expression de laquelle on pût inférer que le
régime hypothécaire sera conservé ou changé. Il n'est point
de la sagesse du législateur d'arrêter les dispositions dont les
bases ne sont pas encore fixes.

M. TRONCHET pense que pour n'établir aucun préjugé il
convient de garder le silence sur l'une et l'autre formalité.

M. JOLLIVET dit qu'en prescrivant l'insinuation, l'ordonnance de 1731 ne s'est proposé d'autre but que de rendre les
donations publiques; que la loi du 11 brumaire an VII a,
dans les mêmes vues, ordonné la transcription, et que les
donations y sont sujettes.

Aussi, dans beaucoup de départemens, on a été frappé de l'inutilité de l'insinuation depuis que la transcription est devenue indispensable. Dans ceux où cette première formalité a été conservée, on ne s'y est déterminé que d'après des circulaires de la régie qui n'avaient d'autre objet que de conserver le droit fiscal.

L'insinuation n'est donc pas d'un usage universel, tandis que la transcription a lieu sur tous les points de la République.

M. Tronchet dit que l'insinuation avait, dans son principe et dans ses effets, un objet beaucoup plus étendu et beaucoup plus avantageux que la transcription ; elle garantissait les héritiers du danger d'accepter une succession devenue onéreuse par l'effet d'une donation faite avec réserve d'usufruit. Il leur était facile, en parcourant le registre particulier des insinuations, beaucoup moins volumineux que celui des hypothèques, de s'assurer s'ils ne s'exposaient point à cet inconvénient ; d'un autre côté, ils trouvaient sur ce registre toutes les espèces de donations, au lieu qu'ils ne trouveraient sur ceux des hypothèques, ni les donations de biens à venir autorisées dans les contrats de mariage, ni celles des meubles avec réserve d'usufruit, ni enfin celles de sommes d'argent à prendre après la mort du donateur sur les biens de la succession.

La loi de l'insinuation et celle de la transcription existent également : la dernière n'est applicable qu'aux donations qui transmettent actuellement la propriété de la chose donnée ; les autres donations ne peuvent devenir publiques que par l'insinuation. Dans cet état de choses, il est prudent de ne point s'expliquer sur la force des deux lois.

M. Jollivet répond que le donataire d'une somme d'argent à prendre sur la succession serait obligé de faire transcrire son titre pour conserver sa créance : que les recherches sur les registres des hypothèques ne sont pas, comme on le suppose, difficiles et incertaines ; à l'aide d'une table alphabétique, on trouve, au nom d'une même personne, toutes les inscriptions qui la concernent.

M. Regnaud (de Saint-Jean d'Angely) dit que les registres d'insinuation n'ont été établis que parce que ceux des oppositions aux hypothèques étaient secrets; ils sont donc inutiles aujourd'hui; ainsi l'article doit être conservé: il aura d'ailleurs l'avantage d'avertir les donataires qu'il est nécessaire de faire transcrire la donation.

L'article est adopté.

Les articles 44 et 45 sont adoptés.

L'article 46 est discuté.

M. Bigot-Préameneu dit que cet article déroge au droit ancien.

Suivant les principes suivis jusqu'ici, la donation étant un contrat, et ne pouvant par cette raison avoir d'effet que par le concours de la volonté du donateur et du donataire, elle était censée n'avoir pas été consommée quand ce concours n'était pas intervenu pendant la vie du donateur.

La section a pensé que lorsque le donateur n'a pas révoqué la donation, cette persévérance de volonté doit la faire valoir comme disposition à cause de mort.

Autrefois encore, la donation entre-vifs était nulle quand le donateur ne survivait que de quelque temps.

Cette disposition est détruite par le système de la section qui, convertissant la donation entre-vifs non révoquée en donation à cause de mort, la dégage de la condition de la survie.

M. Tronchet dit que la donation étant un contrat synallagmatique, elle n'est rien tant qu'il n'y a que la volonté du donateur, et pas d'acceptation de la part du donataire.

On objecte que la non révocation indique que le donateur est mort dans l'intention de maintenir sa libéralité.

Mais ce n'est là qu'une simple présomption, qui ne doit pas avoir la même force qu'un acte formel, et qui ne garantit pas réellement que le donateur soit mort dans l'intention de donner; le retard d'acceptation peut, au contraire, avoir des motifs qui aient fait changer d'intention au donateur. On n'est donc assuré qu'il persévère que lorsque son intention est exprimée dans les formes prescrites ou pour les donations entre-vifs ou pour les donations à cause de mort; la loi l'avertissant que le défaut d'acceptation rend son intention sans effets, il fera un testament s'il persiste à vouloir avantager son donataire.

M. Treilhard dit qu'en effet dans l'ancien droit il n'y avait que deux manières de disposer de ses biens à titre gratuit, la donation entre-vifs et les testamens; et que l'acte, nul comme disposition entre-vifs, ne devenait jamais valable comme disposition à cause de mort.

La section a trouvé trop de subtilité dans cette distinction, car il faut plus s'arrêter à l'intention démontrée qu'à la forme : or, quand la volonté est attestée par un acte authentique de donation, elle ne doit pas avoir moins de force que si elle était exprimée par un testament. Dans l'un et l'autre cas il y a *voluntatis sententia*. L'acceptation du donataire après la mort du donateur équivaut à l'acceptation d'un légataire.

On objecte que le donateur peut avoir changé de volonté, quoiqu'il n'ait pas révoqué la donation.

Cette objection pourrait également être opposée à un testament fait depuis un temps considérable; mais on ne juge de la volonté que par les actes qui l'expriment.

M. Tronchet dit que le système de la section est en contradiction avec les dispositions adoptées, et peut devenir très-dangereux.

En effet, on a admis que les donations devaient être rendues publiques par la transcription, afin que les héritiers, en étant avertis, ne se trouvassent pas exposés à accepter, sans le savoir, une succession onéreuse; et cependant à côté de cette sage précaution on propose un article qui la détruit en partie, en créant un genre de donation que la transcription ne saurait rendre publique.

On paraît considérer l'acceptation comme une simple formalité; cependant elle est tellement de l'essence des donations, que l'acte n'est parfait et irrévocable qu'après qu'elle est intervenue.

D'ailleurs le donataire peut avoir eu des raisons de ne point accepter. Il peut n'avoir point voulu se soumettre aux charges qui modifient la donation, et surtout à celle de nourrir et entretenir le donateur : c'est lui présenter un moyen de s'en affranchir, que de lui permettre de recueillir la libéralité à une époque où les conditions qui l'ont déterminée ne peuvent plus être remplies.

Le Premier Consul demande ce qui serait décidé dans le cas suivant :

Un individu donne sa maison pour n'appartenir qu'après sa mort au donataire. Il ne s'en réserve pas l'usufruit. Le donataire accepte.

Un tel acte n'est ni une donation ni un testament.

Cependant si on ne l'admet pas dans cette dernière qualité, on contredit le principe de l'article.

M. Treilhard dit que dans le système de la section, l'acte serait valable comme disposition de dernière volonté.

M. Bigot-Préameneu dit que l'acte serait également nul comme donation et comme testament. D'un côté, le donateur déclare qu'il a entendu faire une donation entre-vifs; de l'autre, il dénature le contrat qu'il a voulu faire par une disposition dont l'effet se reporte après sa mort. Ces deux volontés contradictoires se détruisent mutuellement et ne laissent à l'acte ni le caractère de la donation ni le caractère du testament.

M. Galli pense que, dans le cas proposé par le *Premier Consul*, la donation serait valable, parce que le donateur, au moment qu'il donne, est censé se dessaisir de sa propriété quoique la jouissance du donataire soit différée jusqu'à la mort du donateur.

LE CONSUL CAMBACÉRÈS dit qu'il ne peut y avoir de donation là où le prétendu donateur ne se dépouille actuellement ni de la propriété ni de l'usufruit.

M. GALLI répond que cette expression *je donne* présente nécessairement l'idée d'un propriétaire qui, au moment qu'il donne, entend se dépouiller de sa propriété, et que le délai imposé à la jouissance du donataire emporte l'usufruit au profit du donateur jusqu'à son décès, par mode de rétention et de réserve.

M. MALEVILLE dit que cette manière de voir est au moins très-problématique. En général, il était très-difficile autrefois de distinguer, dans beaucoup de cas, les donations entre-vifs des dispositions à cause de mort.

LE CONSUL CAMBACÉRÈS dit que c'est par cette considération que l'ordonnance de 1731 avait déterminé les formes de la donation : elle se proposait principalement d'empêcher qu'une donation entre-vifs pût jamais devenir une disposition testamentaire.

LE PREMIER CONSUL dit qu'en effet chaque espèce d'acte ayant ses principes particuliers et étant soumise à des formes différentes qui en déterminent le caractère et les effets, on aurait des méprises à craindre, si un acte nul, d'après les principes et dans les formes qui lui sont propres, pouvait devenir valable dans les principes d'une autre espèce d'acte.

L'article ne peut avoir qu'un seul effet utile, c'est de venir au secours du donataire absent qui n'a pas eu assez de temps pour accepter la donation avant la mort du donateur. On pourrait donc le limiter à ce cas.

M. TREILHARD observe qu'alors il serait nécessaire de fixer un délai à l'acceptation des donations.

M. PORTALIS dit que la question de la validité d'une donation dont l'effet se reporte tout entier après la mort du donateur est décidée par le principe que *donner et retenir ne vaut*.

Un acte qui ne transporte pas à l'instant même la propriété n'est pas une donation entre-vifs, mais un acte rédigé pendant la vie du donateur.

Mais, dit-on, rien n'empêche qu'il ne se convertisse en une disposition à cause de mort.

Il serait très-dangereux, répond M. *Portalis*, de confondre dans leurs effets ces deux espèces d'actes, car les motifs qui déterminent à choisir un donataire n'influeraient pas toujours sur le choix d'un héritier.

En effet, un homme isolé veut se délivrer des embarras de l'administration et s'assurer une vie tranquille; il choisit l'individu dans lequel il a le plus de confiance, et lui donne ses biens, à la charge d'une pension viagère. S'il eût fallu instituer un héritier, ce même homme ne serait plus décidé par la confiance; il aurait peut être choisi le plus pauvre.

Supposons maintenant que le donataire n'accepte qu'après la mort du donateur; dans le système proposé, il prendra la donation dégagée des charges qui l'avaient déterminée. Ainsi les intentions du donateur seront trompées, et la loi substituera sa volonté à celle du défunt, tandis qu'elle ne peut agir sur un acte qui a reçu son complément, que pour l'interpréter. Que s'il est incomplet, elle ne doit pas le valider, elle doit le déclarer nul.

Enfin on n'est assuré de rencontrer la volonté du défunt que lorsqu'elle est manifestée dans les formes auxquelles la loi a attaché l'effet de la faire reconnaître.

M. BERLIER reconnaît avec M. *Portalis*, qu'en matière de contrats le législateur doit craindre de mettre sa volonté à la place de la volonté de l'homme; mais dans l'espèce, il ne s'agit pas de suppléer à une absence de volonté, puisqu'au contraire on réclame l'effet de cette volonté bien exprimée : ce serait sans doute un singulier respect pour elle que celui qui conduirait à l'anéantir, sous le prétexte que quelques formes relatives au complément du contrat, et d'ailleurs indépendantes de la volonté du donateur, n'ont pas été remplies.

L'opinant examine ensuite l'objection tirée du retard à accepter. Il admet dans cette hypothèse l'exemple le plus fort, celui d'une donation par laquelle le donateur aurait grevé son donataire de charges viagères envers lui, de sorte que, par la conversion proposée, ce dernier recueillerait sans charges ce qui ne lui avait été donné qu'avec des charges; d'où l'on conclut que le contrat serait dénaturé.

Ce cas même, dit M. *Berlier*, n'a rien de péremptoire ; car si le donataire n'a pas eu le temps d'accepter, il n'y a rien à lui imputer ; et s'il s'est écoulé assez de temps pour supposer au donataire un esprit de calcul ou d'hésitation, le donateur en était le juge naturel ; s'il n'a pas révoqué sa donation, s'il n'a pas vendu l'objet donné, s'il ne l'a pas donné à une autre personne, ou s'il n'en a pas disposé par un testament plus récent, et qui suffirait pour révoquer la donation même entre-vifs non acceptée, il est présumé y avoir persévéré.

Passant ensuite à la comparaison faite par le *Premier Consul*, l'opinant ne la trouve pas concluante. La donation qualifiée *entre-vifs*, et dans laquelle on se réserverait la faculté de disposer autrement de l'objet donné, serait nulle dès le principe : *donner et retenir ne vaut*, il n'y aurait point de donation ; au lieu que dans l'espèce il y a un acte valable dans son principe, et qu'on doit même considérer comme complet de la part du donateur, sauf sa révocabilité jusqu'à l'acceptation.

Ce ne sera donc jusque là qu'un testament ; mais pourquoi lui en refuser les effets ? La présomption de persévérance sera vraie quatre-vingt-dix-neuf fois sur cent, et la loi statue sur les cas généraux.

En résultat, l'article proposé semble à l'opinant préférable au système de nullité absolue puisé dans l'ordonnance de 1731.

M. Tronchet dit que la discussion porte sur un cas qui sera toujours infiniment rare. Ordinairement le donataire est présent; le donateur le prévient de ses intentions; il accepte la donation.

Si cependant le donataire était absent, et qu'avant son retour le donateur vînt à décéder, la donation devrait être sans effet; c'est un malheur pour le donataire.

Il en est de ce cas comme de celui où le donateur meurt tout-à-coup au moment où il allait signer l'acte de donation.

Au reste ce n'est pas au donataire, c'est à l'héritier que la faveur de la loi doit être réservée.

M. Emmery dit que le donateur peut seul juger des motifs qui ont fait différer l'acceptation; s'ils sont de nature à changer ses intentions bienveillantes, il révoquera la donation; ainsi, s'il ne la révoque pas, c'est parce qu'il approuve la conduite du donataire. Il meurt donc dans l'intention de donner, et alors ce serait décider contre sa volonté que d'anéantir la donation.

Le Consul Cambacérès dit que la non révocation de la donation n'est pas une preuve certaine que le donateur ait persévéré dans ses intentions. Dans les habitudes de la vie on diffère souvent d'exécuter ce qu'on a résolu : c'est cette considération qui avait déterminé le système de l'ordonnance de 1731. Si l'on veut écarter cette loi, il faut du moins fixer un délai dans lequel la donation pourra être acceptée, même après la mort du donateur, ou n'attribuer à la donation entre-vifs non acceptée les effets des dispositions à cause de mort que lorsqu'il n'apparaît pas, par les circonstances, que le défunt a changé de volonté.

Le Premier Consul dit que la faveur de la loi étant pour l'héritier, il serait inconséquent de le dépouiller, sur la simple présomption que le défunt a persisté dans la volonté de donner et de lui préférer un donataire qui peut-être n'a différé d'accepter que pour se soustraire aux charges que lui imposait le donateur.

M. Berlier dit que la faveur due aux héritiers du sang conduirait à modifier le droit de disposer, mais que la disponibilité étant admise et ses limites tracées, il est difficile de ne pas donner à la volonté de l'homme tout son effet quand cette volonté apparaît et se trouve dans les limites de la loi.

Le Consul Cambacérès dit que les formes des donations entre-vifs et des testamens étant à peu près les mêmes, il pourra arriver, lorsque le donataire se trouvera absent, que le défunt fasse un acte géminé en déclarant que, si la donation ne vaut pas comme disposition entre-vifs, sa volonté est qu'elle vaille comme disposition à cause de mort. Aucune loi ne le lui défend; il faut donc que l'article puisse s'appliquer à ce cas.

Ces considérations déterminent le Consul à modifier sa première opinion et à proposer la rédaction suivante :

« La donation entre-vifs qui n'a pas été acceptée pendant « la vie du donateur, et celle qui est faite dans les six jours « qui précèdent celui de la mort, peuvent valoir comme dis- « position à cause de mort, s'il n'apparaît une volonté con- « traire du donateur, ou si elles n'ont pas été faites sous des « charges ou conditions que le donataire ne soit plus à temps « de remplir. »

M. Tronchet dit que si le principe général établi par l'ordonnance de 1731 pouvait recevoir quelque modification, ce ne devrait être que celle qui accorderait au donataire un délai pour accepter. L'on ne peut aller plus loin sans donner trop de force au silence du donateur; on le convertirait en présomption *juris et de jure*, comme si on ignorait cette habitude si générale de différer de jour en jour l'exécution de ce qu'on se propose de faire, et de se laisser surprendre par la mort.

L'opinant propose en conséquence de déclarer que toute donation non acceptée dans les trois mois est nulle; et que, si avant l'expiration de ce délai le donateur vient à décéder, elle vaut comme disposition à cause de mort.

La rédaction proposée par le Consul *Cambacérès* est adoptée.

ap. 942 et
999-1000 L'article 47 est retranché comme inutile.

(Procès-verbal de la séance du 19 ventose an XI. — 16 mars 1803.)

M. BIGOT-PRÉAMENEU présente la section II du chapitre III du titre *des Donations entre-vifs et des Testamens.*

Elle est ainsi conçue :

SECTION II. — *De l'Irrévocabilité des Donations.*

943   Art. 48. « La donation entre-vifs ne pourra comprendre « que les biens présens du donateur; si elle comprend des « biens à venir, elle sera nulle à cet égard. »

944   Art. 49. « Toute donation entre-vifs, faite sous des condi- « tions dont l'exécution dépend de la seule volonté du do- « nateur, sera nulle. »

945   Art. 50. « Elle serait pareillement nulle si elle était faite « sous la condition de payer d'autres dettes ou charges que « celles qui existeraient à l'époque de la donation, et qui se- « raient comprises dans l'état qui doit y être annexé. »

946   Art. 51. « En cas que le donateur se soit réservé la liberté « de disposer d'un effet compris dans la donation, ou d'une « somme fixe sur les biens donnés, s'il meurt sans en avoir « disposé, ledit effet ou ladite somme appartiendra aux hé- « ritiers du donateur, nonobstant toutes clauses et stipula- « tions à ce contraires. »

948   Art. 52. « Toute donation d'effets mobiliers, s'il n'y a point « tradition réelle, sera nulle, s'il n'a été annexé à la minute « de la donation un état estimatif des effets donnés, signé du « donateur, du donataire, ou de ceux qui acceptent pour lui, « du notaire et des témoins. »

949   Art. 53. « Il est permis au donateur de faire la réserve à « son profit, ou de disposer au profit d'un autre, de la jouis-

« sance ou de l'usufruit des biens meubles ou immeubles
« donnés. »

Art. 54. « Lorsque la donation d'effets mobiliers aura été 950
« faite avec réserve d'usufruit, le donataire sera tenu, à l'ex-
« piration de l'usufruit, de prendre les effets donnés qui se
« trouveront en nature, dans l'état où ils seront, et il aura
« action contre le donateur ou ses héritiers, pour raison des
« objets non existans, jusqu'à concurrence de la valeur qui
« leur aura été donnée dans l'état estimatif. »

Art. 55. « Le donateur pourra stipuler le droit de retour 951
« des objets donnés, dans les cas où, soit le donataire seul,
« soit le donataire et ses descendans, mourraient avant lui.

« Ce droit ne pourra être stipulé qu'au profit du donateur
« seul.

« Il n'aura pas lieu sans stipulation, si ce n'est au profit
« des ascendans, ainsi qu'il est réglé par l'article 30 au titre
« *des Successions.* »

Art. 56. « L'effet du droit de retour sera de résoudre toutes 952
« les aliénations des biens donnés, et de les faire revenir au
« donateur francs et quittes de toutes charges et hypothèques,
« sauf néanmoins l'hypothèque de la dot et des conventions
« matrimoniales, si les autres biens de l'époux donataire ne
« suffisent pas, et dans le cas seulement où la donation lui
« aura été faite par le même contrat de mariage, duquel ré-
« sultent lesdits droits et hypothèques. »

Art. 57. « La donation entre-vifs ne pourra être révoquée 953
« que pour cause d'ingratitude ou pour cause d'inexécution
« des conditions sous lesquelles elle aura été faite. »

Art. 58. « Elle ne pourra être révoquée pour cause d'in- 955
« gratitude que dans les cas suivans :

« 1°. Si le donataire a attenté à la vie du donateur ;

« 2°. S'il s'est rendu coupable envers lui de sévices ou
« délits ;

« 3°. S'il lui refuse des alimens. »

Art. 59. « La révocation n'aura jamais lieu de plein droit ; 956

24.

« elle devra être demandée par le donateur et prononcée par
« la justice. »

947   Art. 60. « La demande devra en être formée dans l'année,
« à compter du jour du délit imputé par le donateur au do-
« nataire, ou du jour que le délit aura pu être connu par le
« donateur. »

1b.   Art. 61. « Cette révocation ne pourra être demandée par
« le donateur contre les héritiers du donataire, ni par les hé-
« ritiers du donateur contre le donataire, à moins que, dans
« ce dernier cas, le donateur n'ait lui-même intenté l'action,
« ou qu'il ne soit décédé dans l'année du délit. »

958   Art. 62. « La révocation pour cause d'ingratitude ne pré-
« judiciera ni aux aliénations faites par le donataire, ni aux
« hypothèques et autres charges réelles qu'il aura pu imposer
« sur l'objet de la donation, pourvu que le tout soit antérieur
« à la demande en révocation.

« Dans ce cas, le donataire sera condamné à restituer la
« valeur des objets aliénés, eu égard au temps de la demande
« en révocation.

« Les fruits ne seront restitués au donateur que du jour de
« la demande en révocation. »

959   Art. 63. « Les donations en faveur de mariage ne seront
« pas révocables pour cause d'ingratitude. »

954   Art. 64. « Dans le cas de la révocation pour cause d'inexé-
« cution des conditions imposées, le donateur aura, contre
« les tiers détenteurs des immeubles donnés, tous les droits
« qu'il aurait contre le donataire lui-même. »

960 et   Art. 65. « La survenance d'enfans n'opérera pas la révoca-
suivans.
« tion des donations, sauf la réduction à la quotité dispo-
« nible. »

943   L'article 48 est adopté avec l'amendement que la rédaction
fera apercevoir qu'il ne préjuge rien sur les donations entre-
vifs portées aux contrats de mariage.

944   L'article 49 est adopté.

L'article 5o est discuté.   945

M. Miot dit que l'article semblerait exclure la charge qui serait imposée par le donateur de nourrir l'enfant qui pourrait lui naître postérieurement; car cette charge n'existerait pas au moment de la donation.

M. Treilhard répond que le but de l'article est d'ôter au donateur la faculté d'anéantir la donation en créant postérieurement des charges et des dettes, et non de l'empêcher de la modifier par des conditions, lesquelles, comme dans le cas proposé, établissent par l'acte même une charge déterminée et connue. Au surplus, pour prévenir toute difficulté, on peut expliquer dans l'article que les seules charges valables seront celles qu'on aura exprimées soit dans l'acte de donation, soit dans l'état annexé.

L'article est adopté avec cet amendement.

L'article 51 est adopté.   946

L'article 52 est discuté.   948

M. Tronchet pense que toutes les fois que la donation est faite par un acte, elle doit être accompagnée d'un état, même quand il n'y a point tradition réelle; sans cette précaution, on ne parviendrait point à fixer la légitime des enfans.

M. Bigot-Préameneu propose, en conséquence de cette observation, de supprimer ces mots, *s'il n'y a point de tradition réelle,* et de rédiger ainsi : *tout acte de donation d'effets mobiliers.*

L'article est adopté avec cet amendement.

Les articles 53 et 54 sont adoptés.   949-950

L'article 55 est discuté.   951

M. Tronchet dit que le droit en vertu duquel l'article 3o du titre *des Successions,* auquel cet article renvoie, rend aux ascendans les biens par eux donnés, est, non un droit de retour, mais un droit de successibilité.

L'article est adopté en en retranchant la disposition finale.

952-953　Les articles 56 et 57 sont adoptés.

955　L'article 58 est discuté.

Le Consul Cambacérès craint que la rédaction du n° 1 de cet article ne donne point assez de latitude à la révocation pour cause d'ingratitude. Le donataire ne doit conserver le bienfait, ni lorsqu'il a attenté à la vie de son bienfaiteur, ni lorsqu'il l'a diffamé. Il pourrait arriver que ce mot *attentat* conduisît les tribunaux à ne prononcer la révocation que dans le cas où il y aurait *attentat formel* de la part du donataire, et qu'ils crussent que l'article ne s'applique point aux autres moyens par lesquels il aurait pu mettre les jours du donateur en danger.

M. Miot dit que la diffamation rentre dans le n° 2, et est comprise sous le mot générique *délits*.

M. Treilhard propose d'ajouter au n° 2 : *ou injures graves.* L'article est adopté avec cet amendement.

956-957　Les articles 59 et 60 sont adoptés.

Le Consul Cambacérès propose de refondre ces deux articles en un seul.

Cette proposition est adoptée.

957 à 959 et 954　Les articles 61, 62, 63 et 64 sont adoptés.

960 et suivans.　L'article 65 est discuté.

Le Consul Cambacérès fait observer que cet article est une innovation au droit existant.

M. Treilhard dit que le donateur a dû prévoir, au moment de la donation, qu'il pourrait se marier un jour, et que cette considération ne l'ayant point arrêté, il n'est pas juste de l'admettre à la faire valoir dans la suite pour changer la situation du donataire, qui peut-être lui-même ne s'est marié que sur la foi de la donation.

M. Tronchet ajoute que d'ailleurs la légitime de l'enfant étant des trois quarts des biens, c'est lui porter un très-faible préjudice que de maintenir la donation.

M. Maleville observe que quelquefois la légitime n'est que de moitié, et qu'étant graduée suivant le nombre des enfans, il ne serait pas rare qu'un donateur imprudent, auquel il serait survenu des enfans, eût la douleur de voir emporter par un étranger une portion plus considérable des biens de la famille que celle que chacun de ces enfans en retirerait lui-même.

Il ajoute que le célèbre rédacteur de l'ordonnance de 1731 était si persuadé que la survenance d'enfans fait naître dans le cœur du donateur des regrets justes et que la loi ne doit pas repousser, qu'il a déclaré que la donation serait révoquée, quand même, en la faisant, le donateur aurait formellement renoncé à cette révocation, parce qu'il faut être père pour pouvoir juger de la force de l'amour paternel, et que d'ailleurs c'est en faveur des enfans que la donation est révoquée.

M. Bigot-Préameneu dit que les motifs de l'ordonnance, dans cette disposition, ont été d'encourager les mariages, mais que cette raison était plus spécieuse que solide.

M. Treilhard ajoute que l'autorité de l'ordonnance est grave, sans doute, mais qu'elle ne doit point prévaloir sur l'expérience et sur la réflexion. On peut croire que la survenance d'enfans inspire des regrets au donateur; cependant les regrets qui peuvent être la suite de toute espèce d'acte ne sauraient devenir un motif d'annuler les contrats. L'intérêt de la propriété doit l'emporter; et si le donateur a agi avec trop de légèreté, il serait injuste de faire retomber sur le donataire la peine de cette imprudence.

Le Consul Cambacérès dit que l'intérêt de favoriser les mariages ne peut influer sur cette question. L'usage entraînera toujours les hommes vers cet engagement, indépendamment des calculs qu'on leur a prêtés dans le cours de cette discussion.

Est-il présumable qu'un donateur ait voulu préférer un étranger à ses propres enfans? et ne doit-il pas être censé avoir modifié sa libéralité par la condition qu'elle serait nulle s'il devenait père?

Le Consul pense que cette condition s'attache tacitement à toutes les donations ; qu'il y aurait peut-être trop de dureté à lier irrévocablement un donateur qui, dans sa jeunesse, a pu disposer trop indiscrètement.

L'article est rejeté.

M. TRONCHET dit qu'il reste à décider si l'on admettra dans toute son étendue l'ancienne jurisprudence, qui, ne se bornant pas à faire dériver de la survenance d'enfans le droit de révoquer la donation, la déclarait, en ce cas, révoquée de plein droit. Ce système avait l'inconvénient de laisser trop long-temps la propriété incertaine ; car le donateur et ses héritiers avaient trente ans pour faire valoir la révocation.

M. PORTALIS dit que la révocation étant établie en faveur des enfans, et ces enfans ne pouvant pas eux-mêmes faire valoir leurs droits au moment où ils viennent de naître, il est nécessaire que la loi veille pour eux et leur assure ses bienfaits.

M. REGNAUD (de Saint-Jean-d'Angely) ne partage point cet avis. Il pense que s'il est juste d'accorder au donateur le droit d'écouter le sentiment de la paternité, qu'il ne connaissait pas encore au moment où il a disposé, il est juste aussi de le laisser décider lui-même si ce sentiment est plus fort dans son cœur que celui qui l'avait porté à donner.

LE CONSUL CAMBACÉRÈS dit que la question proposée par M. *Tronchet* vient d'être résolue par le Conseil, qui a écarté l'article proposé, pour revenir au droit établi par l'ordonnance de 1731.

La question est mise aux voix.

LE CONSEIL adopte le droit établi par l'ordonnance de 1731.

M. BIGOT-PRÉAMENEU présente la section Ire du chapitre IV, intitulé : *Des Dispositions testamentaires.*

Elle est ainsi conçue :

SECTION Ire. — *De la forme des Testamens.*

Art. 66. « Un testament ne pourra être fait conjointement 9c8
« et dans le même acte, par deux ou plusieurs personnes,
« soit au profit d'un tiers, soit à titre de donation réciproque
« et mutuelle. »

Art. 67. « Un testament pourra être fait par acte public 969
« ou sous signature privée. »

Art. 68. « Le testament par acte public est celui qui est 971 à 974
« reçu par deux notaires, ou par un notaire et deux témoins
« qui sachent et puissent signer.

« Il doit être écrit par le notaire tel qu'il est dicté par le
« testateur ; il doit lui en être donné lecture en présence de
« témoins.

« Il est fait du tout mention expresse.

« Si le testateur déclare qu'il ne peut ou ne sait signer, il
« est pareillement fait mention' expresse de sa déclaration,
« ainsi que de la cause qui l'empêche de signer. »

Art. 69. « Les témoins devront être mâles, majeurs, ayant 980
« l'exercice des droits civils.

« Ne pourront être pris pour témoins, ni les légataires, à 975
« quelque titre qu'ils le soient, ni leurs parens ou alliés, jus-
« qu'au quatrième degré inclusivement, ni les clercs des no-
« taires par lesquels les actes seront reçus. »

Art. 70. « Les testamens des militaires et des individus 9v1
« employés dans les armées pourront, en quelque pays que
« ce soit, être reçus par deux officiers ayant au moins le
« grade de sous–lieutenant, ou par deux commissaires des
« guerres, ou par l'un' desdits officiers ou commissaires as-
« sisté de deux témoins. »

Art. 71. « Ils pourront encore, si le testateur est malade 982
« ou blessé, être reçus par deux officiers de santé, ou par un
« seul, assisté de deux témoins. »

998   Art. 72. « Ces testamens seront signés par ceux qui les au-
« ront reçus, et par les testateurs, s'ils savent ou peuvent si-
« gner ; si les testateurs ne savent ou ne peuvent signer, il en
« sera fait mention : il sera nécessaire que l'un des témoins
« sache et puisse signer. »

983   Art. 73. « Les dispositions des articles ci-dessus n'auront
« lieu qu'en faveur des défenseurs de la patrie qui seront en
« expédition militaire, ou en quartier, ou en garnison hors
« du territoire de la République, ou prisonniers chez l'en-
« nemi, sans que ceux qui seront en quartier ou en garnison
« dans l'intérieur puissent en profiter, à moins qu'ils ne se
« trouvent dans une place assiégée ou dans une citadelle et
« autres lieux dont les portes soient fermées et les communi-
« cations interrompues à cause de la guerre. »

984   Art. 74. « Le testament fait dans la forme ci-dessus éta-
« blie pour les militaires sera nul six mois après que le testa-
« teur sera revenu dans un lieu où il aura la liberté d'em-
« ployer les formes ordinaires. »

985   Art. 75. « Les testamens faits dans un lieu avec lequel
« toute communication sera interceptée à cause de la peste
« pourront être faits devant le juge de paix ou devant l'un
« des officiers municipaux de la commune en présence de
« deux témoins. »

986   Art. 76. « Cette disposition aura lieu tant à l'égard de ceux
« qui seraient attaqués de la peste que de ceux qui seraient
« dans les lieux infectés de cette maladie, encore qu'ils ne
« fussent pas actuellement malades. »

987   Art. 77. « Les testamens mentionnés aux deux précédens
« articles demeureront nuls six mois après que les commu-
« nications auront été rétablies dans le lieu où le testateur
« demeure, ou six mois après qu'il aura passé dans un lieu
« où elles ne seront point interrompues. »

988-989   Art. 78. « Les testamens faits sur mer dans le cours d'un
« voyage pourront être reçus par l'écrivain du vaisseau, par

« le maître ou par l'officier qui fait la fonction de l'un ou de
« l'autre, en présence de deux témoins, et, au surplus, en
« la forme prescrite pour le testament public.

« S'il s'agit du testament du maître ou de l'écrivain ou de
« l'officier qui en fait la fonction, il pourra être reçu par
« l'officier supérieur ou inférieur du grade le plus prochain. »

Art. 79. « Le testament, quoique dressé dans le cours du 994
« voyage, ne sera point réputé fait en mer, si, au temps où
« il a été fait, le navire avait abordé une terre, soit étran-
« gère, soit de la domination française, où il y aurait un of-
« ficier public français, auquel cas il ne sera valable qu'au-
« tant qu'il aura été dressé suivant les formes prescrites en
« France, ou suivant celles usitées dans les pays où il aura
« été fait. »

Art. 80. « Les dispositions ci-dessus seront communes aux 995
« testamens faits par les simples passagers qui ne feront point
« partie de l'équipage. ».

Art. 81. « Le testament fait sur mer en la forme prescrite 996
« par l'article 78 ne sera valable qu'autant que le testateur
« mourra en mer ou dans les trois mois après qu'il sera des-
« cendu à terre, et dans un lieu où il aura pu le refaire dans
« les formes ordinaires. »

Art. 82. « Le testament fait sur mer ne pourra contenir 997
« aucune disposition au profit des officiers du vaisseau, s'ils
« ne sont parens du testateur. »

Art. 83. « Un testament pourra, dans toute circonstance, ap. 998
« être fait sous signature privée ; il devra être écrit en entier,
« daté et signé de la main du testateur. »

Art. 84. « Les formalités auxquelles les divers testamens 1001
« sont assujétis par les dispositions de la présente section de-
« vront être observées à peine de nullité. »

Les articles 66 et 67 sont adoptés. 958-969

L'article 68 est discuté. 971 à 974

Le Consul Cambacérès voudrait que des témoins fussent

appelés, même quand le testament est reçu par deux notaires; que le nombre des témoins fût augmenté, s'il n'y a
qu'un notaire; et que, lorsque le testateur ne sait ou ne peut
signer, on appelât un témoin de plus.

M. TRONCHET dit que les témoins méritent en général
moins de confiance que deux notaires. Pour exprimer que la
présence de tous deux est nécessaire, on pourrait dire que le
testament sera dicté aux deux notaires et écrit par l'un d'eux.

LE CONSUL CAMBACÉRÈS pense qu'il serait utile de conserver
littéralement les dispositions par lesquelles l'ordonnance
de 1735 règle la forme des testamens et les diverses espèces
de testamens qu'elle établit.

M. TREILHARD dit que le législateur avait trouvé en 1735
la France régie en partie par le droit écrit, en partie par le
droit coutumier.

Les formes usitées n'étaient donc pas universellement les
mêmes : l'ordonnance les a toutes régularisées. Mais peut-
être n'est-il pas nécessaire de les conserver toutes : on pourrait choisir celles qui sont indispensables pour constater la
volonté du testateur. Ainsi le testament public serait celui
que reçoivent des notaires assistés de témoins. Le testateur
qui voudrait cacher ses dispositions pourrait employer le testament olographe ou le testament mystique. Le testament
nuncupatif, maintenu par l'ordonnance, par pure déférence
pour les principes du droit romain, devient donc inutile.
Pourquoi conserver une forme embarrassée et gênante pour
le malade lorsqu'elle n'a plus d'objet?

LE CONSUL CAMBACÉRÈS met successivement aux voix les
diverses formes établies par l'ordonnance de 1735.

LE CONSEIL adopte en principe,

1°. Que la forme du testament olographe pourra être employée, non seulement entre enfans, comme en pays de droit
écrit, mais avec la latitude qui était usitée dans les pays coutumiers;

2°. Que les testamens pourront être faits ou devant deux

notaires assistés de deux témoins, ou devant un notaire et quatre témoins;

3°. Que la forme du testament mystique sera conservée telle qu'elle est établie par l'ordonnance de 1735; qu'il ne sera pas ajouté de témoin lorsque le testateur ne saura ou ne pourra signer, mais que la cause de l'empêchement sera exprimée dans le testament;

4°. Que, dans les campagnes, il suffira que la moitié des témoins sache écrire.

L'article 69 est discuté. 980-975

La première partie de cet article est adoptée avec l'amendement *que les témoins seront républicoles.*

M. Treilhard observe que la seconde partie de l'article doit recevoir une modification à l'égard du testament mystique. Les parens du légataire ne pouvant connaître le contenu du testament, il n'y a pas les mêmes raisons de les exclure que lorsque le testament est public.

Le Consul Cambacérès ajoute que l'office des témoins se réduit à attester un fait simple.

M. Bigot-Préameneu observe que d'ailleurs c'est le testateur lui-même qui choisit les témoins.

La proposition de M. *Treilhard* est adoptée.

(Procès-verbal de la séance du 26 ventose an XI. — 17 mars 1803.)

On reprend la discussion de la section Ire du chapitre IV du titre *des Donations entre-vifs et des Testamens*, relative à la forme des Testamens.

L'article 70 est discuté. 981

Le Consul Cambacérès dit qu'il importe d'examiner s'il ne convient pas de confier la fonction de recevoir les testamens des militaires à des officiers d'un grade plus élevé que celui de sous-lieutenant; car, ajoute le *Consul*, c'est pour l'intérêt des militaires qu'on rend facile la faculté de tester ; cependant la loi blesserait ce même intérêt qu'elle veut favoriser , si elle ne soumettait pas les testamens des militaires à des formes suffisantes pour donner la garantie qu'ils sont en effet l'expression de la volonté du testateur.

Peut–être conviendrait-il de s'en tenir aux dispositions de l'ordonnance de 1735.

M. Regnaud (de Saint–Jean–d'Angely) dit qu'il y a, surtout aujourd'hui, un grand intérêt à prévenir la supposition des testamens militaires, car la conscription peut amener dans les armées des citoyens très-opulens.

M. Gouvion-Saint-Cyr propose de dire : *Les testamens des militaires*, etc., *pourront être reçus par les officiers supérieurs ;* cette expression *officiers supérieurs* comprendrait les chefs de bataillon et d'escadron.

Cette proposition est adoptée.

982 L'article 71 est discuté.

Le Consul Cambacérès observe que les militaires, dans les hôpitaux , ont assez de moyens de tester, pour qu'il devienne inutile d'appeler les officiers de santé à recevoir leur testament.

M. Jourdan dit que l'article s'appliquera plus particulièrement aux ambulances. Comme auprès de ces hôpitaux il y a toujours un détachement commandé par un officier, on pourrait charger ce commandant dè recevoir les testamens conjointement avec l'officier de santé.

Cette proposition est adoptée.

998-983-
984 Les articles 72 , 73 et 74 sont adoptés.

985 L'article 75 est adopté sauf rédaction.

986 L'article 76 est discuté.

M. Treilhard demande la suppression de cet article, qui n'est qu'une conséquence des articles précédens.

M. Tronchet dit que l'article est utile en ce qu'il prévient les difficultés qui pourraient naître de la distinction qu'on tenterait peut-être de faire entre ceux qui sont atteints de la maladie et ceux qui ont échappé à la contagion.

L'article est adopté.

L'article 77 est adopté. 987

L'article 78 est discuté. 988-989

M. Najac dit que dans le cas de cet article les testamens pourraient être reçus, à bord des vaisseaux et autres bâtimens de l'État, par l'officier commandant ou par celui qui le supplée dans l'ordre du service, l'un ou l'autre conjointement avec l'officier d'administration ou avec celui qui en remplit les fonctions; et à bord des bâtimens de commerce par l'écrivain du navire ou celui qui en fait les fonctions, l'un ou l'autre conjointement avec le capitaine, le maître ou le patron, ou ceux qui les remplacent.

Cette proposition est adoptée.

Les articles 79, 80, 81 et 82 sont adoptés. 994 à 997

L'article 83 est discuté. ap. 998

M. Tronchet craint que par erreur on ne veuille reconnaître pour valables les testamens olographes que lorsqu'ils seraient revêtus de la forme des testamens mystiques.

Il propose de rédiger l'article de manière à prévenir cette erreur.

L'article est adopté avec la proposition de M. *Tronchet*.

L'article 84 est adopté. 1001

(Procès-verbal de la séance du 27 ventose an XI. — 18 mars 1803.)

M. Bigot-Préameneu présente la section II du chapitre IV du titre *des Donations entre-vifs et des Testamens*.

Elle est ainsi conçue :

SECTION II. — *De l'Exécution des Testamens et des Exécuteurs*
testamentaires.

1014   Art. 85. « Tout legs pur et simple, fait soit à titre univer-
« sel, soit à titre particulier, donnera au légataire, du jour
« du décès du testateur, un droit à la chose léguée, droit
« transmissible à ses héritiers ou ayans-cause.

« Néanmoins le légataire ne pourra se mettre en possession
« de la chose léguée, ni en prétendre les fruits ou intérêts,
« qu'à compter du jour de sa demande en délivrance formée
« en justice contre l'héritier, ou du jour auquel l'héritier en
« aurait consenti volontairement la délivrance. »

1015   Art. 86. « Les intérêts ou fruits de la chose léguée cour-
« ront au profit du légataire dès le jour du décès, et sans
« qu'il ait formé sa demande en justice,

« 1°. Lorsque le testateur aura expressément déclaré sa
« volonté à cet égard dans le testament;

« 2°. Lorsqu'une rente viagère ou une pension aura été
« léguée à titre d'alimens. »

1016   Art. 87. « Les frais de la demande en délivrance seront à
« la charge de l'héritier;

« Les droits d'enregistrement seront dus par le légataire :

« Le tout s'il n'en a été autrement ordonné par le tes-
« tament.

« Chaque legs pourra être enregistré séparément, sans que
« cet enregistrement puisse profiter à aucun autre qu'au lé-
« gataire ou à ses ayans-cause. »

1017   Art. 88. « Les héritiers ou débiteurs d'un legs seront per-
« sonnellement tenus de l'acquitter, chacun au prorata de la
« part et portion dont ils profiteront dans la succession.

« Ils en seront tenus hypothécairement pour le tout, jus-
« qu'à concurrence de la valeur des immeubles de la succes-
« sion dont ils seront détenteurs. »

1018   Art. 89. « La chose léguée sera délivrée avec les accessoires

« nécessaires, et dans l'état où elle se trouvera au jour du
« décès du donateur. »

Art. 90. « Lorsque celui qui a légué la propriété d'un im- 1019
« meuble l'a ensuite augmenté par des acquisitions, ces ac-
« quisitions, fussent-elles contiguës, ne seront pas censées,
« sans une nouvelle disposition, faire partie du legs.

« Il en sera autrement des embellissemens ou des construc-
« tions nouvelles faites sur le fonds légué, ou d'un enclos
« dont le testateur aurait augmenté l'enceinte. »

Art. 91. « Si la chose léguée se trouve antérieurement en- 1020
« gagée par hypothèque pour une dette de la succession ou
« même pour la dette d'un tiers, ou si elle est grevée d'un
« usufruit, l'héritier n'est point tenu de la dégager, à moins
« qu'il n'ait été chargé de le faire par une disposition ex-
« presse du testateur. »

Art. 92. « Lorsque le testateur aura légué la chose d'autrui 1021
« le legs sera nul, soit que le testateur ait connu ou non
« qu'elle ne lui appartenait pas. »

Art. 93. « Lorsque le legs sera d'une chose indéterminée, 1022
« comme d'un cheval, d'une pièce de vin, l'héritier ne sera
« pas obligé de donner le meilleur, et il ne pourra pas offrir
« le plus mauvais. »

Art. 94. « Le legs fait au créancier ne sera pas censé en 1023
« compensation de sa créance, ni le legs fait au domestique
« en compensation de ses gages. »

Art. 95. « Le legs à titre universel est celui par lequel le 1010
« testateur lègue toute la portion de ses biens dont la loi lui
« permet de disposer, ou une quotité fixe de cette portion,
« ou tous ses immeubles, ou tout son mobilier, ou une
« quotité fixe de tous ses immeubles ou de tout son mo-
« bilier.

« Tout autre legs ne forme qu'une disposition à titre par-
« ticulier. »

Art. 96. « Le légataire à titre universel sera tenu, comme 1012
« l'héritier, personnellement pour sa part et portion, et hy-

« pothécairement pour le tout, des dettes et charges de la
« succession du testateur. »

1024   Art. 97. « Le légataire à titre particulier ne sera point tenu
« des dettes de la succession ; sauf la réduction du legs, ainsi
« qu'il est dit ci-dessus, et sauf l'action hypothécaire des
« créanciers. »

1009   Art. 98. « Lorsqu'il y a un légataire universel de la tota-
« lité de la portion disponible, c'est à lui seul à payer tous
« les legs à titre particulier, jusqu'à concurrence seulement
« des trois quarts de la valeur de cette portion, sauf l'excep-
« tion portée en l'article 31. »

Ib.   Art. 99. « Si le legs à titre universel ne comprend qu'une
« quotité de la portion disponible, les legs particuliers sont
« acquittés d'abord par les héritiers sur ce qui reste de la por-
« tion disponible, et subsidiairement par le légataire à titre
« universel, ainsi qu'il est dit en l'article précédent. »

1025   Art. 100. « Le testateur pourra, pour assurer l'exécution
« de ses dispositions, nommer un ou plusieurs exécuteurs
« testamentaires. »

1026   Art. 101. « Il pourra leur donner la saisine, pendant l'an
« et jour à compter de son décès, du tout ou seulement d'une
« partie de son mobilier.

« S'il ne la leur a pas donnée, ils ne pourront l'exiger. »

1027   Art. 102. « L'héritier pourra faire cesser la saisine en of-
« frant de remettre aux exécuteurs testamentaires somme
« suffisante pour le paiement des legs mobiliers. »

1028   Art. 103. « Celui qui ne peut s'obliger ne peut pas être
« exécuteur testamentaire. »

1029   Art. 104. « La femme mariée ne pourra accepter l'exécu-
« tion testamentaire qu'avec le consentement de son mari.

« Si elle est séparée de biens, soit par contrat de mariage,
« soit en justice, elle le pourra avec le consentement de son
« mari, ou, à son refus, autorisée par le juge. »

1030   Art. 105. « Le mineur ne pourra être exécuteur testamen-
« taire, même avec l'autorisation de son tuteur. »

Art. 106. « Les exécuteurs testamentaires feront apposer   103,
« les scellés, s'il y a des héritiers mineurs, interdits ou
« absens.

« Ils feront faire, en présence de l'héritier présomptif, ou
« lui dûment appelé, l'inventaire des biens de la succession.

« Ils provoqueront la vente du mobilier à défaut de deniers
« suffisans pour acquitter les legs.

« Ils veilleront à ce que le testament soit exécuté, et ils
« pourront, en cas de contestation sur son exécution, inter-
« venir pour en soutenir la validité.

« Ils devront, à l'expiration de l'année du décès du testa-
« teur, rendre compte de leur gestion. »

Art. 107. « Les pouvoirs de l'exécuteur testamentaire pren-   1032
« dront fin par sa mort, et ne passeront point à ses héritiers.»

Art. 108. « S'il y a plusieurs exécuteurs testamentaires qui   1033
« aient accepté, un seul pourra agir au défaut des autres ; et
« ils seront solidairement responsables du compte du mobi-
« lier qui leur a été confié, à moins que le testateur n'ait di-
« visé leurs fonctions, et que chacun d'eux ne se soit renfermé
« dans celle qui lui était attribuée. »

Art. 109. « Les frais faits par l'exécuteur testamentaire   1034
« pour l'apposition des scellés, l'inventaire, le compte et les
« autres frais relatifs à ses fonctions, seront à la charge de la
« succession. »

L'article 85 est discuté.   1014

M. Bigot-Préameneu dit que cet article fait naître la
question de savoir si l'héritier institué sera saisi de la succession de plein droit et en vertu de son titre, ou s'il sera
obligé de demander la saisine à l'héritier *ab intestat*.

M. Maleville pense que le légataire particulier doit seul
être assujéti à remplir cette formalité; mais que, conformément aux principes du droit romain, l'héritier testamentaire
n'a besoin que de son titre pour se mettre en possession. Ce
système, qui évite les circuits et les dépenses inutiles, est

d'ailleurs sans inconvénient, tandis que, dans le système opposé, l'héritier institué est exposé aux mauvaises difficultés que peut lui faire l'héritier légal; et que ce dernier lui-même n'est appelé sous le titre d'héritier que pour éprouver le désagrément d'en être dépouillé aussitôt. Cependant, dans l'intervalle, la succession peut être dilapidée par l'héritier *ab intestat*. Toujours y aura-t-il, par rapport à l'administration des biens une stagnation dangereuse, surtout quand l'hérédité consiste dans un fonds de commerce. Si l'héritier testamentaire est saisi de plein droit, il se met de suite à la tête des affaires, il reçoit et paie, et le négoce n'éprouve aucune interruption; mais si après la mort du commerçant il faut investir d'abord un héritier légitime qui n'a aucun intérêt à la chose, et n'est mis là que pour rendre à un autre, la correspondance est nécessairement interrompue, les affaires languissent et la maison dépérit.

On objecte que c'est la loi qui fait les héritiers *ab intestat*.

Elle fait également les héritiers institués, quoique d'une manière moins directe.

On objecte encore que le testament pouvant être nul, il est juste de ne lui donner d'effet qu'après que sa validité aura été reconnue ou jugée.

Mais d'abord il y a incomparablement plus de testamens valides que de testamens nuls : or, ce ne sont pas les cas rares que le législateur doit prendre pour base de ses lois. Ensuite la provision est due au titre.

Le système des pays coutumiers avait pour principe la distinction des biens en propres et en acquêts. Or, cette distinction n'existant plus, il paraît juste de décider que l'héritier testamentaire sera saisi de plein droit comme l'héritier *ab intestat*.

M. Bigot-Préameneu dit que, forcée de donner un effet provisoire à l'un des deux titres, la section a cru devoir préférer celui de l'héritier *ab intestat*, parce qu'il est incontestable. Il n'est pas douteux que le défunt a pu déroger à l'ordre commun des successions et se créer un héritier de son choix ; mais on n'est certain qu'il a usé de cette faculté que lorsque le testament est reconnu.

Dans le système du droit romain, où le père de famille était législateur, la loi, pour être conséquente, devait admettre d'abord l'héritier institué ; mais il n'en peut être de même dans le système de notre législation, où l'institution d'héritier est une dérogation au droit commun sur les successions.

Au surplus, c'est s'abandonner à de vaines alarmes que de craindre de la part de l'héritier *ab intestat* des difficultés déraisonnables. Cet héritier ne s'exposera pas à la condamnation en dommages et intérêts, qui serait la suite indubitable d'une contestation mal fondée.

M. TRONCHET dit que l'ordonnance de 1735 n'étant pas destinée à introduire un droit nouveau, mais à régulariser les usages qu'elle trouvait établis, a dû se modifier suivant la diversité des deux systèmes du pays de droit écrit et du pays coutumier. Maintenant, au contraire, qu'il s'agit de tout réduire à une loi unique et générale, on est forcé de choisir entre les deux systèmes. Il convient donc de les juger chacun en soi, et de les rapprocher ensuite pour examiner s'il est impossible de les concilier.

Dans le droit coutumier, la loi seule et le sang faisaient l'héritier ; la faculté de disposer n'était qu'une exception au droit commun sur la transmission des biens par décès. Mais puisque la faculté de disposer existe par l'autorité de la loi, la loi peut lui donner plus ou moins d'étendue et convertir l'exception en règle. Déjà même, dans les pays coutumiers, l'institution d'héritier était reçue dans les contrats de mariage.

Cependant, en permettant à l'homme de se donner un héritier, la loi subordonne cette faculté à deux conditions : la première est d'exprimer sa volonté dans les formes légales ; la seconde de ne pas entamer les réserves. Or, puisque l'héritier légal ne peut être dépouillé que sous ces conditions, il est raisonnable et bienséant de lui montrer le titre qui anéantit ses droits, afin qu'il soit en état de le critiquer.

Cette précaution était surtout nécessaire là où avec un testament olographe, c'est-à-dire obscur et clandestin, on pouvait s'emparer d'une succession.

Cet inconvénient existe aujourd'hui partout, puisque partout le testament olographe peut être employé, et que les réserves sont néanmoins plus considérables qu'autrefois.

L'héritier institué ne doit donc pas avoir la même saisine que celle qui appartenait à l'héritier légal en pays coutumier.

On doit distinguer deux effets dans la saisine : la possession et la jouissance.

Rien ne s'oppose à ce que l'héritier testamentaire obtienne les fruits à compter du jour où la succession s'est ouverte; mais il y a de grandes difficultés à faire commencer sa possession à la même époque.

Il est vrai que dans les pays de droit écrit on admettait un autre principe; mais cette jurisprudence était d'autant plus étonnante, qu'elle était contraire à une disposition formelle d'une loi romaine.

Adrien, en établissant un droit de vingtième sur les successions testamentaires, avait, pour assurer la perception du droit, obligé l'héritier institué à ne se mettre en possession qu'avec l'autorisation du préteur; et les réclamations d'un contradicteur ne suspendaient pas la mise en possession.

Justinien, en réformant cette législation, voulut, 1° que quand le testament serait régulier dans la forme, le juge mît l'héritier en possession : cette disposition exclut évidemment la saisine de plein droit, et suppose un examen préalable; 2° que, quand il se présenterait un contradicteur, la possession fût adjugée au titre le plus apparent.

Il semble donc qu'en admettant les institutions testamen-

taires, en leur donnant l'effet d'attribuer les fruits à l'institué à compter de l'ouverture de la succession, pourvu qu'il
les réclame dans un court délai, on doit cependant l'obliger
à présenter son titre au juge et à le faire reconnaître. La publication ordonnée par *Justinien* devient inutile; elle est sup-
pléée par l'enregistrement : mais le juge doit avoir le droit
de différer la saisine si le testament lui paraît irrégulier
dans la forme.

M. Portalis dit qu'il y a ici deux considérations : l'une
de droit, et qui dépend des principes de la matière ; l'autre
de fait, et qui dépend des résultats.

On a dit qu'en principe l'héritier *ab intestat* seul est certain : or, dans le concours de deux titres, le plus évident
doit être préféré.

On a donc raisonné comme s'il existait simultanément
deux titres.

C'est une erreur. Lorsqu'il existe un héritier testamentaire il n'y a plus d'héritier légal ; car la loi n'attache pas
moins d'effet à la disposition que fait l'homme en vertu de
l'autorisation qu'elle lui donne, qu'à la disposition qu'elle
fait elle-même directement : ainsi, l'héritier testamentaire
est héritier légal comme l'héritier *ab intestat*.

On objecte que le testament duquel il tient sa qualité peut
être attaqué.

Si l'on suspendait l'effet des actes qui peuvent être attaqués, il faudrait donc suspendre l'exécution non seulement
des testamens, mais encore des ventes, des donations, de
presque toutes les transactions civiles. Mais voici les principes par lesquels on doit se déterminer :

1°. La présomption est toujours qu'un acte est valable;
elle ne cesse que lorsque l'acte est annulé.

2°. Cette présomption le rend exécutoire.

Pourquoi, demande-t-on, ne pas appeler l'héritier *ab
intestat?*

C'est parce que, dans les choses où l'homme dispose en

vertu du pouvoir que lui en donne la loi, sa volonté doit être exécutée plus scrupuleusement que la disposition de la loi elle-même : *Mitius contrahitur cum lege quam cum homine*. La maxime, *le mort saisit le vif*, reçoit ici son application. Peu importe que la saisine tombe sur l'héritier testamentaire ou sur l'héritier *ab intestat*. Cette maxime est fondée sur ce qu'il ne peut y avoir aucun intervalle entre le défunt et son héritier; la possession du premier continue immédiatement dans la personne du second.

Dans le droit romain il 'n'y avait aucune différence entre l'héritier testamentaire et l'héritier *ab intestat :* elle n'existait que dans le droit coutumier.

Et qu'on ne dise pas que le droit des Romains sur cette matière leur est particulier, parce que chez eux le testament avait le caractère de loi. Partout le testament a ce caractère; car partout les actes autorisés sont exécutés comme des lois. Chez les Romains le père était maître absolu dans sa famille, mais non sous le rapport de son testament; car la puissance paternelle était plus ancienne que la faculté de tester. Le testateur était si peu absolu, qu'il était obligé de faire son testament dans l'assemblée du peuple, qui imprimait à cet acte sa force d'exécution. La forme de tester n'a été simplifiée que lorsqu'on est arrivé aux vrais principes de la propriété.

On craint l'abus qu'on pourrait faire des testamens olographes, s'ils suffisent pour donner la saisine à l'héritier testamentaire. Cependant on est convenu, dans une autre occasion, que la forme des testamens olographes est la plus sûre et la plus respectable.

Au surplus, la législation la plus dangereuse serait celle qui mettrait le titre à la discrétion de la personne dont il blesse les intérêts. L'héritier *ab intestat* est dans cette position; et si cet héritier est absent, s'il est mineur, que de longueurs, que d'embarras!

D'ailleurs, puisqu'on consent à laisser les fruits à l'héritier testamentaire, il n'y a pas d'intérêt à donner de préférence la saisine à l'héritier *ab intestat* : le seul résultat de cette préférence serait de faire naître un procès inutile. Mais ce qui doit décider sur ce point, c'est que l'exécution provisoire est due à tout titre en bonne forme. Il n'y a pas de motifs pour ne pas soumettre à ce principe les testamens comme les autres actes.

On craint que l'héritier testamentaire ne dissipe la succession, et que si ensuite le testament est annulé l'héritier *ab intestat* ne retrouve plus les choses dans leur premier état. Mais l'inconvénient ne serait-il pas le même si l'héritier *ab intestat*, saisi d'abord de l'hérédité, la dilapide, et qu'ensuite le testament soit confirmé?

M. TREILHARD dit que, puisqu'on n'est pas obligé de choisir entre l'usage des pays coutumiers et l'usage des pays de droit écrit, on doit ne consulter que la raison.

De quoi s'agit-il?

De la transmission de l'hérédité.

Il est impossible qu'elle ait lieu tout à la fois au profit des deux espèces d'héritiers. Or, quel est le premier en ordre? C'est incontestablement celui que crée la loi.

L'héritier que crée la volonté de l'homme ne le devient que par dérogation au droit commun. L'héritier *ab intestat* doit donc être appelé, avant tout, à examiner et à critiquer le titre qui le dépouille : il doit l'examiner pour vérifier s'il est régulier dans la forme ; si au fond le testateur n'a pas excédé la portion disponible. Cet examen préalable est d'autant plus nécessaire que l'héritier *ab intestat* n'a pas été partie dans l'acte, et qu'il y aurait de l'inconvénient à laisser l'héritier testamentaire s'emparer même de la portion que la loi réserve aux héritiers du sang. Elle peut, en certains cas, se composer des trois quarts de l'hérédité.

On veut prévenir un procès entre ces deux sortes d'héritiers. Mais il est inévitable, même dans le système proposé, si l'héritier *ab intestat* veut le faire naître; car en refusant à l'héritier institué les titres et la mise en possession, il l'obligerait à recourir aux tribunaux.

L'opinant appuie l'amendement proposé par M. *Tronchet.*

M. MURAIRE est au contraire dans l'opinion que la saisine doit appartenir à l'héritier testamentaire.

Il est certain que la maxime, *le mort saisit le vif,* était reçue dans les pays de droit écrit comme dans les pays coutumiers : la saisine s'opérait de plein droit dans la personne de l'héritier institué.

Pourquoi lui serait-elle refusée, puisqu'il réunit tout ce qui avait décidé à l'accorder à l'héritier *ab intestat?* Il a pour lui, comme ce dernier, la volonté de la loi : mais il a un avantage de plus, c'est la priorité d'affection dans les sentimens du testateur. L'héritier *ab intestat* n'a lui-même de droits que par la volonté du défunt qui s'est abstenu de tester.

L'erreur vient de ce qu'on suppose un concours entre ces deux sortes d'héritiers. Cependant il n'y a pas de concours ; car si la loi institue l'héritier du sang quand il n'y a pas de testament, elle institue de préférence l'héritier testamentaire. Il n'existe donc point de concours ; il n'existe pas de premier héritier saisi de droit, de la main duquel l'héritier institué doive nécessairement prendre les biens. Les deux sortes d'héritiers ont les mêmes droits au moment où la succession s'ouvre.

D'ailleurs, dans le système contraire, la succession la plus claire se trouve d'abord et nécessairement embarrassée par un procès. Il faut s'attendre si l'héritier *ab intestat* est d'abord saisi, qu'il emploiera les chicanes et les moyens dilatoires pour écarter par des dégoûts l'héritier institué et percevoir les fruits. Le même héritier *ab intestat* ne viendra pas disputer la succession à l'institué, si ce dernier est d'abord saisi.

Enfin on a raisonné, pour soutenir l'opinion opposée, dans la supposition que la présomption était contre le testament :

on doit présumer au contraire que le testament est valable tant que la nullité n'en a pas été prononcée.

M. Jollivet se borne à deux observations.

D'abord, dit-il, il est indispensable de constater le montant de l'hérédité, afin d'établir les réserves. Cependant, si l'héritier institué était d'abord saisi, il lui serait possible d'obscurcir l'état des choses et de rendre illusoires les dispositions de la loi relatives aux réserves.

Ensuite les testamens olographes sont rédigés par le testateur seul. Il devient donc possible de les supposer : or, dans les grandes villes, les faussaires sont assez audacieux pour user de cette facilité, afin de spolier la succession au moyen de la saisine que leur donnerait leur faux titre.

Le Consul Cambacérès dit qu'il se ne dissimule pas la force de l'objection prise des dispositions relatives aux réserves ; mais elle n'a d'importance que dans le cas où il existe un héritier qui a droit à une légitime. Dans le cas contraire elle s'évanouit. Il est un degré de parenté dans lequel le testateur peut disposer de la totalité de sa fortune : la loi qui lui donne cette faculté veut certainement aussi que ses droits passent immédiatement, et par le seul effet de sa volonté, à l'héritier qu'il institue. Comment pourrait-on soumettre le testament à un héritier que la loi n'appelle qu'à défaut de testament?

On dit : Le testament peut être nul, et cependant l'individu saisi en vertu de ce faux titre dilapidera la succession.

On peut tourner cette objection contre l'héritier du sang.

Mais ce qui doit décider, c'est que le faux est une exception à l'ordre commun des choses. Le faux dans un testament serait un délit que l'on poursuivra comme tout autre crime, et le juge prononcera, suivant les circonstances, sur l'exécution provisoire du titre attaqué.

Le Consul propose d'adopter la distinction dont il a parlé, entre le cas où il y a des réserves, et celui où il n'en existe pas.

Il conclut, au surplus, à ce que, dans cette dernière hypothèse, on prenne quelques précautions ; que, par exemple, les héritiers du sang soient appelés à la reconnaissance et à l'ouverture du testament.

M. Tronchet dit que son opinion rentre dans celle du Consul.

Il est certain que, quand il existe des réserves, le montant de la succession doit être constaté.

Au surplus, ce qu'on a dit pour prouver qu'il ne peut y avoir de concours entre les deux ordres d'héritiers n'est pas applicable à ce cas ; car il existe tout à la fois un héritier institué et un héritier légal des réserves.

Mais que doit statuer la loi pour le cas où il n'y a pas de réserves ?

Elle doit obliger indistinctement tout héritier testamentaire à s'adresser au juge pour obtenir la saisine : car les héritiers peuvent être inconnus ou absens ; ils peuvent avoir droit à des réserves. Le juge, suivant les circonstances, ordonnera l'apposition des scellés, appellera les héritiers en donnant la possession provisoire à l'institué, ou lui accordera la saisine.

Le Consul Cambacérès dit que quelquefois les précautions peuvent être sans objet ; telle serait, par exemple, l'espèce où le testateur aurait déclaré que ses héritiers n'ayant pas droit aux réserves, il veut que celui qu'il a institué soit saisi pour exécuter à l'instant diverses conditions que le testament lui impose.

Il serait au moins inutile d'envoyer dans ce cas l'héritier institué prendre la saisine de la main du juge. Au surplus, c'est par les principes adoptés sur la disponibilité qu'il convient de se décider. On s'est borné à accorder une légitime aux enfans, aux ascendans, et, par innovation, aux collatéraux du premier degré : hors ce cas, chacun a la disposition indéfinie de ses biens, et il n'y a plus de prohibition. On a donc voulu que le testament eût tout son effet, et que l'héritier institué, qui se trouve dans la position la plus favorable quand il n'y a pas d'héritier ayant droit à des réserves, ne pût être inquiété par les subtilités de la chicane.

Les propositions faites par le Consul *Cambacérès* sont adoptées.

M. TRONCHET dit que la décision du Conseil conduit à examiner quelques questions.

Dans les pays de droit écrit on ne reconnaissait qu'un seul héritier, et quelquefois chaque héritier n'était institué que pour partie. Alors on était embarrassé de savoir lequel devait être regardé comme l'héritier à titre universel. De là naissaient une foule de questions : elles ne se représenteront pas lorsqu'il y aura un héritier de réserve ; mais on sera forcé de les décider lorsqu'il y aura plusieurs héritiers institués chacun pour quotité des biens.

M. *Tronchet* demande le renvoi de ces observations à la section.

LE CONSUL CAMBACÉRÈS dit que, dans le droit romain, le testament était nul lorsqu'il ne contenait point d'institution d'héritier, et que par cette raison l'héritier institué pour une quotité seulement était réputé institué pour le tout ; que, dans notre droit, ce principe n'est point admis ; qu'ainsi la personne qui ne recueillera qu'une partie des biens, quelque nom que le testateur lui donne, ne sera cependant qu'un légataire ; qu'au surplus, il est utile de prévenir la difficulté par la rédaction.

Cette proposition est adoptée.

L'article est renvoyé à la section.

L'article 86 est adopté.

L'article 87 est adopté avec l'amendement que la dernière disposition sera réduite au cas où il y aura des demandes en délivrance de legs particuliers.

M. REGNAUD (de Saint-Jean-d'Angely) dit que le notaire doit avoir la faculté de délivrer séparément l'extrait du testament à chaque légataire.

Le Conseil décide que l'article est rédigé dans ce sens.

1017-
1018.   Les articles 88 et 89 sont adoptés.

1019   L'article 90 est discuté.

M. Tronchet dit que *Dumoulin* regarde l'intention d'opérer une incorporation et une union à la chose léguée comme une preuve que le testateur a eu la volonté d'augmenter le legs. Tel serait, par exemple, le cas où il aurait réuni deux domaines pour n'en former qu'un seul. Mais il est en outre une incorporation matérielle de fait, comme lorsque le testateur établit une communication entre deux maisons contiguës. Au surplus, M. *Tronchet* préfère l'opinion de la section à celle de *Dumoulin*, attendu qu'il ne faut s'arrêter qu'à la volonté très-assurée du testateur, et qu'il lui a été facile de s'expliquer.

L'article est adopté.

1020   L'article 91 est adopté.

1021   L'article 92 est discuté.

M. Maleville observe que cet article introduit une innovation au droit reçu.

M. Bigot-Préameneu répond que le legs de la chose d'autrui est tellement contraire à l'ordre ordinaire, qu'il peut toujours à cet égard y avoir des doutes sur la volonté du testateur. Ils sont encore plus grands s'il a donné la chose d'autrui, croyant qu'elle lui appartenait.

M. Tronchet dit que, dans le premier cas même, la volonté du testateur n'est pas assez certaine pour qu'on puisse agir comme si elle était bien connue. Il lui était facile en effet de s'expliquer.

M. Treilhard dit qu'il faut une règle pour mettre fin aux subtilités, et que la meilleure est celle qui exige que le testateur s'explique clairement.

L'article est adopté.

1022 à 1024
1009-1010-
1012.   Les articles 93, 94, 95, 96, 97 et 98 sont adoptés.

L'article 99 est adopté, avec l'amendement que la contri- 1009
bution sera supportée également par l'héritier et par le légataire universel.

Les articles 100, 101, 102, 103, 104, 105, 106, 107, 108   1025 à
et 109 sont adoptés.   1034

M. Bigot-Préameneu présente la section III.
Elle est ainsi conçue :

SECTION III. — *De la Révocation des Testamens et de leur
Caducité.*

Art. 110. « Les testamens ne pourront être révoqués en 1035
« tout ou en partie que par une déclaration du changement
« de volonté dans l'une des formes requises pour les testa-
« mens. »

Art. 111. « Les testamens postérieurs qui ne révoqueront 1036
« pas d'une manière expresse les précédens n'annuleront
« dans ceux-ci que celles des dispositions y contenues qui se
« trouveront incompatibles avec les nouvelles, ou qui seront
« contraires. »

Art. 112. « La révocation faite dans un testament posté- 1037
« rieur aura tout son effet, quoique ce nouvel acte reste sans
« exécution par l'incapacité du légataire ou par son refus de
« recueillir. »

Art. 113. « La donation ou la vente que fera le testateur de 1038
« tout ou de partie de la chose léguée emportera la révoca-
« tion du legs pour tout ce qui a été vendu ou donné, encore
« que la vente ou la donation postérieure soit nulle et que
« l'objet soit rentré dans la main du testateur. »

Art. 114. « Si l'objet légué a été postérieurement hypothé- ap. 1038
« qué, le légataire ne peut le réclamer que sous la charge de   et 1020
« l'hypothèque, à moins que le testateur n'ait imposé à ses
« héritiers l'obligation d'affranchir ledit objet. »

Art. 115. « Tout legs sera caduc si le légataire ne survit 1039
« pas au testament. »

1040   Art. 116. « **Tout legs fait sous une condition dépendante**
« **d'un événement incertain**, et tel que, dans l'intention du
« testateur, le legs ne doive avoir lieu qu'autant que l'évé-
« nement arrivera ou n'arrivera pas, sera caduc, si le léga-
« taire décède avant l'accomplissement de la condition. »

1041   Art. 117. « La condition qui, dans l'intention du testateur,
« ne fait que suspendre le paiement du legs, n'empêchera
« pas le légataire d'avoir sur l'objet légué un droit acquis et
« transmissible à ses héritiers. »

1042   Art. 118. « Le legs sera caduc si la chose léguée a tota-
« lement péri pendant la vie du testateur.

    « Il en sera de même si elle a péri depuis sa mort sans le
« fait et la faute de l'héritier, quoique celui-ci ait été mis
« en retard de la délivrer, lorsqu'elle eût également dû périr
« entre les mains du légataire. ».

1043   Art. 119. « Le legs sera caduc lorsque le légataire le ré-
« pudiera ou se trouvera incapable de le recueillir. »

1044   Art. 120. « Il y aura lieu à accroissement au profit des lé-
« gataires, dans le cas où le legs sera fait à plusieurs *con-*
« *jointement.*

    « Le legs sera réputé fait *conjointement* lorsqu'il le sera
« par une seule et même disposition, et que le testateur
« n'aura pas assigné la part de chacun des colégataires dans
« la chose léguée. »

1045   Art. 121. « Il sera encore réputé fait *conjointement* quand
« une chose qui n'est pas susceptible d'être divisée sans dé-
« térioration aura été donnée par le même acte à plusieurs
« personnes, même séparément. »

1046   Art. 122. « Les mêmes causes qui, suivant les articles 55
« et 56 du présent titre, autoriseront la demande en révoca-
« tion de la donation entre-vifs, autoriseront l'héritier à
« faire déclarer le légataire déchu du legs, ou à demander
« la restitution de la chose léguée, si la délivrance en a été
« faite. »

1047   Art. 123. « Si la demande est fondée sur le fait que le

« légataire était auteur ou complice de la mort du testateur,
« l'héritier doit la former dans l'année, à compter du jour
« du décès du testateur si la condamnation du légataire est
« antérieure, et à compter du jour de la condamnation si
« elle est postérieure au décès.

« Si elle est fondée sur une injure grave faite à la mémoire
« du testateur, elle doit être intentée dans l'année, à compter
« du jour du délit. »

Art. 124. « Un Français qui se trouvera en pays étranger   999
« pourra faire, au profit de Français ou d'étrangers, ses dis-
« positions testamentaires par acte sous signature privée,
« ainsi qu'il est prescrit en l'article 83 ci-dessus, ou par acte
« public et authentique, avec les formes usitées dans le lieu
« où il est passé. »

Art. 125. « Ces testamens ne pourront être exécutés sur   1000
« les biens situés en France qu'après y avoir été enregistrés
« au bureau du domicile du testateur, s'il en a conservé un,
« sinon au bureau de son dernier domicile connu en France ;
« et dans le cas où le testament contiendrait des dispositions
« d'immeubles qui y seraient situés, il devra être en outre
« enregistré au bureau de la situation de ces immeubles, sans
« qu'il puisse être exigé un double droit. »

L'article 110 est discuté.   1023

M. TRONCHET dit qu'il doit suffire d'une déclaration devant notaire.

M. TREILHARD dit que l'article n'exige pas même tant de
solennité, puisqu'il permet de consigner la révocation dans
un testament olographe.

LE CONSUL CAMBACÉRÈS dit qu'il importe cependant de prévenir la supposition des actes de révocation.

L'article est adopté avec l'amendement de M. *Tronchet.*

Les articles 111 et 112 sont adoptés.   1036-
                                      1037

L'article 113 est discuté.   1038

M. MALEVILLE demande si le légataire pourra exercer la

faculté de rachat que le testateur se serait réservée dans la vente de la chose léguée, ou si cette faculté passera à l'héritier ; c'est là une question qui se présente souvent, et qui mériterait d'être résolue.

M. BIGOT-PRÉAMENEU répond qu'il faut, dans ce cas, décider contre le légataire, parce que le testateur a eu clairement l'intention d'anéantir le legs en retirant de la masse de ses biens la chose qu'il avait léguée.

M. PORTALIS dit qu'en effet il y a un changement de volonté évident.

L'article est adopté sauf rédaction:

LE CONSEIL adopte en principe que l'échange de la chose léguée annulle le legs.

ap. 1038 et 1020   L'article 114 est discuté.

M. REGNAUD (de Saint-Jean-d'Angely) demande que cet article soit refondu avec l'article 91 , en ajoutant à ce dernier le mot *postérieurement.*

Cette proposition est adoptée.

1039 à 1046   Les articles 115, 116, 117, 118, 119, 120, 121 et 122 sont adoptés.

1047   L'article 123 est discuté.

M. TREILHARD dit qu'il serait contre l'ordre de laisser un assassin jouir des dépouilles de sa victime, par cela seul qu'il n'aurait pas été recherché pendant un an.

M. TRONCHET demande que l'action en déchéance contre le légataire ait la même durée que l'action en poursuite du crime qu'il a commis.

LE CONSEIL retranche la première partie de l'article.

La seconde partie est adoptée.

999-1000   Les articles 124 et 125 sont adoptés, et renvoyés à la section *de la Forme des testamens.*

ap. 1037   M. BERLIER observe que, dans la section dont les articles viennent d'être soumis à la discussion, on ne trouve point de disposition sur un cas qui semble cependant devoir être prévu.

Si un premier testament est révoqué par un acte postérieur, mais que cet acte soit nul, que deviendra le premier testament?

Cette question était fort controversée dans l'ancien droit.

Les uns soutenaient que, quoique le second testament ou l'acte révocatoire fût nul, il indiquait un changement de volonté, et qu'alors il fallait regarder la succession comme ouverte *ab intestat*.

Les autres, se fondant sur la maxime que *ce qui est nul ne produit aucun effet*, soutenaient que le premier testament subsistait dans toute sa force.

L'opinant partage le premier avis.

Au surplus, quelle que soit l'opinion du Conseil, il importe de ne point laisser cette question indécise.

M. TRONCHET dit que le second acte, quoique nul, annonce néanmoins, de la part du testateur, un changement de volonté dont l'effet est d'anéantir le testament.

LE CONSEIL adopte l'observation de M. *Tronchet*, et décide qu'elle sera convertie en disposition.

M. BIGOT-PRÉAMENEU présente le chapitre V.
Il est ainsi conçu :

CHAPITRE V.

Des Dispositions permises en faveur des petits-enfans du donateur ou testateur, ou des enfans de ses frères et sœurs.

Art. 126. « Les biens dont les pères et mères ont la faculté 1048
« de disposer pourront être par eux donnés en tout ou en
« partie à un ou plusieurs de leurs enfans, par actes entre-
« vifs ou testamentaires, avec la charge de rendre ces biens

26.

« aux enfans nés et à naître, au premier degré seulement,
« desdits donataires. »

1049   Art. 127. « Sera valable, en cas de mort sans enfans, la
« disposition que le défunt aura faite par acte entre-vifs ou
« testamentaire, au profit d'un ou plusieurs de ses frères ou
« sœurs, de tout ou partie des biens qui ne sont point réservés
« par la loi dans sa succession, avec la charge de rendre ces
« biens aux enfans nés et à naître, au premier degré seule-
« ment, desdits frères ou sœurs donataires. »

1050   Art. 128. « Les dispositions permises par les deux articles
« précédens ne seront valables qu'autant que la charge de
« restitution sera au profit de tous les enfans nés et à naître
« du grevé, sans exception ni préférence d'âge ou de sexe. »

1051   Art. 129. « Si, dans les cas ci-dessus, le grevé de restitu-
« tion au profit de ses enfans meurt laissant des enfans au
« premier degré et des descendans d'un enfant prédécédé,
« ces derniers recueilleront par représentation la portion de
« l'enfant prédécédé. »

1052   Art. 130. « Si l'enfant, le frère ou la sœur auxquels des
« biens auraient été donnés par actes entre-vifs, sans charge
« de restitution, acceptent une nouvelle libéralité faite par
« acte entre-vifs ou testamentaire, sous la condition que les
« biens précédemment donnés demeureront grevés de cette
« charge, il ne leur est plus permis de diviser les deux dispo-
« sitions faites à leur profit, et de renoncer à la seconde pour
« s'en tenir à la première, quand même ils offriraient de
« rendre les biens compris dans la seconde disposition. »

1053   Art. 131. « Les droits des appelés seront ouverts à l'époque
« où, par quelque cause que ce soit, la jouissance de l'enfant,
« du frère ou de la sœur grevés de restitution, cessera. »

1054   Art. 132. « Les femmes des grevés ne pourront avoir, sur
« les biens à rendre, de recours subsidiaires, en cas d'insuf-
« fisance des biens libres, que pour le capital des deniers do-
« taux, et dans le cas seulement où le testateur l'aurait ex-
« pressément ordonné. »

Art. 133. « Les dispositions autorisées par les articles pré— 1055
« dens ne seront valables qu'autant que celui qui les aura
« faites aura, par le même acte, ou par un acte postérieur en
« forme authentique, nommé un tuteur chargé de l'exécu-
« tion de ces dispositions. »

Art. 134. « Si, à la mort de celui qui a disposé, le tuteur 1056
« par lui nommé n'existe plus, ou s'il a une des dispenses
« admises au titre *des Tutelles*, il en sera nommé un autre, à
« la diligence du grevé, dans le délai d'un mois, à compter
« du jour du décès du donateur ou testateur, ou du jour que,
« depuis cette mort, l'acte contenant la disposition aura été
« connu. »

Art. 135. « Le grevé qui n'aura pas satisfait à l'article pré— 1057
« cédent sera déchu du bénéfice de la disposition, dont le
« droit pourra dès lors être déclaré ouvert au profit des ap-
« pelés, à la diligence, soit des appelés, s'ils sont majeurs,
« soit de tout autre parent des appelés, ou même d'office, à
« la diligence du commissaire du gouvernement près le tri-
« bunal de première instance du lieu où la succession est
« ouverte. »

Art. 136. « Après le décès de celui qui aura disposé à titre 1058
« universel ou par quotité, à la charge de restitution, il sera
« procédé, dans les formes ordinaires, à l'inventaire de tous
« les biens et effets qui composeront sa succession. Il con-
« tiendra la prisée à juste prix des meubles et effets mo-
« biliers. »

Art. 137. « Cet inventaire sera fait à la requête du grevé 1059
« de restitution, et dans le délai fixé au titre *des Successions*,
« en présence du tuteur nommé pour l'exécution, et des ap-
« pelés, s'ils sont majeurs. »

Art. 138. « Si l'inventaire n'a pas été fait à la requête du 1060
« grevé dans le délai ci-dessus, il y sera procédé dans le mois
« suivant, à la diligence du tuteur nommé pour l'exécution,
« en présence du grevé, qui sera tenu de rembourser les
« frais, et des appelés, s'ils sont majeurs. »

1061   Art. 139. « S'il n'a point été satisfait aux deux articles
« précédens, il sera procédé au même inventaire, à la dili-
« gence des personnes désignées en l'article 135, en y appe-
« lant le grevé et le tuteur nommé pour l'exécution. »

1062   Art. 140. « Le grevé de restitution sera tenu de faire pro-
« céder à la vente, par affiches et enchères, de tous les meu-
« bles et effets compris dans la disposition, à l'exception
« néanmoins de ceux qu'il aurait été chargé par l'auteur de
« la disposition de conserver en nature, et de ceux dont il
« est mention dans les deux articles suivans. »

1063   Art. 141. « Les meubles meublans et autres choses mobi-
« lières qui auraient été compris dans la disposition, à la
« condition expresse de les conserver en nature, seront rendus
« dans l'état où ils se trouveront lors de la restitution. »

1064   Art. 142. « Les bestiaux et ustensiles servant à faire valoir
« les terres seront censés compris dans les donations entre-
« vifs ou testamentaires desdites terres; et le grevé sera
« seulement tenu de les faire priser et estimer pour en rendre
« une égale valeur lors de la restitution. »

1065   Art. 143. « Il sera fait par le grevé, dans le délai de six
« mois, à compter du jour de la clôture de l'inventaire, un
« emploi des deniers comptans, de ceux provenant du prix
« des meubles et effets qui auront été vendus, et de ce qui
« aura été reçu des effets actifs.
    « Ce délai pourra être prolongé, s'il y a lieu. »

1066   Art. 144. « Le grevé sera pareillement tenu de faire em-
« ploi des deniers provenant des effets actifs qui seront re-
« couvrés, et des remboursemens de rentes; et ce, dans trois
« mois, au plus tard, après qu'il aura reçu ces deniers. »

1067   Art. 145. « Cet emploi sera fait conformément à ce qui
« aura été ordonné par l'auteur de la disposition, s'il a dé-
« signé la nature des effets dans lesquels l'emploi doit être
« fait; sinon il ne pourra l'être qu'en immeubles ou avec
« privilége sur des immeubles. »

1068   Art. 146. « L'emploi ordonné par les articles précédens

« sera fait en présence et à la diligence du tuteur nommé
« pour l'exécution. »

Art. 147. « Les dispositions par actes entre-vifs ou testa- 1069
« mentaires, à charge de restitution, seront, à la diligence,
« soit du grevé, soit du tuteur nommé pour l'exécution, ren-
« dues publiques ; savoir, quant aux immeubles, par la trans-
« cription des actes sur les registres au bureau des hypo-
« thèques du lieu de la situation ; et quant aux sommes col-
« loquées avec privilége sur des immeubles, par l'inscription
« sur les biens affectés au privilége. »

Art. 148. « Le défaut de transcription de l'acte contenant 1070
« la disposition pourra être opposé par les créanciers et tiers
« acquéreurs, même aux mineurs ou interdits, sauf le re-
« cours contre le grevé et contre le tuteur à l'exécution, et
« sans que les mineurs ou interdits puissent être restitués
« contre ce défaut de transcription, quand même les tuteurs
« se trouveraient insolvables. »

Art. 149. « Le défaut de transcription ne pourra être sup- 1071
« pléé ni regardé comme couvert par la connaissance que les
« créanciers ou les tiers acquéreurs pourraient avoir eue de
« la disposition par d'autres voies que celle de la transcrip-
« tion. »

Art. 150. « Les donataires, les légataires, ni même les hé- 1072
« ritiers légitimes de celui qui aura fait la disposition, ni pa-
« reillement leurs donataires, légataires ou héritiers, ne
« pourront en aucun cas opposer aux appelés le défaut de
« transcription ou inscription. »

Art. 151. « Le tuteur nommé pour l'exécution sera person- 1073
« nellement responsable, s'il ne s'est pas en tout point con-
« formé aux règles ci-dessus établies pour constater les
« biens, pour la vente du mobilier, pour l'emploi des de-
« niers, pour la transcription et l'inscription, et en général
« s'il n'a pas fait toutes les diligences nécessaires pour que
« la charge de restitution soit bien et fidèlement acquittée. »

1048 à
1054
Les articles 126, 127, 128, 129, 130, 131 et 132 sont adoptés.

1055
L'article 133 est discuté.

Le Consul Cambacérès pense que la validité de la disposition ne doit pas dépendre de la désignation d'un tuteur, puisqu'il est si facile de le nommer ensuite.

M. Bigot-Préameneu répond que la section, pour assurer l'effet de la disposition pénale, a cru devoir placer un tiers entre le père et l'enfant.

Le Consul Cambacérès répond qu'on doit empêcher avant tout que l'oubli ou l'ignorance n'introduise, par l'effet de ces dispositions, des nullités dans les testamens olographes.

A la vérité, l'ignorance du droit n'excuse personne; mais la loi doit néanmoins s'attacher à n'y pas donner occasion.

L'article est retranché.

1056
L'article 134 est adopté, sauf les modifications qu'exige le retranchement de l'article précédent.

M. Treilhard demande qu'on pourvoie aussi au cas où le grevé se trouverait mineur; qu'en conséquence l'on ajoute à ces mots, *à la diligence du grevé*, ceux-ci, *ou de son tuteur*.

1057 à
1073
Les articles 135, 136, 137, 138, 139, 140, 141, 142, 143, 144, 145, 146, 147, 148, 149, 150 et 151 sont adoptés.

M. Bigot-Préameneu présente le chapitre VI.
Il est ainsi conçu :

CHAPITRE VI.

Des Partages faits par père, mère, ou autres ascendans, entre leurs descendans.

1075
Art. 152. « Les père et mère et autres ascendans pourront « faire, entre leurs enfans et descendans, la distribution et « le partage de leurs biens. »

1076
Art. 153. « Ces partages pourront être faits par actes entre-

« vifs ou testamentaires, avec les mêmes formalités , condi-
« tions et règles prescrites pour les donations entre-vifs et
« testamens.

« Les partages faits par actes entre-vifs ne pourront avoir
« pour objet que les biens présens.

« L'usage des démissions révocables est aboli. »

Art. 154. « Si tous les biens que l'ascendant laissera au   1077
« jour de son décès n'ont pas été compris dans le partage,
« ceux de ces biens qui n'y auront pas été compris seront
« partagés conformément à la loi. »

Art. 155. « Si le partage n'est pas entre tous les enfans qui   1078
« existeront à l'époque du décès et les descendans de ceux
« prédécédés, le partage sera nul pour le tout. Il en pourra
« être provoqué un nouveau dans la forme légale, soit par
« les enfans ou descendans qui n'y auront reçu aucune part,
« soit même par ceux entre qui le partage aurait été fait, en
« y appelant les autres. »

Art. 156. « Le partage sera encore nul si les père et mère   1079
« ou autres ascendans ont fait, à titre de préciput, une dis-
« position soit entre-vifs, soit par testament, au profit d'un
« ou de plusieurs de leurs enfans ou descendans. »

Art. 157. « Le partage fait par l'ascendant ne pourra être   Ib.
« attaqué que dans le seul cas où l'un des copartagés offre de
« prouver qu'il contient une lésion de plus du quart à son
« préjudice. »

Art. 158. « L'enfant qui attaquera le partage fait par l'as-   1080
« cendant, sous prétexte de lésion de plus du quart, devra
« faire l'avance des frais de l'estimation ; et il les supportera
« en définitif, ainsi que les dépens de la contestation, si la
« réclamation n'est pas fondée. »

Les articles 152, 153 et 154 sont adoptés.   1075 à
                                              1077

L'article 155 est adopté avec le retranchement de ces   1078
mots, *en y appelant les autres.*

L'article 156 est discuté.   1079

M. Bigot-Préameneu dit que la section a craint l'abus que l'on pourrait faire de ces partages pour favoriser un enfant par des avantages prohibés; mais que la faculté de faire rescinder un partage par la lésion du tiers au quart paraît être une garantie suffisante.

M. Tronchet dit que la rédaction n'est pas assez claire; on n'entend point s'il s'agit d'un préciput antérieur au partage, d'un préciput postérieur, ou de l'avantage qui serait fait par le partage même.

M. Treilhard éclaircit la rédaction par un exemple. Il suppose que le père ait donné à l'un de ses enfans un quart hors partage, et un quart par le partage; si les enfans sont au nombre de six, les cinq autres ne partageant entre eux que la moitié, chacun n'aurait qu'un dixième au total.

·L'intention de la section a été de prévenir cet abus, en n'accordant pas cumulativement au père le droit de disposer au profit de ses enfans et celui de leur partager son bien.

M. Maleville dit qu'il peut arriver qu'un père lègue un de ses biens à un de ses enfans, un autre bien à un autre enfant, et qu'on considère cette disposition comme un partage.

L'article lui ôterait ensuite la faculté de disposer de la portion disponible; cependant l'on sent combien les dispositions du genre qu'on vient d'indiquer sont favorables, et combien il importe de laisser à la prévoyance et à la tendresse éclairée des pères de famille la distribution économique de leurs biens suivant la position de chacun de leurs enfans, et de ne pas les réduire à la simple faculté d'un prélegs, en livrant le reste des biens à un morcellement que le caprice peut rendre désastreux et bizarre.

M. Treilhard observe que M. *Maleville* se méprend sur l'objet de l'article.

M. Muraire doute qu'on doive admettre l'exception proposée. Le calcul qu'on a fait pour la justifier est exact; mais il faut supposer au père l'intention d'être équitable envers ses enfans, et non celle d'ajouter par le partage aux avantages qu'il a déjà faits à l'un d'entre eux. Il lui serait facile, s'il était dans d'autres dispositions, de frauder la loi par des voies indirectes et détournées.

Il importe de conserver cette manière simple et régulière de faire les partages; car elle prévient les procès : et cependant, en admettant l'article, il suffirait d'une erreur involontaire du père pour que le partage devînt nul.

M. Berlier dit que la présomption sur laquelle repose le système de M. *Muraire* ne saurait être admise par quiconque a étudié le cœur humain.

Comment pourrait-on croire que celui qui a déjà gratifié un de ses enfans au préjudice des autres par une disposition directe ne le fera pas encore par la voie du partage, si cette voie lui est ouverte? Loin que le don fait par préciput doive faire présumer que la libéralité s'arrêtera là, l'inégalité déjà introduite entre les enfans doit faire craindre qu'on ne l'étende davantage : voilà la crainte naturelle, et la présomption naissante de la préférence même qui a déjà été accordée à l'un des enfans.

Le partage entre enfans est, dit-on, un acte favorable, comme tendant à prévenir les embarras et les procès.

Cela est vrai, quand son origine n'est point souillée par la circonstance qu'on examine : rien de plus louable entre enfans non avantagés; rien de plus dangereux, rien de plus odieux entre enfans dont la condition a déjà cessé d'être égale, parce que ce serait presque toujours un moyen de tromper la nature et la loi.

Quand celle-ci a posé la limite; elle aurait fait une chose inutile, si elle admettait en même temps des dispositions propres à l'éluder. Or la loi serait journellement éludée si le père de famille, après avoir directement donné un quart de son bien par préciput à l'un de ses enfans, pouvait encore indirectement l'avantager par un partage qui ne serait attaquable que dans le cas d'une lésion de plus du quart.

Pour éviter cet inconvénient il faudrait, en admettant le partage, décider qu'il pourrait être rescindé pour la plus petite lésion ; mais alors il est bien plus simple de l'interdire tout-à-fait dans le cas dont il s'agit, comme le décide l'article en discussion.

L'article est adopté, sauf rédaction.

1079   L'article 157 est adopté.

1080   L'article 158 est discuté.

M. Bigot-Préameneu dit que cet article est destiné à mettre un frein aux demandes indiscrètes de partage.

L'article est adopté.

M. Bigot-Préameneu présente le chapitre VII.

Il est ainsi conçu :

CHAPITRE VII.

Des Donations faites par contrat de mariage aux époux et aux enfans à naître du mariage.

1081   Art. 159. « Toute donation entre-vifs de biens présens, « quoique faite par contrat de mariage aux époux ou à l'un « d'eux, sera soumise aux règles générales prescrites pour « les donations faites à ce titre.

« Elle ne pourra avoir lieu au profit des enfans à naître, si « ce n'est dans les cas énoncés au chapitre V ci-dessus. »

1082   Art. 160. « Les pères et mères, les autres ascendans, les « parens collatéraux des époux, et même les étrangers, « pourront, par contrat de mariage, donner tout ou partie « des biens qu'ils laisseront au jour de leur décès, tant au « profit desdits époux qu'au profit des enfans à naître de « leur mariage, dans le cas où le donateur survivrait à l'é-« poux donataire.

« Pareille donation, quoique faite au profit seulement des « époux ou de l'un d'eux, sera toujours, dans ledit cas de

« survie du donateur, présumée faite au profit des enfans et
« descendans à naître du mariage. »

Art. 161. « La donation, dans la forme portée au précédent 1083
« article, sera irrévocable, en ce sens seulement que le do-
« nateur ne pourra plus disposer à titre gratuit des objets
« compris dans la donation, si ce n'est pour sommes modi-
« ques, soit à titre de récompense ou autrement. »

Art. 162. « La donation par contrat de mariage pourra 1084
« être faite cumulativement des biens présens et à venir, en
« tout ou en partie; à la charge qu'il sera annexé à l'acte un
« état estimatif des dettes et charges du donateur existantes
« au jour de la donation : auquel cas il sera libre au dona-
« taire, lors du décès du donateur, de s'en tenir aux biens
« présens, en renonçant au surplus des biens du donateur. »

Art. 163. « Si l'état dont est mention au précédent article 1085
« n'a point été annexé à l'acte contenant donation des biens
« présens et à venir, le donataire sera obligé d'accepter ou
« de répudier cette donation pour le tout. En cas d'accepta-
« tion il ne pourra réclamer que les biens qui se trouveront
« existans au jour du décès du donateur, et il sera soumis au
« paiement de toutes les dettes et charges de la succession. »

Art. 164. « La donation par contrat de mariage en faveur 1086
« des époux et des enfans à naître de leur mariage pourra
« encore être faite à condition de payer indistinctement
« toutes les dettes et charges de la succession du donateur,
« ou sous d'autres conditions dont l'exécution dépendrait de
« sa volonté, par quelques personnes que la donation soit
« faite : le donataire sera tenu d'accomplir ces conditions,
« s'il n'aime mieux renoncer à la donation ; et en cas que le
« donateur, par contrat de mariage, se soit réservé la liberté
« de disposer d'un effet compris dans la donation de ses
« biens présens, ou d'une somme fixe à prendre sur ces
« mêmes biens, l'effet ou la somme, s'il meurt sans en avoir
« disposé, seront censés compris dans la donation, et appar-
« tiendront au donataire ou à ses héritiers. »

1087   Art. 165. « Les donations faites par contrat de mariage ne
« pourront être attaquées ni déclarées nulles sous prétexte
« de défaut d'acceptation. »

1088   Art. 166. « Toute donation faite en faveur du mariage
« sera caduque si le mariage ne s'ensuit pas. »

1089   Art. 167. « Les donations faites à l'un des époux dans les
« termes des articles 160, 162 et 164 ci-dessus deviendront
« caduques, si le donateur survit à l'époux donataire décédé
« sans postérité. »

1090   Art. 168. « Toutes donations faites aux époux par leur con-
« trat de mariage seront, lors de l'ouverture de la succes-
« sion du donateur, réductibles à la portion dont la loi lui
« permettait de disposer. »

Ces dix articles sont adoptés.

M. Bigot-Préameneu présente le chapitre VIII.

Il est ainsi conçu :

CHAPITRE VIII.

*Des Donations entre époux, soit par contrat de mariage,
soit pendant le mariage.*

1091   Art. 169. « Les époux pourront, par contrat de mariage,
« se faire réciproquement, ou l'un des deux à l'autre, telle
« donation qu'ils jugeront à propos, sous les modifications
« ci-après exprimées. »

1092   Art. 170. « Toute donation entre-vifs de biens présens,
« faite entre époux par contrat de mariage, ne sera point
« censée faite sous la condition de survie du donataire, si
« cette condition n'est formellement exprimée; et elle sera
« soumise à toutes les règles et formes ci-dessus prescrites
« pour ces sortes de donations. »

1093   Art. 171. « La donation de biens à venir, ou de biens pré-
« sens et à venir, faite entre époux par contrat de mariage,
« soit simple, soit réciproque, sera soumise aux règles éta-

« blies par le chapitre précédent, à l'égard des donations
« pareilles qui leur seront faites par un tiers ; sauf qu'elle ne
« sera point transmissible aux enfans issus du mariage, en
« cas de décès de l'époux donataire avant l'époux donateur. »

Art. 172. « L'époux pourra, soit par contrat de mariage, 1094
« soit pendant le mariage pour le cas où il ne laisserait point
« d'enfans ni descendans, donner à l'autre époux, en pro-
« priété, tout ce qu'il pourrait donner à un étranger, et en
« outre l'usufruit de la totalité de la portion dont la loi
« prohibe la disposition au préjudice des héritiers ;

« Et pour le cas où l'époux donateur laisserait des enfans
« ou descendans, il pourra donner à l'autre époux ou un
« quart en propriété, et un autre quart en usufruit, ou la
« moitié de tous ses biens en usufruit seulement. »

Art. 173. « Le mineur ne pourra, par contrat de mariage, 1095
« donner à l'autre époux, soit par donation simple, soit par
« donation réciproque, qu'avec le consentement et l'assis-
« tance de ceux de ses parens dont le consentement est re-
« quis pour la validité de son mariage ; et avec ce consente-
« ment, il pourra donner tout ce que la loi permet à l'époux
« majeur de donner à l'autre conjoint. »

Art. 174. « Toutes donations faites entre époux pendant 1096
« le mariage, quoique qualifiées entre-vifs, seront toujours
« révocables.

« La révocation pourra être faite par la femme sans y être
« autorisée par le mari ni en justice. »

Art. 175. « Les époux ne pourront, pendant le mariage, 1097
« se faire, ni par acte entre-vifs, ni par testament, aucune
« donation mutuelle et réciproque par un seul et même
« acte. »

Art. 176. « L'homme ou la femme qui, ayant des enfans 1098
« d'un autre lit, contractera un second ou subséquent ma-
« riage, ne pourra donner à son nouvel époux qu'une part
« d'enfant légitime le moins prenant, et en usufruit seule-
« ment.

« Il ne pourra disposer à titre gratuit ni onéreux des im-
« meubles qu'il a recueillis, à titre de don, de son époux ou
« de ses époux précédens, tant que les enfans issus des ma-
« riages desquels sont provenus ces dons existent. »

1099   Art. 177. « Les époux ne pourront se donner indirecte-
« ment au-delà de ce qui leur est permis par les dispositions
« ci-dessus.   •

« Toute donation simulée par le déguisement de l'acte,
« ou faite à personnes interposées, sera nulle. »

1100   Art. 178. « Seront réputées faites à personnes interposées
« les donations de l'un des époux aux enfans ou à l'un des
« enfans de l'autre époux, issus d'un autre mariage, et celles
« faites par le donateur aux parens dont l'autre époux sera
« héritier présomptif au jour de la donation, encore que ce
« dernier n'ait point survécu à son parent donataire. »

1091 à   Les articles 169, 170, 171, 172, 173, 174 et 175 sont
1097   adoptés.

1098   L'article 176 est discuté.

M. REGNAUD (de Saint-Jean-d'Angely) observe que cet
article change la législation existante.

M. TREILHARD dit que la seconde partie de cet article ne
serait utile qu'autant que les biens dont il défend de disposer
seraient réservés aux enfans du premier lit.

La seconde partie de l'article est retranchée.

M. REGNAUD (de Saint-Jean-d'Angely) observe, sur la première partie, qu'en mettant obstacle aux seconds mariages,
elle tend à faire vivre dans le concubinage les personnes
qu'elle empêche de s'avantager.

LE CONSUL CAMBACÉRÈS dit que l'intérêt des enfans du
premier lit oblige de faire une distinction entre les deux
espèces de mariages; qu'il suffit, au surplus, de laisser à
l'individu qui se remarie la disposition d'une part d'enfant;
mais qu'on pourrait lui permettre de la donner en toute
propriété à son autre époux.

M. Berlier observe qu'en accordant au nouvel époux la faculté de recevoir une part d'enfant, *même en propriété*, ce qui est raisonnable, il est peut-être convenable de modifier cette règle; car s'il n'y avait qu'un enfant ou deux du premier mariage, et point du second, le nouvel époux pourrait, en partageant avec eux, avoir la moitié ou le tiers de la succession.

L'opinant pense qu'il serait juste d'établir à côté de la règle principale relative à la part de l'enfant une exception portant qu'elle ne pourra pas, à l'égard du nouvel époux, excéder une quotité quelconque de la succession, par exemple le quart.

L'article est adopté avec les amendemens proposés par le Consul *Cambacérès* et par M. *Berlier*.

Les articles 177 et 178 sont adoptés.   1099-1000

(Procès-verbal de la séance du 3 germinal an XI. — 24 mars 1803.)

M. Bigot-Préameneu présente une nouvelle rédaction du titre *des Donations entre-vifs et des Testamens*, faite d'après les amendemens adoptés dans les séances des 30 nivose, 7, 14, 21, 28 pluviose, 5, 12, 19, 26 et 27 ventose.

Le Conseil l'adopte en ces termes :

DISPOSITIONS GÉNÉRALES.

Art. 1er (*tel qu'il est au procès-verbal du 7 pluviose an XI*). 893

Art. 2. « La donation entre-vifs est un acte par lequel 894 « le donateur se dépouille actuellement et irrévocablement « de la propriété de la chose donnée en faveur du donataire « qui l'accepte. »

Art. 3. « Le testament est un acte par lequel le testateur 895 « seul dispose, pour le temps où il n'existera plus, de tout « ou partie de ses biens, et qui n'a d'effet qu'autant que cette

XII.   27

« disposition n'a pas été par lui annulée ou révoquée, ou
« qu'elle n'est pas caduque. »

896 Art. 4. « Les substitutions sont prohibées.

« Toute disposition par laquelle le donataire, l'héritier ins-
« titué ou le légataire, sera chargé de conserver et de rendre
« à un tiers sera nulle, même à l'égard du donataire, de
« l'héritier institué ou du légataire. »

897 Art. 5. « Sont exceptées de l'article précédent les disposi-
« tions permises aux pères et mères et aux frères et sœurs,
« au chapitre V du présent titre. »

898 Art. 6. « La disposition par laquelle un tiers serait appelé
« à recueillir le don, l'hérédité ou le legs, dans le cas où
« le donataire, l'héritier institué ou le légataire ne le recueil-
« lerait pas, ne sera pas regardée comme une substitution,
« et sera valable. »

899 Art. 7. « Il en sera de même de la disposition entre-vifs ou
« testamentaire par laquelle l'usufruit sera donné à l'un, et
« la nue propriété à l'autre. »

500 Art. 8. « Dans toute disposition entre-vifs ou testamen-
« taire, les conditions impossibles, celles qui seront con-
« traires aux lois ou aux mœurs, seront réputées non écrites. »

CHAPITRE Ier.

De la Capacité de disposer ou de recevoir par donation entre-vifs ou par testament.

901 Art. 9. « Pour faire une donation entre-vifs ou un testa-
« ment, il faut être sain d'esprit. »

902 Art. 10 (le même que l'art. 7 du procès-verbal du 14 pluviose
an XI).

903 Art. 11. « Le mineur âgé de moins de seize ans ne pourra
« aucunement disposer, sauf ce qui est réglé au chapitre VIII,
« des Donations entre époux. »

904 Art. 12. « Le mineur parvenu à l'âge de seize ans ne pourra
« disposer que par testament, et jusqu'à concurrence seule-

« ment de la moitié des biens dont la loi permet au majeur
« de disposer. »

Art. 13. « La femme mariée ne pourra donner entre-vifs 905
« sans l'assistance ou le consentement spécial de son mari,
« ou sans y être autorisée par le juge.

« Elle n'aura besoin ni de consentement du mari, ni d'au-
« torisation du juge pour disposer par testament. »

Art. 14, 15, 16, 17, 18, 19 et 20 (*les mêmes que les ar-* 906 à 912
ticles 11, 12, 13, 14, 15, 16 *et* 17 *du procès-verbal ci-dessus*
daté).

CHAPITRE II.

De la Portion de biens disponible et de la Réduction.

SECTION Ire. — *De la Portion de biens disponible.*

Art. 21. « Les libéralités, soit par actes entre-vifs, soit par 913
« testament, ne pourront excéder la moitié des biens du dis-
« posant, s'il ne laisse à son décès qu'un enfant; le tiers, s'il
« laisse deux enfans; le quart, s'il en laisse trois ou un plus
« grand nombre. »

Art. 22. « Sont compris dans l'article précédent sous le 914
« nom d'*enfans* les descendans en quelque degré que ce soit :
« néanmoins ils ne sont comptés que pour l'enfant qu'ils re-
« présentent dans la succession du disposant. »

Art. 23. « Les libéralités par actes entre-vifs ou par testa- 915
« ment ne pourront excéder

« La moitié des biens, si le défunt ne laisse pour héritiers
« que des ascendans dans chacune des lignes paternelle et
« maternelle ;

« La moitié et un huitième des biens, s'il ne laisse pour
« héritiers que ses père et mère et des frères ou sœurs ;

« Les trois quarts moins un seizième des biens, s'il ne laisse
« pour héritiers que son père ou sa mère, et des frères ou
« sœurs ;

« Les trois quarts des biens, s'il ne laisse pour héritiers
« que des frères ou sœurs, ou s'il ne laisse que des ascendans

« dans une des lignes, et des héritiers collatéraux, autres que
« des frères ou sœurs, dans l'autre ligne. »

ap. 915 Art. 24. « Lorsque, dans le cas où, suivant l'article pré-
« cédent, la portion disponible sera de la moitié et un hui-
« tième des biens, et dans le cas où, suivant le même article,
« elle sera des trois quarts moins un seizième, les héritiers
« y dénommés seront en concurrence avec des enfans d'au-
« tres frères ou sœurs prédécédés, les dispositions pourront
« comprendre les mêmes quotités, et en outre ce que les en-
« fans des frères ou sœurs prédécédés auraient à recueillir
« dans le surplus des biens à raison de leur part hérédi-
« taire. »

Ib. Art. 25. « Dans le cas où le défunt laisserait pour héritiers
« des frères ou sœurs en concurrence avec des enfans d'autres
« frères ou sœurs prédécédés, les dispositions pourront aussi
« comprendre les trois quarts des biens, et en outre ce que
« les enfans des frères ou sœurs prédécédés auraient à re-
« cueillir dans le surplus des biens, à raison de leur part hé-
« réditaire. »

916 Art. 26. « A défaut d'ascendans, de descendans, et de
« frères ou de sœurs, les libéralités par actes entre-vifs ou
« testamentaires pourront épuiser la totalité des biens. »

917 Art. 27. « Si la disposition par acte entre-vifs ou par tes-
« tament est d'un usufruit ou d'une rente viagère dont la va-
« leur excède la quotité disponible, les héritiers au profit
« desquels la loi fait une réserve auront l'option ou d'exé-
« cuter cette disposition, ou de faire l'abandon de la quotité
« disponible. »

918 Art. 28. « La valeur en pleine propriété des biens aliénés,
« soit à charge de rente viagère, soit à fonds perdu ou avec
« réserve d'usufruit, à l'un des successibles en ligne directe,
« sera imputée sur la portion disponible. Cette imputation
« ne pourra être demandée par ceux des autres successibles
« en ligne directe qui auraient consenti à ces aliénations, ni,
« dans aucun cas, par les successibles en ligne collatérale. »

Art. 29 (*le même que l'article 20 du procès-verbal du 21 plu-* 919 *viose an XI*).

SECTION II.—*De la Réduction des Donations et Legs.*

Art. 30. « Les dispositions , soit entre-vifs , soit à cause de 920
« mort, qui excéderont la quotité disponible , seront réduc-
« tibles à cette quotité , lors de l'ouverture de la succession.

« Seront exceptées , dans le cas de la réserve faite par la loi
« au profit des frères et sœurs , les donations entre-vifs, les-
« quelles ne seront pas réductibles. »

Art. 31. « La réduction pourra être demandée par ceux au 921
« profit desquels la loi fait la réserve, par leurs héritiers ou
« ayans-cause : elle ne pourra l'être par les donataires ou lé-
« gataires ni par les créanciers du défunt, sauf à ces créan-
« ciers à exercer leurs droits sur les biens recouvrés par l'effet
« de cette réduction. »

Art. 32 (*le même que l'article 26 qui se trouve au procès-* 922
verbal du 5 ventose an XI).

Art. 33. « Il n'y aura jamais lieu à réduire les donations 923
« entre-vifs qu'après avoir épuisé la valeur de tous les biens
« compris dans les dispositions testamentaires ; et lorsqu'il y
« aura lieu à cette réduction , elle se fera en commençant par
« la dernière donation , et ainsi de suite en remontant des
« dernières aux plus anciennes. »

Art. 34 (*le même que l'article 29 du procès-verbal ci-dessus* 924
énoncé.)

Art. 35. « Lorsque la valeur des donations entre-vifs excé- 925
« dera ou égalera la quotité disponible, toutes les disposi-
« tions testamentaires seront caduques. »

Art. 36. « Lorsque les dispositions testamentaires excéde- 926
« ront, soit la quotité disponible, soit la portion de cette
« quotité qui resterait après avoir déduit la valeur des do-
« nations entre-vifs, la réduction sera faite au marc le franc. »

Art. 37. « Dans tous les cas où le testateur aura expressé- 927
« ment déclaré qu'il entend que tel legs soit acquitté de pré-

« férence aux autres, cette préférence aura lieu, et le legs
« qui en sera l'objet ne sera réduit qu'autant que la valeur
« des autres ne remplirait pas la réserve légale. »

928-929   Art. 38 et 39 (*les mêmes que les articles 32 et 33 du même
procès-verbal*).

930   Art. 40. « L'action en réduction ou revendication pourra
« être exercée par les héritiers contre les tiers détenteurs des
« immeubles faisant partie de la donation et aliénés par le
« donataire de la même manière et dans le même ordre que
« contre le donataire lui-même, et discussion préalablement
« faite de ses biens. Cette action devra être exercée suivant
« l'ordre de dates des aliénations, en commençant par la plus
« récente. »

CHAPITRE III.

Des Donations entre-vifs.

SECTION Ire. — *De la Forme des Donations entre-vifs.*

931-932   Art. 41 et 42 (*les mêmes que les articles 35 et 36 du procès-
verbal du 12 ventose an XI*).

933   Art. 43. « Si le donataire est majeur, l'acceptation doit
« être faite par lui, ou en son nom, par la personne fondée
« de sa procuration portant pouvoir d'accepter la donation
« faite, ou un pouvoir général d'accepter les donations qui
« auraient été ou qui pourraient être faites.

« Cette procuration devra être passée devant notaire, et
« une expédition devra en être annexée à la minute de la
« donation. »

934 à 937   Art. 44, 45, 46 et 47 (*les mêmes que les articles 38, 39,
40 et 41 du même procès-verbal*).

938   Art. 48. « La donation dûment acceptée sera parfaite par
« le seul consentement des parties; et la propriété des objets
« donnés sera transférée au donataire sans qu'il soit besoin
« d'autre tradition. »

939   Art. 49. « Lorsqu'il y aura donation de biens susceptibles
« d'hypothèques, la transcription des actes contenant la do-

« nation devra être faite au bureau des hypothèques dans
« l'arrondissement duquel les biens sont situés. »

Art. 50 (*le même que l'article 44 du procès-verbal déjà rap-*   940
porté).

Art. 51. « Le défaut de transcription pourra être opposé   941
« par toutes personnes ayant intérêt, excepté toutefois le do-
« nateur et les personnes chargées de faire la transcription
« ou leurs ayans-cause. »

Art. 52 (*le même que l'article 45 du procès-verbal énoncé*).   942

Art. 53. « La donation entre-vifs qui n'aura pas été acceptée   ap. 942
« pendant la vie du donateur pourra valoir comme disposi-   et 932
« tion testamentaire, s'il n'apparaît une volonté contraire du
« donateur, ou si elle n'a pas été faite sous des charges et
« conditions que le donataire ne soit plus à temps d'accepter. »

Art. 54. « La donation entre-vifs qui sera faite dans les six   Ib.
« jours qui précéderont celui de la mort ne vaudra que comme
« disposition testamentaire, soit qu'elle ait été acceptée ou
« non avant le décès. »

SECTION II. — *De l'Irrévocabilité des Donations entre-vifs.*

Art. 55 et 56 (*les mêmes que les articles 48 et 49 du procès-*   943-944
verbal du 19 ventose an XI).

Art. 57. « Elle serait pareillement nulle si elle était faite   945
« sous la condition d'acquitter d'autres dettes ou charges que
« celles existantes à l'époque de la donation, ou qui seraient
« exprimées soit dans l'acte de donation, soit dans l'état qui
« devrait y être annexé. »

Art. 58 (*le même que l'article 51 du procès-verbal du 19*   946
ventose).

Art. 59. « Les quatre articles précédens ne s'appliquent   947
« point aux donations dont est mention aux chapitres VII
« et VIII du présent titre. »

Art. 60. « Tout acte de donation d'effets mobiliers sera   948
« nul, s'il n'a pas été annexé à la minute de la donation un

« état estimatif des effets donnés, signé du donateur et du
« donataire, ou de ceux qui acceptent pour lui. »

949-950   Art. 61 et 62 (*tels que sont les articles* 53 *et* 54 *du même
procès-verbal*).

951   Art. 63. « Le donateur pourra stipuler le droit de retour
« des objets donnés dans les cas où, soit le donataire seul,
« soit le donataire et ses descendans, mourraient avant lui.

   « Ce droit ne pourra être stipulé qu'au profit du donateur
« seul. »

952   Art. 64. « L'effet du droit de retour sera de résoudre toutes
« les aliénations des biens donnés, et de les faire revenir au
« donateur francs et quittes de toutes charges et hypothèques,
« sauf néanmoins l'hypothèque de la dot et des conventions
« matrimoniales, si les autres biens de l'époux donataire ne
« suffisent pas, et dans le cas seulement où la donation lui
« aura été faite par le même contrat de mariage duquel ré-
« sultent ces droits et hypothèques. »

SECTION III. —— *Des Exceptions à la règle de l'irrévocabilité des
Donations entre-vifs.*

953   Art. 65. « La donation entre-vifs ne pourra être révoquée
« que pour cause d'inexécution des conditions sous lesquelles
« elle aura été faite, pour cause d'ingratitude, et pour cause
« de survenance d'enfans. »

954   Art. 66. « Dans le cas de la révocation pour cause d'inexé-
« cution des conditions, les biens rentreront dans les mains
« du donateur libres de toutes charges et hypothèques du
« chef du donataire; et le donateur aura contre les tiers dé-
« tenteurs des immeubles donnés tous les droits qu'il aurait
« contre le donataire lui-même. »

955   Art. 67. « La donation entre-vifs ne pourra être révoquée
« pour cause d'ingratitude que dans les cas suivans :

   « 1°. Si le donataire a attenté à la vie du donateur;

   « 2°. S'il s'est rendu coupable envers lui de sévices, délits
« ou injures graves ;

« 3°. S'il lui refuse des alimens. »

Art. 68. « La révocation n'aura jamais lieu de plein droit ;   956-957
« la demande devra en être formée dans l'année, à compter
« du jour du délit imputé par le donateur au donataire, ou
« du jour que le délit aura pu être connu par le donateur. »

Art. 69. « Cette révocation ne pourra être demandée par   957
« le donateur contre les héritiers du donataire, ni par les
« héritiers du donateur contre le donataire, à moins que,
« dans ce dernier cas, l'action n'ait été intentée par le dona-
« teur, ou qu'il ne soit décédé dans l'année du délit. »

Art. 70. « La révocation pour cause d'ingratitude ne pré-   958
« judiciera ni aux aliénations faites par le donataire, ni aux
« hypothèques et autres charges réelles qu'il aura pu imposer
« sur l'objet de la donation, pourvu que le tout soit antérieur
« à la demande en révocation.

« Dans le cas de révocation, le donataire sera condamné à
« restituer la valeur des objets aliénés, eu égard au temps
« de la demande, et les fruits, à compter du jour de cette
« demande. »

Art. 71 (tel que l'article 63 du procès-verbal du 19 ventose).   959

Art. 72. « Toutes donations entre-vifs faites par personnes   960
« qui n'avaient point d'enfans ou de descendans actuellement
« vivans dans le temps de la donation, de quelque valeur que
« ces donations puissent être, et à quelque titre qu'elles
« aient été faites, et encore qu'elles fussent mutuelles ou ré-
« munératoires, même celles qui auraient été faites en faveur
« de mariage, par autres que par les conjoints ou les ascen-
« dans, demeureront révoquées de plein droit par la surve-
« nance d'un enfant légitime du donateur, même d'un pos-
« thume, ou par la légitimation d'un enfant naturel par
« mariage subséquent. »

Art. 73. « Cette révocation aura lieu encore que l'enfant   961
« du donateur ou de la donatrice fût conçu au temps de la
« donation. »

Art. 74. « La donation demeurera pareillement révoquée,   962

« lors même que le donataire serait entré en possession des
« biens donnés, et qu'il y aurait été laissé par le donateur
« depuis la survenance de l'enfant, sans néanmoins que le
« donataire soit tenu de restituer les fruits par lui perçus,
« de quelque nature qu'ils soient, si ce n'est du jour que la
« naissance de l'enfant ou sa légitimation par mariage subsé-
« quent lui aura été notifiée par exploit ou autre acte en
« bonne forme ; et ce, quand même la demande pour ren-
« trer dans les biens donnés n'aurait été formée que posté-
« rieurement à cette notification. »

963   Art. 75. « Les biens compris dans la donation révoquée de
« plein droit rentreront dans le patrimoine du donateur libres
« de toutes charges et hypothèques du chef du donataire,
« sans qu'ils puissent demeurer affectés, même subsidiaire-
« ment, à la restitution de la dot de la femme de ce dona-
« taire, de ses reprises ou autres conventions matrimoniales;
« ce qui aura lieu quand même la donation aurait été faite
« en faveur du mariage du donataire et insérée dans le con-
« trat, et que le donateur se serait obligé comme caution par
« la donation à l'exécution du contrat de mariage. »

964   Art. 76. « Les donations ainsi révoquées ne pourront re-
« vivre ou avoir de nouveau leur effet, ni par la mort de l'en-
« fant du donateur, ni par aucun acte confirmatif; et si le
« donateur veut donner les mêmes biens au même donataire,
« soit avant ou après la mort de l'enfant par la naissance du-
« quel la donation avait été révoquée, il ne le pourra faire
« que par une nouvelle disposition. »

965   Art. 77. « Toute clause ou convention par laquelle le do-
« nateur aurait renoncé à la révocation de la donation pour
« survenance d'enfant sera regardée comme nulle et ne
« pourra produire aucun effet. »

966   Art. 78. « Le donataire, ses héritiers ou ayans-cause, ou
« autres détenteurs des choses données, ne pourront opposer
« la prescription pour faire valoir la donation révoquée par
« la survenance d'enfant qu'après une possession de trente

« années, qui ne pourront commencer à courir que du jour
« de la naissance du dernier enfant du donateur, même pos-
« thume ; et ce, sans préjudice des interruptions, telles que
« de droit. »

CHAPITRE IV.

Des Dispositions testamentaires.

SECTION 1ʳᵉ.—*Des Règles générales sur la Forme des Testamens.*

Art. 79. « Toute personne pourra disposer par testament, 967
« soit sous le titre d'institution d'héritier, soit sous le titre
« de legs universel ou particulier, soit sous toute autre dé—
« nomination propre à manifester sa volonté. »

Art. 80 (*le même que l'art. 66 du procès-verbal ci-dessus énoncé*). 668

Art. 81. « Un testament pourra être olographe, ou fait par 969
« acte public, ou dans la forme mystique. »

Art. 82. « Le testament olographe ne sera point valable s'il 970
« n'est écrit en entier, daté et signé de la main du testateur :
« il n'est assujéti à aucune autre forme. »

Art. 83. « Le testament par acte public est celui qui est 971
« reçu par deux notaires en présence de deux témoins, ou
« par un notaire en présence de quatre témoins. »

Art. 84. « Si le testament est reçu par deux notaires, il 972
« leur est dicté par le testateur, et il doit être écrit par l'un
« de ces notaires tel qu'il est dicté.

« S'il n'y a qu'un notaire, il doit également être dicté par
« le testateur et écrit par ce notaire.

« Dans l'un et l'autre cas, il doit en être donné lecture au
« testateur en présence des témoins.

« Il est fait du tout mention expresse. »

Art. 85. « Ce testament doit être signé par le testateur ; 973
« s'il déclare qu'il ne sait ou ne peut signer, il sera fait dans
« l'acte mention expresse de sa déclaration ainsi que de la
« cause qui l'empêche de signer. »

Art. 86. « Il faut que les témoins sachent et puissent signer; 974
« et néanmoins dans les campagnes, où il serait difficile de

« trouver des témoins qui sachent signer, il suffira qu'un des
« deux témoins sache et puisse signer, si le testament est
« reçu par deux notaires, et que deux des quatre témoins sa-
« chent et puissent signer, s'il est reçu par un notaire. »

975   Art. 87. « Ne pourront être pris pour témoins du testa-
« ment par acte public, ni les légataires à quelque titre qu'ils
« soient, ni leurs parens ou alliés jusqu'au quatrième degré
« inclusivement, ni les clercs des notaires par lesquels les
« actes seront reçus. »

976   Art. 88. « Lorsque le testateur voudra faire un testament
« mystique ou secret, il sera tenu de signer ses dispositions,
« soit qu'il les ait écrites lui-même ou qu'il les ait fait écrire
« par un autre : sera le papier qui contiendra ses dispositions,
« ensemble le papier qui servira d'enveloppe, s'il y en a une,
« clos et scellé, avec les précautions en tels cas requises et
« accoutumées. Le testateur présente ce papier ainsi clos et
« scellé à sept témoins au moins, y compris le notaire, ou il
« le fera clore et sceller en leur présence, et il déclarera que
« le contenu en ce papier est son testament écrit et signé de
« lui, ou écrit par un autre et signé de lui ; le notaire en dres-
« sera l'acte de suscription, qui sera écrit sur ce papier ou sur
« la feuille qui servira d'enveloppe ; cet acte sera signé tant
« par le testateur que par le notaire, ensemble par les autres
« témoins. Tout ce que dessus sera fait de suite et sans di-
« vertir à autres actes ; et en cas que le testateur, par un em-
« pêchement survenu depuis la signature du testament, ne
« puisse signer l'acte de suscription, il sera fait mention de
« la déclaration qu'il en aura faite, sans qu'il soit besoin, en
« ce cas, d'augmenter le nombre des témoins. »

977   Art. 89. « Si le testateur ne sait signer, ou s'il n'a pu le
« faire lorsqu'il a fait écrire ses dispositions, il sera appelé à
« l'acte de suscription un témoin, outre le nombre porté par
« l'article précédent, lequel signera l'acte avec les autres té-
« moins ; et il y sera fait mention de la cause pour laquelle
« ce témoin aura été appelé. »

Art. 90. « Ceux qui ne savent ou ne peuvent lire ne pour- 978
« ront faire de disposition dans la forme du testament mys-
« tique. »

Art. 91. « En cas que le testateur ne puisse parler, mais 979
« qu'il puisse écrire, il pourra faire un testament mystique ;
« à la charge que le testament sera entièrement écrit, daté et
« signé de sa main, qu'il le présentera au notaire et aux té-
« moins, et qu'au haut de l'acte de suscription il écrira, en
« leur présence, que le papier qu'il présente est son testa-
« ment : après quoi le notaire écrira l'acte de suscription,
« dans lequel il sera fait mention que le testateur a écrit ces
« mots en présence du notaire et des témoins, et sera au sur-
« plus observé tout ce qui est prescrit par l'article 88. »

Art. 92. « Les témoins appelés pour être présens aux tes- 980
« tamens devront être mâles, majeurs, républicoles, jouis-
« sant de l'exercice des droits civils. »

SECTION II. — *Des Règles particulières sur la Forme de certains*
Testamens.

Art. 93. « Les testamens des militaires et des individus 981
« employés dans les armées pourront, en quelque pays que
« ce soit, être reçus par un chef de bataillon ou d'escadron,
« ou par tout autre officier d'un grade supérieur, en présence
« de deux témoins, ou par deux commissaires des guerres, ou
« par un de ces commissaires en présence de deux témoins. »

Art. 94. « Ils pourront encore, si le testateur est malade 982
« ou blessé, être reçus par l'officier de santé en chef, assisté
« du commandant militaire chargé de la police de l'hospice.»

Art. 95, 96 et 97 (*les mêmes que les articles* 72, 73 et 74 998-983-
du procès-verbal du 19 *ventose*). 984

Art. 98. « Les testamens faits dans un lieu avec lequel toute 985
« communication sera interceptée à cause de la peste ou
« autre maladie contagieuse, pourront être faits devant le
« juge de paix ou devant l'un des officiers municipaux de la
« commune, en présence de deux témoins. »

986   Art. 99. « Cette disposition aura lieu, tant à l'égard de ceux
« qui seraient attaqués de ces maladies, que de ceux qui se-
« raient dans les lieux où elles ont cours, encore qu'ils ne
« fussent pas actuellement malades. »

987   Art. 100 (*le même que l'article 77 du procès-verbal ci-dessus
énoncé*).

988   Art. 101. « Les testamens faits sur mer dans le cours d'un
« voyage pourront être reçus ; savoir,

« A bord des vaisseaux et autres bâtimens de l'État, par
« l'officier commandant le bâtiment, ou, à son défaut, par
« celui qui le supplée dans l'ordre du service, l'un ou l'autre
« conjointement avec l'officier d'administration ou avec celui
« qui en remplit les fonctions ;

« Et à bord des bâtimens de commerce, par l'écrivain du
« navire ou celui qui en fait les fonctions, l'un ou l'autre
« conjointement avec le capitaine, le maître ou le patron,
« ou, à leur défaut, par ceux qui les remplacent.

« Dans tous les cas, ces testamens devront être reçus en
« présence de deux témoins. »

989   Art. 102. « Sur les bâtimens de l'État, le testament du ca-
« pitaine ou celui de l'officier d'administration, et sur les bâ-
« timens de commerce, celui du capitaine, du maître ou pa-
« tron ou celui de l'écrivain, pourront être reçus par ceux
« qui viennent après eux dans l'ordre du service, en se con-
« formant pour le surplus aux dispositions de l'article pré-
« cédent. »

990   Art. 103. « Dans tous les cas, il sera fait un double original
« de ces testamens. »

991   Art. 104. « Si le bâtiment aborde dans un port étranger
« dans lequel se trouve un commissaire des relations com-
« merciales de France, ceux qui auront reçu le testament
« seront tenus de déposer l'un des originaux, clos ou cacheté,
« entre les mains de ce commissaire, qui le fera parvenir au
« ministre de la marine, et celui-ci en ordonnera le dépôt au
« greffe de la justice de paix du lieu du domicile du testateur. »

Art. 105. « Au retour du bâtiment en France, soit dans le 992
« port de l'armement, soit dans un port autre que celui de
« l'armement, les deux originaux du testament, également
« clos et cachetés, ou l'original qui resterait, si, conformé-
« ment à l'article précédent, l'autre avait été déposé pendant
« le cours du voyage, seront remis au bureau du préposé de
« l'inscription maritime : ce préposé les fera passer sans délai
« au ministre de la marine, qui en ordonnera le dépôt, ainsi
« qu'il est dit au même article. »

Art. 106. « Il sera fait mention sur le rôle du bâtiment, à 993
« la marge du nom du testateur, de la remise qui aura été
« faite des originaux du testament, soit entre les mains d'un
« commissaire des relations commerciales, soit au bureau
« d'un préposé de l'inscription maritime. »

Art. 107. « Le testament ne sera point réputé fait en mer, 994
« quoiqu'il l'ait été dans le cours du voyage, si, au temps où
« il a été fait, le navire avait abordé une terre, soit étran-
« gère, soit de la domination française, où il y aurait un of-
« ficier public français ; auquel cas il ne sera valable qu'autant
« qu'il aura été dressé suivant les formes prescrites en France,
« ou suivant celles usitées dans les pays où il aura été fait. »

Art. 108, 109 et 110 (*tels que les articles* 80, 81 *et* 82 *du même* 995 à 997
procès-verbal).

Art. 111. « Un Français qui se trouvera en pays étranger 999
« pourra faire, au profit de Français ou d'étrangers, ses dis-
« positions testamentaires par acte sous signature privée,
« ainsi qu'il est prescrit en l'article 82, ou par acte authen-
« tique, avec les formes usitées dans le lieu où il est passé. »

Art. 112 (*le même que l'article* 125 *du procès-verbal du* 1000
25 *ventose.*)

Art. 113. « Les formalités auxquelles les divers testamens 1001
« sont assujétis par les dispositions de la présente section et
« de la précédente doivent être observées à peine de nullité. »

SECTION III. — *De l'Institution d'Héritier et du Legs universel.*

com. de
sect. 3.

Art. 114. « L'héritier institué et le légataire universel au-
« ront les mêmes droits et seront sujets aux mêmes charges.»

1004

Art. 115. « Lorsqu'au décès du testateur il y a des héri-
« tiers auxquels une quotité de ses biens est réservée par la
« loi, ces héritiers sont saisis de plein droit, par sa mort, de
« tous les biens de la succession, et l'héritier institué, ou le
« légataire universel, est tenu de leur demander la délivrance
« des biens compris dans le testament. »

1005

Art. 116. «Néanmoins, dans les mêmes cas, l'héritier in-
« stitué, ou le légataire universel, aura la jouissance des
« biens compris dans le testament, à compter du jour du
« décès, si la demande en délivrance a été faite dans l'année
« depuis cette époque; sinon cette jouissance ne commencera
« que du jour de la demande formée en justice, ou du jour
« que la délivrance aurait été volontairement consentie. »

1006

Art. 117. « Lorsqu'au décès du testateur il n'y aura pas
« d'héritiers auxquels une quotité de ses biens soit réservée
« par la loi, l'héritier institué, ou le légataire universel, sera
« saisi de plein droit par la mort, sans être tenu de demander
« la délivrance. »

1007 1008

Art. 118. « Si l'héritier a été institué, ou le légataire uni-
« versel nommé par un testament olographe, ils seront tenus,
« avant de se mettre en possession, de faire le dépôt du tes-
« tament au greffe du tribunal de première instance du lieu
« où la succession est ouverte; et l'envoi en possession sera
« ordonné par le président du tribunal, au pied d'une re-
« quête à laquelle sera joint l'acte de dépôt. »

Ib.

Art. 119. « Si l'héritier a été institué, ou le légataire uni-
« versel nommé par un testament en la forme mystique, l'ou-
« verture du testament devra être faite par le président du
« même tribunal, en y appelant, s'il s'en trouve sur le lieu,
« les parens qui eussent été habiles à succéder s'il n'y avait
« point eu de testament. »

Art. 120. « L'héritier institué ou légataire universel qui 1009
« sera en concours avec un héritier auquel la loi réserve une
« quotité des biens sera tenu des dettes et charges de la suc-
« cession du testateur, personnellement pour sa part et por-
« tion, et hypothécairement pour le tout, et il sera tenu
« d'acquitter tous les legs, sauf le cas de réduction, ainsi
« qu'il est expliqué aux articles 36 et 37. »

SECTION IV. —*Des Legs à titre universel.*

Art. 121. « Le legs à titre universel est celui par lequel le 1010
« testateur lègue une quote-part des biens dont la loi lui per-
« met de disposer, telle qu'une moitié, un tiers, ou tous ses
« immeubles, ou tout son mobilier, ou une quotité fixe de
« tous ses immeubles ou de tout son mobilier.

« Tout autre legs ne forme qu'une disposition à titre par-
« ticulier. »

Art. 122. « Les légataires à titre universel seront tenus de 1011
« demander la délivrance aux héritiers naturels, et, à leur
« défaut, aux héritiers institués ou légataires universels. »

Art. 123. « Le légataire à titre universel sera tenu, comme 1012
« l'héritier institué ou le légataire universel, des dettes et
« charges de la succession du testateur, personnellement
« pour sa part et portion, et hypothécairement pour le tout.»

Art. 124. « Lorsque le testateur n'aura disposé que d'une 1013
« quotité de la portion disponible, et qu'il l'aura fait à titre
« universel, ce légataire sera tenu d'acquitter les legs parti-
« culiers par contribution avec les héritiers. »

SECTION V. — *Des Legs particuliers.*

Art. 125. « Tout legs pur et simple donnera au légataire, 1014
« du jour du décès du testateur, un droit à la chose léguée,
« droit transmissible à ses héritiers ou ayans-cause.

« Néanmoins le légataire particulier ne pourra se mettre
« en possession de la chose léguée, ni en prétendre les fruits
« ou intérêts, qu'à compter du jour de sa demande en déli-

« vrance formée en justice contre l'héritier naturel, ou, à
« son défaut, contre l'héritier institué ou le légataire uni-
« versel, ou du jour auquel ils en auraient volontairement
« consenti la délivrance. »

1015   Art. 126 (*le même que l'article* 86 *du procès-verbal du*
27 *ventose*).

1016   Art. 127. « Les frais de la demande en délivrance seront à
« la charge de l'héritier, sans néanmoins qu'il puisse en ré-
« sulter de réduction de la réserve légale.

« Les droits d'enregistrement seront dus par le légataire.

« Le tout, s'il n'en a été autrement ordonné par le testa-
« ment.

« Chaque legs pourra être enregistré séparément, sans que
« cet enregistrement puisse profiter à aucun autre qu'au lé-
« gataire ou à ses ayans-cause. »

1017   Art. 128 (*le même que l'article* 88 *du procès-verbal énoncé*).

1018   Art. 129. « La chose léguée sera délivrée avec les acces-
« soires nécessaires, et dans l'état où elle se trouvera le jour
« du décès du donateur. »

1019   Art. 130 (*le même que l'art.* 90 *du procès-verbal ci-dessus*).

1020   Art. 131. « Si la chose léguée avait été avant le testament
« ou a été depuis engagée par hypothèque pour une dette de
« la succession, ou même pour la dette d'un tiers, ou si elle
« est grevée d'un usufruit, celui qui doit acquitter le legs
« n'est point tenu de la dégager, à moins qu'il n'ait été
« chargé de le faire par une disposition expresse du testateur.»

1021 à
1024   Art. 132, 133, 134 et 135 (*les mêmes que les articles* 92,
93, 94 *et* 97 *du procès-verbal ci-dessus énoncé*).

SECTION VI. — *Des Exécuteurs testamentaires.*

1025 à
1034   Art. 136, 137, 138, 139, 140, 141, 142, 143, 144 et 145
(*les mêmes que les articles* 100, 101, 102, 103, 104, 105,
106, 107, 108 *et* 109 *du procès-verbal du* 27 *ventose*).

SECTION VII.—*De la Révocation des Testamens et de leur Caducité.*

Art. 146. « Les testamens ne pourront être révoqués en « tout ou en partie que par un acte authentique portant dé- « claration du changement de volonté. » 1035

Art. 147 (*le même que l'article* 111 *du procès-verbal du* 27 *ventose*). 1036

Art. 148. « La révocation faite dans un testament postérieur « aura tout son effet, quoique ce nouvel acte reste sans exé- « cution par l'incapacité de l'héritier institué ou du légataire, « ou par leur refus de recueillir. » 1037

Art. 149. « Toute aliénation, celle même par vente avec « faculté de rachat ou par échange que fera le testateur de « tout ou de partie de la chose léguée, emportera la révoca- « tion du legs pour tout ce qui a été aliéné, encore que l'a- « liénation postérieure soit nulle, et que l'objet soit rentré « dans la main du testateur. » 1038

Art. 150. « L'institution d'héritier et tous les legs seront « caducs si l'héritier institué et le légataire ne survivent pas « au testateur. » 1039

Art. 151. « Toute disposition testamentaire faite sous une « condition dépendante d'un événement incertain, et telle « que, dans l'intention du testateur, cette disposition ne « doive être exécutée qu'autant que l'événement arrivera ou « n'arrivera pas, sera caduque, si l'héritier institué ou le lé- « gataire décède avant l'accomplissement de la condition. » 1040

Art. 152. « La condition qui, dans l'intention du testateur, « ne fait que suspendre l'exécution de la disposition, n'em- « pêchera pas l'héritier institué ou le légataire d'avoir un « droit acquis et transmissible à ses héritiers. » 1041

Art. 153 (*le même que l'article* 118 *du procès-verbal énoncé*). 1042

Art. 154. « La disposition testamentaire sera caduque « lorsque l'héritier institué ou le légataire la répudiera ou se « trouvera incapable de la recueillir. » 1043

1044-1045   Art. 155 et 156 (*les mêmes que les articles* 120 *et* 121 *du procès-verbal du* 27 *ventose*).

1046   Art. 157. « Les mêmes causes qui, suivant l'article 66 et
« les deux premières dispositions de l'article 67 du présent
« titre, autoriseront la demande en révocation de la donation
« entre-vifs, seront admises pour la demande en révocation
« des dispositions testamentaires. »

1047   Art. 158. « Si cette demande est fondée sur une injure
« grave faite à la mémoire du testateur, elle doit être inten-
« tée dans l'année, à compter du jour du délit. »

CHAPITRE V.

*Des Dispositions permises en faveur des Petits-Enfans du
Donateur ou Testateur, ou des Enfans de ses frères et
sœurs.*

1048 à
1054   Art. 159, 160, 161, 162, 163, 164 et 165 (*les mêmes que
les articles* 126, 127, 128, 129, 130, 131 *et* 132 *du procès-
verbal du* 27 *ventose*).

1055   Art. 166. « Celui qui fera les dispositions autorisées par les
« articles précédens pourra, par le même acte, ou par un
« acte postérieur en forme authentique, nommer un tuteur
« chargé de l'exécution de ces dispositions. »

1056   Art. 167. « Lorsqu'il n'aura point nommé de tuteur, ou
« lorsqu'à son décès le tuteur par lui nommé n'existera plus,
« ou qu'il aura une des dispenses admises au titre *des Tutelles*,
« il en sera nommé un autre, à la diligence du grevé, ou de
« son tuteur s'il est mineur, dans le délai d'un mois, à comp-
« ter du jour du décès du donateur ou testateur, ou du jour
« que, depuis cette mort, l'acte contenant la disposition aura
« été connu. »

1057   Art. 168 (*le même que l'article* 135 *du procès-verbal énoncé*).

1058   Art. 169. « Après le décès de celui qui aura disposé à la
« charge de restitution, il sera procédé, dans les formes or-
« dinaires, à l'inventaire de tous les biens et effets qui com-

« poseront sa succession, excepté néanmoins le cas où il ne
« s'agirait que d'un legs particulier. Cet inventaire contiendra
« la prisée à juste prix des meubles et effets mobiliers. »

Art. 170. « Il sera fait à la requête du grevé de restitution, 1059
« et dans le délai fixé au titre *des Successions,* en présence du
« tuteur nommé pour l'exécution, et des appelés, s'ils sont
« majeurs. Les frais seront pris sur les biens compris dans la
« disposition. »

Art. 171. « Si l'inventaire n'a pas été fait à la requête du 1060
« grevé dans le délai ci–dessus, il y sera procédé dans le mois
« suivant, à la diligence du tuteur nommé pour l'exécution,
« en présence du grevé ou de son tuteur, et des appelés, s'ils
« sont majeurs. »

Art. 172. « S'il n'a point été satisfait aux deux articles pré- 1061
« cédens, il sera procédé au même inventaire, à la diligence
« des personnes désignées en l'article 168; en y appelant le
« grevé, ou son tuteur, et le tuteur nommé pour l'exécution. »

Art. 173, 174, 175, 176, 177, 178, 179 et 180 (*les mêmes* 1062 à
que les articles 140, 141, 142, 143, 144, 145, 146 *et* 147 1069
du procès-verbal du 27 *ventose*).

Art. 181. « Le défaut de transcription de l'acte contenant 1070
« la disposition pourra être opposé par les créanciers et tiers
« acquéreurs, même aux mineurs ou interdits; sauf le re-
« cours contre le grevé et contre le tuteur à l'exécution, et
« sans que les mineurs ou interdits puissent être restitués
« contre ce défaut de transcription, quand même le grevé et
« les tuteurs se trouveraient insolvables. »

Art. 182, 183 et 184 (*tels que sont les articles* 149, 150 *et* 1071 à
151 *du même procès-verbal*). 1073

Art. 185. « Si le grevé est mineur, il ne pourra, dans le 1074
« cas même de l'insolvabilité de son tuteur, être restitué
« contre l'inexécution des règles qui lui sont prescrites par les
« articles du présent chapitre. »

CHAPITRE VI.

*Des Partages faits par Père, Mère, ou autres Ascendans,
entre leurs Descendans.*

1075 à
1077   Art. 186, 187 et 188 (*les mêmes que les articles* 152, 153
et 154 *du procès-verbal du 27 ventose*).

1078   Art. 189. « Si le partage n'est pas fait entre tous les enfans
« qui existeront à l'époque du décès et les descendans de
« ceux prédécédés, le partage sera nul pour le tout. Il en
« pourra être provoqué un nouveau dans la forme légale, soit
« par les enfans ou descendans qui n'y auront reçu aucune
« part, soit même par ceux entre qui le partage aura été fait.»

1079   Art. 190. « Le partage fait par l'ascendant pourra être at-
« taqué pour cause de lésion de plus du quart, et dans le
« cas où il résulterait, soit du partage même, soit du partage
« et des dispositions faites par préciput, que l'un des copar-
« tagés aurait un avantage plus grand que la loi ne le permet.»

1080   Art. 191 (*tel que l'article* 158 *du même procès-verbal*).

CHAPITRE VII.

*Des Donations faites par contrat de mariage aux Époux et
aux Enfans à naître du mariage.*

1081 à
1083   Art. 192, 193 et 194 (*tels que les articles* 159, 160 *et* 161
du procès-verbal du 27 ventose).

1084   Art. 195. « La donation par contrat de mariage pourra être
« faite cumulativement des biens présens et à venir en tout
« ou en partie, à la charge qu'il sera annexé à l'acte un état
« des dettes et charges du donateur existantes au jour de la
« donation ; auquel cas il sera libre au donataire, lors du
« décès du donateur, de s'en tenir aux biens présens, en re-
« nonçant au surplus des biens du donateur. »

1085 à
1091   Art. 196, 197, 198, 199, 200 et 201 (*les mêmes que les articles* 163, 164, 165, 166, 167 *et* 168 *du procès-verbal énoncé*).

CHAPITRE VIII.

*Des Donations entre Époux, soit par contrat de mariage,
soit pendant le mariage.*

Art. 202, 203, 204, 205 et 206 (*tels que les articles* 169,   1091 à
170, 171, 172 *et* 173 *du même procès-verbal*).   1095

Art. 207. « Toutes donations faites entre époux pendant le   1096
« mariage, quoique qualifiées entre-vifs, seront toujours ré-
« vocables.

« La révocation pourra être faite par la femme sans y être
« autorisée par le mari ni en justice.

« Ces donations ne seront point révoquées par la survenance
« d'enfans. »

Art. 208 (*tel que l'article* 175 *du même procès-verbal*).   1097

Art. 209. « L'homme ou la femme qui, ayant des enfans   1098
« d'un autre lit, contractera un second ou subséquent ma-
« riage, ne pourra donner à son nouvel époux qu'une part
« d'enfant légitime le moins prenant, et sans que, dans au-
« cun cas, ces donations puissent excéder le quart des biens. »

Art. 210 et 211 (*tels que les articles* 177 *et* 178 *du même*   1099 et
procès-verbal).   1100

Le Consul ordonne que le projet de loi ci-dessus sera communiqué, par le secrétaire-général du Conseil, au président
de la section de législation.

COMMUNICATION OFFICIEUSE

A LA SECTION DE LÉGISLATION DU TRIBUNAT.

La section s'occupa du projet dans les séances du 10
germinal an XI (31 mars 1803) et des jours suivans.

TEXTE DES OBSERVATIONS.

La section entend le rapport fait au nom d'une commission sur le projet de loi intitulé, Titre II, *des Donations entre-vifs et des Testamens.*

Après des observations générales sur l'ensemble du projet, la discussion s'établit sur chaque article.

On rappellera seulement ceux sur lesquels on a cru devoir proposer des changemens.

894   Art. 2. Cet article est ainsi conçu :

« La donation entre-vifs est un acte par lequel le donateur « se dépouille actuellement et irrévocablement de la pro- « priété de la chose donnée en faveur du donataire qui l'ac- « cepte. »

La section est d'avis de la rédaction suivante :

« La donation entre-vifs est un acte par lequel le donateur « se dépouille actuellement et irrévocablement de la chose « donnée en faveur du donataire qui l'accepte. »

La suppression de ces mots, *la propriété*, a pour objet de parvenir à une définition plus exacte et qui n'emporte pas une exclusion, comme un simple droit d'usufruit qui peut, comme la propriété, faire la matière d'une donation.

Il est bien vrai qu'on pourrait dire que l'usufruit est en soi une propriété, et que ce serait la propriété de la chose donnée.

Mais la propriété prise dans un sens indéfini se trouvant en opposition avec l'usufruit, on évite une difficulté en faisant disparaître les mots *de la propriété*. Les expressions *la chose donnée* comprennent l'usufruit comme la propriété, quand l'un comme l'autre serait donné seulement.

895   Art. 3. La section propose de substituer à cet article la rédaction suivante :

« Le testament est un acte par lequel le testateur dispose, « pour le temps où il n'existera plus, de tout ou partie de « ses biens, *et qu'il peut révoquer.* »

Le mot *seul* a paru devoir être retranché comme inutile.

Ensuite le changement de la dernière partie de l'article proposé par la section rend plus exacte la définition du testament par opposition à celle de la donation qui précède.

Il est plus simple de dire *et qu'il peut révoquer*. Cela tient à l'essence du testament.

Quant à la caducité, c'est un cas qui est expliqué dans la suite. Cette caducité est purement accidentelle à l'effet du testament; elle n'entre pas dans sa définition.

Art. 10. La section propose de substituer à ces mots, *ap-* 902 *partient à tous ceux auxquels la loi ne l'interdit pas*, ceux-ci, *appartient à tous ceux qui n'en sont pas privés par la loi*.

La rédaction sera plus régulière. On peut être privé d'une capacité, mais on doute que l'on puisse dire que *la loi l'interdit*.

Art. 13. La section propose de substituer à cet article la 905 rédaction suivante :

« La femme mariée ne pourra donner entre-vifs sans l'as-
« sistance ou le consentement spécial de son mari, ou sans
« y être autorisée par la justice, conformément à ce qui est
« prescrit par les articles 211 (217) et 213 (219) du Code
« civil, titre *du Mariage*.

« Elle n'aura besoin ni de consentement du mari, ni d'au-
« torisation de la justice, pour disposer par testament. »

Quand il faut une autorisation, c'est celle du tribunal et non d'un seul juge. Il est donc à propos de lever toute équivoque à ce sujet.

Quant à l'addition proposée, elle a paru convenable pour que cet article ne parût pas autant une répétition absolue des dispositions des articles 211 (217) et 213 (219) du titre *du Mariage*, qui, sous ce rapport, serait au moins inutile. L'addition prouvera que les dispositions de ces articles n'avaient pas été oubliées, et qu'on les rappelle ici parce qu'il s'agit de faire un classement particulier des capacités relatives à la matière des donations, qui fait l'objet du titre actuel. D'ailleurs ces articles rappelés contiennent d'autres formalités auxquelles celui-ci se référera.

906   **Art. 14.** La section propose de substituer à cet article la rédaction suivante :

« **Pour** être capable de recevoir entre-vifs il suffit d'être « conçu au moment de la donation.

« **Pour** être capable de recevoir par testament, il suffit « d'être conçu à l'époque du décès du testateur.

« **Néanmoins** la donation ou le testament n'auront d'effet « qu'autant que l'enfant sera né viable. »

Pour rendre avec justesse l'idée des deux premiers paragraphes, il est évident que les mots *il suffit* sont préférables à ceux *il faut.* C'est une exception qu'il s'agit d'établir par opposition à la règle générale.

L'addition du troisième paragraphe a paru nécessaire. Il ne suffit pas que l'enfant soit conçu au moment de la donation, il faut qu'il naisse viable. C'est une condition de l'exécution de la libéralité, et il est à propos de la rappeler, pour que l'article ne demeure pas dans un sens trop vague.

907   **Art. 15.** La section propose de dire : *Le mineur, quoique émancipé, ne pourra,* etc., en laissant subsister tout le reste de l'article.

En disant simplement, comme on lit dans l'article, *Le mineur émancipé ne pourra,* etc., ce serait laisser l'idée que le mineur non émancipé pourrait faire ce qui est interdit à celui que ne l'est pas. L'exactitude réclame donc le changement proposé pour ne mettre aucun des mineurs en opposition.

908   **Art. 16.** *Les enfans naturels, même légalement reconnus,* etc. La section propose de supprimer le mot *même.* Cette expression ferait supposer deux sortes d'enfans naturels. Il n'y en a cependant qu'une seule, qui est celle des enfans naturels légalement reconnus.

909   **Art. 17.** La section propose de substituer à cet article la rédaction suivante :

« Toute espèce de disposition faite dans le cours de la
« maladie dont le disposant décède, au profit de docteurs en
« médecine ou chirurgie, officiers de santé ou pharmaciens,
« qui l'ont traité, et du ministre du culte qui l'a assisté, est
« nulle. »

L'article du projet de loi ne parle que de l'officier de santé.
Mais une loi sur l'exercice de la médecine a assigné particulièrement ce titre d'*officier de santé* à certains individus qui
traitent. Il en est plusieurs autres qui sont dans le même
cas, dont les fonctions même sont plus relevées, et qui par
conséquent ont plus d'influence sur l'esprit du malade. Il
faut donc les comprendre expressément dans la prohibition.

La section a cru aussi devoir y comprendre les apothicaires
sous le titre de pharmaciens : en beaucoup d'endroits, et
surtout dans les campagnes, ils traitent et administrent les
remèdes; en sorte qu'il y a parité de raison. Telle était aussi
l'ancienne jurisprudence, qui s'était formée sur un esprit de
justice d'après l'expérience.

Art. 18. La section propose de dire *autorisées et approu-* 910
vées. L'autorisation préalable du gouvernement est nécessaire
pour les dispositions entre-vifs; et quant aux testamens
qui doivent d'abord être faits, ils ne doivent qu'être ap-
prouvés par le gouvernement.

Art. 19. La section propose de substituer à cet article la 911
rédaction suivante :

« Toute espèce de disposition au profit d'un incapable est
« nulle, soit qu'on la déguise sous la forme d'un contrat
« onéreux, soit qu'on la fasse sous le nom de personnes in-
« terposées.

« Seront réputées, etc. » Comme dans le surplus de
l'article.

De la manière dont est conçu l'article du projet de loi, il
semble qu'il faudrait soumettre aux tribunaux la question
de savoir si l'acte fait sous toute autre forme que celle de

disposition à titre gratuit est vraiment, ou non, une disposition déguisée.

Il est à propos d'éviter cet arbitraire en interdisant toute disposition quelconque, même présentée à titre onéreux, quelle qu'en soit la forme : c'est étouffer le germe de tous procès.

913   **Art. 21.** La section propose de substituer à cet article la rédaction suivante :

« Les libéralités, soit par actes entre-vifs, soit par testa-
« ment, pourront comprendre la moitié des biens du dis-
« posant, s'il ne laisse à son décès qu'un enfant. Elles ne
« pourront excéder le tiers s'il laisse deux enfans ; le quart
« s'il en laisse trois ou un plus grand nombre. »

Il ne s'agit ici que de rédaction, et celle qui est proposée est plus exacte.

915   **Art. 23.** La section propose sur cet article un changement important. Elle est unanimement d'avis que tout individu qui n'a ni descendans ni ascendans doit avoir une liberté illimitée de disposer de ses biens.

Les biens doivent passer aux descendans. Tel est le vœu de la nature, tel doit être celui de la loi : ils sont la continuation de la personne du défunt; encore les ascendans doivent-ils avoir la liberté de disposer inégalement entre les enfans, par le prélegs d'une quotité disponible ou de donner même cette quotité à un étranger. Cette faculté est le seul moyen de sanctionner la magistrature domestique, si nécessaire pour le maintien des mœurs. Aussi ce principe a-t-il été consacré par l'article 21.

Le respect dû aux ascendans, et qui doit se manifester jusqu'au dernier acte de la vie, exige encore qu'ils ne puissent recevoir l'outrage d'un oubli dans les dernières dispositions de leurs enfans.

Mais s'il n'existe que des collatéraux, même des frères ou sœurs ou leurs descendans, alors on ne peut voir de motifs suffisans pour gêner la liberté de disposer.

Il est dans la nature de l'homme de regarder cette liberté comme un des biens les plus précieux. Elle est encore l'origine d'un sentiment de dignité, et elle peut être encore un des moyens d'exciter l'émulation et l'industrie. On s'attache avec plus de force à ce qui peut procurer le plus de douceurs; et c'en est une sans doute de pouvoir se livrer sans réserve à l'idée qu'on pourra récompenser des services, ou venir au secours d'un ami.

Enfin les liens de famille n'en seront pas relâchés; ce sera peut-être au contraire un moyen de les resserrer. L'homme sans enfans sera plus à l'abri de la froideur ou des mauvais procédés de ses collatéraux lorsque ceux-ci sauront qu'il a le pouvoir de les en punir.

D'après ces idées, la section propose la rédaction suivante :

« Les libéralités par actes entre-vifs ou par testament ne « pourront excéder les quatre sixièmes des biens, si le dé- « funt laisse des ascendans dans chacune des lignes pater- « nelle et maternelle. Elles pourront comprendre les cinq « sixièmes si le défunt ne laisse d'ascendans que dans une « ligne.

« Les ascendans auront droit à cette réserve dans tous les « cas où un partage en concurrence avec des collatéraux ne « leur donnerait pas la quotité des biens à laquelle elle est « fixée. »

On ajoute une observation relative au dernier paragraphe.

L'intention de la section est que dans aucun cas les ascendans ne puissent avoir moins que la quotité qui leur est réservée. Cependant, en bornant la réserve aux deux cas prévus par le paragraphe premier, il pourrait arriver que cette intention ne fût pas suivie. On suppose qu'un enfant ne donne pas tout ce que la loi lui permet de donner, et qu'il laisse seulement une faible portion au-delà du tiers ou du sixième, ayant pour successibles des frères ou sœurs ou autres collatéraux, les ascendans ne seraient plus dans l'hypothèse de la disposition entière de la quotité disponible;

seraient-ils alors obligés de partager avec les collatéraux suivant les règles établies au titre des successions? Si on décidait pour l'affirmative, il en résulterait dans plusieurs cas qu'ils auraient moins que la portion qui leur est réservée. Leurs droits doivent cependant toujours atteindre cette portion.

Si donc dans une succession de 60,000 francs le défunt a disposé de 30,000 francs, il reste 30,000 francs à partager, qui, par moitié, ne donneraient aux ascendans que 15,000 francs; la réserve étant dans ce cas de 20,000 francs, les ascendans doivent être remplis de cette quotité, et il ne doit rester aux collatéraux que 10,000 francs.

Le but du dernier paragraphe est de ne laisser aucun doute à ce sujet.

D'après l'article ci-dessus, les articles 24 et 25 du projet deviennent inutiles.

916 Art. 26. En conséquence de la rédaction qui vient d'être proposée (a), cet article doit commencer par ces mots : *A défaut d'ascendans et de descendans*, et il faut supprimer les expressions suivantes, *et de frères ou de sœurs.*

917 Art. 27. Cet article est adopté; mais, pour que l'idée qu'il renferme soit plus clairement rendue, la section propose de substituer à ces termes qui terminent l'article, *ou de faire l'abandon de la quotité disponible*, ceux-ci, *ou de faire l'abandon de la propriété de la quotité disponible.*

918 Art. 28. La section propose de substituer à cet article la rédaction qui suit :

« La valeur en pleine propriété des biens aliénés, soit à « charge de rente viagère, soit à fonds perdu ou avec réserve « d'usufruit à l'un des successibles en ligne directe, sera « imputée sur la portion disponible; et l'excédant, s'il y « en a, sera rapporté à la masse, le tout en faveur des suc- « cessibles en ligne directe. Cette imputation et ce rapport

---

(a) Voyez les observations sur l'article 915.

« ne pourront être demandés par ceux des successibles qui
« auraient consenti à ces aliénations, ni dans aucun cas par
« les successibles en ligne collatérale. »

Il ne suffit pas d'ordonner l'imputation dans le cas prévu
par l'article. Il peut y avoir un excédant au-delà de la portion disponible : et il est à propos d'y statuer. Or, cet excédant doit être rapporté à la masse en faveur des succesibles
en ligne directe, qui sont les seuls que l'article concerne. Le
surplus des changemens a pour objet d'obtenir plus de
clarté dans l'article.

Art. 29. La section propose de supprimer ces mots du 919
premier paragraphe, *aux enfans ou autres successibles du donateur*.

Dans le sens de la section, et d'après ce qui a été dit sur
l'article 23, il n'y a plus de réserve de quotité pour les collatéraux.

Elle propose aussi de dire dans le deuxième paragraphe,
à titre de préciput ou *hors part*, au lieu de *à titre de préciput*
et *hors part*. Il est convenable de ne pas faire supposer une
différence entre ces expressions, qui sont synonymes ; ce qui
emporterait la nécessité de les cumuler dans les actes, tandis
que l'emploi de l'une ou de l'autre suffit.

Art. 30. La réserve n'existant plus pour les collatéraux, 920
le second paragraphe de cet article doit être supprimé.

Art. 31. La section propose un changement important sur 921
cet article, et qui résultera de la rédaction suivante, qu'elle
pense devoir être substituée à l'article.

« La réduction des dispositions entre-vifs ne pourra être
« demandée que par ceux au profit desquels la loi fait la ré-
« serve, par leurs héritiers, cessionnaires ou créanciers.
« Elle ne pourra profiter aux créanciers du défunt. »

L'article du projet de loi accorde l'action en réduction à
ceux au profit desquels la loi fait la réserve et à leurs héritiers. Telle est aussi l'intention de la section.

Mais les expressions qui suivent, *ou ayant-cause*, laissent à deviner si sous ces mots on a voulu y comprendre les créanciers de ceux à qui la réserve est assurée ; ce qui cependant est juste. Plusieurs personnes sous ces expressions entendent seulement des cessionnaires et non des créanciers. Il est donc à propos d'employer la rédaction proposée, qui lève toute équivoque.

Dans la seconde partie de l'article on a dit que la réduction ne pourrait être demandée par les donataires ou légataires, ni par les créanciers du défunt, et la section est encore de cet avis.

Mais il est ajouté, *sauf à ces créanciers à exercer leurs droits sur les biens recouvrés par l'effet de cette réduction.*

Il résulte de là évidemment que l'enfant à qui la loi accorde la réduction ne pourrait l'exercer qu'en payant les dettes du défunt postérieures à la donation.

Or c'est ce que la section ne croit pas qu'on doive adopter.

L'action en réduction est un droit purement personnel. Il est réclamé par l'individu comme enfant, abstraction faite de la qualité d'héritier, qu'il peut prendre ou non. S'il en était autrement, il arriverait souvent que l'action en réduction serait illusoire. D'ailleurs, dans ce cas, il est indifférent pour les créanciers du défunt, postérieurs à la donation, que l'enfant exerce son droit de réduction, ou non, puisque, s'il ne l'exerce pas, les créanciers n'en retirent aucun avantage. La réduction ne doit donc pas exister pour eux, mais uniquement pour l'enfant.

Toutes ces idées sont rendues par la rédaction proposée.

924   Art. 34. La section propose d'ajouter à la fin de cet article les termes suivans, *s'ils sont de même nature.*

Cette addition est nécessaire pour établir une concordance entre cet article et les articles 127 et 142 du titre *des Successions*, qui veulent le rapport en nature, afin qu'un des héritiers n'ait pas tous les immeubles, tandis que les autres seraient réduits à des meubles ou à une somme d'argent pour leur portion.

Art. 36. La section propose d'ajouter à la fin de cet ar- 926
ticle ce qui suit :

*Sans aucune distinction entre les legs universels et les legs
particuliers.*

Cette addition est nécessaire pour marquer l'intention de
la section, qui paraît être aussi celle du Conseil d'État, qu'il
n'y ait relativement à la réduction au marc le franc, dans le
cas prévu, aucune distinction entre les legs universels et les
legs particuliers, et pour éviter l'équivoque qui naîtrait si
on invoquait l'ancienne jurisprudence, qui voulait que, dans
ce cas, les legs particuliers fussent épuisés avant les legs
universels.

Art. 37. La section est d'avis que cet article doit com- 927
mencer par *néanmoins*, pour mieux marquer que sa disposition n'est qu'une exception à la règle générale établie par la
précédente.

Art. 38. Dire *si la demande en réduction*, au lieu de *si la* 918
demande de réduction; ce qui ne peut être qu'une faute typographique.

Art. 39. La section est d'avis de dire, *les immeubles re-* 929
couvrés par l'effet de la réduction, au lieu de, *les immeubles*
qui rentreront dans la succession, etc.

D'après tout ce qui a été dit sur l'article 31, il faut éviter
l'emploi de toute expression qui ferait présumer que le retranchement qu'il accorde doit être pris comme héritier, et
à la charge de payer en proportion les dettes du défunt.

D'ailleurs la même expression *recouvrés* se trouvait dans
l'article 31 du projet de loi ; et dans le changement proposé
elle est toujours la plus propre.

Art. 40. La section propose de dire, à la cinquième ligne 930
de l'article, *par les donataires*, au lieu de *par le donataire*,
et à la sixième ligne, *contre les donataires eux-mêmes*, au lieu
de *contre le donataire lui-même*.

Le cas prévu par l'article suppose nécessairement un concours de donataires. Alors seulement il peut y avoir l'ordre que l'article a voulu établir.

932   Art. 42. La section propose de substituer à cet article la rédaction suivante :

« La donation entre-vifs n'engagera le donateur et « n'aura d'effet qu'autant qu'elle aura été acceptée en « termes exprès.

« L'acceptation pourra être faite du vivant du donateur « par un acte postérieur et authentique dont il restera mi- « nute. Mais alors la donation n'aura d'effet que du jour de « la notification faite au donateur de l'acte qui constatera « cette acceptation. »

En premier lieu l'article du projet, en disant, « la dona- « tion entre-vifs n'engagera le donateur, et *ne produira pen-* « *dant sa vie* aucun effet que du jour qu'elle aura été ac- « ceptée en termes exprès, » laisse supposer qu'après la mort du donateur la donation aura son effet, quoique non acceptée. Or c'est ce qui ne peut être. La donation acceptée du vivant du donateur devient valable par cette accepta- tion, mais elle est absolument sans effet si elle n'est pas suivie d'une acceptation faite de son vivant.

En second lieu, il a paru être dans l'ordre que l'accepta- tion ne fût pas suffisante, qu'il fallait encore que le dona- teur la connût par une notification qui lui en serait faite.

Tant qu'il n'y a pas d'acceptation, le donateur n'est point lié ; il peut transmettre à des tiers la propriété de la chose donnée. Cette liberté ne cesse que par l'acceptation de la donation.

Mais cette acceptation peut se faire à cent ou deux cents lieues de son domicile ; il peut l'ignorer ; et est-il juste que par défaut de connaissance de cette acceptation il soit in- certain sur sa propriété, et qu'il coure le risque de tromper des tiers avec lesquels il pourrait contracter ?

Il est vrai que l'article 49 prescrit la transcription de la donation au bureau du conservateur des hypothèques, et la section proposera sur cet article la réunion à la donation de l'acte d'acceptation quand elle sera postérieure.

Mais outre que le donateur ne paraît pas devoir être astreint à consulter continuellement les registres du conservateur des hypothèques de l'arrondissement de la situation des biens, c'est que cette formalité n'est point établie contre lui; elle l'est seulement relativement aux tiers qui pourraient contracter dans la suite avec le donateur. Cette transcription est substituée à la formalité de l'insinuation. Aussi l'article 51 porte-t-il que le défaut de transcription ne pourra être opposé que par les tiers et non par le donateur.

Art. 43. Ajouter à la fin de l'article, *ou de l'acceptation.* 933

Art. 44. La section propose de dire à la fin *sans autorisa-* 934 *tion de la justice,* et d'ajouter immédiatement, *conformément à ce qui est prescrit aux articles* 212 (217) *et* 213 (219) *du titre* du Mariage.

En proposant déjà une pareille addition on en a donné les motifs.

Art. 45. Il faut rappeler non seulement le titre *de la Mi-* 935 *norité,* mais encore celui *de l'Interdiction,* dès qu'il s'agit dans l'article d'une donation faite à un interdit ou à un mineur.

Art. 49. La section propose de dire, *la transcription des* 939 *actes concernant la donation et l'acceptation,* au lieu de *la transcription des actes contenant la donation.*

La donation n'a son effet que par l'acceptation lorsqu'elle est postérieure. Elle est donc imparfaite sans l'acceptation, et il serait inconvenant de faire la transcription d'un acte imparfait, qui ne donnerait au public aucun renseignement fixe sur l'état de la fortune du donateur.

Art. 50. La section propose de dire, *la transcription sera* 940 *faite à la diligence des tuteurs, curateurs ou administra- teurs,* etc., au lieu de *la transcription sera* à la charge *des tuteurs,* etc.

Ces dernières expressions ne marquent pas assez la responsabilité imposée aux tuteurs ou autres administrateurs. Elles peuvent encore faire supposer que les frais de la transcription seraient à leur charge ; ce qui n'est certainement pas dans l'intention des auteurs du projet.

Art. 51. Dire à la fin *ou les ayans-cause de celles-ci*, afin que ces expressions puissent se rapporter au donateur.

Art. 53. Cet article doit être supprimé, d'après les motifs expliqués sur l'article 42.

D'ailleurs il faut tenir au principe qu'une donation entre-vifs qui ne peut valoir comme telle ne peut valoir comme testament.

De plus il y aurait un grave inconvénient à soumettre à l'arbitraire des tribunaux la question de savoir s'il aurait, ou non, apparu une volonté contraire de la part du donateur.

Art. 54. La section propose aussi de supprimer l'article 54.

Toute donation qui n'a pas été acceptée du vivant du donateur n'est point une donation, et on vient de dire qu'elle ne peut devenir un testament.

Mais, étant acceptée, elle doit avoir son effet, quel que soit le temps que le donateur survive à la donation.

Si la jurisprudence ancienne était contraire dans certains pays, c'est parce que la quotité disponible par testament était bien inférieure à celle qui l'était par donation. Et si le donateur eût fait une donation étant malade, l'ordre successif établi par la loi eût été troublé ; la donation n'eût été qu'un testament déguisé en vertu duquel le testateur aurait excédé le pouvoir que la loi lui déférait.

SECTION II. — *De l'irrévocabilité des donations entre-vifs.*

La section propose de supprimer cette division, ainsi que son intitulé, et de continuer la section Ire par tout ce qui est contenu dans cette section II.

Le motif de cette suppression est que les articles qui composent cette section ne sont point relatifs à son intitulé, qui est *de l'Irrévocabilité des donations entre-vifs;* et ils peuvent convenir à l'intitulé de la Ire section.

Art. 57. Pour donner à l'article une forme plus précise de disposition législative, la section propose de dire, *elle sera pareillement nulle*, et de substituer ensuite ces mots, *que celles qui existaient à l'époque de la donation*, à ceux qu'on lit dans l'article, *que celles existantes à l'époque de la donation.*

Art. 60. La section propose de substituer à cet article la rédaction suivante :

« Tout acte de donation d'effets mobiliers ne sera valable
« que pour ceux dont il aura été annexé à la minute de la
« donation un état estimatif signé du donateur et du dona-
« taire ou de ceux qui acceptent pour lui. »

La raison du changement proposé est qu'il pourrait résulter de la manière dont est conçu l'article du projet de loi, que, si on omettait l'estimation pour un seul des effets donnés, la donation serait nulle pour le tout. Il est juste de restreindre la nullité aux seuls effets pour lesquels il y aura eu omission d'estimation.

Art. 63. La section propose de substituer à cet article la rédaction qui suit :

« Le donateur pourra stipuler le droit de retour des objets
« donnés, soit dans le cas du prédécès du donataire seul,
« soit pour le cas du prédécès du donataire et de ses des-
« cendans.

« Ce droit ne pourra être stipulé qu'au profit du donateur
« seul. »

N'y ayant pas de retour légal, tout retour devant être conventionnel, il est à propos d'indiquer bien précisément que ce retour n'aura lieu que dans les cas pour lesquels il aura été stipulé, et que le défaut de stipulation pour un cas ne pourra être suppléé par la stipulation qui aura été faite pour un autre.

Nota. D'après ce qui a été dit sur l'intitulé de la section II, la section III doit devenir la section II, en laissant subsister son intitulé.

956-957   **Art. 68 et 69.** La section propose de rédiger ainsi l'article 68 :

« La révocation pour cause d'inexécution des conditions « ou d'ingratitude n'aura jamais lieu de plein droit. »

Et de rédiger ensuite l'article 69 ainsi qu'il suit :

« La demande en révocation pour cause d'ingratitude « devra être formée dans l'année, à compter, etc., » jusques et compris tout ce qui forme le restant de l'article 68 et tout ce qui forme l'article 69.

Il y a trois causes de révocation énoncées dans l'article 65. Dans deux cas, qui sont ceux de l'inexécution des conditions et de l'ingratitude, la révocation n'a point lieu de plein droit. Cette révocation n'a lieu sans la demande que dans le troisième cas, qui est celui de la survenance d'enfans.

On s'était donc expliqué d'une manière trop vague dans le commencement de l'article 68, en disant, *la révocation n'aura jamais lieu de plein droit.* Il était à propos de restreindre cette disposition aux deux cas qui seuls en sont susceptibles.

Ensuite les autres dispositions contenues soit dans l'article 68, soit dans l'article 69, qui formeront l'article 69, devaient être restreintes au seul cas de la révocation pour cause d'ingratitude. Tout cela résultera de la rédaction proposée.

958   **Art. 70.** La section propose d'ajouter à la fin du paragraphe premier, *qui n'aura cependant effet que du jour où elle aura été relatée en marge de la transcription prescrite par l'article 49.*

Le motif de cette addition est qu'il peut s'écouler un long temps entre la demande en révocation et le jugement ; que pendant ce temps, des tiers qui ignoreraient la demande pourraient contracter avec le donataire, et devenir victimes de leur bonne foi. Il est donc à propos que la demande en révocation soit connue du public.

Art. 72. La section propose de dire : « par autres que 960
« par les ascendans aux conjoints, ou par les conjoints l'un
« à l'autre, demeureront révoquées de plein droit par la
« survenance d'un enfant légitime du donateur, même d'un
« posthume, ou par la légitimation d'un enfant naturel par
« mariage subséquent, *s'il est né depuis la donation.* »

L'un de ces changemens a pour objet d'exprimer bien
clairement que la révocation des donations pour survenance
d'enfans ne concerne point les donations faites aux conjoints
en faveur d'enfans à naître, par les ascendans de ces enfans,
ainsi que par les conjoints mutuellement.

Par l'autre changement, la section a entendu exprimer
l'opinion qu'elle a que la légitimation d'un enfant naturel
par mariage subséquent ne doit opérer la révocation de la
donation qu'autant que cet enfant est né depuis la donation.

La naissance de l'enfant légitime ne donnant lieu à la révocation qu'autant qu'il naît après la donation, il est impossible de donner plus de faveur à l'enfant naturel qui dans la
suite est légitimé.

Art. 79. Supprimer les mots *universel ou particulier*, par les 967
raisons qui seront déduites sur la section IV.

Art. 80. La section propose la suppression du mot *con—* 968
jointement; et la substitution du mot *disposition* à celui de
donation.

Le mot *conjointement* est inutile.

Le mot *disposition* convient mieux que celui *donation*, puisque dans l'article même il n'est question que du *testament;*
que d'ailleurs le mot *disposition*, qui est générique, peut se
rapporter à toutes les formes sous lesquelles la libéralité est
faite.

Art. 86. La section propose la rédaction suivante : 974
« Le testament sera signé par les notaires et par les té-
« moins, et néanmoins dans les communes au-dessous de
« mille âmes, il suffira qu'un des deux témoins sache et
« puisse signer, si le testament est reçu par deux notaires,

« et que deux des quatre témoins sachent et puissent signer,
« s'il est reçu par un notaire. Dans tous les cas, il sera fait
« mention de la cause pour laquelle les témoins n'auront pu
« signer. »

Il ne suffit pas de dire qu'il faut que les témoins sachent
et puissent signer, la loi doit dire qu'ils signeront.

Il a paru ensuite infiniment sage de ne point laisser d'arbitraire sur la détermination des lieux où un moindre
nombre de témoins signataires suffirait, et de prendre une
base à ce sujet fixée sur la population.

Enfin, si tous les témoins savaient signer, ils devraient toujours signer, même quand leurs signatures ne seraient pas stric-
tement nécessaires ; et s'il y a un empêchement, il doit être
énoncé. Telle a toujours été la règle qui est fondée en raison.

976   Art. 88. Substituer *ou* à *ensemble*. Ce changement lève
l'équivoque que présente le mot *ensemble*, en ce qu'il peut
faire présumer que le papier qui contient le testament, et
celui qui servirait d'enveloppe devraient simultanément être
clos et scellés, tandis qu'il n'est pas nécessaire de clore et
sceller le testament qui est dans l'enveloppe close et scellée.

La section pense de plus qu'il est à propos de supprimer
avec les précautions en tel cas requises et accoutumées. Ces expressions ne signifient rien de positif : ce qui précède suffit
pour la sûreté du testament.

La section propose encore de dire *par les autres témoins.*
Le notaire, comme fonctionnaire public et ministre de l'acte,
doit être distingué des témoins.

980   Art. 92. En adoptant l'article, la section propose pour plus
de régularité de dire *jouissant des droits civils,* au lieu de
jouissant de l'exercice des droits civils.

998   Art. 95. La section propose de supprimer cet article, sauf
à reporter un article intercalaire entre l'article 110 et l'article 111, qui contiendra ces dispositions avec application à
tous les articles auxquels elles s'appliquent, afin d'éviter des
répétitions.

Art. 96. La section propose de dire *qu'en faveur de ceux* 983
qui sont en expédition militaire ou en quartier, en laissant
subsister tout le reste de l'article, au lieu de dire *qu'en fa-*
veur des défenseurs de la patrie qui seront en expédition mili-
taire ou en quartier.

La rédaction proposée est la plus courte ; et de plus elle
comprend les employés aux armées comme les militaires.

Art. 97. D'après ce qu'on vient de dire sur l'article précé- 984
dent, il faut supprimer *pour les militaires.*

Art. 99. Dire *dans les lieux qui en sont infectés*, au lieu de 986
dans les lieux où elles ont cours.

Le mot *infectés* paraît plus propre , et on l'avait employé
dans l'ordonnance de 1735.

Art. 100. Dire *seront nuls*, au lieu de *demeureront nuls ;* et 987
dire *se trouve*, au lieu de *demeure.*

Art. 103. La section propose de substituer à cet article la 990
rédaction suivante :

« Il sera fait un double original des testamens mentionnés
« aux deux articles précédens. »

Il est nécessaire de restreindre la disposition aux testamens faits sur mer, dont il est question aux deux articles
précédens.

Art. 104. Il est à propos de dire *et celui-ci en fera le dé-* 991
pôt, etc., au lieu de *et celui-ci en ordonnera le dépôt*, etc.

Les articles 105 et suivans, jusques et compris l'article 110, 992 à 997
sont adoptés ; mais en conséquence de ce qui a été dit sur 998
l'article 95, qui demeure supprimé, la section propose la rédaction d'un nouvel article conçu ainsi qu'il suit, lequel
devra être placé entre l'article 110 et l'article 111.

« Tous les testamens dont il est question en la **présente**
« section seront signés du testateur, s'il sait ou peut signer ;
« sinon il sera fait mention des causes qui l'en auront empê-
« ché. Tous ceux qui recevront le testament le signeront, et
« les témoins , dans le cas où leur présence est requise,
« signeront ; sinon il sera fait mention qu'ils n'ont su ni pu

« signer; et, dans ce dernier cas, la cause en sera déclarée. »

Art. 111. Effacer ces mots, *au profit de Français ou d'étrangers*, comme inutiles.

Art. 112 et 113. La section propose de faire l'article 112 des dispositions qui sont l'objet de l'article 113 du projet de loi.

Et elle propose ensuite de substituer à l'article 112 du projet, qui deviendra l'article 113, la rédaction suivante :

« Les testamens mentionnés en la présente section ne
« pourront être exécutés sur les biens situés en France qu'a-
« près avoir été enregistrés au bureau du domicile du tes-
« tateur, s'il en a un, sinon au bureau de son dernier domi-
« cile connu en France ; et dans le cas où le testament
« contiendrait des dispositions d'immeubles, il devra être
« en outre enregistré au bureau de la situation de ces im-
« meubles, sans qu'il puisse être exigé un double droit.

« Le délai pour faire enregistrer ces testamens ne courra
« qu'à compter du jour où le dépôt en aura été fait. »

La transposition des deux articles a paru nécessaire pour en faire résulter que le défaut d'enregistrement n'est pas un vice qui emporte la nullité du testament, mais une omission qui suspend seulement son exécution jusqu'à l'enregistrement.

Quant à l'article 113, dont la rédaction est proposée, il a paru devoir être appliqué à tous les testamens énoncés dans la section.

Il a paru aussi que l'objet de cet article devait être d'empêcher qu'il ne fût payé double droit, soit à raison du double enregistrement, soit à saison des retards qui auraient été apportés à l'enregistrement.

sect. 3.   *Réflexions préliminaires sur la section III.*

Il est très-important, surtout sur cette matière, de donner aux choses des dénominations propres, afin de bien fixer les idées sur leurs significations et sur leurs effets.

Ainsi, après avoir expliqué les règles sur la forme des testamens, il faut expliquer les différentes espèces de dispositions testamentaires et les effets de chacune.

Trois espèces de dispositions :

1°. Les dispositions universelles qui embrassent tout le patrimoine, sauf tout au plus quelques legs de choses particulières et déterminées, ou la réserve non disponible quand il y en a une.

2°. Les dispositions seulement à titre universel, qui ont pour objet une partie du patrimoine, par forme de quote, comme moitié, un tiers, etc.

3°. Enfin les legs de choses particulières et déterminées.

On pourrait les désigner toutes sous le titre de legs avec l'addition des caractères qu'on vient de rappeler, respectivement à leur étendue.

Cependant il est à propos de laisser subsister la dénomination d'*institution d'héritier*, qui est en si grand usage. Ainsi on pourrait dire indifféremment, pour rendre la première idée, *héritier universel*, ou *légataire universel*; pour rendre la seconde, *héritier à titre universel*, ou *légataire à titre universel*; et enfin, pour rendre la troisième, *héritier particulier*, ou *légataire particulier*.

Mais en même temps, il est convenable d'annoncer bien précisément qu'il n'y aura désormais aucune différence entre la dénomination d'*héritier* et celle de *légataire ;* et que tous les effets particulièrement attachés par les lois romaines au titre d'*héritier* sont entièrement détruits.

Pour cela, la section propose de faire une section nouvelle, qui sera composée d'un seul article qui contiendra cette idée principale, et dont l'intitulé sera *des Institutions d'héritier et des Legs en général.*

Et, d'après le principe posé dans cette section, on pourra dorénavant qualifier les dispositions du simple titre de *legs*, ce qui sera plus commode.

La section troisième deviendra la section quatrième; et sera intitulée *du Legs universel*.

La section quatrième deviendra la cinquième, et demeurera intitulée *du Legs à titre universel*.

La section cinquième deviendra la sixième, et sera intitulée *du Legs particulier*.

NOUVELLE SECTION PROPOSÉE.

SECTION III. — *Des Institutions d'héritier et des Legs en général.*

1002 « Les dispositions testamentaires sont ou universelles, ou « à titre universel, ou à titre particulier.

« Chacune de ces dispositions produit son effet suivant les « règles établies ci-après, ou comme legs universel, ou « comme legs à titre universel, ou comme legs particulier, « soit qu'elle ait été faite sous la dénomination d'institution « d'héritier ou de legs. »

D'après cette disposition on pourra, en reprenant tous les articles suivans, dire seulement *légataire* soit *universel*, soit *à titre universel*, soit *particulier*, et effacer *héritier institué*.

Cet avertissement suffit, sans qu'il soit besoin d'en faire la remarque sur chaque article.

SECTION IV (*qui était la section III du projet*).

Elle sera intitulée *du Legs universel*, au lieu de *de l'Institution d'héritier et du Legs universel*.

1003 En remplacement de l'article 114 du projet, la section propose l'article nouveau qui suit :

« Le legs universel est la disposition testamentaire par la- « quelle le testateur donne à un ou plusieurs individus l'u- « niversalité des biens qu'il laissera à son décès. »

1007 1008 Art. 118 et 119. La section propose de substituer à ces deux articles les deux rédactions suivantes :

Pour l'art. 118. « Tout testament olographe sera, à l'ou-

« verture de la succession du testateur présenté au prési-
« dent du tribunal de première instance de l'arrondissement,
« et par lui ouvert s'il est cacheté. Procès-verbal sera rédigé
« de la présentation, de l'ouverture et de l'état du testament,
« dont le dépôt sera immédiatement fait entre les mains du
« notaire commis par le président.

« Si le testament est dans la forme mystique, sa présenta-
« tion, son ouverture, sa description et son dépôt seront
« faits de la même manière; mais l'ouverture ne pourra se
« faire qu'en présence de ceux des notaires et des témoins
« signataires de l'acte de suscription qui se trouveront sur
« les lieux, ou eux appelés. »

Pour l'art. 119. « Au cas de l'article 117, si le testament
« olographe ou mystique contient une institution universelle
« d'héritier ou un legs universel, l'héritier ou le légataire
« universel sera tenu de se faire envoyer en possession par
« une ordonnance du président, apposée au bas de la requête
« qui lui sera présentée à cet effet, et à laquelle sera joint
« l'acte de dépôt. »

La seule lecture des deux articles proposés instruit suffisamment des motifs de la section.

SECTION IV.

D'après les réflexions préliminaires sur la section III, la
section IV doit devenir la section V, et elle doit être intitulée *du Legs à titre universel*.

Art. 124. Ajouter à la fin de l'article le mot *naturels*.   1013

SECTION V.

Cette section doit devenir la section VI, et elle doit être
intitulée *du Legs particulier*.

Art. 126. La section propose de substituer au n° 2 de cet   1015
article :

Lorsque la disposition a été faite à titre d'alimens.

En disant comme dans l'article,

Lorsqu'une rente viagère ou une pension aura été léguée à

titre d'alimens. C'est restreindre la faveur à une disposition faite sous ce mode de rente viagère ou de pension. Mais toute autre disposition sous un autre mode ou de tout autre objet, peut avoir été faite *pour alimens.*

1016   Art. 127. Dire *à la charge de la sucession*, au lieu de *à la charge de l'héritier.*

1020   Art. 131. Dire, pour plus de régularité :

« Si, avant le testament, ou depuis, la chose léguée a été « hypothéquée pour une dette du défunt, ou même pour la « dette d'un tiers, etc. »

1022   Art. 133. La section propose de substituer à cet article la rédaction suivante :

« Lorsque le legs sera d'une chose indéterminée, l'héri- « tier ne sera pas obligé de la donner de la meilleure qualité, « et il ne pourra l'offrir de la plus mauvaise. »

Cette disposition est précise, et elle dispense de recourir à des exemples.

1025   Art. 136. On propose la rédaction suivante comme aussi claire et plus courte.

« Le testateur pourra nommer un ou plusieurs exécuteurs « testamentaires. »

Il paraît inutile de dire *pour assurer l'exécution de ses dispositions;* le motif est dans la nomination même de l'exé- cuteur testamentaire.

1026   Art. 137. La section propose de substituer à cet article la rédaction suivante :

« Il pourra leur donner la saisine du tout ou seulement « d'une partie de son mobilier; mais elle ne pourra durer « au—delà de l'an et jour à compter de son décès.

« S'il ne la leur a pas donnée, ils ne pourront l'exiger. »

Il faut exprimer que la saisine, dans aucun cas, ne peut durer au—delà de l'an et jour.

1027   Art. 138. Ajouter à la fin de cet article *ou en justifiant de ce paiement.* Dans ce cas il y a parité de raison pour faire cesser la saisine.

Art. 140. Dire *autorisée par justice*, au lieu de *autorisée* 1029
par le juge; et de plus rappeler les dispositions des art. 211
(217) et 213 (219) du titre *du Mariage*, ainsi qu'on l'a remarqué sur l'article 13 (905), avec d'autant plus de raison que,
par cette manière de s'exprimer, on comprendra toutes les
formalités quelconques prescrites par ces articles auxquels
on aura renvoyé.

Art. 141. La section propose de substituer à cet article la 1030
rédaction suivante :

« Les mineurs ne pourront être exécuteurs testamen-
« taires, même avec l'autorisation de leur tuteur *ou cura-*
« *teur.* »

Cette rédaction comprend tous les mineurs, émancipés ou
non; ce que ne fait pas l'article du projet; et tous doivent
être compris dans la prohibition.

Art. 143. Dire, pour plus de régularité et de briéveté, *les* 1032
pouvoirs de l'exécuteur testamentaire ne passent point à ses hé-
ritiers.

Art. 146. La section propose de subssituer à cet article la 1035
rédaction suivante :

« Les testamens ne pourront être révoqués que par un tes-
« tament postérieur, ou par un acte devant notaire , portant
« déclaration du changement de volonté. »

Le testament, même olographe postérieur, doit suffire
pour révoquer un premier testament; ce qui ne résulterait
pas de la manière dont l'article du projet est conçu.

Ensuite, les mots *acte authentique* employés dans l'article
renferment une équivoque, en ce qu'on pourrait en induire
que l'acte portant déclaration du changement de volonté
pourrait être fait devant tout officier public quelconque. Il
est sage d'y substituer *acte devant notaire.*

Art. 150. La section propose de substituer à cet article la 1039
rédaction suivante :

« Toute disposition testamentaire sera caduque si celui à
« qui elle est faite n'a pas survécu au testateur. »

En laissant subsister l'article du projet, on pourrait en induire que la mort de l'héritier universel ou du légataire universel donnerait lieu à la caducité de toutes les dispositions du testament. Il est sage de restreindre la caducité aux seules dispositions pour lesquelles il n'y aura pas eu de survie de la part de ceux auxquels elles auront été faites.

1046 Art. 157. La section propose de dire : « Les mêmes causes « qui, suivant les deux premières dispositions de l'article 67 « du présent titre, autoriseront, etc., » en laissant subsister le surplus de l'article, au lieu de dire, comme dans l'article du projet : « Les mêmes causes qui, suivant l'article 66 et les « deux premières dispositions de l'article 67, etc. »

Il ne peut être question dans l'article 157, relativement aux testamens, que des mêmes causes d'ingratitude qui peuvent faire révoquer la donation. Or, ces causes sont dans les deux premières dispositions de l'article 67; il suffit donc de s'y référer.

Si on renvoyait encore à l'article 66, qui parle seulement de la révocation de la donation pour *inexécution des conditions*, il en résulterait qu'on pourrait aussi attaquer un testament pour la même cause; droit qui ne pourrait être exercé que par les héritiers, et non par le testateur. Or la section pense que ce droit ne doit pas exister en faveur de ces héritiers, sauf l'action ordinaire selon les cas.

1048 Art. 159. La section est d'avis de dire : « les biens dont les « pères et mères, *et autres ascendans*, etc..., et à un ou plu- « sieurs de leurs enfans *ou descendans successibles*, etc. »

Ces additions opèrent un changement considérable dans les dispositions de l'article. Les ascendans doivent avoir à l'égard de leurs petits-enfans le même droit que les pères et mères à l'égard de leurs enfans. Bien entendu que c'est seulement lorsque les petits-enfans n'ont point leur père ou leur mère, et qu'il ne reste que les ascendans. Aussi cela est-il marqué par le mot *successibles*.

Art. 164. La section propose d'ajouter un second para- 1653
graphe à cet article. Il est ainsi conçu :

« L'abandon anticipé de la jouissance au profit des appe-
« lés ne pourra préjudicier aux créanciers du grevé antérieurs
« à l'abandon. »

Cette disposition paraît juste, et elle ne résulterait pas
assez clairement de l'article du projet.

Art. 167. Dire, *à défaut de tuteur, il en sera nommé un à* 1656
la diligence du grevé, etc., le reste de l'article devant subsister.

Cette rédaction réunit à l'avantage de la brièveté celui de
comprendre le cas où le tuteur qui aurait été nommé par le
testateur serait incapable.

Art. 168. La section propose la rédaction qui suit comme 1657
étant plus précise.

« Le grevé qui n'aura pas satisfait à l'article précédent
« sera déchu du bénéfice de la disposition, et dans ce cas le
« droit pourra être déclaré ouvert au profit des appelés, à la
« diligence de ceux-ci, s'ils sont majeurs, et s'ils sont mi-
« neurs, à la diligence de leur tuteur ou de l'un de leurs pa-
« rens, ou même d'office, etc., » le reste de l'article devant
subsister.

Art. 170. Rayer *s'ils sont majeurs*, et art. 171 les mêmes 1659-
mots, qui sont à la fin. 1660

La présence des appelés devient inutile lorsqu'il y a un
tuteur à la substitution. D'ailleurs la présence des mineurs
appelés à la substitution n'étant pas prescrite, il n'y a pas
de raison pour ordonner celle des appelés majeurs.

Art. 173. Dire, *à l'exception de ceux dont il est fait mention* 1662
dans les deux articles suivans.

Ces mots, *néanmoins de ceux qu'il aurait été chargé par*
l'auteur de la disposition de conserver en nature et, doivent
être effacés comme inutiles, d'après le contenu en l'article 174.

Art. 187. Exprimer le troisième paragraphe de cet article 1676
en ces termes :

Les démissions révocables sont prohibées.

La disposition législative du Code doit être indépendante d'un ancien usage sur cette matière ; il est donc inutile de le rappeler.

1078   Art. 189. Dire , *si le partage n'est pas fait entre tous les enfans*, etc. Le mot *fait* a été oublié.

1079   Art. 190. La section propose la rédaction suivante comme étant plus précise.

« Le partage fait par l'ascendant pourra être attaqué pour « cause de lésion de plus du quart ; il pourra l'être aussi dans « le cas où il résulterait soit du partage seul , soit du partage « et des dispositions , etc. »

1080   Art. 191. Supprimer *sous prétexte de lésion de plus du quart*.

Ces mots sont inutiles. D'ailleurs il résultera de leur suppression que l'article 191 se rapportera plus précisément aux deux cas énoncés dans l'article 190.

1083   Art. 194. Dire (ligne dernière) *à titre de récompense ou autrement*, au lieu de *soit à titre de récompense ou autrement*.

1089   Art. 200. Dire *si le donateur survit à l'époux donataire et à sa postérité*, au lieu de « si le donataire survit à l'époux do« nataire *décédé sans postérité.* »

Il ne suffit pas de prévoir le cas où l'époux donataire décéderait sans postérité avant le donateur ; la donation serait encore caduque si le donataire laissait des enfans, et si ceux-ci mouraient avant le donateur.

1094   Art. 205. La section propose de substituer à cet article la rédaction suivante :

« L'époux pourra, soit par contrat de mariage, soit pendant « le mariage , pour le cas où il ne laisserait pas d'enfans ni « descendans, donner à l'autre époux en propriété , *par dis-« positions entre-vifs et testamentaires*, tout ce qu'il pourrait « donner à un étranger , et en outre l'usufruit de la totalité « de la portion dont la loi prohibe la disposition au préjudice « *des ascendans.*

« Et pour le cas où l'époux donateur laisserait des enfans
« ou descendans, il pourra donner à l'autre époux tout ce
« dont il *pourrait disposer en propriété*, ou la moitié de tous
« ses biens, en usufruit seulement. »

D'abord, pour les dispositions faites pendant le mariage,
il était à propos de dire qu'elles pourraient être entre-vifs et
testamentaires; ce qui était omis dans l'article du projet.

Ensuite, à la fin du premier paragraphe, il était convenable de dire « au préjudice des ascendans, » au lieu de « au
« préjudice des héritiers, » parce que dans le cas dont il est
question dans ce premier paragraphe il n'y a d'autres héritiers que les ascendans.

Enfin, dans le cas où il y aurait des enfans, la section
pense qu'il est juste qu'un époux puisse donner à l'autre tout
ce dont il pourrait disposer en propriété; c'est-à-dire autant
qu'il pourrait donner à un étranger, ou la moitié de ses
biens en usufruit.

Art. 206. Dire seulement *et l'assistance de ceux dont le con-* 1095
sentement, etc., au lieu de *et l'assistance de ceux de ses pa-*
rens dont le consentement, etc.

En disant *de ses parens* il pourrait en résulter une exclusion contre l'enfant naturel qui n'a point de parens, et qui doit
être assisté par d'autres que par des parens.

Art. 210. Supprimer comme inutiles les mots *par le dé-* 1099
guisement de l'acte (première ligne du paragraphe second).

Il est inutile de prévenir que toutes les réflexions proposées
par la section donnant lieu à la suppression de certains articles, il en résulte la nécessité de les numéroter différemment, ainsi que plusieurs sections.

Observations générales du Tribunat.

Après la discussion successive des articles du projet, il a
été remarqué qu'il ne contenait pas de disposition législative
sur plusieurs points importans. On n'entend pas parler de
cas particuliers, mais de questions tenant à des principes

3o.

fondamentaux qui devraient se trouver dans le projet de loi, et dont les conséquences influent sur plusieurs parties de la législation.

Il a paru à la section qu'il serait utile de remplir ces lacunes. Elle a arrêté de les indiquer au Conseil d'État, en regrettant de n'avoir pu, par défaut de temps, présenter à ce sujet des rédactions qui fussent assez soignées.

1°. Ne devrait-il pas être établi en principe que tout donataire universel ou à titre universel de biens présens est de droit tenu de payer les dettes existantes à l'époque de la donation ?

Cela est nécessaire, soit sous le rapport des donataires et des héritiers entre eux par rapport aux paiemens des dettes de la succession, dans le cas surtout où il survient des biens après la donation ; soit sous le rapport de l'action que tous créanciers quelconques hypothécaires ou non peuvent avoir contre les donataires.

De tout ce qui a été dit au chapitre des dettes dans le projet de loi sur les successions où il n'est question que des cohéritiers et légataires, de ce que la transcription de toute donation est indistinctement ordonnée, et que c'est surtout par rapport aux tiers, on pourrait en induire que tout donataire quelconque n'est pas tenu personnellement des dettes.

Ne pourrait-on pas insérer cette obligation dans l'article 32, en ajoutant, après le mot *donateur* (ligne 6) : « On déduit sur « les biens donnés à titre universel les dettes existantes au « temps de la donation, et sur les autres biens les dettes « créées postérieurement. »

On effacerait (lignes 6 et 7) ces mots *après en avoir déduit les dettes.*

2°. La question de savoir si une donation peut être abdiquée par le donataire, comment, et dans quelles circonstances, question qui a toujours été un sujet de division d'opinions, paraît devoir être un des objets de la loi.

3°. La loi prescrit la transcription de toutes donations

quelconques, et il est évident qu'elle doit tenir lieu d'insinuation.

Mais elle ne dit pas si la transcription doit, ou non, être faite du vivant du donateur. Car l'ordonnance de 1731 voulait que l'insinuation fût faite au moins de son vivant, à peine de nullité. N'y aurait-il pas un inconvénient à laisser une incertitude sur un point aussi important?

4°. Il n'est rien dit sur la faculté d'élire. Est-elle abolie ou non par le projet de loi? et ne faudrait-il pas une explication à ce sujet?

5°. Il n'y est fait aucune mention sur les captations et suggestions contre les testamens. L'action qu'on pourrait considérer comme étant de droit subsiste-t-elle ou non?

6°. Un testament fait par un individu sain d'esprit, mais qui est ensuite tombé en démence, qui a été interdit, et qui meurt dans cet état; ce testament, dit-on, est-il valable ou non? Cette question a divisé les jurisconsultes, et on sent aisément les raisons pour et contre.

7°. Le principe énoncé dans l'article 9, que la section a cru devoir laisser subsister, parce qu'il est vrai en soi, ne devrait-il pas être organisé, en distinguant la donation entre-vifs et le testament, qui y sont confondus?

Par suite de ces observations, une conférence s'engagea entre les sections de législation du Conseil d'État et du Tribunat.

RÉDACTION DÉFINITIVE DU CONSEIL D'ÉTAT.

(Procès-verbal de la séance du 24 germinal an XI. — 14 avril 1803.)

M. Bigot-Préameneu rend compte du résultat de la conférence tenue avec le Tribunat sur le titre *des Donations entre-vifs et des Testamens.*

Après avoir rappelé les motifs qui ont déterminé le Conseil à adopter la disposition de l'article 23, qui établit une réserve en faveur des frères et sœurs, il annonce que le Tribunat est d'une opinion différente.

Le Tribunat pense que cette disposition restreint trop l'exercice du droit de propriété; qu'en donnant plus de latitude à la faculté de disposer, loin de relâcher les liens de famille, on les resserre au contraire par les égards et les ménagemens qui en résultent entre parens. Ce système était celui du droit écrit. Dans le droit coutumier on avait adopté des principes différens et qui tendaient au même but, celui de conserver l'union entre les frères et sœurs.

Le Conseil retranche la disposition.

M. Bigot-Préameneu ajoute que le Tribunat propose également de décider que dans aucun cas les ascendans ne pourront avoir moins que la quotité qui leur est réservée.

On suppose qu'un enfant laisse pour héritiers des ascendans dans chacune des deux lignes paternelle et maternelle, et des frères ou sœurs, et que ses biens s'élèvent à 100,000 fr., sur lesquels il aurait donné 60,000 francs par actes entre-vifs ou testamentaires.

Si le défunt n'avait pas disposé de 60,000 francs, il serait revenu aux ascendans moitié des 100,000 francs; d'un autre côté, il n'a pu, à leur égard, disposer que de la moitié de ce qui leur fût revenu, et conséquemment ils devraient prendre 25,000 francs. Cependant si les 40,000 francs dont le défunt n'a point disposé étaient partagés par moitié entre les ascendans d'une part et les frères ou sœurs de l'autre, les ascendans n'auraient que 20,000 francs. Le Tribunat observe que dans ce cas les ascendans doivent prendre sur les biens non donnés 25,000 francs, et que les frères ou sœurs n'ont droit qu'aux 15,000 francs restans. Cette observation est juste et présente une explication utile pour l'exécution de la règle établie en faveur des ascendans.

La disposition est adoptée dans les termes suivans :

« Les libéralités par actes entre-vifs ou par testament ne
« pourront excéder la moitié des biens, si, à défaut d'enfant,
« le défunt laisse un ou plusieurs ascendans dans chacune
« des lignes paternelle et maternelle; et les trois quarts, s'il
« ne laisse d'ascendans que dans une ligne.

« Les biens ainsi réservés au profit des ascendans seront
« par eux recueillis dans l'ordre où la loi les appelle à suc-
« céder : ils auront seuls droit à cette réserve, dans tous les
« cas où un partage en concurrence avec des collatéraux ne
« leur donnerait pas la quotité de biens à laquelle elle est
« fixée. »

M. *Bigot-Préameneu* continue et dit que le Tribunat de- 921
mande le retranchement de la disposition de l'article 31, qui
autorise les créanciers du défunt à exercer leurs droits sur
les biens recouvrés par l'effet de la réduction de la donation.

Les motifs du Tribunat sont que l'enfant à qui la loi accorde la réduction ne pourrait la faire qu'en payant les dettes
du défunt postérieures à la donation; que l'action en réduction est un droit purement personnel; que ce droit est réclamé par l'individu comme enfant, abstraction faite de la
qualité d'héritier qu'il peut prendre ou non ; que, s'il en était
autrement, il arriverait souvent que l'action en réduction
serait illusoire.

D'ailleurs il est indifférent pour les créanciers du défunt
postérieurs à la donation que l'enfant exerce son droit de
réduction ou non, puisque, s'il ne l'exerce pas, les créanciers n'en ont pas moins leur recours sur les biens donnés.
La réduction ne doit donc pas exister pour eux, mais uniquement pour l'enfant.

M. Tronchet dit qu'absent de la séance où la disposition
que le Tribunat attaque a été adoptée, il s'est trouvé dans
l'impossibilité de la combattre. Il croit l'opinion du Tribunat
conforme aux principes.

L'article suppose que l'enfant ne retirera sa légitime qu'au profit des créanciers postérieurs à la donation : or, il a été reconnu en principe que, toutes les fois qu'il s'agit d'exécuter une disposition prohibitive, il faut considérer pour quelle fin elle existe : si c'est par des motifs d'intérêt public, la prohibition est absolue ; mais si elle n'est relative qu'à un intérêt particulier, ce serait s'écarter du but de la loi que d'en donner le bénéfice à une autre personne qu'à celle en faveur de qui la loi l'a établie. On a rendu deux fois hommage à ce principe, 1° dans le titre *du Mariage*, où, en distinguant entre les formalités celles qui sont introduites par des raisons d'ordre public, de celles qui ont pour objet l'intérêt des pères ou d'autres individus, on n'a permis qu'à ces personnes de faire valoir l'omission des dernières ; 2° dans le titre *des Successions*, où on a décidé que le rapport profitait aux héritiers seulement et non aux créanciers. Ce serait donc se contredire que d'obliger le légitimaire à donner aux créanciers la portion de biens que la réduction lui rend : la réduction alors serait établie au profit de ces créanciers. Il n'y aurait plus de légitime assurée, si elle pouvait être enlevée par un créancier postérieur sur la chose aliénée avant que sa créance existât. Il doit s'imputer de n'avoir pas connu la condition de son débiteur, et il avait les moyens de s'en instruire, puisque la donation était publique. Ainsi la peine de son imprudence tomberait sur le légitimaire, auquel cependant la loi n'a accordé une réserve que pour le mettre à l'abri des dissipations de son père, ou plutôt le créancier deviendrait légitimaire.

La proposition du Tribunat est adoptée.

ap. 942   M. BIGOT-PRÉAMENEU dit que les articles 53 et 54 ont été admis, parce qu'au moment où ils ont été discutés, on proposait pour ces testamens des formes semblables à celles des donations entre-vifs ; mais que depuis, les formes des testamens ayant été différemment réglées, et se trouvant plus

compliquées que celles des donations, il paraît convenable
de retrancher ces deux articles.

Les deux articles sont supprimés.

M. *Bigot-Préameneu* présente ensuite la rédaction définitive du titre.

Elle est adoptée ainsi qu'il suit :

DISPOSITIONS GÉNÉRALES.

Art. 1er. « On ne pourra disposer de ses biens à titre gra- 893
« tuit que par donation entre-vifs, ou par testament, dans
« les formes ci-après établies. »

Art. 2. « La donation entre-vifs est un acte par lequel 894
« le donateur se dépouille actuellement et irrévocablement
« de la chose donnée en faveur du donataire qui l'accepte. »

Art. 3. « Le testament est un acte par lequel le testateur 895
« dispose, pour le temps où il n'existera plus, de tout ou
« partie de ses biens, et qu'il peut révoquer. »

Art. 4. « Les substitutions sont prohibées. 896
« Toute disposition par laquelle le donataire, l'héritier ins-
« titué ou légataire, sera chargé de conserver et de rendre
« à un tiers sera nulle, même à l'égard du donataire, de
« l'héritier institué ou du légataire. »

Art. 5. « Sont exceptées de l'article précédent les disposi- 897
« tions permises aux pères et mères et aux frères et sœurs,
« au chapitre V du présent titre. »

Art. 6. « La disposition par laquelle un tiers serait appelé 898
« à recueillir le don, l'hérédité ou le legs, dans le cas où
« le donataire, l'héritier institué ou le légataire ne le recueil-
« lerait pas, ne sera pas regardée comme une substitution,
« et sera valable. »

Art. 7. « Il en sera de même de la disposition entre-vifs ou 899
« testamentaire par laquelle l'usufruit sera donné à l'un, et
« la nue propriété à l'autre. »

Art. 8. « Dans toute disposition entre-vifs ou testamen- 900

« taire, les conditions impossibles, celles qui seront con-
« traires aux lois ou aux mœurs, seront réputées non écrites. »

CHAPITRE Ier.

*De la Capacité de disposer ou de recevoir par donation
entre-vifs ou par testament.*

901   Art. 9. « Pour faire une donation entre-vifs ou un testa-
« ment, il faut être sain d'esprit. »

902   Art. 10. « Toutes personnes peuvent disposer et recevoir,
« soit par donation entre-vifs, soit par testament, excepté
« celles que la loi en déclare incapables. »

903   Art. 11. « Le mineur âgé de moins de seize ans ne pourra
« aucunement disposer, sauf ce qui est réglé au chapitre VIII,
« *des Donations entre époux.* »

904   Art. 12. « Le mineur parvenu à l'âge de seize ans ne pourra
« disposer que par testament, et jusqu'à concurrence seule-
« ment de la moitié des biens dont la loi permet au majeur
« de disposer. »

905   Art. 13. « La femme mariée ne pourra donner entre-vifs
« sans l'assistance ou le consentement spécial de son mari,
« ou sans y être autorisée par la justice, conformément à ce
« qui est prescrit par les articles 67 et 69, au titre *du Ma-*
« *riage.* »

« Elle n'aura besoin ni de consentement du mari, ni d'au-
« torisation de la justice, pour disposer par testament. »

906   Art. 14. « Pour être capable de recevoir entre-vifs il suffit
« d'être conçu au moment de la donation.

« Pour être capable de recevoir par testament il suffit
« d'être conçu à l'époque du décès du testateur. Néanmoins
« la donation ou le testament n'auront leur effet qu'autant
« que l'enfant sera né viable. »

907   Art. 15. « Le mineur, quoique parvenu à l'âge de seize
« ans, ne pourra, même par testament, disposer au profit
« de son tuteur.

« Le mineur devenu majeur ne pourra disposer, soit par
« donation entre-vifs, soit par testament, au profit de celui
« qui aura été son tuteur, si le compte définitif de la tutelle
« n'a été préalablement rendu et apuré.

« Sont exceptés, dans les deux cas ci-dessus, les ascendans
« des mineurs qui sont ou qui ont été leurs tuteurs. »

Art. 16. « Les enfans naturels ne pourront, par donation
« entre-vifs ou par testament, rien recevoir au-delà de ce qui
« leur est accordé au titre *des Successions*. « 908

Art. 17. « Les docteurs en médecine ou en chirurgie, les 909
« officiers de santé et les pharmaciens qui auront traité une
« personne pendant la maladie dont elle meurt, ne pourront
« profiter des dispositions entre-vifs ou testamentaires qu'elle
« aurait faites en leur faveur pendant le cours de cette ma-
« ladie.

« Sont exceptées, 1º les dispositions rémunératoires faites
« à titre particulier, eu égard aux facultés du disposant et
« aux services rendus;

« 2º. Les dispositions universelles dans le cas de parenté
« jusqu'au quatrième degré inclusivement, pourvu toutefois
« que le décédé n'ait pas d'héritiers en ligne directe; à moins
« que celui au profit de qui la disposition a été faite ne soit
« lui-même du nombre de ces héritiers.

« Les mêmes règles seront observées à l'égard du ministre
« du culte. »

Art. 18. « Les dispositions entre-vifs ou par testament, au 910
« profit des hospices, des pauvres d'une commune, ou d'é-
« tablissemens d'utilité publique, n'auront leur effet qu'au-
« tant qu'elles seront autorisées par un arrêté du gouverne-
« ment. »

Art. 19. « Toute disposition au profit d'un incapable sera 911
« nulle, soit qu'on la déguise sous la forme d'un contrat
« onéreux, soit qu'on la fasse sous le nom de personnes in-
« terposées.

« Seront réputées personnes interposées, les pères et

« mères, les enfans et descendans, et l'époux de la personne
« incapable. »

912   Art. 20. « On ne pourra disposer au profit d'un étranger
« que dans le cas où cet étranger pourrait disposer au profit
« d'un Français. »

CHAPITRE II.

De la Portion de biens disponible et de la Réduction.

SECTION Iʳᵉ. — *De la Portion de biens disponible.*

913   Art. 21. « Les libéralités, soit par actes entre-vifs, soit par
« testament, ne pourront excéder la moitié des biens du dis-
« posant, s'il ne laisse à son décès qu'un enfant légitime ; le
« tiers, s'il laisse deux enfans; le quart, s'il en laisse trois
« ou un plus grand nombre. »

914   Art. 22. « Sont compris dans l'article précédent, sous le
« nom d'*enfans*, les descendans en quelque degré que ce
« soit : néanmoins ils ne sont comptés que pour l'enfant
« qu'ils représentent dans la succession du disposant. »

915   Art. 23. « Les libéralités par actes entre-vifs ou par tes-
« tament ne pourront excéder la moitié des biens, si, à dé-
« faut d'enfant, le défunt laisse un ou plusieurs ascendans
« dans chacune des lignes paternelle et maternelle; et les
« trois quarts, s'il ne laisse d'ascendans que dans une ligne.
« Les biens ainsi réservés au profit des ascendans seront par
« eux recueillis dans l'ordre où la loi les appelle à succéder.
« Ils auront seuls droit à cette réserve, dans tous les cas où
« un partage en concurrence avec des collatéraux ne leur
« donnerait pas la quotité de biens à laquelle elle est fixée. »

916   Art. 24. « A défaut d'ascendans et de descendans, les li-
« béralités par actes entre-vifs ou testamentaires pourront
« épuiser la totalité des biens. »

917   Art. 25. « Si la disposition par acte entre-vifs ou par tes-
« tament est d'un usufruit ou d'une rente viagère dont la va-
« leur excède la quotité disponible, les héritiers au profit

« desquels la loi fait une réserve auront l'option ou d'exé-
« cuter cette disposition, ou de faire l'abandon de la pro-
« priété de la quotité disponible. »

Art. 26. « La valeur en pleine propriété des biens aliénés, 918
« soit à charge de rente viagère, soit à fonds perdu ou avec
« réserve d'usufruit, à l'un des successibles en ligne directe,
« sera imputée sur la portion disponible, et l'excédant,
« s'il y en a, sera rapporté à la masse. Cette imputation
« et ce rapport ne pourront être demandés par ceux des au-
« tres successibles en ligne directe qui auraient consenti à ces
« aliénations, ni, dans aucun cas, par les successibles en
« ligne collatérale. »

Art. 27. « La quotité disponible pourra être donnée en 919
« tout ou en partie, soit par acte entre-vifs, soit par testa-
« ment, aux enfans ou autres successibles du donateur, sans
« être sujette au rapport par le donataire ou légataire venant
« à la succession, pourvu que la disposition ait été faite ex-
« pressément à titre de préciput ou hors part.

« La déclaration que le don ou le legs est à titre de pré-
« ciput ou hors part pourra être faite, soit par l'acte qui
« contiendra la disposition, soit postérieurement, dans la
« forme des dispositions entre-vifs ou testamentaires. »

SECTION II. — *De la Réduction des donations et legs.*

Art. 28. « Les dispositions, soit entre-vifs, soit à cause de 920
« mort, qui excéderont la quotité disponible, seront réduc-
« tibles à cette quotité, lors de l'ouverture de la succession. »

Art. 29. « La réduction des dispositions entre-vifs ne 921
« pourra être demandée que par ceux au profit desquels la
« loi fait la réserve, par leurs héritiers ou ayans-cause : les
« donataires, les légataires ni les créanciers du défunt ne
« pourront demander cette réduction ni en profiter. »

Art. 30. « La réduction se détermine en formant une masse 922
« de tous les biens existans au décès du donateur ou testateur :
« on y réunit fictivement ceux dont il a été disposé par dona-

« tions entre-vifs d'après leur état à l'époque des donations
« et leur valeur au temps du décès du donateur. On calcule
« sur tous ces biens, après en avoir déduit les dettes, quelle
« est, eu égard à la qualité des héritiers qu'il laisse, la quo-
« tité dont il a pu disposer. »

923   Art. 31. « Il n'y aura jamais lieu à réduire les donations
« entre-vifs qu'après avoir épuisé la valeur de tous les biens
« compris dans les dispositions testamentaires ; et lorsqu'il y
« aura lieu à cette réduction, elle se fera en commençant par
« la dernière donation, et ainsi de suite en remontant des
« dernières aux plus anciennes. »

924   Art. 32. « Si la donation entre-vifs réductible a été faite
« à l'un des successibles, il pourra retenir, sur les biens
« donnés, la valeur de la portion qui lui appartiendrait,
« comme héritier, dans les biens non disponibles, s'ils sont
« de la même nature. »

925   Art. 33. « Lorsque la valeur des donations entre-vifs excé-
« dera ou égalera la quotité disponible, toutes les disposi-
« tions testamentaires seront caduques. »

926   Art. 34. « Lorsque les dispositions testamentaires excéde-
« ront, soit la quotité disponible, soit la portion de cette
« quotité qui resterait après avoir déduit la valeur des do-
« nations entre-vifs, la réduction sera faite au marc le franc
« sans aucune distinction entre les legs universels et les legs
« particuliers. »

927   Art. 35. « Néanmoins, dans tous les cas où le testateur
« aura expressément déclaré qu'il entend que tel legs soit
« acquitté de préférence aux autres, cette préférence aura
« lieu, et le legs qui en sera l'objet ne sera réduit qu'autant
« que la valeur des autres ne remplirait pas la réserve légale. »

928   Art. 36. « Le donataire restituera les fruits de ce qui excé-
« dera la portion disponible, à compter du jour du décès du
« donateur, si la demande en réduction a été faite dans
« l'année, sinon du jour de la demande. »

929   Art. 37. « Les immeubles à recouvrer par l'effet de la ré-

« duction le seront sans charge de dettes ou hypothèques
« créées par le donataire. »

Art. 38. « L'action en réduction ou revendication pourra 930
« être exercée par les héritiers contre les tiers détenteurs des
« immeubles faisant partie des donations et aliénés par les
« donataires, de la même manière et dans le même ordre
« que contre les donataires eux-mêmes, et discussion préa-
« lablement faite de leurs biens. Cette action devra être
« exercée suivant l'ordre des dates des aliénations, en com-
« mençant par la plus récente. »

CHAPITRE III.

Des Donations entre-vifs.

SECTION Ire. — De la Forme des Donations entre-vifs.

Art. 39. « Tous actes portant donation entre-vifs seront 931
« passés devant notaire dans la forme ordinaire des contrats,
« et il en restera minute, sous peine de nullité. »

Art. 40. « La donation entre-vifs n'engagera le donateur 932
« et ne produira aucun effet que du jour qu'elle aura été
« acceptée en termes exprès.

« L'acceptation pourra être faite du vivant du donateur
« par un acte postérieur et authentique dont il restera mi-
« nute; mais alors la donation n'aura d'effet, à l'égard du
« donateur, que du jour où l'acte qui constatera cette accep-
« tation lui aura été notifié. »

Art. 41. « Si le donataire est majeur, l'acceptation doit 933
« être faite par lui, ou, en son nom, par la personne fondée
« de sa procuration portant pouvoir d'accepter la donation
« faite, ou un pouvoir général d'accepter les donations qui
« auraient été ou qui pourraient être faites.

« Cette procuration devra être passée devant notaires, et
« une expédition devra en être annexée à la minute de la
« donation, ou à la minute de l'acceptation qui serait faite
« par acte séparé. »

934   Art. 42. « La femme mariée ne pourra accepter une do-
« nation sans le consentement de son mari, ou, en cas de
« refus du mari, sans autorisation de la justice, conformé-
« ment à ce qui est prescrit par les articles 67 et 69, au titre
« *du Mariage.* »

935   Art. 43. « La donation faite à un mineur non émancipé
« ou à un interdit devra être acceptée par son tuteur, con-
« formément à l'article 76 au titre *de la Minorité.*

   « Le mineur émancipé pourra accepter avec l'assistance de
« son curateur.

   « Néanmoins les père et mère du mineur émancipé ou non
« émancipé, ou les autres ascendans, même du vivant des
« père et mère, quoiqu'ils ne soient ni tuteurs ni curateurs
« du mineur, pourront accepter pour lui. »

936   Art. 44. « Le sourd-muet qui saura écrire pourra accepter
« lui-même, ou par un fondé de pouvoir.

   « S'il ne sait pas écrire, l'acceptation doit être faite par
« un curateur nommé à cet effet, suivant les règles établies
« au titre *de la Minorité.* »

937   Art. 45. « Les donations faites au profit d'hospices, des
« pauvres d'une commune, ou d'établissemens d'utilité pu-
« blique, seront acceptées par les administrateurs de ces
« communes ou établissemens, après y avoir été dûment
« autorisés. »

938   Art. 46. « La donation dûment acceptée sera parfaite par
« le seul consentement des parties; et la propriété des objets
« donnés sera transférée au donataire sans qu'il soit besoin
« d'autre tradition. »

939   Art. 47. « Lorsqu'il y aura donation de biens susceptibles
« d'hypothèques, la transcription des actes contenant la do-
« nation et l'acceptation, ainsi que la notification de l'accep-
« tation qui aurait eu lieu par acte séparé, devra être faite
« aux bureaux des hypothèques dans l'arrondissement des-
« quels les biens sont situés. »

940   Art. 48. « Cette transcription sera faite à la diligence du

« mari, lorsque les biens auront été donnés à sa femme; et
« si le mari ne remplit pas cette formalité, la femme pourra
« y faire procéder sans autorisation.

« Lorsque la donation sera faite à des mineurs, à des in-
« terdits ou à des établissemens publics, la transcription sera
« faite à la diligence des tuteurs, curateurs ou administra-
« teurs. »

Art. 49. « Le défaut de transcription pourra être opposé 941
« par toute personne ayant intérêt, excepté toutefois celles
« qui sont chargées de faire faire la transcription ou leurs
« ayans-cause, et le donateur. »

Art. 50. « Les mineurs, les interdits, les femmes mariées, 942
« ne seront point restitués contre le défaut d'acceptation ou de
« transcription des donations; sauf leur recours contre leurs
« tuteurs ou maris, s'il y échet, et sans que la restitution
« puisse avoir lieu, dans le cas même où lesdits tuteurs et
« maris se trouveraient insolvables. »

Art. 51. « La donation entre-vifs ne pourra comprendre 943
« que les biens présens du donateur; si elle comprend des
« biens à venir, elle sera nulle à cet égard. »

Art. 52. « Toute donation entre-vifs, faite sous des condi- 944
« tions dont l'exécution dépend de la seule volonté du do-
« nateur, sera nulle. »

Art. 53. « Elle sera pareillement nulle si elle a été faite 945
« sous la condition d'acquitter d'autres dettes ou charges que
« celles qui existaient à l'époque de la donation, ou qui se-
« raient exprimées soit dans l'acte de donation, soit dans
« l'état qui devrait y être annexé. »

Art. 54. « En cas que le donateur se soit réservé la liberté 946
« de disposer d'un effet compris dans la donation, ou d'une
« somme fixe sur les biens donnés, s'il meurt sans en avoir
« disposé, ledit effet ou ladite somme appartiendra aux hé-
« ritiers du donateur, nonobstant toutes clauses et stipula-
« tions à ce contraires. »

Art. 55. « Les quatre articles précédens ne s'appliquent 947

« point aux donations dont est mention aux chapitres VII et
« VIII du présent titre. »

948 Art. 56. « Tout acte de donation d'effets mobiliers ne sera
« valable que pour les effets dont un état estimatif, signé du
« donateur et du donataire, ou de ceux qui acceptent pour
« lui, aura été annexé à la minute de la donation. »

949 Art. 57. « Il est permis au donateur de faire la réserve à
« son profit, ou de disposer au profit d'un autre, de la jouis-
« sance ou de l'usufruit des biens meubles ou immeubles
« donnés. »

950 Art. 58. « Lorsque la donation d'effets mobiliers aura été
« faite avec réserve d'usufruit, le donataire sera tenu, à l'ex-
« piration de l'usufruit, de prendre les effets donnés qui se
« trouveront en nature, dans l'état où ils seront, et il aura
« action contre le donateur ou ses héritiers, pour raison des
« objets non existans, jusqu'à concurrence de la valeur qui
« leur aura été donnée dans l'état estimatif. »

951 Art. 59. « Le donateur pourra stipuler le droit de retour
« des objets donnés, soit pour le cas du prédécès du dona-
« taire seul, soit pour le cas du prédécès du donataire et de
« ses descendans.

« Ce droit ne pourra être stipulé qu'au profit du donateur
« seul. »

952 Art. 60. « L'effet du droit de retour sera de résoudre toutes
« les aliénations des biens donnés, et de les faire revenir au
« donateur francs et quittes de toutes charges et hypothèques,
« sauf néanmoins l'hypothèque de la dot et des conventions
« matrimoniales, si les autres biens de l'époux donataire ne
« suffisent pas, et dans le cas seulement où la donation lui
« aura été faite par le même contrat de mariage, duquel ré-
« sultent ces droits et hypothèques. »

SECTION II. — *Des Exceptions à la règle de l'irrévocabilité des
Donations entre-vifs.*

953 Art. 61. « La donation entre-vifs ne pourra être révoquée

« que pour cause d'inexécution des conditions sous lesquelles
« elle aura été faite, pour cause d'ingratitude et pour cause
« de survenance d'enfans. »

Art. 62. « Dans le cas de la révocation pour cause d'inexé- 954
« cution des conditions, les biens rentreront dans les mains
« du donateur, libres de toutes charges et hypothèques du
« chef du donataire; et le donateur aura, contre les tiers
« détenteurs des immeubles donnés, tous les droits qu'il
« aurait contre le donataire lui-même. »

Art. 63. « La donation entre-vifs ne pourra être révoquée 955
« pour cause d'ingratitude que dans les cas suivans :

« 1°. Si le donataire a attenté à la vie du donateur :

« 2°. S'il s'est rendu coupable envers lui de sévices,
« lits ou injures graves ;

« 3°. S'il lui refuse des alimens. »

Art. 64. « La révocation pour cause d'inexécution des con- 956
« ditions ou pour cause d'ingratitude n'aura jamais lieu de
« plein droit. »

Art. 65. « La demande en révocation pour cause d'ingra- 957
« titude devra être formée dans l'année, à compter du jour
« du délit imputé par le donateur au donataire, ou du jour
« que le délit aura pu être connu par le donateur.

« Cette révocation ne pourra être demandée par le donateur
« contre les héritiers du donataire, ni par les héritiers du
« donateur contre le donataire, à moins que, dans ce dernier
« cas, l'action n'ait été intentée par le donateur, ou qu'il ne
« soit décédé dans l'année du délit. »

Art. 66. « La révocation pour cause d'ingratitude ne pré- 958
« judiciera ni aux aliénations faites par le donataire, ni aux
« hypothèques et autres charges réelles qu'il aura pu imposer
« sur l'objet de la donation, pourvu que le tout soit antérieur
« à l'inscription qui aurait été faite de l'extrait de la de-
« mande en révocation, en marge de la transcription pres-
« crite par l'article 47.

« Dans le cas de révocation, le donataire sera condamné à

« restituer la valeur des objets aliénés, eu égard au temps de
« la demande ; et les fruits, à compter du jour de cette de-
« mande. »

959   Art. 67. « Les donations en faveur de mariage ne seront
« pas révocables pour cause d'ingratitude. »

960   Art. 68. « Toutes donations entre-vifs faites par personnes
« qui n'avaient point d'enfans ou de descendans actuellement
« vivans dans le temps de la donation, de quelque valeur que
« ces donations puissent être, et à quelque titre qu'elles
« aient été faites, et encore qu'elles fussent mutuelles ou ré-
« munératoires, même celles qui auraient été faites en faveur
« de mariage par autres que par les ascendans aux con-
« joints, ou par les conjoints l'un à l'autre, demeureront
« révoquées de plein droit par la survenance d'un enfant lé-
« gitime du donateur, même d'un posthume, ou par la lé-
« gitimation d'un enfant naturel par mariage subséquent,
« s'il est né depuis la donation. »

961   Art. 69. « Cette révocation aura lieu encore que l'enfant
« du donateur ou de la donatrice fût conçu au temps de la
« donation. »

962   Art. 70. « La donation demeurera pareillement révoquée,
« lors même que le donataire serait entré en possession des
« biens donnés, et qu'il y aurait été laissé par le donateur
« depuis la survenance de l'enfant, sans néanmoins que le
« donataire soit tenu de restituer les fruits par lui perçus,
« de quelque nature qu'ils soient, si ce n'est du jour que la
« naissance de l'enfant ou sa légitimation par mariage subsé-
« quent lui aura été notifiée par exploit ou autre acte en
« bonne forme ; et ce, quand même la demande pour ren-
« trer dans les biens donnés n'aurait été formée que posté-
« rieurement à cette notification. »

963   Art. 71. « Les biens compris dans la donation révoquée de
« plein droit rentreront dans le patrimoine du donateur libres
« de toutes charges et hypothèques du chef du donataire,
« sans qu'ils puissent demeurer affectés, même subsidiaire-

« ment, à la restitution de la dot de la femme de ce dona-
« taire, de ses reprises ou autres conventions matrimoniales;
« ce qui aura lieu quand même la donation aurait été faite
« en faveur du mariage du donataire et insérée dans le con-
« trat, et que le donateur se serait obligé comme caution par
« la donation à l'exécution du contrat de mariage. »

Art. 72. « Les donations ainsi révoquées ne pourront re- 964
« vivre ou avoir de nouveau leur effet, ni par la mort de l'en-
« fant du donateur, ni par aucun acte confirmatif ; et si le
« donateur veut donner les mêmes biens au même donataire,
« soit avant ou après la mort de l'enfant par la naissance du-
« quel la donation avait été révoquée, il ne le pourra faire
« que par une nouvelle disposition. »

Art. 73. « Toute clause ou convention par laquelle le do- 965
« nateur aurait renoncé à la révocation de la donation pour
« survenance d'enfant sera regardée comme nulle et ne
« pourra produire aucun effet. »

Art. 74. « Le donataire, ses héritiers ou ayans-cause, ou 966
« autres détenteurs des choses données, ne pourront opposer
« la prescription pour faire valoir la donation révoquée par
« la survenance d'enfant qu'après une possession de trente
« années, qui ne pourront commencer à courir que du jour
« de la naissance du dernier enfant du donateur, même pos-
« thume ; et ce, sans préjudice des interruptions, telles que
« de droit. »

CHAPITRE IV.

Des Dispositions testamentaires.

SECTION 1re.—Des Règles générales sur la Forme des Testamens.

Art. 75. « Toute personne pourra disposer par testament, 967
« soit sous le titre d'institution d'héritier, soit sous le titre
« de legs., soit sous toute autre dénomination propre à ma-
« nifester sa volonté. »

Art. 76. « Un testament ne pourra être fait dans le même 968
« acte par deux ou plusieurs personnes, soit au profit d'un

« tiers, soit à titre de disposition réciproque et mutuelle. »

969   Art. 77. « Un testament pourra être olographe, ou fait par
« acte public, ou dans la forme mystique. »

970   Art. 78. « Le testament olographe ne sera point valable s'il
« n'est écrit en entier, daté et signé de la main du testateur :
« il n'est assujéti à aucune autre forme. »

971   Art. 79. « Le testament par acte public est celui qui est
« reçu par deux notaires en présence de deux témoins, ou
« par un notaire en présence de quatre témoins. »

972   Art. 80. « Si le testament est reçu par deux notaires, il
« leur est dicté par le testateur, et il doit être écrit par l'un
« de ces notaires tel qu'il est dicté.

« S'il n'y a qu'un notaire, il doit également être dicté par
« le testateur et écrit par ce notaire.

« Dans l'un et l'autre cas, il doit en être donné lecture au
« testateur en présence des témoins.

« Il est fait du tout mention expresse. »

973   Art. 81. « Ce testament doit être signé par le testateur ;
« s'il déclare qu'il ne sait ou ne peut signer, il sera fait dans
« l'acte mention expresse de sa déclaration ainsi que de la
« cause qui l'empêche de signer. »

974   Art. 82. « Le testament devra être signé par les témoins ; et
« néanmoins, dans les campagnes, il suffira qu'un des deux
« témoins signe, si le testament est reçu par deux notaires ;
« et que deux des quatre témoins signent, s'il est reçu par
« un notaire. »

975   Art. 83. « Ne pourront être pris pour témoins du testa-
« ment par acte public, ni les légataires à quelque titre qu'ils
« soient, ni leurs parens ou alliés jusqu'au quatrième degré
« inclusivement, ni les clercs des notaires par lesquels les
« actes seront reçus. »

976   Art. 84. « Lorsque le testateur voudra faire un testament
« mystique ou secret, il sera tenu de signer ses dispositions,
« soit qu'il les ait écrites lui-même ou qu'il les ait fait écrire
« par un autre. Sera le papier qui contiendra ses dispositions,

« ou le papier qui servira d'enveloppe, s'il y en a une, clos
« et scellé. Le testateur le présente ainsi clos et scellé au
« notaire et à six témoins au moins, ou il le fera clore et
« sceller en leur présence, et il déclarera que le contenu en
« ce papier est son testament écrit et signé de lui, ou écrit
« par un autre et signé de lui ; le notaire en dressera l'acte de
« suscription, qui sera écrit sur ce papier ou sur la feuille
« qui servira d'enveloppe ; cet acte sera signé tant par
« le testateur que par le notaire, ensemble par les té-
« moins. Tout ce que dessus sera fait de suite et sans di-
« vertir à autres actes ; et en cas que le testateur, par un em-
« pêchement survenu depuis la signature du testament, ne
« puisse signer l'acte de suscription, il sera fait mention de
« la déclaration qu'il en aura faite, sans qu'il soit besoin, en
« ce cas, d'augmenter le nombre des témoins. »

Art. 85. « Si le testateur ne sait signer, ou s'il n'a pu le 977
« faire lorsqu'il a fait écrire ses dispositions, il sera appelé à
« l'acte de suscription un témoin, outre le nombre porté par
« l'article précédent, lequel signera l'acte avec les autres té-
« moins ; et il y sera fait mention de la cause pour laquelle
« ce témoin aura été appelé. »

Art. 86. « Ceux qui ne savent ou ne peuvent lire ne pour- 978
« ront faire de disposition dans la forme du testament mys-
« tique. »

Art. 87. « En cas que le testateur ne puisse parler, mais 979
« qu'il puisse écrire, il pourra faire un testament mystique ;
« à la charge que le testament sera entièrement écrit, daté et
« signé de sa main, qu'il le présentera au notaire et aux té-
« moins, et qu'au haut de l'acte de suscription il écrira, en
« leur présence, que le papier qu'il présente est son testa-
« ment : après quoi le notaire écrira l'acte de suscription,
« dans lequel il sera fait mention que le testateur a écrit ces
« mots en présence du notaire et des témoins, et sera au sur-
« plus observé tout ce qui est prescrit par l'article 84. »

Art. 88. « Les témoins appelés pour être présens aux tes- 980

« tamens devront être mâles, majeurs, républicoles, jouis-
« sant des droits civils. »

SECTION II. —*Des Règles particulières sur la Forme de certains
Testamens.*

981   Art. 89. « Les testamens des militaires et des individus
« employés dans les armées pourront, en quelque pays que
« ce soit, être reçus par un chef de bataillon ou d'escadron,
« ou par tout autre officier d'un grade supérieur, en présence
« de deux témoins, ou par deux commissaires des guerres, ou
« par un de ces commissaires en présence de deux témoins. »

982   Art. 90. « Ils pourront encore, si le testateur est malade
« ou blessé, être reçus par l'officier de santé en chef, assisté
« du commandant militaire chargé de la police de l'hospice.»

983   Art. 91. « Les dispositions des articles ci-dessus n'auront
« lieu qu'en faveur de ceux qui seront en expédition mili-
« taire, ou en quartier, ou en garnison hors du territoire
« de la République, ou prisonniers chez l'ennemi, sans que
« ceux qui seront en quartier ou en garnison dans l'intérieur
« puissent en profiter, à moins qu'ils ne se trouvent dans une
« place assiégée ou dans une citadelle et autres lieux dont les
« portes soient fermées et les communications interrompues
« à cause de la guerre. »

984   Art. 92. « Le testament fait dans la forme ci-dessus éta-
« blie sera nul six mois après que le testateur sera revenu
« dans un lieu où il aura la liberté d'employer les formes
« ordinaires. »

985   Art. 93. « Les testamens faits dans un lieu avec lequel toute
« communication sera interceptée à cause de la peste ou
« autre maladie contagieuse, pourront être faits devant le
« juge de paix ou devant l'un des officiers municipaux de la
« commune, en présence de deux témoins. »

986   Art. 94. « Cette disposition aura lieu, tant à l'égard de ceux
« qui seraient attaqués de ces maladies, que de ceux qui se-

« raient dans les lieux qui en sont infectés, encore qu'ils ne
« fussent pas actuellement malades. »

Art. 95. « Les testamens mentionnés aux deux précédens 987
« articles deviendront nuls six mois après que les commu-
« nications auront été rétablies dans le lieu où le testateur
« se trouve, ou six mois après qu'il aura passé dans un lieu
« où elles ne seront point interrompues. »

Art. 96. « Les testamens faits sur mer dans le cours d'un 988
« voyage pourront être reçus, savoir :

« A bord des vaisseaux et autres bâtimens de l'État, par
« l'officier commandant le bâtiment, ou, à son défaut, par
« celui qui le supplée dans l'ordre du service, l'un ou l'autre
« conjointement avec l'officier d'administration ou avec celui
« qui en remplit les fonctions ;

« Et à bord des bâtimens de commerce, par l'écrivain du
« navire ou celui qui en fait les fonctions, l'un ou l'autre
« conjointement avec le capitaine, le maître ou le patron,
« ou, à leur défaut, par ceux qui les remplacent.

« Dans tous les cas, ces testamens devront être reçus en
« présence de deux témoins. »

Art. 97. « Sur les bâtimens de l'État, le testament du ca- 989
« pitaine ou celui de l'officier d'administration, et sur les bâ-
« timens de commerce, celui du capitaine, du maître ou pa-
« tron ou celui de l'écrivain, pourront être reçus par ceux
« qui viennent après eux dans l'ordre du service, en se con-
« formant pour le surplus aux dispositions de l'article pré-
« cédent. »

Art. 98. « Dans tous les cas, il sera fait un double original 990
« des testamens mentionnés aux deux articles précédens. »

Art. 99. « Si le bâtiment aborde dans un port étranger 991
« dans lequel se trouve un commissaire des relations com-
« merciales de France, ceux qui auront reçu le testament
« seront tenus de déposer l'un des originaux, clos ou cacheté,
« entre les mains de ce commissaire, qui le fera parvenir au
« ministre de la marine, et celui-ci en fera faire le dépôt au

« greffe de la justice de paix du lieu du domicile du testateur.»

992   Art. 100. « Au retour du bâtiment en France, soit dans le
« port de l'armement, soit dans un port autre que celui de
« l'armement, les deux originaux du testament, également
« clos et cachetés, ou l'original qui resterait, si, conformé-
« ment à l'article précédent, l'autre avait été déposé pendant
« le cours du voyage, seront remis au bureau du préposé de
« l'inscription maritime : ce préposé les fera passer sans délai
« au ministre de la marine, qui en ordonnera le dépôt, ainsi
« qu'il est dit au même article. »

993   Art. 101. « Il sera fait mention sur le rôle du bâtiment, à
« la marge du nom du testateur, de la remise qui aura été
« faite des originaux du testament, soit entre les mains d'un
« commissaire des relations commerciales, soit au bureau
« d'un préposé de l'inscription maritime. »

994   Art. 102. « Le testament ne sera point réputé fait en mer,
« quoiqu'il l'ait été dans le cours du voyage, si, au temps où
« il a été fait, le navire avait abordé une terre, soit étran-
« gère, soit de la domination française, où il y aurait un of-
« ficier public français ; auquel cas il ne sera valable qu'au-
« tant qu'il aura été dressé suivant les formes prescrites en
« France, ou suivant celles usitées dans les pays où il aura
« été fait. »

995   Art. 103. « Les dispositions ci-dessus seront communes aux
« testamens faits par les simples passagers qui ne feront point
« partie de l'équipage. »

996   Art. 104. « Le testament fait sur mer en la forme prescrite
« par l'article 96 ne sera valable qu'autant que le testateur
« mourra en mer ou dans les trois mois après qu'il sera des-
« cendu à terre, et dans un lieu où il aura pu le refaire dans
« les formes ordinaires. »

997   Art. 105. « Le testament fait sur mer ne pourra contenir
« aucune disposition au profit des officiers du vaisseau, s'ils
« ne sont parens du testateur.

998   « Les testamens compris dans les articles ci-dessus de la

« présente section seront signés par les testateurs et par ceux
« qui les auront reçus.

« Si le testateur déclare qu'il ne sait ou ne peut signer, il
« sera fait mention de sa déclaration, ainsi que de la cause
« qui l'empêche de signer.

« Dans les cas où la présence de deux témoins est requise,
« le testament sera signé au moins par l'un d'eux, et il sera
« fait mention de la cause pour laquelle l'autre n'aura pas
« signé. »

Art. 106. « Un Français qui se trouvera en pays étranger 999
« pourra faire ses dispositions testamentaires par acte sous
« signature privée, ainsi qu'il est prescrit en l'article 78, ou
« par acte authentique, avec les formes usitées dans le lieu
« où il est passé. »

Art. 107. « Les testamens faits en pays étrangers ne pour- 1000
« ront être exécutés sur les biens situés en France qu'après
« avoir été enregistrés au bureau du domicile du testateur,
« s'il en a conservé un, sinon au bureau de son dernier do-
« micile connu en France; et dans le cas où le testament
« contiendrait des dispositions d'immeubles qui y seraient
« situés, il devra être en outre enregistré au bureau de la
« situation de ces immeubles, sans qu'il puisse être exigé un
« double droit. »

Art. 108. « Les formalités auxquelles les divers testamens 1001
« sont assujétis par les dispositions de la présente section et
« de la précédente doivent être observées à peine de nullité. »

SECTION III.—*Des Institutions d'Héritier et des Legs en général.*

Art. 109. « Les dispositions testamentaires sont, ou uni- 1002
« verselles, ou à titre universel, ou à titre particulier.

« Chacune de ces dispositions, soit qu'elle ait été faite
« sous la dénomination d'institution d'héritier, soit qu'elle
« ait été faite sous la dénomination de legs, produira son
« effet suivant les règles ci-après établies pour les legs uni-

« versels, pour les legs à titre universel, et pour les legs
« particuliers. »

1003   Art. 110. « Le legs universel est la disposition testamen-
« taire par laquelle le testateur donne à une ou plusieurs
« personnes l'universalité des biens qu'il laissera à son
« décès. »

1004   Art. 111. « Lorsqu'au décès du testateur il y a des héri-
« tiers auxquels une quotité de ses biens est réservée par la
« loi, ces héritiers sont saisis de plein droit, par sa mort, de
« tous les biens de la succession, et le légataire universel est
« tenu de leur demander la délivrance des biens compris
« dans le testament. »

1005   Art. 112. « Néanmoins, dans les mêmes cas, le légataire
« universel aura la jouissance des biens compris dans le
« testament, à compter du jour du décès, si la demande en
« délivrance a été faite dans l'année depuis cette époque;
« sinon cette jouissance ne commencera que du jour de la
« demande formée en justice, ou du jour que la délivrance
« aurait été volontairement consentie. »

1006   Art. 113. « Lorsqu'au décès du testateur il n'y aura pas
« d'héritiers auxquels une quotité de ses biens soit réservée
« par la loi, le légataire universel sera saisi de plein droit par
« la mort, sans être tenu de demander la délivrance. »

1007   Art. 114. « Tout testament olographe sera, avant d'être
« mis à exécution, présenté au président du tribunal de pre-
« mière instance de l'arrondissement dans lequel la succes-
« sion est ouverte. Ce testament sera ouvert s'il est cacheté.
« Le président dressera procès-verbal de la présentation, de
« l'ouverture et de l'état du testament, dont il ordonnera
« le dépôt entre les mains du notaire par lui commis.

« Si le testament est dans la forme mystique, sa présen-
« tation, son ouverture, sa description et son dépôt, seront

« faits de la même manière ; mais l'ouverture ne pourra se
« faire qu'en présence de ceux des notaires et des témoins
« signataires de l'acte de suscription qui se trouveront sur
« les lieux, ou eux appelés. »

Art. 115. « Dans le cas de l'article 113, si le testament est   1008
« olographe ou mystique, le légataire universel sera tenu de
« se faire envoyer en possession par une ordonnance du pré-
« sident, mise au bas d'une requête à laquelle sera joint
« l'acte de dépôt. »

Art. 116. « Le légataire universel qui sera en concours avec   1009
« un héritier auquel la loi réserve une quotité des biens,
« sera tenu des dettes et charges de la succession du testa-
« teur, personnellement pour sa part et portion, et hypothé-
« cairement pour le tout, et il sera tenu d'acquitter tous les
« legs, sauf le cas de réduction, ainsi qu'il est expliqué aux
« articles 34 et 35. »

SECTION V. — *Des Legs à titre universel.*

Art. 117. « Le legs à titre universel est celui par lequel le   1010
« testateur lègue une quote-part des biens dont la loi lui
« permet de disposer, telle qu'une moitié, un tiers, ou tous
« ses immeubles, ou tout son mobilier, ou une quotité fixe
« de tous ses immeubles ou de tout son mobilier.

« Tout autre legs ne forme qu'une disposition à titre par-
« ticulier. »

Art. 118. « Les légataires à titre universel seront tenus de   1011
« demander la délivrance aux héritiers auxquels une quotité
« des biens est réservée par la loi ; à leur défaut, aux léga-
« taires universels, et, à défaut de ceux-ci, aux héritiers
« appelés dans l'ordre établi au titre *des Successions.* »

Art. 119. « Le légataire à titre universel sera tenu, comme   1012
« le légataire universel, des dettes et charges de la succes-
« cession du testateur, personnellement pour sa part et por-
« tion, et hypothécairement pour le tout. »

Art. 120. « Lorsque le testateur n'aura disposé que d'une   1013

« quotité de la portion disponible, et qu'il l'aura fait à titr
« universel, ce légataire sera tenu d'acquitter les legs parti
« culiers par contribution avec les héritiers naturels. »

SECTION VI.—*Des Legs particuliers.*

1014 Art. 121. « Tout legs pur et simple donnera au légataire,
« du jour du décès du testateur, un droit à la chose léguée,
« droit transmissible à ses héritiers ou ayans-cause.

« Néanmoins le légataire particulier ne pourra se mettre en
« possession de la chose léguée, ni en prétendre les fruits ou
« intérêts, qu'à compter du jour de sa demande en délivrance,
« formée suivant l'ordre établi par l'article 118, ou du jour
« auquel cette délivrance lui aurait été volontairement con-
« sentie. »

1015 Art. 122. « Les intérêts ou fruits de la chose léguée cour-
« ront au profit du légataire dès le jour du décès, et sans
« qu'il ait formé sa demande en justice,

« 1°. Lorsque le testateur aura expressément déclaré sa
« volonté à cet égard dans le testament;

« 2°. Lorsqu'une rente viagère ou une pension aura été
« léguée à titre d'alimens. »

1016 Art. 123. « Les frais de la demande en délivrance seront à
« la charge de la succession, sans néanmoins qu'il puisse en
« résulter de réduction de la réserve légale.

« Les droits d'enregistrement seront dus par le légataire.

« Le tout s'il n'en a été autrement ordonné par le tes-
« tament.

« Chaque legs pourra être enregistré séparément, sans que
« cet enregistrement puisse profiter à aucun autre qu'au lé-
« gataire ou à ses ayans-cause. »

1017 Art. 124. « Les héritiers du testateur ou autres débiteurs
« d'un legs seront personnellement tenus de l'acquitter,
« chacun au prorata de la part et portion dont ils profiteront
« dans la succession.

« Ils en seront tenus hypothécairement pour le tout, jus-

« qu'à concurrence de la valeur des immeubles de la succes-
« sion dont ils seront détenteurs. »

Art. 125. « La chose léguée sera délivrée avec les accessoires 1018
« nécessaires, et dans l'état où elle se trouvera au jour du
« décès du donateur. »

Art. 126. « Lorsque celui qui a légué la propriété d'un im- 1019
« meuble l'a ensuite augmenté par des acquisitions, ces ac-
« quisitions, fussent-elles contiguës, ne seront pas censées,
« sans une nouvelle disposition, faire partie du legs.

« Il en sera autrement des embellissemens ou des construc-
« tions nouvelles faites sur le fonds légué, ou d'un enclos
« dont le testateur aurait augmenté l'enceinte. »

Art. 127. « Si, avant le testament ou depuis, la chose lé- 1020
« guée a été hypothéquée pour une dette de la succession, ou
« même pour la dette d'un tiers, ou si elle est grevée d'un
« usufruit, celui qui doit acquitter le legs n'est point tenu de
« la dégager, à moins qu'il n'ait été chargé de le faire par
« une disposition expresse du testateur. »

Art. 128. « Lorsque le testateur aura légué la chose d'autrui 1021
« le legs sera nul, soit que le testateur ait connu ou non
« qu'elle ne lui appartenait pas. »

Art. 129. « Lorsque le legs sera d'une chose indéterminée, 1022
« l'héritier ne sera pas obligé de la donner de la meilleure
« qualité, et il ne pourra l'offrir de la plus mauvaise. »

Art. 130. « Le legs fait au créancier ne sera pas censé en 1023
« compensation de sa créance, ni le legs fait au domestique
« en compensation de ses gages. »

Art. 131. « Le légataire à titre particulier ne sera point tenu 1024
« des dettes de la succession ; sauf la réduction du legs, ainsi
« qu'il est dit ci-dessus, et sauf l'action hypothécaire des
« créanciers. »

SECTION VII. — *Des exécuteurs testamentaires.*

Art. 132. « Le testateur pourra nommer un ou plusieurs 1025
« exécuteurs testamentaires. »

1026　　Art. 133. « Il pourra leur donner la saisine du tout, ou
« seulement d'une partie de son mobilier, mais elle ne
« pourra durer au-delà de l'an et jour, à compter de son
« décès.

« S'il ne la leur a pas donnée, ils ne pourront l'exiger. »

1027　　Art. 134. « L'héritier pourra faire cesser la saisine en of-
« frant de remettre aux exécuteurs testamentaires somme
« suffisante pour le paiement des legs mobiliers, ou en jus-
« tifiant de ce paiement. »

1028　　Art. 135. « Celui qui ne peut s'obliger ne peut pas être
« exécuteur testamentaire. »

1029　　Art. 136. « La femme mariée ne pourra accepter l'exécu-
« tion testamentaire qu'avec le consentement de son mari.

« Si elle est séparée de biens, soit par contrat de mariage,
« soit par jugement, elle le pourra avec le consentement de
« son mari, ou, à son refus, autorisée par la justice, con-
« formément à ce qui est prescrit par les articles 67 et 69,
« au titre *du Mariage*. »

1030　　Art. 137. « Le mineur ne pourra être exécuteur testamen-
« taire, même avec l'autorisation de son tuteur ou curateur. »

1031　　Art. 138. « Les exécuteurs testamentaires feront apposer
« les scellés, s'il y a des héritiers mineurs, interdits ou
« absens.

« Ils feront faire, en présence de l'héritier présomptif, ou
« lui dûment appelé, l'inventaire des biens de la succession.

« Ils provoqueront la vente du mobilier à défaut de deniers
« suffisans pour acquitter les legs.

« Ils veilleront à ce que le testament soit exécuté, et ils
« pourront, en cas de contestation sur son exécution, inter-
« venir pour en soutenir la validité.

« Ils devront, à l'expiration de l'année du décès du testa-
« teur, rendre compte de leur gestion. »

1032　　Art. 139. « Les pouvoirs de l'exécuteur testamentaire ne
« passeront point à ses héritiers. »

1033　　Art. 140. « S'il y a plusieurs exécuteurs testamentaires qui

« aient accepté, un seul pourra agir au défaut des autres ; et
« ils seront solidairement responsables du compte du mobi-
« lier qui leur a été confié, à moins que le testateur n'ait di-
« visé leurs fonctions, et que chacun d'eux ne se soit renfermé
« dans celle qui lui était attribuée. »

Art. 141. « Les frais faits par l'exécuteur testamentaire 1031
« pour l'apposition des scellés, l'inventaire, le compte et les
« autres frais relatifs à ses fonctions, seront à la charge de la
« succession. »

SECTION VIII. — *De la Révocation des Testamens et de leur*
Caducité.

Art. 142. « Les testamens ne pourront être révoqués en 1035
« tout ou en partie que par un testament postérieur, ou par
« un acte devant notaires, portant déclaration du change-
« ment de volonté. »

Art. 143. « Les testamens postérieurs qui ne révoqueront 1036
« pas d'une manière expresse les précédens n'annuleront
« dans ceux-ci que celles des dispositions y contenues qui se
« trouveront incompatibles avec les nouvelles, ou qui seront
« contraires. »

Art. 144. « La révocation faite dans un testament posté- 1037
« rieur aura tout son effet, quoique ce nouvel acte reste sans
« exécution par l'incapacité de l'héritier institué ou du léga-
« taire, ou par leur refus de recueillir. »

Art. 145. « Toute aliénation, celle même par vente avec 1038
« faculté de rachat ou par échange, que fera le testateur de
« tout ou de partie de la chose léguée, emportera la révoca-
« tion du legs pour tout ce qui a été aliéné, encore que l'alié-
« nation postérieure soit nulle et que l'objet soit rentré dans
« la main du testateur. »

Art. 146. « Toute disposition testamentaire sera caduque 1039
« si celui en faveur de qui elle est faite n'a pas survécu au
« testateur. »

Art. 147. « Toute disposition testamentaire, faite sous 1040

XII.   32

« une condition dépendante d'un événement incertain, et
« telle que, dans l'intention du testateur, cette disposition
« ne doive être exécutée qu'autant que l'événement arrivera
« ou n'arrivera pas, sera caduque, si l'héritier institué ou le
« légataire décède avant l'accomplissement de la condition. »

1041　Art. 148. « La condition qui, dans l'intention du testateur,
« ne fait que suspendre l'exécution de la disposition, n'em-
« pêchera pas l'héritier institué ou le légataire d'avoir un
« droit acquis et transmissible à ses héritiers. »

1042　Art. 149. « Le legs sera caduc si la chose léguée a tota-
« lement péri pendant la vie du testateur.

« Il en sera de même si elle a péri depuis sa mort sans le
« fait et la faute de l'héritier, quoique celui-ci ait été mis
« en retard de la délivrer, lorsqu'elle eût également dû périr
« entre les mains du légataire. »

1043　Art. 150. « La disposition testamentaire sera caduque
« lorsque l'héritier institué ou le légataire la répudiera ou se
« trouvera incapable de la recueillir. »

1044　Art. 151. « Il y aura lieu à accroissement au profit des lé-
« gataires, dans le cas où le legs sera fait à plusieurs con-
« jointement.

« Le legs sera réputé fait conjointement lorsqu'il le sera
« par une seule et même disposition, et que le testateur
« n'aura pas assigné la part de chacun des colégataires dans
« la chose léguée. »

1045　Art. 152. « Il sera encore réputé fait conjointement quand
« une chose qui n'est pas susceptible d'être divisée sans dé-
« térioration aura été donnée par le même acte à plusieurs
« personnes, même séparément. »

1046　Art. 153. « Les mêmes causes qui, suivant l'article 62 et
« les deux premières dispositions de l'article 63 du présent
« titre, autoriseront la demande en révocation de la donation
« entre-vifs, seront admises pour la demande en révocation
« des dispositions testamentaires. »

1047　Art. 154. « Si cette demande est fondée sur une injure

« grave faite à la mémoire du testateur, elle doit être intentée
« dans l'année, à compter du jour du délit. »

CHAPITRE V.

*Des Dispositions permises en faveur des petits-enfans du
donateur ou testateur, ou des enfans de ses frères et
sœurs.*

Art. 155. « Les biens dont les pères et mères ont la faculté   1048
« de disposer pourront être par eux donnés en tout ou en
« partie à un ou plusieurs de leurs enfans, par actes entre-
« vifs ou testamentaires, avec la charge de rendre ces biens
« aux enfans nés et à naître, au premier degré seulement,
« desdits donataires. »

Art. 156. « Sera valable, en cas de mort sans enfans, la   1049
« disposition que le défunt aura faite par acte entre-vifs ou
« testamentaire, au profit d'un ou plusieurs de ses frères ou
« sœurs, de tout ou partie des biens qui ne sont point réservés
« par la loi dans sa succession, avec la charge de rendre ces
« biens aux enfans nés et à naître, au premier degré seule-
« ment, desdits frères ou sœurs donataires. »

Art. 157. « Les dispositions permises par les deux articles   1050
« précédens ne seront valables qu'autant que la charge de
« restitution sera au profit de tous les enfans nés et à naître
« du grevé, sans exception ni préférence d'âge ou de sexe. »

Art. 158. « Si, dans les cas ci-dessus, le grevé de restitu-   1051
« tion au profit de ses enfans meurt laissant des enfans au
« premier degré et des descendans d'un enfant prédécédé,
« ces derniers recueilleront par représentation la portion de
« l'enfant prédécédé. »

Art. 159. « Si l'enfant, le frère ou la sœur auxquels des   1052
« biens auraient été donnés par actes entre-vifs, sans charge
« de restitution, acceptent une nouvelle libéralité faite par
« acte entre-vifs ou testamentaire, sous la condition que les
« biens précédemment donnés demeureront grevés de cette
charge, il ne leur est plus permis de diviser les deux dispo-

« sitions faites à leur profit, et de renoncer à la seconde pour
« s'en tenir à la première, quand même ils offriraient de
« rendre les biens compris dans la seconde disposition. »

1053   Art. 160. « Les droits des appelés seront ouverts à l'époque
« où, par quelque cause que ce soit, la jouissance de l'enfant,
« du frère ou de la sœur grevés de restitution, cessera. L'a-
« bandon anticipé de la jouissance au profit des appelés ne
« pourra préjudicier aux créanciers du grevé antérieurs à
« l'abandon. »

1054   Art. 161. « Les femmes des grevés ne pourront avoir, sur
« les biens à rendre, de recours subsidiaires, en cas d'insuf-
« fisance des biens libres, que pour le capital des deniers do-
« taux, et dans le cas seulement où le testateur l'aurait ex-
« pressément ordonné. »

1055   Art. 162. « Celui qui fera les dispositions autorisées par
« les articles précédens pourra, par le même acte, ou par
« un acte postérieur en forme authentique, nommer un tu-
« teur chargé de l'exécution de ces dispositions. Ce tuteur
« ne pourra être dispensé que pour une des causes exprimées
« à la sixième section du chapitre II du titre *de la Minorité*
« *et des Tutelles.* »

1056   Art. 163. « A défaut de ce tuteur, il en sera nommé un à
« la diligence du grevé, ou de son tuteur s'il est mineur,
« dans le délai d'un mois, à compter du jour du décès du
« donateur ou testateur, ou du jour que, depuis cette mort,
« l'acte contenant la disposition aura été connu. »

1057   Art. 164. « Le grevé qui n'aura pas satisfait à l'article pré-
« cédent sera déchu du bénéfice de la disposition; et dans
« ce cas, le droit pourra être déclaré ouvert au profit des ap-
« pelés, à la diligence, soit des appelés, s'ils sont majeurs,
« soit de leurs tuteurs ou curateurs, s'ils sont mineurs ou
« interdits, soit de tout parent des appelés majeurs, mineurs,
« ou interdits, ou même d'office, à la diligence du commis-
« saire du gouvernement près le tribunal de première instance
« du lieu où la succession est ouverte. »

Art. 165. « Après le décès de celui qui aura disposé à la   1058
« charge de restitution, il sera procédé, dans les formes or-
« dinaires, à l'inventaire de tous les biens et effets qui com-
« poseront sa succession, excepté néanmoins le cas où il ne
« s'agirait que d'un legs particulier. Cet inventaire contiendra
« la prisée à juste prix des meubles et effets mobiliers. »

Art. 166. « Il sera fait à la requête du grevé de restitu-   1059
« tion, et dans le délai fixé au titre *des Successions*, en pré-
« sence du tuteur nommé pour l'exécution. Les frais seront
« pris sur les biens compris dans la disposition. »

Art. 167. « Si l'inventaire n'a pas été fait à la requête du   1060
« grevé dans le délai ci-dessus, il y sera procédé dans le mois
« suivant, à la diligence du tuteur nommé pour l'exécution,
« en présence du grevé ou de son tuteur. »

Art. 168. « S'il n'a point été satisfait aux deux articles pré-   1061
« cédens, il sera procédé au même inventaire, à la diligence
« des personnes désignées en l'article 164, en y appelant le
« grevé, ou son tuteur et le tuteur nommé pour l'exécution. »

Art. 169. « Le grevé de restitution sera tenu de faire pro-   1062
« céder à la vente, par affiches et enchères, de tous les meu-
« bles et effets compris dans la disposition, à l'exception
« néanmoins de ceux dont il est mention dans les deux arti-
« cles suivans. »

Art. 170. « Les meubles meublans et autres choses mobi-   1063
« lières qui auraient été compris dans la disposition, à la
« condition expresse de les conserver en nature, seront rendus
« dans l'état où ils se trouveront lors de la restitution. »

Art. 171. « Les bestiaux et ustensiles servant à faire valoir   1064
« les terres seront censés compris dans les donations entre-
« vifs ou testamentaires desdites terres ; et le grevé sera
« seulement tenu de les faire priser et estimer pour en rendre
« une égale valeur lors de la restitution. »

Art. 172. « Il sera fait par le grevé, dans le délai de six   1065
« mois, à compter du jour de la clôture de l'inventaire, un
« emploi des deniers comptans, de ceux provenant du prix

« des meubles et effets qui auront été vendus, et de ce qui
« aura été reçu des effets actifs.

« Ce délai pourra être prolongé, s'il y a lieu. »

1066   Art. 173. « Le grevé sera pareillement tenu de faire em-
« ploi des deniers provenant des effets actifs qui seront re-
« couvrés, et des remboursemens de rentes ; et ce, dans trois
« mois, au plus tard, après qu'il aura reçu ces deniers. »

1067   Art. 174. « Cet emploi sera fait conformément à ce qui
« aura été ordonné par l'auteur de la disposition, s'il a dé-
« signé la nature des effets dans lesquels l'emploi doit être
« fait ; sinon il ne pourra l'être qu'en immeubles ou avec
« privilége sur des immeubles. »

1068   Art. 175. « L'emploi ordonné par les articles précédens
« sera fait en présence et à la diligence du tuteur nommé
« pour l'exécution. »

1069   Art. 176. « Les dispositions par actes entre-vifs ou testa-
« mentaires, à charge de restitution, seront, à la diligence,
« soit du grevé, soit du tuteur nommé pour l'exécution, ren-
« dues publiques ; savoir, quant aux immeubles, par la trans-
« cription des actes sur les registres au bureau des hypo-
« thèques du lieu de la situation ; et quant aux sommes col-
« loquées avec privilége sur des immeubles, par l'inscription
« sur les biens affectés au privilége. »

1070   Art. 177. « Le défaut de transcription de l'acte contenant
« la disposition pourra être opposé par les créanciers et tiers
« acquéreurs, même aux mineurs ou interdits, sauf le re-
« cours contre le grevé et contre le tuteur à l'exécution, et
« sans que les mineurs ou interdits puissent être restitués
« contre ce défaut de transcription, quand même le grevé et
« les tuteurs se trouveraient insolvables. »

1071   Art. 178. « Le défaut de transcription ne pourra être sup-
« pléé ni regardé comme couvert par la connaissance que les
« créanciers ou les tiers acquéreurs pourraient avoir eue de
« la disposition par d'autres voies que celle de la transcrip-
« tion. »

Art. 179. « Les donataires, les légataires, ni même les hé- 1072
« ritiers légitimes de celui qui aura fait la disposition, ni pa-
« reillement leurs donataires, légataires ou héritiers, ne
« pourront en aucun cas opposer aux appelés le défaut de
« transcription ou inscription. »

Art. 180. « Le tuteur nommé pour l'exécution sera person- 1073
« nellement responsable, s'il ne s'est pas en tout point con-
« formé aux règles ci-dessus établies pour constater les
« biens, pour la vente du mobilier, pour l'emploi des de-
« niers, pour la transcription et l'inscription, et en général
« s'il n'a pas fait toutes les diligences nécessaires pour que
« la charge de restitution soit bien et fidèlement acquittée. »

Art. 181. « Si le grevé est mineur, il ne pourra, dans le 1074
« cas même de l'insolvabilité de son tuteur, être restitué
« contre l'inexécution des règles qui lui sont prescrites par
« les articles du présent chapitre. »

CHAPITRE VI.

Des Partages faits par père, mère, ou autres ascendans,
entre leurs descendans.

Art. 182. « Les père et mère et autres ascendans pourront 1075
« faire, entre leurs enfans et descendans, la distribution et
« le partage de leurs biens. »

Art. 183. « Ces partages pourront être faits par actes entre- 1076
« vifs ou testamentaires, avec les mêmes formalités, condi-
« tions et règles prescrites pour les donations entre-vifs et
« testamens.

« Les partages faits par actes entre-vifs ne pourront avoir
« pour objet que les biens présens. »

Art. 184. « Si tous les biens que l'ascendant laissera au 1077
« jour de son décès n'ont pas été compris dans le partage,
« ceux de ces biens qui n'y auront pas été compris seront
« partagés conformément à la loi. »

Art. 185. « Si le partage n'est pas fait entre tous les enfans 1078

« qui existeront à l'époque du décès et les descendans de ceux
« prédécédés, le partage sera nul pour le tout. Il en pourra
« être provoqué un nouveau dans la forme légale, soit par
« les enfans ou descendans qui n'y auront reçu aucune part,
« soit même par ceux entre qui le partage aurait été fait. »

1079　　Art. 186. « Le partage fait par l'ascendant pourra être
« attaqué pour cause de lésion de plus du quart ; il pourra
« l'être aussi dans le cas où il résulterait du partage et des
« dispositions faites par préciput que l'un des copartagés
« aurait un avantage plus grand que la loi ne le permet. »

1080　　Art. 187. « L'enfant qui, pour une des causes exprimées
« en l'article précédent, attaquera le partage fait par l'as-
« cendant, devra faire l'avance des frais de l'estimation ; et
« il les supportera en définitif, ainsi que les dépens de la
« contestation, si la réclamation n'est pas fondée. »

CHAPITRE VII.

Des Donations faites par contrat de mariage aux époux et
aux enfans à naître du mariage.

1081　　Art. 188. « Toute donation entre-vifs de biens présens,
« quoique faite par contrat de mariage aux époux ou à l'un
« d'eux, sera soumise aux règles générales prescrites pour
« les donations faites à ce titre.

« Elle ne pourra avoir lieu au profit des enfans à naître, si
« ce n'est dans les cas énoncés au chapitre V ci-dessus. »

1082　　Art. 189. « Les pères et mères, les autres ascendans, les
« parens collatéraux des époux, et même les étrangers,
« pourront, par contrat de mariage, donner tout ou partie
« des biens qu'ils laisseront au jour de leur décès, tant au
« profit desdits époux qu'au profit des enfans à naître de
« leur mariage, dans le cas où le donateur survivrait à l'é-
« poux donataire.

« Pareille donation, quoique faite au profit seulement des
« époux ou de l'un d'eux, sera toujours, dans ledit cas de

« survie du donateur, présumée faite au profit des enfans et
« descendans à naître du mariage. »

Art. 190. « La donation, dans la forme portée au précédent 1083
« article, sera irrévocable, en ce sens seulement que le do-
« nateur ne pourra plus disposer à titre gratuit des objets
« compris dans la donation, si ce n'est pour sommes modi-
« ques, à titre de récompense ou autrement. »

Art. 191. « La donation par contrat de mariage pourra 1084
« être faite cumulativement des biens présens et à venir, en
« tout ou en partie ; à la charge qu'il sera annexé à l'acte un
« état des dettes et charges du donateur existantes au jour
« de la donation : auquel cas il sera libre au donataire, lors
« du décès du donateur, de s'en tenir aux biens présens, en
« renonçant au surplus des biens du donateur. »

Art. 192. « Si l'état dont est mention au précédent article 1085
« n'a point été annexé à l'acte contenant donation des biens
« présens et à venir, le donataire sera obligé d'accepter ou
« de répudier cette donation pour le tout. En cas d'accepta-
« tion il ne pourra réclamer que les biens qui se trouveront
« existans au jour du décès du donateur, et il sera soumis au
« paiement de toutes les dettes et charges de la succession. »

Art. 193. « La donation par contrat de mariage en faveur 1086
« des époux et des enfans à naître de leur mariage pourra
« encore être faite à condition de payer indistinctement
« toutes les dettes et charges de la succession du donateur,
« ou sous d'autres conditions dont l'exécution dépendrait de
« sa volonté, par quelques personnes que la donation soit
« faite : le donataire sera tenu d'accomplir ces conditions,
« s'il n'aime mieux renoncer à la donation ; et en cas que le
« donateur, par contrat de mariage, se soit réservé la liberté
« de disposer d'un effet compris dans la donation de ses
« biens présens, ou d'une somme fixe à prendre sur ces
« mêmes biens, l'effet ou la somme, s'il meurt sans en avoir
« disposé, seront censés compris dans la donation, et appar-
« tiendront au donataire ou à ses héritiers. »

1087   Art. 194. « Les donations faites par contrat de mariage ne
« pourront être attaquées ni déclarées nulles sous prétexte
« de défaut d'acceptation. »

1088   Art. 195. « Toute donation faite en faveur du mariage
« sera caduque si le mariage ne s'ensuit pas. »

1089   Art. 196. « Les donations faites à l'un des époux dans les
« termes des articles 189, 191 et 193 ci-dessus deviendront
« caduques, si le donateur survit à l'époux donataire et à sa
« postérité. »

1090   Art. 197. « Toutes donations faites aux époux par leur con-
« trat de mariage seront, lors de l'ouverture de la succes-
« sion du donateur, réductibles à la portion dont la loi lui
« permettait de disposer. »

CHAPITRE VIII.

Des Dispositions entre époux, soit par contrat de mariage,
soit pendant le mariage.

1091   Art. 198. « Les époux pourront, par contrat de mariage,
« se faire réciproquement, ou l'un des deux à l'autre, telle
« donation qu'ils jugeront à propos, sous les modifications
« ci-après exprimées. »

1092   Art. 199. « Toute donation entre-vifs de biens présens,
« faite entre époux par contrat de mariage, ne sera point
« censée faite sous la condition de survie du donataire, si
« cette condition n'est formellement exprimée; et elle sera
« soumise à toutes les règles et formes ci-dessus prescrites
« pour ces sortes de donations. »

1093   Art. 200. « La donation de biens à venir, ou de biens pré-
« sens et à venir, faite entre époux par contrat de mariage,
« soit simple, soit réciproque, sera soumise aux règles éta-
« blies par le chapitre précédent, à l'égard des donations
« pareilles qui leur seront faites par un tiers; sauf qu'elle ne
« sera point transmissible aux enfans issus du mariage, en
« cas de décès de l'époux donataire avant l'époux donateur. »

Art. 201. « L'époux pourra, soit par contrat de mariage, 1094
« soit pendant le mariage, pour le cas où il ne laisserait point
« d'enfans ni descendans, disposer en faveur de l'autre époux,
« en propriété, de tout ce dont il pourrait disposer en fa-
« veur d'un étranger, et en outre de l'usufruit de la totalité
« de la portion dont la loi prohibe la disposition au préju-
« dice des héritiers;

« Et pour le cas où l'époux donateur laisserait des enfans
« ou descendans, il pourra donner à l'autre époux ou un
« quart en propriété, et un autre quart en usufruit, ou la
« moitié de tous ses biens en usufruit seulement. »

Art. 202. « Le mineur ne pourra, par contrat de mariage, 1095
« donner à l'autre époux, soit par donation simple, soit par
« donation réciproque, qu'avec le consentement et l'assis-
« tance de ceux dont le consentement est requis pour la va-
« lidité de son mariage; et avec ce consentement, il pourra
« donner tout ce que la loi permet à l'époux majeur de
« donner à l'autre conjoint. »

Art. 203. « Toutes donations faites entre époux pendant 1096
« le mariage, quoique qualifiées entre-vifs, seront toujours
« révocables.

« La révocation pourra être faite par la femme sans y être
« autorisée par le mari ni par justice.

« Ces donations ne seront point révoquées par la surve-
« nance d'enfans. »

Art. 204. « Les époux ne pourront, pendant le mariage, 1097
« se faire, ni par acte entre-vifs, ni par testament, aucune
« donation mutuelle et réciproque par un seul et même
« acte. »

Art. 205. « L'homme ou la femme qui, ayant des enfans 1098
« d'un autre lit, contractera un second ou subséquent ma-
« riage, ne pourra donner à son nouvel époux qu'une part
« d'enfant légitime le moins prenant, et sans que, dans
« aucun cas, ces donations puissent excéder le quart des
« biens. »

1099   Art. 206. « Les époux ne pourront se donner indirecte-
« ment au-delà de ce qui leur est permis par les dispositions
« ci-dessus.

« Toute donation, ou déguisée ou faite à personnes inter-
« posées, sera nulle. »

1100   Art. 207. « Seront réputées faites à personnes interposées
« les donations de l'un des époux aux enfans ou à l'un des
« enfans de l'autre époux issus d'un autre mariage, et celles
« faites par le donateur aux parens dont l'autre époux sera
« héritier présomptif au jour de la donation, encore que ce
« dernier n'ait point survécu à son parent donataire. »

M. Bigot-Préameneu fut nommé avec MM. Thibaudeau
et Duchâtel, pour présenter au Corps législatif, dans sa
séance du 2 floréal an XI (22 avril 1803), le projet de
loi formant le titre II du livre III du projet de Code civil,
et pour en soutenir la discussion dans sa séance du 13
floréal.

PRÉSENTATION AU CORPS LÉGISLATIF,

ET EXPOSÉ DES MOTIFS, PAR M. BIGOT-PRÉAMENEU.

Législateurs, le titre du Code civil qui a pour objet les
donations entre-vifs et les testamens rappelle tout ce qui
peut intéresser l'homme le plus vivement, tout ce qui peut
captiver ses affections. Vous allez prononcer sur son droit de
propriété, sur les bornes de son indépendance dans l'exercice de ce droit; vous allez poser la principale base de l'autorité des pères et mères sur leurs enfans, et fixer les rapports de fortune qui doivent unir entre eux tous les autres
parens; vous allez régler quelle est, dans les actes de bienfaisance, et dans les témoignages d'amitié ou de reconnais-

sance, la liberté compatible avec les devoirs de famille.

Il est difficile de convaincre celui qui est habitué à se regarder comme maître absolu de sa fortune qu'il n'est pas dépouillé d'une partie de son droit de propriété lorsqu'on veut l'assujétir à des règles, soit sur la quantité des biens dont il entend disposer, soit sur les personnes qui sont l'objet de son affection, soit sur les formes avec lesquelles il manifeste sa volonté.

Ce sentiment d'indépendance dans l'exercice du droit de propriété acquiert une nouvelle force à mesure que l'homme avance dans sa carrière.

Lorsque la nature et la loi l'ont établi le chef et le magistrat de sa famille, il ne peut exercer ses droits et ses devoirs, s'il n'a pas les moyens de récompenser les uns, de punir les autres, d'encourager ceux qui se portent au bien, de donner des consolations à ceux qui éprouvent les disgrâces de la nature ou les revers de la fortune; ces moyens sont principalement dans le meilleur emploi de son patrimoine et dans la distribution que sa justice et sa sagesse lui indiquent.

Celui qui a perdu les auteurs de ses jours, et qui n'a pas le bonheur d'être père, croit encore avoir droit à une plus grande indépendance dans ses dispositions : il n'a de penchant à suivre que celui de ses affections ou de la reconnaissance. Si ses parens ont rompu ou n'ont point entretenu les liens qui les ont unis, il ne croit avoir à remplir envers eux aucun devoir.

C'est surtout lorsque l'homme voit approcher le terme de sa vie qu'il s'occupe le plus du sort de ceux qui doivent après sa mort le représenter. C'est alors qu'il prévoit l'époque où il ne pourra plus, en tenant une balance juste, rendre heureux tous les membres de sa famille, et où les bons parens envers lesquels il avait réellement des devoirs à remplir ne se distingueront plus de ceux qui n'aspiraient qu'à la possession de ses biens.

C'est dans le temps où la Parque fatale commence à être

menaçante, que l'homme cherche sa consolation, et le moyen de se résigner avec moins de peine à la mort, en faisant à son gré la disposition de sa fortune.

Quelques jurisconsultes opposent à ces idées d'indépendance dans l'exercice du droit de propriété, que celui qui dispose pour le temps où il n'existera plus n'exerce point un droit naturel; qu'il n'y a de propriété que dans la possession qui finit avec la vie; que la transmission des biens après la mort du possesseur appartient à la loi civile, dont l'objet est de prévenir le désordre auquel la société serait exposée, si ces biens étaient alors la proie du premier occupant, ou s'il fallait les partager entre tous les membres de la société comme une chose devenue commune à tous.

Ces jurisconsultes prétendent que l'ordre primitif et fondamental de la transmission des biens après la mort est celui des successions *ab intestat*, et que si l'homme a quelque pouvoir de disposer pour le temps où il n'existera plus, c'est un bienfait de la loi; que c'est une portion de son pouvoir qu'elle lui cède en posant les bornes qu'il ne peut excéder, et les formes auxquelles il est assujéti; que la transmission successive des propriétés n'aurait pu être abandonnée à la volonté de l'homme, volonté qui n'eût pas toujours été manifestée, qui souvent est le jouet des passions, qui, trop variable, n'eût point suffi pour établir l'ordre général que le maintien de la société exige, et que la loi seule peut calculer sur des règles équitables et fixes.

Ce système est combattu par d'autres publicistes qui le regardent comme pouvant ébranler les fondemens de l'ordre social, en altérant les principes sur le droit de propriété. Ils pensent que ce droit consiste essentiellement dans l'usage que chacun peut faire de ce qui lui appartient; que si sa disposition ne doit avoir lieu qu'après sa mort, elle n'en est pas moins faite pendant sa vie, et qu'en lui contestant la liberté de disposer c'est réduire sa propriété à un simple usufruit.

Au milieu de ces discussions, il est un guide que l'on peut

suivre avec sûreté : c'est la voix que la nature a fait entendre à tous les peuples, et qui a dicté presque toutes les législations.

Les liens du sang qui unissent et qui constituent les familles sont formés par les sentimens d'affection que la nature a mis dans le cœur des parens les uns pour les autres. L'énergie de ces sentimens augmente en raison de la proximité de parenté, et elle est portée au plus haut degré entre les pères et mères et leurs enfans.

Il n'est aucun législateur sage qui n'ait considéré ces différens degrés d'affection comme lui présentant le meilleur ordre pour la transmission des biens.

Ainsi la loi civile, pour être parfaite à cet égard, n'a rien à créer, et les législateurs ne s'en sont écartés que quand ils ont sacrifié à l'intérêt de leur puissance le plus grand avantage et la meilleure organisation des familles.

Lorsque la loi ne doit suivre que les mouvemens même de la nature ; lorsque, pour la transmission des biens, c'est le cœur de chaque membre de la famille qu'elle doit consulter, on pourrait regarder comme indifférent que la transmission des biens se fît par la volonté de l'homme, ou que ce fût par l'autorité de la loi.

Il est cependant, en partant de ces premières idées, un avantage certain à laisser agir jusqu'à un certain degré la volonté de l'homme.

La loi ne saurait avoir pour objet que l'ordre général des familles. Ses regards ne peuvent se fixer sur chacune d'elles, ni pénétrer dans son intérieur pour calculer les ressources, la conduite, les besoins de chacun de ses membres, et pour régler ce qui conviendrait le mieux à sa prospérité.

Ce sont des moyens de conservation que le père de famille peut seul avoir. Sa volonté sera donc mieux adaptée aux besoins et aux avantages particuliers de sa famille.

L'avantage que la loi peut retirer, en laissant agir la volonté de l'homme, est trop précieux pour qu'elle le néglige, et dès lors, elle n'a plus à prévoir que les inconvéniens qui pourraient résulter de ce qu'on aurait entièrement livré le sort des familles à cette volonté.

Elle peut n'avoir pas été manifestée, soit par négligence, soit par l'incertitude du dernier moment; elle peut aussi être dégradée par des passions injustes : mais soit que le chef de famille n'ait pas rempli sa mission, soit qu'il ait violé les devoirs et les sentimens naturels, la loi ne devra se mettre à sa place que pour réparer ses omissions ou ses torts.

Si la volonté n'a pas été manifestée, la loi n'a point à établir une règle nouvelle : elle se conforme, dans l'ordre des successions, à ce que font les parens lorsqu'ils suivent les degrés naturels de leur affection. Si ce n'est pas la volonté déclarée de celui qui est mort, c'est sa volonté présumée qui exerce son empire.

Lorsqu'elle est démentie par la raison; lorsqu'au lieu de l'exercice du plus beau droit de la nature, c'est un outrage qui lui est fait; lorsqu'au lieu du sentiment qui porte à conserver, c'est un sentiment de destruction et de désorganisation qui a dicté cette volonté, la loi ne fait encore que la dégager des passions nuisibles pour lui conserver ce qu'elle a de raisonnable. Elle n'anéantit point les libéralités excessives; elle ne fait que les réduire. La volonté reste entière dans tout ce qu'elle a de compatible avec l'ordre public.

Ainsi les propriétaires les plus jaloux de leur indépendance n'ont rien à regretter : ils ne peuvent la regarder comme altérée par la loi civile, soit que cette loi supplée à leur volonté non manifestée, en établissant l'ordre des successions, soit que, par des règles sur les donations et les testamens, elle contienne cette volonté dans des bornes raisonnables.

Que la faculté de disposer de ses biens soit un bienfait de la loi, ou que ce soit l'exercice du droit de propriété, rien n'est plus indifférent, pourvu que la loi ne soit pas contraire aux principes qui viennent d'être exposés. S'il en était autrement ; si le législateur, dirigé par des vues politiques, avait rejeté le plan tracé par la nature pour la transmission des biens ; si la faculté de disposer était resserrée dans des limites trop étroites, il serait dérisoire de soutenir que cette faculté ainsi réduite fût encore un bienfait, et que, sous l'empire d'une pareille loi, il y eût un libre exercice du droit de propriété.

Mais heureusement le système dans lequel la faculté de disposer a toute l'étendue que comportent les sentimens et les devoirs de famille est celui qui s'adapte le mieux à toutes les formes de gouvernement, à moins que le gouvernement ne soit absolument despotique.

En effet, lorsque les familles auront un intérêt politique à ce que la distribution des biens reçoive des modifications, d'une part cet intérêt entrera dans les calculs du père de famille, et de l'autre son ambition ou sa vanité seront contenues par les devoirs que la loi ne lui permettra pas de transgresser. La loi qui donnerait à l'ambition la facilité de sacrifier ces devoirs serait destructive des familles, et, sous aucun rapport, elle ne pourrait être bonne.

Il faut encore observer que la loi civile, qui s'écarte le moins de la loi naturelle par cela même qu'elle est susceptible de se plier aux différentes formes de gouvernement, est aussi celle qui peut le mieux fixer le droit de propriété, et le préserver d'être ébranlé par les révolutions.

Lorsque la faculté de disposer, renfermée dans de justes bornes, présente de si grands avantages, il n'est point surprenant qu'elle se trouve consacrée dans presque toutes les législations.

Les plus anciens monumens de l'histoire fournissent les preuves de l'usage des testamens, sans que l'on puisse y découvrir l'époque où cet usage a commencé.

Il eut lieu chez les Égyptiens.

On le retrouve dans les villes de Lacédémone, d'Athènes, et dans toutes les contrées de la Grèce.

Lorsque environ trois cents ans après la fondation de Rome, ses députés revinrent d'Athènes avec le recueil de lois qu'ils adoptèrent, celle qui concerne les testamens est exprimée en ces termes : *Pater familias uti legassit super familia pecuniaque sua ita jus esto.*

Ainsi les Romains, pénétrés alors plus que jamais du sentiment de la liberté publique, ne lui trouvèrent pas de fondement plus solide qu'en donnant au père de famille une autorité absolue. Ils craignirent sans doute que la loi ne s'égarât plutôt que l'affection des pères, et cette grande mesure fut une des bases de leur gouvernement.

Les testamens étaient connus dans les Gaules avant que le droit romain y fût introduit. *Marculfe*, dans son recueil de formules, nous a conservé celles qu'on employait pour transmettre ainsi ses biens.

La faculté de disposer, soit par donation, soit par testament, fait partie de la législation de tous les peuples de l'Europe.

Chez les uns, et c'est, comme on l'a déjà observé, le plus grand nombre, les législateurs ont pris pour base de tout leur système la présomption des différens degrés d'affection des parens entre eux, et leur confiance dans cette affection les a déterminés à laisser aux parens eux-mêmes toute la liberté qui est compatible avec les devoirs que la nature ne permet pas de transgresser.

D'autres législateurs ont aussi établi l'ordre de succéder sur les présomptions d'affection, suivant les degrés de parenté ; mais, par une sorte de contradiction, n'ayant aucune confiance dans les parens, ils ont mis des bornes étroites à la faculté de disposer envers leurs parens. Cette volonté a même été dans quelques pays entièrement enchaînée.

D'autres enfin se sont écartés de ces principes; ils ont cru qu'ils pouvaient mettre au nombre des ressorts de leur autorité le mode de transmission et de répartition des biens. Ils ne se sont pas bornés à donner une impulsion à la volonté de l'homme, ils l'ont rendue presque nulle en ne lui confiant qu'une petite partie de biens.

On n'a point hésité, dans la loi qui vous est proposée, à donner la préférence au système fondé sur les degrés d'affection entre parens, et sur la confiance à laquelle cette affection leur donne droit.

Après avoir posé ce principe fondamental sur la transmission des biens, il a fallu en déduire les conséquences.

Déjà celles qui sont relatives aux biens des personnes qui meurent sans en avoir disposé vous ont été présentées dans le titre *des Successions*.

Il reste à régler ce qui concerne les donations entre-vifs et les testamens.

Il faut d'abord établir les principes généraux, fixer ensuite la quotité des biens dont on pourra disposer, et enfin prescrire des formes suffisantes pour constater la volonté de celui qui dispose, et pour en assurer l'exécution. Tel est le plan général et simple de cette importante loi.

Parmi les règles communes à tous les genres de disposi- 896 tions, et que l'on a placées en tête de la loi, la plus importante est celle qui confirme l'abolition des substitutions fidéicommissaires.

Cette manière de disposer, dont on trouve les premières traces dans la législation romaine, n'entra point dans son système primitif de transmission des biens. Le père de famille put, avec une entière indépendance, distribuer sa fortune entre ceux qui existaient pour la recueillir. Ils n'eurent point l'autorité de créer à leur gré un ordre de succession, et d'enlever ainsi la prérogative de ceux qui, dans chaque génération, devaient aussi être investis de la même magistrature.

L'esprit de fraude introduisit les substitutions : l'ambition se saisit de ce moyen, et l'a perpétué.

On avait réussi à éluder la loi pour avantager des personnes incapables de recevoir; on essaya le même moyen pour opérer une transmission successive au profit même de ceux qui ne seraient point sous le coup des lois exclusives.

Ce ne fut que sous *Auguste*, dans le huitième siècle depuis la fondation de Rome, que les fidéicommis au profit de personnes capables furent autorisés par les lois.

En France, on comptait dix coutumes, qui formaient environ le cinquième de son territoire, où la liberté de substituer avait été défendue, ou au moins resserrée dans des bornes très-étroites.

Dans le reste de la France, les substitutions furent d'abord admises d'une manière aussi indéfinie que chez les Romains, qui n'avaient point mis de bornes à leur durée.

Il était impossible de concilier avec l'intérêt général de la société cette faculté d'établir un ordre de succession perpétuel et particulier à chaque famille, et même un ordre particulier à chaque propriété qui était l'objet des substitutions. L'ordonnance d'Orléans, de 1560, régla que celles qui seraient faites à l'avenir ne pourraient excéder deux degrés; mais ce remède n'a point fait cesser les maux qu'entraîne cette manière de disposer.

L'expérience a prouvé que, dans les familles opulentes, cette institution, n'ayant pour but que d'enrichir l'un de ses membres en dépouillant les autres, était un germe toujours renaissant de discorde et de procès. Les parens nombreux qui étaient sacrifiés et que le besoin pressait n'avaient de ressource que dans les contestations qu'ils élevaient, soit sur l'interprétation de la volonté, soit sur la composition du patrimoine, soit sur la part qu'ils pouvaient distraire des biens substitués, soit enfin sur l'omission ou l'irrégularité des formes exigées.

Chaque grevé de substitution n'étant qu'un simple usufruitier, avait un intérêt contraire à celui de toute amélioration; ses efforts tendaient à multiplier et à anticiper les produits qu'il pourrait retirer des biens substitués au préjudice de ceux qui seraient appelés après lui, et qui chercheraient à leur tour une indemnité dans de nouvelles dégradations.

Une très-grande masse de propriétés se trouvait perpétuellement hors du commerce ; les lois qui avaient borné les substitutions à deux degrés n'avaient point paré à cet inconvénient : celui qui, aux dépens de sa famille entière, avait joui de toutes les prérogatives attachées à un nom distingué et à un grand patrimoine, ne manquait pas de renouveler la même disposition ; et si, par le droit, chacune d'elles était limitée à un certain temps, elles devenaient, par le fait de leur renouvellement, des substitutions perpétuelles.

Ceux qui déjà étaient chargés des dépouilles de leurs familles avaient la mauvaise foi d'abuser des substitutions pour dépouiller aussi leurs créanciers : une grande dépense faisait présumer de grandes richesses ; le créancier qui n'était pas à portée de vérifier les titres de propriété de son débiteur, ou qui négligeait de faire cette perquisition, était victime de sa confiance ; et dans les familles auxquelles les substitutions conservaient les plus grandes masses de fortune, chaque génération était le plus souvent marquée par une honteuse faillite.

Les substitutions ne conservaient des biens dans une famille qu'en sacrifiant tous ses membres pour réserver à un seul l'éclat de la fortune ; une pareille répartition ne pouvait être établie qu'en étouffant tous les sentimens de cette affection qui est la première base d'une juste transmission des biens entre les parens. Il ne saurait y avoir un plus grand vice dans l'organisation d'une famille, que celui de tenir dans le néant tous ses membres pour donner à un seul une grande existence ; de réduire ceux que la nature a faits égaux à implorer les secours et la bienfaisance du possesseur d'un patrimoine qui devrait être commun : et rarement l'opulence, surtout lorsque son origine n'est pas pure, inspire des sentimens de bienfaisance et d'équité.

Enfin, si les substitutions peuvent être mises au nombre des institutions politiques, on y supplée d'une manière suffisante et propre à prévenir les abus, en donnant pour disposer toute la liberté compatible avec les devoirs de famille.

Ce sont tous ces motifs qui ont déterminé à confirmer l'abolition des substitutions, déjà prononcée par la loi d'octobre 1792.

ch. 2. Les règles sur la capacité de donner ou de recevoir par donations entre-vifs ou par testament font la matière du deuxième chapitre.

902 Il résulte des principes déjà exposés sur le droit de propriété, que toute personne peut donner ou recevoir de l'une et de l'autre manière, à moins que la loi ne l'en déclare incapable.

901 La volonté de celui qui dispose doit être certaine.

Cette volonté ne peut même pas exister s'il n'est pas sain d'esprit.

Il a suffi d'énoncer ainsi ce principe général, afin de laisser aux juges la plus grande liberté dans son application.

903-904 Celui qui dispose de sa fortune doit aussi être parvenu à l'âge où il peut avoir la réflexion et les connaissances propres à le diriger.

La loi ne peut à cet égard être établie que sur des présomptions.

Il fallait choisir entre celle qui résulte de l'émancipation et celle que l'on peut induire d'un nombre fixe d'années.

Plusieurs motifs s'opposaient à ce qu'on prît pour règle l'émancipation.

Les père et mère peuvent émanciper leur enfant lorsqu'il a quinze ans révolus. On leur a donné ce droit en comptant que leur affection continuerait à guider l'enfant qui n'aurait pas encore, dans un âge aussi tendre, les connaissances suffisantes pour diriger sa conduite; c'est aussi par ce motif que le mineur qui a perdu ses père et mère ne peut être émancipé avant dix-huit ans.

Cependant la faculté de disposer doit être exercée par un acte de volonté propre et indépendante des père et mère ou des tuteurs. La volonté ne pouvait pas être présumée raisonnable à l'égard de certains mineurs à quinze ans, à l'égard des autres à dix-huit seulement.

Cette volonté n'eût pas été indépendante, si les mineurs n'avaient pu l'exercer que dans le cas où ils auraient été émancipés, soit par leur pères ou mères, soit à la demande de leurs parens. La crainte que le mineur ne fît des dispositions contraires à leurs intérêts eût pu quelquefois être un obstacle à l'émancipation.

D'ailleurs, dans l'état actuel de la civilisation, un mineur a reçu avant l'âge de seize ans une instruction suffisante pour être attaché à ses devoirs envers ses parens. La volonté du mineur parvenu à la seizième année peut avoir acquis une maturité suffisante pour qu'il soit à cet égard le maître, non de la totalité de sa fortune, mais seulement de la moitié des biens dont la loi permet au majeur de disposer.

Cependant on a fait une distinction juste entre les donations entre-vifs et celles par testament. La présomption que la disposition faite par le mineur, pour le temps où il n'existerait plus, serait raisonnable, ne pouvait s'appliquer aux donations entre-vifs, par lesquelles le mineur se dépouillerait irrévocablement de sa propriété. Cela serait contraire au principe suivant lequel il ne peut faire, même à titre onéreux, l'aliénation de la moindre partie de ses biens. Dans les donations entre-vifs, la loi présume que le mineur serait la victime de ses passions. Dans les dispositions testamentaires, l'approche ou la perspective de la mort ne lui permettra plus de s'occuper que des devoirs de famille ou de reconnaissance.

Il ne suffit pas que la volonté soit certaine, il faut encore 907 909 qu'elle n'ait pas été contrainte ou extorquée par l'empire qu'aurait eu sur l'esprit du donateur celui au profit duquel est la disposition.

Cet empire est tel de la part d'un tuteur sur son mineur, et les abus seraient à cet égard si multipliés, qu'il a été né-

cessaire d'interdire au mineur émancipé la faculté de disposer, même par testament, au profit de son tuteur.

On n'a pas voulu que les tuteurs pussent concevoir l'espérance qu'au moyen des dispositions qu'ils obtiendraient de
leurs mineurs parvenus à la majorité, ils pourraient se
dispenser du compte définitif de tutelle. Tous les droits de
la minorité continuent même au profit du majeur contre
celui qui a été son tuteur, jusqu'à ce que les comptes soient
rendus et apurés ; et l'expérience a prouvé qu'il était nécessaire d'interdire au mineur devenu majeur la faculté de renoncer à ce compte. Cette règle serait facilement éludée, si
des donations entre-vifs ou testamentaires acquittaient le
tuteur et rendaient ses comptes inutiles.

On a seulement excepté les pères et mères ou autres ascendans ; et, quoiqu'ils soient tuteurs, la piété filiale doit se
présumer plutôt que la violence ou l'autorité.

La loi regarde encore comme ayant trop d'empire sur l'esprit de celui qui dispose, et qui est atteint de la maladie dont
il meurt, les médecins, les chirurgiens, les officiers de santé
ou les pharmaciens qui le traitent. On n'a point cependant
voulu que le malade fût privé de la satisfaction de leur donner
quelques témoignages de reconnaissance, eu égard à sa fortune et aux services qui lui auraient été rendus.

Il eût aussi été injuste d'interdire les dispositions, celles
même qui seraient universelles, faites dans ce cas par un
malade au profit de ceux qui le traiteraient et qui seraient ses
parens. S'il y avait des héritiers en ligne directe, du nombre
desquels ils ne seraient pas, la présomption qui est la cause
de leur incapacité reprendrait toute sa force.

911   Ce serait en vain que la loi aurait, par ces motifs, déclaré
les personnes qui viennent d'être désignées incapables de recevoir, si l'on pouvait déguiser la donation entre-vifs sous le
titre de contrats onéreux, ou si l'on pouvait disposer sous le
nom de personnes interposées.

C'est à la prudence des juges, lorsque le voile qui cache

la fraude est soulevé, à ne se déterminer que sur des preuves, ou au moins sur des présomptions assez fortes pour que les actes dont la fraude s'est enveloppée ne méritent plus aucune confiance. Si c'est un acte déguisé sous un titre onéreux, il doit être annulé, lorsqu'il est prouvé que celui qui l'a passé n'a pas voulu faire un contrat onéreux qui lui était permis, mais que son intention a été d'éluder la loi en disposant au profit d'une personne incapable.

On a désigné les personnes que les juges pourront toujours regarder comme interposées : ce sont les père et mère, les descendans, et l'époux de la personne incapable.

La loi garde le silence sur le défaut de liberté qui peut ré- ap. 911 sulter de la suggestion et de la captation, et sur le vice d'une volonté déterminée par la colère ou par la haine. Ceux qui ont entrepris de faire annuler des dispositions par de semblables motifs n'ont presque jamais réussi à trouver des preuves suffisantes pour faire rejeter des titres positifs; et peut-être vaudrait-il mieux, pour l'intérêt général, que cette source de procès ruineux et scandaleux fût tarie, en déclarant que ces causes de nullité ne seraient pas admises : mais alors la fraude et les passions auraient cru avoir dans la loi même un titre d'impunité. Les circonstances peuvent être telles que la volonté de celui qui a disposé n'ait pas été libre, ou qu'il ait été entièrement dominé par une passion injuste. C'est la sagesse des tribunaux qui pourra seule apprécier ces faits, et tenir la balance entre la foi due aux actes et l'intérêt des familles; ils empêcheront qu'elles ne soient dépouillées par les gens avides qui subjuguent les mourans, ou par l'effet d'une haine que la raison et la nature condamnent.

On ne met pas au nombre des incapables de recevoir, les 910 hospices, les pauvres d'une commune et les établissemens d'utilité publique. Il est au contraire à désirer que l'esprit de bienfaisance qui caractérise les Français répare les pertes que ces établissemens ont faites pendant la révolution ; mais il faut que le gouvernement les autorise. Ces dispositions sont

sujettes à des règles dont il doit maintenir l'exécution : il
doit connaître la nature et la quantité des biens qu'il met
ainsi hors du commerce ; il doit même empêcher qu'il n'y ait
dans ces dispositions un excès condamnable.

912   Une dernière règle à rappeler sur la capacité de disposer
est celle qui établit la réciprocité entre les Français et les
étrangers. On ne pourra disposer au profit d'un étranger que
dans le cas où un étranger pourrait disposer au profit d'un
Français.

ch. 3.   Après avoir établi ces principes préliminaires sur les caractères d'une volonté certaine et raisonnable, sans laquelle
on est incapable de disposer, la loi pose les règles qui sont le
principal objet de ce titre du Code, règles qui doivent avoir
une si grande influence sur les mœurs de la nation et sur le
bonheur des familles. Elle fixe quelle sera la portion de biens
disponible.

Il est sans doute à présumer que chacun, en suivant son
affection, ferait de sa fortune la répartition la plus convenable au bonheur de sa famille et aux droits naturels de ses
héritiers les plus proches, et que cette affection serait encore
moins sujette à s'égarer dans le cœur de celui qui laisserait
une postérité.

Mais lors même que la loi a cette confiance, elle doit prévoir qu'il est des abus inséparables de la faiblesse et des passions humaines, et qu'il est des devoirs dont elle ne peut,
en aucun cas, autoriser la violation.

913   Les pères et mères qui ont donné l'existence naturelle ne
doivent point avoir la liberté de faire arbitrairement perdre,
sous un rapport aussi essentiel que celui de la fortune, l'existence civile ; et s'ils doivent rester libres dans l'exercice de
leur droit de propriété, ils doivent aussi remplir les devoirs
que la paternité leur a imposés envers leurs enfans et envers
la société.

C'est pour faire connaître aux pères de famille les bornes
au-delà desquelles ils seraient présumés abuser de leur droit

de propriété, en manquant à leurs devoirs de pères et de citoyens, que, dans tous les temps et chez presque tous les peuples policés, la loi a réservé aux enfans, sous le titre de légitime, une certaine quotité des biens de leurs ascendans.

Chez les Romains, le droit du Digeste et du Code avait réduit au quart des biens la légitime des enfans.

Elle fut augmentée par la 18e novelle, qui la fixa au tiers s'il y avait quatre enfans ou moins, et à moitié s'ils étaient cinq ou plus.

On distinguait en France les pays de droit écrit et ceux de coutume.

Dans presque tous les pays de droit écrit, la légitime en ligne directe et descendante était la même que celle établie par la novelle.

Les coutumes étaient à cet égard distinguées en plusieurs classes.

Les unes adoptaient ou modifiaient les règles du droit écrit;

D'autres, et de ce nombre était la coutume de Paris, établissaient spécialement une légitime.

Quant aux coutumes où elle n'était pas fixée, l'usage ou la jurisprudence y avaient admis les règles du droit romain ou celles de la coutume de Paris, à l'exception de quelques modifications que l'on trouve dans un petit nombre de ces coutumes.

Celle de Paris a fixé la légitime à la moitié de la part que chaque enfant aurait eue dans la succession de ses père et mère et des autres ascendans, s'ils n'avaient fait aucune disposition entre-vifs ou testamentaire.

Pendant la révolution, la loi du 17 nivose an II (art. 16) avait limité au dixième du bien la faculté de disposer, si l'on avait des héritiers en ligne directe.

La loi du 4 germinal an VIII a rendu aux pères et mères une partie de leur ancienne liberté : elle a permis les libéralités qui n'excéderaient pas le quart des biens s'ils laissaient moins de quatre enfans, le cinquième s'ils en laissaient quatre, le sixième s'ils étaient au nombre de cinq, et ainsi de suite.

En faisant le projet de loi qui vous est présenté, on avait à examiner les avantages et les inconvéniens de chacune de ces règles, afin de reconnaître celle qui serait fondée sur la combinaison la plus juste du droit de disposer et des devoirs de la paternité.

A Rome, il entrait dans le système du gouvernement d'un peuple guerrier que les chefs de famille eussent une autorité absolue, sans craindre que la nature en fût outragée. Lorsque sa civilisation se perfectionna, et que l'on voulut modifier des mœurs antiques, il aurait été impossible de les régler comme si c'eût été une institution nouvelle. Non seulement chaque père entendait jouir sans restriction de son droit de propriété, mais encore il avait été constitué le législateur de sa famille. Mettre des bornes au droit de disposer, c'était dégrader cette magistrature suprême. Aussi, pendant plus de douze siècles, la légitime des enfans, quel que fût leur nombre, ne fut-elle pas portée au-delà du quart des biens. Ce ne fut qu'au déclin de ce grand empire que les enfans obtinrent, à ce titre, le tiers des biens s'ils étaient au nombre de quatre ou au-dessous, ce qui était le cas le plus ordinaire, et la moitié s'ils étaient en plus grand nombre.

Cette division avait l'inconvénient de donner des résultats incohérens.

S'il y avait quatre enfans, la légitime était d'un douzième pour chacun, tandis que s'il y en avait cinq, chaque part légitimaire était du dixième. Ainsi la part, qui doit être plus grande quand il y a moins d'enfans, se trouvait plus petite. Ce renversement de l'ordre naturel n'était justifié par aucun motif.

La coutume de Paris a mis une balance égale entre le droit de propriété et les devoirs de famille. Les auteurs de cette loi ont pensé que les droits et les devoirs des pères et mères sont également sacrés, qu'ils sont également fondamentaux de l'ordre social, qu'ils forment entre eux un équilibre parfait; et que, si l'un ne doit pas l'emporter sur l'autre, le cours des libéralités doit s'arrêter quand la moitié des biens est absorbée.

Le système de la loi parisienne est d'une exécution simple. On y trouve toujours une proportion juste dans le traitement des enfans, eu égard à leur nombre et à leur droit héréditaire.

Mais elle peut souvent donner des résultats contraires à ceux qu'on se propose.

On veut que chaque enfant ait une quotité de biens suffisante pour qu'il ne perde pas l'état dans lequel l'ont placé les auteurs de ses jours. On ne doit donc pas laisser la liberté de disposer d'une moitié dans le cas où les enfans se trouveraient, par leur nombre, réduits à une trop petite portion.

Le meilleur système est celui dans lequel on a égard au nombre des enfans, en même temps qu'on laisse aux pères et mères toute la liberté compatible avec la nécessité d'assurer le sort des enfans.

La législation romaine a eu égard à leur nombre; mais elle est susceptible de rectification dans les proportions qu'elle établit.

Ainsi, lorsqu'elle donne au père le droit de disposer des deux tiers, si ces enfans ne sont pas au-dessus du nombre de quatre, elle n'a point fait entrer en considération que la liberté de celui qui n'est obligé de pourvoir qu'un seul enfant ne doit pas être autant limitée que lorsqu'il en a plusieurs.

La liberté de disposer des deux tiers des biens, lors même que les enfans étaient au nombre de quatre, était trop considérable; comme celle qui est donnée par la loi du 4 germinal an VIII, et qui ne comprend que le quart s'il y a moins de quatre enfans, et une portion virile seulement s'il y en a un plus grand nombre, est trop bornée.

La coutume de Paris était fondée sur un principe plus juste, lorsque, balançant le droit de la propriété et les devoirs de la paternité, elle avait établi que dans aucun cas il ne serait permis au père de disposer de plus de la moitié de ses biens.

C'était une raison décisive pour partir de ce point, en restreignant ensuite cette liberté dans la proportion qu'exigerait le nombre des enfans.

On n'a pas cru devoir admettre la graduation qui se trouve dans la loi du 4 germinal an VIII, et suivant laquelle la faculté donnée au père, et réduite à une portion virile, devient presque nulle lorsqu'il a un grand nombre d'enfans.

Il faut, en effet, considérer que l'ordre conforme à la nature est celui dans lequel les pères et mères ne voudront disposer de leur propriété qu'au profit de leurs enfans, et pour réparer les inégalités naturelles ou accidentelles.

Lorsque le nombre des enfans est considérable, la loi doit réserver à chacun d'eux une quotité suffisante, sans trop diminuer dans la main du père les moyens de fournir à des besoins particuliers qui sont alors plus multipliés.

Ce sont toutes ces considérations qui ont déterminé à adopter la porportion dans laquelle les libéralités, soit par acte entre-vifs, soit par testament, ne pourront excéder la moitié des biens s'il n'y a qu'un enfant légitime, le tiers s'il en laisse deux, et le quart s'il en laisse trois ou un plus grand nombre.

915   La loi devait-elle faire une réserve au profit des ascendans?

Les Romains reconnaissaient que si les pères doivent une légitime à leurs enfans, c'est un devoir dont les enfans sont également tenus envers leurs pères.

Quemadmodum a patribus liberis, ita a liberis patribus deberi legitimam.

En France, d'après le système de la division des biens en propres et acquêts, le sort des ascendans n'était pas le même dans les pays de coutume et dans ceux de droit écrit.

Un très-petit nombre de coutumes leur donnait une légitime ; dans d'autres, elle leur avait été accordée par une jurisprudence à laquelle avait succédé celle qui la refusait d'une manière absolue.

Les enfans étaient obligés de conserver à leurs collatéraux presque tous les biens propres dont ces ascendans étaient exclus.

Si l'on n'avait pas laissé à ces enfans la disposition des meubles et des acquêts à la succession desquels les ascendans étaient appelés par la loi , ils eussent été presque entièrement privés de la liberté de disposer.

Dans les pays de droit écrit, et dans quelques coutumes qui s'y conformaient, les ascendans avaient une légitime : elle consistait dans le tiers des biens. Le partage de ce tiers se faisait également entre eux. Il n'y avait point de légitime pour les aïeuls quand les père et mère ou l'un d'eux survivaient, parce qu'en ligne ascendante il n'y a point de représentation.

La comparaison du droit écrit avec celui des coutumes, respectivement aux ascendans, ne pouvait laisser aucun doute sur la préférence due au droit écrit.

Le droit coutumier, en donnant les propres aux collatéraux, et en laissant aux enfans la libre disposition des meubles et acquêts, ne prenait point assez en considération les devoirs et les droits qui résultent des rapports intimes entre les père et mère et leurs enfans.

Les devoirs des enfans ne sont pas, sous le rapport de l'ordre social, aussi étendus que ceux des pères et mères, parce que le sort des ascendans est plus indépendant de la portion de biens qui leur est assurée dans la fortune de leurs descendans, que l'état des enfans ne dépend de la part qu'ils obtiennent dans les biens de leurs pères et mères.

La réserve ne sera, par ce motif, que de moitié des biens au profit des ascendans, et sans égard à leur nombre, lorsqu'il y en aura dans chacune des lignes paternelle ou maternelle.

S'il n'y a d'ascendans que dans l'une des lignes, cette réserve ne sera que du quart.

Déjà l'on a établi dans le titre *des Successions* une règle que l'on doit regarder comme une des bases principales de tout le système de la transmission des biens par mort.

C'est leur division égale entre les deux lignes paternelle et maternelle, lorsque celui qui meurt ne laisse ni postérité, ni frères ni sœurs. Cette division remplira sans inconvénient le vœu généralement exprimé pour la conservation des biens dans les familles.

Le sort des ascendans n'était point assez dépendant d'une réserve légale pour qu'on pût, en l'établissant, s'écarter d'une règle aussi essentielle; et puisque, suivant cette règle, les biens affectés à la ligne dans laquelle l'ascendant ne se trouve pas lui sont absolument étrangers, la réserve ne peut pas porter sur la portion à laquelle il ne pourrait avoir aucun droit par succession.

916   Devait-on limiter la faculté de disposer en collatérale, ou ne fallait-il pas au moins établir une réserve en faveur des frères et des sœurs?

Toutes les voix se sont réunies pour que les collatéraux en général ne fussent point un obstacle à l'entière liberté de disposer.

Il en avait toujours été ainsi dans les pays de droit écrit.

Dans ceux des coutumes, les biens étaient distingués en propres et acquêts; et la majeure partie des propres était réservée aux collatéraux, sans que l'on pût en disposer gratuitement.

Ce système de la distinction des biens en propres et acquêts avait principalement pour objet de conserver les mêmes biens dans chaque famille.

On voulait maintenir et multiplier les rapports propres à entretenir, même entre les parens d'un degré éloigné, les sentimens de bienveillance et cette responsabilité morale qui suppléent si efficacement à la surveillance des lois. Resserrer et multiplier les liens des familles, tel fut et tel sera toujours le ressort le plus utile dans toutes les formes de gouvernement, et la plus sûre garantie du bonheur public. Les auteurs du régime des propres et de réserve pensaient que la transmission des mêmes biens d'un parent à l'autre était un moyen de resserrer leurs liens, et que les degrés par lesquels on tenait à un auteur commun semblaient se rapprocher lorsque les parens se rapprochaient réellement pour partager les biens que ses travaux avaient le plus souvent mis dans la famille, et qui en perpétuaient la prospérité.

La conservation des mêmes biens dans les familles, sous le nom de propres, a pu s'établir et avoir de bons effets dans le temps où les ventes des immeubles étaient très-rares, et où l'industrie n'avait aucun ressort.

Mais depuis que la rapidité du mouvement commercial s'est appliquée aux biens immobiliers comme à tous les autres; depuis que les propriétaires, habitués à dénaturer leurs biens, ont pu facilement secouer le joug d'une loi qui les privait de la faculté de disposer des propres, il a été aussi facile que fréquent de s'y soustraire. Elle est devenue impuissante pour atteindre à son but; et lorsqu'elle eût dû être le lien des familles, elle les troublait par des procès sans nombre.

Déjà la loi des propres avait été abolie pendant la révolution; on ne devait plus songer à la rétablir. C'est ainsi que certaines lois dépendent des mœurs et des usages existans au temps où elles s'établissent, et ne sont que transitoires.

C'est encore ainsi qu'il est facile d'expliquer pourquoi tout le régime des propres et acquêts, et de perpétuité des mêmes biens dans les familles, était inconnu aux Romains, et à ceux qui ont conservé leur législation.

L'ordre public et l'intérêt des familles s'accordent pour que chacun soit maintenu dans le droit de propriété dont résulte la liberté de disposer, à moins qu'il n'y ait des considérations assez puissantes et assez positives pour exiger à cet égard un sacrifice.

C'est ce sentiment d'une pleine liberté qui fait prendre à l'industrie tout son essor et braver tous les périls. Celui-là croit ne travailler que pour soi, et ne voit point de terme à ses jouissances, quand il est assuré que les produits de son travail ne seront transmis qu'à ceux qu'il déclarera être les objets de son affection. L'intérêt général des familles, dans un siècle ou l'industrie met en mouvement le plus grand nombre des hommes, est bien différent de l'intérêt de ces familles casanières, au milieu desquelles les coutumes se formèrent il y a plusieurs siècles : il est évident que ce qui maintenant leur importe le plus est que les moyens de prospérité s'y multiplient; et lorsque, dans le cours naturel des affections, les parens les plus proches seront préférés, ils entendraient mal leurs intérêts, s'ils les regardaient comme étant lésés par cette liberté dont ils doivent profiter.

Mais d'ailleurs, quel moyen pourrait-on trouver de s'opposer à cet exercice du droit de propriété? Il n'est en ce genre aucune prohibition qui ne soit susceptible d'être éludée.

Lorsqu'il s'agit d'un droit aussi précieux, et qui est exercé depuis tant de siècles par la plus grande partie de la nation, la loi qui l'abolirait serait au nombre de celles qui ne pourraient long-temps résister à l'opinion publique. Nul ne se ferait le moindre scrupule de la violer; l'esprit de mensonge et de fraude dans les actes se propagerait; le règne de la loi cesserait, et la corruption continuerait ses progrès.

On respectera la réserve faite au profit des ascendans et des descendans, parce qu'elle a pour base, non seulement les sentimens présumés, mais encore des devoirs si sacrés, que ce serait une sorte de délit de les enfreindre : ni ces sentimens, ni ces devoirs, ne peuvent être les mêmes pour les collatéraux; il n'y a vis-à-vis d'eux que les devoirs qui sont à la fois ceux du sang et de l'amitié.

La loi de réserve pour les collatéraux n'aurait pour objet que les parens qui se seraient exposés à l'oubli ou à l'animadversion, et par cela même ils ne sont pas favorables.

Enfin, les habitans des pays de droit écrit opposent aux usages introduits dans les pays de coutume pendant quelques siècles une expérience qui remonte à l'antiquité la plus reculée.

Ils citent l'exemple toujours mémorable de ce peuple qui, de tous ceux de la terre, est celui qui a le plus étudié et perfectionné la législation civile. Jamais il ne fut question d'y établir une légitime en collatérale.

Enfin, ils donnent pour modèle cette harmonie qui, dans les pays de droit écrit, rend les familles si respectables : là, bien plus fréquemment que dans les pays de coutume, se présente le tableau de ces races patriarcales, dans lesquelles ceux à qui la Providence a donné la fortune n'en jouissent que pour le bonheur de tous ceux qui se rendent dignes par leurs sentimens d'être admis dans le sein de la famille.

C'est dans la maison de ce bienfaiteur que le parent infortuné trouve des consolations et des secours, que l'autre y reçoit des encouragemens, que l'on y économise des dots pour les filles. Quelle énorme différence entre les avantages que les parens peuvent ainsi, pendant la vie du bienfaiteur, retirer de ses libéralités entièrement indépendantes de la loi, et le produit d'une modique réserve, dont ils seraient même encore le plus souvent frustrés ! .

On ne peut espérer, surtout en collatérale, de créer ou de conserver cet esprit de famille qui tend à en soutenir tous les membres, à n'en former qu'un corps, à en rapprocher les degrés, qu'en provoquant la bienfaisance des parens entre eux pendant qu'ils vivent. Le seul moyen de la provoquer est de lui laisser son indépendance : il est dans le cœur humain que le sentiment de bienfaisance s'amortisse aussitôt qu'il s'y joint la moindre idée de contrainte; cette idée ne s'accorde plus avec cette noblesse, avec cette délicatesse et cette pureté de sentimens qui animaient l'homme bienfaisant; il cesse de l'être, parce qu'il ne croit plus pouvoir l'être, il n'a plus rien à donner à ceux qui ont le droit d'exiger.

Puisque la France est assez heureuse pour avoir conservé dans une grande partie de son territoire cet esprit de famille nécessaire à la prospérité commune, gardons-nous de rejeter un aussi grand moyen de régénération des mœurs; c'est un feu sacré qu'il faut entretenir où il existe, qu'il faut allumer dans les autres pays qui ont un aussi grand besoin de son influence, et qu'il peut seul vivifier.

Cependant ne devait-on point faire une exception en faveur des frères et sœurs de celui qui meurt, ne laissant ni ascendans, ni postérité?

Ne doit-on pas distinguer dans la famille ceux qui la constituent le plus intimement, ceux qui sont présumés avoir vécu sous le même toit, avoir été soumis à l'autorité du même père de famille, tenir de lui un patrimoine qu'il était dans son cœur de voir réparti entre eux, et que le plus souvent ils doivent à ses économies et à ses travaux!

Quel serait le frère qui pourrait regarder comme un sacrifice à sa liberté la réserve d'une quotité modique, telle que serait un quart de ses biens à ses frères et sœurs, en quelque nombre qu'ils fussent?

Peut-il y avoir quelque avantage à lui attribuer le droit de transmettre tout son patrimoine à une famille étrangère, en nuisant à la sienne propre, autant qu'il est en son pouvoir, ou de préférer l'un de ses frères ou sœurs à tous les autres? Ce qui serait une cause éternelle de discorde entre celui qui aurait la préférence et ceux qui se regarderaient comme déshérités.

Si l'on est forcé de convenir que le législateur doit employer tous ses efforts pour resserrer les liens de famille, doit-il laisser la liberté à ceux que la nature avait autant rapprochés, de les rompre entièrement?

Dans plusieurs autres parties du Code civil, les frères et sœurs sont, à cause des rapports intimes qui les unissent, mis dans une classe à part. Dans l'ordre des successions, on les fait concourir avec les ascendans. Les frères et sœurs auront, pour assurer à leurs neveux et nièces la portion de biens dont ils peuvent disposer, le même droit que les père et mère à l'égard de leurs petits-enfans.

Enfin, il sera contraire aux usages reçus dans une grande partie de la France depuis plusieurs siècles, qu'aucune quotité du patrimoine ne soit assurée, même aux frères et sœurs.

Quelque puissans que paraissent ces motifs pour établir une réserve au profit des frères et sœurs, des considérations plus fortes s'y opposent et ont dû prévaloir.

Le guide le plus sûr des législateurs est l'expérience : on n'a jamais admis ni à Rome, ni en France, dans les pays de droit écrit, de légitime en faveur des frères : le frère ne pouvait se plaindre de la disposition dans laquelle il avait été oublié, que dans un seul cas, celui où une personne mal famée, *turpis persona*, avait été instituée héritière. La réclamation que le frère pouvait alors faire d'une portion des biens n'était, sous le nom de légitime, qu'une vengeance due à la famille qui avait éprouvé du testateur une aussi grande injure.

Cependant le tableau de l'amitié fraternelle n'a jamais été plus touchant que dans les pays où la liberté de disposer est entière.

Si, comme on l'a prouvé, celui qui ne doit éprouver aucune contrainte dans ses dispositions de dernière volonté est beaucoup plus porté aux actes de bienfaisance pendant sa vie, c'est surtout entre frères que cette assistance mutuelle est vraisemblable, et qu'elle peut influer sur leur prospérité.

Plus la réserve que l'on croirait pouvoir faire au profit des frères et sœurs serait modique, et moins elle pourrait être d'une utilité réelle ; moins on doit la préférer aux grands avantages que l'on peut se promettre d'une pleine liberté de disposer.

Si l'on imposait en collatérale des devoirs rigoureux de famille, ce devrait aussi être au profit des neveux dont les père et mère sont décédés. Ce sont ces neveux qui ont le plus besoin d'appui; c'est à leur égard que les oncles tiennent lieu d'ascendans; c'est aux soins et à l'autorité des oncles qu'est entièrement confié le sort de cette partie de la famille.

On ne pourrait donc pas se borner au seul degré de frères et de sœurs, si l'on voulait, en collatérale, établir une réserve légale; et cependant ceux même qui ont été d'avis de cette réserve n'ont pas pensé qu'on pût l'étendre au-delà de ce degré sans porter injustement atteinte au droit de propriété.

Il est, sans doute, dans le cours de la nature, que les frères et sœurs soient unis par les liens intimes qu'ont formés une éducation et une naissance communes : mais l'ordre social, qui exige une réserve en ligne directe, n'est point également intéressé à ce qu'il y en ait au profit des frères et sœurs.

Le père a contracté, non seulement envers ses enfans, mais encore envers la société, l'obligation de leur conserver des moyens d'existence proportionnés à sa fortune : ce devoir se trouve rempli à l'égard des frères ou sœurs, puisque chacun a sa portion des biens des père et mère communs.

Les enfans qui n'ont point de postérité ont, envers ceux qui leur ont donné le jour, des devoirs à remplir, qui ne sauraient être exigés par des frères ou sœurs les uns envers les autres.

C'est après avoir long-temps balancé tous ces motifs pour et contre la réserve légale au profit des frères et sœurs, qu'il a été décidé de n'en établir qu'en ligne directe, et que toutes les fois que celui qui meurt ne laissera ni ascendans ni descendans, les libéralités par actes entre-vifs pourront épuiser la totalité des biens.

Après avoir ainsi déterminé la quotité disponible , il fallait 919 régler un point sur lequel il y a eu jusqu'ici diversité de législation; il fallait décider si la quotité disponible pourrait être donnée en tout ou en partie, soit par acte entre-vifs, soit par testament, aux enfans ou autres héritiers de celui qui a disposé , sans que le donataire venant à sa succession fût obligé au rapport.

Chez les Romains et dans les pays de droit écrit, il n'y a jamais eu de variation à cet égard; toujours on a eu le droit de choisir entre les héritiers ceux que l'on voulait avantager, soit par l'institution d'héritier, soit autrement.

Les coutumes étaient sur cette matière très-différentes les unes des autres.

Les unes permettaient à un des enfans d'être en même temps donataire, légataire et héritier, et n'assuraient aux autres que leur légitime.

D'autres distinguaient la ligne directe d'avec la collatérale , et la qualité de donataire entre-vifs d'avec celle de légataire. Dans ces dernières coutumes, du nombre desquelles se trouve celle de Paris , la même personne ne pouvait être ni donataire, ni légataire, ni héritière en ligne directe : elle pouvait en collatérale être donataire et héritière , mais non légataire et héritière.

Dans d'autres on ne pouvait être donataire et héritier soit en ligne directe , soit en ligne collatérale.

D'autres portaient la défense absolue d'avantager l'héritier présomptif, et ordonnaient le rapport, tant en directe qu'en collatérale, même en renonçant.

Il n'y avait de système complet d'égalité entre les héritiers que celui des coutumes qui les obligeaient au rapport des donations , lors même qu'ils renonçaient à la succession, et qui ne permettaient en leur faveur aucun legs.

Dans l'opinion exclusive de la faculté de faire des disposi-

tions au profit des héritiers, on les regarde comme ayant
un droit égal, et la loi se met entièrement à la place de la
personne qui meurt, non pour contrarier sa volonté présumée, mais pour la remplir de la manière la plus juste.

Cependant, quoique l'intention parût être de suivre la
marche de la nature, combien ne s'en écartait-on pas !

Comment la nature aurait-elle donné des droits égaux à
ceux qu'elle traite si diversement? Où sont les familles dont
tous les membres ont eu une part égale à la force physique,
à l'intelligence, aux talens? dont aucun n'a, malgré la meilleure conduite, éprouvé des revers? dont aucun n'a été exposé à des infirmités ou à d'autres malheurs de tous genres?

Ce tableau de l'humanité, quelque affligeant qu'il soit,
est malheureusement celui qui se réalise le plus souvent. Il
faut l'avoir perdu de vue quand on calcule froidement et
arithmétiquement une division égale entre tous ceux qui ont
des besoins si différens.

Leur droit naturel est d'obtenir de celui à qui la Providence a confié les biens une part proportionnée aux besoins,
et qui établisse entre eux, autant qu'il est possible, la balance du bonheur. C'est en s'occupant sans cesse de maintenir cette balance, que le chef de famille se livre aux sentimens les plus équitables d'une affection égale envers tous
ses héritiers. Mais s'il lui est défendu par la loi de venir au
secours de l'un, s'il ne peut encourager l'autre, s'il a les
mains liées pour soulager les maux dont il est témoin, et
pour faire cesser des inégalités affligeantes entre ceux qu'il
voudrait rendre également heureux; c'est alors qu'il sent
tout le poids de ses chaînes ; c'est alors qu'il maudit l'erreur
de la loi, qui s'est mise à sa place pour ne remplir aucun de
ses devoirs, et qui, se trompant sur le vœu de la nature,
n'a établi ses présomptions que sur une égalité chimérique ;
c'est alors qu'il est affligé de sa nullité dans sa propre famille,
où le sort de chacun a été réglé d'avance par l'interdiction
prononcée contre lui, où il est dépouillé du principal moyen

de faire respecter une autorité dont le seul but est de rétablir ou de maintenir l'ordre, où il n'a ni la puissance de
faire le bien ni celle de prévenir le mal.

Peut-on mettre en comparaison tous ces inconvéniens avec
celui qui paraît avoir fait le plus d'impression sur l'esprit
des personnes qui voudraient interdire le droit de disposer
au profit des héritiers présomptifs? Ils craignent la vanité
des chefs de famille, qui, favorisés de la fortune, voudraient
la transmettre à celui qu'ils choisiraient pour les représenter
avec distinction en sacrifiant les autres.

On n'a pas songé que le nombre des riches est infiniment
petit, si on le compare à la masse presque générale de ceux
qui, vivant avec des facultés très-bornées, sont plus exposés
à toutes les inégalités et à tous les besoins.

On a perdu de vue le père de famille qui, sous un humble
toit, n'a pour patrimoine qu'un sol à peine suffisant pour la
nourriture et l'éducation de sa famille. Déjà courbé sous le
poids des années, il ne pourrait suffire à un travail devenu
trop pénible, s'il n'employait les bras du plus âgé de ses
enfans aussitôt qu'ils ont quelque force. Ce enfant laborieux
commence dès lors à être l'appui de sa famille. C'est à la
sueur de son front que ses frères devront les premiers secours avec lesquels ils apprendront des professions industrielles, et que ses sœurs devront les petits capitaux, fruit
de l'économie, et qui leur auront procuré des établissemens
utiles.

Croira-t-on que c'est la vanité qui détermine ce père de
famille à donner quelque récompense à celui de ses enfans
qui s'est sacrifié pour le bonheur de tous, et à conserver
dans ses mains, autant que la loi le lui permet, un héritage
sur lequel une nouvelle famille ne pourrait s'élever et pros-
pérer s'il était divisé en trop petites portions?

L'intention de ceux qui ont interdit les dispositions au
profit des héritiers est sans doute estimable; mais il est impossible de méconnaître leur erreur.

Déjà même la loi du 4 germinal an VIII autorisa les libéralités au profit des enfans ou autres successibles du disposant, sans qu'elles soient sujettes à rapport, pourvu qu'elles n'excèdent pas les bornes prescrites.

Cette règle a été maintenue.

920-922   Pour bien connaître la quotité disponible et celle qui est réservée aux enfans ou aux ascendans, il était nécessaire, d'une part, de désigner les biens auxquels s'applique la faculté de disposer, et de l'autre, de régler le mode de réduction qui doit avoir lieu, si les dispositions excèdent la quotité fixée.

La faculté de disposer ne se calcule pas seulement sur les biens qui restent dans la succession après les dettes payées, il faut ajouter à ces biens ceux que la personne décédée à donnés entre-vifs. On n'aurait pas mis de bornes fixes aux libéralités de disposer si on n'avait pas eu égard à toute espèce de dispositions.

Il est sans doute du plus grand intérêt pour la société que les propriétés ne restent pas incertaines. C'est de leur stabilité que dépendent et la bonne culture et toutes ses améliorations.

Mais déjà il a été prouvé que la transmission d'une partie des biens aux héritiers en ligne directe est une des bases de l'ordre social. Les pères et mères et les enfans ont entre eux des devoirs qui doivent être remplis de préférence à de simples libéralités ; l'accomplissement de ces devoirs est la condition tacite sous laquelle ces libéralités ont pu être faites ou acceptées ; et dans le cas même où les donations n'auraient pas, lorsqu'elles ont été faites, excédé la quotité disponible, les donataires ne seraient point par ce motif préférables à des héritiers directs, s'il s'agit pour les premiers d'un pur bénéfice, et pour les autres d'un patrimoine nécessaire. La diminution survenue dans la fortune du donateur ne saurait même être présumée l'effet de sa malveillance envers le donataire.

Ce sont ces motifs qui ont fait regarder comme indispensable de faire comprendre dans la masse des biens sur lesquels se calcule la quotité réservée par la loi ceux qui auraient été donnés entre-vifs.

On doit même y comprendre les biens dont la propriété aurait été transmise aux enfans dans le cas du divorce; il ne peut jamais en résulter pour eux un avantage tel, que les autres enfans soient privés de la réserve légale.

Il ne doit être fait aucune déduction à raison du droit des Ib. et 921 enfans naturels; ce droit n'est point acquis avant la mort, et c'est, sous le titre de créance, une participation à la succession.

Les biens sur lesquels les enfans ou les ascendans doivent prendre la portion que la loi leur réserve étant ainsi déterminés, on avait à régler comment ces héritiers exerceront cette reprise lorsque les biens, libres de dettes, et déduction faite des dons et des legs, ne suffiront pas pour remplir la quotité réservée.

Il est évident que ce retour sur les legs ou donations n'est admissible que de la part de ceux au profit desquels la loi a restreint la faculté de disposer proportionnellement au droit qu'ils auraient dans la succession.

Si maintenant on examine quelles sont, dans le cas d'in— 923-925 suffisance des biens libres de la succession, les dispositions qui doivent être en premier lieu annulées ou réduites pour que la quotité réservée soit remplie, il ne peut y avoir de doute sur ce que la réduction ou l'annulation doit d'abord porter sur les legs.

Les biens légués font partie de la succession; les héritiers au profit desquels est la réserve sont saisis par la loi dès l'instant où cette succession est ouverte. Les legs ne doivent être payés qu'après l'acquit des dettes et des charges; la quotité réservée par la loi est au nombre de ces charges.

Chaque légataire ayant un même droit aux biens qui lui 926 sont légués, l'équité veut que cette sorte de contribution soit faite entre eux au marc le franc.

927   Si néanmoins le testateur avoit déclaré qu'il entendait que certains legs fussent acquittés de préférence aux autres, les légataires ainsi préférés auraient un droit de plus que les autres ; et la volonté du testateur ne serait pas exécutée, si les autres legs n'étaient pas entièrement épuisés pour remplir la réserve légale, avant qu'on pût réduire ou annuler les legs préférés. On exige seulement, pour prévenir toute contestation sur cette volonté du testateur, qu'elle soit déclarée en termes exprès.

923   Il restait à prévoir le cas où tous les biens de la succession, libres de dettes, et tous les biens légués, auraient été épuisés sans que la réserve légale fût encore remplie.

Les donations entre-vifs doivent-elles alors, comme les legs, être réduites au marc le franc ?

On peut dire que, pour fixer la quotité réservée, on fait entrer dans le calcul des biens qui y sont sujets la valeur de tous ceux qui ont été donnés, sans égard aux diverses époques des donations, parce que chacune d'elles, et toutes ensemble, ont contribué à épuiser le patrimoine.

Mais il est plus conforme aux principes que les donations soient réduites, en commençant par la plus récente, et en remontant successivement aux plus anciennes.

En effet, on n'a pas, dans les premières donations, excédé la mesure prescrite, si les biens donnés postérieurement suffisent pour remplir la réserve légale. Si la réduction portait sur toutes les donations, le donateur aurait un moyen de révoquer en tout, ou par de nouvelles donations, celles qu'il aurait d'abord faites.

D'ailleurs, lorsqu'il s'agit d'attaquer des propriétés qui remontent à des temps plus ou moins éloignés, l'ordre public est intéressé à ce que la plus ancienne propriété soit maintenue de préférence. C'est le fondement de cette maxime, *qui prior est tempore, potior est jure.*

Ces principes, déjà consacrés par l'ordonnance de 1731 (art. 34), ont été maintenus.

On a aussi conservé cette autre disposition de la même 924
loi, suivant laquelle, lorsque la donation entre-vifs réductible a été faite à l'un des héritiers ayant une réserve légale,
il peut retenir sur les biens donnés la valeur de la portion
qui lui appartiendrait comme héritier dans les biens non
disponibles, s'ils sont de la même nature. Dans ce cas, il
était possible de maintenir ainsi la propriété de l'héritier
donataire sans causer de préjudice à ses cohéritiers.

La règle suivant laquelle la réduction doit se faire des
donations les plus récentes serait illusoire, si le donataire
évincé pouvait se regarder comme subrogé contre le donataire antérieur dans les droits de celui qui l'a évincé.

D'ailleurs la réduction est un privilége personnel, et dès
lors elle ne peut être l'objet d'une subrogation, soit tacite,
soit même conventionnelle.

Quant aux créanciers de celui dont la succession s'ouvre, 921
ils n'ont de droit que sur les biens qu'ils y trouvent; ces
biens doivent toujours, et nonobstant toute réserve légale,
être épuisés pour leur paiement : mais ils ne peuvent avoir
aucune prétention à des biens dont leur débiteur n'était plus
propriétaire. Si les titres de leurs créances sont antérieurs à
la donation, ils ont pu conserver leurs droits en remplissant
les formalités prescrites.

Si ces titres sont postérieurs, les biens qui dès lors
étaient par la donation hors des mains de leur débiteur
n'ont jamais pu être leur gage.

Il paraît contraire aux principes de morale, que l'on
puisse recueillir, même à titre de réserve, des biens provenant d'une personne dont toutes les dettes ne sont pas acquittées; et la conséquence semble être que si le créancier
ne peut pas, à cause du droit de propriété du donataire,
avoir action contre lui, au moins doit-il exercer ses droits
contre l'héritier sur les biens recouvrés par l'effet de la
réduction.

Si l'on s'attachait à l'idée que celui qui a le droit de ré-

duction ne doit pas avoir de recours contre les donataires, à
moins que les biens dont ceux-ci auraient été évincés ne de-
vinssent le gage des créanciers du défunt, il vaudrait autant
donner à ces créanciers, contre les donataires, une action
directe, que de l'accorder aux héritiers, pour que les créanciers en profitent; ou plutôt alors, comme il ne s'agirait
réellement que de l'intérêt des créanciers, on ne devrait
pas faire intervenir les héritiers pour dépouiller les donataires au profit des créanciers. Ceux-ci d'ailleurs pourraient-
ils espérer que les héritiers se porteraient à exercer un pareil
recours? Leur délicatesse ne serait-elle pas autant engagée à
ne pas détruire le droit de propriété des donataires, qu'à
payer les créanciers? Et si les héritiers manquaient de délicatesse, ne leur serait-il pas facile de traiter à l'insu des
créanciers avec des donataires qui ne chercheraient qu'à se
maintenir dans leur propriété?

930   L'action de l'héritier contre le donataire, et les biens
donnés qui sont l'objet de ce recours, sont également étrangers à la succession. Le titre auquel l'héritier exerce ce recours remonte au temps même de la donation; elle est présumée n'avoir été faite que sous la condition de ce retour à
l'héritier, dans le cas où la réserve ne serait pas remplie.

C'est en conséquence de cette condition primitive de retour, que l'héritier reprend les biens sans charges de dettes
ou hypothèques créées par le donataire. C'est par le même
motif que l'action en réduction ou revendication peut être
exercée par l'héritier contre les tiers détenteurs des immeubles faisant partie de la donation, et aliénés par le donataire de la même manière et dans le même ordre que
contre le donataire lui-même.

Il faut donc considérer l'héritier qui évince un donataire
entre-vifs comme s'il eût recueilli les biens au temps même
de la donation.

S'il fallait admettre d'une manière absolue qu'un héritier
ne peut recueillir à titre gratuit des biens de celui qui a des

créanciers, sans en faire l'emploi au paiement des dettes, il faudrait dire que toutes donations entre-vifs sont susceptibles d'être révoquées par des dettes que le donateur aurait depuis contractées. C'est ce qui n'a été admis dans aucune législation. Il est sans doute à regretter que des idées morales se trouvent ici en opposition avec des principes qu'il serait bien plus dangereux de violer ; ce sont ceux sur le droit de propriété, non seulement de l'enfant ou de l'ascendant, mais encore des autres intéressés. En voulant perfectionner la morale sous un rapport, on ferait naître la corruption sous plusieurs autres.

Après avoir ainsi réglé les qualités requises pour donner ch. 4. et recevoir, après avoir fixé la quotité disponible, et avoir indiqué le mode à suivre pour les réductions, la loi s'occupe plus particulièrement d'abord des donations entre-vifs, et ensuite des testamens. Elle prescrit les formes de chacun de ces actes ; elle établit les principes sur leur nature et sur leurs effets.

C'est ici que tous les regards se fixent sur ces lois célèbres qui contribueront à rendre immortelle la mémoire du chancelier *d'Aguesseau*. Les ordonnances sur les donations et sur les testamens ont été, comme le nouveau Code, le fruit de longues méditations. Elles n'ont également été adoptées qu'après avoir consulté le vœu de la nation par le seul moyen qui fût alors possible, celui de prendre l'avis des magistrats et des jurisconsultes. Les rédacteurs du Code ont eu recours aux dispositions de ces lois avec le respect qu'inspire leur profonde sagesse et le succès dont elles ont été couronnées.

Dans les donations entre-vifs on distingue les formalités à 931 observer dans les actes qui les contiennent et celles que l'on peut nommer extérieures.

Les formalités à observer dans ces actes ont un double objet, celui de les constater et celui d'en fixer la nature.

On n'admet comme légalement constatés les actes portant

donation entre-vifs que quand ils sont passés devant notaires dans la forme ordinaire des contrats.

La minute doit rester entre les mains du notaire; elle ne
doit être délivrée ni au donateur ni au donataire. La donation entre-vifs est un acte par lequel celui qui l'accepte s'engage à en remplir les conditions. Il ne doit être au pouvoir
ni de l'une ni de l'autre des parties de l'anéantir, en suppri-
mant l'acte qui en contient la preuve.

932   C'est encore parce que toute donation entre-vifs est considérée comme un engagement réciproque, qu'il est indispensable que les deux parties y interviennent, celle qui
donne et celle qui accepte. Cela est conforme au droit romain, qui ne regardait point comme encore existante une
libéralité, lorsque celui pour qui elle était destinée l'ignorait
ou n'y avait pas consenti.

L'acceptation étant une condition essentielle de toute donation, on a dû exiger qu'elle fût en termes exprès. Il en
résultera, sans qu'il ait été besoin d'en faire une disposition,
que les juges ne pourront avoir aucun égard aux circonstances dont on prétendrait induire une acceptation tacite, et
sans qu'on puisse la présumer, lors même que le donataire
aurait été présent à l'acte de donation et qu'il l'aurait signé,
ou quand il serait entré en possession des choses données.

Il était seulement une facilité qui n'avait rien de contraire
à ces principes, et qu'on ne pouvait refuser sans mettre le
plus souvent un obstacle insurmontable à la faculté de disposer. C'est surtout au milieu des mouvemens du commerce,
et lorsque les voyages sont devenus si communs, que les
parens les plus proches et les amis les plus intimes sont exposés à vivre dans un grand éloignement.

On a voulu prévenir cet inconvénient en permettant l'acceptation par un acte postérieur ou par une personne fondée
de la procuration du donataire, en regardant cette procuration comme suffisante, soit qu'elle porte le pouvoir d'ac-

cepter la donation faite, soit qu'elle contienne un pouvoir général d'accepter les donations qui auraient été ou qui pourraient être faites.

De longues controverses avaient eu lieu entre les auteurs sur le point de savoir si le donateur doit avoir la liberté de révoquer la donation qui n'est point encore acceptée.

Les uns soutenaient que, si l'on ne fixe point au donataire un délai dans lequel il ne soit plus admis à l'acceptation, le donateur ne peut point lui ôter cette faculté en revenant contre son propre fait.

Les autres pensaient que, jusqu'à l'acceptation, l'acte est imparfait et ne saurait lier le donateur.

Cette dernière opinion est la plus juste ; elle avait été confirmée par l'ordonnance de 1731, et elle est maintenue.

Quoiqu'une donation soit toujours, indépendamment des 933 conditions qui peuvent y être mises, regardée comme un avantage au profit du donataire, il suffit cependant que ce soit de la part de ce dernier un engagement, pour que la capacité de contracter ou les formalités qui y suppléent soient exigées.

Si le donataire est majeur, l'acceptation doit être faite par lui, ou en son nom par la personne fondée de sa procuration.

S'il est mineur non émancipé ou s'il est interdit, elle sera 935 faite par son tuteur, conformément à ce qui est prescrit au titre *de la Minorité*.

Si le mineur est émancipé, son curateur l'assistera.

On a même voulu éviter que, pour des actes toujours présumés avantageux, les mineurs fussent victimes des intérêts personnels ou de la négligence de ceux que la loi charge d'accepter. Les liens du sang et de l'affection ont été considérés comme étant à cet égard un mandat suffisant ; et sans porter atteinte, soit à la puissance paternelle, soit à l'administration des tuteurs, tous les ascendans de l'un et de l'autre sexe, et à quelque degré qu'ils soient, auront le pouvoir d'accepter pour leurs descendans, même du vivant

des père et mère, et quoiqu'ils ne soient ni tuteurs ni curateurs du mineur, sans qu'il soit besoin d'aucun avis de
parens.

934   Les bonnes mœurs et l'autorité du mari ont toujours
exigé que la femme mariée ne pût accepter une donation
sans le consentement de son mari ; ou, en cas de refus de
son mari, sans autorisation de la justice. En imposant cette
condition aux femmes mariées en général, on n'admet d'exception ni pour celles qui ne seraient point en communauté
avec leurs maris, ni pour celles qui en seraient séparées par
jugement.

936   Depuis que, par les heureux efforts de la bienfaisance et
du génie, les sourds et muets ont été rendus à la société, ils
sont devenus capables d'en remplir les devoirs et d'en
exercer les droits. Le sourd et muet qui saura par l'écriture
manifester sa volonté pourra lui-même, ou par une personne
ayant sa procuration, accepter une donation. S'il ne sait pas
écrire, l'acceptation devra être faite en son nom par un curateur qui lui sera nommé pour remplir cette formalité.

937   Quant aux donations qui seront faites aux hospices, aux
pauvres des communes, ou aux établissemens d'utilité publique, elles seront acceptées par leurs administrateurs,
lorsque le gouvernement, qui veille aux droits des familles,
comme à l'intérêt des pauvres, les y aura autorisés.

938   Après avoir ainsi prescrit les formalités de l'acte même de
donation, la loi règle celles qui sont extérieures.

Plusieurs dispositions de l'ordonnance de 1731 sont relatives à la tradition de fait des biens donnés. Cette formalité
avait été établie dans plusieurs coutumes, mais elle n'était
point en usage dans les pays de droit écrit ; elle n'ajoute
rien ni à la certitude, ni à l'irrévocabilité des donations entre-
vifs. La règle du droit romain, qui regarde les donations
comme de simples pactes, est préférable ; elle écarte des
difficultés nombreuses et sans objet. La donation dûment
acceptée sera parfaite par le seul consentement des parties,

et la propriété des objets donnés sera transférée au donataire, sans qu'il soit besoin d'autre tradition.

Une autre formalité extrinsèque avait été introduite par le 939
droit romain : c'est celle connue sous le nom d'insinuation.
On avait ainsi rendu publiques les donations pour éviter les
fraudes, soit par la supposition de pareils actes, surtout
entre les proches parens, soit par la facilité de tromper des
créanciers qui ignoreraient ces aliénations.

En France, la formalité de l'insinuation a été admise et
ordonnée par une longue suite de lois; elles n'ont point
aplani toutes les difficultés que leur exécution a fait naître.
L'ordonnance de 1731 avait levé plusieurs doutes sur l'application de la peine de nullité des donations pour lesquelles
cette formalité n'avait pas été exécutée, sur la nécessité de la
remplir dans les divers lieux du domicile et de la situation
des biens, sur le mode d'insinuation, sur les délais prescrits, et sur les effets de l'inexécution dans ces délais. Des
lois interprétatives de l'ordonnance de 1731 ont encore été
nécessaires, et une simple formalité d'enregistrement était
devenue la matière d'un recueil volumineux de lois compliquées.

Toute cette législation relative à la publicité des actes de
donations entre-vifs est devenue inutile depuis que, par la
loi qui s'exécute maintenant dans toute la France, non seulement ces actes, mais encore toutes les autres aliénations
d'immeubles, doivent être rendus publics par la transcription sur des registres ouverts à quiconque veut les consulter.
L'objet de toutes les lois sur les insinuations sera donc entièrement rempli, en ordonnant que, lorsqu'il y aura donation de biens susceptibles d'hypothèques, la transcription
des actes contenant la donation devra être faite aux bureaux
des hypothèques dans l'arrondissement desquels les biens
sont situés.

Quant aux meubles qui seraient l'objet des donations, ils ap. 939
ne sauraient être mis au nombre des gages que les créan-

35.

ciers puissent suivre; il n'est aucun des différens actes par lesquels on peut aliéner des meubles qui soit assujéti à de semblables formalités.

939   L'insinuation se faisait non seulement au lieu de la situation des biens, mais encore à celui du domicile : cette dernière formalité n'ayant point été jugée nécessaire dans le système général de la conservation des droits des créanciers, il n'y avait pas de motif particulier pour l'employer dans le cas de la transmission des biens par donations entre-vifs; on peut s'en reposer sur l'activité de ceux qui auront intérêt de connaître le gage de leurs créances ou de leurs droits. Quant aux héritiers, l'inventaire leur fera connaître par les titres de propriété quels sont les biens; et dans l'état actuel des choses, il n'est aucun héritier qui, ayant le moindre doute sur le bon état d'une succession, ne commence par vérifier sur les registres du lieu de la situation des biens quelles sont les aliénations.

940-941   Les personnes qui sont chargées de faire faire la transcription, et qui par ce motif ne pourront opposer le défaut de cette formalité, sont les maris, lorsque les biens auront été donnés à leurs femmes; les tuteurs ou curateurs, quand les donations auront été faites à des mineurs ou à des interdits; les administrateurs, quand elles auront été faites à des établissemens publics.

942   Les femmes ont dû, pour la conservation de leurs droits, être autorisées par la loi à faire procéder seules à la formalité de l'inscription, quand elle n'aura pas été remplie par les maris.

La question de savoir si les mineurs et ceux qui jouissent du même privilége peuvent être restitués contre le défaut d'insinuation des donations entre-vifs, n'était clairement décidée ni par le droit romain ni par les anciennes ordonnances. Il y avait à cet égard une diversité de jurisprudence; et l'ordonnance de 1731, conformément à une déclaration du 19 janvier 1712, avait prononcé que la restitution n'au-

rait pas lieu, lors même que les tuteurs ou autres administrateurs seraient insolvables.

Cette règle a été confirmée : elle est fondée sur le principe
que si les mineurs ont des priviléges pour la conservation de
leur patrimoine, et pour qu'ils ne soient pas surpris par les
embûches tendues à la fragilité de leur âge, ils ne doivent
pas être dispensés du droit commun, lorsqu'il s'agit seulement de rendre par des donations leur condition meilleure.

On a examiné la question de savoir si les donations entre- *ap. 932*
vifs qui n'auraient point été acceptées pendant la vie du donateur, et qu'il n'aurait pas révoquées, peuvent valoir
comme dispositions testamentaires.

On peut dire que la volonté de donner est consignée dans
l'acte de donation; que si le donataire n'a été par aucune
révocation dépouillé du droit d'accepter, le donateur est
mort sans avoir varié dans son intention de lui faire une libéralité, que la volonté de l'homme qui se renferme dans
les bornes légales doit être respectée.

Mais cette opinion n'est pas admissible lorsque, pour les
testamens, la loi exige une plus grande solennité que pour
les donations entre-vifs. Le donateur par acte entre-vifs ne
peut dès-lors être présumé avoir entendu faire une disposition testamentaire, pour laquelle cet acte serait insuffisant;
et dans aucun cas il ne doit lui être permis de se dispenser
ainsi de remplir les formalités prescrites pour les testamens.

Il n'existe point de donation entre-vifs, à moins que le *Ib. et*
donateur ne se dépouille actuellement et irrévocablement de *943*
la chose donnée en faveur du donataire qui l'accepte. De là
ces maximes, que *donner et retenir ne vaut*, et que c'est
*donner et retenir quand le donateur s'est réservé la puissance
de disposer librement de la chose donnée.*

On en fait l'application en décidant que la donation entre-
vifs ne peut comprendre que les biens présens du donateur.

On avait, dans l'ordonnance de 1731, déclaré nulle,
même pour les biens présens, la donation qui comprenait

les biens présens et à venir, parce qu'on regardait ses dispositions comme indivisibles, à moins que l'intention contraire du donateur ne fût reconnue.

Il est plus naturel de présumer que le donateur de biens présens et à venir n'a point eu intention de disposer d'une manière indivisible; la donation ne sera nulle qu'à l'égard des biens à venir.

944. Les conséquences des maximes précédemment énoncées sont encore que toute donation entre-vifs, faite sous des conditions dont l'exécution dépend de la seule volonté du
945 donateur, est nulle; qu'elle est également nulle si elle a été faite sous la condition d'acquitter d'autres dettes ou charges que celles qui existaient à l'époque de la donation,
946 ou qui étaient exprimées dans les actes; que si le donateur n'a pas usé de la faculté de disposer, qu'il s'était réservée à l'égard d'une partie des objets compris dans la donation, ces
948 objets n'appartiendront point au donataire; et que toute donation d'effets mobiliers doit être rendue certaine par un état estimatif annexé à la minute de la donation.

949 La réserve d'usufruit et le retour au profit du donateur n'ont rien de contraire à ces principes.

953 Il n'y a d'exception à l'irrévocabilité que dans les cas où le donateur aurait manqué à des conditions formellement exprimées, ou que la loi présume avoir été dans l'intention du donateur.

La révocation pour cause d'inexécution des conditions exprimées est commune à toutes les conventions. Mais il est deux autres conditions que la loi a présumées; la première, que le donataire ne se rendrait pas coupable d'actes d'ingratitude tels, que si le donateur avait pu les prévoir, il n'eût point fait la donation; et la seconde, qu'il ne lui surviendrait point d'enfans.

955 On a déterminé les cas dans lesquels les donations pourront être révoquées pour cause d'ingratitude : ce sera lorsque le donataire aura attenté à la vie du donateur, lorsqu'il se

sera rendu coupable envers lui de sévices, délits ou injures graves, lorsqu'il lui aura refusé des alimens.

Les donations en faveur de mariage sont exceptées, parce qu'elles ont aussi pour objet les enfans à naître, et qui ne doivent pas être victimes de l'ingratitude du donataire. 959

Quant à la révocation par survenance d'enfans, on la trouve établie dans le droit romain par une loi célèbre (*Si unquam*, Cod. *de Revoc. Donat.*). Elle est fondée sur ce qu'il est à présumer que le donateur n'a point voulu préférer des étrangers à ses propres enfans. 960

En vain oppose-t-on à un motif aussi puissant qu'il en résulte une grande incertitude dans les propriétés, que les enfans peuvent ne survenir qu'un grand nombre d'années après la donation, que celui qui donne est présumé avoir mesuré ses libéralités sur la possibilité où il était d'avoir des enfans, que des mariages ont pu être contractés en considération de ces libéralités.

Ces considérations ne sauraient l'emporter sur la loi naturelle, qui subordonne toutes les affections à celle qu'un père a pour ses enfans.

Il n'est point à présumer qu'il ait entendu, en donnant, violer des devoirs de tout temps contractés envers les descendans qu'il pourrait avoir, et envers la société. Si une volonté pareille pouvait être présumée, l'ordre public s'opposerait à ce qu'elle fût accueillie. Ce sont des principes que le donataire ne saurait méconnaître. Il n'a donc pu recevoir que sous la condition de la préférence due aux enfans qui naîtraient.

La règle de la révocation des donations par survenance d'enfans a été maintenue telle que, dans l'ordonnance de 1731, on la trouve expliquée et dégagée des difficultés qu'elle avait fait naître.

Les règles particulières aux donations entre-vifs sont suivies de celles qui concernent spécialement la forme et l'exécution des dispositions testamentaires. ch. 5, sec. 1re.

L'institution d'héritier était dans les pays de droit écrit l'objet principal des testamens. Dans l'autre partie de la France, la loi seule faisait l'héritier, l'institution n'y était permise qu'en considération des mariages.

Plusieurs coutumes n'avaient même pas admis cette exception.

Elles avaient toutes réservé aux parens, les unes sous le titre de propres, et les autres sous ce titre et même sous celui d'acquêts ou de meubles, une partie des biens. Cet ordre n'était point en harmonie avec celui des affections naturelles. Il eût donc été inutile, et même contraire au maintien de la loi, d'admettre pour l'institution d'héritier la volonté de l'homme, qui eût toujours cherché à faire prévaloir le vœu de la nature.

Ces différences entre les pays de droit écrit et ceux de coutume doivent disparaître lorsqu'une loi commune à toute la France donne, sans aucune distinction de biens, la même liberté de disposer. L'institution d'héritier y sera également permise.

Le plus grand défaut que la législation sur les testamens ait eu chez les Romains, et depuis en France, a été celui d'être trop compliquée. On a cherché les moyens de la simplifier.

967   On a donc commencé par écarter toute difficulté sur le titre donné à la disposition. Le testament vaudra sous quelque titre qu'il ait été fait, soit sous celui d'institution d'héritier, soit sous le titre de legs universel ou particulier, soit sous toute autre dénomination propre à manifester la volonté.

968   On a seulement maintenu et expliqué une règle établie par l'ordonnance de 1735 (art. 77). Un testament ne pourra être fait conjointement et dans le même acte par deux ou plusieurs personnes, soit au profit d'un tiers, soit à titre de donation réciproque et mutuelle. Il fallait éviter de faire renaître la diversité de jurisprudence qui avait eu lieu sur la

question de savoir si, après le décès de l'un des testateurs, le testament pouvait être révoqué par le survivant. Permettre de le révoquer, c'est violer la foi de la réciprocité ; le déclarer irrévocable, c'est changer la nature du testament, qui, dans ce cas, n'est plus réellement un acte de dernière volonté. Il fallait interdire une forme incompatible, soit avec la bonne foi, soit avec la nature des testamens.

Au surplus, on a choisi dans le droit romain et dans les coutumes les formes d'actes qui ont à la fois paru les plus simples et les plus sûres. 969

Elles seront au nombre de trois, le testament olographe, celui fait par acte public et le testament mystique.

Ainsi les autres formes de testamens, et à plus forte raison les dispositions qui seraient faites verbalement, par signes ou par lettres missives, ne seront point admises.

Le testament olographe ou sous signature privée doit être écrit en entier, daté et signé de la main du testateur. 970

Cette forme de testament n'était admise dans les pays de droit écrit qu'en faveur des enfans. Au milieu de toutes les solennités dont les Romains environnaient leurs testamens, un écrit privé ne leur paraissait pas mériter assez de confiance ; et s'ils avaient, par respect pour la volonté des pères, soumis leurs descendans à l'exécuter lorsqu'elle serait ainsi manifestée, ils avaient même encore exigé la présence de deux témoins.

Devait-on rejeter entièrement les testamens olographes? Cette forme est la plus commode, et l'expérience n'a point appris qu'il en ait résulté des abus qui puissent déterminer à la faire supprimer.

Il valait donc mieux rendre cette manière de disposer par testament commune à toute la France.

On a seulement pris une précaution pour que l'état de ces actes soit constaté. 1007

Tout testament olographe doit, avant qu'on l'exécute, être présenté au juge désigné, qui dressera un procès-verbal de l'état où il se trouvera, et en ordonnera le dépôt chez un notaire.

971   Quant aux testamens par actes publics, on a pris un terme moyen entre les solennités prescrites par le droit écrit et celles usitées dans les pays de coutume.

Il suffisait dans ces pays qu'il y eût deux notaires, ou un notaire et deux témoins ; on avait même attribué dans plusieurs coutumes ces fonctions à d'autres personnes publiques ou à des ministres du culte.

Dans les pays de droit écrit, les testamens nuncupatifs écrits devaient être faits en présence de sept témoins au moins, y compris le notaire.

La liberté de disposer ayant été en général beaucoup augmentée dans les pays de coutume, il était convenable d'ajouter aux précautions prises pour constater la volonté des testateurs ; mais en exigeant un nombre de témoins plus considérable que celui qui est nécessaire pour atteindre à ce but, on eût assujéti ceux qui disposent à une grande gêne, et peut-être les eût-on exposés à se trouver souvent dans l'impossibilité de faire ainsi dresser leurs testamens.

Ces motifs ont déterminé à régler que le testament par acte public sera reçu par deux notaires en présence de deux témoins, ou par un notaire en présence de quatre témoins.

976   L'usage des testamens mystiques ou secrets était inconnu dans les pays de coutume ; c'était une institution à propager en faveur de ceux qui ne savent pas écrire, ou qui, par des motifs souvent plausibles, ne veulent ni faire leur testament par écrit privé, ni confier le secret de leurs dispositions. Elle devenait encore plus nécessaire quand, pour les testamens par acte public, on exige dans tous les cas la présence de deux témoins, et qu'il doit même s'en trouver quatre s'il n'y a qu'un notaire.

Mais en admettant la forme des testamens mystiques, on ne pouvait négliger aucune des formalités requises dans les pays de droit écrit.

On doit craindre dans ces actes les substitutions de personnes ou de pièces : il faut que les formalités soient telles, que les manœuvres les plus subtiles de la cupidité soient déjouées; et c'est surtout le nombre des témoins qui peut garantir que tous ne sauraient entrer dans un complot criminel. On a donc cru devoir adopter les formalités des testamens mystiques ou secrets telles qu'on les trouve énoncées dans l'ordonnance de 1735.

On a voulu rendre uniformes les formalités relatives à l'ouverture des testamens mystiques. Leur présentation au juge, leur ouverture, leur dépôt, seront faits de la même manière que pour les testamens olographes. On exige de plus que les notaires et les témoins par qui l'acte de suscription aura été signé, et qui se trouveront sur les lieux, soient présens ou appelés. 1007

Telles seront en général les formalités des testamens. Mais il est possible que le service militaire, que des maladies contagieuses ou des voyages maritimes mettent les testateurs dans l'impossibilité d'exécuter à cet égard la loi; cependant c'est dans ces circonstances, où la vie est souvent exposée, qu'il devient plus pressant et plus utile de manifester ses dernières volontés. La loi serait donc incomplète si elle privait une partie nombreuse des citoyens, et ceux surtout qui ne sont loin de leurs foyers que pour le service de la patrie, d'un droit aussi naturel et aussi précieux que celui de disposer par testament. ch. 5, sect. 2.

Aussi, dans toutes les législations, a-t-on prescrit, pour ces différens cas des formes particulières qui donnent autant de sûreté que le permet la possibilité d'exécution : celles qui déjà ont été établies par l'ordonnance de 1735 ont été maintenues avec quelques modifications qui n'exigent pas un examen particulier.

Après avoir prescrit les formalités des testamens, on avait à régler quels seraient leurs effets et comment ils seraient exécutés. 1008

.Il n'y aura plus à cet égard aucune diversité.

. L'héritier institué et le légataire universel auront les mêmes droits et seront sujets aux mêmes charges.

1004-
1006 Dans les coutumes où l'institution d'héritier était absolument défendue, ou n'était admise que dans les contrats de mariage, il n'y avait de titre d'héritier que dans la loi même; ce qu'on exprimait par ces mots : *le mort saisit le vif.* Les légataires universels étaient tenus, lors même qu'ils recueillaient tous les biens, d'en demander la délivrance.

Dans les pays de droit écrit, presque tous les héritiers avaient leur titre dans un testament; ils étaient saisis de plein droit de la succession, lors même qu'il y avait des légitimaires.

On peut dire, pour le système du droit écrit, que l'institution d'héritier étant autorisée par la loi, celui qui est institué par un testament a son titre dans la loi même, comme celui qui est appelé directement par elle; que dès lors qu'il existe un héritier par l'institution, il est sans objet et même contradictoire qu'il y ait un parent ayant cette qualité sans aucun avantage à en tirer; que le testament, revêtu des formes suffisantes, est un titre qui ne doit pas moins que les autres avoir son exécution provisoire; que la demande en délivrance et la main-mise par le parent qui est dépouillé de la qualité d'héritier ne peuvent qu'occasioner des frais et des contestations que l'on doit éviter.

Ceux qui prétendent que l'ancien usage des pays de coutume est préférable, lors même que la faculté d'instituer les héritiers y est admise, regardent le principe suivant lequel le parent appelé par la loi à la succession doit toujours être réputé saisi à l'instant de la mort, comme la sauvegarde des familles. Le testament ne doit avoir d'effet qu'après la mort; et lorsqu'il a été produit, le titre du parent appelé par la loi est certain; l'autre peut n'être pas valable, et il est au moins toujours susceptible d'examen. Le temps de produire un testament, pendant que se remplissent les premières formalités pour constater l'état d'une succession, n'est jamais assez long pour que la saisie du parent appelé par la loi puisse être préjudiciable à l'héritier institué.

Ni l'une ni l'autre de ces deux opinions n'a été entièrement adoptée : on a pris dans chacune d'elles ce qui a paru le plus propre à concilier les droits de ceux que la loi appelle à la succession et de ceux qui doivent la recueillir par la volonté de l'homme.

Lorsqu'au décès du testateur il y aura des héritiers auxquels une quotité des biens sera réservée par la loi, ces héritiers seront saisis de plein droit par sa mort de toute la succession; et l'héritier institué ou le légataire universel sera tenu de leur demander la délivrance des biens compris dans le testament.

Lorsque l'héritier institué ou le légataire universel se trouve ainsi en concurrence avec l'héritier de la loi, ce dernier mérite la préférence. Il est difficile que dans l'exécution cela puisse être autrement. Ne serait-il pas contre l'honnêteté publique, contre l'humanité, contre l'intention présumée du testateur, que l'un de ses enfans ou que l'un des auteurs de sa vie fût à l'instant de sa mort expulsé de sa maison, sans qu'il eût même le droit de vérifier auparavant le titre de celui qui se présente? Ce dernier aura d'autant 1005 moins droit de se plaindre de cette saisine momentanée, qu'il recueillera les fruits à compter du jour du décès, si la demande en délivrance a été formée dans l'année.

Si l'héritier institué ou le légataire universel ne se trouve 1006 point en concurrence avec des héritiers ayant une quotité de biens réservée par la loi, les autres parens ne pourront empêcher que ce titre n'ait toute sa force et son exécution provisoire dès l'instant même de la mort du testateur.

Il suffit qu'ils soient mis à portée de vérifier l'acte qui les dépouille.

Si cet acte a été fait devant notaires, c'est celui qui par ses formes rend les surprises moins possibles, et il se trouve d'avance dans un dépôt où les personnes intéressées peuvent le vérifier.

S'il a été fait olographe ou dans la forme mystique, des mesures ont été prises pour que les parens appelés par la loi aient toute la facilité de le vérifier avant que l'héritier institué ou le légataire universel puisse se mettre en possession.

1007-1008   Les testamens faits sous l'une et l'autre forme devront être déposés chez un notaire commis par le juge ; on assujétit l'héritier institué ou le légataire universel à obtenir une ordonnance d'envoi en possession, et cette ordonnance ne sera délivrée que sur la production de l'acte du dépôt.

1009   Quant aux charges dont l'héritier institué et le légataire universel sont tenus, les dettes sont d'abord prélevées, et conséquemment, s'il est en concurrence avec un héritier auquel la loi réserve une quotité de biens, il y contribuera pour sa part et portion, et hypothécairement pour le tout.

Il est une autre charge qui n'était pas toujours aussi onéreuse pour l'héritier institué que pour le légataire universel.

Dans les pays de droit écrit, l'héritier institué était autorisé à retenir, sous le nom de *falcidie*, le quart de la succession par retranchement sur les legs, s'ils excédaient la valeur des trois quarts.

Les testamens avaient toujours été considérés chez les Romains comme étant de droit politique plutôt que de droit civil ; et la loi prenait toutes les mesures pour que cet acte de magistrature suprême reçût son exécution. Elle présumait toujours la volonté de ne pas mourir *ab intestat*.

Cependant lorsque le testateur avait épuisé en legs la valeur de sa succession, les héritiers institués n'avaient plus d'intérêt d'accepter ; l'institution devenait caduque, et avec elle tombait tout le testament.

On présuma que celui qui instituait un héritier le préférait à de simples légataires, et l'héritier surchargé de legs fut autorisé par la loi qu'obtint le tribun *Falcidius*, sous le règne d'*Auguste*, à retenir le quart des biens.

Cette mesure fut ensuite rendue commune à l'héritier *ab intestat*, et à ceux même qui avaient une légitime. Ce droit a été consacré par l'ordonnance de 1735.

Dans les pays de coutume, il n'y avait point de pareille retenue au profit des légataires universels, lors même que les biens laissés par le testateur étaient tous de nature à être compris dans le legs. La présomption légale dans ces pays était que les legs particuliers contenaient l'expression plus positive de la volonté du testateur que le titre des légataires universels; ceux-ci étaient tenus d'acquitter tous les legs.

Cette dernière législation a paru préférable; les causes qui ont fait introduire la *quarte falcidie* n'existent plus. La loi, en déclarant que les legs particuliers seront tous acquittés par les héritiers institués ou les légataires universels, ne laissera plus de doute sur l'intention qu'auront eue les testateurs de donner la préférence aux legs particuliers : s'il arrive que les testateurs ignorent assez l'état de leur fortune pour l'épuiser en legs particuliers, lors même qu'ils institue— raient un héritier ou qu'ils nommeraient un légataire universel, la loi ne doit point être faite pour des cas aussi extraordinaires.

Il est une autre classe de legs connus sous le nom de *legs à* 1010 *titre universel;* non qu'ils comprennent, comme le legs dont on vient de parler, l'universalité des biens, mais seulement soit une quote-part de ceux dont la loi permet de disposer, telle qu'une moitié, un tiers, ou tous les immeubles, ou tout le mobilier, ou une quotité des immeubles, ou une quotité du mobilier.

Ces légataires, comme ceux à titre particulier, sont tenus 1011- de demander la délivrance; mais il fallait les distinguer, 1014 parce qu'il est juste que ceux qui recueillent ainsi à titre universel une quote—part des biens de la succession soient assujétis à des charges qui ne sauraient être imposées sur les legs particuliers. Telle est la contribution aux dettes et 1012- charges de la succession, et l'acquit des legs particuliers par 1013 contribution, avec ceux qui recueillent, sous quelque titre que ce soit, l'universalité des biens.

Lorsqu'il y aura un légataire à titre universel d'une quotité quelconque de tous les biens, on devra mettre dans cette classe celui qui serait porté dans le même testament pour le surplus des biens, sous le titre de légataire universel.

sect. 6.   Quant aux legs particuliers, on s'est conformé aux règles de droit commun, et l'on a cherché à prévenir les difficultés indiquées par l'expérience : il suffit de lire ces dispositions pour en connaître les motifs.

sect. 7 et 8   Il en est ainsi, et de celles qui concernent les exécuteurs testamentaires, et de la révocation des testamens ou de leur caducité.

ch. 6.   La loi établit des règles particulières à certaines dispositions entre-vifs ou de dernière volonté, qui exigent des mesures qui leur sont propres.

1048-
1049   Telles sont les dispositions permises aux pères et mères et aux frères ou sœurs, dont la sollicitude, se prolongeant dans l'avenir, leur aurait fait craindre que des petits-enfans ou des neveux ne fussent exposés à l'infortune par l'inconduite ou par les revers de ceux qui leur ont donné le jour.

Dans la plupart des législations, et dans la nôtre jusqu'aux derniers temps, la puissance paternelle a eu dans l'exhérédation un des plus grands moyens de prévenir et de punir les fautes des enfans. Mais en remettant cette arme terrible dans la main des pères et mères, on n'a songé qu'à venger leur autorité outragée, et l'on s'est écarté des principes sur la transmission des biens.

Un des motifs qui ont fait supprimer le droit d'exhérédation est que l'application de la peine à l'enfant coupable s'étendait à sa postérité innocente. Cependant cette postérité ne devait pas être moins chère au père équitable dans sa vengeance ; elle n'en était pas moins une partie essentielle de la famille, et devait y trouver la même faveur et les mêmes droits.

Or, il n'y avait qu'un petit nombre de cas dans lesquels

les enfans de l'exhérédé fussent admis à la succession de celui qui avait prononcé la fatale condamnation.

Ainsi, sous le rapport de la transmission des biens dans la famille, l'exhérédation n'avait que des effets funestes : la postérité la plus nombreuse d'un seul coupable était enveloppée dans sa proscription ; et combien n'étaient-ils pas scandaleux dans les tribunaux, ces combats où, pour des intérêts pécuniaires, la mémoire du père était déchirée par ceux qui s'opposaient à l'exhérédation, et la conduite de l'enfant exhérédé présentée sous les traits que la cupidité cherchait encore à rendre plus odieux !

Cependant il fallait trouver un moyen de conserver à la puissance des pères et mères la force nécessaire sans blesser la justice.

On avait d'abord cru que l'on pourrait atteindre à ce but si l'on donnait aux père et mère le droit de réduire l'enfant qui se rendrait coupable d'une dissipation notoire au simple usufruit de sa portion héréditaire ; ce qui eût assuré la propriété aux descendans nés et à naître de cet enfant.

On avait trouvé les traces de cette disposition officieuse dans les lois romaines ; mais après un examen plus approfondi, on y a découvert la plupart des inconvéniens de l'exhérédation.

La plus grande puissance des pères et mères, c'est de la nature et non des lois qu'ils la tiendront. Les efforts des législateurs doivent tendre à seconder la nature et à maintenir le respect qu'elle a inspiré aux enfans : la loi qui donnerait au fils le droit d'attaquer la mémoire de son père, et de le présenter aux tribunaux comme coupable d'avoir violé ses devoirs par une proscription injuste et barbare, serait elle-même une sorte d'attentat à la puissance paternelle ; elle tendrait à la dégrader dans l'opinion des enfans. Le premier principe dans cette partie de la législation est d'éviter autant qu'il est possible de faire intervenir les tribunaux entre les pères et mères et leurs enfans. Il est le plus souvent inutile et toujours dangereux de remettre entre les mains des pères et des mères des armes que les enfans puissent combattre et rendre impuissantes.

C'eût été une erreur de croire que l'enfant réduit à l'usufruit de sa portion héréditaire ne verrait lui-même que l'avantage de sa postérité, et qu'il ne se plaindrait pas d'une disposition qui lui laisserait la jouissance entière des revenus. Cette disposition officieuse pour les petits-enfans eût été contre le père ainsi grevé une véritable interdiction qui eût pu avoir sur son sort, pendant le reste de sa vie, une influence funeste. Comment celui qui aurait été proclamé dissipateur par son père même pourrait-il se présenter pour des emplois publics ? Comment obtiendrait-il de la confiance dans tous les genres de professions ?

N'était-il pas trop rigoureux de rendre perpétuels les effets d'une peine aussi grave, quand la cause pouvait n'être que passagère ?

Il a donc été facile de prévoir que tous les enfans ainsi condamnés par l'autorité des pères et mères se pourvoiraient devant les tribunaux : et avec quel avantage n'y paraîtraient-ils pas ?

La dissipation se compose d'une suite de faits que la loi ne peut pas déterminer : ce qui est dissipation dans une circonstance ne l'est pas dans une autre. Le premier juge, celui dont la voix serait si nécessaire à entendre pour connaître les motifs de sa décision, n'existerait plus.

Serait-il possible d'imaginer une scène plus contraire aux bonnes mœurs que celle d'un aïeul dont la mémoire serait déchirée par son fils réduit à l'usufruit, en même temps que la conduite de ce fils serait dévoilée par ses propres enfans ? Cette famille ne deviendrait-elle pas le scandale et la honte de la société ? Et à quelle époque pourrait-on espérer que le respect des enfans pour les pères s'y rétablirait ? Il aurait donc bien mal rempli ses vues, le père de famille qui, en réduisant son fils à l'usufruit, n'aurait eu qu'une intention bienfaisante envers ses petits-enfans; et s'il eût prévu les conséquences funestes que sa disposition pouvait avoir, n'eût-il pas dû s'en abstenir?

La loi qui eût admis cette disposition eût encore été vicieuse, en ce que la réduction à l'usufruit pouvait s'appliquer à la portion héréditaire en entier. C'était porter atteinte au droit de légitime, qui a été jusqu'ici regardé comme ne pouvant pas être réduit par les pères et mères eux-mêmes, si ce n'est dans le cas de l'exhérédation. Or, la dissipation notoire n'a jamais été une cause d'exhérédation, mais seulement d'une interdiction susceptible d'être levée quand sa cause n'existait plus.

Quoique la disposition officieuse, telle qu'on l'avait d'abord conçue, fût exposée à des inconvéniens qui ont empêché de l'admettre, l'idée n'en était pas moins en elle-même juste et utile. L'erreur n'eût pas été moins grande si on ne l'eût pas conservée en la modifiant.

Il fallait éviter, d'une part, que la disposition ne fût un germe de discorde et d'accusations respectives; et de l'autre, que la loi qui soustrait une certaine quotité de biens aux volontés du père ne fût violée.

Ces conditions se trouvent remplies en donnant aux pères et mères la faculté d'assurer à leurs petits-enfans la portion de biens dont la loi leur laisse la libre disposition. Ils pourront l'assurer en la donnant à un ou à plusieurs de leurs enfans; et ceux-ci seront chargés de la rendre à leurs enfans. Vous avez vu que la portion disponible laissée au père suffira pour atteindre au but proposé : elle sera, eu égard à la fortune de chacun, assez considérable pour qu'elle puisse préserver les petits-enfans de la misère à laquelle l'inconduite ou les malheurs du père les exposeraient.

L'aïeul ne peut pas espérer de la loi une faculté plus étendue que celle dont il a besoin, en n'écoutant que des sentimens d'une affection pure envers sa postérité : et d'une

36.

autre part, la quotité réservée aux enfans est de droit public ; sa volonté, quoique raisonnable, ne peut y déroger.

1950   Lorsque la charge de rendre les biens est imposée, ce doit être en faveur de toute la postérité de l'enfant ainsi grevé, sans aucune préférence à raison de l'âge ou du sexe ; et non seulement au profit des enfans nés lors de la disposition, mais encore de tous ceux à naître.

1948   Ce moyen est préférable à celui de la disposition officieuse ; la réserve légale reste intacte : la volonté du père ne s'applique qu'à des biens dont il est absolument le maître de disposer ; elle ne peut être contestée ni compromise ; elle ne porte plus les caractères d'une peine contre l'enfant grevé de restitution ; elle pourra s'appliquer à l'enfant dissipateur comme à celui qui déjà aura eu des revers de fortune, ou qui par son état y serait exposé.

Il est possible que les pères et mères, qui sont seuls juges des motifs qui les portent à disposer ainsi d'une partie de leur fortune, avec la charge de la rendre, aient seulement la volonté de préférer à la fois l'enfant auquel ils donnent l'usufruit et sa propriété. Mais la loi les laisse maîtres de disposer au profit de celui de leurs enfans qu'il leur plaît ; et l'on a beaucoup moins à craindre une préférence aveugle, lorsque les biens doivent passer de l'enfant grevé de restitution à tous les petits-enfans sans distinction, et au premier degré seulement.

1949 et 1948   C'est dans cet esprit de conservation de la famille que la loi proposée a étendu à celui qui meurt, ne laissant que des frères ou sœurs, la faculté de les grever de restitution jusqu'à concurrence de la portion disponible au profit de tous les enfans de chacun des grevés.

On voit que la faculté accordée aux pères et mères de donner à un ou plusieurs de leurs enfans tout ou partie des biens disponibles, à la charge de les rendre aux petits-enfans, a si peu de rapport avec l'ancien régime des substitutions, qu'on ne lui en a même pas donné le nom.

C'est une substitution, en ce qu'il y a une transmission successive de l'enfant donataire aux petits-enfans.

Mais cela est contraire aux anciennes substitutions, en ce que l'objet de la faculté donnée aux pères et mères et aux frères n'est point de créer un ordre de succession et d'intervertir les droits naturels de ceux que la loi eût appelés, mais plutôt de maintenir cet ordre et ces droits en faveur d'une génération qui en eût été privée.

Dans les anciennes substitutions, c'était une branche qui était préférée à l'autre : dans la disposition nouvelle, c'est une branche menacée et que l'on veut conserver.

En autorisant cette espèce de disposition officieuse, il a fallu établir les règles nécessaires pour son exécution.

On a d'abord déterminé la forme de ces actes. Elle sera la même que pour les donations entre-vifs ou les testamens.

Celui qui aura donné des biens sans charge de restitution 1052 pourra l'imposer par une nouvelle libéralité.

Il ne pourra s'élever aucun doute sur l'ouverture des droits 1053 des appelés. Ils seront ouverts à l'époque où, par quelque cause que ce soit, la jouissance du grevé cessera; cependant s'il y avait un abandon en fraude des créanciers, il serait juste que leurs droits fussent conservés.

La faveur des mariages ne peut dans ce cas être un motif 1054 pour que les femmes exercent des recours subsidiaires sur les biens ainsi donnés; elles n'en auront que pour leurs deniers dotaux et dans le cas seulement où cela aurait été formellement exprimé dans la donation entre-vifs ou dans le testament.

La loi devait ensuite prévoir les difficultés qui pourraient 1055 à s'élever sur l'exécution de ces actes. Il fallait éviter qu'à 1057 l'occasion d'une charge imposée à un père au profit de ses enfans il pût s'élever entre eux des contestations. On reconnaîtra dans toutes les parties du Code civil qu'on a pris tous les moyens de prévenir ce malheur.

Si le père ne remplit pas les obligations qu'entraîne la

charge de restitution, il faut qu'il y ait entre eux une personne dont la conduite, tracée par la loi, ne puisse provoquer le ressentiment du père contre les enfans.

Cette tierce personne sera un tuteur nommé pour faire exécuter, après la mort du donateur ou du testateur, sa volonté.

Il vaudrait mieux, pour assurer l'exécution, que ce tuteur fût nommé par celui même qui fait la disposition. Ce choix donnerait au tuteur ainsi nommé un titre de plus à la confiance et à la déférence de l'enfant grevé.

Si cette nomination n'a pas été faite, ou si le tuteur nommé est décédé, la loi prend toutes les précautions pour qu'il ne puisse jamais arriver qu'il n'y ait pas de tuteur chargé de l'exécution.

Le grevé sera tenu de provoquer cette nomination, sous peine d'être déchu du bénéfice de la disposition ; et s'il y manque, il y sera suppléé, soit par les appelés s'ils sont majeurs, soit par leurs tuteurs ou curateurs s'ils sont mineurs ou interdits, soit par tout parent des appelés majeurs, mineurs ou interdits, ou même d'office, à la diligence du commissaire du gouvernement près le tribunal de première instance du lieu où la succession est ouverte.

1058 et suivans. Des règles sont ensuite établies pour constater les biens, pour la vente du mobilier, pour l'emploi des deniers, pour la transcription des actes contenant les dispositions, ou pour l'inscription sur les biens affectés au paiement des sommes colloquées avec privilége.

ch. 7. Il est encore un autre genre de dispositions qui doit avoir sur le sort des familles une grande influence ; ce sont les partages faits par le père, la mère ou les autres ascendans, entre leurs descendans ; c'est le dernier et l'un des actes les plus importans de la puissance et de l'affection des pères et mères. Ils s'en rapporteront le plus souvent à cette sage répartition que la loi elle-même a faite entre leurs enfans. Mais il restera souvent, et surtout à ceux qui ont peu de

fortune, comme à ceux qui ont des biens dont le partage ne
sera pas facile, ou sera susceptible d'inconvéniens, de grandes
inquiétudes sur les dissensions qui peuvent s'élever entre
leurs enfans. Combien serait douloureuse pour un bon père
l'idée que des travaux dont le produit devait rendre sa famille heureuse seront l'occasion de haines et de discordes!
A qui donc pourrait-on confier avec plus d'assurance la répartition des biens entre les enfans qu'à des pères et mères,
qui mieux que tous autres en connaissent la valeur, les
avantages et les inconvéniens; à des pères et mères qui rempliront cette magistrature, non seulement avec l'impartialité
de juges, mais encore avec ce soin, cet intérêt, cette prévoyance, que l'affection paternelle peut seule inspirer?

Cette présomption, quelque forte qu'elle soit en faveur
des pères et mères, a cependant encore laissé des inquiétudes sur l'abus que pourraient faire de ce pouvoir ceux qui,
par une préférence aveugle, par orgueil ou par d'autres
passions, voudraient réunir la majeure partie de leurs biens
sur la tête d'un seul de leurs enfans. Il a été calculé que plus
les enfans seraient nombreux, et plus il serait facile au père
d'accumuler les biens au profit de l'enfant préféré.

Il eût été injuste, et même contraire au but que l'on se
proposait, de refuser au père qui, lors du partage entre ses
enfans, pouvait disposer librement d'une partie de se
biens, l'exercice de cette faculté dans le partage même. C'est
ainsi qu'il peut éviter des démembremens, conserver à l'un
de ses enfans l'habitation qui pourra continuer d'être l'asile
commun, réparer les inégalités naturelles ou accidentelles :
en un mot, c'est dans l'acte de partage qu'il pourra le mieux
combiner, et en même temps réaliser la répartition la plus
équitable et la plus propre à rendre heureux chacun de ses
enfans.

Mais si l'un des enfans était lésé de plus du quart, ou s'il 1079
résultait du partage et des dispositions faites par préciput
que l'un des enfans aurait un avantage plus grand que la loi

ne le permet, l'opération pourra être attaquée par les autres intéressés.

ch. 7.   Les démissions de biens étaient usitées dans une grande partie de la France. Il y avait sur la nature de ces actes des règles très-différentes.

Dans certains pays on ne leur donnait pas la force des donations entre-vifs ; elles étaient révocables. Ce n'était point aussi un acte testamentaire, puisqu'il avait un effet présent. On avait dans ces pays conservé la règle de droit, suivant laquelle on ne peut pas se faire d'héritier irrévocable : il n'y avait d'exception que pour les institutions par contrat de mariage. On craignait que les parens eussent à se repentir de s'être trop abandonnés à des sentimens d'affection, et d'avoir eu trop de confiance en ceux auxquels ils avaient livré leur fortune.

Mais, d'un autre côté, c'était laisser dans les pactes de famille une incertitude qui causait les plus graves inconvéniens. Le démissionnaire qui avait la propriété sous la condition de la révocation se flattait toujours qu'elle n'aurait pas lieu. Il traitait avec des tiers, il s'engageait, il dépensait, il aliénait, et la révocation n'avait presque jamais lieu sans des procès qui empoisonnaient le reste de la vie de celui qui s'était démis, et qui rendaient sa condition pire que s'il eût laissé subsister sa démission.

On a supprimé cette espèce de disposition ; elle est devenue inutile. Les pères et mères pourront dans les donations entre-vifs imposer les conditions qu'ils voudront ; ils auront la même liberté dans les actes de partage, pourvu qu'il n'y ait rien de contraire aux règles qui viennent d'être exposées, et suivant lesquelles les démissions des biens, si elles avaient été autorisées, eussent été déclarées irrévocables.

ch. 8 et 9.   Il est deux autres genres de donations qui toujours ont été mises dans une classe à part, et pour lesquelles les règles générales doivent être modifiées.

Ce sont les donations faites par contrat de mariage aux

époux et aux enfans à naître de cette union, et les donations entre époux.

Toute loi dans laquelle on ne chercherait pas à encourager les mariages serait contraire à la politique et à l'humanité. Loin de les encourager, ce serait y mettre obstacle, si l'on ne donnait pas le plus libre cours aux donations, sans lesquelles ces liens ne se formeraient pas. Il serait même injuste d'assujétir les parens donateurs aux règles qui distinguent d'une manière absolue les donations entre-vifs des testamens. Le père qui marie ses enfans s'occupe de leur postérité ; la donation actuelle doit donc être presque toujours subordonnée à des dispositions sur la succession future. Non seulement les contrats de mariage participent de la nature des actes entre-vifs et des testamens, mais encore on doit les considérer comme des traités entre les deux familles, traités pour lesquels on doit jouir de la plus grande liberté.

Ces principes sont immuables, et leurs effets ont dû être maintenus dans la loi proposée.

Ainsi les ascendans, les parens collatéraux des époux, et 1082 même les étrangers, pourront par contrat de mariage donner tout ou partie des biens qu'ils laisseront au jour de leur décès.

Ces donateurs pourront prévoir le cas où l'époux donataire mourrait avant eux, et dans ce cas étendre leur disposition au profit des enfans à naître de leur mariage. Dans le cas même où les donateurs n'auront pas prévu le cas de leur survie, il sera présumé de droit que leur intention a été de disposer, non seulement au profit de l'époux, mais encore en faveur des enfans et descendans à naître du mariage.

Ces donations pourront comprendre à la fois les biens pré- 1084- sens et ceux à venir. On a seulement pris à cet égard une 1085 précaution dont l'expérience a fait connaître la nécessité.

L'époux auquel avaient été donnés les biens présens et à venir avait à la mort du donateur le droit de prendre les biens existans à l'époque de la donation, en renonçant aux biens à venir, ou de recueillir les biens tels qu'ils se trouvaient au temps du décès. Lorsque le donataire préférait les biens qui existaient dans le temps de la donation, des procès sans nombre, et qu'un long intervalle de temps rendait le plus souvent inextricables, s'élevaient sur la fixation de l'état de la fortune à cette même époque. C'était aussi un moyen de fraude envers des créanciers dont les titres n'avaient pas une date certaine. La faveur des mariages ne doit rien avoir d'incompatible avec le repos des familles et avec la bonne foi. Il est donc nécessaire que le donateur qui veut donner le choix des biens présens ou de ceux à venir annexe à l'acte un état des dettes et des charges alors existantes, et que le donataire devra supporter; sinon le donataire ne pourra, dans le cas où il acceptera la donation, réclamer que les biens qui se trouveront à l'époque du décès.

1086   Les donations par contrat de mariage pourront être faites sous des conditions dont l'exécution dépendra de la volonté du donateur. L'époux donataire est presque toujours l'enfant ou l'héritier du donateur. Il est donc dans l'ordre naturel qu'il se soumette aux volontés de celui qui a autant d'influence sur son sort; et si c'est un étranger dont il éprouve la bienfaisance, la condition qui lui est imposée n'empêche pas qu'il ne soit pour lui d'un grand intérêt de l'accepter.

1089   Enfin, un grand moyen d'encourager les donations par contrat de mariage était de déclarer qu'à l'exception de celles des biens présens, elles deviendraient caduques si le donateur survit au donataire décédé sans postérité.

ch. 9.   Toutes les lois qui ont précédé celle du 17 nivose an II ont toujours distingué les donations que les époux peuvent se faire entre eux par leur contrat de mariage de celles qui auraient eu lieu pendant le mariage.

1092   Le mariage est un traité dans lequel les mineurs assistés de leurs parens, ou les majeurs, doivent être libres de stipuler leurs droits et de régler les avantages qu'ils veulent se faire. Les sentimens réciproques sont alors dans toute leur énergie, et l'un n'a point encore pris sur l'autre cet empire que donne l'autorité maritale ou qui est le résultat de la vie commune. La faveur des mariages exige que les époux aient au moment où ils forment leurs liens la liberté de se faire réciproquement, ou l'un des deux à l'autre, les donations qu'ils jugeront à propos.

Il en est autrement des donations que les époux voudraient se faire pendant le mariage.

1096 et suivans.

Les lois romaines défendirent d'abord les donations entre époux d'une manière absolue. On craignait de les voir se dépouiller mutuellement de leur patrimoine par les effets inconsidérés de leur tendresse réciproque, de rendre le mariage vénal, et de laisser l'époux honnête exposé à ce que l'autre le contraignît d'acheter la paix par des sacrifices sous le titre de donations.

Cette défense absolue fut modifiée sous le règne d'*Antonin,* qui crut prévenir tous les inconvéniens en donnant aux époux la faculté de révoquer les donations qu'ils se feraient pendant le mariage.

Cette doctrine a été suivie en France dans la plupart des pays de droit écrit.

Dans les pays de coutume on a conservé l'ancien principe de la défense absolue de toute donation entre mari et femme pendant le mariage, à moins que la donation ne fût mutuelle au profit du survivant : et encore cette espèce de donation était-elle, quant aux espèces et à la quantité de biens qu'elle pouvait comprendre, plus ou moins limitée.

Ces bornes ont été, dans la plupart des coutumes, plus resserrées dans le cas où, à l'époque de la dissolution du mariage, il existait des enfans, que dans le cas où il n'y en avait point.

En modifiant ainsi la défense absolue, il résultait que la condition de réciprocité ou de survie écartait toute intention odieuse de l'un des époux de s'enrichir aux dépens de l'autre,

et que les bornes dans lesquelles ces donations étaient res--
serrées conservaient les biens de chaque famille.

On a pris dans ces deux systèmes ce qui est le plus convenable à la dignité des mariages, à l'intérêt réciproque des
époux, à celui des enfans.

1094   Il sera permis à l'époux de donner à l'autre époux, soit
par le contrat de mariage, soit pendant le mariage, dans le
cas où il ne laisserait point de postérité, tout ce qu'il pourrait donner à un étranger, et en outre l'usufruit de la totalité
de la portion dont la loi défend de disposer au préjudice des
héritiers directs.

S'il laisse des enfans, ces donations ne pourront comprendre que le quart de tous les biens en propriété et
l'autre quart en usufruit, ou la moitié de tous les biens en
usufruit seulement.

1096   Toutes donations faites entre époux pendant le mariage,
quoique qualifiées entre-vifs, seront toujours révocables, et
la femme n'aura pas besoin, pour exercer ce droit, de l'autorisation de son mari ni de la justice.

1094   Cette loi donnant la faculté de disposer, même au profit
d'un étranger, de tous les biens qui ne sont pas réservés aux
héritiers en ligne directe, il n'eût pas été conséquent qu'un
époux fût privé de la même liberté vis-à-vis de l'autre
époux pendant le mariage. Tel est même l'effet de l'union
intime des époux, que, sans rompre les liens du sang, leur
inquiétude et leur affection se porte plutôt sur celui des deux
qui survivra que sur les parens qui doivent lui succéder. On
a donc encore suivi le cours des affections, en décidant que
les époux ne laissant point d'enfans pourraient se donner
l'usufruit de la totalité de la portion de biens disponible.

Si l'époux laisse des enfans, son affection se partage entre
eux et son époux, et lors même qu'il se croit le plus assuré
que l'autre époux survivant ferait de la totalité de sa fortune
l'emploi le plus utile aux enfans : les devoirs de paternité

sont personnels, et l'époux donateur y manquerait s'il les confiait à un autre ; il ne pourra donc être autorisé à laisser à l'autre époux qu'une partie de sa fortune, et cette quotité est fixée à un quart de tous les biens en propriété, et un autre quart en usufruit, ou la moitié de la totalité en usufruit.

Après avoir borné ainsi la faculté de disposer, il ne restait 1097 plus qu'à prévenir les inconvéniens qui peuvent résulter des donations faites entre époux pendant le mariage.

La mesure adoptée dans la législation romaine a paru préférable. On ne pourra plus douter que les donations ne soient l'effet d'un consentement libre, et qu'il ne faut les attribuer ni à la subordination, ni à une affection momentanée ou inconsidérée, quand l'époux, libre de les révoquer, y aura persisté jusqu'à sa mort ; quand la femme n'aura besoin, pour cette révocation, d'aucune autorisation ; quand, pour rendre cette révocation plus libre encore, et pour qu'on ne puisse argumenter de l'indivisibilité des dispositions d'un même acte, il est réglé que les époux ne pourront pendant le mariage se faire, par un seul et même acte, aucune donation mutuelle et réciproque.

Au surplus, on a maintenu cette sage disposition, que 1098 l'on doit encore moins attribuer à la défaveur des seconds mariages qu'à l'obligation où sont les pères ou mères qui ont des enfans de ne pas manquer à leur égard, lorsqu'ils forment de nouveaux liens, aux devoirs de la paternité. Il a été réglé que dans ce cas les donations au profit du nouvel époux ne pourront excéder une part d'enfant légitime le moins prenant, et que dans aucun cas ces donations ne pourront excéder le quart des biens ; il n'a pas été jugé nécessaire de porter plus loin ces précautions.

Tels sont, législateurs, les motifs de ce titre important du Code civil. Vous avez vu avec quel soin on a toujours cherché à y maintenir cette liberté si chère, surtout dans l'exercice du droit de propriété ; que si une partie des biens est réservée par la loi, c'est en faveur de parens unis par des liens si intimes, et dans des proportions telles, qu'il est impossible de présumer que la volonté des chefs de famille en soit contrariée; qu'ils seront d'ailleurs les arbitres suprêmes du sort de leurs héritiers; que leur puissance sera respectée, et leur affection recherchée; qu'ils jouiront de la plus douce consolation en distribuant à leurs enfans, de la manière qu'ils jugeront la plus convenable au bonheur de chacun d'eux, des biens qui sont le plus souvent le produit de leurs travaux; qu'ils pourront même étendre cette autorité bienfaisante et conservatrice jusqu'à une génération future, en transmettant à leurs petits-enfans ou à des enfans de frères ou de sœurs une partie suffisante de biens, et les préserver ainsi de la ruine à laquelle les exposerait la conduite ou le genre de profession des pères et mères. Vous avez vu avec quel soin on a conservé la faveur due aux contrats de mariage, et que la liberté des époux de disposer entre eux sera plus entière, qu'ils seront sur ce point plus indépendans l'un de l'autre; ce qui doit contribuer à maintenir entre eux l'harmonie et les égards.

Enfin vous avez vu que partout on a cherché à rendre les formes simples et sûres, et à faire cesser cette foule de controverses qui ruinaient les familles, et laissaient presque toujours les testateurs dans une incertitude affligeante sur l'exécution de leur volonté.

C'est le dernier titre qui soit prêt à vous être présenté dans cette session. Puisse l'opinion publique sanctionner ces premiers efforts du gouvernement pour procurer à la France un code propre à régénérer les mœurs, à fixer les propriétés, à rétablir l'ordre, à faire le bonheur de chaque famille, et dans chaque famille le bonheur de tous ceux qui la composent!

COMMUNICATION OFFICIELLE AU TRIBUNAT.

Le Corps législatif transmit le projet et l'exposé des motifs au Tribunat le 3 floréal an XI (23 avril 1803), et M. Jaubert en fit le rapport à l'assemblée générale le 9 floréal (29 avril).

RAPPORT FAIT PAR M. JAUBERT.

Tribuns, la prérogative la plus éminente de la propriété, c'est le droit de la transmettre volontairement et à titre gratuit.

Quel objet pourrait exciter un plus grand intérêt chez tous les citoyens ?

Chacun a quelques facultés ou quelques espérances.

Tous souhaitent pouvoir exercer leur bienveillance envers ceux qui sont l'objet de leur affection.

Aucun n'est étranger à cet orgueil attaché à l'empire que les hommes ont voulu s'assurer sur leurs propriétés en se soumettant pour leurs personnes à la puissance publique.

La matière des dispositions à titre gratuit est celle qui a le plus occupé les législateurs de tous les pays : c'est en effet le droit civil de chaque peuple qui doit régler cette trans-mission, puisque la propriété réelle finissant avec l'homme, l'exécution de sa volonté ne peut être garantie que par la protection de la société.

Une grande partie de la France avait profité de la théorie des Romains, l'autre partie avait ses coutumes.

Mais, soit en pays de droit écrit, soit en pays de droit coutumier, il y avait une jurisprudence interprétative.

Encore, dans le même pays, quelquefois dans le même tribunal, la jurisprudence n'était pas toujours uniforme.

Les trois grandes ordonnances du chancelier d'Aguesseau sur les donations, les testamens et les substitutions, avaient tranché de grandes difficultés ; mais les lumières et le zèle de ce grand homme n'avaient pu remédier qu'à une partie du mal.

Outre les obstacles résultant de la nature du gouvernement, il n'était pas alors permis d'espérer qu'aucune partie de la nation renonçât à ces lois.

Un effort général pouvait seul surmonter tant et de si grands obstacles.

Aujourd'hui la nation n'a qu'une volonté.

Si aucun de nous ne peut oublier le pays dont la confiance lui a préparé l'entrée dans cette enceinte, il sait du moins que ce n'est pas des usages particuliers qu'il est chargé de défendre.

Aussi nous devons vous l'annoncer : tribuns, le projet de loi dont votre section de législation m'a chargé de vous rendre compte, s'il est destiné à devenir le patrimoine commun, ne pourra jamais être considéré comme le triomphe d'une partie de la France sur l'autre.

Plan du projet de loi.

L'ordonnance du projet comprend toute la matière des dispositions entre-vifs et testamentaires.

Il présente d'abord des vues générales sur la nature et l'effet des diverses dispositions.

Il trace ensuite les règles sur la capacité de disposer et de recevoir.

Tous les Français qui ont le libre exercice des droits civils peuvent user du droit de disposer, mais tous ne peuvent pas l'exercer avec une égale latitude.

Les mêmes règles ne peuvent pas être communes, et à l'individu qui a le bonheur d'avoir des enfans, et à celui qui, n'en ayant pas, jouit encore de la présence de son père, ou de sa mère, ou d'autres ascendans, et enfin à celui qui ne laisse ni descendans ni ascendans.

Le projet de loi détermine les différentes réserves suivant la qualité, l'ordre et le nombre des personnes.

Si la disposition est excessive, la loi fixe les règles d'après lesquelles l'équilibre devra être rétabli.

Après avoir embrassé presque du même coup d'œil les dispositions entre-vifs et les dispositions testamentaires, le projet trace les formes et les effets particuliers des unes et des autres.

L'homme dispose de la totalité de ses biens ou seulement d'une partie, ou enfin d'une chose déterminée : chacune de ces dispositions est organisée.

Le caractère distinctif des dispositions entre-vifs, c'est l'irrévocabilité.

Toutefois cette règle doit avoir quelques exceptions.

Il y en a que la morale réclame, d'autres sont nécessaires pour l'intérêt de la société elle-même.

Les dispositions testamentaires sont essentiellement révocables ; le mode de révocation sera réglé.

Il était important de prévoir le cas où des héritiers de la volonté se trouveraient en concours avec des héritiers de la loi.

Le projet détermine leurs droits et leurs obligations.

Cet aperçu ne vous annonce, tribuns, que des règles générales et uniformes.

Mais ne craignez pas que le projet se taise sur les prérogatives que certaines dispositions doivent tenir de la loi, et pour l'intérêt des mœurs publiques, et pour celui des unions légitimes.

Le projet s'occupe des partages que le père de famille veut lui-même organiser, des dispositions permises en faveur des petits-enfans et des neveux ; il s'occupe aussi des dispositions en faveur du mariage.

Toutes les parties du projet ont obtenu l'assentiment de

votre section de législation. Elle vous doit compte de ses motifs.

Règles générales.

893 On pourra disposer de ses biens à titre gratuit; mais ce ne sera que par donations entre-vifs ou par testament. La distinction des dispositions de dernière volonté en testamens, codiciles ou donations à cause de mort, ne subsistera plus; on ne connaîtra qu'une seule espèce de dispositions de dernière volonté : elles s'appelleront *testamens*.

896 Pour qu'une disposition à titre gratuit soit valable, la transmission devra s'opérer directement et immédiatement de la part de l'auteur de la libéralité en faveur de celui qui en sera l'objet. Les substitutions étaient déjà réprouvées depuis 1792; elles seront à jamais prohibées. Ainsi le voulaient l'intérêt du commerce, celui de l'agriculture et le besoin de tarir une trop abondante source de procès.

Néanmoins il faut bien entendre ce que la loi défend : ce n'est autre chose que ce qui était connu dans l'ancien droit sous le nom de *fidéicommis*.

Je donne ou lègue ma maison à Pierre, à la charge de la rendre à Jean. C'est cette disposition qui sera nulle, même à l'égard de Pierre.

898 Mais il en serait bien autrement si je ne fais que prévoir le cas où Pierre ne recueillerait pas lui-même l'effet de ma libéralité, ou parce que je lui survivrais, ou parce qu'il serait incapable de recueillir, ou enfin parce qu'il ne voudrait pas accepter ma disposition : dans ces divers cas je puis appeler Jean.

Cette disposition était connue autrefois sous le nom de *substitution vulgaire*; elle sera autorisée, et avec raison, puisque pour cette transmission il n'y a point d'intermédiaire entre l'auteur de la disposition et l'individu qui en est l'objet.

899 C'est par la suite du même principe qu'il doit être permis de donner à l'un l'usufruit et à l'autre la nue propriété.

En matière de disposition des biens, il ne peut y avoir de facultés que celles qui sont définies par la loi. Ainsi le projet ne s'expliquant pas sur l'ancienne faculté d'élire, le silence de la loi suffit pour avertir que cette faculté ne peut plus être conférée. ap. 899

Heureuse interdiction! Que de procès prévenus! que d'actes immoraux épargnés à un grand nombre de ceux que l'exercice de cette faculté d'élire aurait pu intéresser!

L'homme peut donc disposer, pourvu qu'il le fasse ou par une donation entre-vifs, ou par un testament, et qu'il s'agisse d'une transmission directe et immédiate.

Il peut disposer purement et simplement ou sous con- dition. 900

S'il se trouve dans l'acte des conditions impossibles par la nature des choses, ou s'il y a des conditions contraires aux lois ou aux mœurs, les conditions de cette espèce seront réputées non écrites, et l'acte sera maintenu, de quelque nature qu'il soit, ou donation où testament.

De la capacité. ch. 2

Après les règles générales, le projet s'occupe de la capacité.

Pour faire une donation entre-vifs ou un testament il faut être *sain d'esprit*. 901

Cet article a d'abord causé quelque surprise. Ne faut-il pas être sain d'esprit pour tous les actes? Si on le dit particulièrement pour les dispositions à titre gratuit, ne faudra-t-il pas alors organiser ce principe? Quelle sera la preuve admise?

Néanmoins l'article a été approuvé.

C'est surtout pour les dispositions à titre gratuit que la liberté de l'esprit et la plénitude du jugement sont nécessaires.

Le plus souvent l'homme ne dispose, surtout par testament, que dans ses derniers momens. Alors que 'de dangers pour le malade! que d'embûches de la part de ceux qui l'entourent!

La loi sur l'interdiction a pourvu au cas de démence ; si la démence a été reconnue par jugement, ou si l'acte porte lui-même la preuve de la démence, il est nul.

Mais la démence est une privation habituelle de la raison.

On peut n'être pas sain d'esprit et n'être privé de la raison que momentanément.

Un individu non interdit peut avoir fait un acte qui présente tout l'extérieur de la liberté, tandis néanmoins qu'il était dans des circonstances tellement critiques pour son intelligence ou pour sa volonté, qu'il serait impossible de rester convaincu qu'il avait eu l'entière liberté de son esprit. Par exemple, si un homme avide a profité d'un moment où un malade était en délire pour lui faire faire des dispositions, devrait-il jouir du fruit de ses manœuvres?

Le notaire et les témoins seront sans doute des surveillans fidèles : les notaires surtout tromperaient le vœu de la loi ; ils se rendraient coupables d'une grande prévarication s'ils ne commençaient par s'assurer du bon état de l'esprit des disposans; et il est probable que, quoique la loi ne l'ordonne pas, ils continueront d'insérer dans tous ces actes que le disposant leur a paru sain d'esprit et d'entendement.

Mais enfin les notaires et les témoins ne sont pas les juges de cet état.

Il était d'autant plus important de ne pas omettre la règle *sain d'esprit*, que la loi ne fixe aucune époque de survie, même pour les donations entre-vifs. C'est la forme de l'acte qui en détermine la nature à quelque époque de la vie qu'il soit fait : fût-ce même à l'instant qui précède la mort, l'acte conserve son caractère et produit son effet.

Quel sera là le mode de preuve? Il est impossible que la loi établisse des règles fixes et positives dans une matière où tout dépend des circonstances, qui varient à l'infini. La loi ne peut que laisser l'exécution dans le domaine des tribunaux.

Toutefois les juges sauront combien il serait dangereux d'admettre indiscrètement des réclamations contre des actes dont l'exécution est le premier vœu de la loi. Ils ne manqueront pas de se prémunir contre les tentatives de l'intérêt personnel. En un mot, ils n'admettront un pareil moyen que lorsque des circonstances décisives et péremptoires leur donneront la conviction morale et légale que le disposant n'était pas sain d'esprit.

Toutes personnes peuvent disposer et recevoir, soit par donation entre-vifs, soit par testament. 902

Ce principe s'applique à tous ceux qui ont la jouissance des droits civils.

L'incapacité est un accident. Il n'y aura donc d'incapacité que celle qui est expressément déterminée par la loi.

Incapacité absolue de disposer..... 1° les mineurs âgés de moins de seize ans. 903

2°. Les interdits... Le titre de la majorité et de l'interdic- ap. 903 tion y avait déjà pourvu; il ne fait pas d'exception pour les intervalles lucides : ainsi il ne sera pas permis de distinguer. Il déclare nuls les actes qui seraient faits postérieurement à l'interdiction. Les actes antérieurs, même les testamens, doivent donc produire leur effet, à moins que la cause de l'interdiction n'existât notoirement à l'époque où ces actes ont été faits.

Incapacité relative de disposer. 904

1°. Le mineur âgé de seize ans ne peut disposer par donation, puisqu'il ne peut pas aliéner; il pourra disposer par testament, mais seulement de la moitié des biens dont un majeur peut disposer; sage limitation qui concilie l'exercice de la faculté, qu'on ne pouvait enchaîner plus long-temps, avec les justes craintes qu'inspire la possibilité de la séduction.

A l'avenir, plus de distinction sur la capacité de disposer

entre les mineurs émancipés et ceux qui ne le sont pas.

Si le mineur décède avant sa dix-huitième année, que deviendra la jouissance accordée aux père et mère jusqu'à l'âge de dix-huit ans par le titre de la puissance paternelle? Cette jouissance finira par le décès de l'enfant. Ce décès donnera lieu à un autre ordre de choses ; le père et la mère succéderont à une partie de la propriété.

905   2°. Les femmes mariées peuvent disposer par testament ; mais elles ne peuvent donner entre-vifs sans être autorisées, ou par leur mari, ou par la justice, qu'elles soient communes ou non communes en biens ou séparées de biens, même par suite de la séparation de corps. Ce principe était déjà posé au titre du mariage. Les femmes se plaindraient-elles de cette gêne ? Si les uns leur disent que la loi s'est défiée de leur jugement, et qu'il ne doit pas leur être permis d'affaiblir la dépendance dans laquelle elles sont placées par le mariage, d'autres leur diront qu'il était nécessaire de les garantir de leur propre sensibilité.

906   Incapacité de recevoir.... Incapacité absolue.

1°. L'être qui n'aurait pas existé au moment de la donation ou à l'époque du décès du testateur.

Il suffit que l'être soit conçu, parce que celui qui est dans le sein de sa mère est réputé né toutes les fois qu'il s'agit de son avantage. Toujours faut-il qu'il naisse viable, autrement il serait réputé n'avoir jamais existé.

907   2°. Le tuteur.... même après la majorité, à moins que le compte définitif de la tutelle n'eût été rendu et apuré, quoique le reliquat n'eût pas été encore payé, ou à moins que le tuteur ne fût ascendant du mineur.

908   Incapacité relative de recevoir.

1°. Les enfans naturels.... Ils ne peuvent jamais rien recevoir au-delà de ce qui leur est accordé au titre *des Successions*. Pour le surplus, ils seront toujours exclus, tant qu'il y aura des parens au degré successible.

C'est pour honorer, pour encourager les mariages, que

les enfans naturels ne doivent pas avoir les mêmes prérogatives que les enfans légitimes.

Quant aux adultérins ou incestueux, dans les cas rares
et extraordinaires où il pourra s'en découvrir par suite, ou
de la nullité d'un mariage, ou d'un désaveu de la paternité,
ou d'une reconnaissance illégale, ils ne pourront non plus
recevoir que des alimens.

2°. L'incapacité, à raison de la profession, avait été au- 909
trefois la matière de grands litiges et l'objet de plusieurs rè-
glemens.

Tous les inconvéniens ne pourraient être prévenus.

Ce que le législateur peut faire dans un point aussi délicat, c'est de surveiller d'une manière particulière les dispositions qui seraient faites par un individu, malade de la maladie dont il meurt, en faveur des personnes qui étaient
présumées avoir le plus d'empire sur son esprit. Voilà pourquoi le projet admet des restrictions et des tempéramens à
l'égard de ceux qui, pendant le cours de la maladie, auraient
administré au malade les secours de l'art ou les consolations
de la religion.

Il en coûte sans doute d'établir une règle générale qui
porte sur des professions que nous sommes accoutumés à
voir exercer par des hommes si désintéressés et si généreux;
mais ceux-là ne se plaindront pas des précautions de la loi,
qui ne peut distinguer entre les individus.

Il serait superflu de remarquer que la loi atteindra par voie
de conséquence nécessaire tous ceux qui, dépourvus d'un
titre légal, oseraient néanmoins s'ingérer des fonctions de
l'art de guérir.

3°. Les hospices, les pauvres d'une commune, les éta- 910
blissemens d'utilité publique, ne pourront recevoir qu'en
vertu d'une autorisation du gouvernement; le zèle et la piété
ne doivent pas excéder les bornes légitimes. L'intérêt de la
société, celui des familles, exigeaient cette limitation, qui,
au reste, sera encore plus sage que le fameux édit de 1749,

où on ne trouvait des dispositions restrictives que sur les immeubles.

912   4°. Les étrangers.... On ne pourra disposer au profit d'un étranger que dans le cas où cet étranger pourrait disposer en faveur d'un Français. Ce n'est là que le développement du principe de réciprocité consacré par le titre de la jouissance et de la privation des droits civils.

911   Ce n'était pas assez que de désigner les incapables ; il fallait aussi pourvoir à ce que la prohibition de la loi ne fût pas éludée.

C'est pour cet objet qu'elle a compris dans la nullité les actes qui auraient l'extérieur d'un contrat onéreux, mais qui ne seraient dans la vérité qu'une donation au profit d'un incapable ; ce sera aux juges à déchirer le voile.

Par la même raison, la loi devait déclarer que l'interposition des personnes ne saurait faire subsister la donation : « Seront réputées personnes interposées les père et mère, les « enfans et descendans et l'époux de la personne incapable.»

Seront réputées.... c'est-à-dire qu'alors la nullité de la disposition devra être prononcée sans que les héritiers aient besoin de faire aucune autre preuve ; cette présomption légale est assez justifiée par le lien qui unirait le donataire à l'incapable.

ch. 3.   On peut donner ou recevoir, soit par donation entre-vifs, soit par testament, pourvu qu'on n'en soit pas empêché par la loi.

Mais de quoi pourra-t-on disposer?

De la portion de biens disponible.

913   Cette tribune a déjà retenti de tout ce que la raison, la nature, la justice et le sentiment pouvaient inspirer sur cette importante matière.

Vous obtîntes un grand triomphe, tribuns, lors de l'adoption de la loi du 4 germinal an VIII.

Il fut alors solennellement reconnu en principe qu'il devait être permis aux père et mère de disposer d'une partie de leurs biens, même en faveur d'un enfant.

Aurais-je besoin de retracer les motifs principaux?

Si les enfans d'un même père ont tous un égal droit à son affection, l'autorité paternelle doit aussi pouvoir distribuer des récompenses. La différence entre les besoins et les moyens des enfans exige que le père de famille ait un pouvoir suffisant pour rectifier les inégalités de la nature.

Enfin il faut que notre législation prenne quelque confiance dans le sentiment le plus sûr de tous, celui de l'affection paternelle.

Souvenons-nous qu'il n'y avait presque pas de pays en France où un père ne pût avantager un enfant, même dans cette portion de biens qu'on appelait propres.

Des partisans de la coutume de Paris, qui croyaient que le droit écrit avait établi le despotisme dans les familles, parlent avec enthousiasme des antiques usages de leur pays.

Eh bien! à Paris même, le père pouvait réduire les enfans à une légitime; il pouvait disposer de la moitié de toute sa fortune, quel que fût le nombre de ses enfans; et cette moitié, il pouvait la donner à un seul, même la moitié des propres, si c'était par acte entre-vifs.

Il n'y avait donc de différence entre la plupart des pays coutumiers et les pays de droit écrit que dans la quotité disponible.

Presque partout on reconnaissait qu'il était juste de laisser au père les moyens de retenir auprès de lui un enfant pour consoler sa vieillesse.

L'émulation inspirait aux autres enfans des idées d'industrie; tout cela avait son avantage.

Plus les fortunes sont bornées, plus ces considérations sont fortes.

Le laboureur qui n'a que ses outils aratoires, l'artisan des villes qui n'a qu'un mince mobilier, le propriétaire foncier qui n'a de terrain que ce qu'il peut cultiver lui-même;

tous ces hommes seraient menacés d'un abandon absolu si la loi ne leur permettait pas de favoriser un enfant. L'enfant qui recueille la plus grande portion de l'héritage qu'il avait long-temps cultivé pour l'intérêt commun a souvent bien moins de moyens que celui qui est allé loin du toit paternel faire valoir son industrie.

Il ne peut donc y avoir de difficulté dans cette matière que sur la quotité disponible ; le projet nous a paru saisir un juste milieu.

« Les libéralités, soit par acte entre-vifs, soit par testament, « ne pourront excéder la moitié des biens du disposant s'il « ne laisse à son décès qu'un enfant légitime ; le tiers s'il « laisse deux enfans ; le quart s'il en laisse trois ou un plus « grand nombre. »

915   A défaut d'enfans, les ascendans qui succéderaient conformément au titre des successions pourraient-ils être exclus par une disposition ?

Il serait bien malheureux, celui qui aurait besoin d'être contraint par la loi à laisser aux auteurs de ses jours des témoignages de sa piété filiale.

Mais si un enfant s'était laissé aller à cet excès d'ingratitude de méconnaître son obligation naturelle et civile ; ou si, ne prévoyant pas l'intervention du cours ordinaire de la nature, il disposait de tous ses biens, la loi veille pour les ascendans ; elle établit pour eux une réserve, elle est du quart pour chaque ligne.

Il faut bien remarquer que le projet ne parle que des ascendans qui auraient succédé dans l'ordre légitime. Si donc il s'agissait de l'aïeul, et qu'il y eût des frères ou sœurs ou descendans d'eux ; dans ce cas, l'aïeul ne succédant pas dans l'ordre légitime, il n'y aurait pas non plus de réserve pour l'aïeul, et dans ce cas encore tout serait disponible.

916   Celui qui ne laisse ni descendans ni ascendans aura-t-il la faculté illimitée de disposer de la totalité de ses biens, soit par donation entre-vifs, soit par testament ?

Nous avons dit que la faculté de transmettre est purement de droit civil.

On pourrait trouver quelque différence entre la transmission par acte entre-vifs et la transmission par testament.

Celui qui se dépouille actuellement paraît sous quelque rapport user d'un droit plus étendu que celui qui ne dispose que pour un temps où il ne sera plus.

Mais cette nuance est trop légère, et nous aimons mieux convenir que l'homme en société ne peut tenir 'que de la société le droit de transmettre ses biens à titre gratuit, même par donation entre-vifs.

Ce que nous devons examiner, c'est donc de savoir s'il est conforme à la nature de notre gouvernement, à nos mœurs, au caractère national, aux véritables intérêts de l'homme, à l'intérêt des familles, que celui qui n'a ni enfans ni ascendans soit le maître absolu de ses dispositions, ou s'il doit être établi une réserve pour les collatéraux.

Or il a paru à votre section que la faculté illimitée ne blessait (*) aucun des grands principes.

Chez une nation puissante, les grandes masses de propriétés peuvent se trouver sans inconvénient dans une seule main.

L'agriculture elle-même ne peut obtenir ses plus grands développemens que des travaux des grands propriétaires.

La liberté illimitée de disposer plaît à l'homme.

Aucun droit n'est mieux approprié à sa dignité.

Aucun ne peut exciter davantage son émulation.

Les idées s'étaient tellement améliorées sur ce point; les chaînes qui avaient été créées par la loi du 17 nivose étaient devenues si pesantes qu'on ne défendait plus le système généralement restrictif; seulement on réclamait une exception.

C'était en faveur des frères et sœurs.

Le lien qui unit deux frères est si étroit!

Il est si intéressant de ne pas l'affaiblir!

(*) Dans une autre édition on trouve « *ne blessait pas l'intérêt national.* »

L'esprit de famille est si utile à conserver!

Combien il serait malheureux de voir des étrangers appelés à recueillir tout un patrimoine, dont une partie serait si nécessaire pour la subsistance d'un frère indigent!

Encore, pour obtenir cette réserve pour les frères et sœurs, on aurait consenti à les distinguer des neveux, on aurait consenti que la réserve ne pût s'exercer que sur la succession, et que les donations entre-vifs fussent toujours respectées.

Ces idées devaient naturellement trouver un accès puissant auprès des cœurs généreux.

Mais des considérations d'un ordre majeur ont dû l'emporter.

Et d'abord, en remontant à l'origine du droit de légitime ou de réserve, on est forcé de convenir qu'il n'y a de rapport sacré que des enfans aux ascendans, et des ascendans aux enfans.

Les enfans sont tous de la même famille, respectivement à leur père, mais chacun des enfans forme ensuite une famille particulière.

Examinons aussi ce qui peut le mieux conserver le lien de famille.

Un droit acquis peut étouffer ou repousser le sentiment.

Dans le système de la liberté illimitée le devoir sera uni à l'intérêt.

N'est-il pas juste que l'homme soit assuré d'éprouver des égards de la part de ceux qui sont destinés à lui succéder?

Consultons l'expérience : ceux qui sont assurés d'un droit indépendant de la volonté se dispensent trop souvent de procédés délicats envers un homme en qui ils voient plutôt un débiteur qu'un bienfaiteur. Que tout soit dû à la bienveillance, et la bienveillance méritera tout.

On a dit que la vieillesse serait environnée, quelquefois séduite : mais toujours au moins elle sera consolée ; jamais elle ne sera abandonnée.

Eh! qui de nous peut ignorer que le plus souvent un

homme qui n'a pas d'enfans cherche ses héritiers dans sa propre famille ; que, dès l'automne de la vie, sans négliger aucun de ses frères et sœurs, il jette les yeux sur les enfans d'un frère ou d'une sœur pour en faire l'honneur et l'appui de sa vieillesse !

Le désir le plus naturel à l'homme c'est de se survivre à lui-même, c'est de laisser des traces de son nom, de ses travaux.

Ce n'est pas chez des étrangers qu'il va chercher de tels successeurs ; ou, si cela peut arriver quelquefois, le législateur ne doit pas voir des exceptions rares, qui peuvent aussi être légitimes.

La loi n'accordera pas la faculté illimitée de disposer en collatérale, pour que les familles soient dépouillées ; ce ne sera ni son but ni son vœu.

Est-ce donc aussi pour provoquer la spoliation des enfans que la loi laisse au père une quotité disponible ?

La loi, qui juge le cœur humain, veut que le respect, l'affection et les égards des héritiers présomptifs fassent oublier au parent propriétaire ce qu'il lui est permis de donner à d'autres.

Les partisans de la restriction ne pouvaient pas disconvenir qu'au moins on ne pourrait gêner la disposition entre-vifs, qui était libre même pour les propres.

Ils ne pouvaient pas disconvenir non plus que des collatéraux ne pourraient attaquer aucun acte d'aliénation fait, soit avec réserve d'usufruit, soit à charge de rente viagère.

Ils n'entendaient donc restreindre que la faculté de tester.

Mais alors qu'arriverait-il ? Vous mettriez l'homme aux prises avec lui-même ; il voudrait toujours disposer de ses biens ; vous le forceriez à des transactions indiscrètes ; vous l'obligeriez à se réfugier dans des jouissances viagères, ou bien vous lui imposeriez la loi de faire des donations entre-vifs dont il pourrait se repentir ; enfin vous établiriez des procès dans chaque succession.

Laissez, laissez une liberté absolue ; que l'homme qui tra-

vaillé sache qu'il pourra disposer de sa fortune; qu'il soit
assuré de trouver des consolations; que l'homme qui connaît
le prix du sentiment ne craigne pas de n'être approché que
par l'intérêt; que celui qui veut succéder sache le mériter;
laissez un libre cours aux affections. Que de son vivant
l'homme puisse faire les transactions qui lui conviennent;
qu'il n'ait pas devant les yeux un héritier nécessaire qui lui
reproche sa longue vie; qu'il ne soit pas exposé de son vivant
à faire des actes simulés ou téméraires; qu'après sa mort on
ne voie pas éclater une lutte scandaleuse entre l'héritier de la
loi et l'héritier de la volonté : en un mot, qu'un testament
puisse tout régler : *Dicat testator, et erit lex;* paroles qui
nous ont été transmises par les premiers législateurs du
peuple-roi, et qui nous rappellent toute notre dignité.

Voilà, tribuns, l'abrégé des motifs qui ont déterminé
l'opinion de tous les membres de votre section de législation
en faveur de la liberté illimitée en collatérale, qui est une
des bases du projet, et qui vaudra au gouvernement de
nouvelles bénédictions de la part du peuple français.

sect. 2.   *De la réduction.*

La limitation n'aura donc lieu que dans le cas où l'auteur
de la disposition laisse des descendans ou des ascendans.

La loi établit une réserve pour eux; tout le reste est disponible.

919   La quotité disponible peut être laissée ou à un étranger ou
à un des successibles.

Les dispositions en faveur d'un successible sont en général
sujettes à rapport pour ce qui excède la quotité disponible.

La disposition est affranchie du rapport lorsqu'elle a été
faite expressément à titre de préciput ou hors part.

Si les termes ne sont pas sacramentels, du moins il ne
doit exister aucun doute sur la volonté.

Cette volonté doit se lire dans la disposition elle-même;

elle peut se consigner dans un acte postérieur, pourvu qu'il ait aussi la forme d'une disposition.

Il fallait bien prévoir le cas d'excès dans les dispositions, 920 soit parce que l'homme pourrait ne pas se renfermer dans les bornes de la loi ; soit parce qu'il peut survenir, après la disposition, un plus grand nombre d'héritiers nécessaires. L'état des choses ne peut se régler qu'à l'ouverture de la succession ; nul n'a le droit de contester la disposition d'un homme vivant.

Un homme a disposé..... Il laisse des descendans ou des 922 ascendans... On calcule le montant net des biens dont il n'a pas disposé..... On le joint avec la valeur de ceux dont il a disposé..... Si la réserve ne se trouve pas dans la succession, la disposition est réduite porportionnellement.

Il ne sera plus question des anciennes règles sur la prétérition ; seulement il y aura lieu à réduction.

S'il y a des dispositions testamentaires et des dispositions 923 entre-vifs, la réduction s'opère d'abord sur les dispositions testamentaires.

Toutes les dispositions testamentaires se réduisent porpor- 926-927 tionnellement et sans distinction entre les legs universels et les legs particuliers, à moins que le testateur n'eût indiqué lui-même l'ordre de la réduction. On n'entendra plus parler de falcidie.

Si les dispositions testamentaires sont épuisées, on opère 923 le retranchement sur les donations entre-vifs, en commençant toujours par la dernière, ainsi de suite en remontant ; le respect pour les droits acquis le veut ainsi.

Les objets donnés sont encore dans les mains du donataire, 924 ou il les a aliénés.

S'ils sont dans ses mains, il remet en nature l'excédant de la quotité disponible, à moins qu'il ne s'agisse d'un héritier nécessaire, et que la succession ne contienne des biens de la même nature. Dans ce dernier cas il retient sur les biens donnés la valeur de la portion qui lui revient dans les biens non disponibles (a).

930   Le donataire a-t-il aliéné les biens donnés ?

Les héritiers doivent d'abord discuter ses biens personnels ; mais si ce recours est inutile ou insuffisant, les héritiers peuvent agir contre les tiers détenteurs.

De quoi se plaindraient les tiers ?

N'est-ce pas à eux seuls qu'ils devraient imputer l'événement d'une éviction qu'ils auraient dû prévoir, et à laquelle ils se seraient volontairement exposés ?

921   Il pourrait paraître superflu de décider par qui seulement la réduction pourra être demandée.

Il résulte assez de la nature des choses qu'elle ne pourra jamais l'être que par ceux au profit desquels la loi fait la réserve. Or, elle n'a fait de réserve que pour les enfans légitimes et pour les ascendans.

Les enfans naturels ne pourraient-ils donc pas aussi réclamer la réduction des donations entre-vifs.

Jamais.

La loi établit la réserve pour les enfans légitimes ; *qui de uno dicit, de altero negat.*

A la vérité, le titre *des Successions* veut que le droit de l'enfant naturel sur les biens de ses père et mère décédés soit d'une quote qui varie suivant la qualité des héritiers présomptifs (b).

Mais ce droit ne se rapporte qu'à la succession.

Les enfans naturels ne peuvent donc l'exercer que sur la succession, *telle qu'elle est.* Or, les biens donnés ne sont pas dans la succession.

La réduction pourra être réclamée par tous les ayans-cause de ceux au profit desquels la loi a fait la réserve.

Les donataires postérieurs et les légataires ne peuvent troubler des possesseurs qui ont un titre antérieur.

(a) Voyez l'article 149-859 (titre *des Successions*).
(b) Article 47-757 (titre *des Successions*).

Que dire des créanciers postérieurs du défunt? Seraient-ils admis à réclamer la réduction de leur chef? Les biens donnés étaient hors du patrimoine de leur débiteur lorsqu'ils ont contracté avec lui; ils ne peuvent donc exercer aucune réclamation contre les détenteurs de ces mêmes biens.

Mais si la réduction est exercée par ceux au profit desquels la loi fait la réserve, ces derniers seront-ils tenus de payer les dettes postérieures à la donation? Non, ils ne viennent pas comme héritiers; on les considère uniquement comme des codonataires. C'est alors que, par une belle fiction, la loi, faisant ce que la nature seule aurait dû inspirer, suppose que, par le même acte, l'auteur de la disposition avait été juste envers tous ceux qui avaient droit à sa tendresse.

Les créanciers n'ont de droit que sur la succession; ils ne peuvent exercer que les actions de la succession.

L'action directe en réduction est refusée aux créanciers; mais elle ne leur est refusée que parce qu'elle n'est pas dans la succession : car, si elle était dans la succession, on ne pourrait la leur dénier.

Si les créanciers ne peuvent exercer de leur chef l'action en réduction, ils ne peuvent donc en profiter indirectement. Le droit d'où la réduction dérive ne les concerne en aucune manière; il tient à une qualité qui n'a rien de commun avec eux; enfin elle porte sur des biens qui n'ont jamais été leur gage ni leur espérance.

C'est donc avec une grande raison que le projet exclut les créanciers de toute participation directe ou indirecte au retranchement de la donation.

A l'égard des héritiers en ligne directe, la loi prend les 917 précautions les plus sages pour la conservation de la réserve.

Mais elle ne veut pas que, sous prétexte de la retrouver, les héritiers puissent altérer des dispositions dictées par la bienveillance, ou même par les convenances.

Si donc il s'agit d'une disposition qui porte sur un usufruit ou sur une rente viagère, les héritiers n'auraient pas le droit de la méconnaître, par cela seul qu'ils opteraient de faire l'abandon de la propriété de la quotité disponible.

Un préalable nécessaire, c'est qu'il soit constaté que la libéralité excède la quotité disponible.

918 Il était digne aussi du législateur de prononcer sur le sort des aliénations faites à l'un des successibles en ligne directe, à charge de rente viagère, ou à fonds perdu, ou avec réserve d'usufruit.

Annuler les aliénations, ce serait gêner la liberté naturelle.

Maintenir indistinctement toutes les clauses de ces actes, ce serait compromettre, ruiner même les autres successibles, à l'aide d'un acte qui au fond ne serait le plus souvent qu'une véritable donation.

On distinguera deux choses, la transmission de la propriété, et la valeur de cette propriété.

Rien ne peut empêcher que la propriété ne reste à celui qui l'a acquise.

Mais la valeur de la propriété sera imputée sur la quotité disponible, sans égard aux prestations servies, et l'excédent de la valeur, s'il y en a, sera rapporté à la masse.

Ce parti mitoyen concilie tous les intérêts.

Les successibles en collatérale ne pouvaient entrer pour rien dans cette prévoyance de la loi; il n'y a pas de réserve pour eux : comment pourraient-ils venir attaquer des aliénations qui ne les privent d'aucun droit acquis? S'il y a un héritier testamentaire, les collatéraux sont entièrement exclus; s'ils sont appelés à la succession légitime par le silence de leurs parens, ils ne sauraient détruire un acte dont ils deviendraient les garans, comme s'ils étaient héritiers testamentaires.

Néanmoins les tribunaux ont tant eu à s'occuper de ces sortes de réclamations, que le projet a cru devoir déclarer que dans aucun cas les successibles en ligne collatérale ne pourraient former aucune demande à raison des aliénations faites, soit à charge de rente viagère, soit à fonds perdu ou avec réserve d'usufruit.

C'est ainsi que le projet nous trace des règles précises sur la nature des dispositions à titre gratuit, sur les exceptions et les limitations qu'il convient d'apporter à la capacité de disposer et de recevoir, sur la qualité de ceux auxquels il est dû une réserve, sur la quotité des réserves et sur la théorie des réductions.

Le projet s'occupe ensuite des formes des dispositions.
ch 4, sec. 1re.

De la forme des donations entre-vifs.

Il est de l'essence de la donation entre-vifs qu'elle soit irrévocable : *donner et retenir ne vaut.*

Les tiers doivent être mis à l'abri de toute surprise.

Voilà les grands principes qui servent de type à tout le développement des formalités intrinsèques et extrinsèques.

Tout acte portant donation entre-vifs sera passé devant 931 notaires; l'intérêt du donateur et celui des tiers commandent cette forme.

Le projet s'occupe avec un grand soin de fixer l'époque où 932 le donateur est irrévocablement obligé, et celle où les tiers ne peuvent plus exercer aucun droit sur les biens donnés.

L'acceptation est de l'essence de la donation. Tant que l'acceptation n'a pas eu lieu, le donateur demeure plein propriétaire et libre de disposer de sa chose à son gré; tellement que, si la donation n'est pas acceptée, l'acte est censé n'avoir jamais existé, et ne peut conséquemment produire aucune espèce d'effet sous quelque rapport que ce soit, même à l'égard des héritiers du donateur.

L'acceptation doit être faite en termes exprès; la présence du donataire à l'acte ne suffit pas.

Toutefois l'acceptation peut être faite par un acte postérieur; mais elle ne peut avoir aucun effet qu'autant qu'elle aura eu lieu pendant la vie du donateur : s'il décède avant l'acceptation, les biens restent dans sa succession; attendu

que jamais ils n'étaient sortis de son patrimoine. Il ne suffit
pás que l'acceptation ait été faite du vivant du donateur.
Comme la donation ne peut être parfaite que lorsque le donateur est irrévocablement obligé, l'acceptation du donataire par acte séparé ne peut produire d'effet que du jour où
cette acceptation lui aura été notifiée ; précaution sage qu'on
ne retrouve pas dans les anciennes lois, mais qui néanmoins
est bien nécessaire pour empêcher que le donateur ne soit
personnellement victime des transactions qu'il aurait faites,
dans la croyance qu'il n'était pas engagé.

933 à 937   L'acceptation, soit dans l'acte même, soit par acte séparé,
peut être faite ou par le donataire lui-même ou par un fondé
de pouvoir. *L'acceptation qui ne lierait pas* le donataire ne
saurait engager le donateur : ainsi il est naturel que la femme
mariée ne puisse accepter sans le consentement de son mari
ou l'autorisation de la justice ; que l'autorisation du gouvernement doive précéder l'acceptation des administrateurs des
communes ou des hospices, ou des établissemens d'utilité
publique ; que la donation faite à un mineur ne soit acceptée
que par son tuteur ou par un de ses ascendans ; que si le
mineur émancipé peut intervenir pour l'acceptation, ce ne
soit qu'avec l'assistance de son curateur. Quant au sourd-
muet qui sait écrire, il peut accepter lui-même ou par un
fondé de pouvoir ; et s'il ne sait pas écrire, l'acceptation doit
être faite par un curateur nommé à cet effet.

938   L'acceptation dûment faite engage le donateur : dès lors
la donation est parfaite du donateur au donataire. La nécessité d'une autre tradition n'est pas nécessaire ; la propriété des objets donnés est transférée au donataire, quand
bien même le donateur en conserverait la possession sans
réserve d'usufruit ou même sans clause de précaire.

Lorsque la donation a été ainsi acceptée, les biens donnés
sont hors du patrimoine du donateur, qui ne pourrait
changer cet état de choses par aucune espèce de moyens ;
toutes les atteintes qu'il essaierait de porter à la propriété

du donataire seraient un délit contre la propriété d'autrui.

Nous avons déjà parlé des tiers : quant à eux , il faut dis— 939
tinguer si la donation porte sur des immeubles, ou si elle ne
porte que sur des effets mobiliers.

Parlons d'abord des immeubles.

Si un donateur peu soucieux de sa réputation a hypothéqué ou vendu les objets donnés, quel sera le sort des créanciers hypothécaires et des tiers acquéreurs?

C'est pour empêcher ce conflit entre le donataire et les
créanciers ou les acquéreurs postérieurs du donateur, que
le projet a voulu que tous les actes qui constituent l'irrévocabilité de la donation fussent transcrits au bureau des hypothèques ; que le défaut de transcription puisse être opposé 941
par toutes personnes ayant intérêt; qu'il n'y ait d'excepté
que celles qui sont chargées de faire faire la transcription,
ou leurs ayans-cause et le donateur, ce qui comprend aussi
nécessairement les donataires postérieurs, les cessionnaires
et les héritiers du donateur. Il est impossible que la loi ad— 942
mette aucune espèce de restriction sur la nécessité de la
transcription ; les mineurs, les interdits, les femmes mariées, ne seraient pas plus restitués contre le défaut de transcription que contre le défaut d'acceptation, sauf le recours
contre les tuteurs ou le mari.

Le projet garde le silence sur le recours à exercer contre
les administrateurs : à leur égard il ne doit y avoir que la
responsabilité attachée à leurs fonctions.

Pour ce qui est des actes de donation d'effets mobiliers , ap. 939
la transcription au bureau des hypothèques n'aurait rien de
relatif à cette espèce de donation.

Un état des effets mobiliers sera annexé à la minute de la 948
donation. L'acte devant toujours être public, les tiers seront
à portée d'y trouver tous les renseignemens qui pourraient
les intéresser.

C'est d'ailleurs à celui qui ne veut contracter que sur la

foi de la propriété de son débiteur à prendre les précautions que son intérêt lui commande.

Le législateur devait avoir un autre soin en ce qui concerne les donations d'effets mobiliers. Comme ces donations peuvent aussi devenir sujettes à la réduction, il était essentiel que, si la donation portait sur des objets susceptibles d'estimation, l'état en contînt l'estimation.

Nous devons remarquer que le projet se sert des termes *tout acte de donation.*

ap. 948 et 931 Tout acte.... Le projet ne parle pas des dons manuels, et ce n'est pas sans motifs.

Les dons manuels ne sont susceptibles d'aucune forme. Il n'y a là d'autre règle que la tradition, sauf néanmoins la réduction et le rapport dans les cas de droit.

943 Nous venons de parcourir les formes extrinsèques.

Pénétrons à présent dans l'intérieur des donations.

Elles ne peuvent comprendre que les biens présens du donateur. L'irrévocabilité, sans laquelle il n'y a pas de donation, s'oppose à ce qu'une donation entre-vifs puisse comprendre des biens à venir; elle serait nulle à cet égard.

944 D'après les mêmes principes, une donation qui serait faite sous des conditions dont l'exécution dépendrait de la seule volonté du donateur serait nulle.

945 Elle serait nulle aussi si le donateur devait rester le maître d'en diminuer l'émolument.

Ici se présente naturellement la matière des dettes et charges qui peuvent grever les donations.

Le projet, conforme en ce point à l'ordonnance de 1731, se borne à déclarer que, dans aucun cas, le donataire ne peut, à peine de nullité de la donation, être obligé d'acquitter d'autres dettes ou charges que celles qui existaient à l'époque de la donation, à moins que l'acte de donation ou un état annexé ne spécifient les autres dettes ou charges qui pourraient ne prendre naissance qu'après la donation.

Le laconisme du projet sur la partie des dettes et charges avait d'abord inspiré quelques alarmes. Après l'examen le plus réfléchi, votre section de législation a pensé qu'une explication plus étendue serait superflue.

Les donations comprennent ou la totalité des biens, ou une quote de biens, ou une espèce de biens, ou enfin une chose particulière.

Donation de tous les biens.... Il n'y a de biens que ce qui reste, déduction faite des dettes.

Conséquemment le donataire de tous les biens est tenu de droit, et sans qu'il soit besoin de l'exprimer, de toutes les dettes et charges qui existent à l'époque de la donation.

Donation d'une quote de biens.... Le donataire doit supporter les dettes et charges en proportion de son émolument.

Donation d'une espèce de biens, par exemple de l'universalité ou d'une quote des immeubles ou des meubles. Dans le système de la loi, la disposition d'une espèce de biens est aussi un titre universel. Le donataire d'une espèce doit donc, comme le donataire d'une quote, supporter les dettes et charges en proportion de son émolument.

Donation d'un objet déterminé... Le donataire n'est obligé de payer que les dettes ou charges auxquelles il s'est expressément soumis.

Il ne pourra donc y avoir aucun embarras, ni à l'égard du donateur, ni à l'égard de ses créanciers, ni enfin à l'égard de ses héritiers, lorsqu'il s'agira, entre le donataire et les héritiers, de régler quelles sont les dettes et les charges qui les concernent respectivement.

La matière que nous traitons est absolument étrangère au mode que les créanciers antérieurs à la donation doivent suivre, soit pour conserver leurs droits sur les biens donnés, soit pour les exercer.

Cette partie regarde le régime hypothécaire.

Nous avons vu comment le donateur devait être irrévoca- 951 blement engagé.

L'économie de la loi exclurait-elle le droit de retour?

On distinguait autrefois le retour légal et le retour conventionnel.

Le retour conventionnel sera seul autorisé. Il devra être
stipulé; il ne pourra l'être qu'au profit du donateur seul; il
sera incommunicable et non transmissible : ce retour pourra
être stipulé, soit pour le cas ou le donataire viendrait à pré-
décéder le donateur, soit pour le cas où le donateur survivrait au donataire et à ses descendans.

Aucune stipulation ne peut être ni plus juste ni plus favo-
rablement accueillie.

Elle est une des conditions de la donation.

Une condition raisonnable.... Le donateur ne s'était dépouillé qu'en vue de l'affection qu'il avait pour le donataire
et pour ses descendans.

952   Il est vrai que l'effet du droit de retour est de résoudre
toutes les aliénations des biens donnés, de les faire revenir
au donateur francs et quittes de toutes charges et hypothèques, sauf seulement le recours subsidiaire pour l'hypothèque de la dot et des conventions matrimoniales de la femme
du donataire, et dans le cas seulement où la donation aurait
été faite par le même contrat de mariage duquel résultent
ces droits et hypothèques.

La réserve du droit de retour n'est pas en opposion avec la
règle générale de l'irrévocabilité.

Mais les tiers n'auraient pas à se plaindre; ils auraient été
avertis par la stipulation.

Cette règle de l'irrévocabilité est fondamentale en matière
de donation; néanmoins elle reçoit des exceptions.

*Des exceptions à la règle de l'irrévocabilité des donations
entre-vifs.*

953   Les causes d'exception sont :

1°. L'inexécution des conditions sous lesquelles la donation a été faite;

2°. L'ingratitude du donataire;

3°. La survenance d'enfans du donateur.

L'inexécution des conditions.... Un donataire infidèle à Ib. et 954
ses promesses devrait-il jouir du prix de sa déloyauté?

L'ingratitude du donataire.... La morale publique, autant Ib. et 955
que l'intérêt du donateur, sollicitent la révocation.... Si le
donataire attente à la vie du donateur, s'il s'est rendu coupable envers lui de sévices, délits ou injures graves; s'il lui
refuse des alimens : *necare videtur qui alimenta denegat.*

La survenance d'enfans.... Le droit nous a appris le motif Ib. et 960
touchant de cette révocation. Lorsque le donateur s'est dépouillé de sa propriété, il ne connaissait pas l'affection paternelle. *La loi, d'accord avec la nature, présume* que, si le
donateur avait cru avoir un jour des enfans, il n'aurait pas
fait la donation. Il faut donc que le donateur n'eût pas d'enfans actuellement vivans au temps de la donation. L'enfant
naturel, légitimé par le mariage subséquent, produira le
même effet que l'enfant légitime, pourvu toutefois qu'il ne
soit né que depuis la donation : il ne peut avoir plus de prérogatives que l'enfant né légitime. La révocation pour cause
de survenance d'enfans aura lieu, encore que l'enfant fût conçu
au temps de la donation : l'enfant qui est dans le sein de sa
mère n'est réputé né que lorsqu'il s'agit de son avantage.

Si nous ne considérons que le donateur et le donataire, les 963
trois causes de révocation doivent produire les mêmes effets.

Mais dans cette matière on ne peut jamais perdre de vue
l'intérêt des tiers.

En fait de révocation pour survenance d'enfans, les biens
rentrent francs et quittes, quand bien même la donation aurait été faite en faveur du mariage, nonobstant toutes clauses
contraires : la donation ainsi révoquée est tellement anéantie, 964
qu'elle ne pourrait pas revivre même par la mort de l'enfant
du donateur, ni par un acte qui ne serait que confirmatif.

De si grandes faveurs auraient-elles de quoi étonner?

Les droits de la nature ne doivent-ils pas conserver tout
leur empire?

Oh ! c'est avec grande raison que les législateurs romains

avaient dit que la condition de la révocation pour cause de survenance d'enfans était toujours sous-entendue dans une donation.

Si les tiers éprouvent quelque lésion par cette révocation, ils auront voulu en courir les risques.

954   Quant à la révocation pour cause d'inexécution des conditions, les biens rentreront aussi dans les mains du donateur libres de toute charge et hypothèque.

Si les créanciers et les tiers acquéreurs venaient se plaindre, on leur dirait : Pourquoi avez-vous contracté, ou pourquoi n'avez-vous pas su vous procurer la ratification du donateur ?

958-959   Il en devait être autrement dans la révocation pour cause d'ingratitude : non sans doute que cette cause ne mérite tout l'appui de la loi ; mais c'est à l'égard du donataire, qui doit être puni d'avoir, en manquant à la reconnaissance, brisé le lien le plus fort qui doit exister parmi les hommes. C'est pour cela que les causes d'ingratitude sont plus larges que celles de l'indignité.

L'indigne n'était appelé que par une volonté présumée ; le donataire avait été l'objet de la plus expresse et de la plus tendre sollicitude du donateur ; mais les tiers ne devaient pas prévoir l'ingratitude du donataire, ils ne doivent pas en être victimes.

C'est d'après ces principes que les donations en faveur de mariage ne sont pas révocables pour cause d'ingratitude. Le délit du donataire ne doit pas autoriser l'annulation d'un acte sous la foi duquel une nouvelle famille s'était formée. L'intérêt de la société réclamait cette exception.

La foi publique exige aussi que dans ce cas l'effet de la révocation à l'égard des tiers ne puisse commencer qu'à dater du jour où ils doivent être présumés la connaître ; et ils ne seront présumés la connaître que lorsque le donateur aura fait inscrire sa demande en marge de la transcription de la donation.

Nous passons aux dispositions testamentaires.

De la forme des testamens.

Le projet propose trois formes de testament : il pourra 969
être olographe, ou fait par acte public, ou dans la forme
mystique.

Aucune de ces formes ne sera nouvelle en France.

Elles étaient toutes consacrées par l'ordonnance de 1735.

Seulement, dans les pays de droit écrit, les testamens
olographes ne pouvaient valoir qu'au profit des enfans et
descendans.

Le projet de loi étend la faculté de tester dans la forme
olographe à tous les Français indistinctement.

Cette innovation était commandée par la raison et par
l'intérêt des citoyens.

Quel acte peut rendre plus sûrement l'expression libre de 970
la volonté du testateur, que celui qui est écrit en entier,
daté et signé de sa main?

Si les pays de droit écrit étaient restés privés si long-
temps des facilités que présente la forme olographe, c'était
par une suite du respect pour le droit romain, qui avait
exigé des formes si solennelles pour un acte alors lié à
l'exercice des droits politiques.

Cette législation s'était toujours ressentie de la première
origine des testamens, qui ne se faisaient qu'en présence et
avec l'autorisation du peuple.

A présent qu'il est bien reconnu que le droit de tester
n'appartient qu'au droit civil, et que conséquemment il ne
s'agit que d'établir des précautions suffisantes pour reconnaître
la volonté, il était naturel que le Code multipliât les facilités
toutes les fois qu'il ne resterait pas de doute sur la volonté.

Le projet trace avec précision les formalités du testament 971-974
par acte public. Il est reçu par deux notaires en présence de
deux témoins, ou par un notaire en présence de quatre témoins. Dans les campagnes il suffira qu'un des deux témoins signe si le testament est reçu par deux notaires, et

que deux des quatre témoins signent s'il est reçu par un seul notaire.

Il y aura des témoins même avec les deux notaires; non que la loi se méfie des notaires, mais c'est parce que les testamens se faisant le plus souvent à l'extrémité de la vie, il était utile de multiplier les surveillans en faveur d'un individu qui peut être assiégé par l'intrigue et par la cupidité.

976   Quant au testament mystique ou secret, on a agité la question de savoir si cette forme devait être conservée.

On l'a pensé ainsi, parce qu'il est juste de laisser à ceux qui ne pourraient pas écrire leur testament le droit et la faculté de tenir leurs dispositions secrètes jusqu'à leur mort.

C'est la forme que la loi environne du plus grand appareil. Elle exige six témoins, parce qu'il s'agit non seulement de garantir la liberté du testateur, mais encore de constater l'identité de l'écrit qui contient ses dispositions et de celui sur lequel on dresse l'acte de suscription.

980   Quelques observations sur les témoins testamentaires..... 1°. Il suffit qu'ils jouissent des droits civils, tandis que, pour les actes publics ordinaires, où, à la vérité, il n'en faut que deux, il est indispensable qu'ils jouissent des droits politiques (a).

975   2°. Les légataires ne pourraient être pris pour témoins dans un testament par acte public. Le projet n'a pas dû répéter l'exclusion pour le testament dont les dispositions sont secrètes. L'ordonnance de 1735 n'avait pas non plus interdit aux légataires, même universels, de servir de témoins dans les testamens mystiques.

3°. Le projet dit aussi que les clercs des notaires par lesquels les testamens publics seront reçus ne pourront être pris pour témoins. Le projet ne répète pas cette autre exclusion pour les testamens mystiques.

La loi sur l'organisation du notariat exclut absolument les clercs des notaires.

(a) Voyez la loi sur le notariat.

Mais cette loi générale ne peut être invoquée dans la matière des testamens, pour lesquels une loi particulière règle tout ce qui est relatif aux témoins. Il faut remarquer d'ailleurs que la prohibition ne cesse que pour l'acte de suscription, où la présence de six témoins est nécessaire.

Il fallait bien aussi songer aux situations extraordinaires ch. 5, sect. 2, qui peuvent empêcher un Français de recourir aux formes et 931, communes.

La législation de tous les peuples civilisés a établi des règles particulières sur les testamens militaires.

Le Code civil aurait-il pu se montrer indifférent envers nos guerriers, lorsqu'il s'agit de leur assurer la plus grande consolation que l'homme puisse avoir en quittant la vie?

Aussi le projet multiplie autant qu'il est possible les moyens en faveur des militaires et des individus employés dans les armées.

Il établit aussi des règles particulières pour les testamens 985 et suivans. faits dans un lieu avec lequel toute communication est interceptée à cause d'une maladie contagieuse;

Et pour les testamens faits sur mer dans le cours d'un 988 et suivans. voyage.

Enfin la prévoyance de la loi s'étend sur les Français qui 999-1000 se trouvent en pays étranger. Ils pourront faire testament, ou dans la forme olographe, ou par acte authentique, avec les formes usitées dans le lieu où le testament se fera.

Après avoir fixé les formes des testamens, le projet s'occupe sect. 3. des diverses espèces de dispositions testamentaires et de leurs effets.

De la qualification et des effets des diverses dispositions testamentaires.

Dans les pays de droit écrit, on connaît les institutions 1002 d'héritier et les legs particuliers.

Dans les pays coutumiers, on ne connaît que les legs universels ou particuliers.

Le projet de loi n'entend proscrire aucune dénomination.

Il sera permis d'employer indistinctement les termes d'institution d'héritier ou de legs.

On pourrait même n'employer ni les uns ni les autres. On n'aura plus à s'occuper de cette ancienne maxime des pays de droit écrit, *Institutio hæredis est caput et fundamentum totius testamenti.*

Il suffira que le testateur ait explicitement fait connaître ce que devra recueillir l'individu en faveur duquel il disposait : c'est la nature de la disposition qu'il s'agit de connaître, de définir et d'apprécier.

Or, les dispositions testamentaires ne peuvent être que de trois sortes.

Ou elles sont universelles, c'est-à-dire qu'elles comprennent toute la succession ;

Ou elles sont à titre universel, c'est-à-dire qu'elles comprennent une quote de la succession, par exemple le tiers, la moitié, ou bien une espèce de biens, tous les immeubles, le tiers des effets mobiliers ;

Ou enfin la disposition testamentaire ne porte que sur un objet particulier.

La loi veut en effet qu'un homme puisse par son testament disposer, ou de tout son bien, ou d'une partie de son bien, ou seulement d'une chose certaine.

Il importe peu à la loi que l'homme dise qu'il nomme tel héritier, ou qu'il dise qu'il le nomme légataire universel.

Il importe peu à la loi que le testateur qui ne veut disposer en faveur d'un individu que du tiers de sa succession, ou du tiers d'une espèce de ses biens immeubles ou mobiliers, dise qu'il le fait héritier ou qu'il l'institue dans le tiers, ou bien qu'il dise qu'il lui donne et lègue le tiers.

Enfin il importe peu à la loi que le testateur dise ou qu'il fait tel héritier dans une chose particulière, ou qu'il lui lègue une chose particulière.

La loi ne s'attachera avec raison qu'à l'idée du testateur, à la nature de la disposition.

Le seul sacrifice que les pays de droit écrit aient à faire dans cette occasion, c'est celui de l'ancienne règle, *Nemo pro parte testatus et pro parte intestatus decedere potest.*

Autrefois, en effet, si un testament ne contenait qu'une institution d'héritier dans une chose particulière, cet institué prenait l'entière succession malgré la limitation, à cause de la règle que nul ne peut décéder partie *testat* et partie *intestat.*

Il ne faut voir que la volonté expresse de l'homme.

Et comme, dans l'acception ordinaire, le mot *héritier,* soit qu'il se trouve seul, soit qu'il se trouve accompagné de ces expressions *général* et *universel,* ou simplement *général,* ou simplement *universel,* désigne celui qui doit succéder à tous les biens, il sera assimilé au légataire universel, qui, dans l'acception ordinaire, est aussi appelé à recueillir tous les biens disponibles.

Le légataire universel sera assimilé à l'héritier. Ainsi l'institution d'héritier vaudra autant que le legs universel, et le legs universel autant que le legs particulier. La même règle de correspondance et d'analogie est établie pour les dispositions à titre universel et particulier.

Cependant il fallait bien se dispenser de répéter sans cesse toutes ces diverses dénominations.

Il devait suffire de déclarer en principe qu'il n'y aurait aucune différence entre elles; et personne ne peut s'étonner si, dans la suite des articles, on n'emploie le plus fréquemment que la dénomination *legs universel* lorsqu'il s'agit de dispositions universelles, la dénomination *legs à titre universel* lorsqu'il s'agit d'une disposition d'une quote de biens ou d'une espèce de biens, et enfin la dénomination *legs particulier* lorsqu'il ne s'agit que de la disposition d'une chose déterminée.

Il a paru à votre section de législation que les précautions du projet préviendraient toutes espèces de difficultés qui auraient pu résulter des anciens usages.

Saisine et délivrance.

1004-1011- 1014. Les droits dérivant du testament passent directement du testateur à l'individu en faveur de qui la disposition est faite.

Mais autre chose est la *propriété*, autre chose est la *saisine*.

En pays de droit écrit on distinguait les héritiers et les légataires.

Par rapport aux héritiers, on suivait la règle *le mort saisit le vif*. Un héritier étranger n'était pas obligé de demander la délivrance à l'héritier présomptif.

Le légataire seul était obligé de demander la délivrance.

En pays coutumier, la règle *le mort saisit le vif* n'avait jamais lieu que pour les héritiers présomptifs; c'était toujours à eux que les légataires universels devaient demander la délivrance.

Il était assez difficile de concilier ce point particulier, lorsque d'une part on reconnaît en principe qu'un homme peut par testament disposer de l'universalité de son bien, et que néanmoins la loi établit des réserves.

Le projet nous a paru avoir saisi un juste milieu.

S'il s'agit d'un legs particulier, il est sans difficulté que le légataire demande la délivrance à celui de qui il doit recevoir le legs.

S'il s'agit d'un legs à titre universel, comme ce legs ne porte que sur une portion de la succession, le légataire doit s'adresser ou à ceux auxquels une quotité des biens est réservée par la loi, ou, à leur défaut, au légataire universel, ou enfin aux héritiers appelés dans l'ordre établi au titre des successions.

En matière de legs universel, ou il y a des héritiers en ligne directe, ou il n'y en a pas.

S'il y a des héritiers en ligne directe, il est bien naturel que le légataire universel leur demande la délivrance.

La saisine doit appartenir à ceux au profit desquels la loi établit une réserve.

S'il n'y a pas d'héritiers en ligne directe, alors le légataire 1006 universel n'est pas tenu de demander la délivrance aux collatéraux.

Toutefois, même dans ce cas, il n'était pas possible d'au- 1007-1008 toriser indistinctement tout individu qui se prétendrait légataire universel à s'emparer de la succession, sans qu'il fût préalablement pris aucune précaution pour rassurer la société, et pour garantir les droits des absens intéressés.

Il faudra donc distinguer les diverses espèces de testamens.

Un légataire universel qui a pour lui un testament par acte public n'est obligé à aucune précaution judiciaire. La forme authentique de l'acte doit en assurer l'exécution la plus prompte.

Mais s'il s'agit d'un testament ou olographe ou mystique, le légataire universel doit demander l'envoi en possession au président du tribunal, qui l'ordonne sur simple requête.

Ce recours au président se trouve lié avec la mission qui lui sera confiée par la loi de procéder à l'ouverture du testament mystique et au procès-verbal descriptif du testament olographe, avant qu'ils soient remis à un notaire choisi pour le dépôt.

La sagesse de ces dispositions se fait sentir d'elle-même.

Contribution aux dettes et charges.   1009-
1012-
1024

Quant aux obligations des légataires, le légataire universel, qui prend seul l'entière succession, sera tenu de toutes les dettes et charges.

En concours avec un héritier auquel la loi réserve une quotité des biens, il sera tenu personnellement des dettes et charges pour sa part et portion.

Le légataire à titre universel sera aussi tenu personnellement pour sa part et portion.

Le légataire particulier n'est tenu que des dettes dont il serait spécialement chargé.

Tous les légataires, soit universels, soit à titre universel ou particulier, ainsi que les héritiers pour lesquels la loi a fait une réserve, sont tenus hypothécairement pour le tout sur les immeubles qu'ils ont reçus du défunt.

Dans aucun cas l'héritier qui prend la réserve n'est tenu de payer les legs.

sect. 6　Le projet contient plusieurs règles sur les legs particuliers.

Toutes ces règles sont destinées à prévenir une foule de difficultés qui s'élevaient autrefois dans cette matière.

1016　Enfin chaque légataire pourra faire usage du testament, quoiqu'il n'ait fait enregistrer que son legs. On ne verra plus un ancien serviteur qui aura reçu un legs d'aliment languir dans la misère, par l'impossibilité de fournir aux frais de l'enregistrement du testament entier.

sect. 7.　　　　　*Des exécuteurs testamentaires.*

Le projet règle tout ce qui est relatif aux exécuteurs testamentaires, dans le cas où un testateur voudrait user du droit d'en nommer, car c'est une chose de faculté. La saisine, qui ne peut porter que sur le mobilier, ne sera jamais de droit. Le testateur ne pourra l'étendre au-delà d'une année. Apposition des scellés, inventaire, vente du mobilier pour acquitter les legs, responsabilité, reddition de compte, tout est prévu.

1035-1036　*Révocation et caducité des dispositions testamentaires.*

Les dispositions testamentaires peuvent être révoquées ou devenir caduques.

Nous disons les *dispositions*, car un testament peut n'être révoqué qu'en partie. Deux testamens peuvent concourir en tout ce qu'ils n'ont pas de contraire.

Ce n'est que le point sur lequel il y a changement de volonté qui se trouve anéanti.

Pareillement une disposition peut être caduque, fût-ce l'institution ou le legs universel ; et le surplus du testament devrait être exécuté.

Révocation..... Elle peut avoir lieu 1° par un testament 1037 postérieur, pourvu qu'il soit revêtu de toutes les formes prescrites, et que, considéré en lui-même, il ait pu recevoir son exécution. L'incapacité de l'héritier ou son refus de recueillir seraient indifférens quant à l'effet de la révocation.

2°. Par un acte devant notaires portant déclaration expresse du changement de volonté.

3°. Par la volonté tacite du testateur. La loi propose un cas 1038 important.... Si le testateur a vendu tout ou partie de la chose léguée, même avec faculté de rachat ou par échange, et quoique l'aliénation soit nulle, et que l'objet soit rentré dans ses mains. Il ne sera plus permis de distinguer si l'aliénation avait été volontaire ou nécessaire.

La caducité arrive, 1° par le prédécès de celui en faveur 1039 de qui la disposition est faite.

2°. Si la chose a péri pendant la vie du testateur, même 1042 depuis sa mort, si c'est sans le fait et la faute de l'héritier.

3°. Par l'incapacité du légataire. 1043

4°. Par la répudiation qu'il fait du legs.

5°. Par le défaut d'accomplissement de la condition. 1040

Il faut pourtant, dans ce dernier cas, distinguer au sujet de la transmission.

Si c'est une condition dépendante d'un événement incertain, et tel que, dans l'intention du testateur, la disposition ne doive être exécutée qu'autant que l'événement arrivera ou n'arrivera pas, la disposition sera caduque si le légataire décède avant l'accomplissement de la condition; il ne transmettra rien, puisqu'il n'aura rien acquis.

Si, au contraire, la condition ne faisait que suspendre 1041 l'exécution de la disposition, le légataire transmettrait à ses héritiers un droit qui aurait réellement reposé sur sa tête.

1044à1045   La matière de la caducité conduit naturellement au droit d'accroissement.

Droit d'accroissement.

Toute l'ancienne théorie du droit d'accroissement se trouve très-clairement réduite dans deux articles.

1046 *Inexécution des conditions apposées aux dispositions testamentaires.*

Nous avons vu dans la partie des donations qu'elles pouvaient être révoquées pour cause de l'inexécution des conditions.

Il était juste que ce principe fût appliqué aux dispositions testamentaires.

Les volontés des défunts doivent être religieusement exécutées par ceux au profit de qui ils ont fait des dispositions.

Si donc un légataire à qui il a été imposé des conditions trahit la foi qui le lie au défunt, il doit être permis aux héritiers présomptifs de demander que la disposition soit révoquée, et que l'objet compris dans la disposition tourne à leur profit, à la charge par eux de remplir l'intention du défunt.

Toutefois ce sera aux tribunaux à décider quelles seront les clauses qui doivent produire cet effet, et si la révocation doit être à l'instant accordée, ou si les circonstances ne doivent pas faire admettre le légataire à purger la demeure.

Ib. et 1047   ### Ingratitude du légataire.

Il est bien juste aussi que les légataires soient punis de leur ingratitude.

Si donc le légataire avait attenté à la vie du défunt, s'il s'était rendu coupable envers lui de sévices, délits ou injures graves, la demande en révocation sera admise.

Elle le sera également si le légataire a commis une injure grave envers la mémoire du testateur.

Ici se borne l'exposé des règles générales et communes sur les dispositions des biens à titre gratuit.

Mais ces règles générales ne pouvaient suffire.   ch. 6.

Il est des circonstances où il faut que la loi se montre plus facile et plus indulgente.

Cela tient à la diversité des positions où l'homme se trouve, à la diversité des rapports qui existent entre les individus, au degré de faveur que la disposition mérite.

Charge de rendre aux petits-enfans.

Examinons d'abord la partie de la loi qui est destinée à donner une nouvelle force à la puissance paternelle.   1043

La loi établit une réserve au profit des enfans, et le surplus des biens du père est libre dans ses mains.

La réserve ne peut être grevée d'aucune charge.

Si le père a disposé en faveur de son fils, et qu'il lui ait imposé des charges et conditions, le fils peut, en optant pour la réserve légale, se soustraire à toutes ces charges et conditions.

Mais aussi le père peut disposer de la quotité disponible en faveur de qui il lui plaît, même d'un étranger. Tel est le pouvoir que donne la loi.

Mais son vœu, conforme à la nature, est que la substance du père ne passe pas à des étrangers.

Le vœu de la loi, comme celui de la nature, est que les biens qu'un fils a reçus de son père lui servent aussi pour continuer la famille.

Ne peut-il pas arriver cependant qu'un père ait de justes craintes que son fils ne dissipe les biens qu'il va lui transmettre? Ne peut-il pas arriver qu'un père ait eu de légitimes motifs de mécontentement?

La nouvelle législation n'a pas cru devoir laisser subsister l'exhérédation; la peine est détruite : fasse le ciel que l'idée de toute impiété envers la nature ne se manifeste jamais!

Mais enfin, soit que le père ait lieu de soupçonner l'administration de son fils, soit que, par un excès de prudence, ou par le désir bien naturel à un ascendant de songer à ses rejetons, il veuille faire servir son droit de disposer d'une quotité ou à venger son autorité, ou à assurer l'existence de ses petits-enfans, pourquoi la loi ne protégerait-elle pas une aussi sainte destination?

C'est aussi ce que veut le projet en faveur des petits-enfans nés et à naître.

Eh! qu'on ne craigne pas de voir revivre les anciennes substitutions.

Ib.et1050 L'ascendant, qui, au reste, ne sera jamais que le père ou la mère (la disposition ne serait jamais permise à l'aïeul), l'ascendant ne pourra étendre sa prévoyance au-delà des enfans de son fils, et la disposition ne pourra jamais tourner qu'au profit de tous les enfans du donataire indistinctement.

Cette disposition est le complément des admirables précautions du Code, concernant la puissance des pères et des mères.

1049 *Charge de rendre aux neveux et aux nièces.*

Il était bien juste aussi d'adapter le même principe aux dispositions en faveur des enfans des frères et des sœurs.

La loi n'établit pas de réserve pour les frères et sœurs.

Mais son vœu serait également trompé si les familles étaient dépouillées sans motif légitime.

Il arrivera fréquemment qu'un frère sera l'objet de la libéralité de son frère.

Il arrivera fréquemment aussi qu'un frère voudra disposer au profit de ses neveux, quoiqu'il conserve beaucoup d'affection pour leur père.

Ce dernier cas peut se rencontrer lorsqu'il est à craindre que le père des neveux ne soit un dissipateur.

S'il était vrai que ce fût par une sorte d'orgueil que le donateur voulût grever son frère ou sa sœur de restitution en faveur de ses neveux, pour que les uns et les autres tinssent tout de sa libéralité, pourquoi la loi ne ferait-elle pas tourner te sentiment au profit de la famille ? Les meilleures lois sont celles qui dirigent les passions des hommes vers un objet utile à la société.

Aussi votre section s'est empressée d'adopter l'article du projet qui autorise la disposition d'un frère ou d'une sœur au profit de son frère, avec la charge de restituer les biens aux enfans nés et à naître.

Il était indispensable de prendre des précautions pour la conservation des droits des appelés, et pour que les droits des tiers ne fussent jamais blessés. 1055

Par rapport aux appelés, il y aura toujours un tuteur chargé de veiller à l'exécution de la disposition, même lorsque les appelés seront majeurs.

Précaution sage ! les appelés étant toujours les enfans du grevé, il ne convenait pas de les laisser en présence de leur père, avec lequel ils auront nécessairement des intérêts opposés.

Plus la mission du tuteur était importante, et plus il était indispensable de pourvoir à ce qu'il fût promptement en activité. 1056

Si le grevé ne provoquait pas lui-même la nomination dans le délai d'un mois, il serait déchu du bénéfice de la disposition. Il en serait déchu non seulement sur la demande des appelés, mais encore à la diligence de tout parent des appelés, ou même d'office, à la diligence du commissaire du gouvernement. 1057

Pour ce qui est des tiers, comme cette charge de rendre sera exorbitante du droit commun, il ne serait pas juste qu'elle pût être opposée à ceux qui n'en auraient pu être avertis. 1059 et suivans.

Un seul moyen pouvait s'offrir.... pour les immeubles.... c'est la transcription de la disposition au bureau des hypothèques. Pour les sommes colloquées.... l'inscription sur les biens affectés au privilége. Le défaut de transcription ne pourra jamais être suppléé, sauf le recours contre le grevé et contre le tuteur.

Cette espèce de disposition donne à la propriété transmise un caractère tout particulier.

ap. 1051 Comme la disposition est faite en faveur des enfans du donataire ou du légataire, nés et à naître, il est bien évident que si le grevé décède sans laisser d'enfans, cette propriété se trouve libre dans sa succession.

1053 Ce n'est en effet qu'à la mort du grevé que les appelés peuvent avoir un droit acquis.

Néanmoins le droit des appelés pourrait être ouvert même avant la mort naturelle du grevé.

La mort civile du grevé produirait cet effet.

Il en serait de même si le grevé anticipait l'époque de la restitution par un abandon volontaire.

Mais, dans ce cas, il y a deux choses importantes à remarquer:

1°. La restitution anticipée en faveur d'un enfant ne pourrait nuire aux autres enfans qui surviendraient postérieurement.

2°. Elle ne pourrait nuire non plus aux créanciers du grevé antérieurs à l'abandon.

Partage fait par l'ascendant.

1075 Les pères et mères auront encore un autre moyen d'établir l'ordre dans la famille.

1076 Ils pourront distribuer leurs biens entre leurs enfans par acte entre-vifs ou testamentaire, en suivant toutefois les mêmes formalités, conditions et règles que celles qui sont prescrites pour les donations entre-vifs et les testamens.

Cette partie de la loi sera aussi un grand bienfait. Seule, elle justifierait le droit accordé au père de disposer d'une quotité.

1078-
1079 A quoi se réduirait toute la prévoyance du père de famille si un enfant pouvait réclamer contre un partage, sous prétexte de la moindre inégalité?

Pour que le partage soit régulier, il faut qu'il ait été fait

entre tous les enfans qui existeront à l'époque du décès et
les descendans de ceux qui seraient prédécédés; autrement
le partage serait radicalement nul pour le tout.

Les partages faits par acte entre-vifs ne pourront avoir
pour objet que les biens présens. Mais si tous les biens que
l'ascendant laissera au jour de son décès n'ont pas été compris dans le partage, ce ne serait pas un motif suffisant pour
le détruire; seulement on partagerait le surplus conformément à la loi. *1076-1077*

Le partage fait par testament pourrait être révoqué. *1076*

Et le partage fait par donation entre-vifs serait irrévocable.

La loi le dit expressément, par cela seul qu'elle veut que
les partages ne puissent être faits qu'avec les mêmes formalités, conditions et règles prescrites pour les donations
entre-vifs et les testamens.

La loi présume toujours bien du jugement du père de
famille.

Néanmoins, si une erreur était échappée à l'ascendant,
ou si une injustice lui avait été arrachée, le partage pourrait
être attaqué pour cause de lésion. *1079*

On ne peut prévoir que deux cas.

Ou le père s'est borné à un partage pour tout ce qu'il a
laissé à ses enfans, ou, indépendamment du partage, il a
fait des dispositions par préciput en faveur d'un de ses
enfans.

Si le père n'a fait d'autre disposition que le partage, l'acte
ne pourra être attaqué que pour cause de lésion de plus du
quart.

Si donc l'enfant avait reçu par le partage une valeur de
1500 francs, pour qu'il fît prononcer la rescision, il devrait
résulter de la liquidation qu'en supposant le partage égal, ce
même enfant devrait recevoir plus de 2000 francs. Cette
proportion du quart ne pouvait être plus sagement combinée, puisque dans tous les cas le père peut disposer du quart
de ses biens, et qu'ainsi il est impossible qu'un enfant ait un

juste sujet de se plaindre, lorsque la différence de son lot n'excède pas le quart.

Le second cas est celui dans lequel un père fait le partage, après avoir disposé de tout ou de partie de la portion disponible; et la loi veut alors que, quoiqu'il n'y ait pas une lésion du quart dans le partage, il y ait lieu à l'attaquer, si, en cumulant la disposition et l'excédant de la portion que chacun aurait dû avoir si les parts avaient été égales, le père a été au-delà de son droit de disposer.

L'objet de cette combinaison est de prévenir les avantages excessifs qui pourraient avoir lieu par la réunion de la quotité disponible à un excédant de partage dans les autres biens.

Par exemple, un père a 60,000 francs de biens et deux enfans. Il donne à l'un d'eux 20,000 francs formant le tiers disponible; ensuite, en partageant les 40,000 francs, il donne à l'un 24,000 francs, et à l'autre 16,000 francs : l'excédant du partage n'étant que de 4000, il n'y a pas lésion du quart respectivement au partage seul ; et si cette lésion était nécessaire, l'un des enfans aurait 44,000 francs. tandis que l'autre n'en aurait que 16,000; au lieu que, suivant la loi, celui-ci ne peut en avoir moins de 20.

L'objet de la loi est de ne conserver au père qu'un seul moyen d'avantager un de ses enfans au préjudice de l'autre.

S'il se borne à un partage, il peut faire cet avantage en donnant à l'un une portion plus forte, pourvu que l'autre ne soit pas lésé de plus d'un quart. Fait-il en même temps un don et un partage dans lequel il y ait une portion plus forte? Si l'excédant de cette portion et le don surpassent la quotité disponible, le partage peut être attaqué, quoique l'autre enfant soit lésé de moins du quart dans le partage. Autrement un père pourrait favoriser un de ses enfans de deux manières : 1° en donnant la quotité disponible ; 2° en faisant un partage inégal avec la précaution de ne pas excéder le quart : et c'est ce que la loi ne permet pas.

Voilà tout ce que la loi a cru devoir établir de spécial pour les dispositions entre enfans et descendans, au moins hors contrat de mariage.

Le projet ne parle pas des démissions de biens : elles ne seront donc plus autorisées. ch. 7.

Il nous reste à parler des donations qui ont trait au ma-riage. ch. 8 et 9.

Donations en faveur de mariage.

Une règle de tous les temps, et que la nature des choses justifie assez, c'est que les contrats de mariage sont suscep-tibles de toutes les clauses et conditions qui ne sont pas con-traires aux bonnes mœurs. 1084-1085

Les règles mêmes les plus sévères que la loi a cru devoir établir sur l'irrévocabilité des donations doivent fléchir en faveur du mariage : la loi ne voit que la nécessité de l'en-courager.

Aussi la donation par contrat de mariage peut comprendre les biens à venir ; seulement la loi exige un état des dettes et charges existantes au jour de la donation. Au moyen de cet état, le donataire pourra opter pour les biens présens. A défaut de cet état, le donataire serait obligé d'accepter ou de répudier la donation pour le tout ; il ne pourrait réclamer que les biens existant au décès du donateur, quoiqu'il restât soumis au paiement de toutes les dettes et charges de la suc-cession.

La donation par contrat de mariage peut encore être faite à condition de payer indistinctement toutes les dettes et charges de la succession du donateur, ou sous d'autres con-ditions dont l'exécution dépendrait de sa volonté. 1086

La réserve faite par le donateur appartiendrait au dona-taire, si le donateur n'en disposait pas, quoique le contrat ne portât aucune stipulation à cet égard.

Enfin les donations par contrat de mariage ne peuvent être attaquées sous prétexte de défaut d'acceptation explicite. 1087

Les institutions contractuelles continueront d'être auto-risées en faveur du mariage. 1081 à 1083

La loi précise avec soin la nature et les effets de cette sorte de disposition.

Il faut distinguer le titre et l'émolument.

Le titre est irrévocable ; l'auteur de la disposition ne pourra plus disposer *à titre gratuit,* si ce n'est pour sommes modiques à titre de récompense ou autrement. Mais, quant à l'émolument, il ne pourra être véritablement connu qu'au décès, puisque jusqu'alors l'auteur de la disposition conserve le droit d'aliéner à *titre onéreux.*

Tout cela n'a lieu qu'en faveur du mariage. Ce n'est donc pas l'insertion d'une donation dans un contrat de mariage qui donnerait tous ces privilèges à la donation; car si elle était faite à un autre qu'à un époux, elle ne serait régie que par le droit commun.

1088   C'est aussi d'après ces mêmes motifs que la donation faite en faveur du mariage sera caduque, si le mariage ne s'en suit pas.

La loi ne distingue pas, elle parle de toute donation : ainsi on ne pourra plus dire, comme autrefois, que les donations en directe ont toujours leur effet, quoique le mariage ne s'ensuive pas.

Donations entre époux, soit avant le mariage, soit p ndant le mariage.

1091-1096   Quant aux époux entre eux , toutes les donations que les époux se font par contrat de mariage sont irrévocables.

Les donations faites pendant le mariage, quoique qualifiées entre-vifs, seront toujours révocables.

Irrévocabilité des donations par contrat de mariage.... le mariage n'aurait pas eu lieu sans la donation.

Révocabilité des donations faites pendant le mariage.... pour qu'un époux qui aurait tout donné ne soit pas exposé au mépris et à l'abandon; pour ne pas introduire entre les époux, qui se doivent toute leur affection, des vues d'intérêt et de séduction.

C'est ce dernier motif qui a fait décider aussi que les époux 1097 ne pourraient, pendant le mariage, se faire aucune donation réciproque par un seul et même acte.

Quant à l'émolument des dispositions entre époux, soit 1094 par donation, soit par testament, il faut distinguer ; s'il reste des enfans du mariage, l'époux survivant ne peut avoir qu'un quart en propriété et un autre quart en usufruit, ou la moitié de tous les biens en usufruit seulement ; si la disposition avait excédé ces bornes, elle serait réduite proportionnellement.

Il était utile de permettre que, même en cas d'enfans, l'époux survivant pût avoir une partie en propriété, soit pour s'en aider dans ses besoins personnels, soit pour donner de l'appui au respect qui lui est dû par ses enfans.

S'il n'y avait pas d'enfans, l'époux survivant pourrait recevoir en propriété tout ce que le prédécédé aurait pu donner à un étranger. Il aurait en outre l'usufruit de la réserve qui serait due aux ascendans.

Paraîtrait-il trop rigoureux de priver les ascendans de l'usufruit de la réserve ?

C'est en quelque sorte ne laisser la réserve que pour leurs héritiers. Mais c'est la faveur du mariage.

Pourquoi la mort d'un des époux changerait-elle la position de l'autre, surtout pour des droits qui ne sont ouverts que par l'interversion du cours de la nature ?

Une fois que le sort de la donation est fixé, la loi ne s'en occupe plus. C'est assez dire que le second mariage de l'époux donataire ne peut rien changer à ses droits.

Ce n'est pas que la loi ait négligé de parler des secondes 1098 noces, mais c'est sous un autre rapport.

L'expérience de tous les temps a prouvé combien la loi devait veiller à ce qu'un second époux ne pût trop préjudicier à des enfans, dont l'origine ne laissait trop souvent que des souvenirs importuns.

Voilà pourquoi la loi ne permet pas à l'époux remarié de

donner à son nouvel époux plus que la part d'un enfant légitime le moins prenant, c'est-à-dire de celui qui, d'après les bases de la réserve légale, recueille la moindre portion. Et comme il pourrait arriver que la part d'un enfant légitime le moins prenant fût de plus du quart, la loi ne permet pas que ces donations puissent jamais excéder cette quotité, qui est le dernier terme de la disponibilité en directe.

1099   La simulation des actes et l'interposition des personnes seraient de vains subterfuges.   ‑

1100   « Seront réputées faites à personnes interposées les dona‑
« tions de l'un des époux aux enfans ou à l'un des enfans de
« l'autre époux issus d'un autre mariage, et celles faites par
« le donateur aux parens dont l'autre époux sera héritier
« présomptif au jour de la donation, encore que ce dernier
« n'ait point survécu à son parent donataire. »

Seront réputées... Dans ce cas, la donation sera nulle par l'effet de la présomption légale seule, sans que néanmoins les autres preuves de l'interposition soient exclues à l'égard de ceux qui ne sont pas nominativement désignés.

Ici se termine l'analyse du projet.

Vous le savez, tribuns, aucune partie du Code civil n'était plus désirée, plus impatiemment attendue; aucune ne sera plus promptement l'objet des méditations des citoyens.

Mais, pour suivre une route sûre dans l'application de la loi, qu'ils se pénètrent bien de cette vérité, que dans la matière des dispositions à titre gratuit tout est du droit positif, parce que tout est émanation et concession du droit civil, et qu'ainsi il n'y a de permis que ce qui est expressément autorisé.

Comme cette nouvelle législation s'élevera au‑dessus du système actuel!

Vous avez vu combien les points fondamentaux de cette nouvelle théorie tendent à honorer la société.

N'est‑ce pas le respect des enfans pour les auteurs de leurs jours qui est une des bases les plus importantes de la morale publique?

Ce sera la loi *des Donations et des Testamens* qui aura créé la véritable sanction de la puissance paternelle.

La morale publique.... Ah! combien elle se trouvera solidement appuyée sur la liberté illimitée qui sera acquise en collatérale!

Vous connaissez quelle est depuis plusieurs années l'inquiétude qui agite les familles. Qui de nous peut ignorer les désordres auxquels tant de citoyens se sont livrés pour se soustraire à une loi qui asservissait leurs plus douces affections, et que plusieurs croyaient pouvoir éluder sans blesser les règles de la probité et de la conscience?

A l'avenir les déguisemens n'auront aucun prétexte, puisque l'amitié et la reconnaissance pourront être le guide unique des hommes dans la disposition de leurs biens.

C'est aussi dans les règles que la loi trace que nous devons reconnaître le bien immense qu'elle prépare.

En un mot, votre section de législation a pensé que le projet du titre *des Donations entre-vifs et des Testamens* était digne d'entrer dans le Code civil, de faire partie de ce grand monument que le génie et la sagesse élèvent à la gloire et au bonheur de notre patrie.

Votre section de législation vous propose, tribuns, d'en voter l'adoption.

OBSERVATIONS PRÉSENTÉES PAR LE TRIBUN SEDILLEZ.

(Séance du 10 floréal an XI.)

Tribuns, après ce que vous avez lu dans l'exposé des motifs de la loi sur les donations et sur les testamens; après le rapport que vous avez entendu hier, modèle de précision, de force et de clarté, tout ce que je pourrais vous dire, tout ce que j'avais préparé sur cette matière, ne vous paraîtrait guère qu'une répétition froide et inanimée. Pourquoi entreprendrais-je de démontrer encore ce qui a été si bien démontré? Pourquoi affecterais-je l'inutile courage de venir au secours d'une loi forte par elle-même et qui n'est point attaquée? Pourquoi provoquerais-je votre délibération, lorsque chacun de vous a son opinion bien formée?

J'espère donc, tribuns, que vous me permettrez d'abandonner, si je puis parler ainsi, le matériel de la loi, pour considérer ses alentours, et porter vos regards sur quelques points de vue qui, à cause de leur éloignement, n'ont peut-être pas encore été suffisamment remarqués.

Un paysage dont on a vu toutes les parties l'une après l'autre n'a pas encore été vu : il faut qu'il le soit d'un lieu assez élevé, où tous les objets, auparavant dispersés, se rassemblent sous un seul coup d'œil; et en effet la législation, comme toutes les autres sciences, n'obtient sa force et sa majesté que quand on sait la contempler de toute la hauteur des premiers principes.

Le plus beau titre du Code civil, celui qui repose plus agréablement l'esprit, parce qu'il donne une meilleure idée des hommes, est sans contredit celui qui règle les effets de la libéralité.

Les Germains, dit Tacite (a), aiment les présens; mais, chez cette nation, celui qui donne ne cherche point à se faire un titre, celui qui reçoit ne croit point contracter une obligation. On retrouve les mêmes dispositions chez les peuples que nous appelons sauvages; moins prévoyans, moins exigeans que nous, ils donnent volontiers et de bon cœur; ils ne connaissent ni la reconnaissance ni l'ingratitude. Le plaisir de donner est pur comme celui de recevoir. Tout part d'un instinct irréfléchi chez des hommes qui ont conservé la simplicité primitive; tandis que chez les peuples policés, par une complication d'abus et d'intérêts divers, tout est soumis à des calculs, tout réclame le secours et la prévoyance des lois.

Il ne peut néanmoins être ici question de ces règles de prudence sur le meilleur emploi des libéralités : une loi n'est

---

(a) *Gaudent muneribus; sed nec data imputant, nec acceptis obligantur.* TACIT. *De Moribus Germanorum*, n° 21.

pas un traité de morale; son objet est principalement de prévenir des abus préjudiciables à la société.

Puisque le projet de loi réunit sous un même titre les donations et les testamens, il est permis de s'élever à des considérations générales applicables à ces deux espèces de libéralité.

Les donations et les testamens ont leur source commune dans l'exercice de la libéralité; mais il est facile de distinguer, dans ces deux manières de donner, des différences essentielles qui ont guidé le législateur dans la déduction des principes propres à chacune de ces manières.

Les donations sont des conventions; car pour transmettre la propriété, même à titre gratuit, il faut nécessairement une personne qui en accepte les droits et promette d'en remplir les devoirs correspondans : ce qui rend les donations irrévocables, ce qui annule toutes les dispositions attentatoires à cette irrévocabilité.

Les testamens, au contraire, dépendent de la volonté du testateur; rien n'empêche par conséquent cette volonté de varier, et les testamens sont, de leur nature, révocables jusqu'à la mort, qui seule met un terme à la mobilité des volontés.

Dans les donations celui qui donne se dépouille; sa générosité franche préfère le donataire à lui-même; il transmet à l'instant la propriété : dans les testamens, le testateur se préfère au légataire : on voit qu'il tient à la chose; il promet plutôt qu'il ne donne; il ne cède qu'au moment où il ne peut plus retenir; il ne veut pas se dépouiller lui-même, il ne dépouille que son héritier.

C'est d'après cette considération que la loi romaine avait cru devoir donner plus de latitude aux dispositions entre-vifs; le Code civil a eu d'excellentes raisons de rétablir à cet égard l'égalité : une politique sage ne permet pas de scruter si profondément les intentions dans l'exercice de la bienfaisance; et, dans l'usage légitime de ce qui nous appartient, qu'importe comment le bien s'opère, pourvu qu'il se fasse ? qu'importe le secret de l'intention, pourvu que l'effet en soit bon ? qu'importe enfin l'individu à qui passent les biens, pourvu que le droit de propriété soit toujours respecté ?

En effet, sous le point de vue politique, la plus grande latitude donnée au droit de propriété, pourvu néanmoins que cette liberté n'aille pas jusqu'à la licence, est le plus noble aiguillon de l'industrie, la plus douce récompense du travail, d'où dépend la prospérité publique et particulière.

Le droit romain donnait une liberté absolue de disposer ; nos coutumes avaient restreint cette liberté de mille manières. Le projet semble avoir adopté un juste tempérament.

Rien de si décourageant que d'avoir des biens dont on ne peut disposer à son gré ; rien au contraire de si satisfaisant, de si consolant, que de pouvoir, par donation ou par testament, donner selon sa volonté des biens qu'on a légitimement acquis : c'est un des droits les plus précieux de la propriété. Mais de cette liberté indéfinie il était résulté de graves inconvéniens ; car il n'y a pas d'abus plus dangereux que ceux qui paraissent découler des meilleurs principes.

La volonté du père de famille doit être respectée ; mais doit-elle enchaîner l'avenir, doit-elle lier les générations futures ? Les substitutions sont prohibées.

Le droit de propriété mérite de grands égards ; mais un père pourra-t-il, au préjudice de ses enfans, disposer arbitrairement de la totalité de ses biens, qui sont souvent le fruit d'une collaboration commune ? La loi a concilié d'une manière qui paraît équitable les droits des pères et ceux des enfans.

Les collatéraux, dans nos mœurs, formant une maison à part, n'ont pas dû conserver les droits qui résultaient autrefois de la cohabitation commune : chacun ayant aujourd'hui son patrimoine séparé, chacun doit avoir la liberté d'en disposer à sa volonté ; et ceux qui voudront s'assurer l'héritage de leurs parens voudront bien le cultiver au moins par des égards et quelques complaisances. Lorsque chacun pourra récompenser les soins d'un enfant, d'un époux, d'un parent, d'un étranger, on ne verra peut-être plus autant de vieillards terminer leur carrière dans l'isolement et la solitude.

C'est dans cet esprit que le projet de loi paraît avoir été conçu et rédigé. Les vues sages du législateur percent dans toutes ses dispositions.

Peut-être chacun de nous trouverait-il quelque chose à désirer, quelque chose à réformer, parce que les combinaisons d'une pareille loi sont infiniment variées, les intérêts, les opinions, en ce moment-ci, extrêmement divergentes : mais quand le principe en est bon, la loi est faite, la loi est bonne; le temps et l'expérience amènent les améliorations et concilient les opinions. Je vote pour le projet.

Dans cette dernière séance du 10 floréal, le Tribunat émit un vœu d'adoption, qu'il fit porter au Corps législatif par MM. Jaubert, Favard et Sedillez; M. Favard prononça le discours le 13 floréal an XI (3 mai 1803).

DISCUSSION DEVANT LE CORPS LÉGISLATIF.

DISCOURS PRONONCÉ PAR LE TRIBUN FAVARD.

Législateurs, nous venons vous apporter le vœu du Tribunat en faveur du projet de loi formant le titre II du livre III du Code civil, relatif *aux donations entre-vifs et aux testamens*.

Le pouvoir qui flatte le plus l'homme dans ses derniers momens, et même dans le cours de sa vie, est celui de disposer de ses biens au gré de ses affections. C'est un besoin pour son cœur ; c'est un droit inhérent à la propriété.

La loi qui règle l'usage des propriétés ne peut pas, sans

une rigueur que la nature désavoue, ravir totalement ce droit au citoyen ; mais elle ne peut pas, sans une indiscrétion impolitique, lui laisser une liberté indéfinie.

En voulant corriger les vices de notre ancienne législation à cet égard, on tomba dans des erreurs graves dont on a senti les conséquences. On avait trop enchaîné la volonté de l'homme ; on l'avait soumise à des combinaisons trop mesquines.

Le projet de loi que je viens vous présenter a été rédigé dans les vrais principes ; également éloigné d'une rigueur excessive et d'une liberté sans bornes, il concilie tous les intérêts, ceux de la société, ceux des familles, ceux enfin de l'amitié et de la reconnaissance.

Vous présenterai-je, législateurs, toutes les considérations morales, civiles et politiques qui ont déterminé les dispositions de ce projet de loi ? Déjà l'orateur du gouvernement et le rapporteur du Tribunat ont moissonné ce champ fertile. Après eux, réduit à glaner et voulant pourtant remplir une tâche dont je sens toute l'importance, j'ai cru que je ne resterais pas au-dessous de ma mission si je me bornais à une simple analyse de la loi qui en présentât l'esprit. C'est, à mon avis, un moyen sûr d'éclairer du plus grand jour les raisons qui doivent fixer votre opinion.

D'abord le projet présente des dispositions générales.

893   On ne pourra disposer de ses biens à titre gratuit que par donation entre-vifs ou par testament.

896   Les substitutions sont prohibées.

898-899   Mais confondra-t-on sous le nom de substitution 1° les dispositions par lesquelles un tiers serait appelé à recueillir le don dans le cas où le donataire ne le recueillerait pas ; 2° la disposition par laquelle l'usufruit serait donné à l'un et la nue propriété à l'autre ?

Il y a dans ces deux cas une espèce de substitution ; mais, dans le premier, le donataire, ne recueillant pas, ne peut pas être considéré comme donataire.

Dans le second, la disposition faite à l'un étant bornée à l'usufruit, le donateur a pu disposer de la nue propriété. C'est un bienfait qu'il partage entre deux personnes.

Aussi le projet de loi ne considère-t-il pas ces dispositions comme des substitutions; il les permet.

Il règle ensuite la capacité de disposer et de recevoir; il ch. 2 prend l'homme dans ses différens âges, dans ses différens états et dans ses différentes affections.

Il le guide et le sauve de ses erreurs ou de ses faiblesses. 903 Mineur, avant seize ans, hors les cas de mariage, il ne pourra disposer de rien.

A seize ans, il pourra donner la moitié des biens dont le 904 majeur peut disposer; mais il ne pourra le faire que par testament : précaution infiniment sage, qui lui épargne des regrets en ne lui permettant pas de se lier irrévocablement.

Mineur ou majeur, il ne pourra, sauf les cas de parenté, 909 faire que des legs rémunératoires aux docteurs en médecine ou en chirurgie, officiers de santé ou pharmaciens qui l'ont traité, et au ministre du culte qui l'a assisté dans sa dernière maladie.

Dans aucun état de sa vie, ses dispositions au profit des 910 hospices, des pauvres d'une commune ou d'établissement d'utilité publique, n'auront leur effet qu'autant qu'elles seront autorisées par un arrêté du gouvernement.

Enfin la politique exigeant entre les peuples une récipro- 912 cité parfaite, le projet ne permet de disposer au profit d'un étranger que dans le cas où un étranger pourrait disposer au profit d'un Français.

Mais quelle sera la portion de biens disponible?   913 à 916

Le projet fixe d'abord la quotité de biens dont un père peut disposer. Il semble que la loi pourrait s'en rapporter aux pères dans la disposition de leurs biens. Il est affligeant de penser qu'il soit nécessaire que la loi s'interpose entre eux et leurs enfans, et paraisse vouloir être plus sage que la nature.

Mais quand les mœurs n'ont plus leur pureté primitive; quand plusieurs exemples ont attesté que les pères ne sont pas toujours à l'abri des erreurs et des préférences injustes; quand des exemples plus nombreux ont prouvé l'inconduite et l'ingratitude des enfans, il a bien fallu que la volonté générale mît des bornes à la partialité des uns, et un frein aux écarts des autres. Il a fallu aussi par d'autres motifs permettre aux pères de récompenser des amis, de s'acquitter envers des bienfaiteurs. Heureux quand cette volonté concilie les intérêts de la société et le vœu de la nature !

La loi atteint ce but : elle distingue la ligne directe de la ligne collatérale.

Dans la première, elle borne la liberté de l'homme.

Dans la seconde, elle la laisse entière.

Si le père n'a qu'un enfant, il peut disposer de la moitié de ses biens.

S'il en a deux, il ne peut disposer que du tiers.

S'il en laisse trois ou un plus grand nombre, il ne peut disposer que du quart.

Si le défunt ne laisse point d'enfans, mais des ascendans des deux lignes paternelle et maternelle, il ne pourra disposer que de moitié de ses biens; il pourra disposer des trois quarts s'il ne laisse des ascendans que d'une seule ligne.

La liberté indéfinie de disposer dans la ligne collatérale a éprouvé des difficultés. Ceux qui y résistaient considéraient les frères comme héritiers naturels d'une portion des biens de leurs frères.

Sans doute les liens qui unissent deux êtres issus du même père, qui ont été élevés ensemble, qui ont été appelés à partager les biens provenant de la même souche, doivent faire naître des affections douces et durables; mais tout cela n'acquiert pas un droit irrévocable. Les frères hériteront de leurs frères, en vertu de la loi, s'il n'y a pas de disposition contraire; et s'il y a des dispositions contraires, c'est parce que des affections plus douces, plus puissantes, l'ont emporté sur l'attachement que le frère avait su inspirer à son frère.

Il peut se rencontrer des frères injustes ou égarés par des passions orageuses. Mais le législateur peut-il prévenir tous les abus? Le frère injuste, le frère égaré n'aurait-il pas toujours des moyens d'éluder la loi qui gênerait sa liberté?

Que le père soit forcé de laisser une portion de biens à ses enfans, c'est un devoir que la nature lui impose avant la loi.

Que le fils et le petit-fils soient obligés de laisser aussi à leurs ascendans une portion de leurs biens, c'est encore un devoir que la nature et la reconnaissance leur imposent d'accord avec la loi.

Quand ces premiers rapports n'existent plus, ou que l'homme a satisfait à ce qu'ils lui commandaient, la loi doit-elle l'obliger à laisser encore une portion de ses biens à celui même de ses frères dont il aurait à se plaindre?

Si l'amitié existe, le frère ne sera pas dépouillé par son frère.

Si les bienfaits sont sans force sur son cœur, la loi ne peut pas interposer son autorité : elle le peut, elle le doit quand il s'agit d'un fils à l'égard de son père, ou d'un père à l'égard de son fils, parce que les bonnes mœurs et la nature seraient également outragées si le fils pouvait être impunément ingrat, et si le père pouvait refuser aux êtres auxquels il a donné le jour les moyens qu'il peut leur procurer pour vivre avec décence dans la classe où il les a fait naître.

Remarquez en effet, législateurs, que la loi a donné au père le droit terrible de punir le fils ingrat, le droit si consolant de récompenser le fils digne de ses bontés. Eh! pourquoi refuserait-elle au frère le droit de punir le frère dont il a à se plaindre, et celui de récompenser le frère dont il a à se louer; le droit encore de répandre ses bienfaits sur un ami que son cœur peut préférer aux collatéraux les plus proches, lorsqu'il a lieu d'en être mécontent?

Son cœur pourra égarer sa main; cela est vrai : mais pour quelques faits isolés qui affligent l'esprit du législateur, le législateur doit-il sacrifier la généralité des faits? Et ne faut-il pas convenir que les grandes erreurs, les écarts qui contristent les mœurs sont rares, et que le cours général de la vie n'offre que des faits dont les familles n'ont ni à rougir ni à se plaindre?

Laissons donc la nature à elle-même quand on le peut sans danger, et ne posons à la liberté de l'homme que les bornes dont sa faiblesse a besoin.

L'intérêt brise souvent les liens du sang. Que cet intérêt les renoue; que le frère incapable d'aimer son frère sente dans son cœur égaré qu'il faut au moins que sa haine n'éclate pas; ses égards commandés par les convenances deviendront pour lui une habitude, et le meneront par degré, et pour ainsi dire à son insu, vers l'amitié.

Que celui qui ne sera pas assez heureux pour apprécier un sentiment si doux, pour sentir qu'il doit lui faire des sacrifices; qui sera incapable d'aucune vertu, sente du moins qu'il doit céder à la nécessité, à son propre intérêt.

C'en est assez : car que faut-il à la société? des vertus toujours pures. C'est une chimère d'y prétendre : il lui suffit des vertus morales inspirées par les rapports, commandées par le besoin, et dont le résultat est toujours la concorde et l'union des membres des familles, vertus qui seules font la force de la société, et seules garantissent les mœurs de l'influence des divisions scandaleuses.

919   Mais la loi doit-elle permettre aux pères de donner à l'un de leurs enfans la portion disponible? ne s'établit-il pas une inégalité qui répugne à nos principes?

Cette égalité, qu'on a cru pouvoir établir, est encore une chimère. Nous sommes bien convaincus aujourd'hui, et nous pouvons convenir de bonne foi qu'il est impossible de la réaliser.

L'inégalité des fortunes est inévitable, et elle est le résultat forcé de la nature de l'homme et de l'établissement des sociétés. Elle existera toujours relativement aux facultés physiques, morales et industrielles, et cette inégalité entraînera nécessairement celle des fortunes. Enfin, législateurs, loin de vous cette théorie fallacieuse qui a pu égarer les esprits pendant quelques momens. Fixez plutôt vos regards sur le bien que peut produire la loi qui rend au père le pouvoir de récompenser celui de ses enfans qui aura su le mériter, et de faire espérer à tous cette récompense si douce pour celui qui est assez heureux pour en sentir le prix.

L'expérience qui a été faite de la loi du 4 germinal an VIII, contre laquelle quelques personnes se sont élevées avec tant de persévérance, mais toujours sans succès, justifie suffisamment le système adopté par le projet.

Qu'on ne répète pas ici que l'intérêt ne doit pas être offert aux enfans comme un motif qui les porte à rendre à leur père les soins, les prévenances dont la nature et la reconnaissance leur font un devoir.

Il est très-beau sans doute de penser que la nature et la reconnaissance doivent parler assez puissamment au cœur du fils ; mais l'expérience nous a malheureusement prouvé que cela n'est pas aussi exact : et si l'intérêt peut ajouter un degré de force à ces deux sentimens, pourquoi le négliger? Le législateur ne doit-il pas mettre en action tous les ressorts du cœur humain pour faire naître toutes les vertus? Et quand on en voit l'exercice, faut-il s'inquiéter de la cause? Quand un chef-d'œuvre frappe vos yeux, vous occupez-vous à découvrir les moyens grossiers par lesquels il est parvenu à cette perfection? Laissons à l'homme les défauts qui tiennent à sa nature ; le grand art du législateur est de les faire tourner au bien général de la société.

Le projet de loi y tend en permettant au père de donner la portion disponible à l'un de ses enfans, pourvu que la disposition ait été faite expressément à titre de préciput ou hors part; et pour mettre le cachet de la sagesse à cette dis-

position bienfaisante, il a dit : « La déclaration que le don
« ou legs est à titre de préciput ou hors part pourra être
« faite, soit par l'acte qui contiendra la disposition, soit
« postérieurement, dans la forme des dispositions entre-
« vifs ou testamentaires. »

920-921   Le projet s'occupe ensuite de la réduction des donations
et des legs. Les dispositions qui excéderont les bornes de la
loi seront réductibles; mais cette réduction ne pourra être
demandée que par ceux au profit de qui la loi fait la réserve,
leurs héritiers, cessionnaires ou créanciers. Les donataires
et légataires ni les créanciers du défunt ne pourront pas la
demander.

On a beaucoup agité la question de savoir si du moins les
créanciers du défunt pourraient exercer leurs droits sur les
biens recouvrés par cette réduction.

Pour l'affirmative, on disait que les enfans ne pourraient
demander la réduction qu'à titre d'héritiers; que dès lors
ils se trouvaient chargés de payer les dettes postérieures à la
donation; que d'ailleurs il était juste qu'un fils ne prît rien
dans la succession de son père avant d'avoir payé ses dettes.

D'abord ce n'est pas comme héritiers que les enfans demandent le retranchement; cela est si vrai que la portion
donnée, qui entamait la réserve légale, était retranchée de
la succession. Les enfans la conquièrent sur le donataire; ils
la prennent aussi libre qu'elle l'était dans ses mains : or elle
était dans ses mains franche des dettes que le donateur a
contractées postérieurement à la donation.

Ensuite la loi peut décider un droit positif, tant qu'il ne
nuit pas aux intérêts des tiers. Or, les créanciers qui n'ont
pas le droit de demander la réduction ne peuvent pas se
plaindre qu'elle tourne au profit de ceux à qui la loi permet
de la demander, puisqu'ils ne seraient pas mieux traités
quand la réduction ne serait pas demandée. Ils n'ont jamais
eu le droit de poursuivre sur les biens donnés le paiement
de créances postérieures à la donation; car les biens donnés

n'y ont jamais été affectés. Ainsi, ne perdant aucun droit par la réduction, ils ñe doivent en exercer aucun sur les biens recouvrés par ce moyen.

On est frappé de l'idée qu'un fils ne doit pas jouir de biens qui ont appartenu à son père et être dispensé de payer ses dettes. On a raison, quand il s'agit de biens sur lesquels les créanciers ont dû compter en contractant avec le père ; mais ce scrupule, produit par un sentiment très-libéral, n'est pas fondé lorsqu'il s'agit de biens que les créanciers n'ont jamais pu considérer comme un gage, puisqu'ils n'étaient plus la propriété de leur débiteur.

La manière de procéder à la réduction est conforme aux 922-923 principes de la plus saine doctrine.

Les donations ne seront réduites qu'après avoir épuisé tous les biens compris dans les dispositions testamentaires.

Si, après avoir épuisé ces biens, la réduction n'est pas complète, on attaquera la dernière donation, et ainsi de suite, en remontant à la plus ancienne.

Et lorsque la valeur des donations entre-vifs égalera la 925 quotité disponible, toutes les dispositions testamentaires seront caduques.

Mais, dans le cas des dispositions testamentaires, si le 927 testateur a déclaré qu'il veut que tel legs soit acquitté de préférence aux autres, cette préférence aura lieu, et le legs ne sera réduit qu'autant que la valeur des autres ne remplirait pas la réserve légale.

Par là se trouve conservée cette maxime du droit romain, *dicat testator et erit lex* ; par là aussi est conservée une maxime aussi sacrée qui veut que le testament ne prévale pas sur une donation, parce qu'un acte synallagmatique ne peut pas être anéanti par la volonté de l'un des contractans.

La donation entre-vifs, pour être valable, devra être ac- 932 et ceptée, et la manière dont l'acceptation pourra être faite suivans, pour les absens, pour les mineurs, pour les femmes, pour les sourds et muets, pour les hospices et établissemens d'utilité publique, est conforme aux lois anciennes.

939-941 La donation de biens susceptibles d'hypothèques sera transcrite, et le défaut de transcription pourra être opposé par toutes personnes ayant intérêt, excepté toutefois le donateur et les personnes chargées de faire faire la transcription ou leurs ayans-cause.

953 La donation est de sa nature irrévocable, si elle est conforme aux règles prescrites par la loi.

Mais l'ingratitude, mais la survenance d'enfans, mais l'inexécution des conditions sous lesquelles elle a été faite, la rendront révocable.

955 L'ingratitude se manifeste par l'attentat à la vie du donateur, par les délits, sévices ou injures graves dont le donataire se sera rendu coupable envers le donateur, enfin par le refus d'alimens.

959 Les donations en faveur de mariage sont exceptées de la révocation pour cause d'ingratitude, et vous en sentez la raison : elles sont moins une libéralité en faveur du donataire qu'un traité entre deux familles, en considération d'une union qui doit donner le jour à des enfans appelés à la recueillir.

960 Cependant de telles donations seront révocables par la survenance d'un enfant légitime ou la légitimation d'un enfant naturel par mariage subséquent, si elles sont faites par autres personnes que les conjoints ou leurs ascendans. Cela doit être ainsi. Les étrangers n'ont pas les mêmes motifs que les ascendans et les époux pour donner; il est naturel de penser qu'ils n'auraient pas donné s'ils avaient eu des enfans ou s'ils avaient cru qu'ils en auraient.

Mais la survenance d'enfans doit-elle annuler la donation en entier? Ne serait-il pas plus convenable de laisser subsister la donation pour la portion dont le donateur peut disposer quand il a des enfans? Pourquoi enlever au donataire ce que dans ce cas le donateur aurait pu lui donner? Cette idée paraît assez naturelle; mais il faut considérer que disposer d'une partie de ses biens quand on a des enfans n'est pas nécessaire. Ce n'est pas un devoir imposé par la loi: c'est une pure faculté qu'elle donne, et on ne peut pas dire que le donateur en aurait usé s'il avait eu des enfans. Au surplus la révocation n'empêchera pas le donateur de donner par un nouvel acte la portion disponible, s'il en a eu l'intention, malgré la survenance d'enfans.

En vain dit-on que plusieurs exemples ont prouvé que des donateurs, en haine du donataire, ont eu recours au mariage, et même à des mariages disproportionnés, pour avoir un enfant qui ferait révoquer leur libéralité.

Ces exemples ne peuvent pas déterminer le législateur. Le donataire n'est pas sans reproche quand le donateur se porte à le punir.

Il ne s'est peut-être pas montré assez ingrat pour autoriser le donateur à demander la révocation pour cause d'ingratitude, mais il n'a pas été assez reconnoissant pour que le donateur ait eu à s'applaudir de sa générosité.

Le donateur ne peut que gagner à cette disposition de la loi; et certes ne mérite-t-il pas plus d'égards de la part du législateur que le donataire qui ne sait pas entretenir la durée du sentiment auquel il a dû le bienfait?

Enfin l'intérêt de l'enfant qui est né après la donation est tout-puissant; il doit l'emporter sur toute autre considération.

La révocation une fois opérée, la donation ne peut plus 964 revivre, quand l'enfant décéderait, à moins d'une nouvelle disposition.

La révocation se fait de plein droit par la survenance 960 d'enfans.

Elle doit être demandée dans deux cas : 1° pour ingratitude; 956-957 2° pour l'inexécution des conditions. Si elle est demandée pour cause d'ingratitude, elle doit l'être dans l'année du jour où le délit sera parvenu à la connaissance du donateur.

963　Ces deux genres de révocations, dont l'une se fait de plein droit, et l'autre doit être demandée, ont dû établir une différence dans la restitution des biens donnés.

Aussi, dans le cas de révocation pour survenance d'enfants, les biens donnés rentreront dans le patrimoine du donateur, libres de toutes charges et hypothèques du chef du donataire.

964　Il en sera de même dans le cas de révocation pour inexécution des conditions.

A la vérité, les conditions dont une donation peut être grevée sont infinies. Il en est qui dépendent de la volonté seule du donataire; il en est qui dépendent en partie de sa volonté, en partie de la volonté d'un tiers; il en est qui dépendent d'événemens étrangers au donataire. On a opposé que la révocation ne devrait pas produire le même effet pour l'inexécution de tous les genres de conditions; que c'est aux tribunaux à peser toutes les circonstances, et dans quels cas de révocation pour cause d'inexécution des conditions les biens devraient rester grevés des charges qui procèdent du fait du donataire, et dans quels cas ils devraient en être affranchis.

Mais, soit que les conditions dépendent de la volonté seule du donataire, soit qu'elles dépendent aussi de la volonté d'un tiers, soit enfin qu'elles soient subordonnées à des événemens indépendans de sa volonté, ou de celle de tout autre, le droit du donateur ou de ses héritiers, et ceux des créanciers du donataire doivent être les mêmes.

D'une part, le donateur n'a voulu se dépouiller des biens donnés que dans le cas où les conditions qu'il a imposées à sa libéralité seraient exécutées.

De l'autre, le donataire a dû savoir que le défaut d'exécution des conditions entraînerait la révocation de la donation, et que dès-lors il n'a dû ni pu valablement grever l'objet de la donation de charges étrangères au donateur avant l'exécution des conditions.

Les créanciers de leur côté n'ont pas dû plus ignorer les conditions de la donation que la donation elle-même.

Si la condition dépend de la volonté seule du donataire, le créancier a suivi la foi du donataire, et il n'a pas à se plaindre si ce dernier, ne remplissant pas la condition, le prive de son droit sur l'objet donné.

Si la condition dépend en partie de la volonté du donataire et en partie de celle d'un tiers, le créancier doit s'imputer à lui seul d'avoir suivi la foi du donataire et celle du tiers. Dans ce cas, comme dans le premier, il n'a pas à se plaindre.

Enfin, si la condition dépend d'événemens étrangers au donataire, le créancier, libre de prêter ou de ne pas prêter, ne peut s'en prendre qu'à lui s'il a eu la faiblesse d'abandonner ses fonds à la foi d'événemens incertains.

Vous sentez, législateurs, que dans toutes ces hypothèses la loi est également juste.

Vous sentez aussi que dans le cas de survenance d'enfans, comme dans celui d'inexécution des conditions, il n'y a eu rien de certain pour le créancier ; que dans un cas comme dans l'autre l'intérêt précieux à conserver c'est celui du donateur, qui n'a pas eu l'intention de se dépouiller ; dans le premier s'il lui naît des enfans ; dans le second s'il n'obtient du donataire l'exécution des conditions qu'il a imposées à sa libéralité. Ib. et 960- 963

A l'égard de la révocation pour cause d'ingratitude, soit qu'il soit naturel de penser que le créancier ne peut pas prévoir que le donataire s'en rendra coupable, soit qu'il soit également naturel de penser que le donateur le pardonnera, le projet établit que cette révocation ne préjudiciera ni aux aliénations faites par le donataire, ni aux hypothèques et autres charges réelles qu'il aura pu imposer sur l'objet de la donation avant la demande en révocation. 958

Enfin, comme le droit de révoquer tient à la nature, aux bonnes mœurs et à l'intérêt du mariage, le donateur ne peut pas y renoncer : une pareille clause serait nulle. 965

951   Quant au droit de retour, certaines coutumes l'admettaient sans stipulation ; d'autres ne l'admettaient que dans le cas où il était stipulé.

Ce droit est juste, mais il faut qu'il soit réservé ; voilà le vrai principe ; le projet de loi le consacre : quand il est réservé, les créanciers n'ont pas à se plaindre ; car ils ont pu connaître la stipulation comme la donation.

ch. 5   Je passe aux dispositions testamentaires. Le projet donne les règles générales sur la forme des testamens.

967-   Toute personne pourra disposer par testament olographe, 969   public ou mystique, soit sous le titre d'institution d'héritiers, soit sous le titre de legs universel ou particulier, soit sous toute autre dénomination propre à manifester sa volonté.

Les formes particulières à chacun de ces trois testamens sont clairement exprimées.

ch.5sect.2   De plus le projet donne des règles particulières sur la forme des testamens militaires, des testamens qui seront faits dans un lieu avec lequel toute communication sera interceptée à cause de la peste ou toute autre maladie contagieuse, et des testamens qui seront faits sur mer dans le cours d'un voyage.

Il fallait régler la forme de disposer pour les Français qui étaient en pays étranger ; et le projet de loi leur permet de tester par acte sous signature privée, comme en France, ou par acte public avec les formes usitées dans le lieu où il sera passé.

1001   Enfin toutes les formalités sont de rigueur, et leur inobservation annule les testamens.

1002   Après avoir fixé les règles sur la forme des testamens, le projet explique les différentes espèces de dispositions testamentaires et les effets de chacune.

Dans le droit romain l'homme faisait un héritier.

Dans le droit coutumier on ne recevait que de la loi le titre d'héritier, et l'homme n'instituait que des légataires universels.

Aujourd'hui un seul Code régira la France entière ; il

faut donc qu'il existe un mode uniforme de disposer. On pourra par testament faire un héritier ou un légataire ; mais sous l'une ou l'autre dénomination les droits seront les mêmes.

Il a fallu conserver la faculté d'employer la qualification d'héritier pour ne pas trop déroger aux usages. Le mot restera donc ; mais l'effet de l'institution d'héritier étant le même que celui de l'institution de légataire, le droit sera uniforme, ou, pour rendre l'idée plus simplement, l'un de ces mots sera synonyme de l'autre.

Alors disparaîtra la bigarrure du droit ancien ; car le titre d'héritier présentait une autre idée et était sujet à d'autres lois que le titre de légataire universel.

On ne distinguera plus que l'héritier légal ou naturel et l'héritier institué ou légataire.

L'héritier de la loi à qui une quotité de biens est réservée 1004 se trouve saisi de plein droit de tous les biens de la succession ; et de là résulte dans nos principes la conséquence que l'héritier institué, le légataire, devra lui demander la délivrance de ce dont le testateur aura disposé en sa faveur sous l'un ou l'autre titre.

Si le défunt ne laisse pas d'héritier auquel la loi réserve 1006 une quotité des biens, alors la saisine légale est dans les mains de l'héritier institué ou légataire universel, qui doit dans ce cas faire la délivrance des legs particuliers.

D'après nos anciens principes, la chose d'autrui pouvait 1021 être léguée, quoique le testateur sût qu'elle ne lui appartenait pas. Cette décision était plus fondée en subtilités qu'en raison.

Quand le testateur sait que la chose qu'il lègue ne lui appartient pas, il fait un legs dérisoire ; quand il l'ignore, il y a erreur : dans ces deux cas le legs doit être nul. C'est ce que décide le projet de loi.

Il ne contient aucun changement remarquable sur la no- ch. 5 ; sect. 7.

mination, les fonctions et les obligations des exécuteurs testamentaires. Elles sont à peu près les mêmes que dans l'ancien droit.

1035-1036 Sur la révocation des testamens on s'est écarté du principe
d'après lequel le testament était censé révoqué par un testament postérieur. On présumait que telle avait été l'intention
du testateur.

Cette présomption pouvait être contraire à la vérité. La loi
ne doit établir que des présomptions certaines et infaillibles.
Il est donc convenable d'exiger que le second testament contienne la déclaration précise que le testateur change de volonté. C'est ce que porte le projet : il veut que les testamens
postérieurs qui ne révoqueront pas d'une manière expresse
les précédens n'annullent dans ceux-ci que les dispositions
qui seront incompatibles avec les nouvelles ou qui y seront
contraires.

1044 Le droit d'accroissement avait donné naissance à des difficultés sans nombre. On trouve dans les auteurs, soit du
droit écrit, soit du droit coutumier, des discussions subtiles,
plus propres à égarer qu'à éclairer sur un point de droit
qui paraissait inextricable. Le projet fait cesser toute controverse par la manière de préciser les cas dans lesquels il y
aura lieu à accroissement au profit des légataires.

« Le legs, dit-il, sera réputé fait *conjointement* lorsqu'il
« le sera par une seule et même disposition, et que le testa-
« teur n'aura pas assigné la part de chacun des colégataires
« dans l'objet légué.

1045 « Il sera encore réputé fait *conjointement*, quand une chose
« qui n'est pas susceptible d'être divisée sans détérioration
« aura été donnée par le même acte à plusieurs personnes,
« même séparément. »

1096-
1097 et
ch. 6.
J'arrive à un point bien délicat, celui des substitutions.
Vous savez combien on a écrit pour ou contre depuis les
premiers jours de la révolution jusqu'à ce moment.

Les substitutions ont été établies par un très-bon principe ; mais l'abus s'était introduit dans cette partie de notre droit comme dans beaucoup d'autres.

Les ordonnances des rois de France qui ont cherché à les ramener dans des bornes plus étroites attestent cette vérité.

Le même abus avait profondément affecté l'Assemblée constituante ; elle n'eut que le temps de le signaler aux législateurs qui devaient lui succéder ; et il arriva ce qui arrive toujours dans les premiers momens où la réforme exerce sa puissance.

La Convention nationale (a) dépassa le terme où est établie la ligne sur laquelle reposent les intérêts de tous.

Les substitutions parcouraient trois degrés ; c'était trop.

Elles étaient en faveur des aînés, et ensuite de mâle en mâle, et les biens n'arrivaient aux filles qu'à défaut de mâles. La préférence était odieuse et injuste.

On corrigea cet excès par l'excès contraire, en abolissant entièrement les substitutions.

Enfin on voit luire le jour où la raison peut se faire entendre après le règne orageux de la réforme. On a senti que tout détruire était un abus ; qu'il ne fallait pas toujours trop écouter la haine contre les institutions qui avaient vieilli avec des vices ; que l'intérêt général devait apaiser ce sentiment, et le diriger vers une juste combinaison entre ce qui est dangereux et ce qui peut être utile.

C'est dans ces vues que le projet de loi porte :   1048

1°. Que les biens dont les père et mère auront la faculté de disposer pourront être donnés, avec la charge de les rendre aux enfans nés et à naître, au premier degré seulement, des donataires.

2°. Que ces dispositions ne seront valables qu'autant que 1050 la charge de restitution sera au profit de tous les enfans sans exception ni préférence d'âge ou de sexe.

3°. Que ce droit acquis aux enfans du donataire passera, 1051

(a) Voyez les décrets des 25 octobre et 14 novembre 1792.

par l'effet de la représentation, à ses petits-enfans dont le père serait mort avant de l'avoir recueilli.

Ces restitutions, au surplus, seront sujettes à des formalités que le projet de loi explique avec beaucoup de précision.

1075 Le projet donne aux pères, aux mères et autres ascendans la plus douce magistrature, en leur confiant le pouvoir de faire entre leurs enfans le partage de leurs biens.

Le législateur a dû prévoir le cas où ce partage ne serait pas général, et celui où il blesserait les intérêts de l'un des enfans.

1078 Dans le premier cas, c'est-à-dire si le partage n'est pas entre tous les enfans, il sera nul pour le tout. Le père prouve par cet acte qu'il a oublié un de ses enfans, qu'il s'est trop occupé des autres, et que par conséquent il n'a pas rempli avec impartialité la magistrature que la loi lui avait confiée.

1079 Dans le second, celui des enfans qui se croira lésé de plus du quart pourra attaquer le partage, parce que l'égalité doit régner dans le partage fait par le père, comme dans celui que les enfans font eux-mêmes entre eux après avoir recueilli la succession de leurs auteurs.

ch. 8 et 9 Je termine par les donations les plus favorables, je veux dire celles faites par contrat de mariage ou pendant le mariage. Il n'y a rien de plus sacré, sans doute, que tout ce qui tend à former une union aussi sainte, et à laquelle le législateur doit toute la protection qui peut en assurer la durée et la prospérité.

1082 Aussi le projet permet-il aux pères et mères, aux autres ascendans, aux parens collatéraux des époux, même aux étrangers, de donner par contrat de mariage tout ou partie de leurs biens qu'ils laisseront au jour de leur décès, tant au profit des époux que des enfans à naître de leur mariage, dans le cas où le donateur survivrait à l'époux donataire.

1090 Il semblerait, par la généralité de cette disposition, que le législateur permet de dépasser en faveur du mariage les bornes qu'il a ci-devant mises à la liberté de disposer; mais

il explique son intention par un article subséquent, en disant que ces donations seront, lors de l'ouverture de la succession du donateur, réductibles à la portion dont la loi lui
permettait de disposer.

Les seules faveurs que l'intérêt du mariage ait fait ad- 1087
mettre, c'est que les donations que le contrat renfermera ne
seront pas nulles par le défaut d'acceptation ; qu'elles pour- 1083-1084
ront être faites cumulativement des biens présens et à venir,
en tout ou en partie ; et qu'elles ne pourront pas être révoquées par d'autres dispositions à titre gratuit, si ce n'est
pour sommes modiques, soit à titre de récompense ou autrement.

Après avoir réglé ce que les époux pourront recevoir par ch. 9.
leur contrat de mariage de leurs parens et des étrangers, il
convenait de régler les avantages qu'ils pourraient se faire
eux-mêmes par leur contrat de mariage et par des actes sub-
séquens. C'est ce que fait le dernier chapitre du projet.

Par contrat de mariage, les époux pourront se faire telle 1091 à
donation qu'ils jugeront à propos. Celle de biens présens ne 1093
sera pas censée faite sous la condition de survie du donateur,
si cette condition n'est formellement exprimée. La donation
de biens à venir ne sera pas transmissible aux enfans issus
du mariage, en cas de décès de l'époux donataire avant
l'époux donateur.

Pendant le mariage, un époux, s'il n'a point d'enfans ou 1094
descendans, pourra donner à l'autre tout ce qu'il pourrait
donner à un étranger ; plus, l'usufruit de la totalité de la
portion que la loi réserve.

Dans le cas où il laisserait des enfans ou descendans, il
pourra lui donner, ou un quart en propriété et un quart en
usufruit, ou la moitié de tous ses biens en usufruit.

Et pour éviter l'effet des surprises qui pourraient être 1096
faites à un époux par l'autre, qui, employant à propos les
ruses d'un attachement simulé, se ferait faire une donation
dont il cesserait de se rendre digne, la loi permet à l'époux

donateur de révoquer sa libéralité ; la femme, pour cette révocation, n'aura pas besoin d'y être autorisée : disposition infiniment sage, puisqu'elle évite au bienfaiteur des regrets, et qu'elle lui permet de se livrer sans danger à son penchant.

1099-1100 : Enfin il fallait prévenir les donations indirectes entre époux, par personnes interposées, de la portion de biens qu'ils ne péuvent pas se donner. Le projet de loi les défend ; et le dernier article spécifie aussi clairement qu'il est possible les cas [dans lesquels les donations seront réputées faites à des personnes interposées.

Telle est, législateurs, l'analyse que j'ai été chargé de vous présenter d'une loi aussi importante.

Le Tribunat en a voté l'adoption. Il y a vu consacrés les principes anciens qui avaient eu l'assentiment général et de tous les temps, et les nouveaux principes réclamés par l'expérience et par la justice.

La liberté de disposer y est aussi étendue que pouvaient le permettre l'intérêt des familles et celui de la société.

Les deux modes de disposer par donations entre-vifs ou par testament sont assujétis à des formes invariables.

896-ch.6. Les substitutions sont prohibées ; elles sont remplacées par des dispositions qui conservent ce qu'elles avaient d'utile.

ch. 7. Les démissions de biens sont également supprimées. Une institution sujette à moins d'abus permet aux pères de partager de leur vivant leurs biens entre leurs enfans.

ch. 8 et 9 Ce que les époux peuvent recevoir, ce qu'ils peuvent se donner, tout est réglé avec une sage économie.

Jusqu'ici les lois ont varié sur le degré de liberté dont l'homme doit jouir dans la disposition de ses biens. Comme elles n'étaient pas fondées sur les vraies maximes de l'ordre public et de la nature, elles ne pouvaient pas être durables : elles n'ont dû avoir que l'existence des erreurs, qui se dissipent quand la raison fait luire son flambeau, dont l'éclat est d'autant plus vif qu'il a été plus long-temps obscurci par les passions.

La loi proposée est loin de craindre un sort pareil. Si sa durée doit se mesurer sur la sagesse de ses dispositions, on peut lui prédire qu'elle sera le Code des siècles à venir : elle est en harmonie avec le droit inhérent à la propriété, avec les affections des pères et des époux, avec les devoirs des enfans envers les auteurs de leurs jours, avec les égards que les parens collatéraux se doivent réciproquement pour entretenir entre eux cette paix, cette union qui font le charme de la société, et sont les premiers garans de la pureté des mœurs publiques, qui se composent des mœurs particulières.

Il est doux, législateurs, en terminant cette session, d'emporter avec soi cet espoir flatteur, et de pouvoir se dire qu'après les longues tourmentes révolutionnaires, on est enfin parvenu à donner au peuple français les lois les plus sages, celles du moins qui convenaient le mieux à une société d'hommes qui ont conquis la liberté et qui en sentent tout le prix.

Ce sont ces considérations, législateurs, qui ont déterminé le vote d'adoption du Tribunat ; elles vous détermineront sans doute à donner au projet de loi la sanction dont il a besoin.

Le Corps législatif rendit son décret d'adoption dans la même séance, et la promulgation eut lieu le 23 floréal an XI (13 mai 1803).

FIN DU DOUZIÈME VOLUME.

7ᵉ DES DISCUSSIONS.

www.ingramcontent.com/pod-product-compliance
Lightning Source LLC
Chambersburg PA
CBHW060822220326
41599CB00017B/2253